KING

JONATHAN EIG

King: Uma vida

Tradução
Denise Bottmann

Companhia Das Letras

Grafia atualizada segundo o Acordo Ortográfico da Língua Portuguesa de 1990, que entrou em vigor no Brasil em 2009.

Título original
King: A Life

Capa
Julia Custodio

Foto de capa
Flip Schulke/ CORBIS/ Corbis via Getty Images

Preparação
Julia Passos

Índice remissivo
Probo Poletti

Revisão
Ana Maria Barbosa
Luís Eduardo Gonçalves

Dados Internacionais de Catalogação na Publicação (CIP)
(Câmara Brasileira do Livro, SP, Brasil)

Eig, Jonathan
King : Uma vida / Jonathan Eig ; tradução : Denise Bottmann. — 1ª ed. — São Paulo : Companhia das Letras, 2024.

Título original: King: A Life.
ISBN 978-85-359-3806-7

1. Afro-americanos – Biografia 2. Afro-americanos – Direitos civis 3. Batistas afro-americanos – História 4. Estados Unidos – Relações raciais 5. King Jr., Martin Luther, 1929-1968 6. Movimentos pelos direitos humanos – Estados Unidos – História 7. Trabalhadores dos direitos humanos – Estados Unidos – Biografia 8. Trabalhadores – Direitos fundamentais I. Título.

24-216693 CDD-926.58

Índice para catálogo sistemático:
1. Líderes : Biografia 926.58

Tábata Alves da Silva — Bibliotecária — CRB-8/9253

EDITORA SCHWARCZ S.A.
Rua Bandeira Paulista, 702, cj. 32
04532-002 — São Paulo — SP
Telefone: (11) 3707-3500
www.companhiadasletras.com.br
www.blogdacompanhia.com.br
facebook.com/companhiadasletras
instagram.com/companhiadasletras
x.com/cialetras

Para Jeffery

Disseram entre si: "Eis que chega o tal sonhador! Vinde, matemo-lo, joguemo-lo numa cisterna qualquer; diremos que um animal feroz o devorou. Veremos o que acontecerá com seus sonhos!".

Gênesis 37,19-20

Sumário

PARTE II

PARTE III

Prólogo

Em 5 de dezembro de 1955, um jovem negro se tornou um dos pais fundadores dos Estados Unidos. Tinha 26 anos e sabia que o papel que estava assumindo acarretava uma possível condenação à morte. O local era Montgomery, ex-capital do comércio escravagista do Alabama.

Naquele dia — quatro gerações desde que a Guerra Civil havia acabado com a escravidão —, Montgomery ainda era um bastião da supremacia branca. Era um baluarte da Ku Klux Klan (KKK), cujos membros tinham endossado e participado de 360 linchamentos desde a Reconstrução.[1]

Uma multidão nervosa de 5 mil pessoas, que transbordava para a rua, lotou uma igreja batista espaçosa.[2] Preparavam-se, com raiva e medo, para desafiar uma terra onde negros corriam o risco de ser mortos apenas por olhar de relance, onde o legado e a realidade da subordinação racial estavam presentes em tudo, de árvores a lanchonetes.

Enquanto um rapaz negro se preparava para falar, os manifestantes e ele mesmo não sabiam muito bem sobre o que seria seu discurso. Insistiria que se curvassem, como outros haviam feito, ou que se erguessem e resistissem?

Sua voz não parecia chamar às armas: "Estamos aqui esta noite para um assunto sério".[3]

Até que começou:

"Não estamos errados no que estamos fazendo!"

"Se estamos errados, o Supremo Tribunal desta nação está errado!"

"Se estamos errados, a Constituição dos Estados Unidos está errada!"

"Se estamos errados, Deus Todo-Poderoso está errado!"

Era a primeira vez que a maioria das 5 mil pessoas ali reunidas ouvia a voz de Martin Luther King Jr.

Até ali as promessas contidas na Declaração de Independência e na Constituição norte-americanas não tinham sido cumpridas. King e os outros líderes do movimento pelos direitos civis no século XX, junto com milhões de manifestantes comuns, exigiram que a nação seguisse os ideais que professava. Lutaram sem rifles, sem dinheiro e sem poder político. Construíram uma revolução baseada no amor cristão, na não violência e na fé na humanidade.

Este livro conta a história do homem que, em apenas treze anos, chegou muito perto de aproximar o país de uma retratação por ter feito seres humanos de propriedade e cidadãos de segunda classe. Se King não conseguiu alcançar de forma plena seu objetivo, isso não diminui seu heroísmo, assim como já havia ocorrido com os pais fundadores originais.

Para ajudar os leitores a entender melhor a luta de King, este livro procura resgatar o homem real das névoas da hagiografia. No processo de canonização de King, nós o neutralizamos, substituindo a política e a filosofia complexas que ele preconizava por slogans de uma ou outra ideologia. Ouvimos tantas vezes a gravação de seu discurso "Eu tenho um sonho", que já não o escutamos de verdade; não percebemos mais o clamor para que os Estados Unidos reconheçam os "horrores indizíveis da brutalidade policial" ou a demanda por reparações econômicas. Não notamos que King formulava nele exigências, não desejos. "Em certo sentido, viemos à capital de nossa nação para cobrar uma dívida", disse ele naquele dia de verão de 1963 ao pé da estátua de Abraham Lincoln. Confundimos sua não violência com passividade. Esquecemos que sua abordagem era a coisa mais agressiva que o país já tinha visto até então — que ele utilizava o protesto pacífico como alavanca para forçar os detentores do poder a abrir mão de muitos dos privilégios que haviam acumulado. Não lembramos que King foi uma das figuras que mais dividiram a opinião pública na história norte-americana — atacado por segregacionistas no Sul e também por seu próprio governo; por ativistas negros mais radicais e por liberais brancos do Norte. Sofreu durante toda a vida uma descaracterização deliberada que se mantém até hoje.

King era um homem, não um santo ou um símbolo. Roía as unhas.[4] Gritava diante da TV durante programas de perguntas e respostas.[5] Fumava escondido dos filhos. Tinha uma cadelinha branca chamada Topsy.[6] Tinha no peito uma cicatriz feita em 1958, quando médicos tiraram um abridor de cartas com cabo de marfim que ficou alojado próximo da aorta. Sua pele era tão sensível que ele não podia se barbear com navalha. Ele dormia mal, mas cochilava profundamente.[7] Sempre chegava atrasado para seus compromissos. Na adolescência, tentou o suicídio em duas ocasiões, embora talvez sem grande empenho. Na vida adulta, foi internado no hospital várias vezes pelo que ele chamava de esgotamento, mas outros chamariam de depressão.[8] Tinha um senso de humor afiado, ainda mais porque sabia que algumas piadas ficavam mais engraçadas na boca de um pastor batista. Dependia da esposa, Coretta, de um modo que poucas pessoas entendiam na época. Também a traía, e com frequência, mesmo sabendo que o FBI grampeava seus telefones e punha escuta em quartos de hotel na tentativa de destruir seu casamento e sua reputação. Um desses casos amorosos durou tanto tempo que os amigos se referiam à mulher como sua segunda esposa.

Era um homem que desde cedo anunciou que Deus o chamara a agir. Viveu de acordo com essa crença. E estava disposto a morrer por ela.

Martin Luther King Jr. foi tema de excelentes biografias e estudos exaustivos, mas ainda assim a bibliografia a seu respeito continua incompleta. Este livro se baseia em milhares de documentos do FBI liberados recentemente e em dezenas de milhares de materiais novos — entre eles, cartas pessoais, registros de negócios, gravações telefônicas da Casa Branca, narrativas orais, gravações para a TV que não foram ao ar, biografias e autobiografias inéditas de pessoas próximas a King. Ademais, é a primeira biografia que utiliza milhares de páginas de materiais que pertenciam ao homem que atuou como historiador oficial da Conferência da Liderança Cristã do Sul (SCLC, na sigla em inglês), L. D. Reddick, além de ser a primeira a se beneficiar da descoberta de fitas de áudio gravadas por Coretta King nos meses subsequentes à morte do marido e do livro inédito de memórias escritas pelo pai de King. Este estudo também se baseia em centenas de entrevistas com pessoas que conheceram King, incluindo parentes e amigos próximos, muitos deles dispostos a falar mais abertamente do que nunca, devido ao tempo transcorrido.

O livro representa uma tentativa de analisar a vida de King tal como ele a viveu — e de entender a época dele e a nossa.

O retrato que aqui surge pode incomodar alguns. Mas as pessoas que eram mais próximas de King sabiam de seus defeitos e entendiam que o poder dele vinha de sua capacidade de lidar com as contradições, de lutar com as dúvidas tal como haviam feito seus heróis bíblicos. "Os grandes homens [...] não são fanfarrões nem bufões", escreveu Emerson, "mas percebem o terror da vida e se fortalecem para enfrentá-lo."

King fez isso e incentivou seus seguidores a fazerem o mesmo. Pedia aos apoiadores que amassem o delegado Theophilus Eugene "Bull" Connor, de Birmingham, o diretor do FBI J. Edgar Hoover e outros que impunham as leis e os costumes da supremacia branca. Entendia que o presidente Lyndon B. Johnson podia ser um de seus maiores aliados e um de seus inimigos mais perigosos. Insistia que os liberais brancos encarassem sua própria conduta racista, mesmo que isso lhe custasse o apoio deles. King se sentia desesperado. King se sentia incompreendido. Mas quando a pressão sobre si aumentou e ele podia recuar, firmou ainda mais sua posição, apesar dos riscos evidentes. Alertava que o materialismo corroía nossos valores morais, que o nacionalismo ameaçava esmagar todas as esperanças de fraternidade universal, que o militarismo alimentava o ceticismo e a desconfiança. Via, no centro da vida norte-americana, uma podridão moral e temia que o racismo tivesse cegado gente demais.

Dizia-se "uma vítima de sonhos adiados, de esperanças frustradas".

Também insistia que "nunca podemos perder a esperança infinita".

Ele nunca a perdeu.

PARTE I

1. Os King de Stockbridge

"Leve esse balde com leite para os vizinhos", disse um dia Delia King ao filho Michael.[1]

Delia, o marido Jim King e sua prole crescente eram arrendatários de uma pequena choupana de madeira em Stockbridge, na Geórgia, cerca de trinta quilômetros a sudeste de Atlanta. A choupana e a terra em volta pertenciam a um homem branco. Era ele que ficava com a maior parte da renda da colheita, apesar de ser a família King que, uma geração após o fim da escravidão, limpava o solo, plantava e colhia o algodão, e passava fome quando o sol escaldante ressecava a terra, deixando-a tão estéril quanto os sulcos de uma trilha batida. Mesmo assim, ao saber que o vizinho estava com uma vaca doente que não dava leite, Delia não pensou duas vezes.

"Era uma cristã muito devota", lembrou Michael, que depois mudaria de nome e passaria a se chamar Martin Luther King. "Lembro que na minha infância minha mãe dividia o que tinha com os outros", disse King num conjunto de fitas descoberto recentemente, gravado para uma autobiografia inédita.

Michael tinha uns doze anos quando a mãe o enviou para aquela missão, num dia claro de verão por volta de 1910.[2] Carregando o balde, ele passou na frente de uma serraria, onde viu alguns homens trabalhando com bois para puxar a madeira. De repente ouviu uma voz: "Ei, menino, vá lá no riacho pegar um balde de água para meus homens".

Michael, em tom de desculpa, falou para o dono da serraria que tinha uma entrega a fazer. Precisava ir. O dono da serraria agarrou Michael pela camisa e chutou o balde de leite. Quando Michael se abaixou para pegar o balde, a bota do homem branco atingiu a orelha do garoto. Ele caiu. Tentou se levantar, mas levou um soco na cara. Sangue escorria de sua boca. Tudo ficou nublado.

Michael se levantou, foi correndo para casa e viu a mãe no quintal, lavando roupa numa tina de ferro em cima de um braseiro. Delia examinou o rosto com sangue coagulado e a camisa rasgada do filho.

"Quem fez isso com você, Michael?", ela perguntou com a voz baixa e contida.[3]

O menino não respondeu.

"*Michael!*", Delia gritou. "*Quem fez isso?*"

Segurando com firmeza o menino pelo pulso, Delia foi até a serraria. Encontrou o dono.

"Você fez isso com meu filho?", falou ela, cravando os olhos no homem.

"Ô mulher! Você perdeu a cabeça? Suma daqui antes que eu..."

Delia gritou: "Você fez isso com meu filho?".

"Fiz..."

Ela abaixou o ombro e bateu no peito do dono da serraria, derrubando-o na lateral de um barracão. Segurou-o no chão e o espancou com as mãos e os braços calejados por toda uma vida de trabalho braçal. Um dos trabalhadores da serraria tentou tirá-la dali, e Delia deu um soco nele também. Os outros recuaram.

"Vocês podem me matar! Mas se encostarem um dedo num dos meus filhos, vão pagar por isso."

Delia girou os punhos, pronta para continuar, mas o dono da serraria quis parar por ali.

Ao voltar para casa, Delia limpou o rosto do filho. Recomendou que ele não contasse para o pai o que tinha acontecido. Uma mulher negra podia se safar por bater num branco, mas um *homem* negro provavelmente pagaria com a vida.

No entanto, logo Jim King ficou sabendo que o dono da serraria havia agredido seu filho. Como temia Delia, Jim pegou uma espingarda e foi até o local, decidido a se vingar. O dono não estava lá. Naquela noite, um bando de homens brancos a cavalo foi até a casa dos King. Jim King sabia que a lei não oferecia nenhum tipo de proteção, e por isso fez a única coisa que lhe ocorreu para salvar a si mesmo e a família: fugiu. Escapou para o mato e ficou por lá durante todo o verão, até o outono. Delia adoeceu. A safra do algodão sofreu, e os legumes foram colhidos tarde demais. A família teve dificuldade para sobreviver ao inverno.

Meses depois, Michael soube por um amigo que o dono da serraria estava mais calmo. As coisas podiam voltar ao normal. Jim King retornou para casa, mas normalidade era algo que não existia mais. "Vou estourar a cabeça de um daqueles malucos", disse para o filho. Jim bebia muito e tinha discussões violentas com Delia. Quando saía de casa, ia sozinho e levava a espingarda. Tentava caçar alguma coisa que desse para a família comer, mas em geral estava bêbado demais para *enxergar*, que dirá para acertar um coelho.

"Eu ficava me perguntando o que era o normal para nós", relembrou Michael, "e quanto tempo duraria."[4]

Os pais de Michael King tinham nascido nos anos da chamada Reconstrução, logo após o fim da Guerra Civil. Homens e mulheres recém-libertados da escravidão compravam terra, criavam igrejas e montavam comunidades. Também votavam, elegendo mais de 2 mil candidatos negros a cargos públicos, inclusive um governador na Louisiana, dez membros negros na Câmara dos Representantes e dois senadores federais. O historiador Eric Foner definiu a Reconstrução como "uma experiência radical de democracia inter-racial",[5] durante a qual trabalhadores antes escravizados se tornaram trabalhadores livres.

Mas a experiência não deu certo. Como escreveu W. E. B. Du Bois, "o escravo saiu livre, ficou por um instante ao sol, então regressou para a escravidão".[6]

A reação branca ao que os negros tinham conquistado foi imediata — e cruel.

O governo norte-americano permitiu que políticos brancos no Sul do país tratassem do chamado "problema preto" como bem quisessem. A animosidade racial se alastrou como uma metástase. O sistema de arrendamento da terra obrigou os agricultores negros a estabelecerem uma relação com os proprietários brancos, na qual eram profundamente explorados. Donos de fábricas e empresários do Norte, em sua maioria, compactuavam com essa situação, silenciados pelos lucros gerados pela mão de obra barata. Políticos brancos no Sul concluíram que os negros não só eram inferiores e, portanto, não aptos a ser tratados como cidadãos, como constituíam uma ameaça à sua segurança física. Legisladores sulinos aprovaram leis que estabeleciam um sistema de servidão por dívida, que não se diferenciava tanto assim da escravidão. No começo do século XX, todos os estados sulinos tinham leis concebidas para dividir raças e subordinar os negros. As normas de segregação — que costumam ser conhecidas como legislação Jim Crow — determinavam a separação das raças: em escolas, trens, teatros, igrejas, hotéis, hospitais, barbearias, banheiros, orfanatos, prisões, funerárias, cemitérios, entre outros locais. A legislação Jim

Crow proibia que negros e brancos jogassem juntos, em casa, dama, dominó e baralho.[7] O casamento inter-racial também estava proibido. Para muitos da comunidade branca, o maior medo era a miscigenação, que apagaria a linha divisória que tanto tinham se esforçado para criar e impor. Para outros, o maior medo era que houvesse um reordenamento do poder.

Os apoiadores viam a legislação Jim Crow como um sistema de controle — algo como uma represa — destinado a preservar o que consideravam ser a ordem natural das coisas. Em 1896, o Supremo Tribunal dos Estados Unidos sancionou juridicamente a segregação no caso Plessy versus Ferguson, no qual criou um critério de "separados, mas iguais", que podia ser qualquer coisa, menos iguais.

Atlanta se tornou a capital não oficial do Sul dividido em franca expansão. Foi em Atlanta que, em 1895, o educador negro Booker T. Washington apresentou sua famosa proposta de acordo, na qual dizia que os negros aceitariam, pelo menos no futuro imediato, a separação das raças desde que a comunidade branca, em troca, assumisse a responsabilidade por melhorar as condições sociais e aprimorar as qualificações da comunidade negra. Mas os críticos de Booker T. Washington temiam que tal acordo deixasse os negros numa condição permanente de subserviência. A Geórgia, como escreveu W. E. B. Du Bois em 1903, se tornou "o centro do problema preto — o centro daqueles 9 milhões de homens que são a herança sombria da escravidão e do comércio escravo americanos".[8]

Jim King — nascido no ano anterior à abolição da escravidão — personificava as frustrações acachapantes da vida negra no Sul dos Estados Unidos. Nunca aprendeu a ler nem a escrever. Nunca votou. Nunca teve propriedades. Pelo contrário, vivia constantemente em dívida com os brancos para os quais trabalhava. Ficou magro, irritadiço e raivoso. Os Estados Unidos não tinham dado muita coisa a Jim King, e então, de pouco em pouco, retiraram dele os escassos bens que conseguira juntar, deixando-lhe apenas o trabalho árduo, a frustração e a raiva. Foi assim que seu filho Michael descreveu a situação. O sonho americano, construído sobre as promessas redigidas pelos fundadores da nação, perdeu qualquer sentido. Jim King bebia até ficar com "uma expressão de ardor muito contido, mas muito intenso nos olhos", escreveu o filho, até deixar de se importar "com a vida, com a dor, com a raiva ou qualquer outra coisa".[9]

Delia, dez anos mais nova que o marido, mantinha a família unida. Nascida Delia Linsey em Ellenwood, na Geórgia, ela também crescera na fazenda de um homem branco. Seu pai, Jim Long, tinha sido usado durante a escravidão para gerar filhos, aumentando o suprimento de trabalhadores escravizados do proprietário e maximizando o retorno do investimento dele com a propriedade de seres humanos. As vítimas dessas relações sexuais forçadas eram mulheres escravizadas. A mãe de Delia, Jane Linsey, nascida em 1853, teve o primeiro filho aos dezesseis anos e depois teve mais quatro, sem se casar. Em 1880, o censo federal informava que Jane tinha 27 anos, era mãe de cinco filhos, sem marido, nem viúva nem divorciada, tendo como única ocupação "cuidar do lar". Jim Long aparece na página seguinte do censo, morando ali perto, com 36 anos, casado com uma mulher chamada Francis e pai de mais dez filhos.

Delia Linsey se casou com Jim King em Henry County em 20 de agosto de 1895.[10] Na certidão de casamento, o sobrenome de solteira de Delia está grafado Lindsey. Cinco anos depois, os King moravam em Ellenwood,[11] onde Jim trabalhava por diárias no campo e Delia cuidava da filha Woodie e do filho Michael. Outro filho, Lucius, morreu ainda bebê, em data não especificada. Além da lavoura, Jim King trabalhava meio período numa pedreira, até perder um dos dedos num acidente, o que o impediu de seguir trabalhando lá.[12] Em 1910, os King plantavam algodão em Stockbridge e criavam sete filhos.

Os relatórios do censo federal mostram que, em 1900 e 1910, Delia King não sabia ler nem escrever. Mas, em 1920, aos 45 anos, já se alfabetizara, muito provavelmente lendo a Bíblia. Quando não estava dando à luz, alimentando os filhos, cozinhando para a família, costurando, lavando, plantando legumes ou colhendo algodão, Delia fazia faxina e passava roupa para famílias brancas. Quando chovia, o teto vazava. O vento gelado soprava pelas frestas das paredes finas da casa, e a família se reunia em volta da lareira, "enquanto nossas costas tremiam de frio", lembrou Michael.[13] Na casa não havia água corrente nem banheiro. "Mas mamãe estava em paz consigo mesma", escreveu Michael, "por causa de sua fé constante." Qualquer que fosse o infortúnio que recaísse sobre ela, Delia King nunca "fechava os olhos de dor ou raiva a ponto de não ver a mão de Deus estendida para ela".

Todos os domingos, Delia e os filhos iam a pé para a igreja, levando os sapatos na mão para não gastar.[14] Alternavam-se entre a metodista e a batista.[15] Jim King não frequentava nenhuma das duas. "Ele não se importava nem um pouco com a igreja", lembrou Michael.[16] "Não ia à igreja [...]. Meu pai trabalhava a semana toda; no fim de semana se embebedava e então brigava com a minha mãe [...]. Passei a odiar os sábados e domingos pelo que meu pai faria e pelas encrencas que aprontaria." Mas Delia e as crianças, enquanto estavam na igreja, ficavam a salvo da raiva de Jim King.

Na Geórgia, o número de batistas negros era maior do que o de brancos.[17] A cultura e o ativismo político negros brotaram de bancos e púlpitos da igreja negra. Para muitos, a religião oferecia uma válvula de escape para a dor da vida cotidiana. Com frequência, pregadores batistas negros transmitiam a mensagem radical de que *todo mundo* era livre e igual pelas leis de Deus, que as regras e regulamentações feitas por brancos estavam erradas, que as hierarquias raciais inventadas pelos homens para justificar a escravidão eram falsas e covardes, que a selvageria da Ku Klux Klan e as leis segregacionistas do Sul eram abominações aos olhos de Deus, e que Deus nunca amaria um grupo mais do que outro por causa da cor da pele. Preces e hinos atenuavam o sofrimento de Delia King. Ofereciam a esperança de que seus filhos e netos poderiam viver dias melhores. A fé em Deus também ajudava a criar um senso de comunidade. O abate de porcos no inverno, por exemplo, trazia um senso comunal festivo, um exemplo vivo do espírito do amor de Jesus Cristo.[18] Como lembraria Michael King anos mais tarde, os que tinham leitões já em idade de abate dividiam a carne com quem precisava, sabendo que um dia seriam retribuídos. "Aquele tipo de partilha era para mim o cristianismo em ação", disse ele.

Martin Luther King Jr., neto de Delia, comentaria muitas vezes o papel do cristianismo na vida dos escravizados e de quem vivia a servidão por dívida. A terra que cultivavam não era deles. As plantações que semeavam e cultivavam não eram deles. Seus próprios corpos não eram de todo deles. Mas suas almas, dizia ele, nunca pertenceriam a um fazendeiro, a um senhor, a um KKK encapuzado, a um carcereiro, a um delegado, a um senador ou a quem quer que fosse; suas almas sempre seriam livres.

"Eram tantas as coisas que podiam desencorajá-los", disse Martin Luther King Jr., "mas aí vinha o velho pregador com seu jeito estropiado de falar, olhava para eles e dizia: 'Amigos, cês num é preto. Cês num é escravo, cês é fio de Deus.'"[19]

Não eram instruídos, disse King, "mas conheciam Deus". Sabiam que o Deus que adoravam não puniria alguns de seus filhos e enalteceria outros. "E assim", prosseguiu, "embora soubessem que em alguns dias tinham de ir descalços para o campo, isso não os detinha." E cantavam com seu falar estropiado:

Tenho sapato, cê tem sapato,
Tod'os fio de Deus têm sapato.
Quando chego no céu, vou pôr meu sapato
*E vou andar por todo o céu de Deus.**

* "*I got shoes, you got shoes,/ All of God's chillun got shoes./ When I get to heaven gonna put on my shoes/ And just walk all over God's heaven.*" (N. E.)

Não é possível rastrear grande parte da história da família King antes da Guerra Civil. Os senhores impediam que escravizados aprendessem a ler e a escrever. Os nascimentos e as mortes muitas vezes ficavam sem registro. Os coletores de impostos e os recenseadores tratavam os negros como propriedade, e seus nomes não eram anotados. No primeiro censo depois da Guerra Civil, feito em 1870, Jim King parece ter sido registrado como um menino de cinco anos chamado James Branham de Eatonton, na Geórgia, em Putnam County.[20] As idades de Jim e de seus pais — listados como Nathan e Malinda Branham — batem com as dos antepassados de King, sugerindo talvez que a família decidiu abandonar o sobrenome Branham, um vestígio da escravização, e, agora em liberdade, adotar King.

Os registros fiscais mostram que Jim e Delia King trabalhavam na propriedade de um branco chamado William B. Martin, em terras em Stockbridge, hoje em parte ocupadas por um Walmart Supercenter.

Michael King, pai de Martin Luther King Jr., era o segundo filho de Jim e Delia, nascido em 1897. "Minha mãe era bem mais do lado indígena, e meu pai era uma mistura de preto, irlandês e indígena", disse ele certa vez.[21] "Eu nunca soube onde meu pai tinha nascido nem quem eram os pais dele." Jim e Delia tiveram dez filhos. Esquentavam a água do banho e a água para cozinhar num "fogão de duas bocas" e usavam sacos de farinha para fazer a roupa de baixo, como Michael recordou mais tarde.[22] Por causa das exigências do trabalho rural e da precariedade do ensino, as crianças tinham aulas durante "dois ou três meses por ano, em escolas rurais mal equipadas, com apenas uma sala, comandadas por professores semiletrados que não eram muito mais bem preparados do que as crianças que lhes eram confiadas", escreveu ele.[23] Por mais que trabalhassem, o sistema de arrendamento jamais permitiria tranquilidade financeira aos King.

Após Delia atacar o dono da serraria e Jim fugir do bando de brancos, a família nunca mais se sentiu segura, conforme relembrou Michael. O alcoolismo de Jim King desestabilizou tudo. "Ele esquecia o que tinha de fazer", escreveu o filho, "quebrava as ferramentas quando se enfurecia, ficava longe da casinha para onde tínhamos mudado. Sumia durante dias. Ao voltar, gritava e dava ordens a todo mundo na base da ameaça." Um dia, voltou para casa "entupido de uísque", os olhos meio fechados, o queixo mole.[24] Na frente dos filhos, Jim deu uma bofetada no rosto de Delia.

"Não bata na mamãe", disse Michael, jogando o pai no chão para defender a mãe.

"Te mato", gritou o pai para o filho. "Te mato, seu desgraçado…!"

Michael levou a ameaça a sério e fugiu. Mas não ficou sumido por muito tempo; também não recorreu ao álcool nem à violência. Recorreu a Deus.

"Eu precisava de ajuda, e pelo menos sabia disso", escreveu ele.

Rezou e foi para casa.

Logo depois, enquanto todos dormiam, Michael King passou em silêncio pelos irmãos e pelas irmãs, se esgueirou para fora de casa e seguiu para a estrada. Ia descalço, levando no ombro os sapatos presos num barbante.[25] Era 1912. Ele tinha catorze anos e rumava para Atlanta.

2. Martin Luther e Martinho Lutero

Martin King mentiu a idade para trabalhar no transporte de carvão numa companhia ferroviária em Atlanta. Dormia num estrado num galpão de ferramentas no pátio da ferrovia. Era grande para a idade, além de forte. Sabia ler, mas não escrever.[1] Causou boa impressão nos patrões e foi promovido a foguista, um trabalho perigoso, no qual abastecia a fornalha das máquinas a vapor.

"Logo passaram a me ver como um touro que sabia fazer vapor", disse ele, "e como um crioulo gente boa", isto é, obediente.

Mas Michael King queria pregar. Ficava indo e vindo entre Atlanta e Stockbridge. Enquanto ajudava nas tarefas do sítio da família, praticava a pregação fazendo discursos fúnebres para as galinhas mortas, louvando cada uma delas pela vida bem vivida e "assegurando às sobreviventes e à congregação que sua alma estava a salvo no seio do Todo-Poderoso".[2] Em dezembro de 1917, já decidira que o ofício pastoral cristão seria o trabalho de sua vida. Tinha ouvido uma vez um bispo metodista falar com seus paroquianos "como se fossem cachorros", e "eu não queria fazer parte daquele tipo de tirania", lembrou ele.[3] Na Igreja batista, "encontrei a máxima liberdade e o maior potencial para crescer e servir".

Em 12 de setembro de 1918, aos vinte anos, ele se alistou no serviço militar, descrevendo-se como um agricultor que ainda trabalhava para um fazendeiro branco em Stockbridge.[4] Mas estava em fase de transição. Em 1920, já estava estabelecido em Atlanta e trabalhava como pregador. Logo pôde alugar um quarto confortável numa pensão e dirigir um automóvel Ford modelo T usado, que a mãe tinha comprado para ele depois de vender uma vaca. Encontrou trabalho em várias igrejas, recitando de cor versículos da Bíblia e improvisando sermões baseados nos que ouvira na igreja batista Floyd Chapel de Stockbridge.[5] No começo do século XX, a Geórgia tinha 334 mil batistas negros, mais do que qualquer outro estado.[6] As igrejas negras precisavam de pregadores — mesmo que fossem jovens, inexperientes e pouco estudados, como o rev. Michael King.

Nas primeiras décadas do novo século, mais de 90% dos 10 milhões de pessoas de ascendência africana — ou "pretas", como pessoas educadas diriam na época — nos Estados Unidos moravam no Sul, em geral em comunidades segregadas. Não podiam votar e precisavam frequentar escolas de qualidade inferior. O serviço de esgoto, a coleta de lixo, os espaços de lazer, a segurança policial e o atendimento à saúde eram piores do que nas comunidades brancas. Entre 1885 e 1930, houve mais de 4 mil linchamentos de negros, como parte da aplicação da segregação e da subordinação racial. Mas cada vez mais negros sulinos, incentivados por professores e pregadores, se negavam a aceitar com passividade o fato de ser tratados como cidadãos de segunda classe. Os índices de alfabetização aumentavam rapidamente entre os filhos e netos de escravizados. Moças e rapazes ambiciosos deixavam o Sul para escapar da discriminação flagrante e muitas vezes violenta. Entre eles estava a irmã mais velha de Michel King, Woodie, que se mudou para Detroit, bem como o jovem A. Philip Randolph, que saiu da Flórida para Nova York, onde trabalhava de dia e estudava à noite, e que em 1925 organizou a Irmandade dos Trabalhadores dos Trens-Leito, o primeiro sindicato majoritariamente negro do país.

Outros que também tinham ambições na vida, como Michael King, continuaram no Sul, mas se mudaram de cidades pequenas para grandes, onde também descobriram a força dos números. Conforme Atlanta crescia e se diversificava, o movimento pela justiça racial ganhava força. A Universidade de Atlanta, uma instituição para estudantes negros, tinha entre seu corpo docente W. E. B. Du Bois, o primeiro negro a receber o título de doutor em Harvard. Du Bois propunha uma estratégia de "agitação incessante", utilizando o ensino, o litígio judicial, a pressão política e a resistência física para conquistar direitos.

Michael King se lembrou dos pregadores em Stockbridge que andavam com "o bolso do casaco cheio de lápis que não sabiam usar", tentando disfarçar o fato de serem iletrados.[7] Cheio de aspirações, ele se matriculou na Escola Preparatória de Bryant, uma instituição batista particular fundada para crianças não atendidas pelas escolas públicas e também para adultos. Quando lhe informaram que teria de entrar no quinto ano por conta do seu nível de leitura e escrita, aquele sujeito de ombros largos e tórax robusto com humildade se espremeu na carteira na sala de aula.

King via um futuro brilhante em Atlanta e pretendia participar dele. A cidade era também o centro de uma campanha nacional de resistência à segregação, que estava cada vez mais organizada. A Associação Nacional para o Progresso das Pessoas de Cor (NAACP, na sigla em inglês), fundada em 1909 e focada em usar processos judiciais para atacar a legislação Jim Crow, tinha um braço forte em Atlanta. Entre seus líderes estavam John Hope, reitor da Universidade de Atlanta, Harry Pace, executivo da Standard Life Insurance Company [Companhia de Seguros de Vida Standard], Benjamin J. Davis, editor do *Atlanta Independent*, e Adam Daniel Williams, pastor da igreja batista Ebenezer.

Williams, conhecido como A. D., era um homem baixo e troncudo, cujos ombros e costas largos indicavam anos de trabalho braçal na terra onde tinha nascido, Greene County, na Geórgia, 130 quilômetros a leste de Atlanta. Os pais tinham sido escravizados — o proprietário deles era um branco chamado William Nelson Williams. O pai de A. D., Willis Williams, tinha sido pregador *e* escravo.[8] A. D., nascido por volta de 1860, perdera o polegar direito num acidente numa serraria. Decidido a trabalhar mais com a mente do que com o corpo, mudou-se de Greene County e se matriculou na Faculdade Batista de Atlanta, que mais tarde se tornaria a Faculdade Morehouse. Em 1894, quando assumiu a igreja batista Ebenezer, ela tinha treze membros e pagava uma hipoteca pesada. Mas os sermões de Williams e a música de sua esposa atraíram seguidores, e a igreja cresceu. A. D. Williams se tornou um dos pregadores batistas negros mais conhecidos e importantes do Sul dos Estados Unidos. Ele logo se adaptou à cidade. Um domingo, ao entreouvir um grupo de professores rir de seus erros de gramática, ele puxou uma das professoras de lado e lembrou a ela que, não muito tempo atrás, na época que a igreja estava arrecadando fundos para a sua construção, ele deu "cem dólar, e o homem que fala certo não deu nada!".[9]

Para Williams, a teologia e a ação social eram como vozes num coro, melhor juntas do que separadas. Quando a prefeitura propôs emitir títulos para escolas sem destinar nenhuma verba para construir uma escola pública para alunos negros no ensino médio, ele usou o púlpito para organizar um protesto. Quando se cansou de ver ofensas raciais impressas num dos jornais de proprietários brancos da cidade, *The Atlanta Georgian*, ele e outros pregadores incentivaram seus seguidores a boicotarem os anunciantes do periódico.[10] Em 1920, Williams persuadiu a NAACP a realizar a convenção nacional em Atlanta, e foi a primeira vez que o encontro ocorreu no Sul do país.

O rev. Williams e sua esposa, Jennie Celeste Williams, tiveram três filhos, porém dois morreram ainda bebês. Apenas a filha Alberta sobreviveu.[11] Era baixinha, corpulenta e tinha vergonha da própria aparência. Meiga e tímida, tinha um sorriso radiante e uma inteligência aguçada. Nas entrevistas que gravou para sua autobiografia inédita, Martin Luther King pai disse que já tinha ouvido falar de Alberta antes de conhecê-la. Assistia aos cultos na igreja Ebenezer, e um dia um pregador que estava substituindo Williams mencionou a única filha do reverendo. "Enquanto ele falava sobre essa única filha, fiquei muito impressionado", disse King pai.[12] "Eu nunca a tinha visto ou conversado com ela. Falei para alguns rapazes que estavam ali: ela vai ser minha esposa." Parecia menos motivado pela atração do que pela ambição.

"Ela nem olharia para você", disse um dos amigos de King.

"Anote o que estou dizendo", ele respondeu. "Ela vai ser minha esposa."

É verdade que ele era um rapaz bonito e tinha um Ford Modelo T em condições respeitáveis, mas o resto de seu currículo romântico era fraco. Não tinha muito dinheiro, as roupas eram surradas, lia, escrevia e falava errado. Ele reconhecia que a filha do pregador talvez não fosse para o bico dele. Mas confiança e motivação eram coisas que não faltavam a Michael King. Quando percorria a Geórgia para pregar, às vezes as congregações lhe pagavam com sacos de batatas ou animais de fazenda, que ele trocava por gasolina ou sapatos de segunda mão. Sua pregação "se baseava no apelo emocional que os batistas do campo entendiam melhor do que qualquer um no mundo", disse ele. Mas tinha o cuidado de não deixar que esse sentimento o levasse a "envolvimentos precoces" com moças do campo.[13] Não queria voltar a viver em um sítio.

Em Stockbridge, os amigos de Michael King costumavam fazer graça por ele voltar com cheiro de celeiro de suas tarefas matinais. Ele respondia: "Posso *ter cheiro* de jumento, mas sem dúvida não penso como um!".[14] Agora, ele usava essa mesma obstinação para conquistar a atenção de Alberta Williams. Todos os dias andava devagar pela Auburn Avenue, esperando que ela o visse. Um dia, ao anoitecer, como ele queria, ela apareceu na varanda da frente de casa e sorriu, e assim ele teve o incentivo de que precisava. Dia após dia ia vê-la. Admirava o modo como ela "falava tão bem, tão claro, e juntava tão bem tantas palavras numa mesma frase". Tinha dificuldade para acompanhar. Segundo a versão dele do diálogo, ele teria dito: "Tô pregando em dois lugares... Num vou ficar aqui muito tempo".

Mas ele tinha planos.

"Ora, ora, rev. King", disse a dona da pensão onde Michael morava, ao vê-lo sair com sua melhor camisa branca e sapatos reluzentes, "deve estar pretendendo cortejar alguma bela jovem."

"Não, senhora", ele respondeu. "Pretendo me casar."

* * *

De início, quando Michael King pediu permissão para se casar com Alberta, Jennie Williams objetou.[15] Mas A. D. Williams defendeu o rapaz, dizendo: "Mulher, esse King não tem nada. Não tem dinheiro, nem igreja, nem nada. Mas o que penso é que com o tempo ele vai ter tudo o que não tem, e ainda mais. Pois é um homem íntegro e honesto".[16]

Mesmo assim, Williams insistiu que o rapaz que cortejava sua filha teria de esperar e provar seu valor. "Aqui vai ser diferente em poucos anos, King", disse ele. Os negros estavam se manifestando e agindo de formas novas e ousadas. O movimento "Volta à África", de Marcus Garvey, ganhou milhares de apoiadores. Os Estados Unidos estavam mudando, "quer o branco consiga lidar com isso ou não", disse o rev. Williams ao rev. King. "É possível que venha um longo período de dificuldades, e espero que você esteja preparado para isso."

Michael King aguardou mais de seis anos pela chance de se casar com Alberta Christine Williams. Ele foi com outros fiéis a piqueniques, chás da tarde e passeios de barco, até que todos na igreja o conhecessem e soubessem de suas intenções. Ele dizia que Alberta era seu "buquê de coisas boas", pois ela iluminava tudo e todos ao redor. Por fim, ele abreviou a expressão para o apelido com que a tratou por toda a vida: Buquê.

Alberta estudava na Faculdade Spelman, enquanto Michael estava matriculado na Morehouse. As duas tinham sido construídas em terras doadas por John D. Rockefeller, o magnata do petróleo e filantropo branco, e criadas para melhorar as oportunidades educacionais para negros; a Spelman era destinada a mulheres e a Morehouse, a homens. Entre os docentes da Morehouse estavam alguns dos homens e mulheres negros mais respeitados na cidade. Os alunos entravam num clube que os definiria e moldaria durante boa parte da vida. De início, Michael King não passou na prova para ingressar na Morehouse. Obstinado, ele entrou no escritório do diretor da faculdade, o dr. John Hope, e pediu uma chance. O dr. Hope autorizou seu ingresso sem que ele precisasse refazer a prova. No primeiro ano, foi reprovado duas vezes em inglês, passando enfim no curso de verão com conceito D.[17] Foi reprovado também em outros cursos. Mas, como ele disse, uma lição ficou: os homens da Morehouse não desistiam.

Michael King disse a Alberta que podia ver o futuro de ambos. Ele iria se formar na faculdade e seria pastor de uma grande igreja. Os dois se casariam, construiriam uma casa na Bishops Row em Atlanta e formariam uma família. Dane-se Jim Crow, disse King. Ele e Buquê iam viver o sonho norte-americano.

O namoro continuou mesmo quando Alberta foi para a Virgínia passar um ano e meio para obter a licenciatura. Ela insistiu que Michael continuasse a estudar e lhe deu aulas particulares sobre alguns temas que ele não aprendera quando criança. Ela era a mais instruída dos dois e a que tinha melhor formação em assuntos religiosos. Mas, às vezes, Alberta não conseguia acreditar que Michael a achasse atraente. Um dia, ela comentou com a família que tinha a impressão de que o interesse romântico dele era movido mais por aspirações profissionais do que por sentimentos amorosos.[18] Os amigos de Michael zombavam dele pela mesma razão, dizendo que ele ia se casar por status, preparando-se para ingressar numa das famílias negras mais importantes de Atlanta e comandar a igreja batista Ebenezer.

Quando enfim os convites de casamento foram enviados, o nome de Michael King constava numa bela caligrafia como rev. Michael Luther King, marcando a primeira vez, até onde se sabe, em que ele usou um nome do meio que quase certamente não recebera ao nascer. O casamento foi realizado no Dia de Ação de Graças, em 25 de novembro de 1926, no santuário da Ebenezer. Os recém-casados foram morar num quarto no segundo andar da casa dos Williams, na Auburn Avenue. Era uma casa quadrada, estilo rainha Ana, construída em 1895 para uma família de imigrantes alemães. Tinha quase doze metros de jardim de frente e estava no alto de uma pequena elevação, cercada por olmos e sicômoros. Tinha duas laterais tomadas por uma varanda coberta. A luz do sol entrava pelas janelas grandes do segundo andar.

No começo do ano seguinte, em 1927, o rev. King se tornou pastor associado da igreja batista Ebenezer, trabalhando ao lado do sogro. Em 11 de setembro, Alberta deu à luz uma menina, Willie Christine King, que era chamada de Christine ou Chris.

O segundo filho veio dezesseis meses depois, em 15 de janeiro de 1929, por volta do meio-dia. Alberta deu à luz em casa, no quarto principal, enquanto Michael esperava do lado de fora, no corredor. A segunda gravidez tinha sido difícil, e o parto exigiu uma forte sedação. Quando por fim o bebê surgiu, um silêncio melancólico tomou conta do aposento. O menino jazia imóvel, aparentemente sem vida. Então um tapa na bundinha do bebê trouxe um grito, seguido pelo alívio e pela comemoração.

"Eu soube que fui um fardo para você antes de eu nascer", diria o menino anos depois para fazer graça com a mãe. "Valeu a pena?"[19]

Alberta sorria e dizia ao filho que sim, claro que tinha valido a pena.[20]

Deram-lhe o nome de Michael King, sem nome do meio, sem iniciais, sem "Júnior". Chamavam-no de Little Mike.

Em 1930, um recenseador do governo esteve na residência dos King e registrou “Marvin L. King” como o chefe da casa. O filho de um ano foi registrado como “Marvin L. King Jr.”. Alguns anos depois, Michael King pai começou a redigir seu nome nos programas da igreja como “M. L. King”. Mais tarde, ele contou a um dos netos que a decisão de mudar o primeiro nome de Michael para Martin, adotando Martin Luther King, ocorreu durante uma viagem à Alemanha, em 1934, quando King soube mais sobre Martinho Lutero [Martin Luther, em inglês], o frade alemão do século XVI que pregou suas 95 teses na porta da igreja do castelo Wittenberg, gesto que dividiu o cristianismo ocidental e levou à Reforma Protestante.

“Ele se identificou de verdade com Martinho Lutero”, disse Isaac Newton Farris Jr., neto de King.[21] “Tinha dentro de si aquele mesmo espírito combativo.”

A mudança se provou brilhante. “Martin Luther” conferia distinção ao sobrenome King. Servia como uma espécie de título honorífico. Associava os homens King a um reformador religioso destemido que se manteve firme em suas crenças, apesar da excomunhão e das ameaças de morte. Como Martin Luther King Jr. diria anos mais tarde, “meu pai e eu lutamos durante toda a vida pela reforma, e talvez tenhamos conquistado nosso direito ao nome”.[22] Lutero, como os King, era muitas vezes atormentado pela incerteza, mas sabia que sua fé era mais forte do que suas dúvidas. O nome também vinculava os King do século XX a uma das principais ideias pessoais e teológicas de Lutero: a de que um cristão é *simul justus et peccator* — ao mesmo tempo justo *e* pecador.

Um dia o nome Martin Luther King Jr. se tornaria um feriado nacional, um monumento nacional e um milhar de ruas. Mas, em casa, quando menino, ele era chamado de Little Mike ou, com mais frequência, M. L.

3. Sweet Auburn

Martin Luther King Jr. teve a sorte de nascer e crescer na Auburn Avenue em Atlanta.

Sweet Auburn [Doce Auburn], como os moradores da área diziam, era um lugar mágico, parcialmente protegido dos rituais e das regras racistas que vigoravam em grande parte do Sul. Os atlantenses negros que moravam lá anunciavam seu orgulho em letras garrafais pintadas em placas de madeira: BARBEARIA GATE CITY, SALÃO DE BARBEAR DESOTO, SALA DE BILHAR ZIG-ZAG, JOALHERIA DE HOLLOWAY. Um escritor se referia à região como "a rua de pretos mais rica do mundo".[1]

Sweet Auburn tinha suas origens na violência. Em 1906, uma série de notícias de jornal exageradas publicou que mulheres brancas tinham sido atacadas por homens negros em Atlanta. A violência estourou por toda a cidade, deixando pelo menos doze mortos e centenas de feridos, em sua maioria negros. Por conta disso, muitos pequenos lojistas negros se transferiram do distrito comercial central para o enclave mais seguro da Auburn Avenue. Ao mesmo tempo, muitos lojistas brancos da Auburn Avenue fugiram. A desvalorização dos imóveis permitiu ao rev. A. D. Williams construir sua igreja na esquina da Jackson Street com a Auburn Avenue.

Devido ao racismo profundamente entranhado da Geórgia, a relativa prosperidade e independência da Sweet Auburn era ainda mais preciosa. Em 1926, o empresário e líder local Ivan Allen pai lançou uma campanha que, em quatro anos, atraiu para a cidade 679 fábricas, escritórios comerciais e armazéns. Allen elogiava o clima de Atlanta, suas escolas e sua "mão de obra anglo-saxã inteligente e adaptável", deixando claro, como disse o escritor Gary Pomerantz, "que nem imigrantes, nem negros atrapalhariam a via da prosperidade".[2] Em Sweet Auburn, onde negros tinham bancos e livrarias, companhias de seguro e funerárias, boates e jornais, a liberdade parecia ao mesmo tempo uma bênção e uma provocação. As possibilidades eram assustadoras e estimulantes. Os alunos negros com boas notas na escola também conseguiam a chance de cursar faculdades próximas, com professores negros que haviam estudado no Norte e tinham ideias novas e arrojadas sobre as possibilidades que se abriam em sua própria vida e na de seus estudantes. O *Atlanta Daily World*, o primeiro jornal diário de sucesso no país a ser produzido por e para negros, apresentava as realizações de seus leitores e os incentivava a atingir objetivos ainda maiores. Aos domingos, pregadores negros, entre eles A. D. Williams e Martin Luther King pai, faziam sermões inspiradores para incutir nos devotos a esperança de que um dia o país inteiro seria tão ou mais doce do que Sweet Auburn.

Numa manhã de primavera de 1931, enquanto se preparava para a igreja, Williams teve um colapso e morreu. O ruído da queda "abalou a casa",[3] relembrou Christine King, que na época tinha três anos. A princípio, Martin Luther King pai não quis substituir o sogro na Ebenezer, como ele mesmo lembrou em entrevistas. A igreja tinha problemas financeiros e uma congregação que vinha diminuindo, e King conquistara um grande número de seguidores em outra igreja, cujo nome não foi citado. Mas Alberta não queria deixar a igreja "onde frequentara o culto desde o nascimento", disse King, que concordou em acatar os desejos da esposa. A igreja recebeu o novo pastor com um banquete elegante, que incluía uma refeição de quatro pratos servida por garçons de uniforme.[4] As mesas eram decoradas com flores primaveris, velas verdes e amarelas e vasilhas ornamentadas com folhas de hortelã verdes e amarelas. Não demorou muito para o rev. King conquistar os membros da igreja e a frequência aumentar.[5]

Segundo W. E. B. Du Bois, a tarefa de um pregador negro era ser "um líder, um político, um orador, um 'chefe', um articulador, um idealista".[6] Assim, King tinha uma posição de prestígio na comunidade. Como membro da família mais importante da igreja, o garoto M. L. também tinha status e era esperado dele que se comportasse de acordo com sua posição. E assim ele costumava ser: um menino simpático, bonzinho e obediente.

A família King continuou a morar na casa dos Williams na Auburn Avenue. No quarteirão onde M. L. cresceu, os chefes de família eram lojistas, carregadores, diaristas e criados. Na frente da casa dos King havia uma pequena mercearia.[7] Aos três anos, M. L. fez amizade com um menino branco, filho do dono da mercearia. "Na infância, sempre nos sentíamos à vontade para brincar juntos", M. L. escreveu anos depois num ensaio para a faculdade. "Ele não morava em nossa comunidade, mas costumava ficar por lá todos os dias até umas seis da tarde [...]. Aos seis anos, nós entramos na escola — escolas separadas, é claro." Mesmo então, nos finais de tarde e nos fins de semana, M. L. procurava o amigo. Posteriormente, teve dificuldade em entender por que a amizade entre eles esfriou. Foi aí que o menino branco disse a M. L. que o que tinha causado o afastamento não era só o ingresso na nova escola; era a cor da pele de M. L. O menino não tinha mais permissão de brincar com crianças negras.

À noite, enquanto a família estava à mesa, M. L., chocado, pediu aos pais que lhe explicassem. "Pela primeira vez eu soube da existência de um problema racial", escreveu ele. "Antes eu nunca tinha tido consciência dele."

Alberta King consolou o filho. "Você é igual a todo mundo."

M. L. comentou que foi uma experiência definidora. Iria lembrá-la e recontá-la várias vezes até o final da vida. Com a repetição, alguns detalhes foram se alterando, mas a dor profunda pela amizade perdida, somada ao conhecimento que agora tinha sobre o racismo, nunca mudou. Quando a mãe de M. L. lhe disse que ele era igual a todo mundo, o que estava implícito era que havia outras pessoas que não pensavam assim, e com isso surgiu uma questão que moldou a vida do menino, como faria com a de muitos outros. Por que sou definido e classificado? Por que sou julgado?

"Fiquei profundamente chocado", escreveu, "e naquele momento decidi odiar toda e qualquer pessoa branca."

Sua história estava longe de ser incomum. "Toda criança negra no Sul tem uma vivência do racismo que é o eixo de sua alma",[8] escreveu o ativista dos direitos civis James Farmer, que era nove anos mais velho que Martin Luther King Jr. e tinha uma história pessoal não muito diferente. "Para os afortunados, é como um relâmpago que vem de uma vez. Para outros, é uma morte gradual, uma lasca de maldade que abre caminho até o coração." Como escreveu David Levering Lewis, biógrafo de W. E. B. Du Bois, a verdade dessas histórias pode residir em sua validade moral, tanto quanto em sua precisão factual. Martin Luther King Jr., quando contava sobre sua amizade de infância destruída, nunca citava o nome do menino branco nem comentava o futuro que ele tivera. Não era essa a questão. A intenção era mostrar que as crianças não nasciam racistas. King também procurava descrever como se haviam atribuído valores desiguais às cores da pele na sociedade norte-americana, como esses valores moldavam a vida dos americanos negros e brancos, como esses valores, por sua vez, moldavam a nação e como sua nova percepção forjava sua força interior, tal como tinha ocorrido com seu pai, levando-o a escapar de Stockbridge.

A decisão de M. L. de odiar toda e qualquer pessoa branca logo se desfez, mas a de combater o racismo nunca esmoreceu.

"Esperem e verão", disse o garoto de seis anos para a família.[9] "Vou arranjar umas palavras *bonitas*."

M. L. ouvia o pai pregar palavras bonitas no púlpito — como "santificar", "graça", "perdão" e "benevolência". Ouvia palavras bonitas erguidas ao céu pelo coro da mãe e palavras bonitas lidas na Bíblia e gravadas em sua memória, que forjavam sua identidade e o colocavam em contato com Deus. Esforçava-se para dominar um enorme vocabulário.[10] Os termos certos, disse ele uma vez, eram como os biscoitos de sua avó — tão bons que davam vontade de "percorrer a comunidade para distribuí-los".[11] Desde pequeno palavras bonitas habitavam dentro dele e alimentavam um enorme senso de ambição.

Amava os livros antes de aprender a ler, encontrava conforto em sua solidez, em sua promessa de conversas futuras, e se cercava deles como outras crianças faziam com cobertores e bichinhos de pelúcia, embora não tenha especificado quais livros de sua infância moldaram seu extraordinário intelecto. Decorava longas passagens da Bíblia. Aprendia hinos e, com a mãe ao piano, cantava em convenções e grupos da igreja. Adorava receber atenção, competindo não só com os irmãos, mas também com o pai, que se erguia e pregava todos os domingos para ouvintes arrebatados. Quando os pais não estavam em casa, Lillian Watkins, a secretária da igreja, cuidava das crianças King. Uma das brincadeiras favoritas delas era "a igreja", e M. L. sempre pregava.[12]

Quando tinha apenas quatro anos, M. L. se infiltrou na escola da Yonge Street, acompanhando a irmã Christine como se fosse seu colega de classe. A mãe de M. L. permitiu que o filho tentasse esse truque, e o truque durou vários meses; só foi descoberto quando um professor ouviu o menino alardear que logo faria aniversário e que o bolo teria "cinco velas grandes em cima".[13] Em 1935, quando se matriculou de fato na escola só para negros, depois de um semestre ele já pôde passar para o segundo ano.

M. L. era um ano e quatro meses mais novo que a irmã e um ano e meio mais velho que o irmão, Alfred Daniel, que todos chamavam de A. D. A diferença de idade entre os irmãos era tão pequena que a ordem de nascimento não tinha muita importância. Eram iguais, companheiros de brincadeiras e rivais, e as interações eram moldadas mais pela personalidade do que pela idade.

O quarto de Christine ficava no térreo, enquanto M. L. e A. D. dividam um cômodo bagunçado no andar de cima, ao lado do quarto dos pais. As crianças King mostravam a personalidade em jogos como Banco Imobiliário, de acordo com a lembrança de um amigo do bairro. A. D. trapaceava; Christine agia com uma cautela que limitava seu sucesso; M. L. estudava as regras, recusava os convites do irmão para entrar em seu jogo duplo e fazia lances agressivos para dominar o tabuleiro e levar os rivais à falência.[14]

Além da sorte de ter crescido na Auburn Avenue, M. L. também foi afortunado por ter sido criado num lar amoroso, com pais instruídos e num casamento estável.

Ele sabia que era amado, e não só pelos pais, mas também pela avó materna, Jennie Williams, que morava com a família e a quem os netos chamavam de "Mama". Por mais ocupados que todos estivessem, as crianças King tinham de estar em casa para o jantar.[15] A cozinha onde Alberta e Jennie preparavam as refeições ficava nos fundos do térreo. O cômodo era pequeno, mas elas preparavam grandes quantidades de comida, sempre mais do que suficientes para alimentar a família, pois era frequente terem convidados. Os King gostavam muito de frango frito, tripa de porco, macarrão com queijo, pernil caramelizado, costeleta de porco ensopada, milho, feijão-fradinho, couve, tortas, bolos de frutas e pudim de pão. Para uma família que havia não muito tempo tinha saído da pobreza, cada refeição era uma celebração e um sinal das bênçãos de Deus. Os King tinham até horta no quintal.

"Meu pai sempre insistia para que eu e minha mãe fizéssemos comida a mais", disse Alberta Williams, lembrando como sua própria infância moldou a de seus filhos.

> Ao voltar da união dos pastores, ele nunca chegava em casa sem trazer dois ou três pregadores, ou mais, e eles se sentavam em volta da mesa e se divertiam muito, contavam piadas e só conversavam [...]. M. L. Jr. era muito parecido, porque sempre trazia alguém, mesmo quando era pequeno; eles costumavam encher tanto minha casa de crianças que às vezes parecia um jardim de infância, um parque de diversões ou algo parecido.[16]

Várias vezes por ano, Daddy King, como Martin pai gostava de ser chamado, levava os filhos a Stockbridge para lhes mostrar como até pouco tempo atrás a vida dele tinha sido diferente.[17] Parava o carro e colhia caruru-bravo — uma erva venenosa comum que só dava para comer depois de ser fervida várias vezes, para retirar as toxinas.[18] Levava a família à igreja batista Floyd Chapel, onde aprendera a pregar.[19] Infelizmente, os filhos nunca chegaram a conhecer a mãe dele, Delia, que tinha morrido de câncer em 1924, aos 49 anos. "Ódio só cria mais ódio, Michael", disse ela ao filho temperamental antes de morrer.[20] "Não odeie." O pai dele, Jim, depois morou em Atlanta e conheceu os netos. Morreu em 1933, aos 68 anos.

Para exibir seus dons de memorização e impressionar os pastores e educadores que vinham de outras cidades para jantar com a família, as crianças King recitavam versículos bíblicos. Daddy King se sentava à cabeceira da mesa, Alberta na outra ponta, as crianças entre eles.[21] M. L. mostrava talento para a memorização, em especial de canções. "Ele era muito interessado em música, creio que desde o começo", disse Alberta.[22] "E claro que acompanhava com facilidade os coros enquanto cantavam, e na semana seguinte nós o ouvíamos pela casa." Na hora de tirar a mesa, era responsabilidade das crianças lavar os pratos. M. L. às vezes se escondia no banheiro para fugir da tarefa, mas os irmãos nunca o deixavam escapar.

Daddy King era uma presença poderosa e temida. Era musculoso, tinha uma voz trovejante de baixo e, como ele mesmo reconhecia, um temperamento difícil. Também era um pai atencioso, sempre disponível para ir aos recitais de música e às apresentações dos filhos. Como filho de um alcoólatra violento, Daddy King comandava o lar como gostaria que o próprio pai tivesse feito — com disciplina e sobriedade. Uma vez ele disse: "Eu sempre rezava: Senhor, permita que meus filhos nunca passem pelo que passei".[23]

Quando os filhos se comportavam mal, Daddy King batia neles com um cinto, uma vara ou um bastão. Às vezes, mandava que as crianças se castigassem umas às outras.[24] Assim demonstrava que não gostava de aplicar castigos físicos? Ou, ao fazer com que um filho infligisse dor a outro, punia a ambos? Louis E. Lomax, amigo de M. L., disse que homens como Daddy King eram "fortes e resolutos"[25] e tendiam a "confundir seus desejos pessoais com a vontade de Deus". Por isso, seus filhos viviam sob pressões insuportáveis e expectativas irreais. Fosse qual fosse a motivação de Daddy King, ficou claro que o filho do meio preferia receber um castigo a aplicá-lo, principalmente se precisasse bater na irmã. Quando era espancado, M. L. nunca deixava que o pai o visse chorar. Mas tampouco o confrontava.

Anos depois, amigos e pessoas próximas de Martin Luther King Jr. refletiram sobre os efeitos daquelas surras. "Creio que Martin era muito mais temeroso do que aparentava", disse Bayard Rustin, um pacifista e ativista dos direitos civis que foi um dos assessores mais próximos de King.[26] Segundo ele, King não tinha o menor problema em enfrentar xerifes brancos racistas, mas não era capaz de suportar conflitos com líderes mais velhos do movimento, como Roy Wilkins ou Whitney Young, e às vezes nem mesmo com os integrantes de sua própria organização. "Agora penso que a origem de tudo isso é porque o pai era muito bruto com ele quando menino", disse Rustin. Ele ansiava pela aprovação paterna e, ao mesmo tempo, também queria se afirmar e explorar seus grandes talentos. Esse conflito moldaria sua vida.

Apesar de suas objeções ao método paterno de punição, o jovem M. L. ainda não tinha adotado a filosofia da não violência. Certa vez, quando A. D. estava infernizando Christine, M. L. ficou tão bravo que pegou um telefone — numa época em que os telefones eram grandes e pesados — e bateu com força na cabeça do irmão. "Você o matou!", gritou Christine antes de A. D. recobrar a consciência após jogarem um pouco de água em seu rosto.[27]

M. L. cresceu durante a Grande Depressão, quando cerca de dois terços da população negra de Atlanta sobrevivia com um baixíssimo auxílio monetário do governo. Em termos nacionais, 90% das famílias negras enfrentaram a pobreza em algum momento da Grande Depressão (contra menos de 50% de todas as famílias brancas). A fome, a falta de um teto e uma sensação assustadora de desamparo se alastraram pelo país. Secas complicaram a crise. O racismo a piorou ainda mais. A Grande Depressão era um doloroso lembrete de que, desde a Guerra Civil, os americanos negros não tinham alcançado nada que se aproximasse da igualdade. Metade deles ainda não estava alfabetizada em 1915 e três quartos viviam como rendeiros ou meeiros pobres.[28] O número de artesãos negros tinha, na verdade, diminuído desde o final da escravidão.[29] Programas do New Deal destinados a ajudar os pobres tinham um efeito limitado, porque costumavam ser conduzidos por políticos brancos, que não se interessavam pela população negra ou não tinham vontade de ajudá-la.

Perto de Auburn Avenue, M. L. via barracos precários, pensões superlotadas e crianças com roupas muito mais surradas do que as dele. "Eu era novo demais para lembrar do começo da Grande Depressão", escreveu M. L. não muito tempo depois do fim do período, "mas lembro que, quando eu tinha uns cinco anos, perguntei em casa o que significava aquela quantidade de gente em filas para pegar pão." Alberta King comentou sobre os filhos: "Tentamos incutir neles qualidades como amor, bondade e uma grande preocupação pelas outras pessoas, e creio que isso os acompanhou pela vida".[30]

Durante a Grande Depressão, uma nova geração de políticos defendeu que o governo devia aliviar o sofrimento humano. Lyndon Baines Johnson, filho de um agricultor e político texano, foi eleito para o Congresso em 1937 e começou a destinar verbas federais para projetos que melhorassem as condições de vida de seus eleitores rurais pobres. A justiça racial ainda não ocupava um lugar de destaque na agenda federal, mas esse solo já começava a ser arado e semeado, e logo novas ideias germinariam.

Mesmo em tempos econômicos difíceis, o salário do rev. King na igreja permitia que a família possuísse casa e carro, sem dívidas. As crianças tinham um cachorro chamado Mickey.[31] O garoto M. L. era dono de uma bicicleta. Ele e os irmãos recebiam mesada. Vestiam-se bem. O privilégio deles, porém, cobrava um preço: por onde andassem, eram observados e se esperava que se comportassem bem. Para M. L., a igreja batista Ebenezer era um segundo lar. A personalidade de M. L. não só se expressava por meio da religião, como era forjada por ela. Na igreja, como em casa, a mãe e o pai desempenhavam papéis que se contrabalançavam. O pai proferia sermões trovejantes, repletos de fúria profética, enquanto a mãe apresentava hinos jubilosos acompanhados de palmas. Era Alberta King, como disse um amigo de M. L., quem mostrava ao filho a "doçura na religião"[32] e na vida. Para outro amigo, ela era pacifista por natureza e ensinou ao filho: "Você não precisa lutar, em especial quando está seguro no plano espiritual".[33]

No final de abril de 1936, quando M. L. estava com sete anos, um evangelista de Detroit esteve em Atlanta para um avivamento na Ebenezer, pregando e conduzindo um coro todas as noites, durante duas semanas. "Traga alguém ímpio com você",[34] dizia a notícia no *Atlanta Daily World*. M. L., em seu pedido de inscrição no Seminário Teológico Crozer, na Pensilvânia, mencionou que nesse evento ocorreu seu batismo e ingresso na Igreja. O rev. H. H. Coleman liderou o avivamento para a salvação das almas, inclusive a das crianças. Os ouvintes gritavam de júbilo.[35]

"Os homens precisam sentir fome de religião", pregou Coleman num de seus sermões na Ebenezer.[36] "Precisam sentir sede da água da vida. Jesus nos dará uma fonte de água — um suprimento que nunca deixará de existir. Não importa aonde vamos, a levamos conosco, para beber dela quando estivermos prontos."

A versão de M. L. desses eventos é um pouco falha (ele lembrava ter cinco anos, e não sete), mas, em seu pedido de inscrição no Crozer, ele de fato declara que ingressou na Igreja no dia 1º de maio de 1936, tendo sido batizado dois dias depois. Os batistas costumam fazer "batismos de crentes" depois de aceitarem Jesus como salvador, mas essas cerimônias em geral envolvem crianças um pouco mais velhas. O evangelista itinerante pode ter perguntado após o sermão se algum menino ou menina queria aceitar Jesus e "ingressar na Igreja". Christine, a irmã mais velha de M. L., foi a primeira a se apresentar. "Resolvi que não a deixaria passar na minha frente", lembrou M. L., "e então fui o próximo. Eu nunca tinha pensado no assunto, e mesmo no momento do batismo eu não estava ciente do que acontecia." Como ele tinha crescido numa igreja negra fundamentalista, pode ser que só achasse que fazia o que se esperava dele. "A partir disso, parece bastante claro que ingressei na Igreja não por uma convicção ativa", disse ele, "mas por um desejo infantil de acompanhar minha irmã."

As crianças King eram competitivas. A casa tinha um quintal grande e havia um terreno baldio ali perto, com espaço para partidas de futebol, corridas e competição de arremessos de pedra, em que as crianças testavam a força do braço e a habilidade em se esquivar dos projéteis. M. L. era miúdo e compensava o tamanho com velocidade, estratégia e coragem. Na quadra de basquete, seus companheiros de equipe se incomodavam por ele arremessar demais.[37] No campo de futebol americano, acertava com força quem estava com a bola. "Se você corria atrás dele" no campo, disse seu amigo Emmett Proctor, "e começava a alcançá-lo, ele caía na sua frente. Bem na sua frente. E você tropeçava nele, para então ele se levantar e seguir."[38]

De vez em quando, as brincadeiras brutas levavam à troca de socos. "Vamos para a grama",[39] dizia M. L., mostrando que mesmo para agredir era pragmático, escolhendo um campo de batalha que amorteceria as quedas inevitáveis. Ele foi atropelado duas vezes por automóveis enquanto andava de bicicleta, mas só se queixou de tê-la amassado.

O que levava um garoto mais baixo e mais franzino do que a maioria a pensar que podia sair na porrada e vencer? Ou que ganharia pontos por não chorar ao apanhar com cinto do pai? O que o tornava tão seguro de si entre os adultos e, mais tarde, entre as mulheres bonitas? Por que um garoto nascido numa sociedade profunda e violentamente racista pensou que poderia mudá-la? Sua atitude vinha, pelo menos em parte, do prestígio de ser filho de um pastor importante e crescer protegido de pelo menos algumas das dificuldades que outros enfrentavam. Claro que crescer com um pai importante, exigente e às vezes violento também pode ter contribuído para a insegurança e a tendência depressiva de M. L.

Embora ele não soubesse que, como o pai, seguiria a carreira de pastor, a Igreja batista negra o formou em aspectos fundamentais. Assim como seu nome. Sua amiga June Dobbs Butts lembrou: "Os garotos pegavam no pé dele, dizendo: 'Eu achava que você era Mike, e agora é Martin'".[40] Durante a infância, ele fez uma transição gradual de Mike para M. L. Mas, embora o pai tivesse mudado oficialmente o nome do filho, ninguém chamava o jovem King de Martin. "Creio que aquele nome o atraiu ainda mais para o ministério", disse ela.

Martin Luther King Jr. cresceu acreditando em um Deus da redenção, do julgamento, da graça e dos milagres, um Deus pessoal que acreditava na importância dos negros, independentemente do que os brancos racistas e as regulamentações governamentais diziam. Ele cresceu numa igreja urbana que mesclava orações e chamados à ação, entendendo que o racismo não era apenas errado, mas maléfico, algo que corroía a alma. Cresceu ouvindo sermões trovejantes e hinos elevados que conduziam os ouvintes às lágrimas e ao êxtase e clamavam pela liberdade aqui na terra como no céu.[41]

Em *An Autobiography of Religious Development* [Uma autobiografia do desenvolvimento religioso], escrita por M. L. aos 21 anos, ele se referia a Daddy King como um "pai de verdade", dizendo que ele cuidava da família na medida de seus recursos financeiros. A mãe, escreveu ele, ficava "nos bastidores, providenciando aqueles cuidados maternos".[42] Quando menino, ele passava várias noites da semana e todo o domingo na Ebenezer. A Igreja lhe ensinou ideais e valores morais, escreveu ele. E declarou que esses ideais "são reais e preciosos para mim, mesmo em momentos de dúvidas teológicas eu nunca me afastaria deles. Embora eu nunca tenha passado por uma experiência de conversão súbita, para mim a religião é real e está entrelaçada com a vida. Na verdade, não é possível separá-las; para mim, religião é vida".

Nos anos 1930, três em quatro trabalhadores negros no Sul dos Estados Unidos eram domésticos ou rurais. Mas o jovem M. L. King via que por toda parte havia negros se afirmando de formas novas e ousadas. Em Atlanta, John Harden, dono de um posto de gasolina na Auburn Avenue, assumiu a principal equipe negra de beisebol da cidade, os Atlanta Black Crackers, e fez com que, por um curto tempo, ela tivesse uma série de vitórias no final dos anos 1930. Na Alemanha, Jesse Owens alcançou o ouro e a glória para os Estados Unidos nas Olimpíadas de 1936. O boxeador Joe Louis conquistou a coroa de peso-pesado no ano seguinte. Em 1939, Marian Anderson cantou diante de uma multidão de 75 mil pessoas no Memorial Lincoln na capital do país, Washington. Pouco importava que os Black Crackers não pudessem testar suas habilidades contra times brancos de beisebol profissional. Ou que Jesse Owens tivesse voltado para os Estados Unidos como um cidadão de segunda classe, com poucas chances de colher os frutos de sua fama. Ou que os agentes brancos de Joe Louis o tivessem mandado nunca alardear uma vitória sobre adversários brancos e nunca ser visto na companhia de mulheres brancas. Ou, ainda, que Marian Anderson, mesmo após sua impressionante apresentação, não pudesse dormir em muitos dos melhores hotéis nem jantar nos melhores restaurantes da capital. M. L. King Jr. encontraria oportunidades que Owens, Louis e Anderson não tinham tido, em parte porque essas pessoas, e inúmeras outras, entre elas seus pais, haviam aberto um caminho para ele.

* * *

"As crianças aprendem menos com ensinamentos abstratos", disse certa vez o psicólogo Kenneth Clark, "do que com as realidades concretas de suas experiências diárias."[43]

Sweet Auburn isolava M. L. de muitas das duras experiências enfrentadas por jovens americanos negros. Mas, longe dali, ele ficava mais atento à pesada realidade do racismo. Via que não podia nadar em nenhuma piscina pública do município nem brincar em nenhum parque.[44] Numa entrevista de 1961, ele disse que se lembrava de ter visto integrantes da Ku Klux Klan atacar negros nas ruas de Atlanta, mas não deu maiores detalhes.[45]

Aos oito anos, ele lia todos os domingos o *Atlanta Daily World*, segundo escreveu numa carta ao editor do periódico, pedindo para entrar no Junior Circle do jornal. Ao que parece, essa carta também foi a primeira vez que ele viu um texto seu ser publicado.[46]

Mais ou menos na mesma época, ele começou a trabalhar como entregador do *Atlanta Journal*, cujo dono era branco. Um dia, quando estava recolhendo os pagamentos dos assinantes, um cliente branco se recusou a entregar-lhe o dinheiro. "O homem disse que não devia o que M. L. cobrava", lembrou Daddy King.[47] "M. L. falou que era o que constava em suas anotações. O homem então o chamou de crioulinho, a que M. L. respondeu: 'Não sou crioulo', e parou de entregar o jornal àquele endereço. E ele foi demitido."

O episódio pode ter assinalado o primeiro protesto explícito de M. L. ao racismo. Daddy King viu a semelhança entre esse caso e algumas de suas experiências com o racismo em Stockbridge. "Dá para ver como passou de mim para ele", disse Daddy King, referindo-se tanto ao racismo quanto ao impulso de combatê-lo.[48]

Uma vez, um policial branco parou Daddy King por cruzar um sinal fechado e o chamou de "moleque".

"Tem um *moleque* ali", Daddy King teria dito, apontando para o filho mais velho, sentado no banco de passageiro. "Eu sou *reverendo* King."

Outra vez, uma mulher branca deu um tapa em M. L. por tê-lo confundido com "aquele crioulo que pisou no meu pé".[49] Novamente ele se sentiu dividido entre as palavras da mãe, que o tinham ensinado que era amado, especial e igual a todos, e as provas apresentadas por grande parte da sociedade branca, que lhe diziam: "Você não é igual, você é menos".

Em outra ocasião, M. L. foi comprar sapatos com o pai na Rich's, uma conhecida loja de departamentos no centro comercial de Atlanta. O atendente branco do departamento de calçados pediu a pai e filho que não se sentassem na área reservada aos clientes brancos.

"Estamos bem aqui", disse o rev. King.[50]

"Bom, vocês não podem se sentar aí", disse o atendente, zangado.

"Se não posso me sentar aqui com meu filho", respondeu King, "não vou comprar nenhum sapato."

E não o fez.

Ao voltarem para o carro, o rev. King viu que o filho estava cheio "de perguntas, de dúvidas". Ele explicou que os brancos usavam seu poder no Sul dos Estados Unidos para subjugar os negros, mas que isso não significava que tinham de aceitar tal situação. "Eu lutaria contra isso de toda maneira enquanto vivesse", escreveu Daddy King. "Queria que ele entendesse *isso*."[51]

Alberta King, por sua vez, adotava outra abordagem. Traçava o contorno do pé do filho numa folha de jornal, recortava o molde e ia à loja comprar um par de sapatos que servissem. "Não é que ela aceitasse", relembrou a neta Alveda King. "Mas as soluções dela eram diferentes."[52]

O rev. King desencorajava os filhos a trabalhar para famílias brancas, temendo que aprendessem a tolerar servidão e condescendência. Insistia que evitassem pegar ônibus em Atlanta, que funcionavam na base do primeiro a chegar, primeiro a sentar, com passageiros brancos nos bancos da frente e negros no fundo. Também ensinou aos filhos que era um dever protestar contra injustiças. Quando os cidadãos foram às urnas votar contra ou a favor da revogação das leis sobre produção e consumo de bebidas alcoólicas, a chamada Lei Seca, os defensores brancos procuraram o apoio de pregadores batistas negros. King e outros três pastores lançaram uma declaração, na qual diziam que sem dúvida esperavam que a proibição oficial de venda de álcool fosse mantida, mas lamentavam que seus "amigos brancos" só se interessassem pelo voto dos negros quando convinha para seus interesses. "Se nossos pastores brancos estão mesmo interessados em nosso voto", escreveram King e os demais, "então que se juntem corajosamente a nós para lutar por nossos direitos básicos."[53]

Vários anos depois, o rev. King presidiu a uma comissão que reivindicava que Atlanta melhorasse a remuneração de professores negros do ensino público. Na época, o salário médio de professores negros era cerca de 60% do de professores brancos, e a NAACP tomou como um de seus objetivos a equiparação salarial dos docentes.[54]

Coisas ruins deviam ser combatidas, dizia o reverendo. "Servir a Deus na verdade é servir ao próximo", escreveu ele.[55] "Pois 'cada vez que o fizestes a um desses meus irmãos mais pequeninos, a mim o fizestes', como nos adverte Jesus. É por isso que me senti levado a comparecer a todas as reuniões cívicas e políticas convocadas para ajudar os negros a melhorarem sua situação." Ele pregava a mesma mensagem à sua congregação e ao número crescente de cidadãos negros que apareciam nas reuniões públicas sobre questões sociais e políticas. O poder dessa mensagem rendeu a King e a outros pastores uma influência inédita na prefeitura, além de inspirar a geração seguinte de ativistas negros a avançar mais rápido e correr mais riscos.

Como relembrou M. L., Daddy King ensinava que "havia um senso de valor pessoal [*somebodiness*] dentro de nós que sempre nos movia para o senso de dignidade e respeito próprio, que todo ser humano deveria ter".[56]

Porém, ao menos uma vez Daddy King enviou uma mensagem ambígua. Em 15 de dezembro de 1939, quando estrelas e astros de Hollywood convergiram a Atlanta para a estreia de um dos filmes mais ansiosamente esperados de toda a história, *...E o vento levou*, King se prontificou a enviar o coro da igreja batista Ebenezer para se apresentar num baile a fantasia comemorativo. As mulheres brancas ricas usavam saias com armação e ceroulas que iam até a altura dos joelhos. Os homens brancos usavam calças justas e bigodes. Mulheres e homens negros não foram convidados para a festa, mas "trezentos ou mais porteiros de cor" e "duzentos motoristas de cor" foram contratados para servir aos convidados brancos, segundo o *Atlanta Daily World*.[57] As integrantes do coro da Ebenezer, liderado por Alberta King, incorporaram o espírito da ocasião e usaram roupas de escravas, com panos enrolados na cabeça.

...E o vento levou, estrelado por Clark Gable e Vivien Leigh, se baseava no romance de Margaret Mitchell, publicado em 1936 e agraciado com o prêmio Pulitzer. O livro já era um sucesso. A chegada do filme oferecia aos americanos uma boa distração depois de um ano de notícias desalentadoras. A Alemanha tinha invadido a Polônia. Os índices de desemprego estavam nas alturas. *...E o vento levou* teve uma acolhida especialmente favorável entre os atlantenses brancos por celebrar a vida e os costumes sulinos anteriores à Guerra Civil. Embora havia anos a cidade se empenhasse em se apresentar como um lugar moderno, progressista, o livro despertara atenção demais e gerara lucro demais para ser ignorado; quando o filme estreou, o livro já tinha vendido mais de 2 milhões de exemplares. Durante os anos seguintes, *...E o vento levou* moldaria a imagem que os americanos tinham de Atlanta e da Guerra Civil. O livro captava o canto do cisne da glória sulina, segundo um crítico branco, antes que "um regime socioeconômico de grande beleza se desfizesse em ruínas entre o trovejar da guerra".[58]

Na época do lançamento, o prefeito de Atlanta, William B. Hartsfield, e os líderes brancos da cidade haviam abraçado com entusiasmo o filme. A American Airlines ofereceu a Clark Gable um avião DC-3 com o título do filme estampado na lateral para o voo de Los Angeles a Atlanta.[59] Uma banda tocou "Dixie" enquanto Gable e sua esposa, a atriz Carole Lombard, desciam do avião e entravam num Packard conversível.[60] Centenas de milhares de pessoas, negras e brancas, se juntaram nas ruas para admirar os artistas.

Como Daddy King certamente sabia, os ativistas negros tinham uma longa história de protestos contra o racismo em Hollywood. Muitos líderes comunitários em Atlanta incentivaram negras e negros a ignorarem as festividades, não vendo nesse caso nenhuma razão para romantizar a escravidão. I. P. Reynolds, num artigo publicado no *Atlanta Daily World*, lamentou que *...E o vento levou* não só celebrava, como também perpetuava concepções racistas. E Reynolds reclamou que, para a grande estreia, a polícia de Atlanta estava fazendo uma faxina na cidade, invadindo bares e prendendo negros simplesmente por serem negros.

A decisão do rev. King de levar o coro da Ebenezer para a estreia indignou muitos de seus pares. "Imploraram ao rev. King que não deixasse seu maravilhoso coro ir", disse June Dobbs Butts, cujo pai, John Wesley Dobbs, conhecido como "o prefeito da Auburn Avenue", fora um dos críticos.[61] O evento não era apenas segregado, reclamaram Dobbs e outros, mas também pecaminoso. Por que, indagava Dobbs, um coro batista iria aparecer num evento em que as pessoas estariam dançando e tomando bebidas alcoólicas? Mas Daddy King argumentou que era apenas um filme, e não de todo inverídico. Butts disse ter tido a impressão de que o rev. King gostava de ter acesso aos líderes brancos de Atlanta e de ganhar a aprovação deles. Como muitos líderes das igrejas sulinas negras, acrescentou Butts, a liderança do rev. King era uma mescla de protesto e conciliação.

No baile, centenas de participantes brancos fitavam uma fachada que representava a fazenda ficcional Tara. Bandeiras dos Confederados ondulavam ao vento enquanto o coro da Ebenezer cantava spirituals, entre eles "Get on Board Little Children":[62]

O bilhete é barato
E todos podem ir
Ricos e pobres estão lá
No trem não tem segunda classe
Nem diferença de bilhete
*Subam, crianças.**

Martin Luther King Jr., vestido de menino escravo, estava na primeira fila do coro, cantando junto.

* "*The fare is cheap/ And all can go/ The rich and poor are there/ No second class aboard the train/ No difference in the fare/ Get on board, little children.*" (N. E.)

4. "A América negra ainda usa correntes"

Daddy King continuava a ser um pregador franco e direto, que transbordava fervor e ideias. Estudava e copiava pregadores rurais, aproveitando não só o estilo deles, mas às vezes também as palavras exatas. Percorria as naves laterais enquanto proferia seus sermões. Bradava com voz retumbante e aguardava que os fiéis ecoassem suas palavras, as vozes indo e vindo numa torrente. Gostava de começar os sermões devagar, e então ir conduzindo o público em ondas que iam subindo. Cantava frases curtas de spirituals e hinos — "cantigas",[1] dizia ele — conforme seu fervor aumentava. E, como os pregadores escravos e negros livres, falava sobre justiça no céu e na terra.

Daddy King era mais do que um pregador. Falava enfaticamente sobre pecado, mas os fiéis, quando entravam em atrito com a Lei, sabiam que podiam contar com ele para pagar a fiança para saírem da cadeia. O rev. King também garantia que a Igreja providenciasse comida para os famintos, roupa para os pobres e creche para crianças com pais e mães que trabalhavam fora.

O filho do arrendatário não tinha a menor intenção de voltar à pobreza, nem permitiria que sua Igreja lutasse com dificuldades financeiras. Quando os membros da congregação faziam doações, ele anotava os nomes na lousa da igreja, sabendo que ninguém ia querer ficar de fora. Alardeava o poder econômico e político de seu rebanho, a quantidade de empréstimos que podiam assumir, de casas que podiam ter, de votos que podiam dar. Incentivava os membros da congregação a se patrocinarem uns aos outros em seus negócios. Os

Estados Unidos viviam um pesadelo econômico. Em 1932, metade de todas as mulheres e homens negros do país estava desempregada. Na Geórgia rural, o auxílio financeiro do governo ia para proprietários brancos, enquanto arrendatários negros enfrentavam o despejo. Mesmo na Auburn Avenue, lojas fechavam e casas se desfaziam. O rev. King prometia aos membros da Ebenezer que eles atravessariam aqueles tempos difíceis tendo fé em Deus e uns nos outros.

Embora o rev. King recebesse a maioria dos créditos pelo aumento da congregação, sua esposa também desempenhava um papel fundamental. Alberta King tinha crescido na Ebenezer. Conhecia todas as famílias da congregação. Visitava os doentes e aconselhava os desalentados, às vezes sozinha, às vezes com o marido. Alberta atuava como diretora-executiva informal da igreja. Mantinha a programação. Organizava as reuniões. Quando o telefone de um membro da igreja tocava às onze horas da noite ou às seis da manhã, ele sabia que provavelmente seria Alberta King, que parecia nunca dormir.[2] Segundo a descrição de um entrevistado, ela era "quase imperturbável, raras vezes mostrava alguma expressão facial".[3]

Como diretora musical da Ebenezer, Alberta King comandava três coros. Não tinha formação musical clássica, mas cantava e tocava bem piano, e seus coros cantavam alto e lindamente.[4] Ela supervisionou a compra de um novo órgão Wurlitzer magnífico em 1940, substituindo um velho harmônio, e criou uma série de eventos musicais anuais. As contribuições de Alberta King não tinham grande reconhecimento, em parte porque o esperado era que a esposa de um reverendo lhe apoiasse em silêncio. Mas Alberta tendia naturalmente ao silêncio, preferindo não erguer a voz nem atrair atenção para si. Conduzia os coros atrás de seu teclado, raras vezes na frente, nunca batia os pés, nunca gritava. De fato, como disse June Dobbs Butts, ela era "a mulher mais obsequiosa e serena que vi na vida".[5]

Se os filhos de Alberta King foram moldados pelas altas expectativas e pela frequente severidade do pai, também o foram pelo amor incondicional e reconfortante da mãe. Alberta mantinha um tom calmo e tranquilizador mesmo quando tinha motivos para se zangar. Corrigia a gramática dos filhos à mesa da cozinha. Quando dava aulas de canto a M. L., ela o ajudava a descobrir a potência de sua voz. Convenceu o marido a parar de bater nas crianças e a deixar que ela cuidasse dos castigos.[6] Alberta também comprava roupas elegantes para M. L., deixando-o feito um "almofadinha", como se dizia na época, ao vesti-lo com um terno de tweed marrom e calça justa nos quadris e larga nas pernas para a cerimônia de formatura do sexto ano do menino.

"Ele adorava aquele terno", lembrava a irmã. "Vestia sempre que podia."[7] Usava-o tanto que os amigos começaram a chamá-lo de "Tweed", apelido que acompanhou o garoto estiloso por vários anos.

Enquanto o marido era severo, Alberta era afetuosa, "com um senso de humor simpático e mordaz", como disse um de seus netos.[8] Alberta lembrou uma vez em que ela e o marido percorriam a zona rural, em busca de uma igrejinha que convidara o rev. King para uma pregação, e eles pararam o carro para perguntar o caminho a um negro idoso. "Deixa eu ver", disse o velho.[9] "Pra chegar naquela igreja, vocês devem seguir nessa estrada uns três quilômetros, aí pegam à direita... Não, isso não tá certo. O que vocês fazem é virar no cruzamento e seguir, e então pegam à esquerda... Não, isso também não tá certo. Deixa eu ver..." Ele coçou a cabeça. "Sabem, acho que não sei *onde* fica essa igreja." Os King agradeceram e seguiram adiante, mas aí ouviram alguém gritar. Viraram-se e notaram o velho correndo atrás do carro. Pararam e esperaram por ele. "Eu só queria dizer pra vocês...", disse o homem, ofegante. "Acabei de encontrar meu irmão e perguntei... e ele também não sabe onde fica essa igreja."

O rev. King reconhecia os talentos da esposa, em especial sua capacidade de criar uma conexão emocional com os filhos. "Buquê era muito jeitosa com crianças", disse ele, usando o apelido da esposa.[10] "Criou os nossos filhos com grande amor e respeito pelos sentimentos deles." Ela e M. L. podiam passar horas papeando. "Ela conhecia cada filho tão bem quanto a si mesma. M. L. vinha com umas suscetibilidades que só ela conseguia entender e amenizar."[11]

No entanto, Daddy King se gabava de que o destemor, a ambição e a firmeza de convicções de M. L. vinham dele. A bondade vinha da mãe, disse Daddy. "Ela nunca teve ódio no coração, por ninguém, nunca. Mas eu tinha. Ela era do tipo que não odiava. Era uma ótima pessoa, ótima pessoa."[12]

M. L. cresceu cercado por uma quantidade extraordinária de atenção feminina — ele tinha seus desejos atendidos pela mãe, Alberta; pela irmã, Christine; pela avó materna, Jennie Celeste Williams; e pela irmã mais nova de Jennie, Ida Worthen, que também morou com a família durante algum tempo e gostava de ler a enciclopédia para as crianças.[13] Mas ele também cresceu numa época em que o esperado era que as mulheres — mesmo instruídas e ambiciosas como sua mãe — restringissem suas ambições basicamente ao lar.

O menino sentia uma proximidade especial com a avó. Jennie Williams era filha de um carpinteiro, uma entre treze filhos. Desafiara a ortodoxia em quase todas as fases da vida. Aos quinze anos, matriculou-se no Seminário Spelman. Esperou até os 26 para se casar, quatro anos a mais do que a média de idade com que as mulheres se casavam na época. L. D. Reddick, primeiro biógrafo de King e atento observador externo da família, dizia que Jennie Williams era uma "mulher de muita saúde e disposição", que "irradiava alegria".[14]

"Ela era muito querida por nós, mas principalmente por mim", escreveu M. L.[15]

Um dia, quando ele e o irmão brincavam pela casa, A. D. desceu escorregando pelo corrimão de madeira e colidiu com a avó no pé da escada, derrubando-a e deixando-a inconsciente. M. L. entrou em pânico, achando que tinha matado a avó com suas travessuras. Subiu correndo a escada e se jogou de uma janela a uns quatro metros de altura, que dava para os degraus da entrada da casa. Não se feriu seriamente.

Em 18 de maio de 1941, um domingo, enquanto se preparava para uma preleção na igreja batista Monte das Olivas, em Atlanta, Jennie Williams teve um ataque cardíaco e morreu, aos 66 anos. Quando a notícia chegou à família do jovem M. L., ele não estava em casa. Desobedecendo às ordens do pai, tinha ido assistir a um desfile de Elks Lodge.

Ao voltar para casa e saber da morte da avó, ele subiu a escada e mais uma vez se atirou pela janela. De novo, não teve nenhum ferimento grave, mas chorou por dias, sem conseguir dormir à noite. "Ele acreditava que a morte da Mama era um castigo de Deus, punindo-o por ter desobedecido a nosso pai", relembrou Christine. "M. L. levou meses para aceitar a perda da Mama. Depois dessa experiência, várias pessoas notaram que ele parecia ter amadurecido."

A Grande Depressão afetou bastante a comunidade negra de Atlanta, inclusive Sweet Auburn. As instituições financeiras viam um risco alto no bairro e cortaram grande parte dos investimentos que poderiam ter sido destinados a melhorias. A Faculdade Morris Brown se mudou, e muitos profissionais liberais também saíram da região. Em 1939, apenas 13% dos lares no quarteirão dos King eram ocupados por seus proprietários, enquanto 67% "precisavam de muitos consertos ou [estavam] impróprios para o uso", segundo um levantamento do governo.[16] As famílias que tinham condições partiram. Embora muitas pessoas voltassem aos domingos para ir à igreja, o bairro nunca mais foi o mesmo.

A importância e o prestígio do rev. King aumentavam mesmo enquanto o bairro declinava. Logo após a morte de Jennie Williams, King transferiu a família para uma casa de tijolos aparentes no alto de um aterro, no número 193 da Boulevard, ainda a uma curta caminhada da igreja. O rev. King enfim tinha a casa de tijolos que prometera a Buquê. A mudança se deu depois que a reforma na igreja batista Ebenezer tinha sido concluída, substituindo os assentos comuns por bancos de igreja. Em 1941, a igreja tinha mais de 2500 membros e era uma força importante na comunidade negra de Atlanta, o que tornava o rev. King uma figura influente e admirada em toda a cidade. No censo oficial de 1940, ele informou que seu salário anual era de 2500 dólares (cerca de 47 500 dólares em valores atualizados).

No novo lar no Boulevard, a família tinha uma empregada doméstica para cuidar da casa, Georgia Lewis, que trabalhara para os donos anteriores da residência. Os King resolveram mantê-la, talvez porque fosse membro da igreja Ebenezer. As crianças do bairro a consideravam antipática, alguém que nunca sorria. "Não peguem o bolo", dizia às crianças quando entravam na cozinha. "Fiquem com as mãos atrás das costas." Mas, com os novos patrões, ela ficou mais branda. Os King a tratavam como membro da família, e ela se orgulhava por saber que desempenhava um papel importante ao cuidar dos filhos do pastor. M. L., Christine e A. D. comiam ovos, bacon e queijo no café da manhã.[17] Ao voltar da escola, subiam pela rampa dos carros e davam a volta para chegar à porta dos fundos e entrar na cozinha, onde "Mãe Lewis", como a chamavam, tinha preparado o lanche favorito deles: pão branco coberto por uma grossa camada de manteiga e polvilhado com açúcar. E se os garotos levavam amigos, ela dizia: "Peguem um pedaço de bolo".[18]

Em 1940, Franklin D. Roosevelt venceu as eleições e assumiu um inédito terceiro mandato presidencial. Era cada vez maior o número de eleitores negros que apoiavam Roosevelt e o Partido Democrata, embora o partido aceitasse a legislação Jim Crow. As políticas econômicas de Roosevelt traziam esperança às famílias negras pobres, e os ministros que ele tinha nomeado para o Supremo Tribunal se mostravam receptivos a muitas das estratégias jurídicas da NAACP. Em sua mensagem anual ao Congresso, em janeiro de 1941, Roosevelt defendeu um apoio mais substancial aos aliados dos Estados Unidos na guerra que se desenrolava no exterior, dizendo que a luta era não para salvar a Europa, mas sim as quatro liberdades a que todas as pessoas do mundo tinham direito: liberdade de expressão, de religião, de não passar necessidade e de não ter medo. Os ativistas apontaram que esses direitos eram negados de forma rotineira a muitos negros no país.

O rev. King lutava pela mudança social, mas também exortava seus seguidores a terem paciência. Contava com a atenção de políticos brancos de Atlanta e não queria perdê-la, mesmo quando era tratado de maneira grosseira. Por exemplo, quando King e outros integrantes do Comitê da NAACP para Policiais Pretos se encontraram com o prefeito Hartsfield, a fim de pressionar o município a contratar policiais negros, o prefeito retrucou: "Teremos policiais de cor em Atlanta quando a Primeira Igreja Batista branca tiver diáconos de cor".[19]

King continuou a apoiar Hartsfield.[20] Também adotou um tom conciliatório em 1941 ao presidir uma reunião do comitê conjunto de concílios pastorais "brancos e de cor", de acordo com o *Atlanta Constitution*, declarando em seus comentários de abertura: "A condição racial [...] nunca será corrigida enquanto não houver um contato mais amistoso entre os pastores das duas raças".[21]

Mas havia outros que sentiam raiva, não tinham medo e estavam prontos para agir. Nos anos 1930, ocorreram no país ocupações pacíficas dispersas, uma ação inspirada em parte por organizadores sindicais que tinham ocupado fábricas para lutar por melhores condições de trabalho. Os organizadores comunistas nos Estados Unidos abraçaram a luta pela justiça racial. Logo foram os sindicatos. Em janeiro de 1941, antes que o país entrasse na Segunda Guerra Mundial, A. Philip Randolph, da Irmandade dos Trabalhadores dos Trens-Leito, convocou uma marcha até Washington para reivindicar o direito dos negros "de trabalhar e lutar por nosso país". Após uma série de negociações, Roosevelt assinou o Decreto 8802, no qual vetava a discriminação racial na indústria de defesa, e Randolph concordou em cancelar a marcha. Mas outros protestos prosseguiram e muitas vezes enfrentaram reações violentas. Conforme comícios, ocupações e protestos continuavam a acontecer, Roosevelt prometeu que trataria de uma das maiores reclamações dos manifestantes: a de que se negava o voto a homens e mulheres — inclusive a soldados — negros por meio da imposição de taxas eleitorais, testes de alfabetização e outras formas de privar o direito ao voto. Em 1940, menos de 3% dos negros no Sul do país tinham cadastro eleitoral, e os políticos sulinos impediam qualquer tentativa de ampliar os direitos de voto.

Ao mesmo tempo, a Agência Federal de Investigação (FBI, na sigla em inglês), dirigida por J. Edgar Hoover, mantinha sob vigilância centenas de entidades, organizadores, escritores, artistas e advogados negros. As investigações do FBI geraram um relatório confidencial, *Survey of Racial Conditions in the United States* [Levantamento das condições raciais nos Estados Unidos], no qual alertava que os negros e suas organizações estavam envolvidos em condutas que podiam subverter os interesses americanos. Na avaliação do FBI, esse comportamento subversivo não era uma reação a séculos de injustiça, mas obra do Partido Comunista, que procurava destruir o país ao incitar conflitos raciais.

Durante a Segunda Guerra Mundial, jornais negros chamavam a atenção para uma hipocrisia flagrante: os americanos negros ajudavam na vitória da democracia no exterior, mas não nos Estados Unidos. Em 3 de janeiro de 1942, *The Pittsburgh Courier* publicou uma matéria sobre Doris "Dorie" Miller, um marinheiro negro que salvou colegas a bordo do USS *West Virginia* durante o ataque a Pearl Harbor, e então manobrou uma bateria antiaérea, disparando contra aviões japoneses. Depois que a Marinha se negou a prestar uma homenagem oficial a Miller, o *Courier* lançou a campanha "Duplo V", sendo o primeiro pela vitória sobre os inimigos do país na guerra e o segundo pela vitória sobre os inimigos da justiça dentro dos Estados Unidos. Por todo o país, foram colocados cartazes e placas nas vitrines das lojas de proprietários negros.

Alguns meses depois, o conhecido tenor negro Roland Hayes foi preso em Rome, na Geórgia, a 110 quilômetros de Atlanta. O caso se deu quando um atendente de uma loja de sapatos disse à esposa de Hayes que saísse do assento onde estava, perto da vitrine, e fosse para os fundos da loja. Hayes objetou que ele e a esposa não tinham feito nada de errado, e então, disse Hayes, um policial lhe "deu um soco no queixo com toda a força", pôs-lhe algemas e o prendeu.[22] Quinze dias depois, em seu sermão dominical na Ebenezer, o rev. King abordou o ataque contra Hayes. Talvez até ajudasse se mais mulheres e homens negros famosos fossem espancados, disse o reverendo, pois aí o mundo seria alertado sobre os dramas que sofriam.[23]

A guerra injetou uma enorme energia na economia, mas nem todos participaram da prosperidade da mesma forma. Quando a guerra acabou, os negros continuaram a viver segregados, muitas vezes com baixos salários e um grau de instrução muito longe de se equiparar ao dos brancos. Quando os soldados negros voltaram da guerra, foram acolhidos pela legislação Jim Crow e por moradias de segunda categoria. O linchamento continuou. A mera visão de um negro fardado às vezes gerava violência. Os veteranos negros foram incentivados a se inscrever para receber os benefícios da Lei G. I., mas muitos bancos não deixavam que entrassem no saguão e muito menos tomassem empréstimos, enquanto diversas faculdades nem avaliavam seus pedidos de matrícula. As famílias negras continuavam a migrar do Sul para o Norte, mas não podiam habitar inúmeros bairros. Ao mesmo tempo, famílias brancas urbanas se mudavam para os subúrbios e estabeleciam padrões residenciais que minariam as tentativas de integração escolar nas gerações futuras.

Na escola de ensino fundamental da Yonge Street, M. L. King teve contato com mais ativistas sociais, inclusive a diretora, Cora B. Finley, que tinha cursado bacharelado na Spelman e mestrado na Universidade de Atlanta. Ela fundou a primeira Associação de Pais e Mestres Pretos do país.[24]

Depois da Yonge Street, no início de outubro de 1936, M. L. frequentou a escola de cor David T. Howard, onde membros da NAACP às vezes palestravam para os alunos.[25] Depois do sexto ano do ensino fundamental, ele se matriculou no Colégio de Aplicação da Universidade de Atlanta, uma escola particular só para negros que tinha um corpo docente racialmente integrado. Todos os dias ele pegava o ônibus para ir à escola. Quando cortes orçamentários obrigaram o colégio a fechar, M. L. voltou para uma escola pública, a Booker T. Washington, a única da cidade para estudantes negros do ensino médio. O fechamento do Colégio de Aplicação o levou a pular mais um ano letivo, indo para o segundo ano do ensino médio aos treze anos de idade.

M. L. era um bom aluno, mas pular de ano tinha suas desvantagens. Ele tinha uma boa base em matemática, mas em gramática e ortografia deixava a desejar. A irmã tentou ajudá-lo a suprir essas falhas, e nesses anos M. L. esteve mais próximo da irmã do que do irmão. Menino travesso, A. D. entrava em brigas, pregava peças e não mostrava sentir muito medo da fúria paterna.[26] M. L. e Christine eram mais estudiosos. Os dois competiam em aprender e usar palavras difíceis, "como 'concatenação'", lembrou Christine.[27] Quando A. D. foi enviado para um internato na Carolina do Norte, M. L. e a irmã se aproximaram ainda mais. Ele a acompanhava aos bailes e os dois saíam juntos em encontros duplos. Nas festas, M. L. assumia, sem que lhe pedissem, o papel de responsável, intervindo quando via um garoto tentando dançar agarrado demais com uma garota.[28]

Ficou mais rebelde na adolescência e, como muitos rapazes, tomou o pai como um de seus alvos preferidos, dizendo a Daddy King que não tinha a menor intenção de virar pastor. Numa sessão da escola dominical, ele deixou a turma chocada ao declarar que não acreditava na ressurreição física de Jesus Cristo.[29] Sua meta profissional era ser bombeiro. Mais tarde, disse aos pais que podia se tornar médico ou advogado — algo mais "respeitável intelectualmente" do que um pastor.[30] O emocionalismo da Igreja negra o incomodava, "a gritaria e a bateção de pés", disse ele.[31] "Eu não entendia, e aquilo me constrangia."

Aos quinze anos, M. L. entrou num concurso estadual de discursos públicos para secundaristas negros, promovido pelo Elks Club. Em 17 de abril de 1944, foi de ônibus até Dublin, na Geórgia, uma viagem de cerca de 220 quilômetros, acompanhado por uma professora, Sarah Grace Bradley, e outro aluno da escola.

Por ter raízes na igreja, ele era bom em oratória. Crescera ouvindo pastores batistas e não tinha medo de subir num palco e falar para uma multidão, em parte graças às longas horas de prática como solista no coro da mãe.

"Os pretos foram trazidos pela primeira vez à América em 1620, quando a Inglaterra legalizou a escravidão no país, nas colônias e na América", disse ele para dar início ao discurso. "A instituição cresceu e prosperou [...] nas costas desses homens negros. Construiu-se o império do Rei Algodão, e a região sulina manteve um status de vida e hospitalidade que é característico daqui e de nenhum outro lugar."

M. L. citou a Proclamação de Emancipação, documento assinado por Abraham Lincoln que abolia a escravidão, e seu compromisso com a liberdade antes de passar a tratar das relações raciais. "A América negra ainda usa correntes", disse ele. "O preto mais gentil está à mercê do branco mais rude." Concluiu com o tipo de ardor que caberia num dos sermões do pai e que já trazia elementos que mais tarde ele tornaria famosos: o uso de metáforas, o tom de autoridade moral, o rápido fluir de uma linguagem concreta e uma conclusão que frisava com otimismo a mudança. Foi um discurso que, de certa forma, fornecia um esquema geral para "Eu tenho um sonho", seu discurso mais famoso e celebrado, pois citava a Declaração de Independência, a Proclamação de Emancipação e a Bíblia para condenar a segregação. "Meu coração vibra renovado", disse ao final,

> na esperança de que, inspirados pelo exemplo de Lincoln, imbuídos com o espírito de Cristo, eles derrubem a última barreira para a liberdade plena. E que eu, com meu irmão do negro mais retinto, de posse de toda a herança que me é de direito e de cabeça erguida, possa me pôr diante do saxão, um preto e ainda assim um homem![32]

Anos depois, King se gabaria de ter ganhado o concurso, mas, na verdade, não venceu nem esteve entre os três primeiros colocados.[33] Os juízes deram o primeiro prêmio a Euris Smith, filha de um carregador de malas da Pullman, de Savannah.[34] Se King ficou decepcionado, nunca comentou.

Havia mais uma razão pela qual M. L. podia se sentir propenso a não reclamar do resultado: ele havia copiado uma parcela significativa do texto, inclusive a maior parte do parágrafo final, de um discurso de Henry F. Coleman chamado "The Philosophy of the Race Problem (From a Negro's Standpoint)" [A filosofia do problema racial (do ponto de vista de um preto)]. Coleman, filho de pais ex-escravizados e terceiranista na Faculdade Cornell, no Iowa, vencera um concurso estadual interuniversitário em 1910.[35] O discurso fora reimpresso num livro de 1928, chamado *Fifty Orations That Have Won Prizes in Speaking Contests* [Cinquenta discursos que foram premiados em concursos orais], obra que talvez estivesse na biblioteca da escola de King ou tivesse sido recomendada a ele por um professor.[36]

Na longa viagem de volta de Dublin, o ônibus, no começo, tinha lugares vagos o bastante para que os passageiros negros se sentassem onde quisessem.

Mas, ao parar em Macon, a cerca de 130 quilômetros de Atlanta, o motorista branco mandou King e seu colega cederem o lugar para os passageiros brancos que entravam. "Não saímos com a rapidez que ele queria", relembrou M. L. O motorista começou a xingá-los, chamando-os de "crioulos" e "pretos filhos da puta".

M. L. viajou de pé os 130 quilômetros seguintes.

"Aquela noite nunca vai sair da minha lembrança", disse ele. "Nunca fiquei tão bravo na vida."[37]

O otimismo do final do discurso fora destroçado.

"De repente", disse ele, "percebi que nós não importávamos, que não éramos ninguém."

5. A cortina aberta

O racismo tinha destruído o avô paterno de M. L. King Jr. No entanto, o garoto não considerava o preconceito e a discriminação uma maldição, mas males a serem enfrentados. A justiça, em sua perspectiva jovem, era como o amor: se recusada, o desejo por ela só aumentava.

"Ele passou por tudo isso realmente incólume", disse admirado um amigo de infância.[1] "Nunca lutava contra si mesmo, como nós fazíamos." Um escritor negro observou que King parecia amar as pessoas e não tinha nenhum desejo secreto de odiar os brancos.[2]

Na primavera de 1944, no final de seu terceiro ano do ensino médio, King fez um teste para ingressar antes na Faculdade Morehouse. Embora continuasse a insistir que não pretendia seguir a carreira pastoral do pai, era muito parecido com ele em "determinação, fé e franqueza",[3] disse sua irmã Christine. M. L. sabia que o pai aprovaria sua decisão de entrar na Morehouse, e o rapaz já fora doutrinado na cultura da escola. Os docentes e administradores da faculdade palestravam de tempos em tempos nas escolas negras de Atlanta, e os estudantes costumavam ir à faculdade para assistir a eventos esportivos e apresentações de teatro.

Embora ainda não tivesse sido admitido na faculdade, King podia ser escolhido para ir para o Norte durante as férias de verão, ao final do terceiro ano do ensino médio, com um grupo de estudantes da Morehouse para trabalhar numa plantação de tabaco em Simsbury, Connecticut. Os fazendeiros de Connecticut há muito tinham o costume de importar do Sul mão de obra sazonal, ainda mais agora que a Segunda Guerra Mundial tinha reduzido bastante o número de homens da força de trabalho local. A empresa de tabaco Cullman Brothers, de proprietários brancos, fez um acordo com a Morehouse, fornecendo aos estudantes empregos durante o verão, o que os ajudaria a pagar os estudos. Se ficassem o verão todo, Cullman pagaria as passagens de trem de ida e de volta.

Para muitos estudantes, inclusive King, esse trabalho de verão em Connecticut era uma oportunidade para escapar das restrições da segregação. King conhecia a legislação Jim Crow como a palma de sua mão. Sabia exatamente onde não podia comer, usar o banheiro, sentar-se num ônibus ou num trem, trabalhar, ir à escola, andar em segurança à noite e fazer compras. Mas a maioria dessas regras não vigorava em Connecticut.

No trem que saía de Atlanta, King se sentou na parte reservada para passageiros negros, isolada por uma cortina. "Na primeira vez que me sentei atrás de uma cortina num vagão-restaurante", escreveu ele mais tarde, "foi como se ela tivesse descido sobre meu próprio eu."[4] Quando o trem chegou a Washington, DC, a cortina se abriu, permitindo que ele se sentasse onde quisesse.

Nas cartas que enviou para casa, King parecia confiante e feliz, gostando de começar a alçar o próprio voo. Escreveu para casa admirado por "pretos e brancos irem à mesma igreja" em Connecticut. Também disse que era o líder religioso, fazendo sermões aos domingos para mais de cem garotos, o que indicava que ele talvez estivesse mais aberto a seguir a carreira pastoral do que admitia. Comentou também que tinha conseguido trabalhar na cozinha, o que lhe permitia comer melhor do que outros estudantes. Terminava a carta pedindo à mãe que verificasse os resultados de seu exame na Morehouse.

Os estudantes acordavam às seis da manhã, iam trabalhar às sete horas e continuavam até pelo menos as cinco horas da tarde, colhendo as folhas grandes e largas do tabaco, pendurando-as em celeiros e empacotando-as para o transporte. No começo do verão, quando os pés ainda eram pequenos e os meninos, baixos, eles ficavam perto do solo, sentados no chão para a colheita. Conforme cresciam, os garotos precisavam ficar de joelhos e, no final do verão, já estavam de pé. Alguns estudantes se queixavam do trabalho pesado, mas King comentou numa carta para os pais que o serviço era "muito fácil". Emmett Proctor, amigo de Atlanta e parceiro de colheita naquele verão, disse que os dois mantinham um ritmo tranquilo, batendo papo e às vezes até cochilando no campo. "Tweedie e eu fomos eleitos os trabalhadores mais preguiçosos da fazenda", comentou Proctor, referindo-se a King pelo apelido que se referia a suas roupas da moda.[5] Os supervisores eram na maioria brancos —

em geral imigrantes poloneses —[6] com anos de experiência. A essa altura, King tinha uma percepção maior de seus objetivos na vida, e o contato com o trabalho rural talvez tenha reforçado sua convicção de que deveria usar mais a cabeça do que as mãos.

King garantia nas cartas para casa que frequentava a igreja da cidade, além de conduzir cultos na fazenda e cantar num coro que se apresentava na rádio. "Mande meu alô a todos", escreveu ele ao pai, "e continuo pensando na igreja e lendo minha Bíblia. Não estou fazendo nada que não [estaria] fazendo [na] sua frente."

Às sextas-feiras, ao terminar o trabalho, os estudantes de Morehouse iam a pé ou de trem até Hartford, onde podiam fazer compras, comer em restaurantes ou ir ao cinema, sem temer que se recusassem a atendê-los. "Ontem não trabalhamos", escreveu King à mãe em 18 de junho de 1944, "e assim fomos até Hardford [sic] e nos divertimos muito, de verdade. Nunca pensei que uma pessoa da minha raça poderia comer em qualquer lugar." Também contou que fora a uma igreja integrada, provavelmente pela primeira vez.

Em 5 de agosto, o diretor da Morehouse, dr. Benjamin Mays, foi visitar a fazenda de tabaco. Filho de um arrendatário, era alto e esguio, com uma postura impecável, o cabelo prateado aparado com cuidado, parecendo iluminar seu belo rosto escuro. Mays tivera uma ascensão impressionante na igreja e na academia, formando-se doutor pela Universidade de Chicago. A Morehouse era a faculdade exclusivamente masculina e negra de maior prestígio nos Estados Unidos, mas estava passando por dificuldades financeiras desde a quebra da Bolsa, em 1929. Mays ganhara o apelido de "Buck Bennie" pelo grande esforço em restaurar a situação econômica da escola. Insistia que os estudantes pagassem sem atraso a mensalidade e os ajudava a encontrar emprego. Mas não se limitara a isso. Também deu um grande impulso ao renome acadêmico da instituição. Antes da Morehouse, Mays fora diretor da Escola de Religião da Universidade Howard, onde trabalhou com dois dos mais importantes pastores afro-americanos do começo do século XX: Mordecai Johnson e Howard Thurman. Eles tinham montado na Howard um curso em que o evangelho social de Walter Rauschenbusch (que diz que é *preciso* pôr em ação a fé religiosa para corrigir as falhas da sociedade) e as ideias de Mahatma Gandhi sobre resistência não violenta eram aplicados ao combate da injustiça racial. Na Morehouse, Mays se dedicou a capacitar os estudantes, a formar rapazes que mudariam o mundo. Deixava claro que ser um homem da Morehouse era fazer parte de uma ordem especial e que eles tinham uma responsabilidade importante.

Uma vez, ao escrever para casa, King mencionou que, em homenagem à visita do diretor, os estudantes tinham usado todas as suas economias para fazer uma grande doação de 135 dólares (equivalente a cerca de 2 mil dólares em 2022) para a Morehouse.

Terminado o verão, King pôde se sentar em qualquer lugar no trem até chegar a Washington, DC. Então, precisou voltar para uma das seções isoladas com cortinas, reservadas para passageiros negros.

"Foi um sentimento muito doloroso voltar à segregação", disse ele.[7]

A segregação desonrava e prejudicava a democracia. Mas, ao mesmo tempo, surgiam algumas faíscas de esperança. O cadastramento eleitoral de negros no Sul dos Estados Unidos, embora ainda sofresse grandes contestações, estava em alta. Em 1944, o mesmo ano em que King esteve em Connecticut, o economista sueco Gunnar Myrdal publicou *An American Dilemma: The Negro Problem and American Democracy* [Um dilema americano: O problema negro e a democracia americana]. O livro era a análise mais detalhada do racismo americano já realizada por um branco, baseada em pesquisas feitas antes que os Estados Unidos entrassem na Segunda Guerra Mundial. Com quase 1500 páginas, o livro apresentava o que os americanos negros sabiam, mas não conseguiam quantificar: havia disparidades entre as raças em questões como mortalidade infantil, emprego, ensino e representação política. Embora os pretos constituíssem 10% da população americana, escreveu Myrdal, "eles não têm nem de forma remota algo que se aproxime de um décimo das coisas que vale a pena ter nos Estados Unidos".[8] Segundo o autor, eles eram tratados como forasteiros em seu próprio país. Essa iniquidade fundamental permeava todos os aspectos da democracia americana, criando um abismo trágico entre o que ela era e o que deveria ser. Todo mundo sabia disso. A única questão era por quanto tempo uma nação continuaria a viver abaixo de seu código moral.

Apesar disso, Myrdal via razões para otimismo. Trabalhos recentes de cientistas sociais acabaram com a ideia de que haveria uma inferioridade biológica da população negra. Como um terremoto, a Segunda Guerra Mundial tinha abalado e desestabilizado o sistema racial do país. Depois de tantos negros terem lutado e morrido para salvar a democracia e a liberdade, ficou mais difícil para alguns brancos fechar os olhos para o tratamento hipócrita que lhes era dado, sobretudo porque havia negros que estavam se organizando para fazer algo a respeito. A chave para o sucesso dos organizadores, disse Myrdal, era encontrar aliados entre aqueles americanos brancos que tinham acabado de acordar para a realidade. "O problema negro americano é um problema no coração do americano", escreveu ele. "É lá que está o foco da tensão inter-racial. É lá que se passa a luta decisiva."[9]

Mas havia um grave ponto cego na avaliação de Myrdal, como ele mesmo reconheceu mais tarde: ele ignorou em parte a desigualdade estrutural nas regiões Norte e Oeste do país, deixando de prever que muitos brancos liberais teriam facilidade para criticar o Sul, mas não para aceitar mudanças em suas próprias comunidades. Na Morehouse, King iria se concentrar na área de sociologia e passaria a denunciar a hipocrisia de brancos do Norte, que tentavam justificar seus próprios sistemas discriminatórios de moradia, ensino, emprego e policiamento.

Mesmo assim, a mãe disse que M. L. "parecia mudado"[10] depois da viagem para o Norte. O próprio King disse que se sentia mais decidido do que nunca a começar "a desempenhar um papel na derrubada das barreiras legais aos direitos dos pretos".[11] No entanto, ainda tinha dúvidas se queria fazer isso do alto do púlpito.

Em setembro, depois de passar no exame de admissão, ele se matriculou na Morehouse, sendo três anos mais novo do que a maioria dos calouros, diferença que os paletós de tweed, a voz grossa e o vocabulário extenso não conseguiam disfarçar. Esbelto, com 1,67 metro de altura, era bem mais baixo do que o pai e apenas um pouco mais alto que a irmã. Um colega de turma, Samuel McKinney, disse: "Nós o chamávamos de 'Tampinha'".[12]

Nos primeiros dias no campus, King e outros calouros tinham de usar uma boina castanha, para que os veteranos os identificassem com mais facilidade e pudessem aplicar neles o trote. Os veteranos insistiam que os calouros os tratassem por "senhor". Qualquer calouro que não recitasse direitinho o hino da Morehouse podia ser empurrado para debaixo de um chuveiro, com roupa e tudo, ou ter uma faixa de cabelo no meio da cabeça raspada, destino ao qual King parece ter escapado.

Provavelmente o que facilitou sua transição foi o forte senso de comunidade na Morehouse. Nos anos de guerra, havia uma média de 350 matrículas por ano na faculdade, com um pico de baixa de 272 em 1943-4.[13] Uma coisa que também ajudou foi que a maioria dos estudantes vinha de Atlanta, e King já sabia se virar entre eles.

Ele morava em casa, não no campus. Na maior parte do tempo, andava confiante. Enturmava-se bem com o pessoal, como lembrou um de seus colegas, mas era seu senso de humor afiado e um desejo genuíno de conhecer gente que lhe traziam popularidade.[14] Cantava com o Morehouse Glee Club e o Atlanta University-Morehouse-Spelman Chorus. Filiou-se à YMCA e à NAACP. Preferiu não ingressar em nenhuma fraternidade (embora, anos depois, tenha se tornado membro da Alpha Phi Alpha) e raramente ia a bailes.[15] Uma vez, pediu permissão à mãe para ir a um baile. Quando Alberta lhe disse para pedir ao pai, M. L. desistiu. "Bom, então não vamos", disse ele, "pois prefiro ir ao Supremo Tribunal a falar com ele."[16]

No começo do primeiro semestre, King precisou cortar o cabelo. Ficou sabendo que Walter McCall, outro calouro, o fazia por dez centavos. Mas, depois do corte, King disse a McCall que estava sem dinheiro e prometeu pagar depois. Os rapazes discutiram, e isso virou uma briga. McCall tinha 21 anos, era veterano do Exército e maior do que King, mas a briga terminou empatada. Não se sabe se King chegou a pagar o corte de cabelo. Fosse como fosse, os dois se tornaram grandes amigos e tiveram uma relação duradoura.

McCall crescera na pobreza. Tinha só um terno, que usava todos os dias.[17] Devia invejar a relativa riqueza de King, assim como King devia invejar a experiência de mundo de McCall. Este gostava das refeições caseiras feitas por Alberta King, e King gostava que McCall o incentivasse a se comportar mais como adulto; por exemplo, dando festas e jogando baralho, comportamento que o rapaz mais novo sabia que seu pai, pastor batista, não aprovaria.

Apesar dos chapéus de aba larga e dos sapatos de duas cores, o jovem King ficava na dele, tomando cuidado para não chamar muita atenção para si. Tirava notas boas, não ótimas, e as provas mostravam que seu nível de leitura era apenas de oitavo ano, talvez por causa dos anos que pulou e da qualidade inferior das escolas públicas negras de Atlanta. King escolheu como área de estudo a sociologia. Seu orientador era um professor chamado Walter Chivers, que pesquisara os linchamentos no Sul e ensinava aos estudantes que na base do racismo estava o dinheiro.[18] Como escreveu James H. Cone, foi a Igreja negra, mais do que qualquer outra coisa, que forjou as concepções intelectuais de King.[19] Mas professores como Chivers reforçavam a ideia de que o racismo moldava os sistemas políticos e econômicos da nação, alimentando o interesse de King pelo socialismo democrático. King comprovou as lições de Chivers no intervalo entre as aulas, quando procurava trabalhos que ajudassem a cobrir alguns de seus custos universitários. Por conta das ligações de sua família, teria sido fácil encontrar emprego numa empresa de proprietários negros, mas, contrariando os desejos paternos, King começou a trabalhar nas férias de verão descarregando trens e caminhões para a Railroad Express Company de Atlanta. Deixou o emprego quando um chefe branco o chamou de "crioulo", e se deu conta de que nem todo mundo podia se dar ao luxo de pedir demissão ao sofrer tais insultos. Pegou outros serviços não só pelo pagamento, como disse anos depois, mas também para encontrar alguns dos homens mal remunerados que enfrentavam uma vida inteira de dificuldades econômicas, as pessoas de quem Chivers falava, "para conhecer seus dramas e sentir o que sentiam".[20]

Ele e Walter McCall conversavam com frequência sobre a melhor maneira de trabalhar em prol da igualdade racial e, naquele momento da vida deles, ambos concordavam que o mais pertinente seria uma carreira jurídica. "A gente ficava acordado, ah, até de manhã cedo discutindo as questões sociais do dia", disse McCall.[21] A criação relativamente privilegiada de King lhe deu autoconfiança em muitos aspectos, mas também o deixou com um sentimento de culpa que o acompanhou por toda a vida — o que pode ter impulsionado seu desejo de ser um reformador. Também era movido, claro, pelas condições sociais e políticas dos Estados Unidos, pelo racismo, por heróis como Benjamin Mays e A. Philip Randolph, pelos pais e avós, e agora por sua formação na Morehouse.

Todas as terças-feiras, no Sale Hall, Mays discursava para o corpo discente num palco baixo, que avançava tanto que os estudantes na primeira fila poderiam tocá-lo. A presença era obrigatória. Mays era um orador talentoso. Oscilava para trás e para a frente, hipnotizando os ouvintes, enquanto discorria sobre religião, decoro pessoal e engajamento político, repreendendo os alunos por sua incapacidade geral de prestar atenção em "qualquer coisa maior do que um hambúrguer". Essas palestras eram uma aula de liderança e ética social. Mays sabia que apenas cerca de 2% das mulheres e dos homens negros concluíam a faculdade,[22] que os estudantes parados a sua frente eram os afortunados, a elite, os mais promissores, e insistia que pensassem nas responsabilidades que acompanhavam seus privilégios. Entremeava as falas com apelos para que a fé religiosa se radicasse na ação, algo que vinha do evangelho social de Rauschenbusch. "O preto tem uma incumbência especial de Deus", escreveu Mays certa vez.[23] Tal incumbência fazia da busca pela justiça uma parte central da Igreja negra. Ele dizia aos estudantes que eles tinham o poder de combater o racismo pelas vias que Deus lhes mostraria no momento adequado. Deixava claro que ficaria profundamente desapontado se seus estudantes não se distinguissem e não fizessem algo para solucionar os problemas do mundo. "Por mais culto que o homem da Morehouse possa se tornar", dizia um folheto na época, "seu destino está ligado de forma indissociável à grande massa de pessoas que realizam o trabalho comum do mundo e precisam ter a alma elevada pelo contato e pelo companheirismo com os mais privilegiados entre nós."[24] Mays enviaria um pequeno exército de ativistas negros para o mundo, dando aos jovens sob seu encargo a esperança, a confiança e as conexões para atacar a injustiça numa época em que muitos eram tolhidos pelo medo de represálias.

Se Mays prestou especial atenção a King, pode ter sido porque este era um dos estudantes mais jovens no campus ou porque o pai era um líder comunitário. Mays disse mais tarde que percebera a ambição e a rebeldia do jovem estudante. King analisou o socialismo e o comunismo na faculdade, mas não criou grande apego a nenhum sistema econômico alternativo. "Qualquer que fosse o sistema", disse Mays, "King estaria guerra contra ele."[25]

Desde o momento em que chegou à Morehouse, King viu que suas grandes paixões — o estudo, a religião, o discurso em público e a busca pela justiça social — podiam se unir, mesmo que não tivesse clareza de como se daria. Sabia disso porque viu como se uniam em Mays. Sabia também porque seus professores o incentivavam a pensar de forma crítica e a ver velhas questões, inclusive a religião, de novas maneiras. "Em meus dias de estudante na Morehouse", relembrou King, "li pela primeira vez o ensaio 'A desobediência civil', de Thoreau. Fascinado pela ideia de se recusar a cooperar com um sistema maléfico, fiquei tão profundamente comovido que reli a obra várias vezes. Foi meu primeiro contato intelectual com a teoria da resistência não violenta."[26]

King falou pouco na época, até onde sabemos, de suas descobertas musicais e artísticas, suas opiniões sobre o bem-sucedido álbum de Ella Fitzgerald, *Into Each Life Some Rain Must Fall*, ou sobre as proezas de Joe Louis no boxe. Pelo que mostram suas cartas e seus sermões, ele tinha pouco a comentar a respeito da Segunda Guerra Mundial ou Franklin Roosevelt. Mesmo em anos posteriores, fez poucas menções a leituras extracurriculares, à arte ou à cultura popular. Quando relembrava os anos de faculdade, ele se concentrava, compreensivelmente, nas questões de raça e filosofia. A Morehouse era uma sementeira para o crescente movimento ativista negro, onde os estudantes ganhavam mais confiança e determinação ao ver com que rapidez e a que ponto poderiam mudar a sociedade.

Em seu segundo ano na Morehouse, "King chegou à conclusão de que devia ser pastor", disse McCall.[27] A decisão veio não só da influência paterna, mas de sua compreensão cada vez maior do papel que um pregador poderia desempenhar na comunidade.

Em 1946, King escreveu uma carta ao editor do *Atlanta Constitution* — uma das primeiras vezes que ele se posicionou publicamente sobre a luta pela igualdade. Uma passagem da carta, que pode ter sido escrita em reação ao assassinato a tiros de dois casais negros em Walton County, na Geórgia, dizia:

> Queremos e somos habilitados para direitos e oportunidades fundamentais de cidadãos americanos: o direito de ganhar a vida com o trabalho para o qual somos adequados por formação e capacidade; oportunidades iguais de ensino, acesso à saúde, lazer e serviços públicos similares; o direito ao voto; a igualdade perante a lei.
>
> M. L. KING JR.
> Faculdade Morehouse

* * *

Dois meses depois de completar dezoito anos, King estreou como jornalista,[28] cobrindo o Dia da Juventude na igreja Ebenezer para o *Atlanta Daily World*. Também enviou um ensaio para o jornal da faculdade, *The Maroon Tiger*, que trazia como subtítulo "A finalidade da educação". Nesse ensaio, ele frisava a importância do caráter e do desenvolvimento moral para os estudantes, alertando que indivíduos instruídos, mas sem princípios morais, podiam ser os homens mais perigosos. Citou o exemplo de Herman Eugene Talmadge, o governador da Geórgia que foi reeleito depois de declarar que a perpetuação da supremacia branca era a única questão importante de sua campanha. "Precisamos lembrar que a inteligência não basta", escreveu King.[29]

> Inteligência + caráter — este é o objetivo da verdadeira educação [...]. Se não tivermos cuidado, nossas faculdades criarão um grupo de propagandistas de mentalidade fechada, não científicos, ilógicos, repletos de atos imorais. Tenham cuidado, "irmãos"! Tenham cuidado, mestres!

King admirava muitos professores da Morehouse, como George D. Kelsey, doutor pela Yale que lecionava religião e filosofia. Foi Kelsey quem deu a King sua única nota A na Morehouse. Mais importante, ajudou King a ver que os pastores negros podiam ser ao mesmo tempo emocionais, intelectuais e políticos. Kelsey e Mays encarnavam essa mensagem. Kenneth L. Smith e Ira G. Zepp Jr., autores de um estudo pioneiro sobre o desenvolvimento intelectual de King, escreveram que foi a experiência com Kelsey e Mays que levou King a seguir a carreira de pastor cristão, em vez de direito ou medicina.[30]

King aprendeu a utilizar o emocionalismo da igreja. Disse ele:

> Durante toda a semana, trabalhando, viajando, fazendo compras, comendo, em quase tudo o que faz, o preto reprime suas emoções; aguenta discriminação, vê-se segregado e empurrado para moradias, escolas e empregos inferiores; faz ouvidos moucos para os nomes com que é tratado. No domingo, quando vai à igreja, todas essas emoções irrompem. Ele grita "Amém". Canta e bate os pés, em parte pela alegria da liberdade que tem em sua própria igreja, em parte pela dor de suas experiências. Para muitos pretos, a religião provavelmente fornece uma válvula de escape contra a insanidade ou a rebelião. Mas nesse emocionalismo também há um perigo. Pode se tornar uma forma tão vazia quanto qualquer outra. Muitas vezes digo para o meu pessoal que, se tivéssemos tanta religião em nossos corações e nossas almas quanto temos em nossas pernas e nossos pés, poderíamos mudar o mundo.[31]

Numa prova de um dos cursos de Kelsey, King mostrou uma compreensão afiada da Bíblia e de seu contexto histórico, escrevendo algo que um dia aplicaria a si mesmo: "É evidente que os profetas se dirigem às condições existentes em sua época. A profecia é uma coisa moral, não mágica".[32]

No verão de 1947 — a temporada em que Jackie Robinson integrou a Liga de Beisebol com os Brooklyn Dodgers —, King voltou a Simsbury, em Connecticut, para mais um período na fazenda de tabaco. Continuou a pregar para seus colegas agricultores. Mas estava mais confiante do que da última vez que estivera no Norte — e, talvez, também mais rebelde. Uma noite, ele e alguns amigos foram parados pela polícia. Será que havia sido só por serem pretos? Tinham bebido? Ultrapassaram o limite de velocidade? Não é possível saber. Nem mesmo se foram fichados. Mas o episódio foi sério o suficiente para que King resolvesse ligar para casa e contar aos pais antes que eles ficassem sabendo de outro modo. Talvez na esperança de atenuar o impacto, ele começou a conversa dizendo que por fim decidira seguir os passos do pai, coisa que até então não tinha declarado de forma explícita.

Daddy King, não querendo correr riscos, de pronto marcou uma data para o primeiro sermão do filho na Ebenezer.

Anos depois, os amigos do jovem King iriam fazer graça com ele, insinuando que se tornara pastor não por um chamado de Deus, mas por perseguição da polícia. Embora admitisse que seu chamado não foi "milagroso ou sobrenatural", King oferecia uma explicação prática, dizendo que reconhecia a importância central da igreja na vida dos negros, entendia o poder do pregador e vislumbrava um futuro em que poderia servir a Deus e à humanidade com seus talentos. Aos dezoito anos, imaginava uma carreira como pastor "racional", que dedicava a vida a Deus, à justiça e a novas ideias — e, talvez, que fizesse cultos num campus universitário.

A pregação para os colegas em Connecticut também pode ter tido um impacto maior do que ele mesmo reconhecia. "Foi lá", disse Daddy King, referindo-se ao segundo verão do filho na fazenda, "que ele se encontrou como pregador."[33] Em entrevistas feitas para a sua autobiografia inédita, Daddy King diz várias vezes que queria que seus garotos escolhessem uma carreira fora do ministério pastoral, algo em que fossem remunerados de forma generosa, como a advocacia ou o comércio. Com efeito, ele retoma várias vezes nas entrevistas o tema da estabilidade financeira, dizendo que, a certa altura, tentou comprar a propriedade que sua família cultivava em Stockbridge e declarando, em outro momento, que ficou orgulhoso por usar suas ligações políticas para ajudar a filha a conseguir um emprego. "Pensei que podia ajudá-los a escolher o que queriam ser", disse ele. "Estava sendo apenas um pai, ansioso, mas não sabia. Queria que um deles se formasse em administração de empresas [...]. Não deu certo."[34]

Quando M. L. lhe telefonou de Connecticut para dizer que resolvera ser pregador, o pai perguntou: "Bom, você tem certeza...? Não vai ganhar muito dinheiro".

M. L. respondeu: "Sei disso. Não estou atrás de dinheiro. Quero servir".[35]

Como disse o jovem King, anos depois: "Passei a entender que Deus tinha colocado uma responsabilidade sobre meus ombros e que quanto mais tentasse escapar, mais frustrado eu ficaria".[36]

Benjamin Mays explicou de outro modo: "King se tornou pastor porque tinha de ser pastor".[37]

6. "Um senso de responsabilidade"

"Não cabe!",[1] gritou Martin Luther King pai no dia do primeiro sermão do filho na Ebenezer. Era o outono de 1947.[2]

O térreo da igreja, de teto baixo, estava lotado, e lá não cabia a multidão que continuava a aumentar.

"Não cabe!"

Daddy King encaminhou todos para o andar de cima. Logo a capela principal estava cheia,[3] fato raro na Ebenezer, como até mesmo Daddy King admitiu. "Nunca tínhamos visto tanta gente naquele auditório", comentou ele anos depois. "Meu filho era um chamariz."[4]

A igreja batista Ebenezer era feita de tijolo cozido. Era como se tivesse sido construída à imagem do rev. King: sólida, forte e humilde, com três pavimentos, mas nenhum pináculo se erguendo ao céu. Ocupava uma esquina no centro da cidade, sugerindo que dali não sairia. A igreja havia sido construída por A. D. Williams, mas foram o rev. Martin Luther King pai e sua esposa Alberta que, a partir de 1914, mantiveram os bancos da igreja lotados, ele com seus sermões aos brados, ela com sua música suave e comovente, que prometia um futuro melhor.

Agora era a vez do filho. Enquanto o filho do meio subia ao púlpito, os raios de sol se filtravam pelos vitrais, refletindo-se nos tubos dourados do órgão. M. L. passara anos ensaiando, postando-se na frente do espelho e avaliando a expressão do rosto, a maneira como erguia as mãos abertas no ar, como projetava o peito, como inclinava a cabeça. Ele e seu amigo Larry Williams tinham percorrido a cidade ouvindo pastores negros, selecionando expressões, comparando-os e imitando-os. Williams, membro da Ebenezer, era quatro anos mais velho do que King. Tinham ouvido pregadores ainda mais emocionais do que Daddy King, homens que arfavam, gemiam e gritavam até perder a voz e ficar com a camisa encharcada de suor. Tinham ouvido pregadores cujos sermões avançavam numa progressão, falando, então entoando e, por fim, cantando. Tinham ouvido pregadores que liam de forma lenta e cuidadosa os sermões, e outros que improvisavam sobre seus temas favoritos. Tinham ouvido Benjamin Mays muitas vezes, claro, proferindo seus discursos serenos e refinados. Tinham visitado a igreja batista da Wheat Street, a uma quadra da Ebenezer, para ouvir William Holmes Borders aplicar as lições de Moisés e dos escravos do Egito à vida dos afro-americanos.

King e Williams também tinham estudado o reverendo branco Harry Emerson Fosdick, o pregador mais celebrado da época, que alcançava milhões de pessoas com seu programa de rádio de transmissão nacional. No começo dos anos 1930, John D. Rockefeller providenciou a construção da igreja de Riverside em Nova York como base para Fosdick, que lá pregava aos domingos para mais de 2 mil pessoas. Dizia-se que Fosdick era um psicólogo do púlpito. Preferia não entrar em questões de pecado e castigo; em vez disso, falava sobre esperança, promessas para o futuro, desígnios de Deus para todos os homens. Utilizava sua enorme força de atração para, como dizia ele, "direcionar a grandiosa dinâmica do Evangelho para tarefas contemporâneas", de modo bastante semelhante ao que pregava Benjamin Mays.

Martin Luther King Jr. fundiu esses elementos para criar seu estilo pessoal. Deu amostras de sua instrução que brilharam como um sinal de esperança e orgulho. Tomou para si as dores dos negros pobres. Embora jovem e franzino, sua voz grave trovejava no púlpito com uma ênfase ainda maior do que a do pai. Nela havia força e calor. Acentuava as primeiras sílabas das palavras e prolongava as vogais. Começou devagar e foi ganhando velocidade. Mesmo enquanto acelerava, enquanto a voz crescia conduzindo o auditório a alturas cada vez maiores, ele manteve o pleno controle. Sua promessa era inequívoca.

A empregada doméstica dos King, Georgia Lewis, soltou gritos de aprovação quando o garoto que ela ajudara a criar começou a falar. June Dobbs, amiga de M. L., ouvia com atenção, embora um tanto nervosa, pois sabia da importância daquele momento para ele. Ficou contente que M. L. não imitou o pai. Não gritava. Não ficou andando pelas naves laterais ao falar, mas usava as mãos de modo expressivo para conferir mais energia às palavras. Não tentava esconder seu enorme vocabulário. Provocava e ao mesmo tempo envolvia os ouvintes. "Ele era um bom pensador e tinha um jeito, uma maneira de colocar as coisas que tocava diretamente nosso coração", disse June Dobbs.[5]

> Se tivesse sido apenas como o pai, um pouco espalhafatoso, um pouco rápido demais em polemizar [...], a coisa não teria dado certo. A ênfase dele era: não se prenda só à Bíblia, mas pense como ela pode torná-lo uma pessoa melhor. E era sincero. E nisso ele nunca mudou.

O jovem pregador, disse Dobbs, estabeleceu logo uma ligação com os ouvintes e, ao terminar, a congregação se levantou, celebrando.[6]

Mais tarde, Larry Williams disse que King tomara emprestado seu primeiro sermão na Ebenezer de um de Fosdick, chamado "Life Is What We Make It" [A vida é o que nós fazemos dela]. King mudou apenas uma palavra no título, nomeando sua versão "Life Is What *You* Make It" [A vida é o que *você* faz dela].[7]

Williams não especificou quanto o amigo tomara emprestado, mas, se King se ativesse aos pontos tratados por Fosdick, teria dito aos membros de sua congregação que cabia a eles moldarem a própria vida.[8] A vida é o que você faz dela, concentrando-se nas coisas de que gosta e no que escolhe fazer com o tempo que lhe cabe. Se você mora na cidade, talvez goste da cidade da cultura, ou da cidade da vida familiar doce e tranquila, ou então da cidade do crime. A vida é o que você faz dela de acordo com a maneira como lida com os problemas. Quando é atingido pela maldade ou pelo infortúnio, fica com isso na frente dos olhos a ponto de não enxergar mais nada? Quando alguém o julga de modo cruel, amaldiçoa a pessoa e luta? Deixa de lado? Se Beethoven tivesse ouvido seus críticos e abandonado a música, quanta beleza o mundo teria perdido? A vida é o que fazemos dela pelo modo como cumprimos nosso trabalho. O trabalho mais árduo do mundo é o melhor se o fazemos com dedicação e paixão pela causa. Aprenda a gostar das melhores coisas, a lidar com as dificuldades da vida com bondade e coragem, a praticar o bem, com o objetivo de melhorar o mundo. Faça tudo isso, provando que a vida é o que você faz dela, e entrará no espírito de Cristo.

A maioria, se não toda a audiência, não sabia ou não se importava se King tomara de empréstimo outro sermão. Muitos pregadores jovens aprendiam usando palavras de outrem. Quando surripiou um discurso na escola secundária, King o fez a partir da fonte mais óbvia possível: um livro de discursos estudantis premiados. Agora ele fazia o mesmo com um dos pregadores de rádio mais populares do país. Anos depois, quando o confrontaram sobre as fontes que usava, ele foi franco e direto sobre suas influências. King não estava preocupado com o plágio; seu objetivo era atingir os ouvintes. Com isso em mente, talvez lhe parecesse razoável se basear em textos que já se haviam demonstrado sólidos e populares. De fato, ele continuou por vários anos a usar os sermões de Fosdick e obras de outros pregadores famosos.[9] Como escreveu o estudioso Keith D. Miller, King foi criado na tradição de pregadores que presumiam que "as palavras são bens compartilhados, não pertences pessoais".[10] Ele era um leitor voraz com excelente memória. Todas as suas leituras se tornavam material para uso próprio. Como um músico de jazz talentoso que integra padrões e toma de empréstimo frases da música clássica, do pop e da ópera, bem como de outros músicos de jazz, ele tinha estilo e habilidade suficientes para que o produto acabado soasse original.

Daddy King nunca comentou se reconheceu a influência de Fosdick no primeiro sermão do filho na Ebenezer. Nada borraria a satisfação que sentiu ao ver M. L. subir ao púlpito. À noite, foi para casa, ajoelhou-se e agradeceu a Deus — embora não tivesse comentado com o filho o orgulho que sentira.[11]

No último ano na Morehouse, King tirou notas B e C. Deixou crescer o bigode, que mantinha sempre aparado com cuidado. Sua aparência não era de tirar o fôlego, mas tinha um sorriso encantador que inflava as maçãs do rosto e alterava todo o formato da face, quase iluminando-a. Seu charme discreto atraía a companhia de homens e mulheres. Continuava a se vestir com mais elegância do que a maioria dos colegas de curso e andava com um ar cada vez mais confiante. A Morehouse tinha um papel nisso. A faculdade não se limitava a proteger seus alunos da América da legislação Jim Crow. Incentivava-os a se verem como figuras especiais, destinadas à grandeza. King resumiu esse aspecto quando descreveu a instituição, dizendo de forma sucinta: "Percebi que lá ninguém sentia medo".

Saía com garotas bonitas de famílias importantes de Atlanta. Entre as namoradas estavam Mattiwilda Dobbs, a futura cantora de ópera e irmã de sua amiga June, e Juanita Sellers, estudante da Spelman, amiga de Christine King e filha de um dos agentes funerários mais prósperos da cidade. Cortejava-as com poemas. Rendia tributos à beleza delas e alardeava os Rubicões que atravessaria para ganhar sua afeição, às vezes declamando versos de Edgar Allan Poe com aquela voz grave, martelando as primeiras sílabas e fazendo as vogais vibrarem:[12]

Em mares bravios, acostumado a vaguear,
Teu cabelo fulvo, teu rosto clássico,
Teus ares de Náiade trouxeram-me para casa
Para a glória que foi a Grécia
*E a grandeza que foi Roma.**

King namorou muitas mulheres. Ele e Larry Williams costumavam brincar que eram "Robinson e Stevens, os Demolidores",[13] inspirados no nome de uma empresa de demolição de Atlanta. Quando um amigo perguntou o motivo, King sorriu e disse: "Nós derrubamos garotas".

Em Atlanta, a pessoa com quem ele chegou mais perto de ter um relacionamento sério foi Juanita Sellers. Depois de se formar na Spelman, Sellers entrou na Universidade Columbia e deu aulas de inglês em faculdades de Savannah, Tallahassee e Princess Anne, em Maryland, antes de assumir a funerária da família em Atlanta.[14] Daddy aprovava Sellers, talvez porque o casamento com uma jovem de uma família importante local ajudasse a manter o filho em Atlanta.

O rev. King ainda tinha grande autoridade sobre M. L., mas, conforme o filho amadurecia, o pai se tornava cada vez menos assustador. Não muito tempo depois do primeiro sermão de M. L., pai e filho discutiram sobre a decisão do mais jovem de entrar numa organização chamada Intercollegiate Council and Forum [Conselho e Fórum Interuniversitário], um grupo inter-racial que debatia maneiras de transpor a divisão entre raças e intercalava reuniões mensais na Universidade Emory, só de brancos, e na Universidade de Atlanta, só de negros. Daddy King disse ao filho para não confiar nos líderes brancos da organização. "Você não precisa se arriscar a ser traído por eles, e isso é o que mais vai acontecer", disse ele.[15] Fazia tempo que M. L. se ressentia com o tratamento que recebia de alguns brancos, mas respondeu ao pai que guardar mágoa "era muito fácil". Ele disse que não estava pronto para desistir dos brancos. Os dois discutiram até Daddy King reconhecer que estava "sem argumentos".

As moças e os rapazes da geração de M. L. King podiam correr mais riscos que os pais. Viam os avanços conquistados pela NAACP e por A. Philip Randolph. Viam Jackie Robinson na liga de beisebol. Viam o presidente Harry Truman instaurar uma comissão para estudar os direitos civis, que resultou num relatório que afirmava que o governo tinha o dever não só de impedir a discriminação, como de garantir direitos iguais a todos os cidadãos.

* *"On desperate seas, long wont to roam,/ Thy hyacinth hair, thy classic face,/ Thy Naiad airs have brought me home/ To the glory that was Greece./ And the grandeur that was Rome."* (N. E.)

Tudo isso coincidiu com o último ano de M. L. King na Morehouse. Ainda morava na casa dos pais. E, embora continuasse a manifestar suas dúvidas sobre o estilo paterno de pregação, atuava como pastor auxiliar na Ebenezer. Desde sua ordenação formal em 25 de fevereiro de 1948, ele não tinha mais falado em outras opções de carreira. A única questão era se continuaria como auxiliar do pai ou tentaria um caminho próprio. M. L. tinha frustrações por trabalhar no negócio da família. Por exemplo, ao saber que o filho fora a um baile com alguns colegas da Morehouse, o pastor titular lembrou ao assistente que os batistas não aprovavam a dança. No domingo seguinte, Daddy King fez M. L. se desculpar perante a congregação.

Um novo atrito aconteceu quando M. L. anunciou ter decidido que, depois de concluir o bacharelado na Morehouse, iria prosseguir os estudos no Norte, no Seminário Teológico Crozer, uma escola ecumênica e predominantemente branca em Chester, na Pensilvânia. A instituição era pequena, com cerca de quarenta estudantes. Costumava ser chamada de "a pequena escola religiosa da Universidade de Chicago", como observaram os estudiosos Kenneth L. Smith e Ira G. Zepp Jr., porque ministrava o tipo de liberalismo religioso americano que surgira em reação à ortodoxia rígida de grande parte do establishment protestante do século XIX. O corpo docente de Crozer adotava o estudo crítico da Bíblia e tentava se entender com a teoria evolucionista de Darwin, preparando os estudantes, como escreveram Smith e Zepp, para acompanhar a "mentalidade moderna" e "o espírito da época".

Daddy achava que seu filho de dezenove anos não precisava estudar num seminário. Mas cedeu e escreveu uma carta de recomendação a Crozer, dizendo que o filho era "muito responsável" e dotado de uma "personalidade bastante agradável". Benjamin Mays foi menos efusivo numa carta que escreveu em favor de King e de seu amigo Walter McCall, dizendo que os rapazes "não [eram] alunos brilhantes, mas os dois têm um bom intelecto". O diretor da Morehouse, Brailsford R. Brazeal, escreveu em sua carta de recomendação que King não conseguira avançar muito por causa de "uma formação relativamente fraca no segundo grau",[16] mas assegurou aos coordenadores do Crozer que sua média geral de 2,48 não dava a verdadeira medida de sua inteligência.

King, ao falar de si mesmo no pedido de matrícula, escreveu: "Minha vocação pastoral era muito diferente da maioria das esplicações [sic] que eu ouvia. Essa decizão [sic] surgiu no verão de 1944, quando senti um desejo inescapável de servir à sociedade. Em suma, senti uma responsabilidade da qual não podia escapar".[17]

* * *

"Se vocês conseguirem fazer uma única coisa para alcançar uma paz justa, duradoura e criativa, terão cumprido sua principal obrigação para com o mundo", disse dr. Kenneth I. Brown, reitor da Universidade Denison, no discurso de formatura de King e de outros 112 formandos, em junho de 1948.[18]

King foi um dos três estudantes a receber um prêmio de oratória na colação de grau. A matéria do *Atlanta Daily World* sobre a formatura parece ter sido a primeira vez em que seu nome completo, "Martin Luther King Jr.", foi publicado no jornal.

King, naquele verão, trabalhou com June Dobbs num projeto de pesquisa para Ira De Augustine Reid, um professor de sociologia que saíra pouco tempo antes da Morehouse para se tornar o primeiro docente titular negro da Faculdade Haverford, uma escola quacre perto da Filadélfia. Reid pediu que King e Dobbs entrevistassem pastores batistas negros para um amplo levantamento que ele pretendia publicar. O ponto alto do verão, "para M. L. e para mim",[19] disse Dobbs, foi ouvir um sermão do rev. Vernon Johns no Seminário Teológico de Gammon, em Atlanta. Johns era um pastor radical que tratava o racismo como um mal social que ofendia a Deus. No dia em que Dobbs e King o ouviram, Johns refletiu sobre a questão formulada pelo zoólogo ateísta alemão Ernst Haeckel — o universo é amigável? — e concluiu que a vida de Jesus Cristo nos leva a responder que sim.[20]

Dobbs, que se tornaria terapeuta e pesquisadora sexual, tinha uma postura que deixava as pessoas à vontade para expressar sentimentos que, do contrário, permaneceriam reprimidos. M. L. lhe contou que Daddy King era muito mulherengo.[21] Dobbs já tinha ouvido esses rumores. O amigo disse que receava acabar como o pai, incapaz de resistir à tentação do adultério. O assunto surgiu todas as vezes que os dois se encontraram naquele verão. "Era uma obsessão para ele", disse ela.[22] O tema era tão recorrente em parte porque a dupla estava conversando com pastores que eram colegas de Daddy King, homens que comentavam a fama de adúltero do pai de M. L. "Havia muitos boatos sobre o rev. King", relembrou Dobbs.

M. L. e Dobbs procuravam um local sombreado para almoçar ou descansar entre as entrevistas e falavam de seus sonhos e frustrações. Dobbs via que, em muitos aspectos, M. L. venerava o pai. Daddy King era uma figura poderosa que havia escapado da pobreza, superado a violência do próprio pai e se erguido como um homem de Deus e um líder na batalha pelos direitos da população negra. Sua história de vida oferecia um caminho para o filho, mas, de acordo com Dobbs, M. L. não pretendia apenas seguir os passos do pai.

Naquele verão, numa convenção batista negra em Jackson, na Geórgia, M. L. contestou a posição de líderes religiosos, inclusive do pai, que declaravam que dançar era pecado. O jovem sustentou que o ato de dançar só seria pecado se os pensamentos de quem o praticava fossem pecaminosos, segundo uma carta ao editor do *Atlanta Daily World*, escrita por uma jovem que o ouvira falar na convenção.[23]

Dobbs lembra que M. L. se irritava com as falhas morais do pai. Ao mesmo tempo, entendia que as mulheres eram atraídas por homens em posição de autoridade. As mulheres na Ebenezer já estavam "se jogando em cima dele", comentou com Dobbs. Prometeu resistir. Disse à amiga que queria se casar com uma mulher como ela, alguém inteligente e forte, que fosse sua igual, e que pretendia ser um marido fiel. Dobbs duvidou dele.

Mesmo assim, disse anos mais tarde: "Meu coração estava com ele porque [...] tentava ser honesto quanto a isso".

7. O seminarista

Antes de sair de Atlanta, no outono de 1948, King se alistou no Exército, indicando que tinha 1,71 metro de altura e cerca de 68 quilos. O Sistema de Serviço Militar anotou que havia uma cicatriz nas costas da mão esquerda.[1]

A caminho do seminário, ele parou na cidade de Nova York para visitar a irmã, Christine, que fazia mestrado em pedagogia na Universidade Columbia. No Crozer, ele se instalou no primeiro andar do edifício principal da escola, conhecido como Old Main. Dormia num quarto de 1,80 metro por 2,40 metros, no qual havia uma cama de solteiro, uma cômoda, uma mesa, uma luminária de mesa e uma cadeira. Da janela era possível avistar o centro do campus e um denso bosque de bordos. O campus ocupava cerca de dez hectares de terra fértil na pacata cidade de Chester, a vinte quilômetros da Filadélfia. Antes, o Old Main tinha sido um hospital militar. O quarto de M. L. já havia sido ocupado por um soldado confederado ferido.[2]

Aos dezenove anos, King era mais novo do que a maioria dos colegas de turma. Anos depois, descreveria a missão de sua vida nos termos mais grandiosos — descobrir um método para eliminar os males sociais. Àquela altura, ele imaginava que teria uma carreira no púlpito ou talvez numa cátedra universitária, e não como ativista dos direitos civis. Seu foco era o desenvolvimento espiritual. Foi no Crozer que ele deu início de verdade a essa busca.

King já tinha estado longe de casa, mas nunca por tanto tempo, com tanta liberdade e num ambiente tão integrado. Brancos limpavam o quarto dele e faziam a sua comida. Professores brancos o avaliavam, comparando-o com estudantes brancos, alguns dez anos mais velhos, outros casados e com filhos, outros ainda veteranos da Segunda Guerra Mundial. As portas dos dormitórios não tinham tranca. King às vezes manifestava um sentimento de culpa, perguntando-se por que seus amigos em Atlanta não podiam aproveitar tais maravilhas.[3] Antes de sua chegada, a escola tinha tido apenas dois estudantes negros. Mas, na turma de King, dez dos dezesseis alunos eram negros, cuja admissão se devia em parte a uma tentativa de compensar a redução no número de matrículas.

O Seminário Teológico Crozer era tão pequeno que ninguém escapava a um exame minucioso. King se apresentava como Mike, embora assinasse papéis e cartas como M. L. Ansioso por causar boa impressão, estudava mais do que nunca, vestia-se com apuro ainda maior e se esforçava para não rir alto demais, não distribuir elogios gratuitos em excesso e não chamar atenção para si chegando atrasado às aulas. Mas ainda se destacava pela inteligência e sociabilidade. Mesmo então, disse seu colega de turma James Beshai, King falava em liderar seu povo na luta pela justiça racial, ainda que pensasse em fazê-lo principalmente do púlpito. "Uma vez ele perguntou se eu me considerava branco ou negro", disse Beshai, que era nascido no Egito e tinha a pele clara.[4] "Eu respondi que no Egito nunca se fazia essa pergunta; lá a questão era se você era cristão ou muçulmano." Beshai disse a King que, como cristão, ele cresceu se sentindo uma minoria. Mas, anos depois, se perguntaria se tinha sido completamente honesto nessa resposta, ou se tinha plena clareza de seus sentimentos na época. Perguntou-se por que preferia a companhia de estudantes brancos no Crozer. Refletiu sobre a universalidade do racismo, das cicatrizes profundas da escravidão. No seminário, King já lidava com essas questões, mas Beshai não. "Ele era um homem muito íntegro e uma pessoa modesta", disse Beshai, "e já estava em busca da igualdade e da fraternidade do homem, que é também o método cristão. É a busca pela verdade."[5]

Em seu primeiro semestre no seminário, no outono de 1948, King fez um curso chamado Introdução ao Antigo Testamento, ministrado por James B. Pritchard, que provocava os estudantes com sua abordagem crítico-histórica da Bíblia, dizendo que muitos dos episódios que constavam ali não podiam ser tomados como relatos históricos confiáveis. Pritchard descobrira que os estudantes negros do Sul Profundo eram especialmente literalistas na abordagem da Bíblia e se esforçava para libertá-los de suas ideias antiquadas, como escreveu Patrick Parr em seu livro *The Seminarian*, obra importante sobre os anos de King no Crozer. Tal abordagem atraía King, que havia muito tempo implicava com o fundamentalismo do pai. No entanto, apesar de todo o seu entusiasmo e sua determinação, quando Pritchard, no primeiro semestre, pediu que ele escrevesse um ensaio sobre o profeta Jeremias, King recaiu num mau hábito: plagiou — e dessa vez num ambiente acadêmico, onde as consequências podiam ser severas.

"Em certo sentido, a religião, por meio de homens como Jeremias, provê seu próprio avanço e traz consigo a promessa de progresso e poder renovado", escreveu ele. A frase vinha de um livro chamado *The Rebel Prophet* [O profeta rebelde], escrito em 1932 por T. Crouther Gordon. Em outra parte do mesmo ensaio, ele copiou uma passagem inteira, exceto uma palavra, de *Jeremias: Profecia e religião*, publicado em 1922 por John Skinner, renomado estudioso do Antigo Testamento.

Com apenas nove estudantes no curso, Pritchard sem dúvida teria bastante tempo para analisar os ensaios de seus alunos. Poderia notar que o texto de King era em algumas passagens muito mais fluente do que em outras. Mas não o fez. Mais tarde, ele contratou King para cuidar de seus filhos pequenos, pagando-lhe 35 centavos por hora, o que ofereceu ao jovem estudante um de seus primeiros e mais íntimos contatos com a vida doméstica da classe média.[6]

King também fez um curso chamado Ministério de Pregação da Igreja, o primeiro dos dez que fez com Robert Keighton, estudioso de literatura britânica, aficionado por teatro e protestante liberal. Keighton incentivava seus alunos a pregarem como Harry Emerson Fosdick, que já tinha inspirado King, ensinando-os a utilizar a elegância e o refinamento em vez de exortações bombásticas. Keighton frisava os três *p* da oratória: provar, pintar e persuadir. Também ensinava estrutura. O "sermão em escada" montava um argumento em cima do anterior. O "sermão facetado" considerava uma única ideia sob múltiplos pontos de vista. O "sermão foguete" começava com uma proposição explosiva, seguida por uma cascata de ideias menores.

Muitos estudantes tinham dificuldade em atender às expectativas do professor, mas King tirou um B+ em seu primeiro curso com Keighton. Num trabalho manuscrito para o curso, M. L. mostrou sua vontade de adotar a abordagem do professor, mas deixou claro que só o refinamento não bastava, e que ele, como Fosdick, pretendia usar os sermões para lutar em prol da justiça social. "Penso que a pregação deve nascer das experiências pessoais", escreveu ele. "Portanto, eu como pastor preciso conhecer os problemas das pessoas a quem sirvo de guia." Muitas vezes um pastor culto deixa os fiéis "perdidos na névoa das abstrações teológicas". A pregação pastoral, disse King, era acima de tudo um processo dual. "Por um lado, devo tentar mudar a alma dos indivíduos para que suas sociedades possam ser mudadas. Por outro, devo tentar mudar as sociedades para que a alma individual sofra mudanças." E, mencionando os problemas do desemprego e da pobreza, acrescentou: "Sou um profundo defensor do evangelho social".[7]

King passou seu período no seminário, em parte, aplicando o que W. E. B. Du Bois chamou de "consciência dupla": a capacidade de olhar para si mesmo pelos olhos do outro. King disse que hesitava em comer melancia porque não queria alimentar estereótipos brancos. Os brancos que o conheceram no Crozer às vezes o relembravam como um sujeito sério e de voz tranquila, mas isso porque ele decidira não se mostrar, como explicou mais tarde:

> Eu estava bem ciente do estereótipo branco típico em relação ao preto — que ele vive se atrasando, fala alto e está sempre rindo, é sujo e desleixado —, e por algum tempo me esforcei muitíssimo para escapar dessa identificação. Se chegava um minuto atrasado para a aula, já me sentia morbidamente consciente disso e tinha certeza de que todos haviam percebido. Em vez de pensarem que eu estava sempre rindo, creio que por um tempo fui bastante sério. Tinha a tendência de andar arrumado demais, de manter o quarto imaculado, os sapatos impecavelmente lustrados e as roupas irrepreensivelmente passadas.[8]

Quando estava entre amigos negros, ele se abria. Comia suas comidas sulinas favoritas em quantidades enormes, muitas vezes com as mãos, rindo, dizendo que o pernil, a carne e a couve eram deliciosos demais para deixar que algum utensílio interferisse no consumo. "Ele comia mais do que qualquer rapazinho que você tivesse visto na vida", disse o rev. J. Pius Barbour, que com frequência convidava King para jantar em sua casa, em Chester.[9] King também assistia aos ofícios na igreja de Barbour, que se tornou uma das suas maiores influências pastorais. Nascido em 1894 em Galveston, no Texas, Barbour tinha estudado na Morehouse e no Crozer — o mesmo caminho que King trilhava — e nos anos 1920 liderou uma igreja em Montgomery, no Alabama. Em Chester, mesmo quando pregava para uma congregação exclusivamente negra, Barbour atuava como uma espécie de diplomata entre a comunidade branca, escrevendo uma coluna periódica no *Chester Times*.[10]

King admirava as frases rimadas e ritmadas do pregador e tentava fazer coisas semelhantes, que anotava em seus cadernos. Absorvia as lições de professores brancos que o incentivavam a pregar com o intelecto calmo e ponderado, mas nunca esquecia os ouvintes para quem um dia pregaria e que o Evangelho podia ser usado para a mudança social. King dizia a Barbour que a revolução teria de ser não violenta para que a minoria tivesse alguma chance de sucesso. "Uma simples questão aritmética", dizia ele.[11]

A genialidade de King em anos futuros seria sua capacidade de transmitir mensagens que inspiravam tanto ouvintes negros quanto brancos, que faziam a justiça racial soar como um imperativo para todos e transpunham divisões teológicas e geográficas, sugerindo que os dois lados precisavam agir para que a divisão racial pudesse ser definitivamente eliminada sem violência. Em razão de sua infância em Atlanta e pelas histórias que os pais e avós haviam contado, ele sabia que os Estados Unidos eram fruto das culturas negra e branca, do conflito e da mistura de povos diferentes. O Crozer o ajudou a encontrar as palavras e o tom certos para um dia poder explicar seu diagnóstico com clareza e ardor a ouvintes de todas as raças.

"Imagino que deve ter sido uma dádiva de Deus", disse a mãe de King sobre o talento do filho. "Acho que ninguém o ensinou. Pode-se ensinar alguém a pregar? Eu achava que não."[12]

Mas o seminário o ajudou. No Crozer, King leu Platão, Aristóteles, Rousseau, Hobbes, Bentham, Mill, Nietzsche e, durante as férias de Natal de 1949, Marx. King já tinha escrito e falado sobre suas dúvidas em relação à equidade do capitalismo e ao fosso que criava entre ricos e pobres. Também tinha problemas com o comunismo, basicamente por causa de suas bases laicas e materialistas. "Isso eu nunca poderia aceitar", escreveu ele, "pois, como cristão, acredito que existe um poder pessoal criador no universo que é a base e a essência de toda a realidade — um poder que não pode ser explicado em termos materialistas."[13] A história, concluiu ele, era guiada pelo espírito, não pela matéria.

King disse ter tido uma crise de confiança ao ler Nietzsche, para quem o apelo do cristianismo ao amor universal era um sinal de fraqueza.[14] King se indagou por algum tempo se a recomendação de Cristo, "Amai os vossos inimigos" (Lucas 6,27), tinha de fato poder suficiente para resolver conflitos entre nações ou grupos raciais.

Ele continuou a mostrar especial interesse pelo evangelho social de Walter Rauschenbusch, que afirmava que o "Reino de Deus" exigia não só a salvação pessoal, mas também a justiça social. King admirava a conclamação de Rauschenbusch à ação e se identificava com seu otimismo. É "muito fácil para mim", escreveu ele, "pensar o universo como basicamente amistoso".

King acreditava que a personalidade humana refletia o espírito de Deus. Mas o corolário negativo dessa crença significava que o racismo, que degradava a personalidade e aviltava a vida humana, tinha de ser ruim. Mesmo no Norte, ele vivenciava esse mal. Um estudante branco puxou uma arma contra King, acusando-o de ter desarrumado seu quarto para lhe pregar uma peça.

King ganhou respeito e se tornou popular no campus por ter reagido com calma ao incidente e não ter registrado queixa contra o estudante branco.

Em 11 de junho de 1950, King e Walter McCall foram a um ofício dominical vespertino. Depois, foram ao Mary's Café, uma taverna próxima em Maple Shade, em Nova Jersey, acompanhados da namorada de McCall e de uma colega de quarto dela. Ao chegarem, já era mais de meia-noite. Pediram duas garrafas de cerveja e quatro copos. Mas o bartender, um imigrante alemão, se recusou a atendê-los, dizendo que era proibido vender garrafas de bebida depois das dez horas da noite, aos domingos ou qualquer dia da semana. Então McCall pediu quatro chopes, mas o bartender seguiu se recusando a servi-los. Quando McCall pediu gengibirra, o bartender se irritou. Pegou uma pistola calibre .45, foi para fora, deu um tiro no ar, então voltou ao bar e xingou McCall e os demais.[15] O grupo de King foi a uma delegacia ali perto para fazer um boletim de ocorrência. Mais tarde, King e McCall prestaram queixa contra o bartender por violar as leis antidiscriminação de Nova Jersey, entre as primeiras do país, alegando que não tinham sido atendidos por serem negros. A seção local da NAACP concordou em representá-los, dizendo que a ação faria parte de uma pressão maior contra locais públicos que se negavam a atender clientes negros. Numa matéria de primeira página, *The Philadelphia Tribune* mencionou King como um dos queixosos, referindo-se a ele como Michael.[16]

O bartender compareceu em juízo, acusado de posse de arma, no mesmo dia em que A. D., irmão de King, iria se casar em Atlanta. Na manhã do matrimônio, M. L., ainda na Pensilvânia, telefonou e pediu ao irmão que adiasse a cerimônia. A. D. ficou bravo. O pai sempre o fizera se sentir inferior ao irmão.[17] Mais uma vez, pediam que ele se submetesse a M. L.; em todo caso, ele concordou. O bartender foi declarado culpado e multado em cinquenta dólares.[18] King e McCall desistiram da ação por discriminação quando alguns clientes que estavam na taverna se negaram a depor perante o júri.

Anos depois, King comparou o confronto com o bartender com as ocupações que se alastraram pelo Sul, nas quais estudantes negros exigiam ser atendidos em restaurantes e lanchonetes apenas para brancos. Também deu vivamente a entender que ele e os amigos escolheram o Mary's Café para testar as leis de integração do estado.

"Eles se recusaram a nos servir", disse King. "Foi uma experiência penosa porque decidimos ficar ali, ocupando o lugar."[19]

Segundo McCall, essa foi "a primeira luta [de King] pelos direitos civis".[20] Ela também marcou uma de suas primeiras lições sobre os limites do liberalismo no Norte do país.

8. “Loucamente apaixonados”

Na época em que estava no Crozer, King teve sua primeira e única namorada branca. Chamava-se Amelia Elizabeth Moitz.[1]

Betty, como todos a chamavam, era dois anos mais velha que King. Morava no campus com a família. O pai dela era eletricista, enquanto a mãe era a cozinheira e nutricionista da escola — tendo assumido a função que antes havia sido de sua própria mãe. Betty tinha mais uma ligação com o Crozer: antes de namorar King, tinha tido um relacionamento sério com um professor, Kenneth Lee “Snuffy” Smith, um batista branco da Virgínia. É quase certo que King sabia da relação dela com Smith quando a conheceu na cozinha do Crozer. Num campus tão pequeno, era praticamente impossível esconder ligações românticas. Mas Betty gostou de King desde o momento em que o viu — com suas roupas elegantes, o sorriso tranquilo, o riso afetuoso, a autoconfiança —, e logo rompeu com o professor.

De início, alguns amigos de King acharam que seu interesse em Betty Moitz se devia à novidade e à audácia de namorar uma branca. “King gostava muito dela”, disse o amigo Marcus Wood. “Mas também se orgulhava bastante de poder socializar abertamente com uma moça branca.”[2]

M. L. continuou a namorar outras jovens, inclusive várias em Atlanta.

* * *

Ao voltar para casa no verão de 1949, King mostrou como levava a sério sua futura carreira. Pregava quase todos os domingos, às vezes fazendo dois sermões no dia, na Ebenezer e em outras igrejas. Num domingo de manhã, um rapaz do Alabama apareceu na Ebenezer para ouvir o novo pregador perspicaz de quem tanto ouvira falar. Esse jovem era Ralph David Abernathy, que também se preparava para uma carreira pastoral.

Abernathy ardeu de inveja ao ouvir M. L. King Jr. O rapaz tinha uma congregação grande numa cidade grande, mas não era apenas beneficiário de nepotismo; tinha talento. "Já era um estudioso", lembrou Abernathy, "e, embora não gritasse tão alto quanto alguns dos pregadores mais famosos que eu tinha ouvido, conseguia gritar a uma boa altura quando queria."[3] Os dois trocaram um aperto de mãos após o ofício.

Alguns dias depois, Abernathy foi a um concerto de um coral no campus da Spelman. Iria se encontrar com uma moça, mas ela cancelou na última hora, dizendo que estava muito resfriada. Abernathy foi sozinho ao concerto. No entanto, ao chegar ao local do evento e observar a multidão, ele viu a moça de braços dados com o homem cujo sermão havia recentemente despertado sua admiração: M. L. King, da Ebenezer.

"Olá, sr. Abernathy",[4] disse King, acenando com a mão livre.

"Boa noite, sr. King", respondeu Abernathy.

A moça, de braços dados com King, abaixou a cabeça, mas não deixou de tocá-lo.

"Só quero lhe dizer mais uma vez como gostei de seu sermão", disse Abernathy.

"Obrigado", respondeu King. "Gentileza sua."

King se dedicou muito no segundo e no terceiro anos no seminário, e sua ambição impressionou os professores.[5] Tornou-se um estudante e líder mais resoluto. Desenvolveu, como escreveu Patrick Parr em *The Seminarian*, a "vontade de se entregar a uma causa maior — causa que esperava que Deus o ajudasse a ver".[6] Numa avaliação de 1950, George W. Davis, que ministrara trinta das 110 horas que King havia cursado, escreveu:

1. Capacidade intelectual excepcional — inteligência penetrante;[7]
2. Muito bem-apessoado;
3. Causa boa impressão em discursos e debates públicos. Boa voz;
4. Homem de caráter elevado;
5. Será um excelente pastor ou professor. Tem inteligência para este último.

As crenças de King ficaram mais destacadas ao estudar as obras de Reinhold Niebuhr nas aulas ministradas por Smith. Niebuhr defendia que a pecaminosidade do homem interferiria de maneira inevitável nas tentativas de formar uma sociedade mais justa. O amor cristão por si só não mudaria o mundo, não enquanto os sistemas políticos e econômicos criassem desigualdades enormes entre os filhos de Deus. As nações e os grupos privilegiados dessas nações preservariam o status quo, se necessário pela força. Em seu livro de 1931, *Moral Man and Immoral Society* [O homem moral e a sociedade imoral], Niebuhr escrevia que um grupo minoritário oprimido sem nenhuma possibilidade de reunir poder para enfrentar seus opressores faria bem em adotar uma estratégia de não violência, como Gandhi havia feito na Índia. "A emancipação da raça preta nos Estados Unidos provavelmente aguarda o desenvolvimento adequado desse tipo de estratégia social e política", escreveu Niebuhr. "Não há como o preto esperar a emancipação completa da posição social e econômica servil à qual o homem branco o obrigou [...]. Da mesma forma, não há como tentar a emancipação por meio da rebelião violenta."[8]

Se King tirava A em seus cursos de filosofia e C nos de discurso em público, era em parte porque alguns de seus professores brancos, ao que parece, não se entusiasmavam com o estilo batista negro.

Ele aprendeu a aceitar a contradição. Estudava com acadêmicos ilustres que diziam que só era possível entender a Bíblia se o contexto histórico em que ela fora escrita fosse levado em consideração e as lendas pitorescas fossem eliminadas. Mas, aos domingos, ele ia a igrejas negras e pregava a fiéis para os quais Moisés era tão real e pertinente quanto Abraham Lincoln. Para os que o ouviam na igreja, o êxodo não só era compreensível, como estava em andamento. King nunca deixou que sua erudição atrapalhasse a mensagem. Estava encontrando uma voz que somava o que aprendera com o pai e colegas pregadores negros ao que aprendera com seus professores: uma voz ardorosa e bem trabalhada, capaz de falar a ouvintes transpondo diferenças raciais e econômicas, que um dia seria essencial para o êxito do movimento dos direitos civis.

Ele cultivava a dicção. Tinha o dom de dar ritmo e musicalidade ao discurso, mas era um dom aprimorado pela prática. Um colega do seminário se lembrava de ouvir King, com sua voz grave, densa e tremulante que ecoava de seu pequeno dormitório no Old Main, enquanto recitava a famosa passagem de Amós 5,24: "Que o direito corra como a água e a justiça como um rio caudaloso!".[9]

Em 19 de novembro de 1950, um domingo, King saiu de Chester e foi assistir a uma preleção de Mordecai Johnson, formado na Morehouse e reitor da Universidade Howard, na Primeira Igreja Unitarista da Filadélfia. Johnson, que tinha acabado de voltar de uma viagem à Índia, discursou sobre Gandhi.[10] "Sua mensagem era tão profunda", escreveu King anos mais tarde, "que saí do encontro e comprei meia dúzia de livros sobre a vida e as obras de Gandhi."[11] Os livros ajudaram King a vencer algumas dúvidas que tinham surgido com a leitura de Nietzsche. Gandhi mostrou a King que "a ética do amor de Jesus era um instrumento poderoso para a transformação social e coletiva. Foi nessa ênfase gandhiana no amor e na não violência que descobri o método de reforma social que eu vinha procurando fazia muitos meses".

Empregando uma palavra grega do Novo Testamento usada com frequência pelos teólogos, King se referia a esse espírito de amor como *ágape*, um amor que oferecia a todos compreensão e boa vontade, uma força que não fazia distinção entre amigos e inimigos, que incentivava amar a todos porque assim Deus o fazia. O ágape, dizia ele, oferecia o tipo de amor que alimentaria um movimento não violento pela justiça.

"Quando amamos no nível do ágape", escreveu anos mais tarde, "amamos os homens não porque gostamos deles [...], mas porque Deus os ama."[12]

Era uma mensagem fiel aos profetas hebraicos, à ideia de que o grande desígnio divino demandava a participação e a luta do povo de Deus e de que o sofrimento imerecido era redentor. O rio impetuoso da justiça representava um movimento — forte o suficiente para eliminar as pedras da injustiça.

Enquanto dava continuidade a seus estudos, King prosseguia também com seu romance com Betty Moitz. O casal quase não se esforçou para esconder o namoro durante o segundo ano dele no campus. Os dois se sentavam juntos nos bancos do parque, ficavam de mãos dadas, saíam para passear no carro de Betty. M. L. contou a ela seus planos de voltar ao Sul e lutar por justiça para seu povo, coisa que os dois sabiam que seria impossível com uma esposa branca. Numa entrevista décadas depois, Betty lembrou: "Ele falava, falava, e eu ficava ouvindo".[13]

Christine King, quando foi visitar o irmão no Crozer, não conheceu nem ouviu falar da namorada de M. L. Décadas depois, ao saber de Betty, Christine disse que o irmão teria se preocupado mais com a reação da mãe do que com a do pai quanto ao namoro. Ele desobedecia ao pai toda vez que bebia, fumava, jogava bilhar, ia a um baile ou sugeria que não se tornaria pregador — mas desafiar a mãe era outra história. Era a Alberta que M. L. recorria para pedir conselhos, com quem passava horas ao telefone, com quem ria junto, e era a aprovação dela que ele queria nos assuntos mais pessoais.

Depois que Christine foi embora, Betty deixou de se esconder. Estava sempre ao lado de M. L. quando ele jogava pingue-pongue e bilhar com os colegas.

"Estávamos loucamente apaixonados", lembrou ela, "daquele jeito que os jovens se apaixonam."[14]

King perguntou aos amigos o que achavam que aconteceria se ele se casasse com Betty. Era quase certo que não poderia liderar uma igreja no Sul. Ele seria feliz se continuasse no Norte? Jovens pastores ambiciosos da geração de King sabiam que um bom casamento podia ajudar no início da carreira. Era uma prova de maturidade e compromisso para congregações que buscavam novos líderes. De fato, King disse a um amigo que pretendia estar casado um ano depois de se formar no Crozer, embora não mencionasse com quem.

"Ele queria se casar com ela", disse o colega de turma James Beshai, "mas o pai lhe disse que isso criaria obstáculos para ele."[15]

Um dia, King levou Betty à casa de seu mentor, o rev. J. Pius Barbour. O rapaz perguntou de forma hipotética por que ele e Betty não se casavam ali mesmo, naquele momento, com Barbour oficiando a união. Barbour respondeu que a sociedade nunca aceitaria um casamento inter-racial, mesmo que fosse permitido pela legislação da Pensilvânia, e que a decisão de King destruiria sua carreira, quer morasse no Norte ou no Sul. King respondeu que talvez o amor fosse mais importante do que os preconceitos da sociedade ou as aspirações profissionais do indivíduo.

Betty, enquanto ouvia, se deu conta do pouco apoio que King teria entre a família e os amigos se ambos se casassem.

King terminou o namoro.

"Ela gostava de mim e eu me vi gostando dela", explicou ele anos depois a um escritor. "Mas tive de lhe dizer que sem dúvida meus planos para o futuro não incluíam o casamento com uma branca."[16]

Betty deixou Chester antes do final do último ano de King no seminário. Ele namorou outras jovens. No dia da formatura, ligou logo cedo para Barbour para contar que várias moças planejavam ir à cerimônia, todas achando que seriam apresentadas aos pais de King como sua noiva.[17] King pediu a Barbour que se sentasse com elas, na esperança de que os outros achassem que eram membros da congregação de Barbour. No entanto, disse Barbour, King estava profundamente triste com o rompimento com Betty Moitz. Disse que ficou "devastado" e acrescentou: "Ele nunca se recuperou".[18]

Harry Belafonte, que anos depois se tornou grande amigo de King, concorda. M. L. nunca deixou de pensar em Betty Moitz ou parou de falar sobre ela, em especial com Belafonte, que era casado com uma mulher branca. King se surpreendia de como o casamento do amigo era aceito socialmente, embora sem dúvida soubesse que os critérios para um pregador batista no Sul eram diferentes dos usados para um artista famoso que passava a maior parte do tempo entre Nova York e Hollywood, além de ser muito popular entre negros e brancos.

Mas essas eram reflexões racionais, e os sentimentos de King eram emocionais. Betty Moitz, segundo Belafonte, tinha sido "o verdadeiro amor" de King.[19]

Ela se tornou decoradora de interiores e antiquarista.[20] Casou-se em 1955 e teve três filhos.

"Eu não diria que ele ficou devastado", comentou ela décadas depois. "Eu diria que provavelmente ficou mais com raiva por gostar de alguém e não poder dar continuidade como queria por causa da situação racial."[21]

9. O par

King se formou bacharel em religião no Seminário Teológico Crozer e foi o orador da turma, além de receber uma bolsa de 1200 dólares para cursar a pós-graduação. Os pais lhe deram de presente um Chevrolet verde com Powerglide, a nova transmissão automática de duas marchas que permitia uma aceleração rápida e suave, sem a necessidade de um câmbio.

Mas se Martin pai e Alberta King esperavam ver o filho andando por Atlanta com seu Chevy, acelerando com suavidade de casa até a igreja e, talvez, logo com os netinhos deles no banco traseiro, tiveram uma decepção. No outono de 1951, King levou o carro de Atlanta para Boston e se inscreveu no doutorado da Universidade de Boston (UB).

Daddy King já não tinha gostado de o filho fazer seminário. Agora tinha ainda mais razões para se queixar, pois King Jr. parecia decidido a seguir carreira acadêmica. M. L. sabia que não adiantava discutir com o pai. Quando ouvia algo que não queria e não estava disposto a argumentar, apenas dizia de forma vaga: "Ah, sim". A essa altura, ele sabia que não precisava persuadir o pai para fazer o que queria. Se havia alguma dúvida de que M. L. tinha em vista uma carreira para além do púlpito, ela se desfez quando ele se inscreveu na Universidade de Boston. "Há vários anos tenho vontade de ensinar numa faculdade ou numa escola de religião", escreveu ele. "Sou da sincera opinião de que o ensino da teologia deve ser tão científico, exaustivo e realista quanto o de qualquer outra disciplina. Em resumo, meu objetivo é o estudo acadêmico."[1]

A Universidade de Boston era uma instituição historicamente metodista, com a maior parte dos corpos docente e discente branca. Daddy King, apesar de suas reservas quanto à decisão do filho, concordou em pagar todas as despesas da pós-graduação que não fossem cobertas pela bolsa de estudo. Talvez se sentisse aliviado por M. L. ter escolhido a Universidade de Boston, e não a Universidade de Edimburgo na Escócia, que estava entre suas opções preferidas e que decerto teria dado um rumo drasticamente diferente à sua vida e à sua carreira.

King escolheu a UB, em larga medida, pela possibilidade de estudar com Edgar S. Brightman, conhecido por seu entendimento filosófico da ideia de um Deus pessoal, não uma divindade impessoal sem características humanas. "Na acepção mais ampla", escreveu Brightman, "o personalismo é a crença de que a personalidade consciente é o valor supremo e a realidade suprema no universo." Os personalistas veem Deus como um pai amoroso, enquanto os filhos de Deus são objeto de compaixão. O universo é formado por pessoas, e todas as personalidades são feitas à imagem divina. A influência do personalismo inspirou as denúncias futuras de King contra a segregação e a discriminação, "porque a personalidade", escreveram os estudiosos Kenneth L. Smith e Ira G. Zepp Jr., "implica a liberdade e a responsabilidade".[2]

Antes que M. L. partisse para Boston no outono de 1951, os King tinham esperança de que ele pedisse Juanita Sellers em casamento. Mama e Daddy King gostavam dela. Era uma das melhores amigas de Christine. Já era praticamente da família. Segundo June Dobbs Butts, M. L. de fato pediu a mão de Sellers naquele verão. Aos 22 anos, sentia-se pronto para começar uma família. Mas Juanita queria a garantia de que eles morariam em Atlanta quando ele terminasse os estudos, o que M. L. não podia dar. Tinha em vista um emprego na academia, mas sabia que talvez tivesse de trabalhar como pregador numa cidade pequena antes de se estabelecer numa universidade. "Ele disse que Deus falou com ele", relembra Butts, e lhe disse para se formar, encontrar uma companheira e "ir para a primeira igreja que chamar", mesmo que fosse na cidadezinha fictícia de "Chitlin' Switch, na Geórgia".[3] Mas Juanita "não queria isso", e as conversas sobre o assunto terminaram, segundo Butts, que disse que Juanita lhe contou o que havia acontecido logo após o pedido de casamento.

Em Boston, onde ele começou a se apresentar como Martin, não demorou para surgirem novos romances. A forma como ele se aproximava das mulheres às vezes parecia um esporte, segundo Dorothy Cotton, uma ativista dos direitos civis que mais tarde se tornou íntima de King. Ele "tentava provar que conseguiria ganhar a namorada do cara mais alto [...], mais bonito do campus", disse Cotton. "E aquilo virou uma espécie de hábito, acho."[4]

Um dia, almoçando numa Sharaf's Cafeteria, ele viu uma afro-americana de pele clara sentada sozinha. King se levantou da cadeira e se aproximou dela.

"Você não está comendo a beterraba",[5] disse ele.

A moça ergueu os olhos e falou que era algo que ela detestava.

King disse que também detestava beterraba e perguntou se podia almoçar com ela. Chamava-se LaVerne Weston, nascida no Texas e estudante do Conservatório de Música da Nova Inglaterra. Os dois se conectaram, pois a cafeteria não tinha sido capaz se oferecer uma alternativa à beterraba como acompanhamento do frango. LaVerne gostou das roupas elegantes e da personalidade extrovertida de King. Ele falava muito e era um pouco metido, mas fazia boas perguntas e sabia ouvir. Deu para notar que o rapaz era inteligente e que vinha de boa família. Era evidente que flertava, porém LaVerne não estava interessada. Era baixinho demais para seu gosto.

"Vou matar Jim Crow", disse King.

LaVerne achou graça, mas não perguntou como pretendia fazer isso.

Logo depois, King falou sobre casamento. Disse a LaVerne que queria se casar com uma mulher que o tratasse como sua mãe o fazia, esfregando-lhe pomada no peito quando estava doente e atendendo a todas as suas necessidades. Não era propriamente a imagem de felicidade conjugal que LaVerne, uma aspirante a cantora de ópera, tinha em mente. Mesmo assim, ficou encantada com ele. Quando acabaram de comer, deixando as beterrabas de lado, ele se ofereceu para levá-la em casa.

"E ele tinha um carro!", lembrou ela. "Jovens negros não tinham automóvel naquela época [...]. Eu nunca tinha entrado num carro com um desconhecido. Falei: 'Minha nossa!'. Mas, sim, entrei no carro dele." M. L. não tentou beijá-la, porém falou que esperava que logo se vissem outra vez.

O que de fato ocorreu, várias vezes. Aos domingos, depois da igreja, ela e suas amigas comiam no Western Lunchbox, um restaurante pequeno de comida negra sulina, onde ela encontrava King com amigos.

Depois do primeiro semestre na UB, King e um de seus amigos da Morehouse, Philip Lenud, que estudava na Escola Teológica Crane, filiada à Universidade Tufts, alugaram um apartamento no número 397 da Massachusetts Avenue, uma casa geminada no South End. O lugar vivia repleto de livros. Na parede acima do sofá ficavam as flâmulas da Morehouse.[6] Lenud, nascido no Alabama, era quem cozinhava; King lavava a louça. M. L. telefonava com frequência a cobrar para casa.[7] O apartamento se tornou um centro de jovens intelectuais e artistas. Toda semana, King recebia um grupo a que chamava de Sociedade Dialética ou, às vezes, Clube Filosófico para um jantar, e cada um devia levar um prato ou uma bebida. Os homens fumavam cachimbo. Os estudantes da pós-graduação liam artigos em voz alta. Seguiam-se discussões inflamadas. Registravam atas, que eram revistas nas reuniões seguintes. No começo, apenas homens negros frequentavam as reuniões, mas depois elas se diversificaram, aceitando mulheres e um ou outro branco. King ficava totalmente à vontade no papel de liderança. Com o Clube Filosófico, os companheiros já o viam como líder, uma figura pública cortês e sociável, contente por estar no centro das atenções.

"Martin era o guru", disse Sybil Haydel Morial, de New Orleans, que frequentava a Universidade de Boston e ia tanto às festas quanto às reuniões informais no apartamento de King.[8] Tornou-se pedagoga, ativista e esposa do primeiro prefeito negro de New Orleans, Ernest N. "Dutch" Morial. "Ele ali era o líder", disse sobre King. "Era muito calmo, muito dono de si, muito modesto… E tinha um carro!"

Boston não estava de jeito nenhum isenta de racismo. Os Red Sox só tiveram um time integrado em 1959, ainda que Sam Jethroe já fosse parte dos Boston Braves em 1950, antes de o time se mudar para Milwaukee. Na prática, as escolas públicas continuavam segregadas. Mas era muito melhor do que o Sul, disse Sybil Morial. Boston tinha arte e teatro e faculdades integradas. De 21 a 23 de setembro de 1951, o Boston Garden realizou um show de jazz com grandes nomes, como a Orquestra Duke Ellington, Sarah Vaughan e o Trio Nat King Cole, cuja gravação de "Too Young" ocupara o primeiro lugar nas paradas de sucesso daquele verão. Os Boston Celtics, com Chuck Cooper, tiveram um dos primeiros times racialmente integrados da Associação Nacional de Basquetebol (NBA, na sigla em inglês). Boston também tinha uma legião aparentemente interminável de negros e negras jovens e ambiciosos de famílias prósperas. King assistia a ofícios na Décima Segunda Igreja Batista, congregação que fora fundada em 1840 por negros livres, servira de ponto de descanso na Ferrovia Clandestina e tinha uma longa história de protestos organizados.

"Era empolgante porque tudo era aberto", disse Morial. "Nós do Sul amávamos a liberdade do Norte." Os jovens com frequência conversavam se ficariam no Norte, a "terra da liberdade", como dizia ela. Morial comentou que, de início, a maioria de seus conhecidos em Boston garantiu que ficaria no Norte, mas mudou de opinião ao sentir saudades de casa e a ver sinais de que talvez fosse possível uma reforma cultural e política no Sul. Mesmo em Boston, King se sentia impelido a voltar para o Sul, em parte porque a comunidade negra da cidade estava "espiritualmente situada no Sul", como escreveu o estudioso Lewis V. Baldwin.[9] "Vou voltar para onde precisam de mim", disse King.[10]

Um dia, ele comentou com uma amiga de Atlanta, Mary Powell, que nos últimos tempos tinha se sentido sem muita sorte no amor. Mary falou que conhecia duas jovens que poderiam lhe agradar: uma delas era LaVerne Weston, que King já tinha conhecido ao almoçar na Sharaf's Cafeteria; a outra era uma colega de Weston no conservatório, Coretta Scott.[11] Anos depois, King disse que ficou tão animado com a descrição que Powell tinha feito de Coretta que nem esperou uma apresentação formal. "Falei: 'Melhor me dar o número de telefone dela' [...]. Decidi que eu mesmo me apresentaria."[12] Em uma quinta-feira à noite de fevereiro de 1952, duas horas depois de conseguir o número de telefone de Coretta, King ligou para ela.[13] Como de hábito, irradiava confiança. "Sou como Napoleão; estou em meu Waterloo e estou de joelhos", disse ele. O que Coretta entendeu é que ele tinha desistido de namoros. Estava desesperado por encontrar uma mulher que pudesse amar e desposar.

"Era um homem típico", disse ela. "Meiguices. Balelas. Algumas dessas coisas eu nunca tinha ouvido na vida."[14]

Coretta gostou da cantada, como admitiu mais tarde, mas no começo não queria que ele achasse que estava funcionando. Naquele primeiro telefonema, ela comentou que ele estava bastante arrebatado por uma mulher que nunca tinha visto na vida.

King respondeu que não precisava vê-la para saber com certeza que, com a voz tão encantadora, a inteligência tão evidente e a reputação tão admirável que ela tinha, ele tinha encontrado seu par. Coretta riu e concordou em almoçar com ele no dia seguinte. King falou que a buscaria com seu Chevy. O percurso da Universidade de Boston até o Conservatório da Nova Inglaterra costumava levar dez minutos, mas King prometeu, num arroubo de entusiasmo, que dessa vez faria em sete.

Ele foi pontual.[15] Coretta esperava na chuva com uma sombrinha, uma capa e uma echarpe por cima de um conjunto azul-claro. Ela entrou no carro, e juntos foram almoçar na Sharaf's Cafeteria da Massachusetts Avenue.[16] Mesmo dentro do carro, ela pôde ver que ele era baixo — e não especialmente bonito, segundo sua avaliação inicial. Tinha a cabeça grande com orelhas muito miúdas, nariz largo e uma testa tão alta que parecia ser o início de uma calvície. Mas, quanto mais ele falava, mais atraente ficava.[17]

"Você tem um cabelo *lindo*!",[18] disse King, admirado com o penteado de Coretta. Ela sorriu.

Discorreram sobre os méritos do capitalismo em comparação com o comunismo. Ele falou que pretendia se dedicar à luta pela justiça racial. Coretta, tendo frequentado a Faculdade Antioch, instituição progressista e integrada em Yellow Springs, em Ohio, pensou que, no que se referia à paixão pela reforma social, levaria a melhor sobre aquele rapaz bem-criado.[19] Ficou agradavelmente surpresa ao descobrir que ele parecia decidido a combater a discriminação racial, mesmo que ainda não soubesse muito bem como o faria. Debateram ideias durante o almoço. King ficou surpreso com um dos comentários de Coretta.[20] "Ah, você também sabe pensar",[21] disse ele. Coretta não falou em voz alta, mas pensou: "Claro que sei".

Ao final do almoço, King disse-lhe que via nela todas as quatro características que procurava numa esposa: "inteligência, caráter, beleza e personalidade". Aceitaria vê-lo outra vez?

O ardor e a autenticidade do rapaz foram como raios de sol, derretendo as preocupações dela sobre a altura e as "típicas" balelas dele. King "irradiava um encanto enorme", disse Coretta.[22] Portava-se como se "soubesse para onde ia e o que faria ao chegar lá", comentou ela. Mas, ao mesmo tempo, perguntava-se se o compromisso dele com a justiça social seria tão forte quanto o seu, "pois ele vinha de um ambiente de classe média e não havia passado pelo mesmo que ela".[23]

King acabara de completar 23 anos. Coretta tinha quase dois anos a mais, e sua índole séria e solitária lhe dava um ar ainda mais maduro. Era a segunda de três filhos de Obadiah e Bernice McMurry Scott, nascida em Perry County, no Alabama, onde havia três negros para cada branco, mas trinta eleitores brancos para cada eleitor negro. A maioria da população negra trabalhava em serviços de baixa remuneração, como meeiros, rendeiros, trabalhadores domésticos e braçais. Mas havia exceções. A cidade de Marion tinha uma funerária e uma mercearia cujos donos eram negros. Os Scott cultivavam 120 hectares fora da cidade. Deram à filha do meio o nome de Coretta, a junção do nome da avó, Cora Scott, e de sua irmã, a tia-avó Etta.[24]

A família dela conseguira avançar contra todas as probabilidades, adquirindo e mantendo a terra. O avô paterno de Coretta teve 25 filhos e dois casamentos.[25] O pai, Obie, como todos o chamavam, era esbelto, bem-apessoado e se vestia com elegância. Nunca fumava nem bebia.[26] Embora tivesse estudado apenas até o sexto ano,[27] era bom em matemática e usava sua habilidade para gerir as finanças domésticas da família, além de diversas operações comerciais. Tinha o próprio caminhão, que usava para transportar madeira. Poupou o suficiente para abrir uma serraria própria, que duas semanas depois foi totalmente destruída pelo fogo, no que ele e a família acreditavam ter sido um incêndio criminoso. Sem desanimar, Obie voltou ao trabalho. Montou uma pequena barbearia, dirigia táxi, construiu uma casa nova para a família e mantinha um sítio onde plantava legumes, criava porcos e chegou a ter 4 mil galinhas.

A mãe de Coretta, Bernice, alta e robusta, era filha de um escravizado. Tinha estudado apenas até o quarto ano,[28] mas era uma leitora de jornais e revistas atenta e não tinha medo de expressar suas opiniões. "Ela só tem vento naquela cabeça", dizia Bernice para se referir a uma mulher de pouca inteligência.[29] Para ela, mentiroso era "quem não está falando do que está falando". Nos anos 1920, foi a primeira mulher negra na comunidade a dirigir um carro e, mais tarde, um ônibus escolar.[30]

Coretta era, como a mãe, física e emocionalmente forte. Como lembrou a irmã mais velha, Edythe, "ela era uma menina rija, de rosto simétrico, pele morena impecável, nariz arrebitado, lábios finos e cabelo comprido denso e ondulado".[31] Corrie, como os amigos a chamavam, usava o cabelo preso em marias-chiquinhas.[32] Carregava os sacos de ração e as caixas de comida que eram pesados demais para Edythe. Pescava, pegava lagostins com a mão, lutava com os garotos e batia com vara nos vespeiros. Às vezes podia ser fria, mas era valente.

Quando pequena, a casa não tinha energia elétrica nem água corrente. Mas os Scott tinham um gramofone Victrola em que tocavam as músicas de Bessie Smith, a Imperatriz do Blues, que, ousada e destemida, cantava sobre as coisas que queria, de que precisava e que se recusava a tolerar, sobretudo no que se referia aos homens. "Tenho o mundo num frasco, a rolha está na minha mão", cantava em "Down Hearted Blues". "Vou segurar até que vocês, homens, estejam sob meu comando."

Coretta andava oito quilômetros até a escola Crossroads, que tinha apenas uma sala e banheiros externos e havia sido construída com verba doada por Julius Rosenwald, um dos fundadores da Sears, Roebuck and Co.[33] As crianças brancas do lugar frequentavam a escola nove meses por ano, mas as negras iam apenas sete meses, como lembrava Coretta. "E todo dia eu olhava as crianças brancas sendo levadas de ônibus para a escola *delas*", disse. "Essa foi uma coisa que ficou na minha cabeça: a injustiça de ter de andar aquela distância toda, em especial no frio e na chuva, e as crianças brancas sendo levadas todos os dias de ônibus para a escola."[34]

Depois do sexto ano, as opções de estudo de Coretta melhoraram. Nos anos 1860, a Associação Missionária Americana, em parceria com moradores locais, fundou uma escola em Marion para crianças negras e lhe deu o nome de Abraham Lincoln. O corpo docente da escola Lincoln era composto de sete professores negros e sete brancos.[35] Coretta aprendeu a tocar piano, violino e trompete.[36] Os professores a incentivaram a seguir a carreira musical. Ela encontrou dignidade nos locais onde podia se isolar da sociedade branca: na escola, na igreja e nos sítios dos pais, dos tios e das tias. Disse ela: "Esse fator, talvez mais do que qualquer outra coisa, ajudou a nos incutir o orgulho racial, o amor-próprio e a dignidade que inevitavelmente nos davam a devida autoimagem".[37]

Coretta cresceu assistindo ao melhor e ao pior da vida dos negros americanos. Via crianças negras e brancas em filas diferentes, nos extremos opostos do balcão para pegar sorvete nas lojas de conveniência, e as crianças brancas eram sempre servidas antes. Notava que os pais lhe ensinavam a tratar os adultos por "senhor" e "senhora", mas os brancos — mesmo as crianças — chamavam os pais dela de Obie e Bernice. "Esse tipo de humilhação constante causa algo na gente", disse Coretta. "Cria uma espécie de atitude de desconfiança e suspeita."[38]

Quando tinha quinze anos, a casa dos pais dela pegou fogo. Coretta achava que tinha sido incendiada por brancos, por raiva pelo sucesso comercial de seu pai. A polícia nunca investigou, alegando que os Scott moravam fora dos limites da cidade, mas Coretta acreditava que havia outra explicação: "Na verdade, ninguém se importava com o que acontecia com os pretos".[39]

Além da irmã Edythe, Coretta tinha um irmão mais novo, chamado Obadiah. (Uma segunda irmã morrera ainda bebê de pneumonia.)[40] Edythe frequentava a Faculdade Antioch em Yellow Springs, em Ohio, e Coretta seguiu seus passos. Fundada em 1852, a instituição já aceitava estudantes de todas as raças desde os anos 1860. Durante um período, o abolicionista e reformador social Horace Mann foi diretor da faculdade.

Coretta se matriculou na Antioch em 1945 e descobriu que sua formação durante o ensino médio, embora melhor do que a de muitos negros do Alabama, fora inferior à da maioria dos estudantes brancos. "Então tive de gastar um tempão para alcançar o mesmo nível", disse ela.[41] Escolheu como estudo principal a educação primária e como complementar o canto; dividia quarto com duas estudantes brancas e durante dois anos namorou Walter Rybeck, estudante judeu de Wheeling, na Virgínia Ocidental. Rybeck, que era pianista, percorria o Sul de ônibus com Corrie, como todos a chamavam, acompanhando ao piano suas apresentações em igrejas negras. Gostavam de fazer longas caminhadas e observar aves. No começo do namoro, Corrie foi com Walter à Virgínia Ocidental para conhecer os pais dele. "Fomos à churrascaria da Twelfth Street para jantar", relembrou Rybeck. "O gerente nos olhou e, apontando para Corrie, disse: 'Claro que *ela* terá de comer na cozinha'. Meu pai falou que isso era inaceitável e fomos embora."

Rybeck tinha uma tia rica que conseguiu um teste para Coretta na Escola de Música Juilliard, em Manhattan. Na viagem para Nova York, a tia de Rybeck, que se chamava Edna e na época tinha noventa anos, contratou uma limusine para mostrar a cidade a Coretta, parando no Mausoléu de Grant e em vários museus. Naquela noite, Edna ligou para Rybeck para comentar que tinha ficado decepcionada com a falta de interesse da jovem pelas artes. Na mesma noite, Coretta ligou para o namorado e disse que tinha se sentido mal por deixar a tia dele esperando no carro por causa da idade, e por isso passou o mais rápido possível pelos museus, ficando apenas o tempo suficiente para comentar com ela uma ou duas coisas que vira. "Era uma verdadeira princesa", disse Rybeck. "Todo mundo gostava de Corrie."

Para pagar a faculdade, Coretta arrumava e tirava os pratos das mesas dos refeitórios da Antioch, além de trabalhar como assistente da Karamu House, um retiro de artistas em Cleveland.[42] Também ingressou na seção universitária da NAACP, num comitê de relações raciais e num de liberdades civis. Desafiou uma regra que impedia que estudantes negros fizessem prática de ensino nas escolas locais. Rybeck lembrou que ela também participou de um protesto quando uma barbearia em Yellow Springs se negou a atender clientes negros. Em 1948, apoiou Henry Wallace para a presidência e compareceu à convenção nacional do Partido Progressista como representante estudantil. Wallace havia rompido com o presidente Truman e sua campanha tinha uma plataforma centrada sobretudo na política externa, incluindo a conciliação com a União Soviética, mas também pregava o fim da legislação Jim Crow.

Ainda em 1948, Coretta publicou um artigo intitulado "Why I Came to College" [Por que vim para a faculdade] na *Opportunity: Journal of Negro Life*, uma publicação da Liga Urbana, no qual mostrava suas aspirações e seus sentimentos ardorosos pelo ativismo pelos direitos civis. Começava assim: "Até onde recua minha lembrança, eu sempre quis ir para a faculdade. Meus pais são pretos, respeitáveis, mas pobres [...]. Cedo descobri que ser respeitável não trazia necessariamente respeito — não em minha cidade natal". Ela observou que os únicos negros da cidade que recebiam algum apreço eram seus professores, que tinham formação universitária. "Tinham maior liberdade de movimento, viajavam, visitavam cidades, conheciam mais o mundo. Tinham maior segurança financeira." Se isso era possível com uma formação universitária, escreveu, então ela precisava tê-la.

Coretta escreveu que escolheu a Antioch porque a irmã fora para lá, embora ficasse um pouco preocupada se conseguiria se ambientar entre os nortistas. Mas, ali pelo terceiro ano, sentia-se feliz com sua decisão:

> Agora me parece que todos os estudantes pretos do Sul devem tentar, se possível, ter uma parte de sua formação no Norte [...]. Para uma sulina [...], parece-me importante descobrir que de fato há algumas pessoas brancas que trabalham pela igualdade racial e trabalhar junto com elas. Aprendi algumas coisas com essas pessoas; elas aprenderam algumas coisas comigo.

Depois da Antioch, Coretta tentou se pós-graduar em música, mas se sentiu intimidada pela Juilliard e por Nova York.[43] Preferiu se matricular no Conservatório da Nova Inglaterra, em Boston, onde estudou canto. Seus estudos foram em parte financiados pela chamada Bolsa de Estudos Jim Crow,[44] oferecida pelo estado do Alabama, que vetava o ingresso de estudantes negros na maioria das faculdades e universidades públicas. Ao fornecer as bolsas e enviá-los para outro estado, o Alabama procurava evitar contestações judiciais a seu sistema de ensino segregado. Muitos desses estudantes cheios de aspirações, depois de formados, voltavam ao Alabama decididos a reformar o sistema que lhes pagara o ensino.

Coretta Scott conheceu Martin Luther King Jr. quando estava em seu segundo semestre em Boston, pouco antes de completar 25 anos. Na década de 1950, as mulheres costumavam se casar com vinte e poucos anos, mas Coretta não parecia ter nenhuma pressa. "Eu olhava o caminho que ainda podia trilhar", disse ela. "Via-me como cantora de apresentações ao vivo, pavimentando a via para outros negros."[45] De início, não estava interessada em namorar um pastor, muito menos um pastor batista. Coretta crescera na Igreja Metodista Episcopal Africana de Sião. Ensinaram-lhe que os batistas eram emotivos demais. De fato, ela achava boa parte das religiões organizadas emotivas em excesso. Raramente ia à igreja em Boston, dizendo: "Posso rezar no quarto".[46]

Quando Scott e King começaram a sair, ela notou que muitas vezes o namorado era reconhecido ao entrar numa sala e gostava da fama de "o melhor partido negro na área de Boston na época", como disse ela. Coretta se esforçava ao máximo para mostrar que não se importava.

Apesar da autoconfiança dele e de suas intenções, inclusive o uso de sonetos shakespearianos em suas abordagens românticas, Coretta percebeu que Martin, no fundo, era humilde.[47] Detestava ferir os sentimentos alheios. Sentia culpa por ter nascido numa família relativamente privilegiada. Gostava de gente, de festas e de conversar. Dançava bem. Era fácil entender por que ele gostava da companhia de mulheres e por que elas também gostavam da dele. King brincava com Coretta sobre sua habilidade de atrair mulheres, mas sempre ria e garantia que ela era a única que importava, que levava a relação a sério, era dedicado e a amava profundamente. Sabia com que tipo de mulher queria se casar, disse Coretta, e "estava sempre tentando me convencer de que era eu".[48]

Ao mesmo tempo, a preocupação de King era que o retorno ao Sul podia ser difícil para Coretta, depois de seus anos na Antioch e no Conservatório da

Nova Inglaterra. Sentia-se atraído pela inteligência e pelas aspirações dela, mas essas qualidades tinham o potencial de complicar o relacionamento. King se perguntava se ela teria dificuldade em se adaptar ao papel de esposa de pastor, principalmente se ele fosse trabalhar numa pequena cidade do Sul. Também confessou a ela que os pais queriam que ele se casasse com uma mulher de Atlanta. (Coretta não mencionou o nome da mulher em suas memórias nem nas entrevistas feitas para elas, mas com quase toda certeza se referia a Juanita Sellers.) Embora King tenha comentado sobre seu relacionamento em Atlanta, não está claro se admitiu a ela que saía também com outras mulheres em Boston.

"Eu o considerava um rapaz muito agradável",[49] disse Jeanne Martin Brayboy, nascida na Carolina do Sul e formada em música pela Universidade de Boston. Ela namorou com King em 1952, na mesma época em que ele saía com Coretta. King dizia a Jeanne que começaria a carreira como pregador e que algum dia talvez se tornasse diretor da Faculdade Morehouse. "Benny Mays não vai viver para sempre", brincava ele.

Coretta era filha de um agricultor e dizia não ter vaidade. Tinha um casaco bonito e alguns vestidos bons, mas se importava pouco em impressionar com as suas roupas. Penteava o cabelo e se maquiava de manhã, e assim passava o dia. Não era de retocar o batom — até que Martin sugeriu que prestasse mais atenção à aparência. "Talvez você queira ir ao banheiro feminino e pentear o cabelo", dizia ele. "Você fica tão bonita de batom." Mais tarde, Coretta disse que entendeu que era assim que Martin a preparava para o papel de esposa de pastor.

10. A força dinâmica

Coretta não tinha medo do casamento. Não estremecia à ideia de se tornar dona de casa e de que sua posição e seu objetivo de vida viessem pelo menos em parte da sua relação com um homem. A questão mais premente era se queria ser esposa de um pastor, ainda por cima sulino. "Claro que ele me perguntou [...] se eu podia ser uma boa esposa de um pregador", lembrava ela, "e eu não respondi. Achei que o tempo diria."[1]

Ela se considerava uma pessoa ponderada, que preferia não agir por impulso.[2] Então passou meses refletindo e rezando sobre essa questão. Sim, por um lado ela provavelmente teria de sacrificar suas ambições. Por outro, se quisesse lutar pela justiça racial e servir à comunidade, o trabalho de seu pretendente poderia lhe oferecer várias oportunidades. E havia também a questão dos pais de Martin. E se Daddy King se opusesse ao casamento? Martin o enfrentaria? Ou voltaria para Juanita Sellers?

Coretta não tinha o menor interesse em competir. Levava-se a sério e queria que Martin também o fizesse. "Eu sentia uma espécie de ternura, mas que não expressava com muita liberdade", disse, lembrando seus primeiros tempos com o futuro marido.

> Acho que era reservada. Era reservada nos elogios [...]. Quando o ouvia falar, eu lhe dizia o quanto tinha gostado, se tivesse gostado, o que em geral acontecia.

Quase sempre. E, então, comentava alguns aspectos do sermão que me agradavam [...]. Ele valorizava isso.[3]

Embora tivesse certeza de que Martin respeitava sua inteligência, ainda assim Coretta receava que o casamento sufocasse a sua identidade. Passou meses tentando controlar os sentimentos, com medo de se apaixonar demais e acabar descobrindo que ele resolvera fazer o que os pais queriam e se casar com Juanita ou outra mulher. Teve um sonho providencial. Nele, viu-se numa sala com Martin, Daddy King e Juanita Sellers. Daddy King sorria para Coretta. "E assim percebi de alguma maneira que ele me aprovava", escreveu mais tarde. "Parecia uma espécie de milagre."

Mas foi apenas um sonho. Naquele verão de 1952, King voltou para Atlanta e Coretta ficou em Boston, dando continuidade a seus estudos. Foi no mesmo verão que Malcolm Little, que tinha mudado o nome para Malcolm X e ingressado na Nação do Islã durante o período que passou numa prisão de Massachusetts, foi libertado; logo comandaria uma mesquita em Boston, que defendia o separatismo negro. Nas livrarias, encontrava-se o novo romance de Ralph Ellison, *Homem invisível*, sobre a experiência de ser negro nos Estados Unidos. O Supremo Tribunal dos Estados Unidos anunciou que ouviria a argumentação oral do processo que se tornaria Brown v. Board of Education, a contestação da NAACP das leis "separados, mas iguais" no ensino público. Quando Martin propôs que Coretta fosse a Atlanta naquele verão para conhecer sua família, ela declinou. King ficou bravo e escreveu numa carta que, se ela não queria ir, talvez fosse melhor "simplesmente esquecer tudo".

Em julho, King escreveu outra vez para Coretta. É uma das únicas cartas de amor que ela tornou pública, embora sua secretária particular tenha dito mais tarde que havia embaixo da cama dela uma mala Samsonite azul cheia de cartas.[4] Nessa missiva, ele disse que tinha superado a raiva: "Sua carta foi doce e revigorante para o meu coração, que tinha quase esfriado em relação a você. Claro que me convenci, nos últimos dias, de que meu amor por você está numa base tão sólida que os ventos tempestuosos da raiva não são capazes de destruí-lo".[5]

King passou, então, a comentar o romance utópico de Edward Bellamy, *Olhando para trás: 2000-1887*, do final do século XIX, com que Coretta o presenteara, que previa uma sociedade na qual a igualdade e a prosperidade geral seriam implantadas sem revoluções violentas. O capitalismo pode estar em seu leito de morte, escreveu King na carta, mas os sistemas sociais conseguiram sobreviver muitas vezes por bastante tempo em tais condições.

Ao final, ele retomou assuntos pessoais e falou de sua esperança de que Coretta o visitasse em Atlanta. "Dói-me muito saber que você crê que eu a convidaria para vir e a trataria mal [...]. Bem, imagino que todos temos dentro de nós um pouco de incompreensão." Disse que, se Coretta ainda preferisse não visitá-lo, ele não falaria nada, mas suporia que ela não confiava nele. "Espero que não tenhamos de romper por causa dessa viagem", escreveu ele. Despediu-se dizendo: "Seja boazinha e lembre que o papai aqui ainda te ama". Assinou "Martin", e não "Mike" ou "M. L.", e acrescentou um postscriptum, no qual afirmava esperar que ela entendesse sua caligrafia ruim.

Coretta acabou indo para Atlanta em agosto.

A visita não foi muito boa.

King ainda saía com outras mulheres, inclusive Juanita Sellers, e não contara aos pais que pensava em se casar com Coretta.[6] Daddy King deixou claro que não a considerava um bom partido para o filho. Julgava inadequado um pastor batista se casar com uma moça que pretendia seguir a carreira de cantora.[7] Talvez também achasse que Coretta era simplória, apesar de sua formação, apenas por ser da zona rural do Alabama.

Martin buscou Coretta na estação de trem e depois buscou a mãe no salão de beleza.[8] No caminho para casa, tiveram uma conversa pouco à vontade. Alberta, segundo Coretta, era "difícil de entender". Quanto a Daddy King, ela disse: "Era grandalhão, maior do que eu imaginava. Além da força física, dava para sentir sua força de caráter". Para ela, ele também parecia distante.

Mais tarde, naquele mesmo verão, ao voltar do Alabama para Boston, Coretta parou outra vez em Atlanta. Estava na casa dos King num domingo à noite quando Martin falou que precisava visitar alguns membros idosos da paróquia. Como ele não voltou, Coretta desconfiou que tinha ido ver Juanita. "Na manhã seguinte, acordei me sentindo muito infeliz e tive vontade de chorar", disse ela, "pois sabia que tinha sido insultada. Mal consegui falar com ele."[9]

Quando voltavam para Boston, Martin confessou que tinha ido à casa de Juanita, mas assegurou que só tinha feito isso para dizer a ela que o relacionamento deles logo acabaria. Quanto aos encontros de Martin com outras mulheres, Coretta disse: "Ele sempre acabava me contando [...]. Tinha uma forte consciência moral e não conseguia agir errado sem se sentir culpado. Sentia uma culpa que o consumia".[10]

Quatro meses depois, os pais de King foram a Boston, e Coretta teve outra chance de demonstrar que ela e Martin estavam apaixonados. A conversa ocorreu no apartamento de Martin.[11]

"Coretta, você leva meu filho a sério?", perguntou Daddy King.[12]

Ela não entendeu a pergunta. Achou que ele se referia a uma brincadeira que Martin tinha acabado de fazer.

"Não", respondeu ela.

"Fico contente que você diga isso", falou Daddy King, e logo discorreu sobre como M. L. havia se relacionado com jovens lindas e de ótimas famílias, que costumava apresentá-las aos pais e perder o interesse. Algumas delas, disse Daddy King, tinham "muito a oferecer".

Coretta ficou irritada e retrucou: "Eu também tenho muito a oferecer".

Daddy King prosseguiu, dizendo que em Atlanta havia uma moça maravilhosa à espera de Martin, que toda a família amava.

"A menos que você conheça meu filho melhor do que eu", disse Daddy King, "a aconselho a não levá-lo a sério demais."[13]

Coretta não respondeu. Perguntou-se por que Martin não a defendia. "Não deu um pio, parecia um menininho", relembrou.[14]

Martin saiu da sala. Mais tarde, Coretta soube que ele tinha ido para o cômodo ao lado anunciar à mãe que pretendia se casar com Coretta. Mas, naquele momento, ele não deu nenhum sinal de coragem ou de compromisso que a impressionasse.

Na mesma noite noite, ao levá-la para casa, King criticou Coretta. "Estava chateadíssimo comigo", lembrou ela.[15] Disse-lhe que Juanita tinha uma personalidade muito mais radiante.

No entanto, dois dias depois Daddy King mudou de ideia e endossou o casamento. "Concordo", disse ao filho, "porque respeito sua opinião e sua escolha."

Quando Coretta e Martin começaram a planejar o matrimônio, ela mudou de área de estudo, passando do canto para a educação musical, ao reconhecer que a carreira do marido vinha em primeiro lugar e era pouco provável que ela se tornasse uma cantora profissional. "Eu diria que fui para a escola com uma missão", comentou ela.[16] "Achava que, se tivesse formação e desenvolvesse minha personalidade e meus talentos ao máximo, seria capaz de dar uma boa contribuição para a sociedade." Mas, como esposa de pastor e mãe, o esperado era que ela desempenhasse um papel mais tradicional. Martin deixava "muito claro", disse Coretta, que queria que a esposa estivesse todos os dias à sua espera ao voltar do trabalho.[17] Anos depois, Martin Luther King Jr. escreveu que, "quando uma mãe tem de trabalhar, ela pratica uma violência contra a maternidade ao privar os filhos de sua proteção e orientação amorosa".[18]

Para Coretta, foi "a decisão mais importante que tomei".[19] Já sabia da atração do noivo por outras mulheres. Agora via também que priorizava suas ambições profissionais.

Por que ela o escolheu? Coretta respondeu várias vezes a essa pergunta em entrevistas e textos. Ele era ambicioso, inteligente e emocionante.[20] Transbordava charme. Tinham a mesma paixão pela busca da justiça. Ela também insinuou algo de natureza primal, referindo-se de forma reiterada a ele como viril, másculo, macho. A irmã de Coretta, que era sua confidente mais íntima, lhe perguntou diretamente por que ela se casaria com um pregador sulino e sacrificaria sua carreira musical. "Imagino que seja porque Martin me lembra muito nosso pai", respondeu Coretta.[21] Em 1965, ao falar do pai e de Martin a um repórter, ela disse: "São homens batalhadores e religiosos. Têm interesses muito parecidos, e é notável como os dois são semelhantes em energia e personalidade".[22]

Harry Belafonte, que conhecia bem o casal, disse que não sentia "nada de transcendente" entre Martin e Coretta.[23] Martin exalava calor humano, tinha facilidade em fazer amigos e dava sonoras gargalhadas. Apesar de suas origens rurais, Coretta era mais refinada e não tolerava humor grosseiro. "Coretta Scott oferecia uma perspectiva burguesa adequada", disse Belafonte, "com pele clara, cabelo liso e aspirações sociais [...]. Tinha um ar sério e imponente." Com a aparência, a educação e o comportamento que tinha, ela impressionaria os diáconos de qualquer igreja em que Martin decidisse iniciar a carreira. "Ele ficou com Coretta", disse Belafonte, "porque isso satisfazia a comunidade." Mas não era só isso. Àquela altura da vida, Coretta tinha mais experiência com ativismo social do que Martin. Ele, disse Belafonte, "entrou no espaço dela".[24]

King sabia que Coretta era mais do que uma jovem bonita ou uma boa potencial "primeira-dama" de uma igreja. "Ela era a quintessência da mulher afro-americana", como disse mais tarde a poeta Maya Angelou, "nascida no Sul provinciano repressor, nascida em carne e destinada a se tornar ferro, nascida — nascida uma frágil centáurea e destinada a se tornar uma rija magnólia."[25]

11. Plágio e poesia

Ele a chamava de Corrie ou Coretta. Ela o chamava de Martin.[1]

Casaram-se em 18 de junho de 1953, uma quinta-feira, na casa dos pais de Coretta, perto de Marion, no Alabama. Fez calor o dia todo, com temperaturas na casa dos trinta graus, sem nenhum sinal de chuva à vista. A primeira página do *Marion Times-Standard* daquele dia anunciava que a primeira flor de algodão da safra do ano tinha sido entregue na redação do jornal por Clayton Sanders, "rendeiro preto na terra de J. C. Moore".[2]

Martin veio de Atlanta numa caravana com a família e os amigos. Coretta estava aflita com o que eles iriam pensar da casa de seis cômodos e da estrada de terra que levava até lá.[3] Com a ajuda da mãe e da irmã, preparou um "jantar de estilo rural". As mulheres colheram flores e trepadeiras nas matas próximas para enfeitar um arco nupcial no quintal. Martin vestia calça preta de smoking e paletó branco. Coretta usava um vestido azul-claro comprado em Boston, com luvas e sapatos combinando. Realçando a roupa, ela colocou um colar de pérolas que ganhara de presente do noivo.[4] Christine, irmã de Martin, criou para Coretta um véu com uma coroa de flores. Nas fotos do casamento, a noiva, de salto alto, era quase da mesma altura de Martin.

Coretta queria uma cerimônia pequena e informal. Embora a lista de convidados tivesse mais de trezentos nomes, ela se manteve firme quanto a outras decisões.[5] Não quis prataria nem porcelana decorada, por considerá-las uma extravagância frívola. Mais surpreendente, e dando mais um sinal de independência, ela informou a Daddy King que omitiria dos votos matrimoniais a promessa de obedecer ao marido. Antes da cerimônia, o rev. King pai se sentou com o casal na varanda da loja da família Scott, que ficava ao lado da casa.[6] Ele deu aos dois seu habitual conselho pré-nupcial: "Coretta, eu não desposaria M. L. se pudesse evitá-lo", disse ele. "M. L., eu não desposaria Coretta se pudesse evitá-lo. Então, rezo porque não posso evitá-lo. E, quando vocês se casarem, devem pensar que é algo que *têm* de fazer."[7]

Ela e Martin asseguraram a Daddy King que era exatamente isso o que sentiam: *precisavam* um do outro.

Depois da cerimônia de casamento e do jantar, Martin e Coretta foram para Marion. Como nenhum hotel na cidade os acolheria, eles passaram a noite de núpcias no quarto de hóspedes de uma funerária. No dia seguinte, percorreram os 350 quilômetros de estrada até Atlanta, onde outra recepção os aguardava, dando aos amigos — e ex-namoradas — de Martin a chance de conhecer a noiva. Foram recebidos na casa da família King por mais de 350 convidados.[8]

"Estavam muito preocupados com quem Martin Luther King ia se casar", lembrou Coretta.[9] "Todos gostavam dele e tinham um afeto especial por ele, e assim estavam preocupados e queriam saber quem era essa jovem, ainda mais por não ser de Atlanta." Na ocasião, ela usou o mesmo vestido azul-claro.

No dia seguinte foram à igreja, onde Martin pregou. Na segunda-feira, Coretta começou um trabalho de verão num banco de proprietários negros em Atlanta. Nesse período, moraram com Daddy e Mother King, como Coretta passou a chamá-los.

Já estavam ocupados demais para uma lua de mel.

Os recém-casados voltaram a Boston no outono e alugaram um apartamento de quatro cômodos por 35 dólares no número 396 da Northampton Street, perto do Conservatório da Nova Inglaterra.[10] Coretta tinha uma carga horária puxada, e Martin começou a pesquisar para a tese de doutorado. Como ele passava mais tempo em casa do que a esposa, Martin tentava cuidar de uma parte das tarefas domésticas. De vez em quando cozinhava, embora a maioria das receitas não fosse muito além de temperar a carne e levá-la ao fogo. Suas especialidades eram frango frito, costeleta pé, focinho e orelha de porco.[11] Coretta dizia que ele era um rapaz da cidade que comia como se fosse da roça. Às vezes ele lavava roupa na bacia grande que tinham na cozinha, mas Coretta reclamava que isso apenas as molhava, sem limpá-las. Apesar disso, ele fazia as tarefas sem reclamar. Ao mesmo tempo, Martin dizia a Coretta que esperava ser tratado como chefe da família. Depois ria, dizendo que sabia que o casamento era uma parceria. No entanto, segundo Coretta, para ele isso não significava que fossem iguais.[12]

Nos anos 1950, os índices matrimoniais americanos estavam numa alta constante. As mulheres se casavam mais cedo do que nas décadas anteriores do século XX. A mídia as apresentava — em geral brancas — como donas de casa felizes, sugerindo que, ao cuidar de suas famílias, elas ajudavam os Estados Unidos a vencer a Guerra Fria. De 1940 a 1960, antes do advento da pílula anticoncepcional, o número de famílias americanas com três filhos duplicou, enquanto as que tinham quatro filhos quadruplicou, em parte porque a crescente classe média americana tinha condições de ter uma prole maior. Coretta e outras mulheres viam suas ambições profissionais tolhidas não só pelas expectativas dos maridos, mas também pela mudança nos padrões culturais. Quando Martin dizia a Coretta que queria oito filhos, era evidente que não pretendia ficar em casa para cuidar deles.[13] Coretta escreveu:

> Durante toda sua vida, Martin teve uma atitude ambivalente em relação ao papel feminino. Por um lado, acreditava que as mulheres são tão inteligentes e capazes quanto os homens e deveriam ocupar posições de autoridade e influência. Mas, quando se tratava de sua situação pessoal, pensava na esposa como dona de casa e mãe que cuida dos filhos. Deixava muito claro que esperava que a mulher com quem ele se casasse estivesse em casa esperando por ele [...]. Ao mesmo tempo, já naquela época, Martin dizia: "Não quero uma esposa com quem não consiga me comunicar". Desde o começo, ele me incentivava a ter atividades fora do lar e ficava muito contente quando eu tinha ideias próprias ou mesmo quando podia substituí-lo. Apesar disso, era o papel feminino que ele mais queria que eu cumprisse.[14]

De modo geral, Coretta se resignou a cumprir o papel que o marido queria. "Foi uma adaptação que tive de fazer", disse ela, "e creio que fiz muito bem."[15]

Na Universidade de Boston, King ouvia os discursos do pastor, teólogo e místico afro-americano Howard Thurman, que foi deão da capela Marsh da universidade de 1953 a 1965. King encontrou nas convicções de Thurman sobre integração, comunidade e inter-relação de tudo na vida uma inspiração duradoura. "Há apenas um refúgio que um homem tem em qualquer lugar deste planeta", escreveu Thurman. "E ele está no coração de outro homem."[16]

No outono de 1953, King assistiu à partida de Jackie Robinson e os Brooklyn Dodgers contra os New York Yankees, pelo campeonato anual de beisebol, na televisão da casa de Thurman.[17] Este falava muito de sua ida à Índia em 1935 e de seu encontro com Gandhi, no qual ele teria dito: "Pode ser que seja por meio dos pretos que a mensagem impoluta da não violência seja transmitida ao mundo". Imaginamos se Thurman e King, enquanto assistiam ao campeonato, pensaram nas conexões entre Gandhi e Robinson. Se a figura pública negra nos Estados Unidos que encarnava os princípios de Gandhi era o jogador de segunda base dos Dodgers, um atleta altivo, hipercompetitivo que prometera suportar os insultos racistas dos torcedores e de adversários brancos, o que ele fez sem parecer dócil.

Em sua tese, King comparou as concepções de Deus apresentadas por dois teólogos: Paul Tillich e Henry Nelson Wieman. Criticou os dois por se distanciarem do personalismo. Tillich atribuía personalidade apenas a seres, não a Deus, enquanto Wieman descrevia Deus em termos relativamente despersonalizados, como um "processo de integração". King rejeitava as duas ideias, dizendo que só poderia haver comunhão entre os seres humanos e Deus se ambas as partes da relação tivessem compreensão e respeito. A atribuição de uma personalidade humana a Deus, argumentou ele, não implicava de maneira nenhuma uma limitação do poder divino.

O personalismo ressalta que todos os seres humanos são feitos à imagem de Deus. Para King e outros personalistas, todo ato de injustiça realizado contra uma pessoa é, portanto, um insulto a Deus. À diferença de teologias mais abstratas, o personalismo se conectava à vida cotidiana e, para King, era compatível com as pregações de seu pai e de seu avô, que se baseavam na ação.

A tese de King não atraiu muita atenção até 1990, quando acadêmicos da Universidade Stanford anunciaram que trechos substanciais do texto eram plágio. Na versão inicial, King copiou literalmente a maior parte da introdução de um livro chamado *The Theology of Paul Tillich* [A teologia de Paul Tillich]. Ao que parece, o problema era que ele usava fichas para organizar as informações que encontrava nos livros. Em muitos casos, copiava de forma literal o texto da fonte em suas fichas, sem colocar os dados de referência. A questão era maior ainda quando se tratava de citar fontes secundárias. King lia a interpretação de um autor de uma citação de Tillich e, então, transcrevia a citação e a interpretação numa ficha sem anotar a fonte secundária.

O estudioso David J. Garrow afirma que esse procedimento de King talvez fosse apenas reflexo de uma fase complicada de sua vida. Ele era um jovem dândi que se esforçava para se tornar um acadêmico, como sugere sua liderança no Clube Filosófico. Mas, ao entrar no doutorado, tinha apenas 22 anos. "O

King do Crozer e da UB era de fato um rapaz um pouco imaturo e inseguro?", pergunta Garrow. "Era um jovem pregador de talento sem nenhuma aptidão especial para a criatividade acadêmica?"[18]

Não importam as causas, as indiscrições de King devem ter sido notadas. Seus orientadores devem ter percebido o quanto ele recorreu a uma tese escrita três anos antes por um estudante chamado Jack Boozer, da própria Universidade de Boston. Embora tenha mencionado na introdução a "ótima" tese de Boozer, King a citou poucas vezes, apesar de ter se baseado nela com firmeza para a estrutura e copiado mais de cinquenta frases. Boozer e King tiveram o mesmo orientador, L. Harold DeWolf; no entanto, DeWolf fez poucas correções à versão inicial de King e elogiou o "domínio convincente das obras imediatamente envolvidas".[19]

Apesar do plágio e de suas divergências fundamentais com os autores tratados, King teve um aprendizado teológico duradouro a partir das lições de Tillich e Wieman. Em sua obra fundamental, *A coragem de ser*, Tillich afirmava que a coragem de ser exige aceitar a ansiedade — sentimento que vem com a culpa, a condenação e a morte. Consiste em se manter ligado a Deus mesmo quando se perde a fé. "Mas a dúvida não é o oposto da fé", escrevia Tillich, "é um elemento dela."[20] Essa filosofia ajudaria King a encontrar forças diante do medo, nos momentos de exaustão e, talvez de modo mais destacado, quando se consumia com a certeza de que teria uma morte prematura.

A prática de plágio de King fazia parte do processo através do qual ele encontrou sua própria voz, segundo Clayborne Carson, ex-diretor do Projeto do Arquivo King na Universidade Stanford, onde o plágio foi descoberto. King desenvolveu um estilo discursivo escrito e oral que impressionava o público branco, sem sacrificar a emoção que lhe permitia atingir com tanta eficácia as congregações negras. Em outras palavras, ele tomou de Tillich o suficiente para adaptar a obra do teólogo a seus objetivos e público próprios.[21] Num sermão de 1967, King disse que as pessoas não precisavam de filosofias ou teologias complicadas. Comparou o conceito tillichiano de Deus como "Ser-Si-Mesmo"[22] ao modo como as pessoas comuns sempre praticaram a adoração, pensando em Deus como um "lírio do vale [...], uma estrela matinal cintilante".

Esse tipo de fé, disse King, leva à conclusão mais simples de todas, quando um homem ou uma mulher diz de Deus: "Ele é meu tudo".

12. O exército de Gideão

Em novembro de 1953, King, aos 24 anos de idade, começou a traçar seus planos de carreira. Tinha quase concluído os créditos na Universidade de Boston e continuava a escrever a tese. Várias igrejas em Nova York, Michigan, Massachusetts, Tennessee e Alabama manifestaram interesse em contratá-lo como pastor, graças, em parte, ao renome de seu pai entre os pregadores, à fama crescente do próprio M. L. e a seu sólido currículo acadêmico. Querendo vivamente voltar ao Sul, ele pretendia conseguir colocação na Primeira Igreja Batista em Chattanooga, no Tennessee, e na Igreja Batista da Dexter Avenue em Montgomery, no Alabama. Tinha planos de visitá-las e pregar "sermões de teste" durante as férias estudantis, em janeiro.

Claro que continuava de pé o convite para se juntar ao pai na Ebenezer, em Atlanta. Seu irmão, A. D., depois de se casar aos dezenove anos e iniciar uma família, já ingressara na igreja como pastor assistente. Agora Daddy King pensava numa dinastia. Até abrandou os termos da proposta. Sabendo que o filho continuava interessado numa carreira acadêmica, ele conversou com Benjamin Mays para deixar que M. L. desse aulas na Morehouse em meio período.

Daddy King desaconselhou o filho a aceitar o emprego em Montgomery, dizendo que a congregação era esnobe e difícil de agradar. A igreja já tinha sido liderada pelo rev. Vernon Napoleon Johns, pastor de grande inteligência, bombástico e ríspido, que ao mesmo tempo imobilizava e chacoalhava os fiéis com suas furiosas conclamações à ação social.[1] As pessoas diziam que Johns estava à frente de seu tempo, mas, na verdade, estava decidido a *mudar* seu tempo. Ele causava desconforto na congregação. Levava couves e repolhos de sua própria horta, sacudindo os legumes para retirar a terra e vendê-los depois do culto, para lembrar às pessoas que elas podiam plantar seus próprios alimentos e se libertar dos comerciantes brancos que não as respeitavam. Também descuidava dos assuntos prosaicos da igreja. Quando enfim os líderes da igreja o demitiram e começaram a procurar outro pastor, eles abordaram King, bem como Walter McCall, amigo de King, e Samuel McKinney, seu ex-colega de turma na Morehouse.

Coretta preferia continuar no Norte, mas a escolha cabia a Martin, disse ela, e ele se sentia no dever de voltar.[2] "O Sul, afinal, era nosso lar", escreveu ele. "Apesar de suas falhas, amávamos o Sul como nossa casa e tínhamos um desejo real de fazer algo a respeito dos problemas que tínhamos sentido de forma tão aguda na infância."[3]

Mudar para o Sul Profundo exigia coragem. McKinney resolveu não aceitar o púlpito da Dexter porque Montgomery lhe dava medo. "Perguntei a Deus se ele me seguiria até o Sul", lembrou McKinney com uma risadinha, "mas Ele falou que só iria a Cincinatti."[4]

Naquele momento, a NAACP encabeçava a luta nacional pela igualdade racial, com Roy Wilkins à frente da entidade, Clarence Mitchell Jr. fazendo lobby em Washington e Thurgood Marshall intensificando a contestação do grupo contra a segregação nas escolas públicas com Brown v. Board of Education. A. Philip Randolph, chefe da Irmandade dos Trabalhadores dos Trens--Leito, operava como uma espécie de diretor entre os ativistas. Os editores de jornais negros acrescentaram suas vozes cada vez mais fortes e sonoras. Depois da Segunda Guerra Mundial, a NAACP criou novas seções por todo o país, muitas vezes comandadas por carregadores da Pullman e veteranos negros. Muitos americanos brancos, repugnados com o Holocausto, estavam em mais sintonia com as questões do racismo. Enquanto os Estados Unidos travavam a Guerra Fria contra a União Soviética, procurando ganhar influência política e militar em todo o mundo, os líderes do país procuravam se apresentar como os paladinos da liberdade mundial. No entanto, essa posição era prejudicada pelo tratamento que davam à população negra. Quando o ministro da Economia de Gana visitou os Estados Unidos e quis pedir um suco de laranja num restaurante da rede Howard Johnson em Delaware, informaram-no que clientes negros não eram bem-vindos. "A discriminação racial nos Estados Unidos continua a ser uma fonte de constrangimento constante para esse governo na condução diária de suas relações internacionais", escreveu Dean Acheson, secretário de Estado do governo Truman, como parte de um depoimento arquivado em Brown v. Board of Education, "e ameaça a manutenção efetiva de nossa liderança moral para as nações livres e democráticas do mundo."

Em vez de esperar que o governo passasse das palavras à ação, mulheres e homens negros se somaram à luta.

"Faça eles saberem", disse um agricultor negro da Carolina do Sul a um jornalista, em 1953, "que nós, pretos, aqui no Sul somos como o exército de Gideão [...], prontos para lutar."[5]

Havia outros sinais encorajadores. O Instituto Tuskegee anunciou que não publicaria mais as estatísticas anuais de linchamentos.[6] De acordo com eles, essas ações eram agora tão raras que as estatísticas já não revelavam muita coisa sobre o estado em que as relações raciais se encontravam. As bombas e ameaças de violência continuavam a aterrorizar a população negra, em especial no Sul, mas os especialistas do Tuskegee acreditavam que seria mais produtivo avaliar emprego, renda, grau de instrução e participação política.

Dois dias antes do sermão de teste de King em Montgomery, o jornal negro local, *Alabama Tribune*, informou que um subcomitê do Senado insistira que as linhas de ônibus da capital do país contratassem motoristas negros; pastores batistas em Birmingham haviam pressionado o governador do Alabama no sentido de começar a fazer planos para antecipar uma possível determinação do Supremo Tribunal para a integração escolar; o governador da Geórgia, Herman Eugene Talmadge, anunciou que se o tribunal emitisse a ordem para desfazer a segregação nas escolas, ele utilizaria a polícia e a milícia do estado para garantir que não fosse cumprida. O jornal negro local não noticiou a chegada de King a Montgomery nem como foi seu teste na igreja batista da Dexter Avenue.[7]

Montgomery não chegava a um terço do tamanho de Atlanta, embora estivesse em rápido crescimento. Em 1955, de seus 120 mil habitantes, cerca de 63% eram brancos e 37%, negros.[8] A cidade tinha nove hotéis, duas estações de rádio e sete cinemas, inclusive dois para frequentadores negros. A maioria dos homens negros da cidade trabalhava no setor de serviços, como garçons, cozinheiros e engraxates, e a maioria esmagadora das mulheres negras fazia trabalhos domésticos para famílias brancas. A renda média anual da população negra era de 970 dólares, contra 1730 dólares da branca.

O algodão e a escravidão haviam dominado a economia da cidade por muito tempo. Nas décadas anteriores à Guerra Civil, o mercado escravo de Montgomery se destacara como um dos maiores e mais importantes do país. Ao se separar da União, os estados sulinos elegeram Jefferson Davis como presidente da Confederação, e Montgomery foi a primeira capital. A cidade recebeu o apelido de "Berço da Confederação".

O Alabama, que se tornou um estado em 1819, chegou à economia escravista relativamente tarde. Mas não demorou para que proprietários escravistas da Geórgia e de outros lugares, com o respaldo de investidores de Nova York, expulsassem os indígenas do território e expandissem seu reino do algodão. Em 1820, moravam no Alabama cerca de 42 mil negros escravizados. Quarenta anos depois, esse número mais do que decuplicara, passando para cerca de 435 mil, o que compunha cerca de metade da população total do estado.

Muitas dessas mulheres, crianças e homens escravizados eram comprados e vendidos no centro de Montgomery, conduzidos pelas ruas da cidade, expostos em leilões, acorrentados, inspecionados e adquiridos em dinheiro ou em troca de animais. Mais da metade de todas as famílias escravizadas era separada. "Arrancavam us bebê du peito das mãe i vendiam prus'ispeculadô",[9] lembrou Delia Garlic, uma escravizada de Montgomery, num depoimento oral transcrito foneticamente pelo entrevistador. "Separavam as creança dus irmão i irmã i num se viam nunca mais. Claro qui choravam; cê acha qui num choravam vendida feitu gadu?"

Nos anos que se seguiram à Guerra Civil, ex-donos de escravizados por todo o Sul se enfureceram e tentaram manter o desequilíbrio de poder submetendo negros e negras a novas formas de subordinação. Em 1901, representantes brancos no Alabama redigiram uma nova Constituição, que firmava a posição de segunda classe da população negra, proibia o casamento inter-racial e determinava a segregação nas escolas. Em Montgomery, as regulamentações municipais impunham filas separadas para cidadãos negros e brancos para comprar ingressos para o teatro e o parque de diversões. As leis municipais proibiam que negros e brancos jogassem juntos bilhar ou dominó. A legislação também insistia em bondes, sanitários, cinemas e hospitais segregados. Havia, porém, distorções frequentes nas normas. Negros podiam comprar em lojas de departamentos, mas não provar as roupas. Negras que cuidavam de crianças brancas podiam se sentar nos bancos da frente dos ônibus se estivessem com os filhos brancos dos patrões, mas não quando estavam sozinhas.

"Andar na corda bamba da Jim Crow desde o nascimento até a morte, desde quase nossa primeira experiência de vida até nosso último pensamento consciente [...] é uma grande acrobacia mental",[10] escreveu Rosa Parks, então secretária na NAACP e costureira em Montgomery, num caderno de notas que manteve nos anos 1950.

> É preciso muito desprendimento para enxergar essa linha. Sempre há algum tipo de corda bamba — fila de cor, cordão de isolamento, linha estreita. Para mim, parece que somos marionetes nas mãos do branco [...] e desempenhamos a seu contento ou, se saímos da linha, sofremos as consequências.

Essas linhas definiam a vida em Montgomery quando Martin Luther King Jr. lá chegou em janeiro de 1954 para fazer o teste na igreja batista da Dexter Avenue. A igreja, que antes abrigava uma congregação branca, ficava a duas quadras da primeira Casa Branca da Confederação, como ficou conhecida a antiga residência de Jefferson Davis.

No mesmo fim de semana em que King planejava pregar na Dexter, o ex-pastor da igreja, Vernon Johns, fora convidado para pregar em outro templo da cidade, a Primeira Igreja Batista, que era comandada pelo rev. Ralph David Abernathy. Johns não ficou incomodado por um jovem pregador de Atlanta fazer um teste em seu antigo emprego. Na verdade, achou que era um feliz acaso. Johns, que por coincidência passava por Atlanta a caminho de Montgomery, telefonou para a casa dos King e perguntou ao jovem Martin se ele podia lhe dar uma carona.

Mais tarde, King escreveu que tinha feito a viagem sozinho, num dia límpido de inverno, o rádio tocando uma de suas óperas favoritas, *Lucia di Lammermoor* de Donizetti. Foi a cena que ele usou para começar seu primeiro livro, *Stride Toward Freedom* [Passos largos para a liberdade], em que procurou se apresentar como uma figura solitária, um homem experiente e pragmático no início de uma jornada importante. Na verdade, o tempo estava fechado, garoava, e Vernon Johns estava sentado no banco de passageiro a seu lado.

Lá pelas quatro da tarde, Ralph Abernathy olhou pela janela de casa e viu um carro chegando. Ele sabia que Johns gostava de pegar carona, e ficou contente em ver que o pregador tinha encontrado um motorista disposto a levá-lo até sua casa. Quando o motorista saiu do carro, Abernathy reconheceu Martin Luther King Jr., o jovem e charmoso pregador que, anos atrás, tinha roubado sua namorada em Atlanta.

Abernathy convidou os dois para o jantar. King falou que tinha prometido comer com um dos diáconos na igreja da Dexter Avenue, mas, depois de sentir o cheiro da comida que Juanita Abernathy preparava na cozinha, vacilou.

"Cheiro bom, sem dúvida", disse Johns.[11]

"Bom mesmo, sem dúvida", King concordou.

Johns avisou, talvez de brincadeira, que a esposa do diácono que preparava o jantar para King naquela noite cozinhava como uma mulher branca. Provavelmente iriam lhe servir biscoito com queijo e salada. Enquanto isso, Juanita Abernathy trouxe folhas de nabo, pãezinhos quentes e carne assada coberta de molho de cebola. King atirou as mãos ao alto e se rendeu. Não ia a nenhum outro lugar.

"Me encantei por ele na mesma hora",[12] disse Abernathy.

Juanita e Ralph Abernathy estavam casados não fazia nem dois anos. Eram do Alabama e estavam entre os jovens negros instruídos de Montgomery mais ansiosos por uma mudança. Juanita tinha crescido no mesmo condado de Coretta Scott, com pais muito trabalhadores que haviam economizado o suficiente para enviá-la para a faculdade. Ralph Abernathy tinha 26 anos; os pais haviam tido doze filhos, e ele era o caçula dos sete rapazes. Cresceu na fazenda de duzentos hectares dos pais, em Linden. Baixo, de rosto redondo e afável, Abernathy fazia amigos com facilidade e ria de forma calorosa. Tal como Johns, que se tornara seu mentor, Abernathy sabia pregar um sermão envolvente usando linguagem coloquial. Conectava-se com os ouvintes de uma maneira que parecia totalmente espontânea. As pessoas confiavam nele, o que ajuda a explicar como assumiu uma posição de liderança no Exército, na irmandade Kappa Alpha Psi e nos protestos no campus durante os anos em que estudou na Faculdade Estadual do Alabama. "Meu marido sempre dizia: 'Você tem de estar ancorado no Senhor, senão eles vão te matar de medo'", disse Juanita.[13] Nada amedrontava Ralph Abernathy, disse ela. Juanita tinha em si um tanto desse mesmo destemor movido pela fé. Todos os dias ouvira o pai repetir as palavras de um hino: "Pai, estendo as mãos a Ti, outro auxílio não conheço. Se Te afastas de mim, Senhor, para onde irei?".

Enquanto comiam, Juanita e os três homens conversaram sobre Montgomery. Compararam as congregações da Dexter e da Primeira Igreja Batista, dizendo que as duas eram refinadas a ponto de ser esnobes, mas que a Dexter era mais. Abernathy e Johns gostavam de fazer piada dos fiéis de classe alta, dizendo que estavam mais interessados em ouvir sobre Platão e Aristóteles do que Jesus. Contaram um caso em que Johns interrompeu a cerimônia de casamento da filha de um médico importante para anunciar que a igreja teria melancias à venda na recepção, o que era sua maneira de lembrar ao médico que não se levasse a sério demais. Mas a congregação tinha um ar de satisfação consigo mesma, em especial entre os que pertenciam à classe média negra, o que irritava Johns. Comentaram como o ativismo na comunidade negra poderia levar o governo federal a agir na luta por justiça. Falaram em mobilizar as igrejas para a campanha.

Os fiéis da igreja batista da Dexter Avenue podiam não estar preparados para o estilo agressivo de pregação de Johns com base na raça, mas Abernathy e King o consideravam inspirador. Juanita Abernathy disse a respeito de Johns: "Ele não tinha o menor traço de medo ou docilidade".[14]

Os Abernathy gostaram de King desde o instante em que ele se sentou e optou por uma boa comida e uma boa conversa em vez da chance de impressionar um dos diáconos da Dexter. Se tinham algum receio de que ele pudesse ser um intelectual pomposo, essa preocupação desapareceu com as risadas de King e o gosto com que se atirou à comida. E ficaram contentes ao ouvi-lo dizer que pensava em arregimentar soldados para a guerra contra a segregação.

"Quanto tempo você acha que vai levar até podermos avançar?", perguntou Ralph Abernathy.

Ao responder, King podia estar pensando não só nas questões sociais e políticas, mas também em sua vida pessoal. Podia estar pensando em formar uma família, terminar a tese de doutorado e se estabelecer como líder numa nova congregação. Ou, talvez, pensassem apenas na lentidão da mudança social e política que vira em seus 24 anos de vida no Norte e no Sul.

"Vai demorar", respondeu ele. "Pelo menos vários anos."

Estava enganado. Montgomery logo irromperia em protestos, e King e Abernathy ajudariam a liderá-los.

O sermão do teste de King foi um sucesso. Ele era tão inteligente, eloquente e ardoroso quanto Vernon Johns, mas mais agradável e sem o gênio esquentado do ex-pregador.

"Quando descobri King", disse Robert D. Nesbitt pai, presidente do comitê do púlpito da igreja, "ele tinha 25 anos. Essa era uma das objeções que a Igreja tentou levantar contra ele. Disseram: 'Não podemos seguir aquele menino'. Mas, depois que o ouviram pregar duas ou três vezes, dispuseram-se a fazer tudo o que ele quisesse."[15] Ofereceram-lhe o emprego com um salário de 4200 dólares ao ano (equivalente a cerca de 43 mil dólares em 2022), o que o tornaria o pastor negro mais bem pago em Montgomery.[16] Em 14 de abril de 1954, King escreveu ao presidente do comitê de avaliação da igreja para dizer que ocuparia o cargo desde que a Dexter reformasse a residência paroquial, concordasse em bancar suas despesas de viagem entre Montgomery e Boston até concluir seu doutorado e se comprometesse a dar aumentos salariais à medida que a Igreja avançasse sob o novo líder.[17]

Daddy King não gostou. Coretta foi ambivalente. "Vou ficar satisfeita em Montgomery", disse ela ao marido. "Você aperfeiçoa sua pregação [...] e eu aprendo a ser uma boa esposa de pastor."[18] Mas, pelo visto, ela não tinha renunciado por completo à esperança de ter uma carreira própria. Na primavera de 1954, Coretta foi a Chicago para assistir a uma conferência nacional de professores de música.[19]

Enquanto isso, fazia anos que seu marido dizia que pretendia combater a Jim Crow, que terminaria os estudos e trabalharia no Sul, onde a segregação era uma areia movediça para muita gente. No entanto, antes de chegar a isso, as regras da batalha mudaram. Em 17 de maio, quando King ainda estava em Boston, o Supremo Tribunal dos Estados Unidos chegou a uma decisão unânime no caso Brown v. Board of Education e declarou que a segregação escolar era inconstitucional. Instalações de ensino separadas, escreveu o presidente do Supremo, "são intrinsecamente desiguais".

A Jim Crow recebera uma sentença de morte, mas estava longe de ser enterrada.

A decisão gerou esperança, ódio e medo. Benjamin Mays disse que o Supremo Tribunal havia "dado aos Estados Unidos uma oportunidade de alcançar a grandeza na área de coisas morais e espirituais, assim como já o fizera no poderio militar e industrial e nas posses materiais". Alguns sulinos brancos deram ao dia da decisão do tribunal o nome de "Segunda-Feira Negra". Robert "Tut" Patterson e outros em Sunflower County, no Mississippi, lançaram um movimento de resistência — os Conselhos de Cidadãos, também chamados de Conselhos de Cidadãos Brancos — para combater a integração e intimidar ainda mais os negros. Liderados por empresários, profissionais liberais e políticos brancos importantes, foram formados Conselhos de Cidadãos por todo o Sul, em especial em locais onde os negros constituíam maioria, como uma espécie de versão mais às claras da Ku Klux Klan. Colunistas brancos de jornais sulinos insistiam que forasteiros nunca mudariam o Sul — e por "forasteiros" eles entendiam não só a NAACP, mas também o governo federal.

O senador James O. Eastland, um democrata do Mississippi, declarou que o Sul não admitiria nem cumpriria ordens para realizar a integração. Como presidente do subcomitê dos direitos civis, do Comitê Judiciário do Senado, Eastland sabia que suas declarações reforçariam a resistência dos agentes políticos do Sul. "A educação não pode prosperar no clima que resultaria da mistura das raças nas escolas públicas",[20] disse ele. Vários governadores do Sul, em vez de integrar, preferiram votar pela extinção completa das escolas públicas. King achava que teria sido possível evitar reações tão ríspidas. Dwight D. Eisenhower, então em seu primeiro mandato na presidência, se manteve praticamente em silêncio sobre o processo Brown v. Board of Education, o que, disse King, pode ter incentivado a resistência sulina.[21]

Brown v. Board of Education se demonstrou a pedra angular de uma das campanhas de reforma social de maior êxito por via judicial. Enquanto muitos agentes políticos sulinos tentavam fechar os olhos ou se esquivar à decisão, a sentença teve pelo menos um efeito claro e relativamente imediato: gerou uma mudança na opinião pública branca, o que ficou claro na mídia branca do Norte, que ampliou a cobertura da história da segregação. Os principais jornais nortistas não tinham sucursais de notícias no Sul. "Obter publicidade é da mais alta importância estratégica para o povo preto", escrevera Gunnar Myrdal em *An American Dilemma*.[22] Agora, uma década após a publicação do livro, chegava a publicidade e surgiria um novo ativista, que seria o negro mais poderoso e com maior visibilidade dos Estados Unidos.

13. "Um fator precipitador"

No dia da decisão do Supremo Tribunal para Brown v. Board of Education, um repórter do *Montgomery Advertiser* visitou a escola Lanier e perguntou aos alunos de ensino médio o que pensavam sobre a integração escolar.

"O Sul não está pronto para isso",[1] disse um deles.

"Eles não são civilizados como nós", disse outro, referindo-se aos estudantes negros.

"Daqui a pouco", disse outro aluno da Lanier, "vão estar andando nos ônibus conosco e tudo mais."

Três meses depois, em agosto de 1954, Martin e Coretta puseram suas coisas no Chevrolet verde e saíram de Boston rumo a Montgomery, que logo se tornaria o centro do movimento dos direitos civis. Depois de dizer que queria um emprego que o colocasse nas linhas de frente da luta contra a segregação, o rev. Martin Luther King Jr. teve seu desejo atendido.

A cidade parecia projetada, em todos os aspectos, para reforçar a separação entre as raças. Martin e Coretta se mudaram para uma casinha paroquial de madeira no número 309 da South Jackson Street, na zona oeste de Montgomery, "a área preta da cidade onde moraríamos sem possibilidade de escolha", como disse King.[2] Os vizinhos eram homens e mulheres da classe trabalhadora — lixeiros, encanadores, caminhoneiros e empregadas domésticas.[3] A uma quadra da residência paroquial ficava o hotel Ben Moore, o único da cidade que recebia hóspedes negros. Alguns outros pequenos comércios sobreviviam à sombra do hotel ou perto da Faculdade Estadual do Alabama, mas, no geral, os bairros negros de Montgomery pouco se pareciam com Sweet Auburn de Atlanta e menos ainda com os bairros brancos ricos e luxuosos da cidade.

Os bairros negros de Montgomery eram pequenos, humildes e distantes do centro comercial. Os moradores negros dependiam, em sua maioria, de trabalhos oferecidos pelos moradores brancos da cidade e iam de ônibus para o serviço nos bairros brancos. Os que trabalhavam no centro passavam constantemente por placas com os dizeres APENAS BRANCOS em bebedouros, sanitários e restaurantes. Levavam marmita para o trabalho e comiam sentados na calçada ou em algum quartinho abafado nos fundos.

Martin e Coretta moraram durante três semanas com uma viúva integrante da igreja, Sallie Madison, na East Grove Street, número 1136,[4] enquanto a residência paroquial passava por reformas. Quando o casal se mudou para lá, a casinha aconchegante tinha pias, carpete, papel de parede, máquina de lavar, tomadas e interruptores novos em todos os aposentos.[5] A igreja batista da Dexter Avenue ficava a quinze minutos a pé dali.

Daddy King e Alberta King foram a Montgomery para a posse oficial do filho. Daddy King proferiu um sermão, enquanto Alberta regia o coro de quarenta vozes que viera com ela da Ebenezer.[6] Antes do ofício, M. L. pegou um táxi até a barbearia de College Hill. O barbeiro mais jovem no local, Nelson Malden, o observou sair do táxi. Malden, calouro da Faculdade Estadual, olhou a hora e viu que tinha apenas cerca de quinze minutos antes que sua próxima aula começasse. Olhou o sujeito bem-vestido que se dirigia à barbearia e fez uma rápida avaliação: o cabelo dele já estava curto. Malden decidiu lhe fazer um corte rápido antes de correr para a aula.

King tinha um físico compacto e um rosto esguio de garoto. O bigode estava aparado de modo impecável, a roupa tinha um corte elegante, era quase vistosa. Qualquer um podia ver que era um homem que não toleraria a mediocridade, decerto não num corte de cabelo.

Malden trabalhou rápido, mas com cuidado.[7] Quando terminou, King deu uma olhada no espelho e deu sua avaliação: "Bem bonzinho".

Bem *bonzinho*? Aquilo doeu.

O corte custava 1,75 dólar. King deu dois dólares a Malden — e esperou o troco.

"Deve ter sido bem *bonzinho* o corte na última vez em que esteve aqui, não?", troçou Malden.

"Foi, sim", disse King. Mas mesmo assim não deu gorjeta.

Malden gostou de King. Soube que o jovem pregador jogava bilhar uma ou duas vezes por semana numa sala virando a esquina da barbearia. E soube que jogava bem, mas nunca por dinheiro. Malden notou que ele se vestia de forma meticulosa nos dias de folga. Usava sapatos caros e chapéus finos. Embora fosse baixo, os ternos bem cortados que acompanhavam o pescoço curto e os ombros largos lhe davam uma aparência de vigor. Às vezes o pastor parava na barbearia só para tomar uma água com gás, papear com os clientes e incentivar os homens a visitarem sua igreja aos domingos. O que mais impressionava Malden era a inteligência de King. "Só de tocar na cabeça dele eu sentia meu cérebro melhorar", brincou o barbeiro.

Mas, depois de cortar o cabelo de King sete ou oito vezes, Malden resolveu questioná-lo sobre o motivo de ele não dar gorjeta.

King perguntou: "Barbeiro, você lê a Bíblia?".

Malden respondeu que sim.

"A Bíblia diz que você deve dar para a igreja dez por cento do que recebe. Você dá seus dez por cento?"

Malden respondeu que trabalhava meio período e mal tinha o bastante para viver.

King não se abalou. "Bom", disse ele, "sou pastor da igreja batista da Dexter Avenue e também não tenho como lhe dar gorjeta."

Embora tivesse apenas 25 anos, King tinha a postura séria de um homem mais velho, em especial na congregação, que incluía professores universitários e empresários. Foi rápido em estabelecer sua autoridade. Passava dias escrevendo e decorando os sermões, ensaiando em casa na frente de um espelho de corpo inteiro.

Em seu primeiro domingo no púlpito como pastor, no dia 5 de setembro de 1954, ele apresentou um conjunto detalhado de recomendações, que foram impressas e distribuídas à congregação:

> Quando um pastor é chamado ao pastorado de uma igreja, o pressuposto principal é que ele está investido de certo grau de autoridade. A fonte dessa autoridade é dupla. Em primeiro lugar, sua autoridade se origina em Deus. É intrínseco ao próprio chamado o pressuposto de que Deus determinou que se fizesse tal chamado [...]. Em segundo lugar, a autoridade do pastor deriva das próprias pessoas. Implícita no chamado está a disposição incondicional das pessoas de aceitar a liderança do pastor. Isso significa que a liderança nunca sobe dos bancos para o púlpito, mas invariavelmente desce do púlpito para os bancos.[8]

Embora isso não signifique que o pastor deva ser seguido de maneira cega ou tratado como infalível, continuou King, ele deve ser "respeitado e aceito como a figura central" na igreja. Ele prosseguiu com 34 recomendações sobre como a igreja batista da Dexter Avenue deveria funcionar, incluindo montar novos clubes e comitês. Anunciou que os membros da igreja seriam designados para um entre doze clubes, com base no mês de nascimento de cada um. Os chamados clubes de aniversário incentivariam novas amizades e arrecadariam fundos. Disse esperar que cada clube de aniversário doasse pelo menos cem dólares por ano à igreja.

Em seus primeiros meses em Montgomery, King se concentrou em terminar a tese de doutorado e conhecer a congregação. Ficava do lado de fora da igreja depois dos ofícios de domingo, sorrindo, apertando a mão das pessoas e falando de amenidades. Mas não podia ignorar o mundo que se estendia mais além. Em 2 de setembro, três dias antes do sermão inaugural de King na Dexter, 23 crianças negras tinham tentado se matricular na escola William R. Harrison, exclusiva para brancos, na zona sul de Montgomery, para testar a recente determinação do Supremo Tribunal. Os alunos foram recusados e o adulto que os levara foi ameaçado de morte.[9]

King, nos sermões, mesclava preces e chamados à ação, mas a resposta na Dexter era muito diferente da que aprendera a esperar na Ebenezer. "Nunca ninguém dizia nada em resposta aos sermões na Dexter", lembrou ele. "Na Dexter, não dizer 'amém' era uma tradição."[10] Mas King sabia que a congregação estava reagindo de forma positiva. "As pessoas não precisam abrir a boca, mas [...] dá para saber."

Menos de duas semanas depois do primeiro sermão de King, sete mulheres negras de Montgomery compareceram diante do Conselho de Parques e Lazer da cidade para reclamar da "vergonhosa e lamentável unilateralidade"[11] das áreas recreativas municipais segregadas. Montgomery tinha oito parques para brancos e apenas dois para negros — e nenhuma piscina para a população negra. O Conselho de Parques e Lazer, composto apenas de brancos, votou por unanimidade analisar a petição.

Em 1950, apenas 813 dos 40 mil moradores negros de Montgomery tinham cadastro eleitoral. Cinco anos depois, esse número mais que dobrou. Os eleitores negros ainda eram cerca de apenas 7,5% do eleitorado da cidade, mas, com esse aumento, tornavam-se uma força que os políticos locais tinham de levar mais a sério. O município abriu sua primeira escola de ensino médio negra em 1946, e logo depois abriu mais uma. Em 1951, foi inaugurado o primeiro hospital da cidade para negros, o St. Jude.[12] Em dezembro de 1953, o Grays, uma equipe de beisebol da segunda divisão, anunciou seus planos de integração.

"Montgomery está tomando rapidamente a frente como a cidade mais esclarecida do Alabama", escreveu o editor de um jornal negro em 1953.[13]

Durante a década de 1950, os Estados Unidos passaram a ser mais barulhentos, rápidos e livres. Em Memphis, um cantor branco de dezenove anos atraiu a atenção ao gravar uma música chamada "That's All Right (Mama)", cuja primeira versão, de 1946, era do compositor negro Arthur Crudup. A versão gravada pelo adolescente branco, Elvis Presley, não soava muito nem como música negra, nem como música branca. Também não parecia muito com pop, blues ou country. Na época em que Presley surgiu, em 1954, era raro que músicos negros e brancos se apresentassem juntos, mas, graças à rádio, ficou mais fácil para o público negro ouvir músicos brancos e para o público branco ouvir músicos negros. Um ano depois, os artistas negros Chuck Berry e Little Richard lançariam *crossovers* de enorme sucesso, que definiram esse novo estilo musical chamado rock 'n' roll, uma expressão crua e intensa da busca pela liberdade.

Muitos historiadores descreveriam a década de 1950 como uma época de tranquilidade e prosperidade, quando a distância entre a esquerda e a direita ficou menor, e a maioria dos americanos concordava que tinha sorte em viver na maior e mais poderosa nação do mundo. Mas essa descrição ignorava muita gente que não sentia ter tanta sorte. Quando os excluídos começaram a expressar sua insatisfação e a desejar mais, a imagem idealizada dos Estados Unidos na época mostrou suas rachaduras. Agora, para onde iria a luta pela verdadeira liberdade? Para quase todos os lugares, inclusive Montgomery.

"Montgomery era uma cidade agradável; até poderiam descrevê-la como pacífica", disse King. "Mas a paz era alcançada com o preço da servidão humana."[14]

Quando o município cedeu às demandas da comunidade negra e contratou quatro policiais negros, o chefe da polícia se sentiu na obrigação de acalmar os cidadãos brancos raivosos, dizendo-lhes que os novos policiais eram "só crioulos fazendo serviço de crioulo".[15] Para os que estavam no poder, manter o status quo significava perpetuar o jeito americano.

Quando King chegou, três cidadãos negros encabeçavam a luta contra a injustiça racial em Montgomery: Rufus Lewis, E. D. Nixon e Jo Ann Robinson. Lewis, formado na Universidade Fisk em Nashville, tinha se mudado para a cidade em 1935 para ser técnico do time de futebol do estado. Casou-se com Jewel Clayton, cujos pais eram donos da maior funerária negra da cidade. O técnico Lewis, como todos o chamavam, herdou a casa mortuária e se tornou um dos principais empresários negros da cidade. No começo dos anos 1950, ele abriu uma boate na esquina da Myles Street com a Charlotte Street e lhe deu o nome de Citizen's Club. Lewis se recusava a atender clientes que não provassem ser eleitores cadastrados. Mas não os esnobava por muito tempo. Ele lembrou: "Depois de alguns dias, eu entrava em contato com eles e começava a providenciar que fizessem o cadastramento".[16]

Enquanto Lewis exercia sua influência no bairro de classe média que ficava no entorno da Faculdade Estadual do Alabama, E. D. Nixon falava pelos negros mais pobres da comunidade, sobretudo na zona oeste da cidade. Um jornalista branco se referia a ele como "prefeito da periferia negra de Montgomery".[17] Nixon era uma figura imponente: tinha mais de 1,80 metro de altura, além de maxilar quadrado e ombros e braços fortes. Tinha pouca educação formal, coisa que logo ficava claro quando falava, mas sua determinação compensava qualquer falta de instrução. Nascido em 1899, trabalhava como porteiro em trens-leito, o que lhe permitiu conhecer A. Philip Randolph, o militante sindical que Nixon idolatrava. Ele dirigia a seção local da NAACP e depois se tornou presidente da organização no estado. Embora obrigado a sair do cargo porque os dirigentes nacionais queriam alguém mais refinado no que se referia à questão racial, ele não deixou que o esnobismo o afastasse de seu trabalho como organizador em Montgomery. Nixon, junto com a secretária da seção da NAACP, Rosa Parks, era o mais qualificado para liderar um movimento que tivesse repercussão para além da cidade.

Lewis e Nixon lideravam, em parte, porque não tinham patrões brancos que os demitiriam por fazer política. Não se podia dizer o mesmo de Jo Ann Robinson, uma mulher gentil e cortês que dava aulas de inglês na Faculdade Estadual do Alabama, uma instituição para estudantes negros financiada e controlada pelo governo. Robinson dirigia o Conselho Político de Mulheres, grupo que se formara quando o cabido local da Liga de Mulheres Votantes negara o ingresso de mulheres negras. A experiência de Robinson de andar em ônibus segregados era tão sofrida que ela passou anos se recusando a falar a respeito, a não ser para dizer que isso fortalecia sua vontade de lutar.

Os ônibus no Sul eram verdadeiros teatros ambulantes de degradação, encenando dramas diários diante dos olhos de todos. A legislação Jim Crow mantinha negros e brancos separados em escolas, lojas e restaurantes, mas era praticamente inevitável que negros e brancos da classe trabalhadora usassem os mesmos ônibus. Em Montgomery, cada ônibus tinha 36 assentos. Os dez primeiros — dois bancos, um em frente ao outro, na dianteira, seguidos de uma fila única de assentos voltados para a frente — eram reservados para passageiros brancos. Mesmo que não houvesse nenhum dentro do ônibus e que os assentos do fundo estivessem lotados, passageiros negros precisavam ficar em pé. Com aqueles dez assentos reservados para passageiros brancos e dez no fundo para negros, restavam dezesseis no meio que mudavam conforme as pessoas entravam no veículo. Assim, os motoristas tinham autoridade para mandar passageiros negros levantarem dos assentos do meio para ceder lugar a brancos.

Motoristas brancos muitas vezes exigiam que os passageiros negros pagassem a passagem na porta da frente do ônibus, para então dar a volta e entrar pela porta de trás; dessa forma, não cruzariam o ônibus e não incomodariam os passageiros brancos. Às vezes, os motoristas partiam antes que os passageiros negros conseguissem chegar à porta traseira. Era rotineiro que não parassem para passageiros negros, principalmente em dias de frio e chuva. Os motoristas se recusavam a dar troco para passageiros negros. Deixavam cair os bilhetes no chão, ao invés de estendê-los para os passageiros negros, obrigando-os a se curvar para pegá-los, enquanto o veículo acelerava.

Quase todos os negros em Montgomery tinham histórias de horror. Entre todos os pesadelos que resultavam de viver numa cidade segregada, andar de ônibus era talvez o mais vívido e comum. "Os pés doendo, o corpo cansado e o estômago vazio muitas vezes faziam com que se sentassem", escreveu Jo Ann Robinson. "Xingamentos como 'crioula retinta', 'cadela preta', 'vaca', 'puta' e assim por diante faziam com que se levantassem."[18]

Há muito tempo a segregação era reconhecida como um meio de opressão. De 1900 a 1907, negros tinham boicotado o transporte municipal segregado em pelo menos 27 cidades, inclusive Montgomery, e obtiveram concessões significativas, mas efêmeras.[19] Em anos mais recentes, Robinson e o Conselho Político de Mulheres haviam pressionado a prefeitura e a National City Lines, empresa com sede em Chicago que operava os serviços de ônibus, a mudarem as regras dos assentos. Em 1954, o prefeito William A. "Tacky" Gayle Jr. e representantes da empresa de ônibus concordaram em atender a uma das reivindicações do grupo: os motoristas seriam instruídos a parar em todas as esquinas nos bairros negros, como faziam nos brancos. Mas os representantes insistiram que os ônibus continuariam segregados.

A frustração aumentou. Robinson e outros sabiam que o município tinha outras opções. Em Mobile, no Alabama, e mais cidades por todo o Sul, passageiros brancos se sentavam do meio para a frente do veículo enquanto os negros, do meio para trás. A linha divisória variava, e nenhum assento era reservado. Se não houvesse nenhum passageiro branco, os negros podiam ocupar legalmente todos os assentos. Visto que os sistemas de ônibus em Mobile e Montgomery eram operados pela National City Lines sob as mesmas leis estaduais, Robinson se perguntou por que os ônibus não seguiam as mesmas regras nas duas cidades.

Quatro dias depois da decisão do Supremo Tribunal no caso Brown v. Board of Education, Robinson escreveu uma carta de aviso a Gayle. Os negros respondiam por cerca de três quartos de todos os passageiros de ônibus em Montgomery, disse ela. Se boicotassem o serviço, podiam levar a empresa ao fim das atividades.

Os ativistas negros da cidade já tinham pensado em algo assim antes, em especial depois da prisão de uma adolescente negra chamada Claudette Colvin. Mas restavam dúvidas sobre se Colvin, de quinze anos, conseguiria lidar com a pressão. Fred Gray, advogado negro que a representava, disse a Jo Ann Robinson que não se preocupasse. Ele tinha certeza de que logo haveria outra prisão — uma que forneceria uma base mais sólida para uma contestação.

Ainda na faculdade, Gray chegara algumas vezes a pegar oito ônibus por dia, no trajeto entre sua casa, a faculdade e o emprego com entregador de jornais. Tinha visto como os motoristas brancos tratavam passageiros negros. Também conhecia o caso de Viola White, uma mulher negra que trabalhava na Base da Força Aérea Maxwell, que em 1944 foi espancada, presa e condenada por não ceder seu assento. Quando White entrou com um recurso contra sua condenação, o tribunal não encontrou data para fazer a apreciação. Enquanto isso, em retaliação, a filha dela foi estuprada por um policial. Gray ficou tão furioso que desistiu do plano de ser professor e resolveu se tornar advogado, seguindo o conselho de E. D. Nixon.

"Prometi a mim mesmo", disse Gray, "que não só me tornaria advogado, como voltaria para o Alabama para fazer o exame da Ordem e destruir tudo o que eu visse de segregado."[20]

Em 1955, Gray era um dos dois únicos advogados negros em Montgomery e o único decidido a combater a segregação. Em seu primeiro ano depois de terminar o curso na Escola de Direito da Universidade Western Reserve em Cleveland (agora Case Western), ele não teve muitos clientes pagantes. Continuou a entregar jornais enquanto esperava que os negócios melhorassem e se entretinha almoçando com uma de suas aliadas no crescente movimento pela justiça social na cidade, a costureira Rosa Parks. Ela e Gray tinham se conhecido por meio da NAACP, na qual Parks havia bastante tempo participava como ativista, batalhando pelos direitos de voto e contra a brutalidade policial, entre outras coisas. Ela era miúda, gentil e tranquila, mas, como disse Rufus Lewis, "sua aparência externa e o que havia dentro dela eram duas coisas diferentes".[21] Por dentro, ela ardia de orgulho e determinação. Adorou que Gray tivesse escolhido exercer a advocacia em Montgomery. Em seus intervalos de almoço, ela contou ao advogado sobre seus numerosos confrontos com motoristas de ônibus e, em especial, sobre a vez em que um a pegou pelo braço e a arrastou para fora do veículo porque, depois de ter pagado a passagem, ela se recusara a dar a volta e entrar pela porta de trás. Parks comentou que sabia o que faria se outro motorista encrencasse com ela. Manteria a calma. Negaria de forma educada, porém firme, ceder seu lugar para um passageiro branco. E, se fosse presa pela polícia, não reagiria.

"Para fazer isso, é preciso ser o tipo certo de pessoa", disse Gray, enquanto fitava Parks com atenção.[22]

Ele podia achar que ajudava Parks a se preparar, mas ela também parecia prepará-lo.

King se levantava todos os dias às 5h30, passava três horas trabalhando na tese de doutorado e logo fazia serviços relacionados à igreja. Ele disse que todas as noites ficava mais três horas trabalhando na tese e às vezes adormecia com um livro sobre o peito.[23] Coretta datilografava para ele o texto.[24]

Ao final de seu primeiro ano na Dexter Avenue, ele informou à congregação que tinha pregado 46 sermões ali e mais sete em outras igrejas, apresentado treze palestras, comparecido a 36 reuniões da comunidade e a dez convenções, feito 87 visitas pastorais e 49 visitas a enfermos, conduzido doze batismos, realizado cinco casamentos e presidido cinco funerais.[25] Alguns meses depois da chegada de King, à medida que ele ganhava fama de bom pregador, a notícia se espalhou por grande parte do Alabama. Escassearam as cadeiras vazias aos domingos. Não demorou muito para a igreja precisar acrescentar cadeiras nas naves laterais para acomodar a multidão.[26] Ele já havia transformado sua igreja "chique" num ponto central de orgulho negro. Já se tornara, como disse seu primeiro biógrafo, L. D. Reddick, "um líder burguês das massas".[27]

"A pregação do pastor King tinha frescor", relembrou Thelma Austin Rice, que fazia parte da congregação. "No caso da maioria dos pastores, não era preciso acompanhar de forma muito atenta o que diziam porque suas palavras e expressões já eram bem conhecidas [...]. O dr. King tinha grande confiança no que acreditava. Era tão sólida que até podia vir com uma ponta de arrogância [...]. Tinha convicções, e nada o afastaria delas."[28]

King adornava de maneira luxuosa seus sermões, citando profetas hebraicos e filósofos gregos. Trovejava, mas nunca berrava. Transmitia ardor e dignidade com o vibrato na voz, o ritmo das frases, a premência das mensagens. Fora do púlpito, encantava os negros de Montgomery. Sempre tinha tempo disponível para parar e conversar. Tocava no braço e no ombro das pessoas enquanto falava. Ouvia. Sorria. Dava risada. Era um riso profundo, caloroso, irresistível que subia borbulhante do peito como a água de uma fonte. Sua forma predileta de começar uma frase durante uma conversa era um longo e acolhedor "Siiiiim".

Quando iniciou a carreira, King agia com o pressuposto, incentivado pelo pai, de que um dia voltaria a Atlanta como pastor da igreja batista Ebenezer. O pai muitas vezes lhe recomendava que se aferrasse a seus valores espirituais. Numa carta datada de 2 de dezembro de 1954, Daddy King escreveu: "Para todo lado que eu me virava as pessoas me comprimentam [sic] por você. Veja, rapaz, você está ficando muito popular. Como falei, você precisa rezar muito. É em gente como você que o demônio solta todas as suas forças para destruir".[29]

Anos depois, membros da igreja da Dexter Avenue compilaram um livro repleto de memórias efusivas. "Todo mundo o amava", disse Robert D. Nesbitt Jr., cujo pai foi por muito tempo diácono da Dexter. "Ele deixava as pessoas à vontade. E, principalmente, era genuíno."[30] Os membros da igreja que contribuíram para o livro mencionaram pouco Coretta em seus tributos. Entre os 34 ensaios, apenas um traz um episódio em que ela aparece num papel de destaque. Como a Dexter era uma igreja grande, Coretta não se sentia confortável para assumir uma postura mais assertiva. "Na época, eu não sentia que precisava estar numa posição importante", disse ela, "e assim tive a chance de [...] me adaptar aos poucos à congregação."[31]

No relatório anual para a comunidade, King tampouco mencionou Coretta. Mas, àquela altura, sem dúvida todos na Dexter Avenue sabiam que a esposa do pastor estava grávida, com o parto previsto para novembro.

King ainda não estava diretamente envolvido na luta pela integração nos ônibus, mas, como escreveu o *Huntsville Mirror* no verão de 1955, ele havia lançado uma "campanha intensiva"[32] na igreja por votações e filiações à NAACP e "participava em tudo pela melhoria da comunidade". Em 19 de junho de 1955, falou num encontro de dirigentes da NAACP do Alabama que a legislação Jim Crow estava quase morta, mas que a luta não terminara. "Não há tempo para pararmos e sermos complacentes", disse ele. "Temos de pagar por nossa liberdade, desenvolver líderes corajosos e não ter medo de nos posicionar pela nossa liberdade."[33]

O rev. King se tornou rev. dr. King em junho de 1955, quando a Universidade de Boston lhe conferiu o título de doutor. A etiqueta jimcrowiana da época exigia que os negros tratassem os brancos por "senhor" e "senhora", mas não exigia o mesmo dos brancos de qualquer idade, que podiam chamar negros adultos pelo primeiro nome. E essa é uma das razões pelas quais King começou a pedir aos agentes públicos de Montgomery que o tratassem por "dr. King", e os membros da congregação exultaram com o novo título de seu pastor.

Algumas semanas depois de obter o doutorado, dr. King tomou um avião até Nova Orleans para ver uma oportunidade de emprego na Universidade Dillard, uma das principais instituições universitárias historicamente negras do Sul dos Estados Unidos. A. W. Dent, reitor da Dillard, era ex-aluno da Morehouse e contemporâneo de Daddy King. Ele pediu que King Jr. considerasse a possibilidade de ser o deão da nova Capela Memorial Lawless da universidade, dedicada à memória de Alfred Lawless Jr., posição que lhe possibilitaria pregar, dar aulas e estudar. O trabalho também lhe permitiria manter um padrão de vida confortável numa cidade sulina importante.

Dent queria King no cargo.[34] Mas, como a capela estava em construção, a universidade ainda não estava contratando. Só seria possível fazer uma proposta concreta no começo do próximo ano letivo, disse ele.

Permanecendo em Montgomery, King se engajou nas questões importantes da comunidade, entre elas o medo. Fazia séculos que os brancos usavam o medo para reprimir os negros, e a superação desse sentimento demandaria tempo e unidade. "Estava sempre ali", disse Dorothy Calhoun, uma integrante da congregação de King. "O medo não era ensinado às crianças negras, ele simplesmente estava lá. Nenhum negro ou negra naqueles tempos saberia dizer qual havia sido a primeira vez que tomara consciência do medo, mas ele sempre estava presente."[35]

Quando o rev. George Lee, dono de uma mercearia e membro da direção da NAACP em Belzoni, no Mississippi, tentou votar em 1955, foi imediatamente morto a tiros. Ninguém foi preso. No entanto, essa foi mais uma ação violenta no Mississippi que ajudou os americanos que não eram do Sul a entenderem melhor o terror que os sulinos negros enfrentavam. Em 28 de agosto de 1955, o rapazinho Emmett Till, de catorze anos, foi brutalmente espancado, alvejado na cabeça, amarrado com arame farpado à ventoinha de um descaroçador de algodão de trinta quilos e atirado no rio Tallahatchie — tudo porque uma mulher branca alegou que ele tinha assobiado para ela. Os acusados pelo assassinato foram absolvidos, mas a mãe de Emmett Till insistiu em ter um caixão aberto no funeral do filho, mostrando claramente o que racistas brancos tinham feito com seu menino. A revista *Jet* publicou fotos do cadáver mutilado do garoto. Jornais do mundo inteiro cobriram o assassinato. Na Alemanha, uma das manchetes dizia: "A vida de um preto vale menos do que um assobio".

Depois do assassinato de Till, outros jornais do Norte enviaram repórteres ao Sul. Algumas empresas da mídia até enviaram repórteres negros, inclusive Ted Poston, do *New York Post*, e Carl Rowan, do *Minneapolis Morning Tribune*.

"Sentimentos de indignação havia muito tempo reprimidos" tinham começado a se agitar, escreveu King, e o "medo e a apatia que por tanto tempo tinham lançado uma sombra sobre a vida da comunidade preta foram aos poucos se dissipando perante um novo espírito de coragem e respeito próprio".[36]

Em 17 de novembro de 1955, Coretta deu à luz uma menina. Os King lhe deram o nome de Yolanda Denise e a apelidaram de Yoki.

Dez dias depois, T. R. M. Howard, presidente do Conselho Regional da Liderança Preta, sediado no Mississippi, fez um discurso na igreja batista da Dexter Avenue. Howard contou a "história vergonhosa do Mississippi",[37] descrevendo a indignação que se espalhava pelo país com o assassinato de Emmett Till. Naquela noite, entre o público, estava Rosa Parks.[38] Cinco dias depois, Parks, após encerrar o expediente no centro de Montgomery, tomou um ônibus na Cleveland Avenue para voltar para casa.

Nos anos subsequentes, Parks descreveria inúmeras vezes esse percurso. Historiadores definiriam a data — 1º de dezembro de 1955, uma quinta-feira — como o dia em que nasceu o movimento dos direitos civis, em meados do século XX. De forma gradual, sua história se tornou parte da mitologia americana, como uma humilde costureira com os pés cansados se negou a ceder seu assento e iniciou uma revolução. Mas, antes de se tornar famosa, Parks fez um relato de sua prisão para Willie M. Lee, pesquisador do Departamento de Relações Raciais da Universidade Fisk. A entrevista foi feita na casa de Parks em 5 de fevereiro de 1956, 67 dias depois de sua prisão por infringir as regras do transporte público segregado. Descoberta apenas recentemente, parece ter sido sua primeira entrevista sobre o evento. Segundo uma transcrição datilografada, ela disse:

> Bom, na verdade não há muito a contar. Primeiro eu nem ia pegar o ônibus porque não estava me sentindo bem, mas, depois de sair da farmácia e tomar um remédio, veio um que estava quase vazio, e assim peguei o ônibus em vez de um táxi. Depois de percorrer uns dois quarteirões, o ônibus ficou cheio, e aí vieram aqueles brancos. Mas só percebi quando o motorista falou: "Bom, me liberem esses lugares!". As duas pessoas que estavam de frente para mim e o homem sentado ao meu lado se mudaram [...]. O motorista então falou: "Você não me ouviu? Eu disse: me liberem esses lugares!". Então falei para ele que não ia mudar porque tinha chegado primeiro e pagado o mesmo preço da passagem, e não achava certo ter de ficar de pé para que outra pessoa que chegou depois pudesse se sentar. Decidi que não ia sair dali mesmo se tivesse lugar no fundo. Estava cansada de ser humilhada. O motorista então seguiu mais um quarteirão para a praça circular do centro.

No passado, essa praça era o centro do comércio de escravizados de Montgomery.

Parks continuou:

> Então ele parou e chamou a polícia. Quando chegaram, eles me perguntaram por que eu não tinha mudado para a parte de trás, e falei para eles a mesma coisa que tinha falado para o motorista. Então eles conversaram baixinho com o motorista, mas ouvi um deles dizer "NAACP" e "Você tem certeza de que quer entrar com uma denúncia?". O motorista falou que sim e que iria lá depois de sua próxima viagem. Os policiais estavam relutantes, mas não tinham escolha.
>
> Quando chegamos à cadeia e a denúncia foi feita, fui fotografada e tiraram minhas impressões digitais. Então fui para um dos bebedouros tomar um pouco de água, mas me disseram que eu não podia tomar direto do bebedouro, e um policial pegou a água num copo e me trouxe. Depois disso, liguei para meu marido e falei que estava na cadeia, e que a fiança seria de cem dólares. Ele e minha mãe ficaram horrorizados; depois de eu explicar por que estava lá, meio que se acalmaram um pouco e enfim fui para casa.

A coragem de Parks não se reduziu a confrontar o motorista de ônibus. Teve de enfrentar também o marido, que, segundo escreveu Parks,[39] ficou muito bravo por ela ter se recusado a ceder o lugar e a chamou de "tonta".

Nos anos seguintes, ela fez pequenas alterações na história, dizendo que, quando subiu no ônibus, ele estava cheio e havia apenas uma fileira de assentos desocupados — a fileira logo atrás dos assentos reservados para brancos. Em relatos posteriores, ela também omitiu que o policial havia mencionado sua ligação com a NAACP. Parks não procurou brigar, mas certamente não era a figura mansa que alguns pintaram. A descrição inicial que ela faz do episódio sugere que tinha em mente a lei e o conselho de Fred Gray. Ela se sentou na parte do ônibus onde era mais provável que lhe ordenassem sair: na primeira fileira a que os passageiros negros eram solicitados a desocupar quando os ônibus ficavam lotados de passageiros brancos. Embora não tenha dito na entrevista de 1956 que queria ser presa, ela sabia que havia a possibilidade.

Fred Gray não estava na cidade no momento da prisão de Parks. Ao retornar, ele conversou com Parks, E. D. Nixon e, por fim, já tarde da noite, com Jo Ann Robinson. Robinson disse que queria boicotar os ônibus na segunda-feira de manhã, dia 5 de dezembro.

"Você está preparada?", perguntou Gray.

Robinson disse que ela e duas alunas iriam para a Faculdade Estadual do Alabama logo cedinho, quando ainda não haveria ninguém por lá, e usariam os mimeógrafos para copiar panfletos. Durante o fim de semana, as estudantes e os membros do Conselho Político de Mulheres distribuiriam milhares de folhetos de porta em porta. Robinson também convocaria uma reunião com os pregadores negros da cidade, para lhes pedir que incentivassem os fiéis de suas congregações a não tomarem ônibus na segunda-feira.

Precisavam do apoio de Nixon, o influente defensor político dos direitos civis em Montgomery, que tinha acesso à mídia branca. Mas, objetou Gray, deixar Nixon na liderança talvez fizesse Rufus Lewis não se envolver. Se Robinson assumisse a frente, provavelmente seria demitida de seu emprego na faculdade, que tinha financiamento estadual. Precisavam de alguém que conseguisse que Nixon e Lewis trabalhassem juntos, que tivesse apelo entre os negros de todas as partes da cidade, apresentasse uma imagem respeitável à imprensa e fosse bom negociador. Robinson e Gray discutiram a hipótese de escolher um pastor para a tarefa. Mas qual?

"Bom, Fred", disse Robinson, "meu pastor está aqui não faz muito tempo. Mas de uma coisa ele é capaz: comover as pessoas com palavras."[40]

14. "Minha alma é livre"

Martin Luther King Jr. foi a terceira pessoa para quem E. D. Nixon telefonou para solicitar apoio ao boicote dos ônibus em Montgomery.[1] Poderia acrescentar o nome dele à lista de apoiadores?

"Irmão Nixon", respondeu King, "deixe-me pensar sobre esse assunto."[2]

Logo o telefone voltou a tocar. Era Ralph Abernathy, empolgado. Os dois tinham se tornado grandes amigos desde que King chegara a Montgomery. Ele disse que as pessoas estavam exasperadas e prontas para entrar em guerra contra a Jim Crow. Se King tinha hesitado em responder ao chamado à ação de Nixon, a Abernathy ele não poderia dizer não. Os dois começaram a fazer telefonemas e a programar uma reunião entre pastores e líderes civis naquela mesma noite na igreja de King.

Enquanto isso, Jo Ann Robinson e sua equipe começaram a distribuir os panfletos:

> Outra mulher preta foi detida e jogada na cadeia por se recusar a ceder o assento no ônibus para uma pessoa branca [...]. Isso tem de parar. Os pretos têm direitos também, pois, se não andassem de ônibus, estes deixariam de operar [...]. Se não fizermos alguma coisa para deter essas prisões, elas continuarão. Da próxima vez, pode ser você, sua filha ou sua mãe. A ação contra essa mulher vai ser na segunda-feira. Estamos, portanto, pedindo que nenhum preto use ônibus nesse dia, em protesto contra a detenção e o julgamento. Não tome ônibus para

o trabalho, para o centro, para a escola ou para qualquer lugar na segunda-feira. Você pode se permitir faltar um dia à escola se não tiver outra maneira de ir a não ser de ônibus. Você também pode se permitir faltar um dia ao centro. Se você trabalha, pegue um táxi ou vá a pé. Mas, por favor, crianças e adultos, não andem de ônibus de maneira nenhuma. Por favor, evitem todos os ônibus na segunda-feira.[3]

Na sexta-feira, ao anoitecer, cerca de setenta líderes negros se encontraram no andar térreo da Dexter Avenue para discutir uma estratégia. O rev. L. Roy Bennett, que encabeçava uma aliança local de pastores, conduziu a reunião e ficou divagando por mais de meia hora, para a frustração de outros. Por fim, os líderes concordaram em endossar o boicote e agendar uma reunião com a comunidade na segunda-feira à noite, depois do julgamento de Parks e de poderem ver se as pessoas realmente evitaram os ônibus. Foi redigido um novo folheto, no qual tinha sido acrescentada a informação sobre a reunião na segunda à noite. Juanita Abernathy datilografou.[4] Seu marido e King ficaram até altas horas trabalhando no mimeógrafo da Dexter. No sábado à noite, os dois pregadores distribuíram os folhetos nas casas noturnas.[5]

A notícia da prisão de Parks tinha pouca importância para a comunidade branca. O jornal *Montgomery Advertiser*, de proprietários brancos, publicou uma matéria de cinco parágrafos na parte inferior da página A9, com o título "Preta detida aqui por 'desconsiderar' a segregação nos ônibus". Mas, quando E. D. Nixon informou ao repórter Joe Azbell o boicote que viria, o *Advertiser* deu seguimento dois dias depois com uma matéria de primeira página. O artigo incluía uma resposta de J. H. Bagley, gerente da empresa de ônibus, ao protesto: "A Montgomery City Lines lamenta se alguém imagina que estamos eximidos de qualquer lei estadual ou municipal. Lamentamos que as pessoas de cor nos responsabilize [sic] por qualquer regulamento estadual ou municipal".[6]

A matéria do jornal dizia que o boicote proposto era similar a uma estratégia utilizada pelo Conselho de Cidadãos Brancos, que se negava a patrocinar empresas que atendessem a clientes negros ou deixassem de aplicar de forma estrita a legislação Jim Crow. A comparação de início desconcertou King. Era errado causar problemas para a empresa de ônibus a fim de resolver problemas dos usuários negros? Essa era a coisa cristã a fazer? Ele refletiu sobre *A desobediência civil* de Thoreau e concluiu que o efeito prático do boicote era parar de participar de um "sistema maléfico".[7] King concluiu que aceitar o mal sem contestá-lo seria compactuar com ele.

Se os panfletos mimeografados deixaram de alcançar alguém, a matéria do *Advertiser* no domingo preencheu as lacunas. Na segunda-feira, dia 5 de dezembro, de manhã, quase todos as pessoas negras em Montgomery sabiam que deviam evitar os ônibus. Nos pontos, apareceram cartazes feitos a mão. Um deles dizia:

Lembre que estamos
Lutando Por uma causa
Não Ande De
Ônibus Hoje[8]

A polícia os removeu.

King estava ansioso demais para conseguir dormir. Na segunda-feira, às 5h30, ele e Coretta já estavam vestidos. Meia hora depois, Martin tomava uma xícara de café na cozinha quando Coretta viu o primeiro ônibus do dia ressoar na Jackson Street.

"Martin, Martin, corra aqui!", ela chamou.[9]

King pousou a xícara na mesa e foi depressa até a janela da sala de estar.

O ônibus amarelo, em geral lotado de trabalhadores domésticos negros, estava totalmente vazio.

Quinze minutos depois, passou outro. Vazio. O seguinte, quinze minutos mais tarde, tinha dois passageiros, ambos brancos.

"Pulei para dentro do carro", escreveu King, "e durante quase uma hora percorri devagar todas as ruas principais e examinei todos os ônibus que passavam. Durante essa hora, no pico do trânsito matinal, não vi mais do que oito passageiros pretos em ônibus. A essa altura, eu rejubilava. Em vez dos 60% de cooperação que esperávamos, estava claro que tínhamos alcançado quase 100%. Era um milagre."[10]

As pessoas tomavam táxi. Dividiam carona. E, acima de tudo, iam a pé. Viaturas policiais seguiam os ônibus para checar se "bandos de rufiões" negros não estariam intimidando potenciais passageiros. Mas não havia necessidade de nenhum bando. Os negros acenavam, aclamavam e mostravam a língua para os ônibus vazios. Iniciou-se uma comemoração que durou o dia todo. Um pastor, que parou para dar carona a uma mulher que tinha feito uma longa caminhada, perguntou-lhe se ela estava cansada. "Bom, posso estar com o corpo um pouco cansado", disse ela, "mas eu andava com minha alma cansada fazia muitos anos. Agora ela descansa. Então não me importo de estar com o corpo cansado porque minha alma está livre."[11]

"E, enquanto eu olhava", escreveu King mais tarde, "vi que não existia nada mais majestoso do que a coragem decidida de pessoas dispostas a sofrer e a se sacrificar por sua liberdade e dignidade."[12]

* * *

Às nove horas da manhã do mesmo dia, Fred Gray representou Rosa Parks no tribunal municipal. Originalmente, ela fora acusada de infringir o regulamento de segregação da cidade. Mas o promotor, Eugene Loe, enfrentava um problema. Pela regulamentação do município, Parks só poderia ser obrigada a ceder seu assento se houvesse outro disponível. Loe retirou a acusação e a substituiu por outra, baseada na legislação estadual — que dava aos motoristas de ônibus autoridade para impor a segregação estabelecida. O juiz, John B. Scott, não levou nem cinco minutos para declarar Parks culpada e multá-la em dez dólares.

Gray notificou a corte que pretendia entrar com recurso, e E. D. Nixon deixou a sala do tribunal para pagar a fiança. Ele ficou espantado ao ver centenas de pessoas reunidas na entrada do tribunal para dar apoio a Parks. O corredor e a área da escada estavam lotados e transbordavam na rua.

Nixon, Abernathy e outro pregador, o rev. Edgar N. French da capela Hilliard da Igreja Metodista Episcopal Africana de Sião, debateram se seria prudente deixar que o rev. Bennett continuasse a liderar as reuniões sobre o boicote, em vista de sua atuação dispersa no último encontro. Os homens tiveram uma ideia: se formassem uma nova entidade, poderiam escolher um novo líder e deixar Bennett de lado. Ralph Abernathy recomendou seu amigo Martin Luther King para a função.[13]

Um grupo maior de líderes comunitários se reuniu às três horas da tarde daquela segunda-feira para planejar o comício que ocorreria à noite, na igreja batista da Holt Street. King chegou atrasado e acompanhou a formação da nova entidade, a que Abernathy deu o nome de Associação pela Melhoria de Montgomery (MIA, na sigla em inglês).

"Naquela reunião [...]", relembrou E. D. Nixon, "todo mundo ainda estava — todos os pastores ainda estavam temerosos." Falaram em tentar organizar um boicote sem que os brancos pudessem descobrir o envolvimento deles. "Bom, eu estava sentado ali fervendo, tão louco da vida que não sabia o que fazer."[14]

Nixon se pôs de pé e vociferou: "Como vocês vão ter um comício, como vão boicotar uma linha de ônibus da cidade sem que os brancos fiquem sabendo?". Falou que ele mesmo lideraria o movimento, mas que sem a respeitabilidade da igreja não daria certo. "Vocês têm de decidir agora se reconhecem que são adultos ou admitem ser um bando de meninos assustados."

Segundo Nixon, King disse "que ele não era covarde e ninguém o chamava assim".

Foi então que ele se tornou o presidente da Associação pela Melhoria de Montgomery, escolhido não só pela coragem, segundo Rufus Lewis, mas também pelo grande apelo que tinha. King não estava na cidade tempo suficiente para ter inimigos. Segundo Lewis, ele "era um homem neutro, um homem bom".[15]

Resolvida a questão da liderança, homens e mulheres passaram a discutir como garantiriam que as pessoas, com a continuação do boicote, não tomariam ônibus. E concordaram com uma lista de reivindicações relativamente modestas:[16]

1. Os passageiros pretos se sentariam de trás para a frente, e os brancos da parte da frente para trás. Não haveria placas nem linhas de separação, e os motoristas de ônibus nunca diriam para cederem seus lugares. Os passageiros continuariam separados, mas sem receber ordens do motorista.
2. Os pretos seriam tratados com a mesma cortesia recebida pelos passageiros brancos, sem nenhum xingamento nem tratamento insultante, como o de serem obrigados a subir pela porta traseira.
3. Seriam contratados motoristas pretos para dirigir nas rotas predominantemente pretas.

Quando terminaram, era mais de seis horas da tarde. Dali a menos de uma hora, King teria de discursar para uma multidão na igreja da Holt Street. Ele seguiu depressa para casa e contou para Coretta o dia corrido que tivera. Disse achar que não tinha outra alternativa a não ser aceitar a função de liderança.

"Você sabe que tem meu apoio", respondeu Coretta, "em tudo o que fizer."[17]

Anoitecia. King foi para seu gabinete e fechou a porta. Ele costumava passar quinze horas para escrever e ensaiar um sermão. Agora tinha vinte minutos para se preparar para o discurso "mais decisivo", como disse mais tarde, de sua vida.[18] O confronto começara a receber cobertura de jornais de todo o país. Uma matéria da Associated Press informava que todos os policiais disponíveis em Montgomery receberam ordens de "cumprir o dever" caso os protestos ficassem violentos.[19] King precisaria ser ousado o bastante para incentivar as pessoas a sofrerem por sua liberdade, ser moderado o bastante para manter o fervor delas sob controle e ser otimista o bastante para que acreditassem que podiam ter êxito. Precisava encorajar sem amargurar. Perguntava-se: "Haverá como reunir militância e moderação no mesmo discurso?". Pelo resto da vida, ele se faria diversas vezes essa pergunta.

Bateu o pânico. Caiu num "estado de nervosismo", disse ele, "perdendo cinco minutos dos vinte originais".[20]

Afastou o pânico com orações, pedindo que Deus o guiasse. Acalmou o espírito e fez algumas anotações sobre o que diria.

Coretta, que tinha de ficar em casa com a bebê recém-nascida, pediu que Martin providenciasse que alguém gravasse o discurso, para que ela o ouvisse mais tarde.

Abernathy estacionou na frente da casa, e King entrou no carro. Mas, antes de chegarem à igreja batista da Holt Street, onde ocorreria o comício, tiveram de parar por causa do engarrafamento. Havia carros estacionados nos dois lados da rua. Viaturas circulavam. King demorou um pouco para perceber que o trânsito e a multidão eram por sua causa. Ele e Abernathy largaram o carro e foram andando no ar frio e cortante.[21]

Milhares de pessoas tinham chegado à igreja antes de King e outras estavam a caminho. Muitas vinham diretamente do trabalho. Lotavam todos os bancos do templo. Lotavam as naves laterais e as entradas, o balcão e o andar térreo. Lotavam o pátio da igreja e três quadras das ruas em torno. Trabalhadores se apressavam para montar alto-falantes lá fora, para aquele mar de ouvintes.[22] *The Montgomery Advertiser* calculou que 5 mil pessoas haviam comparecido ao comício, e a maioria ficou nas ruas. A própria igreja estava tão abarrotada que King levou quinze minutos para ir da porta até o púlpito.

"A essa altura, minhas dúvidas de se nossa iniciativa continuaria a ser bem-sucedida tinham se dissolvido", escreveu ele. "A questão de cancelar o protesto agora era acadêmica. O entusiasmo desses milhares de pessoas arrastava tudo consigo, como um maremoto."[23]

Por volta das 19h30, depois de as vozes dentro e fora da igreja terem cantado em uníssono "Onward Christian Soldiers", começaram os discursos. Joe Azbell, o repórter branco do *Advertiser*, escreveu que nunca tinha visto uma multidão tão cheia de energia: "Eles ardiam [...], ardiam por Jesus [...], ardiam pela liberdade. Havia um clima que nunca ninguém conseguiria capturar outra vez em filme ou em qualquer outra coisa, de tão poderoso que era".[24]

King, sem um rascunho ou anotações, foi até o microfone.[25] Ficava pequeno contra o pano de fundo da igreja e o aperto da multidão, mas estava absolutamente calmo. Começou devagar e sem floreios. Essa multidão, disse ele, estava ali reunida, em primeiro lugar, porque eram todos cidadãos americanos, cidadãos americanos firmes em sua insistência de adquirir os direitos que lhes cabiam. Eram patriotas, amantes da democracia, e suas ações iriam provar que a democracia era a melhor forma de governo do mundo.

"Mas estamos aqui num sentido específico por causa da situação dos ônibus em Montgomery", disse ele.

A multidão aclamava e incentivava. Os presentes, em sua maioria, não o conheciam, mas ofereciam suas vozes num coro elogioso, repetindo "Sim" e "Isso mesmo".

Dessa vez, King não citou filósofos. Falou de modo simples e direto sobre o medo paralisante que por muito tempo dominara a comunidade. Descreveu os eventos da semana e os vinculou à longa e momentosa história do sofrimento de seu povo. Então, depois de elogiar Rosa Parks e detalhar sua prisão, ele disse: "E sabem, meus amigos, chega uma hora em que as pessoas se cansam de ser pisoteadas pelos pés de ferro da opressão".

A multidão trovejante aprovou. "Eu estava na rua. Não conseguia me aproximar da igreja", disse Willodean Malden, que tinha então catorze anos.

> Dava para ouvir a voz de Martin Luther King por toda a vizinhança. Eu nunca tinha ouvido falar dele. Foi uma experiência impressionante ouvir alguém se unir daquele jeito às pessoas e ouvir sua reação. As palavras faziam muito sentido [...]. Você não sabia por quê, mas sentia alguma coisa *diferente*.[26]

Nessa noite, King encontrou uma nova voz. Descobriu ou percebeu que seu propósito não era instruir ou educar; seu propósito era profetizar. Com voz retumbante e palavras enfáticas, ele traçou o caminho para si mesmo e para um movimento. Relembrou às pessoas que a vantagem que tinham consistia na superioridade moral. Não queimariam cruzes nem arrancariam pessoas brancas de seus lares. Protestariam de modo pacífico, como os instruía a fé cristã. O que pretendiam não era derrubar, mas reformar a democracia americana.

Ele conclamava com sua voz profunda e vibrante, e as pessoas respondiam, os sons da multidão rolavam e batiam em ondas, abalando o edifício, enquanto ele avançava para o clímax:

> E não estamos errados [...]. Se estamos errados, o Supremo Tribunal desta nação está errado. Se estamos errados, a Constituição dos Estados Unidos está errada. Se estamos errados, Deus Todo-Poderoso está errado. Se estamos errados, Jesus de Nazaré era apenas um sonhador utópico que nunca desceu à Terra. Se estamos errados, a justiça é uma mentira. O amor não tem significado. E estamos decididos aqui em Montgomery a trabalhar e a lutar até que a justiça corra como água e o justo, como um rio impetuoso.

Eles mostrariam amor aos oponentes, mas só amor não libertaria seu povo, disse ele. Teriam de exigir liberdade: Sigam-me, disse King, e usaremos o poder do amor para fazer dos Estados Unidos nossa Terra Prometida, e quando os livros de história contarem os acontecimentos, falarão de pessoas com "cabelo lanoso e pele negra" que se ergueram para combater a opressão e iniciar uma revolução que mudou o mundo.

* * *

Dentro e fora da igreja, as pessoas aclamavam, gritavam, cantavam. Estendiam os braços para tocar em King.

"O medo sumiu", disse mais tarde Abernathy, "o medo que havia nos acorrentado ao longo dos anos de repente sumiu, quando estávamos juntos naquela igreja."[27]

"Era como se um avivamento começasse", disse Donie Jones, de 47 anos, mãe de seis filhos, que trabalhava como cozinheira e faxineira em lares de famílias brancas na base da Força Aérea de Maxwell. "Era isso que parecia [...]. Você tinha de segurar as pessoas para não ficarem encostando nele. O rev. King era um homem enviado por Deus."[28]

"Aquele primeiro discurso estimulou as pessoas mais do que qualquer coisa antes, desde que estou aqui", disse Rufus Lewis. "E daquele momento em diante ele foi a luz brilhante, com informação, inspiração e coragem. Foi o homem mais corajoso que já vi na vida."[29]

Mais tarde, King diria que 5 de dezembro de 1955 foi "o dia dos dias".

Foi o dia em que King, aos 26 anos, encontrou sua voz, pregando um misto de agitação política e gospel, fazendo o radical parecer razoável, talvez inevitável. O mundo mudaria. Todos os homens seriam livres. A hora deles havia chegado. Ele tinha prometido.

15. “A gente não é mais coelho”

Refletindo sobre seu desempenho naquela noite na igreja batista da Holt Street, King deu uma explicação simples para seu sucesso: “Abra a boca e Deus falará por você”.[1]

King escreveu que tinha subido até o topo de uma montanha com seu desempenho.[2] Mas, no dia seguinte, estava de volta ao sopé e tinha coisas para fazer. Ele usava com frequência essa metáfora para descrever o trabalho de sua vida e, às vezes, seu estado de espírito, a “coragem de ser” que logo era seguida por ansiedade; a esperança que logo era seguida pelo medo de abandonar as pessoas.

Na terça-feira, no escritório de advocacia de Fred Gray, King falou a repórteres que os manifestantes não reivindicavam a dessegregação, mas apenas as mesmas regras para o uso dos assentos que vigoravam em Mobile — quem chega primeiro senta primeiro —, bem como um tratamento mais cortês por parte dos motoristas. Não seria difícil chegar a um acordo, disse ele. Dois dias depois, os líderes da MIA se reuniram com autoridades municipais e executivos da empresa de ônibus para negociações mediadas por integrantes brancos do Conselho de Relações Humanas do Alabama. King se mostrou surpreso que o município não aceitasse um acordo, em vista da modéstia das reivindicações. Mas as autoridades municipais e os representantes da empresa de ônibus rejeitaram. Jack Crenshaw, advogado da empresa de ônibus, atribuiu o tratamento rude dado aos passageiros a uma meia dúzia de motoristas grosseiros. De acordo com ele, era impossível atender às reivindicações por conta das leis estaduais e locais. Essa reação pode ter "inadvertidamente radicalizado King e a MIA", escreve o professor de direito de Harvard Randall Kennedy, levando-os a reivindicar mais do que pretendiam no início.[3]

King e outros presentes no encontro — inclusive Ralph Abernathy e Jo Ann Robinson — viram que provavelmente teriam de se preparar para um boicote mais prolongado. Organizaram outro comício e distribuíram listas de adesão, pedindo que as pessoas se voluntariassem a realizar o transporte dos participantes do boicote para o trabalho e de volta para casa. Numa época em que muitos negros na comunidade ainda não tinham telefone em casa, os panfletos e os comícios tinham um papel fundamental.

The Montgomery Advertiser adotou uma posição otimista, assinalando que, embora "haja alguma animosidade e muitas coisas que não se enquadram na ética cristã [...], em nenhum outro lugar do país as relações entre raças e credos diferentes são tão afáveis, tranquilas e benignas" como em Montgomery.[4] O jornal também elogiou King por ser sensato e procurar uma solução para os ônibus sem exigir o fim da segregação. Na semana seguinte, numa nova reunião entre a MIA e autoridades do município, King concordou em retirar a exigência de contratação imediata de motoristas negros. Mesmo assim, a prefeitura não cedeu. "O que eles estão procurando é destruir nossa estrutura social", disse o prefeito Tacky Gayle.

Quando Gayle deu a palavra para um pastor branco, este repreendeu King, dizendo que os pastores deviam se abster de atos políticos. King se irritou. "Não consigo ver nenhum conflito entre nossa devoção a Jesus Cristo e nossa presente ação", respondeu ele.[5] "Na verdade, vejo uma relação necessária. Se a pessoa é mesmo devotada à religião de Jesus, ela procurará livrar a Terra de males sociais. O Evangelho é social, além de pessoal."

Com o impasse entre a prefeitura e os participantes do boicote, Gayle fez o que todo político fazia quando queria que uma questão morresse aos poucos: nomeou um comitê. A esperança de uma solução se desfez quando o prefeito acrescentou de forma discreta ao comitê um dos líderes do Conselho de Cidadãos Brancos da cidade.

King e outros líderes elaboraram planos para uma campanha prolongada. Mais gente assinou a lista de motoristas voluntários para dar carona. Taxistas negros se comprometeram a transportar passageiros a dez centavos cada, o preço da passagem de ônibus. A prefeitura revidou. A polícia denunciou taxistas negros por infringirem a lei ao não cobrar as tarifas de praxe, e taxistas brancos por infringirem as leis de segregação ao transportar passageiros negros. Ficou claro para ambos os lados que agora lutavam não só por assentos nos ônibus.

Emory O. Jackson, jornalista negro que trabalhava para o *Birmingham World*, escreveu enquanto cobria as ações em Montgomery:

> A história encontra maneiras de se refazer em determinados eventos do presente. O nascimento de Cristo sofreu oposição de um rei quase 2 mil anos atrás. O nascimento de uma nova dignidade para um segmento da população de Montgomery tem hoje a oposição do poder dirigente. A história de Montgomery e a história de Belém têm entre si séculos de distância, mas estão próximas o suficiente para se ligarem à humanidade. O rev. Martin Luther King Jr., um pastor batista, [está] ajudando a dar ao protesto a orientação espiritual, o senso de missão, o idealismo de que precisa [...]. Compareça a um dos comícios informativos e você sairá com a sensação de que os líderes sabem o que querem, sabem como proceder e o preço que terão de pagar para consegui-lo.[6]

Fazia anos que Jo Ann Robinson, E. D. Nixon, Rufus Lewis e outros vinham construindo redes de trabalho e lançando as bases para esse momento. Agora os comícios, montados em torno da oratória arrebatadora de King, uniam a comunidade negra de Montgomery, a despeito do risco evidente de retaliação. Os líderes da MIA prometeram prosseguir com o protesto pelo tempo necessário. Os pretos não tinham medo de caminhar, dizia King. "Os pretos nasceram caminhando",[7] disse ele. "Crescemos caminhando [...]. Caminhar não é novidade nenhuma [...], caminhar nunca nos faz mal." Caminhariam e lutariam, prometeu ele, até extrair "o coração de Dixie".*

Caminhariam até gastar as solas dos sapatos. Também organizariam uma grande operação muito elaborada de transporte por carona coletiva. A MIA angariou fundos para pagar motoristas, comprar gasolina e pagar o seguro dos carros. Georgia Gilmore e Inez Ricks montaram clubes que disputavam para ver qual vendia mais pães e bolos em apoio aos boicotadores. Rufus Lewis autorizou o comitê de transportes a usar seu espaço, o Citizen's Club, como centro de comando do sistema de caronas. Ir e voltar do trabalho a pé se tornou uma demonstração diária de orgulho, uma expressão de liberdade. Os carros de carona coletiva lembravam aos manifestantes sua força comunitária. Os membros abastados da igreja de King raramente andavam de ônibus. Mas tinham carro, e isso significava que podiam transportar quem tomava ônibus

* O Sul dos Estados Unidos era conhecido como Dixie, apelido derivado da palavra francesa "dix" [dez]. O Alabama, por estar no centro da região, era chamado de "coração de Dixie". Por ser o estado segregacionista por excelência, o sentido aí é o de remover o núcleo do racismo americano. (N. T.)

para ir e vir do trabalho, participando desse modo da campanha. Profissionais liberais negros puseram à disposição telefones e secretárias de seus escritórios para o serviço de expedição. King não perdia a chance de lembrar a seus seguidores a beleza moral do protesto. A luta deles, dizia-lhes, não era só pela justiça. Era pelo futuro. Era pela redenção. Era para fazer dos Estados Unidos um país melhor e mais amoroso para todos. Era por Deus.

A polícia e outros agentes públicos municipais intervinham e prejudicavam o protesto. Quando os postos de gasolina de Montgomery se recusaram a vender para carros de carona, King foi até Tuskegee, a cerca de 65 quilômetros, para ver se conseguiria combinar por lá a compra de combustível. Samuel DeWitt Proctor, ex-aluno do Crozer e reitor da Universidade União da Virgínia, acompanhou King porque, de acordo com Proctor, "naqueles dias você nunca sabia o que podia acontecer com um radical negro na estrada". Um policial do Alabama seguiu os dois a cavalo durante todo o caminho, "a cerca de um metro" da velha perua Pontiac usada por King. "Nós estávamos com medo, encharcados de suor e calados", disse Proctor.

A súbita ascensão de King parecia admirável, mas para Proctor, oito anos mais velho que o amigo e com um doutorado pela Universidade de Boston, não era surpreendente. Proctor conhecia outros pastores negros com talento e coragem, mas que não contavam com Vernon Johns e Daddy King para abrir caminho, com Rosa Parks para iluminar o trajeto ou com a mídia nacional para divulgar suas palavras. King, com a mensagem social radical absorvida dos profetas do Antigo Testamento e a insistência no poder do amor exemplificado por Jesus, se revelara o homem certo na hora certa. Quando King e Proctor chegaram à divisa do município de Tuskegee, o policial a cavalo deixou de segui-los. Ao concluírem a reunião com donos negros de postos de gasolina e retomarem o caminho de casa, o policial os seguiu até Montgomery.[8]

King se tornou mais do que um porta-voz; tornou-se um líder. Expunha o objetivo do boicote, ajudava na formulação estratégica dos métodos e ocupava a linha de frente nas discussões com autoridades municipais. Unia a comunidade ao compartilhar as histórias dos homens e das mulheres que caminhavam pela liberdade. Embora o protesto fosse concebido como uma forma de insubordinação, ele enfatizava que era um movimento cristão, tendo como centro os princípios da paz e do amor, que procurava sanar males. Os comícios mantinham a força do movimento. Os ofícios religiosos forneciam a inspiração e o modelo para os comícios. Além de discursos, havia hinos e spirituals, músicas cristãs associadas a igrejas negras: "What a Friend We Have in Jesus",

"Leaning on the Everlasting Arms", "Lord, I Want to Be a Christian", "O, Freedom", "Go Down, Moses". "E todos iam para casa", disse Coretta, "se sentindo bem, inspirados e prontos para voltar na manhã seguinte para um longo dia de trabalho pesado."[9]

King não fora em busca da liderança. "Tentei desencorajá-lo a tomar a frente", disse sua mãe, Alberta,

> perguntei se ele não achava que seria mais sensato deixar que alguns dos pregadores mais velhos ou algumas das pessoas mais velhas que tinham trabalhado com a NAACP e outras organizações liderassem. Eu não queria que ele assumisse esse papel. Falei que achava que, como ele era jovem [...] e novo na cidade, talvez não o aceitassem.[10]

Mas as preocupações de Alberta passaram. A cada etapa, o movimento ganhava força, e o filho ficou, como disse ela, "imensamente envolvido".

Na tarde do dia 24 de janeiro de 1956, uma terça-feira fria e cinzenta, uma empregada doméstica chamada Dealy Cooksey voltava a pé do trabalho para casa. Ela não pegava ônibus havia cinquenta dias.

"Estou cansada",[11] disse Cooksey.

Um pesquisador da Universidade Fisk, que caminhava ao lado da mulher negra de meia-idade, fazia perguntas e tomava notas. Cooksey disse a ele que trabalhava na casa de uma mulher branca rica. Na maioria dos dias, a branca a buscava para levá-la ao serviço. Mas, às vezes, ela tinha de ir a pé. O pesquisador perguntou se alguma vez Cooksey havia comentado com a patroa branca sobre o boicote dos ônibus. Ah, sim, respondeu Cooksey, e passou a contar uma das conversas.

"Dealy, por que você não pega um ônibus?", perguntou a patroa. "Aquele rev. King está fazendo vocês de bobos."

"Não diga nada sobre o rev. King", devolveu Cooksey. "É nosso homem e declaro que é bom. Ele foi para a escola e se tornou alguém, agora está tentando nos ajudar. Vocês, brancos, nos mantiveram cegos por tempo demais. Abrimos os olhos e agora sem dúvida não vamos deixar que os fechem de novo. Não quero ser insolente, mas quando você fala sobre o pastor King, fico louca da vida. Vocês, brancos, nos matam de trabalhar e não pagam nada."

"Mas, Dealy, eu te pago", disse a patroa.

"O que você me paga, diga? Tenho vergonha de dizer para as pessoas quanto recebo."

"Dealy", disse a patroa, "não queria te deixar irritada, eu estava só falando."

"Bom, então fale de Sellers e daquele velho imprestável Gayle", disse ela, referindo-se ao comissário de polícia, Clyde Sellers, e ao prefeito, Tacky Gayle. "Vim a pé trabalhar no primeiro dia e posso vir a pé agora. Se você não quer me buscar, não vou suplicar, e claro que não vou pegar de novo o ônibus, e nunca fale uma palavra sobre o rev. King. Não volto a pegar ônibus enquanto ele não disser, e ele diz que não vamos pegar ônibus enquanto não nos tratarem direito."

O entrevistador perguntou quanto tempo Cooksey achava que o boicote ia durar.

"Não me importa se nunca acabar", disse ela. "Temos esse pessoal branco onde queremos, e não tem nada que possam fazer, a não ser tentar nos assustar. Mas a gente não é mais coelho, a gente virou guaxinim. Meu pai me falava como era caçar guaxinim. Se o bicho está numa árvore e você a sacode para ele descer, ele vai matar três cachorros, e se estiver na água, vai afogar todos os cachorros que entrarem na água. Temos o mesmo número de pessoas que os brancos, e é melhor eles prestarem atenção no que fazem."

Os comentários de Cooksey ilustravam a verdade de algo que King dizia: o sofrimento imerecido era redentor. King lembrava aos sofredores que eles eram moralmente superiores a seus opressores e que o crescente senso de integridade da comunidade criava um problema para a estrutura do poder branco. Semanas antes, a prefeitura e a empresa de ônibus poderiam ter encerrado a disputa com um acordo, deixando que os passageiros negros ocupassem os assentos de trás para a frente e prometendo contratar alguns motoristas negros. Mas os seguidores de King não procuravam mais um acordo; procuravam a igualdade. A empresa de ônibus tinha perdido a maioria de seus passageiros. Os donos brancos de lojas no centro tinham perdido vendas. Os seguidores de King tinham força e sabiam disso.

"O que vocês estão vendo aqui é provavelmente a abordagem mais próxima de uma sociedade sem classes que já foi criada em qualquer comunidade dos Estados Unidos", disse J. E. Pierce, professor de economia na Universidade Estadual do Alabama, numa entrevista de 1956. "Os brancos obrigaram as pessoas de Montgomery a reconhecer uma coisa: que em primeiro lugar elas são de cor, e em segundo são empregadas domésticas, esposas de médicos, acadêmicos ou advogados [...]. Com a unidade, o esquema de caronas, a decisão de partilhar em conjunto, elas se descobriram mutuamente — como pessoas de cor."[12]

Numa carta ao editor do *Advertiser*, uma bibliotecária branca chamada Juliette Morgan disse que quem boicotava os ônibus seguia os passos de Thoreau e Gandhi. Outra mulher branca escreveu ao jornal apoiando o boicote, mas usou apenas suas iniciais. Mais tarde, ela foi entrevistada pela equipe da Universidade Fisk e se identificou como sra. Earl R. Johnson. Ela disse que desde a decisão do caso Brown v. Board of Education, os sulinos brancos andavam nervosos. "Outro dia, uma mulher em minha igreja disse que precisamos entender que dessa vez os *Nigras* não vão parar [...] e que não há cacetetes, armas ou chicotes o bastante para detê-los", disse ela.[13]

Mesmo assim, as autoridades municipais não se moveram. Espalhavam boatos sobre King, dizendo que ele enchia o bolso com o dinheiro arrecadado para o boicote. Cochichavam que as verdadeiras forças por trás da campanha eram agitadores externos, provavelmente comunistas. A agência do FBI em Mobile começou a passar informações sobre King e os boicotes a J. Edgar Hoover, diretor da agência.[14] O Conselho de Cidadãos Brancos, ao prometer que manteria a supremacia branca, atraiu legiões de novos membros, inclusive Clyde Sellers, o comissário de polícia. "O boicote dos ônibus nos salvou", disse um membro do conselho a um repórter. "Antes que os crioulos parassem de andar de ônibus, tínhamos apenas oitocentos membros. Agora temos de 13 mil a 14 mil, só em Montgomery."[15] Os candidatos a cargos locais proclamavam lealdade à segregação como se fosse a única questão importante. "Elejam Billy Tucker", dizia um anúncio de campanha. "Ele não está pedindo o voto de cor."[16]

No mesmo dia em que Dealy Cooksey foi a pé para o trabalho e expôs as razões de sua coragem para a patroa, o jornal local trazia citações de Tacky Gayle, nas quais prometia que não se deixaria mais ser pressionado por agitadores radicais decididos a arruinar a "ótima relação" entre os cidadãos negros e brancos de Montgomery. Tinham acabado as negociações. Gayle disse que os brancos da cidade "pouco se importavam se um preto nunca mais andasse de ônibus caso isso significasse que a estrutura social de nossa comunidade teria de ser destruída".[17]

Gayle não só cancelou as negociações, como também ordenou que os policiais começassem uma campanha de assédio e intimidação, na qual dispersavam passageiros negros que aguardavam carona, seguiam motoristas negros e emitiam avisos de multa por infrações de trânsito irrisórias ou inexistentes. Os motoristas tinham medo de perder o seguro ou a habilitação por causa das multas. Numa sexta-feira à noite, a polícia prendeu quarenta negros por embriaguez pública. Durante uma reunião numa igreja, a polícia percorreu as ruas no entorno e multou 78 carros por estacionamento irregular.[18]

Dois dias depois que Gayle cancelou as negociações, o próprio King se tornou alvo. Ao voltar da igreja para casa, ele parou num ponto de carona para pegar passageiros. Dois policiais de motocicleta o mandaram encostar e lhe disseram que ele estava preso por andar a cinquenta quilômetros por hora numa zona em que o limite era quarenta. Chegou uma viatura. Dois policiais revistaram King e o puseram no banco de trás. Conforme o veículo se afastava devagar do centro da cidade, King entrou em pânico. Viraram numa rua que ele nunca tinha visto. Para onde o levavam? Temia ser linchado. "Eu me peguei tremendo por dentro e por fora", disse ele. "Em silêncio, pedi a Deus que me desse forças para suportar o que viesse."[19]

Ficou aliviado ao ver a cadeia municipal de Montgomery.

Era a primeira vez que ficava atrás das grades.

Colocaram-no numa cela segregada, onde havia homens deitados em tábuas de madeira e colchões rasgados. No canto havia uma privada, sem tampa. King pensou nos outros. Independentemente do que os homens naquela cela haviam feito, não mereciam tais condições. Todos reconheceram o jovem pregador. Reuniram-se em volta dele e contaram, um de cada vez, por que estavam ali e perguntaram se o reverendo poderia ajudá-los a ganhar liberdade.

"Companheiros", disse ele, "antes de poder ajudar qualquer um de vocês, eu preciso sair."[20] Eles riram.

Logo Ralph Abernathy chegou para pagar a fiança e soltar o amigo. Nos anos seguintes, King seria preso 29 vezes, muitas delas de forma deliberada, mas nunca se acostumou a isso. O isolamento o assustava, não só porque gostava de ter companhia e se sentia reconfortado com isso, mas também porque se tornara um símbolo do orgulho negro e sabia que sua mera existência despertava ressentimento e podia incitar retaliações. Quando possível, Abernathy tentava ser preso junto com King. Os atos de desobediência civil de Abernathy também eram de amor; sabia que o amigo, a despeito de toda a sua bravura pública, se sentia traumatizado toda vez que enfrentava uma cela. Os dois sabiam do que racistas brancos eram capazes quando não havia testemunhas.

King costumava dormir profundamente; deitava-se por volta das dez horas da noite e se levantava perto das cinco ou seis horas da manhã. "Ele dorme bem, sonha muito, mas não ronca", escreveu L. D. Reddick na primeira versão de seu livro de 1959, *Crusader Without Violence* [Cruzado sem violência], baseado em longas entrevistas com seu biografado.[21] Agora, na maioria das noites, King dormia apenas quatro horas.

"Nossa casa estava sempre cheia de gente, e o telefone tocava constantemente, assim como a campainha", lembrou Coretta.[22] Repórteres, diáconos, professores universitários e manifestantes apareciam o tempo todo, muitas vezes sem avisar. "Lembro os três primeiros meses ou por aí, toda vez que eu começava a dar banho na bebê escutava a campainha e então o telefone tocava.

Aí eu [...] enrolava a bebê no cobertor, pegava o telefone, atendia e dizia 'Só um minuto', então ia até a porta." Para Coretta, eram tempos empolgantes, mas tingidos de tristeza. Ao atender o telefone, ouvia provocações racistas. Sentava-se nas reuniões de planejamento que ocorriam em sua casa e ouvia as entrevistas do marido. Mas também tinha uma bebê para cuidar. "Nem sempre eu podia ficar quando a ação começava", disse ela.[23]

As ameaças de morte e os telefonemas hostis eram constantes.[24] Quando os funcionários do correio recebiam uma carta endereçada apenas ao "Pregador Crioulo", já encaminhavam para a caixa postal de King.

Dois dias depois de sair da cadeia, King foi a uma reunião que discutia o boicote. Chegou em casa por volta da meia-noite e deitou-se na cama. Antes de conseguir dormir, o telefone tocou.

"Ô crioulo, já estamos cansados de você e da confusão que você criou", disse uma voz furiosa. "Se em três dias você não sair da cidade, vamos estourar os seus miolos e explodir a sua casa."[25]

King desligou, conforme lembrou mais tarde, e ficou andando pela casa paroquial. O que estava acontecendo com ele? O que devia fazer? Estava preparado para morrer? Desistindo de dormir, foi para a cozinha e fez café.

Foi então, disse King, que Deus falou com ele.

"A racionalidade me deixou", disse. "Quase do nada ouvi uma voz naquela manhã me dizendo: Pregue o Evangelho, defenda a verdade, defenda o que é justo."[26]

King disse que, a partir daquele momento, deixou de ter medo. Não recuaria. Se tivesse de morrer, o faria, mas não voltaria atrás, nem ele, nem o povo de Montgomery.

Em anos futuros, jornalistas, historiadores e biógrafos iriam indagar o que havia tornado King especial, lhe dado coragem e visão para liderar. Alguns observadores apontaram o relacionamento competitivo dele com o pai. Outros se concentraram em fatores culturais, especificando seu sentimento de culpa pela formação de classe média e assinalando que ele chegara a Montgomery quando as lutas pela libertação na África e na Ásia irrompiam, quando o rádio e a televisão permitiam que um jovem pregador brilhante fosse ouvido e visto em milhões de lares. Mas o rev. James Lawson, um dos contemporâneos de King, declarou que essas interpretações deixam de lado uma explicação óbvia e poderosa — a de que ele fora chamado por Deus. "Foi meu caso, foi o caso de King", disse Lawson. "Não é [...] para se vangloriar [...], é a profunda percepção interna que liga sua vida à força vital do universo, ao Deus que criou os céus e a terra, para citar os poetas hebreus. Assim, qualquer um que recebe esse tipo de chamado, é uma coisa que altera profundamente seu modo de pensar e seu comportamento."[27]

Num manuscrito inédito, L. D. Reddick escreveu que King era "um pouco sensível" no que se referia à sua "Visão na Cozinha", como ficou conhecida.[28] Reddick, ao relatar a visão baseado em entrevistas com Maude Ballou, a secretária de King, e Leonard, marido dela, descreve o episódio de maneira menos teatral. "Ele estava sentado na cozinha um pouco sonolento e andava desconcertado com as pressões e ameaças. Assim, enquanto cochilava um pouco, ele ouviu uma voz que o consolava e dizia para não se preocupar. Depois disso, 'entregou nas mãos do Senhor'."

Segundo Reddick, King fez um sermão em 9 de junho de 1957, no qual descrevia uma segunda visão, que o pregador parece nunca ter mencionado em obras e sermões publicados. A visão veio depois de um dia difícil no tribunal, quando King fora chamado a depor como testemunha contra um homem acusado de lançar bombas em igrejas e residências. O advogado de defesa tentara humilhar King, chamando-o de "pregador crioulo" e perguntando se era verdade que, certa vez, King "se pôs de joelhos e pediu uma branca em casamento". Ao saber que o acusado fora inocentado, King "ficou espantado e deprimido. Parecia não haver justiça. Depois [...] foi para seu escritório e se jogou sobre a escrivaninha", escreveu Reddick. "Aqui, mais uma vez, ele afirma que ouviu uma voz lhe dizer para não se preocupar e que tudo acabaria bem."[29]

King era fruto da Igreja negra. Aprendeu com ela os valores do amor, do sacrifício e da humildade e a viver esses valores. Suas visões serviam para aumentar o que já era uma intensa relação pessoal com Jesus Cristo. Uma parte dessa relação consistia em seu entendimento de que a ação social cristã, o sofrimento e o martírio estavam interligados. Anos depois, King repetiu a história da mensagem de Deus num de seus sermões mais pessoais. Os seus primeiros 25 anos de vida tinham sido relativamente calmos, "muito felizes", disse ele.[30] Cresceu na igreja, numa família de pregadores, e no entanto nunca tivera uma experiência profundamente pessoal de Deus.

Mas, agora, enquanto pensava na esposa e na filha, ambas dormindo de forma pacífica, e na ideia de que elas poderiam ser retiradas dele, King chegou a um ponto, disse ele, em que "não conseguia mais aguentar".

Foi então que rezou em voz alta.

"Senhor, estou aqui tentando fazer o que é certo [...]. Mas, Senhor, confesso que agora estou fraco [...]. E não posso deixar que as pessoas me vejam assim."

Uma voz interior respondeu: "Martin Luther, defenda o que é justo [...]. E, veja, estarei com você até o fim do mundo".

16. Um aviso

Na noite de 30 de janeiro de 1956, o ar em Montgomery estava fresco e bastante límpido. Na casinha na South Jackson Street, Coretta estava sentada na sala de estar, conversando com Mary Lucy Williams, professora e membro da igreja.[1] Yoki dormia no berço, na parte de trás da casa. Martin estava fora, numa reunião na igreja de Abernathy.

Os líderes da igreja, preocupados com a segurança de Coretta, tinham pedido a Mary Williams que fosse visitar os King. Williams disse que em geral teria convidado Coretta e Yoki para visitá-la, mas sua casa não tinha aquecimento central nem um bom isolamento, e ela não queria que a bebê passasse frio.[2] As mulheres papeavam de forma agradável, contando histórias de suas respectivas infâncias rurais. De repente, perto de 21h15, Coretta e Mary ouviram passos, o som de uma pancada que parecia um tijolo caindo na varanda, e então uma explosão gigantesca, que estilhaçou o vidro de quatro janelas da frente e encheu a sala de fumaça.

A explosão rachou uma das colunas da varanda, arrancou a caixa de correio da parede e deixou um buraco de cinco por dez centímetros na varanda.[3] Ninguém se feriu. Yoki, de alguma forma, não acordou. Alguém ligou para a igreja de Abernathy, dizendo para Martin vir logo para casa. Soaram sirenes da polícia. Centenas de vizinhos negros cercaram a casa, muitos armados. Coretta embalava calmamente a bebê.[4]

Ao chegar, King falou primeiro com Coretta, conduzindo-a para os fundos da casa.[5] Depois dirigiu-se à multidão na rua. A polícia disse aos repórteres que a explosão fora causada provavelmente por uma bomba caseira ou meia banana de dinamite.

Depois de percorrerem o interior da minúscula residência, o prefeito, o comissário de polícia e o chefe dos bombeiros ficaram ao lado de King na varanda. King era mais jovem, mais baixo e mais magro do que os brancos que o cercavam. Vestia terno, gravata e sobretudo, e segurava o chapéu na mão. "Discordo de suas convicções", o comissário de polícia Clyde Sellers disse de modo reservado a King, "mas farei tudo o que está a meu alcance para defendê-lo de atos como esse." Ele não mencionou a possibilidade de que seus policiais, ao prenderem King dias antes sob uma acusação questionável, poderiam ter *encorajado* esse tipo de ação. Tampouco mencionou que o Departamento de Polícia abrigava com quase toda a certeza membros da KKK e do Conselho de Cidadãos Brancos. Mas a grande multidão reunida na frente da casa de King estava indignada, e Sellers tinha esperança de que o reverendo os acalmasse. Mais uma vez, ele enfrentava um momento decisivo e, de novo, deu um passo adiante.

A voz de King trovejou na varanda danificada:

> Acreditamos na lei e na ordem. Não entrem em pânico. Não façam nada movidos por pânico. Não usem suas armas. Quem vive pela espada morrerá pela espada. Lembrem que foi isso o que Deus disse. Não estamos defendendo a violência. Queremos amar nossos inimigos. Quero que vocês amem nossos inimigos. Sejam bondosos com eles. Amem a eles e lhes mostrem que os amam. Não comecei esse boicote. Vocês me pediram para ser seu porta-voz. Quero que toda esta terra, de uma ponta a outra, saiba que, se me pararem, este movimento não irá parar. Se me pararem, nosso trabalho não irá parar. Pois o que estamos fazendo é certo, o que estamos fazendo é justo. E Deus está conosco.[6]

Na rua ouviu-se um grito: "Deus o abençoe, irmão King!".

Mais tarde, Rufus Lewis disse que todas as pessoas negras de Montgomery reagiram como se suas próprias casas tivessem sido atacadas e, como King, não se deixariam intimidar.

Um homem declarou que se alguém em Montgomery tivesse intencionado matar o rev. King, "tinha demorado demais, porque Martin Luther King agora está em todos nós e, para matar Martin Luther King, vai ter de matar todos os negros da cidade de Montgomery".[7]

* * *

Na noite da bomba, Daddy King veio de Atlanta para Montgomery, enquanto Obbie Scott veio de Marion. Queriam que os filhos deixassem a cidade.

"Coretta, vim buscar você e a bebê", disse o pai dela.

"Bom, papai", respondeu Coretta, "não posso ir. Quero ficar aqui com Martin porque sinto que sou parte daqui."

Naquela noite não dormiram. Durante o café da manhã, Martin agradeceu a Coretta. "Não sei o que eu teria feito sem você", disse ele. "Você tem sido uma verdadeira combatente."[8]

"Então entendi", disse Coretta numa entrevista dez anos depois, "como era importante para ele que eu continuasse a ser forte e a apoiá-lo, não só nas palavras, mas me sentindo assim e sendo assim de fato."[9]

Mais tarde, ela contou para a irmã que sua fé se tornou mais real depois da bomba. Suas orações ganharam mais sentido. "Senhor, tenho feito tudo o que posso acreditando que estamos certos. Agora entrego em suas mãos", rezou ela.[10] Não mostrava nenhum medo da morte. "Se eu morrer", disse ela, "e se meu marido tiver de morrer pela causa Dele, tentando trazer o reino Dele para a Terra, então que nobre maneira de morrer seria!" Coretta parecia ter entendido que Martin, apesar de toda a sua força e coragem, continuava a ser alguém determinado que precisava de apoio e amor, talvez mais do que nunca. "Ele funcionava melhor com uma esposa e com filhos", disse ela, "porque precisava da ternura que lhe dávamos."[11]

Mas Coretta lhe oferecia mais do que ternura. Desde o começo, ele se sentira atraído por sua inteligência e propensão ao ativismo. Daddy King podia querer que M. L. voltasse para casa, e Obie Scott podia querer levar Coretta e Yoki para Marion, mas Martin nunca pensou em partir ou em afastar a esposa dos problemas. Martin Luther King Jr., à medida que via sua vida avançar por caminhos novos e inesperados, assumindo a liderança de um movimento de protesto em rápido crescimento e enfrentando grande perigo, amparava-se mais do que nunca na esposa.

"Durante o boicote dos ônibus, passei pela prova de fogo", relembrou Coretta anos mais tarde, "e passei a entender que eu não era uma bonequinha frágil."[12]

No dia seguinte ao ataque à casa de King, uma dinamite explodiu na casa de E. D. Nixon. Um dia depois, Fred Gray abriu um processo no tribunal federal em nome de um grupo de mulheres negras que queriam o fim da segregação nos assentos de ônibus e da perseguição policial ao sistema de caronas. Gray se lembrou do caso de Viola White, cujo recurso nunca foi ouvido, e não queria confiar apenas no caso de Rosa Parks em seu ataque judicial à segregação.[13] Após ser aconselhado pela NAACP e pelo advogado branco progressista Clifford Durr, Gray deu entrada a uma ação coletiva na qual representava quatro mulheres que haviam enfrentado discriminação em ônibus municipais — Aurelia Browder, Claudette Colvin, Susie McDonald e Mary Louise Smith. A ação ficou conhecida como Browder versus Gayle.

Um acordo com a prefeitura, que antes parecia exequível, tornara-se impossível. Voluntários organizaram uma equipe de segurança na casa de King, que, por sua vez, junto com Abernathy comprou revólveres, embora não tivesse licença para as armas. King, que ainda não começara a defender a filosofia da não violência, solicitou a James E. Folsom, governador do Alabama, que providenciasse proteção aos boicotadores ou, pelo menos, reconsiderasse a permissão para sua arma. Folsom negou.

Menos de duas semanas depois, em 10 de fevereiro, mais de 11 mil brancos — "a maior multidão política na história recente do estado",[14] segundo o *Advertiser* — se reuniram em Montgomery para ouvir o senador James O. Eastland, um ardoroso segregacionista que era conhecido como a "Voz do Sul Branco".

Gayle e Sellers também falaram, declarando que nunca aceitariam a integração. "Se algum preto quer a dessegregação", disse Sellers, "ele que vá para onde ela existe. E vou repetir o que já disse antes: não venderei meu direito de nascimento sulino por nenhuma quantidade de votos de pretos."[15]

O Conselho de Cidadãos Brancos local organizou o comício e distribuiu um panfleto que começava da seguinte forma: "Quando no curso dos eventos humanos se torna necessário abolir a raça preta, devem-se usar métodos adequados. Entre eles estão pistolas, arco e flecha, estilingues e canivetes".

Se isso não foi suficiente para assustar os boicotadores, teria mais. Um juiz de Montgomery chamou um grande júri para examinar a agitação racial, convocando mais de duzentas pessoas negras para depor sobre a liderança do boicote. Corriam boatos de que logo fariam denúncias criminais por violação de um estatuto que proibia boicotes sem justa causa. Fred Gray foi preso e acusado de promover litigâncias não autorizadas. Também foi informado de que sua situação militar tinha mudado. Como também era pastor, além de advogado, ele fora dispensado do serviço militar, mas agora havia sido reclassificado como 1-A, o que tornava muito mais provável que fosse convocado.[16] Thurgood Marshall da NAACP informou que defenderia Gray.[17]

"Nas últimas três semanas", escreveu Joe Azbell no *Advertiser*, "mais brancos usaram a palavra 'crioulo', e numa quantidade que nunca haviam feito antes."[18] Os pretos que antes eram bondosos com gente branca "têm condenado todos os membros da raça branca como monstros". Montgomery, escreveu ele, parecia à beira de uma "enorme guerra racial sem precedentes".

Em Mobile, no Alabama, agentes do FBI recortaram matérias de jornal sobre a bomba lançada na casa de King, mas não abriram uma investigação.[19] Os noticiários nacionais se demonstraram mais interessados. Jornais do Norte mandaram repórteres a Montgomery para cobrir o conflito, que se intensificava. Jornais negros e brancos publicavam na primeira página a história do boicote. King em geral era a primeira pessoa que os jornalistas de fora procuravam para entrevistar, sobretudo após o atentado a sua residência.

King e os colegas recebiam a imprensa de braços abertos, e os jornalistas do Norte retribuíam com uma cobertura maciçamente favorável. King, com seu charme e educação nortista, fazia os repórteres se sentirem bem-vindos e reconhecidos. A cobertura nacional enfurecia ainda mais os segregacionistas, que acusavam os negros de bombardearem suas próprias casas para ganhar atenção. Também fortalecia o ânimo dos manifestantes, enquanto King lhes lembrava que tinham conquistado os olhos e ouvidos do mundo. "Quer queira, quer não, estamos envolvidos num grande momento na história", disse ele num comício de massa. "É maior do que Montgomery [...]. A grande maioria das pessoas do mundo é de cor." Até tempos recentes, prosseguiu ele, a maioria delas era controlada e oprimida por impérios do Ocidente. "Hoje, muitas são livres [...]. E as demais estão a caminho [...]. Fazemos parte desse grande movimento [...]. Queremos ver todos livres."[20]

Quanto mais tempo durava o boicote, mais atenção King recebia para além de Montgomery. L. Harold DeWolf, orientador de King na Universidade de Boston, que realizava um trabalho missionário na Rodésia do Sul (atual Zimbábue) durante seu ano sabático, escreveu ao ex-aluno para dizer que estava orgulhoso e rezava por ele:

> Mal sabíamos nós [...] que você seria posto à prova tão depressa e de forma tão séria, com os olhos da nação e inclusive do mundo sobre você [...]. Mesmo aqui, na África Central [...], seu exemplo envia à vida de muitos africanos um frêmito de orgulho e de fé renovada.[21]

King respondeu: "A oração tem sido usada com grande eficácia em nosso movimento".[22] Apesar das claras provas da "desumanidade do homem com o homem", escreveu ele, "estou convencido de que Deus vive". E prosseguiu: os que ficam com Deus "ficam à luz dos amanhãs brilhantes do mundo".

Às vezes King parecia esgotado. Numa carta, ele cancelou um discurso que faria, dizendo que o médico insistira que diminuísse o ritmo, devido à "tensão sob a qual estou trabalhando".[23] Walter McCall, seu amigo da Morehouse e do Crozer, escreveu em 1º de fevereiro de 1956 para dizer que gostou de saber diretamente por King como "está indo". McCall manifestou sua preocupação com o bem-estar do amigo, usando por vezes letras maiúsculas na carta: "NÃO RECUE, NÃO SE DOBRE, MANTENHA A CORAGEM. MANTENHA A PACIÊNCIA. A tarefa precisa ser cumprida de cabeça erguida".[24]

Em 21 de fevereiro, um grande júri estadual em Montgomery indiciou King e outros líderes do boicote por conspirar para prejudicar uma empresa que operava dentro da lei. Ao fim do julgamento, 115 pessoas tinham sido indiciadas, inclusive duas dúzias de pastores, o maior grupo a passar por isso numa única acusação no condado de Montgomery.[25] Logo viriam as prisões.

King, quando soube da notícia, estava na Universidade Fisk, em Nashville. Coretta e Yoki estavam em Atlanta. Preocupado com que os indiciamentos pudessem acabar com o boicote de ônibus, King pegou um avião para Atlanta com planos de seguir de imediato para Montgomery. Mas Daddy King, temendo pela vida do filho, insistiu que ele ficasse na cidade. Marcou um encontro com amigos, incluindo Benjamin Mays, para tentar convencê-lo. King manteve sua decisão, o que marcou, como disse o jornalista negro Louis E. Lomax, "o momento em que o cordão umbilical foi cortado".[26] Disse King: "Seria o cúmulo da covardia ficar longe. Prefiro passar dez anos na cadeia a abandonar meu povo".

Segundo Lomax, se King não tivesse sido lançado a uma posição de liderança, quase certamente teria, depois de alguns anos, deixado o emprego na igreja da Dexter Avenue por um na universidade. Mas agora ele havia firmado um compromisso com o movimento.

A esperança dos agentes políticos de Montgomery, ao indiciarem os manifestantes, era esmagar a rebelião, mas o tiro saiu pela culatra. Isso se tornou uma insígnia de honra. Ao voltar a Montgomery, King foi à cadeia do condado para ser fichado, fotografado, pagar fiança e ser liberado. Rosa Parks, E. D. Nixon e Jo Ann Robinson se somaram a ele, numa demonstração de unidade. Rufus Lewis se prontificou a ser preso de forma voluntária, muito embora não tivesse sido indiciado.[27] A multidão no lado de fora quase explodia de orgulho. "Bem, aí está o meu pastor", disse um homem ao ver um carro se aproximar.[28]

O retrato policial de King era a própria imagem da provocação. Mostrava um homem jovem com as sobrancelhas arqueadas, o queixo firme, paletó esporte abotoado, gravata bem ajustada, camisa social bem passada e uma placa com o número 7089 pendurada no pescoço.

Ativistas de todo o país perceberam que King estava fazendo história em Montgomery e se apressaram em oferecer assistência e aconselhamento.[29] Lillian Smith, uma romancista branca da Geórgia, escreveu a King em 10 de março de 1956, manifestando sua admiração pelo trabalho do reverendo. Smith escrevera um romance contra os linchamentos chamado *Strange Fruit* e integrava a diretoria da Sociedade da Reconciliação (FOR, na sigla em inglês), uma organização pacifista internacional que se baseava na filosofia da resistência pacífica de Gandhi. A. J. Muste, um pastor que defendia a transgressão consciente de ações e leis injustas do governo e incentivava seus seguidores a enfrentar a prisão em defesa de suas crenças, era a voz que liderava a FOR. Esse sacrifício, dizia Muste, era necessário para despertar a consciência do povo. Smith esperava que King seguisse essa estratégia simples em Montgomery: "Ninguém pode ser especialista em não violência; é como ser santo ou artista; cada um desenvolve sua própria habilidade e especialidade", escreveu ela. Mas, se King fosse mesmo procurar ajuda, Smith recomendava Howard Thurman, da Universidade de Boston, e Bayard Rustin, da Liga dos Resistentes à Guerra.

King já conhecia os dois. Rustin, de fato, visitara King em Montgomery pouco antes da chegada da carta de Smith. Era alto, bem-apessoado e muito inteligente. Aos 45 anos, já tinha participado de alguns dos protestos mais importantes do século. Trabalhara com a FOR e com a Irmandade dos Trabalhadores dos Trens-Leito, de A. Philip Randolph. O fato de ser homossexual era um segredo conhecido de ativistas por direitos civis. Já o fato de ter sido membro da Liga da Juventude Comunista não era segredo para ninguém.

Ao chegar a Montgomery, Rustin gostou de descobrir que já conhecia Coretta, pois havia muito tempo tinha dado aulas para a turma dela na escola Lincoln, em Marion.[30] Anos depois, Ralph Abernathy disse que Coretta teve um papel fundamental na decisão de aceitarem Rustin como assessor.[31]

Rustin simpatizou de pronto com King, coisa que acontecia com muita gente, mas ficou decepcionado ao saber que ele tinha guardas armados em sua casa e uma pistola na sala de estar. Rustin lembrou que, quase na mesma hora, os dois se envolveram numa "longuíssima discussão filosófica sobre a não violência".[32] King gostou muito de conversar com Rustin, que parecia conhecer todas as figuras centrais do movimento por direitos civis. Logo após aquela visita, King se desfez da arma e mandou os seguranças trabalharem desarmados.

"A experiência em Montgomery contribuiu mais para esclarecer minhas ideias sobre a questão da não violência do que todos os livros que eu tinha lido", escreveu King alguns anos depois. "Ao viver a experiência concreta do protesto, a não violência se tornou mais do que um método com o qual eu concordava intelectualmente; tornou-se um compromisso com um modo de vida."[33]

Nem todos aceitaram isso . "O homem é um verdadeiro intelectual", disse Grover C. Hall, editor-chefe do *Advertiser*, a respeito de King. "Mas aquela coisa dele com Gandhi, aquela lenga-lenga de ame-quem-te-odeia, é o maior amontoado de absurdos que já vi na vida."[34]

Rustin percebeu os dotes de King e viu que o jovem pregador tinha a oportunidade — talvez até a responsabilidade — de tornar o que ocorria em Montgomery um movimento de âmbito nacional. Mas isso só aconteceria se o boicote dos ônibus desse certo. Apostando na sorte, Rustin concordou em ficar fora de vista. Ele vivia às claras e sem disfarces até onde era possível para um homossexual na época. Quem o conhecia costumava saber de sua orientação sexual e de sua prisão em 1953, quando foi acusado de conduta obscena em público. Tanto ele quanto King sabiam que sua fama podia prejudicar o movimento de Montgomery, caso a imprensa falasse do assunto. Ele resolveu trabalhar de Birmingham, a cerca de 150 quilômetros, para ter menos visibilidade.

Trabalhando dali e depois de Nova York, Rustin escrevia artigos para revistas como ghost-writer de King. Compôs uma canção para os comícios, cujo refrão era "Vamos todos ficar juntos".[35] Escrevia a colegas no Norte para pedir que arrecadassem fundos, observando que os participantes do boicote estavam estragando seus sapatos e gastando mais ao comprar em lojas locais mais caras do que as que costumavam ir de ônibus. Propôs que o lema do movimento fosse: "Vitória sem violência". Lançou concursos estudantis de ensaios e cartazes. E, talvez o mais importante, falava com King, Abernathy e outros sobre as formas de infundir na luta o espírito dos "métodos tipo Gandhi".[36] Numa carta que escreveu aos colegas ativistas, em sua primeira visita a Montgomery, afirmou: "Estou convencido de que talvez um dos resultados de fato mais importantes de Montgomery será uma revolução na Igreja preta".[37] As igrejas negras, escreveu Rustin, poderiam se tornar a força motriz de um poderoso movimento de ação social.

Conforme King passou a invocar Gandhi com frequência cada vez maior, a mídia nacional logo aproveitou esse elemento da história. A adesão dos manifestantes ao pacifismo trouxe maior clareza moral. Isso foi reforçado quando a prefeitura de Montgomery tornou King o primeiro réu acusado de boicote sem justa causa. O grande júri não se importou em disfarçar sua parcialidade:

"Estamos comprometidos com a segregação pelos costumes e pela lei", dizia o texto, "e pretendemos mantê-la".

No dia seguinte, a manchete do *Baltimore Afro-American* declarava: "'Não me preocupo', diz o Gandhi do Alabama".[38]

A NAACP se prontificou a enviar seu consultor-geral, Robert Carter, integrante de uma equipe de advogados montada por Thurgood Marshall, para ajudar na defesa de King. Mas o juiz Eugene W. Carter não autorizou. Segregacionista ardoroso, ele certa vez propôs que sua igreja barrasse a entrada de todos os pretos, exceto os zeladores.[39] Em 22 de março, o juiz declarou King culpado e determinou que pagasse uma multa de quinhentos dólares, mais quinhentos dólares de custas judiciais. King recorreu e saiu em liberdade ao pagar a fiança de mil dólares. Mais de trezentas pessoas o aclamaram à saída do tribunal.

"Continuaremos a protestar com o mesmo espírito de não violência e resistência passiva, usando como arma o amor", disse King. "Não percamos a fé na democracia."[40] Quando um repórter lhe perguntou se estava com medo, King respondeu: "Não, não estou [...]. Estamos enfrentando uma grande questão, e as consequências para minha vida pessoal não são particularmente importantes".

Os ativistas montaram oficinas para treinar como evitar o conflito com antagonistas brancos. Ensinaram que, se fossem xingados, não deviam responder. Se fossem atacados, não deviam revidar. Se disparassem contra eles, não deviam devolver. Os instrutores ensinavam que a pessoa não precisa gostar de seu vizinho branco, mas precisa *amá*-lo. "O que o dr. King trouxe para os negros, muito mais importante do que a questão de andar de ônibus, foi não ter medo", disse Rustin.[41]

Menos de uma semana após Rustin chegar a Montgomery, outro membro importante da FOR, Glenn E. Smiley, chegou. Pastor metodista branco nascido no Texas, Smiley ficou comovido durante seu encontro com King e impressionado com o impacto do boicote. "Estranho — os brancos estão travados de medo, e os pretos estão calmos e tranquilos", escreveu Smiley.[42] Como Rustin, Smiley via King como alguém capaz de liderar uma campanha nacional pela igualdade de direitos. "Acredito que Deus tenha chamado Martin Luther King para liderar um grande movimento aqui no Sul", escreveu Smiley numa carta para um amigo.[43] "Mas por que Deus coloca tal fardo sobre alguém tão jovem, inexperiente e bondoso? King tanto pode ser um Gandhi preto como [...] pender de uma árvore por conta de uma turba linchadora."

Ella Josephine Baker, ex-executiva de alto escalão da NAACP e organizadora experiente, escreveu a King para convidá-lo para ir a Nova York e ajudar a criar um grupo chamado In Friendship [Em amizade], com a finalidade de dar apoio às vítimas de terrorismo racial no Sul. Embora a NAACP desse suporte às ações judiciais referentes aos ônibus de Montgomery, havia uma tensão crescente entre King e Roy Wilkins, o líder da NAACP. Wilkins trabalhava para a instituição desde 1930, quando King ainda usava fraldas. Ele disse certa vez:

> O preto tem de ser um excelente diplomata e um grande estrategista [...]. Deve explorar o eventual poder que tem junto à boa vontade da maioria branca. É imprescindível conceber e seguir as filosofias e atividades que menos deixem indisposta a opinião da maioria branca. E isso não é ser um lambe-botas. É ganhar a simpatia da grande maioria do público americano. É criar uma identificação com a tradição americana.[44]

Essa abordagem parecia cautelosa demais para King e os outros. Numa carta a Wilkins, ele reclamou que a NAACP parecia estar usando os protestos de Montgomery para arrecadar fundos para si mesma. Wilkins respondeu que a NAACP dava contribuições significativas para o boicote e pretendia continuar a fazê-lo aumentando os honorários judiciais. Os executivos da NAACP disseram que o boicote de ônibus em Montgomery podia ter fracassado sem sua ajuda, fato que King não parecia levar em conta. Embora reconhecesse a importância da NAACP e dos tribunais para combater a segregação, King argumentou que "a lei precisa de ajuda".[45] Um boicote de ônibus possuía maior carga dramática e capacidade de incitação do que uma ação judicial, além de ter o potencial de despertar "a grande maioria decente",[46] cuja consciência estava adormecida. King procurava transferir a luta do campo legal para o moral, sustentando que a segregação refletia não só um fracasso das políticas e dos princípios democráticos, mas também de viver de acordo com os valores judaico-cristãos.

King aprendeu a liderar na igreja, onde o poder do pastor raras vezes era questionado. Segundo Rustin, isso o fazia se sentir "muito desconfortável com pessoas que sentia serem suas iguais".[47] Ficava ainda mais desconfortável com mulheres em posições de poder. Embora nas igrejas batistas negras a maioria fosse de mulheres, os líderes eram quase todos homens, e a organização de King era permeada de pressupostos sexistas no que se referia à liderança, limitando o papel de mulheres como Coretta King e Rosa Parks.

Apesar de suas fraquezas, King continuava a ser uma força gravitacional, atraindo repórteres, doadores e jovens voluntários.

"O senhor não me conhece, sr. Belafonte, mas meu nome é Martin Luther King Jr.", disse ele num telefonema de divulgação ao famoso cantor e ator na primavera de 1956.[48]

"Ah, conheço, sim", respondeu Belafonte. "Todo mundo o conhece."

Belafonte e outras celebridades, inclusive Sammy Davis Jr., estavam mais do que dispostos a utilizar sua fama e riqueza para ajudar a causa de King. "Ele parecia um pouquinho nervoso [...]", recordou Belafonte, "porque não sabia para onde ia [...], não sabia como me abordar, ou como abordar um monte de gente com quem falava naquela época sobre sua missão, porque ela não estava muito clara."[49]

Eleanor Roosevelt enviou um telegrama a King dizendo que estava "muito interessada no que você está fazendo em Montgomery", e pediu que ele fosse visitá-la em seu apartamento em Nova York.[50] Americanos comuns também enviavam cartas de apoio, muitas vezes acompanhadas de dinheiro ou cheques. Uma mulher de Idaho enviou dois pares de sapatos — "dos meus melhores", escreveu ela — para as mulheres de Montgomery que poderiam estar com as solas desgastadas de tanta caminhada.[51]

Anos depois, Abernathy disse que ele e King não tinham nenhuma intenção de converter a luta de Montgomery em nacional, mas três fatores importantes os levaram a ser mais ambiciosos. Primeiro, não tinham sido linchados, "fato que nunca deixou de nos impressionar".[52] Segundo, apoiadores de todo o país continuavam a aparecer em Montgomery para prestar ajuda. Terceiro, descobriram que eram as estrelas de uma notícia mundial. King era uma coisa nova, empolgante, talvez perigosa.

Louis Lomax escreveu:

> Era como se Martin tivesse sido esculpido a partir da montanha negra para fazer do povo branco um eterno mentiroso. Os brancos diziam que os pretos eram obtusos. Ali estava Martin, com seu doutorado aos vinte e poucos anos. Os brancos alegavam que os pretos eram preguiçosos, incapazes de se organizar e de alcançar um objetivo; Martin não só era muito trabalhador, como também montou uma organização que pôs milhares de pessoas em marcha pela justiça [...]. Os brancos estereotipavam os pretos como homens violentos, entretanto Martin preparou a única revolução social não violenta na história ocidental. Acima de tudo, os discursos públicos de Martin somavam a sabedoria de Sócrates, a eloquência de Demóstenes e a retumbância de Isaías. Seria impossível criar um negro que ocupasse melhor as telas de TV da nação.[53]

As famílias negras que se juntavam para assistir à televisão não costumavam se enxergar naquele espelho. O que viam era meia dúzia de atores negros desempenhando papéis em geral degradantes. Agora, mesmo os sulinos brancos achavam difícil ignorar o jovem pastor. "King vem trabalhando sobre a consciência de culpa do Sul", disse um pastor batista branco liberal em Raleigh, na Carolina do Norte.[54] "Que ele consiga nos levar à contrição, é essa a nossa esperança."

King, Abernathy e os demais logo se deram conta de que havia muitas peças prontas para montar uma campanha nacional com base nas igrejas que assumisse questões para além do transporte público. Quase todas as cidades no Sul tinham pelo menos alguns jovens pastores rebeldes, e eles podiam trazer outros para a luta pela integração, pelos direitos humanos e por uma melhor educação. King começou a percorrer o país, falando e arrecadando fundos para a Associação pela Melhoria de Montgomery.

Coretta também se envolveu. No outono de 1956, foi a Chicago cantar na igreja batista das Oliveiras e falar sobre o movimento de Montgomery. "Infelizmente sua voz não tinha lustro tonal nem ressonância", escreveu *The Chicago Defender*, "tampouco parecia ter projeção suficiente para seguir com facilidade na escala ou na fala [...]. Ela também é modesta e aparentemente desprovida de qualquer brilho externo que mostre personalidade".[55] Nos meses subsequentes, apresentou outros shows em várias cidades do país, sempre incluindo, além de spirituals e composições clássicas de Schubert e Verdi, uma fala sobre o movimento não violento pela integração. Um repórter do *Pittsburgh Courier*, numa resenha mais afável, disse que a apresentação de Coretta King transmitia não só a "ternura, a sinceridade e a dedicação de uma jovem dona de casa", como também o espírito do movimento de Montgomery.[56]

Num show em Nova York, Coretta explicou ao público como as pessoas de Montgomery se sentiam. "Segregadas e humilhadas nos ônibus", disse ela, "não podemos nem mesmo andar com dignidade. Fomos presos; nossos lares foram bombardeados [...]. Mas continuamos a andar com dignidade. Nos recusamos a odiar [...]. Nossa única arma é o amor."

Mas era o marido de Coretta, claro, que recebia a maior parte das atenções. *Jet*, a revista mais popular do país entre os negros, estampou King na capa, apresentando-o como "O Moisés moderno do Alabama".

Em abril, quando King voltou a se encontrar com seu mentor J. Pius Barbour, este ficou impressionado com o quanto seu protegido havia mudado. "Ele cresceu vinte anos em cinco", disse Barbour. "Está quase retraído demais; fica perambulando perplexo e perguntando a si mesmo: Por que Deus achou adequado me catapultar para isso?"

O boicote acarretou danos colaterais. Cinco meses depois de sua fatídica viagem de ônibus, Rosa Parks perdeu o emprego na loja de departamentos. O marido, barbeiro na base da Força Aérea de Maxwell, foi demitido logo depois. Em abril, o Supremo Tribunal dos Estados Unidos confirmou uma decisão que acabava com o sistema de assentos segregados nos ônibus de Colúmbia, na Carolina do Sul. Mas, quando a National City Lines anunciou que não iria mais impor a segregação em seus ônibus, o prefeito de Montgomery, Tacky Gayle, veio com outras ideias. Avisou que os motoristas que não aplicassem as leis de segregação seriam presos. Em 1º de junho de 1956, o procurador público do Alabama, John Patterson, argumentando que a NAACP organizava e apoiava boicotes ilegais, obteve uma ordem do tribunal estadual que proibia atividades do grupo no Alabama e aplicava uma multa de 100 mil dólares, o que obrigou a entidade a fechar seus escritórios no estado. A NAACP levaria oito anos para anular as sanções.

Quatro dias depois, os manifestantes e o advogado Fred Gray tiveram sua primeira vitória judicial, quando uma vara federal se pronunciou a favor deles no caso Browder versus Gayle. O tribunal proferiu a decisão de que a segregação compulsória de passageiros negros e brancos nos ônibus violava a Constituição dos Estados Unidos, em especial a cláusula de igual proteção da Décima Quarta Emenda. Mas os ônibus municipais continuaram segregados, e os advogados recorriam da decisão no Supremo Tribunal. Enquanto isso, mais bombas explodiam na cidade. Gayle e outros segregacionistas voltaram a acusar os boicotadores de detoná-las, dessa vez para aumentar a arrecadação de fundos.[57] Em outubro, advogados do município pediram a um juiz que suspendesse o esquema de caronas da MIA, dizendo que a organização de King operava um sistema de transportes sem licença.

"Ah, meu Deus", disse King a Rustin. "Não sei por quanto tempo mais conseguiremos continuar. O povo está ficando cansado."[58]

Como, mais uma vez, o juiz Carter presidiria à corte, o tribunal provavelmente mandaria fechar o sistema de caronas da MIA. No entanto, em 13 de novembro, o Supremo Tribunal se pronunciou sobre o caso Browder versus Gayle, ratificando a decisão do tribunal de alçada inferior e, com isso, tornando ilegal a segregação no transporte intraestadual. Agentes políticos estaduais do Alabama pediram ao Supremo Tribunal que ouvisse o caso e deixasse claro seu posicionamento no que se referia à segregação. O tribunal recusou, admitindo apenas que a decisão da instância de origem tinha sido ratificada. Ainda assim, a mensagem era clara. O *New York Times* escreveu que o tribunal "colocou uma lápide no túmulo de Plessy versus Ferguson", caso de 1896 que determinou que a segregação em locais públicos não feria a Constituição dos Estados Unidos.[59]

"O universo está do lado da justiça", declarou King.

Anos depois, Thurgood Marshall diria que a NAACP merecia um reconhecimento maior por seu papel para acabar com o sistema de segregação nos ônibus de Montgomery, dizendo a um entrevistador que via King e os boicotadores como personagens secundários.[60] É verdade que na maior parte do tempo a prefeitura tinha resistido aos protestos e às pressões econômicas, e que o litígio havia prosperado. Mas o maior desdobramento em Montgomery foi a criação de um novo estado de espírito e senso de poder, que se desenvolveram em torno de King. Ele descreveu o movimento como "nossos doze meses de gloriosa dignidade".[61]

Na noite da decisão do Supremo Tribunal, uma carreata com cerca de quarenta veículos lotados com membros da Ku Klux Klan, vestindo manto e capuz, foi até os bairros negros de Montgomery, buzinando e apontando os faróis para dentro das casas.[62] Mas os moradores não se acovardaram. Ligaram as luzes das varandas, puseram-se do lado de fora e acenaram para os KKK, disse King, "como se estivessem assistindo a um desfile de circo".[63]

Um mês depois, quando o Supremo Tribunal se negou a rever a decisão, a prefeitura de Montgomery enfim aceitou a derrota. Depois de 381 dias, o boicote de ônibus chegou ao fim, e o mesmo ocorreu com a ilusão nacional de que os americanos negros estavam dispostos a aceitar a opressiva estrutura racial do país.

Os repórteres de noticiários nacionais não estavam acostumados a cobrir protestos raciais que terminavam vitoriosos. No entanto, a batalha judicial por justiça sofrera uma virada com Brown v. Board of Education. Agora, com o boicote de ônibus, o mesmo ocorria com a batalha psicológica. A experiência de Montgomery trouxe aos afro-americanos um novo líder e uma nova estratégia para protestos sociais. A população negra americana, que por tanto tempo fora oprimida, não esperaria mais por justiça; lutaria por ela. Eleanor Roosevelt declarou que aquela era "uma das realizações mais admiráveis de pessoas que lutam por seus direitos [...] sem derramar sangue [...] que já vimos neste país".[64] Harry Emerson Fosdick, o pastor e orador que inspirara King durante anos, disse que Montgomery havia se tornado "um dos lugares mais importantes do mundo".[65]

Na manhã de 21 de dezembro, Ralph Abernathy e Glenn Smiley estiveram na casa de King. Enquanto tomavam café, repórteres, fotógrafos e câmeras de TV se aglomeravam na calçada. Por volta das sete horas, aproximou-se um ônibus, de faróis acesos e a maioria dos assentos vazios. Os três homens saíram vestindo paletós e chapéus e foram até o ponto de ônibus na esquina da Key Street com a South Jackson Street.[66] King, Abernathy e Smiley embarcaram.[67] King, o primeiro a entrar, pagou as passagens com dinheiro trocado.

"É esse o reverendo?",[68] perguntou o motorista branco.

"Isso mesmo", disse King.

Os homens se sentaram na frente. Os flashes dispararam. O ônibus seguiu. Quando desceram do ônibus no centro da cidade, havia mais repórteres e fotógrafos à espera. King disse que foi "uma ótima viagem".[69]

PARTE II

17. O Moisés do Alabama

Dois dias depois do fim do boicote de ônibus e dois dias antes do Natal de 1956, ouviu-se um tiro de espingarda na casa de Martin Luther King Jr. Ninguém se feriu. Na véspera de Natal, cinco homens brancos desceram de um carro e espancaram uma garota negra de quinze anos que estava num ponto de ônibus em Montgomery. Atiradores dispararam pelo menos contra dois ônibus municipais, ferindo num dos ataques uma mulher negra grávida. Dois policiais despejaram ácido no capô do carro de Jo Ann Robinson e agressores desconhecidos arremessaram um tijolo na janela de sua casa.[1] A cerca de 150 quilômetros dali, em Birmingham, quinze bananas de dinamite explodiram na casa de Fred Shuttlesworth, ativista que prometera seguir o exemplo de Montgomery e liderar um boicote de ônibus em sua cidade. Ele escapou ileso.

Todos os que ocupavam uma posição de liderança no boicote de ônibus em Montgomery já haviam enfrentado a questão da mortalidade. Mas Martin Luther King pai não estava disposto a ver o filho seguir arriscando a própria vida. Quando soube do tiro de espingarda, Daddy King foi de Atlanta a Montgomery, como já fizera antes. Numa entrevista, King pai disse que o ano anterior tinha sido o mais duro de sua vida, uma declaração e tanto vinda de um homem que crescera em choupanas de meeiros. "Talvez como pai a gente goste de sentir orgulho", disse ele, "mas essa coisa é mais séria do que muita gente pode imaginar. Estamos sofrendo, e nosso filho está sofrendo mais do que todos."[2]

Depois de fazer o filho se ajoelhar e rezar, Daddy King pediu mais uma vez que ele voltasse para Atlanta, se juntasse a ele na Ebenezer e se concentrasse em pregar. M. L. chorou de raiva e frustração enquanto discutia com o pai, de acordo com Bayard Rustin, que na época visitava a paróquia de King e narrou o episódio décadas depois.

Rustin ficava fascinado com o balé de pai e filho, como M. L. temia e ao mesmo tempo se comparava a Daddy King, como Daddy King, mesmo agora, tentava intimidar o filho, e como M. L. ainda procurava afirmar sua independência sem desagradar o pai. Anos depois, o psicólogo negro Kenneth Clark, que conhecia a família King, considerou que a posição de Martin Luther King Jr., no que se referia à resistência não violenta e ao amor pelos inimigos, nasceu em parte de seu desejo de "autoproteção" diante do pai.[3] Os filhos raramente venciam uma discussão com Daddy King. O medo do confronto converteu o caçula, A. D., num alcoolista irremediável (como o avô Jim King), enquanto Christine era "dócil e submissa", como certa vez disse M. L.[4] Apenas Coretta tinha coragem de discutir com o sogro. M. L., no entanto, sabia evitar brigas ao encerrar a conversa com o assunto em suspenso.[5] Nessa ocasião ele disse ao pai que rezaria e faria o que tinha de fazer.

Em 10 de janeiro de 1957, King, Rustin, Abernathy e outros foram a Atlanta para um encontro com pastores sulinos negros a fim de dar início a uma série de discussões que levariam à criação de uma nova organização regional, fomentada pela igreja, para combater a segregação. A ideia nascera num encontro anterior em Nova York entre três ativistas radicais e experientes: Rustin, Ella Baker e um próspero empresário branco nova-iorquino chamado Stanley Levison. Eles achavam que o sucesso de King em Montgomery podia gerar um movimento mais amplo no Sul, liderado por pregadores batistas negros. Baker e Rustin eram especialistas em organização, e Levison tinha dinheiro e sagacidade política. O movimento de esquerda que antes unira comunistas, socialistas, sindicalistas, líderes pastorais e outros se enfraquecera com a Guerra Fria, e agora esses ativistas procuravam novas formas de combater o sistema de castas raciais. Eram mais velhos e pensavam que King poderia ser a ponta de lança de um movimento de massa de ação direta, mas achavam que ele precisaria de ajuda organizacional.[6] Gostavam da ideia de um movimento liderado por pastores, em parte porque isso ajudaria a refutar acusações de influência comunista.[7] Além disso, pastores negros não dependiam de salários pagos por brancos. Era mais difícil intimidá-los.

Como o boicote de ônibus conseguira juntar elementos díspares da comunidade, King e Abernathy queriam se concentrar em questões relacionadas a transporte. De início, a organização se chamaria Conferência da Liderança Sulina sobre Transporte e Integração não Violenta. Mais tarde, tornou-se a Conferência da Liderança Cristã do Sul.

A reunião inicial, porém, foi interrompida por um telefonema de Juanita Abernathy, que ligou de Montgomery para avisar o marido que a igreja deles e a residência do casal haviam sido atingidos por explosões de dinamite. Ela e os filhos não estavam bem. King e Abernathy voltaram correndo. Coretta substituiu o marido, junto com o rev. Fred Shuttlesworth de Birmingham, na sequência da primeira reunião da nova entidade.[8] Nesse meio-tempo, King soube de outras explosões em Montgomery: quatro em igrejas e duas em residências. Na casa de um pastor branco simpatizante, doze bananas de dinamite tinham falhado e não explodiram.

Não era difícil encontrar dinamite no Alabama. As minas de ferro se estendiam por mais de cinquenta quilômetros, de Trussville a Bessemer. Elas usavam tanta dinamite que ninguém notava quando uma quantidade qualquer desaparecia. As lojas de materiais e ferramentas também vendiam o explosivo, sem fazer nenhuma pergunta, sobretudo a fazendeiros, que o usavam para remover tocos de árvores ou abrir valas. As bombas que explodiam igrejas e casas eram tão rústicas quanto os homens que as preparavam, e muitas vezes eles as arremessavam enquanto corriam, o que explica por que os dispositivos com frequência falhavam ou causavam danos limitados. Mas as bombas, mesmo quando não matavam, aterrorizavam. Ninguém sabia quando viria a próxima, e nem mesmo os agressores sabiam mensurar o poder da explosão.

King, de volta a Montgomery, descobriu que Tacky Gayle suspendera todos os serviços de ônibus, mencionando riscos para o público, mas ciente de que retirava exatamente a coisa pela qual os andarilhos de Montgomery haviam lutado e sido vitoriosos. Folhetos anônimos apareceram em bairros negros tentando dividir a comunidade e minar o apoio a King. Um deles dizia:

> CUIDADO!
> Luther O Beiçudo
> Nos Metendo Em Mais Problema
> Todo Dia...
> A Gente Leva Tiro Enquanto
> Ele Se Esconde...
> Vamos Botá-Lo Pra Correr Daqui![9]

No dia 14 de janeiro à noite, uma segunda-feira, King falou num comício e sentiu a comunidade "desanimada". Dessa vez não conseguiu empolgá-la. Na verdade, como admitiu mais tarde, ele mesmo estava de ânimo sombrio. Enquanto falava, disse King, viu-se tomado por sentimentos que não conseguia controlar. "Senhor, espero que ninguém tenha de morrer por causa de nossa luta pela liberdade em Montgomery", disse ao público. "Eu certamente não quero morrer. Mas, se alguém tiver de morrer, que seja eu." Quando alguns dos presentes protestaram, King travou, incapaz de falar e de se mover. Um repórter presente escreveu que King "sucumbiu na tribuna".[10] Segundo a descrição do próprio King, parecia ser um ataque de ansiedade. Ajudaram-no a descer do púlpito e a se sentar numa cadeira.

Duas semanas depois, uma bomba feita com doze bananas de dinamite foi encontrada na varanda da casa de King, com o rastilho queimando sem chama.[11] Mais bombas foram detonadas na cidade. Surpreendentemente, ninguém morreu. Por fim, empresários brancos, preocupados com os prejuízos que os ataques traziam ao comércio, pressionaram os agentes públicos a conterem a violência. A polícia respondeu detendo sete homens brancos. Embora o júri formado apenas por brancos tenha absolvido os acusados e grande parte da comunidade branca tenha se unido em apoio aos supostos terroristas, criara-se um precedente digno de nota: brancos tinham sido presos e julgados por crimes contra negros. A onda de explosões cessou, e os ônibus voltaram a rodar.

King recuperou o ânimo. Declarou que as prisões e a retomada do serviço de ônibus eram sinais da "boa vontade básica de homem para homem e um prenúncio de paz na sociedade dessegregada que está por vir". Mas a justiça não fluía como água por Montgomery porque os moradores brancos e as autoridades municipais continuavam a erguer novos diques. Os americanos negros sempre tinham entendido o poder da segregação, mas só agora começavam a entender plenamente sua intransigência, como ela entrelaçava corações, mentes, leis e sistemas econômicos, e como seria difícil removê-la, conforme escreveu o historiador J. Mills Thornton III.[12] Muitos brancos no Sul tinham medo de tratar as pessoas de cor como iguais e achavam mais fácil tratá-las como inimigos mortais. Indignavam-se com a demanda por direitos iguais. E nada, ao que parecia, extinguiria a raiva deles. Ulrich B. Phillips, um historiador nascido na Geórgia, descrevia os sulinos como "um povo com uma resolução comum mantida de forma indomável — a de que [o Sul] deve ser e se manter como a terra do homem branco".[13]

King deu alguns sinais de que talvez não ficasse por muito mais tempo num ambiente tão perigoso. Sua vida estava um caos. Passava pouco tempo com a filha. Deu de presente de Natal a Coretta um toca-discos de alta-fidelidade,[14] mas eram raras as chances que tinham de ouvir música. "A essa altura", escreveu ele a seu orientador na Universidade de Boston, L. Harold DeWolf, "não sei bem em que área do pastorado eu gostaria de me assentar. Sinto uma grande satisfação na atividade pastoral e quase cheguei ao ponto de sentir que é aí que melhor posso prestar meu serviço, mas nunca consigo tirar totalmente da cabeça a ideia de que deveria exercer alguma docência."[15] Se DeWolf o recomendasse para uma vaga de ensino, disse King, ele a avaliaria com "a máxima consideração".

Mas logo mergulhou mais fundo na luta pela justiça social. Em 10 de fevereiro, em rede nacional, King anunciou a chegada de um novo preto americano, "uma pessoa com um novo senso de dignidade e destino, com um novo respeito próprio".[16] O novo preto americano possuía coragem, disse ele. Negava-se a adular o homem branco. O novo preto americano "diz em termos inequívocos que não gosta da maneira como está sendo tratado" e pretende fazer algo a respeito. O tom calmo e os trajes conservadores de King talvez camuflassem a ousadia de suas palavras: "Penso que a essa altura é melhor ser agressivo", disse ele. "Parece-me que é verdade em termos históricos e sociológicos que as classes privilegiadas não renunciam de forma voluntária a seus privilégios. E não renunciam a eles sem uma forte resistência."

O entrevistador perguntou se a forte resistência não geraria mais retaliações brancas.

"Bem", respondeu King, "penso que essa é uma fase necessária da transição."

Quatro dias depois, numa reunião em New Orleans, King e dezenas de outros pastores criaram oficialmente a Conferência da Liderança Cristã do Sul (SCLC, na sigla em inglês), com King como presidente e Abernathy como tesoureiro. O grupo adotou o lema "Redimir a alma dos Estados Unidos", além de abraçar o cristianismo e a não violência, expressão cunhada por Walter Rauschenbusch e com frequência citada por Benjamin Mays. A igreja proporcionava estabilidade e independência. Ao trabalhar através das igrejas, infundir orações e canções nos comícios, solicitar apoio de pastores e seus numerosos e leais seguidores, os fundadores da organização esperavam liderar um amplo movimento social. As igrejas ofereceriam locais de encontro. Os pastores imporiam respeito e mobilizariam apoio. E, talvez o mais importante, a liderança seria quase por completo negra.

Pela experiência de Rustin, aconteciam duas coisas desastrosas quando organizações inter-raciais eram formadas: comunistas brancos se filiavam e líderes negros perdiam o controle. Na SCLC, os apoiadores brancos ficariam nos bastidores. O grupo enfatizaria o amor cristão mesmo ao lutar de modo agressivo pela igualdade e se empenharia não em derrotar os opressores brancos, mas chegar à reconciliação. Em suma, a SCLC tentaria repetir o milagre de Montgomery por todo o Sul. Restava ver como a organização seria estruturada, angariaria fundos e se cooperaria com a NAACP. Para começar, King disse aos repórteres que, se o presidente não se manifestasse de forma energética contra a segregação sulina, a nova entidade organizaria uma peregrinação em massa de americanos negros até Washington. "Não será uma marcha política", disse ele. "Estará radicada em profunda fé espiritual."

Em 18 de fevereiro de 1957, a revista *Time* estampou a imagem de King na capa e declarou que o jovem pastor de Montgomery "subiu do nada para se tornar um dos líderes admiráveis da nação".[17] A revista retratava King como o ativista perfeito para um país que se tornara conservador e passava pela Guerra Fria. Ele era apolítico, apartidário e "não radical", assegurou a *Time* a seus leitores majoritariamente brancos. Ali estava um homem que construía um movimento de reforma sobre os pilares mais americanos: a Bíblia, a Declaração de Independência, o sonho americano. King inspirava não só sulinos negros a imaginarem novas possibilidades, mas também cristãos sulinos brancos a abrirem a mente, dizia a revista. "Conheço pouquíssimos pastores brancos do Sul que não ficam incomodados [com a segregação] e não sentem admiração por King", declarou um pastor batista branco à revista. "Tornaram-se almas torturadas."

O repórter da *Time* ficou encantado com o personagem de sua reportagem e escreveu: "Pessoalmente modesto, bem articulado e com alto nível de instrução, Martin Luther King Jr. é, de fato, o que muitos pretos — e, não fosse pela cor, muitos brancos — gostariam de ser".

King foi convidado para o programa de televisão *Meet the Press*. A *New York Times Magazine* publicou um longo perfil biográfico. Em março de 1957, ele e Coretta foram com o diplomata Ralph Bunche, o congressista de Nova York Adam Clayton Powell Jr., A. Philip Randolph, Roy Wilkins e outros numa viagem para Gana, a fim de comemorar a independência da nação africana.

"Você é o dr. King", disse o vice-presidente Richard Nixon quando se encontraram em Acra. "Eu o reconheci pela foto na capa da *Time*."[18]

Depois de Gana, Coretta e Martin foram a Nigéria, Roma, Genebra, Londres e Paris. Em Roma, Martin comprou um cartão-postal para Rosa Parks e o enviou de Londres.[19] Em Paris, ele e Coretta comeram frango frito num dos únicos restaurantes de *soul food* da Europa, o Chez Haynes, fundado por Leroy

"Roughhouse" Haynes, que tinha se formado na Morehouse e era veterano do Exército. Charles Diggs, congressista de Detroit, e Ollie Stewart, correspondente do *Baltimore Afro-American* em Paris, juntaram-se a eles.[20] Por onde King ia, era saudado como uma personalidade importante, como se fosse o embaixador ou talvez até o presidente da América negra.

Quando voltou aos Estados Unidos, falou na catedral de São João, o Divino em Nova York. Logo depois, tornou-se a pessoa mais jovem a receber a medalha Spingarn da NAACP, prêmio anual concedido a quem tivesse dado a maior contribuição no campo das relações raciais. A Faculdade Morehouse lhe concedeu um título honorário, e Benjamin Mays declarou que King era "mais sábio aos 28 anos do que a maioria dos homens aos sessenta; mais corajoso numa luta justa do que a maioria dos homens conseguiria ser; vivia uma fé que a maioria dos homens prega sem nunca vivenciar".[21]

O planejamento da peregrinação a Washington continuou, apesar da reação fria do líder da NAACP, Roy Wilkins, que manifestou preocupação de que o surgimento da SCLC afetasse o apoio às seções sulinas da NAACP. Wilkins sustentou que protestos como o de Montgomery podiam funcionar para resolver disputas locais, mas que as ações judiciais da NAACP seriam mais eficientes para levar a mudança para todo o país. Por fim, Wilkins concordou em ajudar a planejar a Peregrinação em Prece pela Liberdade, ação anunciada como demonstração de unidade, um protesto contra os ataques judiciais à NAACP no Sul e uma manifestação de apoio à nova legislação de direitos civis.

A Peregrinação em Prece ficou marcada para 17 de maio de 1957, coincidindo com o aniversário de três anos da decisão do Supremo Tribunal no caso Brown v. Board of Education. A. Philip Randolph insistiu que King concentrasse seu discurso no direito ao voto, argumentando que as lutas regionais para acabar com a segregação nunca seriam o bastante. Ele queria que King pensasse de forma mais tática e angariasse apoio no Norte. "De certa maneira Martin tinha um afeto e um respeito mais profundos por A. Philip Randolph do que pelo próprio pai", disse Bayard Rustin.[22]

Esse seria o primeiro discurso de fato nacional de King. Rustin o ajudou a escrever. Mas os dois discordaram numa frase essencial.[23] "Nos deem o [direito ao] voto!", escreveu King.[24] Para Rustin, aquilo soava fraco. Os negros não queriam que nada lhes fosse *dado* pelos brancos.

King ensaiou a expressão que Rustin queria: "Exigimos o voto!".

Mas não deu certo também. Tentou de novo, dessa vez a seu modo, pronunciando as palavras devagar, quase cantando, como um hino. "Nos... deem... o... voto." Rustin ficou ainda menos satisfeito.

"Bom, para mim flui melhor", disse King.

Ele se pôs no alto da escadaria do Lincoln Memorial, vestindo um manto clerical sobre o terno e a gravata, diante do maior público de sua vida, algo entre 15 mil e 27 mil pessoas. A voz soava como um sino grave; era possível senti-la:

> Nos deem o voto, e não precisaremos mais incomodar o governo federal por nossos direitos básicos. Nos deem o voto, e não pleitearemos mais a aprovação de uma lei contra linchamentos; pelo poder de nosso voto, escreveremos a lei nos estatutos do Sul e poremos fim aos atos covardes dos encapuzados perpetradores de violência. Nos deem o voto, e transformaremos as más ações flagrantes de turbas sanguinárias em boas ações deliberadas de cidadãos ordeiros. Nos deem o voto [...], e implementaremos de forma serena e não violenta, sem rancor nem amargura, a decisão do Supremo Tribunal [no caso Brown v. Board of Education] de 17 de maio de 1954.

Rustin ficou impressionado, mas também intrigado. Não havia nada de extraordinário no texto do discurso, e mesmo assim tinha arrebatado os ouvintes — negros *e* brancos. Anos depois, cientistas analisaram os elementos dos discursos de King e concluíram que ele empregava muitos dos recursos utilizados pelos melhores cantores profissionais. Controlava o tempo, aumentando a velocidade de uma forma que fazia os ouvintes se sentirem como se avançassem com ele, como se quisessem cantar junto. Usava sons secundários, variando o tom, que tornavam o discurso melódico e nunca monótono. E controlava o ritmo de maneira magistral, dando uma pausa quando queria que pensassem em suas palavras e repetindo frases sem pausa quando queria que *sentissem* aquelas palavras.

Nesse dia em Washington, King se destacou como o orador mais jovem e vigoroso. Expressava melhor do que ninguém a impaciência febril que crescia entre os americanos negros desde seu nascimento. Entendia e explicava como haviam chegado a esse momento. Primeiro, foi preciso que homens como seu pai deixassem suas choupanas de meeiros para ter um leque maior de possibilidades. Depois, começaram a se alfabetizar e a ter independência econômica. A seguir veio Brown v. Board of Education, que, disse King, parecia uma placa de saída que indicava o caminho para um lugar melhor após uma longa estrada escura. Por fim, o preto americano viu povos de pele escura na África e na Ásia lutarem e obterem liberdade. A determinação dos americanos pretos em vencer a opressão, disse King, vinha do mesmo desejo de liberdade que os povos oprimidos de todas as partes sempre sentiram.

Ele falou sem nenhum sinal de medo ou dúvida. Até conseguiu repreender parte dos ouvintes sem ser censurado por isso, alfinetando os liberais do Norte ao questionar a superficialidade de suas ações e reclamar que estavam "tão empenhados em ver todos os lados" que muitas vezes não optavam por nenhum. Nos deem o voto, dizia ele, e tudo será perdoado, tudo será corrigido, a alma da nação será redimida.

Com a Peregrinação em Prece, King conquistou o seu lugar "como o líder número um de 16 milhões de pretos nos Estados Unidos", escreveu o editor do *New York Amsterdam News*, o maior jornal negro de Nova York. "A essa altura [...] o povo o seguirá a qualquer lugar."[25]

Depois do discurso, King foi jantar em Washington, na casa de um jovem branco chamado J. Blanton Belk. Um ano antes, Belk e um amigo tinham ido a Montgomery na esperança de conhecer o jovem pastor que tinham visto nos jornais. Naquela tarde de 1956, King convidara Belk e o amigo para jantar, e eles passaram quatro horas à mesa, servindo-se de frango frito e da torta de merengue com limão de Coretta. Para retribuir a hospitalidade, Belk convidou King e seus acompanhantes para jantar numa casa elegante na Embassy Row, que ele tinha tomado emprestada de um amigo. Reunidos à mesa estavam Daddy King, seu irmão Joel, A. D. King, Ralph Abernathy, entre outros.[26]

Belk, um sulino cuja família era dona de uma rede de lojas de departamentos, tinha criado o Up with People, um grupo inter-racial de jovens cujo objetivo era unir as culturas através da música. Ele esperava que o conjunto levasse adiante o mesmo espírito a favor da amada comunidade de Martin Luther King. O reverendo perguntou a Belk o que tinha achado de seu discurso naquele dia, e Belk respondeu que se sentira tocado pela sinceridade das palavras e do tom de King. O som da voz de King expressava "o pleno compromisso do indivíduo com aquilo em que acreditava".[27] Falou que achava que os brancos sulinos, se tivessem ouvido sem preconceito, teriam percebido sua honestidade e suas boas intenções. King agradeceu o elogio e pediu que Belk fosse a cozinha buscar os dois cozinheiros negros para se juntarem ao grupo numa oração antes do jantar.

"Tivemos hoje um dia milagroso", disse King, "e vou pedir a meu pai que ore para nos abençoar."[28]

Um mês depois, em 18 de junho de 1957, a Câmara de Representantes aprovou aquela que se tornaria a Lei dos Direitos Civis de 1957, a primeira legislação significativa a tratar dos direitos dos americanos negros desde 1875. Foi criado o Departamento de Direitos Civis do Ministério da Justiça, além de autorizar o procurador-geral a atuar em ações da alçada federal que protegessem os direitos de voto.

Os pretos americanos, disse King naquele mês a uma turma de graduação da Faculdade Estadual do Kentucky, "se dirigiam à terra prometida da integração social, da liberdade e da justiça".[29]

Ele lembrou aos ouvintes que não era ensaísta nem político, mas um líder religioso, e que raras vezes hesitava em punir quem, a seu ver, não se portasse de acordo com padrões éticos e morais elevados. Em abril de 1956, ele publicou um artigo[30] (redigido por Rustin, como ghost-writer) na revista *Liberation*, no qual criticava brancos ditos liberais, inclusive o romancista William Faulkner, do Mississippi, que insistiam que os pretos deveriam desacelerar sua revolução, pois, do contrário, corriam o risco de enfrentar uma reação violenta. "Dificilmente é um ato moral", dizia o artigo, "alguém incentivar os outros a aceitarem de forma paciente injustiças que ele mesmo não sofre [...]. Nós, pretos sulinos, acreditamos ser essencial agora defender o direito à igualdade. Dessa posição não queremos nem podemos recuar."[31]

O fervor de King acendeu uma chama em muitos de seus ouvintes. Jesse Jackson, que tinha quinze anos na época do discurso de 1957 no Lincoln Memorial e se tornou pastor, ativista e candidato à presidência, disse que o surgimento de King oferecia esperanças concretas de que o racismo podia ser combatido e derrotado. Antes disso, parecia haver duas opções: "Você podia entrar num buraco fundo e escuro", disse Jackson, ou "fazer o possível para ser o melhor jogador de bilhar, cantor, barbeiro".[32] King agora oferecia uma terceira opção: resistir.

Aos poucos, King aceitou a posição de liderança. Também começou a aparentar mais ser um líder. O peito e os ombros encorparam. As roupas ficaram menos chamativas, e ele deixou de lado os ternos listrados e as gravatas estampadas. A julgar pelas fotos da época, também sorria menos.

"O boicote de ônibus em Montgomery o fez reconhecer que fora chamado como um profeta, uma espécie de Moisés", disse o rev. James Lawson, amigo e colega ativista de King.[33] "Ele não levava isso com arrogância, pelo contrário, aceitava e tentava compreender essa decisão, vivenciá-la." Também se desesperava com ela, disse Lawson, com as pressões e responsabilidades de carregar tal fardo e de pedir que outros também o fizessem. Mas o desespero nunca superou seu senso de responsabilidade em responder ao chamado de Deus.

"Para ser honesta, fico preocupada com ele", disse Coretta logo após o fim do boicote de ônibus. "Tento resguardá-lo para ele descansar, mas é pouco o que consigo fazer."[34] Coretta, que esperava o segundo filho para outubro, disse que uma maneira de proteger o marido era não reclamar que se sentia excluída da ação e não fazê-lo se sentir culpado por passar pouco tempo em casa. Martin não se dividia mais entre a família e a congregação apenas; agora precisava dar conta da família, da congregação, de um contrato para escrever um livro sobre as experiências em Montgomery, de discursos país afora e de uma posição de liderança num florescente movimento nacional por justiça.

King também teve uma coluna mensal na revista *Ebony*, chamada "Conselhos de Vida", entre agosto de 1957 e dezembro de 1958. Isso lhe permitia servir como pastor para um público amplo e diversificado, respondendo a cartas de leitores e utilizando valores cristãos e recomendações tranquilizadoras para guiar os aflitos ao longo de tempos difíceis. Manifestou-se contra a pena de morte; insistiu que um leitor raivoso reavaliasse a ideia do que era ser um negro forte e abraçasse a não violência; aconselhou negros e negras a não cederem ao sentimento de "inferioridade e autorrejeição"[35] que havia sido imposto pelo racismo branco à sociedade americana; declarou que o controle natal era "racional e moralmente justificável"; exortou um negro que não gostava de judeus a vencer seu fanatismo; manifestou sua oposição moral a jogos de azar e sexo antes do casamento; recomendou a uma mulher cujo marido era infiel que procurasse aconselhamento, mas também avaliasse se desatenção ou implicâncias não contribuíam para o marido desejar ter um caso extraconjugal. Naquele que parece ser o único texto conhecido de King sobre homossexualidade, ele disse a um garoto que seus sentimentos de atração por outros rapazes não eram inatos, mas "culturalmente adquiridos". King não condenou os sentimentos homossexuais do jovem, mas disse que constituíam um "problema", que poderia ser superado com o auxílio de um psiquiatra.

Às vezes Coretta o ajudava a formular as respostas. Ela mesma poderia ter escrito uma carta na voz de uma mulher frustrada, altamente instruída, que precisa ficar em casa criando os filhos enquanto o marido atarefado viaja e trabalha quase sem parar. Em vez disso, ela só manifestava orgulho pelo papel que desempenhava na vida do marido:

> Desde o começo considerei meu papel pessoal muito importante. Acreditava que tinha uma contribuição a dar à causa [...]. Por poder aliviá-lo de muitas das responsabilidades do lar e da igreja, minha presença era muito útil. Eu tinha a sensação de que era necessária e sentia uma segurança em nossa relação que me fazia entender e ser o tipo de esposa de que um homem na posição de meu marido precisa.[36]

Quando Martin não estava na cidade, os membros da igreja recorriam a Coretta em busca de liderança. A fama do marido fez com que ela recebesse convites para cantar em eventos para arrecadar fundos em Montgomery, Mobile, Chicago, Filadélfia e Nova York. Na apresentação de Nova York, ela dividiu o palco com Duke Ellington e Harry Belafonte, dois dos músicos mais famosos do mundo. Não era o mesmo que ter uma carreira própria, mas, como disse o biógrafo L. D. Reddick, "ela se sentia feliz com o tanto que era possível realizar de seu sonho".

Outras pessoas também tinham a mesma preocupação de Coretta quanto ao estado psicológico de King. As pressões e as grandes expectativas "lhe causavam um sofrimento real", disse um colega da Associação pela Melhoria de Montgomery.[37] King, segundo alguns amigos, parecia cansado, perturbado e às vezes cheio de dúvidas. O calor da batalha tinha unido a comunidade negra em Montgomery, mas só por certo tempo. As opiniões se dividiam quanto ao que fariam a seguir. Havia quem estivesse magoado. E. D. Nixon achava que merecia ter sido mais reconhecido por iniciar o boicote de ônibus, e Rosa Parks se queixou que a Associação pela Melhoria de Montgomery lhe negara um emprego remunerado. Um pastor reclamou que, desde o boicote, a principal função do grupo era promover King.[38] Ex-apoiadores questionavam suas decisões e cochichavam sobre suas frequentes viagens e aparições na mídia, perguntando se "recebia vênias demais e gostava disso", como escreveu Reddick em *Crusader Without Violence*.[39] "Ele se sentia abandonado e sozinho. Disse a alguns amigos próximos que talvez tivesse deixado de ser útil em Montgomery e fosse o caso de ir embora."

As fofocas sobre sua vida pessoal também se multiplicavam. O jornal negro mais popular do país, *The Pittsburgh Courier*, lançou um alerta não muito sutil ao afirmar que um "pastor importante do Sul Profundo, um homem que nos últimos tempos vem ocupando manchetes em sua luta pelos direitos civis, ganharia mais se olhasse seus próprios passos".[40] O artigo informava que um detetive contratado pelo Conselho de Cidadãos Brancos pretendia flagrar o pastor importante num quarto de hotel com outra mulher que não a esposa.

King não era um asceta. Não mostrava muito interesse por dinheiro, mas fumava, bebia e jogava bilhar. Não é possível saber de forma exata quando ele começou a trair a esposa, mas circulavam boatos sobre os casos amorosos de M. L.[41]

No outono de 1957, um jovem diretor de Hollywood chamado Jeffrey Hayden visitou Montgomery, com a intenção de rodar um filme sobre King e o boicote de ônibus.[42] A Associação pela Melhoria de Montgomery votou e aprovou o projeto, mas Hayden, que depois dirigiu episódios de *Leave It to Beaver* e *The Andy Griffith Show*, nunca fez o tal filme. Apesar disso, o interesse de Hollywood em King era mais um sinal de sua fama crescente.

Isso não se traduzia necessariamente em poder, e King não conseguiu que o presidente Eisenhower ficasse a favor da tentativa de estudantes negros integrar uma escola em Little Rock, no Arkansas, no outono de 1957. No entanto, outro homem negro conhecido foi influente. Quando nove estudantes de Little Rock foram impedidos de entrar na escola de ensino médio, o músico de jazz Louis Armstrong, um dos artistas negros mais amados e menos controversos dos Estados Unidos, fez um raro pronunciamento político: "Está ficando quase intolerável que um homem de cor não tenha um país".[43] Armstrong disse que Eisenhower tinha "duas caras" e foi ainda mais ríspido com Orval Faubus, o governador do Arkansas.

Eisenhower não gostou muito, mas acabou enviando tropas federais a Little Rock para impor a ordem de integração. Os comentários inesperadamente ferinos de Armstrong, segundo *The Chicago Defender*, tiveram o "efeito explosivo de uma bomba H". De acordo com o crítico cultural Gerald Early, as palavras do trompetista também serviam para lembrar que a fama de King fora possível "por causa do poder cultural, do carisma cultural do preto". A comunidade negra tinha relativamente pouco poder político, mas tinha, entre outros, Jackie Robinson, Duke Ellington, Lena Horne, Eartha Kitt, Richard Wright, Chuck Berry, Harry Belafonte, James Baldwin e Louis Armstrong, que ganharam popularidade entre os públicos negro e branco e transformaram a cultura americana.[44] E agora tinha um jovem pregador que aparecia bem na televisão e declarava que o racismo era antipatriótico e um pecado contra Deus, e formava seus próprios seguidores.

Em outubro de 1957, quando completou três anos como pastor da igreja da Dexter Avenue, King registrou em seu relatório anual que estivera no púlpito apenas trinta domingos das últimas 52 semanas. Admitiu sua frustração, dizendo à congregação que estava preocupado por ter tantas coisas para fazer que não conseguira cumprir nenhuma delas bem.[45] A certa altura, ele se desculpou por pregar o mesmo sermão, "Amando seus inimigos", pela terceira vez em três anos.[46] Disse à congregação que "todos nós temos uma personalidade um pouco esquizofrênica. Estamos cindidos e divididos de nós mesmos. Há um tipo de guerra civil em andamento na vida de todos nós [...]. Dentro dos melhores de nós há algum mal, e dos piores há algum bem".

Numa carta a J. Pius Barbour, King escreveu: "Para ser honesto, estou morrendo de preocupação. Um homem que atinge o máximo aos 27 anos tem uma árdua tarefa pela frente. As pessoas vão esperar que eu tire coelhos da cartola pelo resto da vida".[47]

No final da tarde de 7 de outubro de 1957, um rapaz negro de dezessete anos chamado Mark Gilmore andava pelo Oak Park de Montgomery a caminho do trabalho.[48] Oak Park era a joia de Montgomery, com mais de dezesseis hectares de trilhas sinuosas, gramados naturais e córregos borbulhantes, além de uma piscina para crianças, seis quadras de tênis, uma roda-gigante, áreas de piquenique, parquinho e um zoológico onde os visitantes podiam admirar um jacaré, dois leões, dois ursos e 34 macacos.[49] Todos os anos, o Oak Park atraía centenas de milhares de visitantes, apenas brancos. Um repórter de outra cidade disse que ele era "melhor do que o Central Park" de Nova York.

De vez em quando, algum negro atravessava depressa o parque, indo ou voltando do trabalho ou da escola. No geral, a polícia ignorava. Mas essa leve displicência na aplicação da lei tinha mudado desde o boicote de ônibus. O êxito do boicote havia despertado uma grande hostilidade em muitos brancos, incluindo policiais, o que explicaria por que um deles parou Mark Gilmore e perguntou o que ele fazia num parque exclusivo para brancos. É possível que Gilmore tenha discutido ou tentado se explicar, dependendo da versão em que se acredita. Ele foi espancado, preso e acusado de desordem pública. Quando o caso foi a julgamento, o juiz Eugene Loe disse que muitas vezes havia recusado tais denúncias no passado, mas que não estava mais propenso à leniência agora que os pretos do município pareciam decididos a "fazer de Montgomery um ponto de referência nacional".[50] Aplicou uma multa de cinquenta dólares a Gilmore. Fred Gray, advogado do rapaz, prometeu recorrer.

Por todo o Sul, negros se queixavam de maneira justificada que não tinham acesso a parques públicos. Um levantamento de 1954 mostrou que o Sul oferecia 180 parques estaduais para brancos e apenas doze para negros.[51] Os municípios não eram melhores do que os estados. Em Atlanta, os negros, que compunham mais de um terço da população, tinham acesso apenas a três dos 133 parques municipais, oito das 96 quadras de tênis e nenhum dos cinco campos de golfe. Os parques sulinos reservados a negros eram quase sempre menores, não tão bem cuidados e com menos áreas de lazer.

Antes do boicote de ônibus, os líderes da comunidade negra em Montgomery haviam reclamado da quantidade e das condições de suas áreas de lazer. O Oak Park, situado no centro da cidade e de fácil acesso para os moradores de vários bairros negros, lembrava-os diariamente de sua condição de cidadãos de segunda classe: estava tão perto, era tão bonito, mas estava fora do alcance deles.

A detenção de Gilmore oferecia a possibilidade de ser esse o próximo passo para a Associação pela Melhoria de Montgomery. Dezenas de moradores, inclusive King e Abernathy, encaminharam uma petição à prefeitura solicitando a integração dos parques, a começar pelo maior e mais bonito deles. A petição dizia: "A negação das instalações do Oak Park a pretos não está de acordo com princípios intrínsecos e fundamentais da justiça e da igualdade". Quando a prefeitura recusou, Fred Gray entrou com uma ação em nível federal. Mas dessa vez a prefeitura não esperou que um movimento de protesto fosse formado. As autoridades municipais viam a integração como uma doença perigosa e altamente contagiosa, e acharam que não tinham outra opção a não ser fechar todos os parques públicos da cidade para que aquela doença não se espalhasse. O Oak Park logo foi tomado pelo mato e por ervas daninhas. Operários aterraram os cursos d'água. A prefeitura vendeu os animais do zoológico.[52] O editorial de um jornal declarou que as cercas em volta do parque serviam de aviso aos cidadãos negros de Montgomery: é isso o que acontece quando vocês fazem reivindicações.[53]

O boicote de ônibus tinha sido bem retratado na televisão, com imagens de trabalhadores mulheres e homens indo a pé ou se amontoando em carros, mas o protesto do parque não. Nessa e em inúmeras outras disputas em várias cidades no Norte e no Sul, o establishment usou seu poder para manter a segregação e a desigualdade; por exemplo, ao construir estradas que destruíam, realocavam e isolavam as comunidades negras, por vezes concentrando-as em conjuntos habitacionais populares que se tornavam concentrações de pobreza. Quando surgia oposição, setores governamentais sabotavam os críticos e drenavam os recursos deles com manobras judiciais onerosas. Em Montgomery, os parques ficaram fechados por mais de seis anos. Quando o Oak Park enfim reabriu em 1965, a maior parte da área ainda estava cercada por correntes. A única passagem ficava no lado leste, que dava para um bairro predominantemente branco. Para ter acesso ao parque, os moradores negros de Montgomery tinham de sair de seu trajeto habitual e passar por bairros brancos. Mesmo então, as piscinas continuaram fechadas, por medo do contato inter-racial.[54]

Os segregacionistas não pararam por aí. As bibliotecas removeram mesas para impedir que negros se sentassem ao lado de brancos. Passados mais de três anos desde a decisão do Supremo Tribunal no caso Brown v. Board of Education, nenhuma escola pública implantara a integração. As autoridades do Alabama prometeram que, ao invés de integrar, fechariam de vez escolas, e os parques municipais vedados por tábuas e cercados por correntes sugeriam que elas não estavam blefando. Um líder da Ku Klux Klan prometeu que haveria "derramamento de sangue" se King insistisse na integração escolar.[55] Os inimigos brancos da integração alegavam que eram eles que estavam sendo oprimidos. Diziam que os pretos tinham direito de buscar uma vida melhor, mas não se isso perturbasse a tranquilidade dos brancos. Que não fosse alterado o equilíbrio de poder. Que não afetasse os valores da propriedade. Que não fosse imposta uma mudança tão rápida que incomodasse as pessoas. A mudança viria devagar, diziam eles, se todos mantivessem a calma e a paciência.

Os segregacionistas brancos diziam que não conseguiam entender por que King continuava tão decidido a subverter a ordem vigente. "Nossa empregada doméstica trabalha para nós faz vinte anos, mas pediria demissão amanhã se seu pastor pedisse", disse Clyde Bear, um branco de meia-idade proprietário da Bear Lumber Company em Montgomery. "Eles são todos assim [...]. São ignorantes e obedecem."[56]

Apesar dos sentimentos de superioridade intrínseca, os brancos passaram de repente a sentir medo, admitia Clyde: "Os crioulos têm uma arma poderosa nas sanções econômicas", disse ele, "e, se deu certo com os ônibus, não sabemos quando isso se espalhará para outros negócios".

18. “Fico feliz que você não tenha espirrado”

Os King instalaram holofotes na frente da residência paroquial para desestimular que fossem implantadas bombas e atrapalhar a visão de atiradores.

“Eu não tinha nenhum medo fora do normal”,[1] disse Coretta à revista *Ebony* em 1959, para um artigo chamado “The Woman Behind Martin Luther King Jr.” [A mulher por trás de Martin Luther King Jr.], no qual explicava com sua ponderação usual por que havia pensado apenas rapidamente em pegar a bebê e deixar Montgomery:

> Meus medos eram racionais. Tentava encarar a realidade da situação [...]. Mas, quando enfrentei esse problema, a possibilidade de morrer foi considerada parte do sacrifício que poderíamos ser obrigados a fazer em prol da luta. Passei a sentir, como Martin, que [...] nada poderia deter a causa. Desde então, não perco o sono me preocupando com isso. Tenho conseguido dormir quase todas as noites, e Martin também.

Deus e Coretta ajudavam King a lidar com seus próprios medos. Coretta, disse ele, “sempre foi mais forte do que eu ao longo da luta, e assim eu não tinha o problema de ter uma esposa com medo que tentava fugir da situação”.[2]

King calculou ter viajado mais de 1 milhão de quilômetros e apresentado 208 discursos em 1957.[3] A quilometragem estimada era com quase toda a certeza exagerada, mas para Coretta parecia razoável.

"Eu mal o via", disse ela.

Em 23 de outubro de 1957, Coretta deu à luz um filho: Martin Luther King III. Ela se preocupou com a carga que o nome traria, mas o marido insistiu na decisão, e ela aceitou. Chamavam-no de Marty. Para Coretta, foi mais uma entre uma série de concessões. Ela comentou como tinha feito para ir de universitária ambiciosa para esposa e, então, para esposa de pastor e, por fim, esposa de pastor e líder de protestos famoso por todo o país. "Não foi fácil", disse ao entrevistador da *Ebony*.

Cerca de dez anos depois, em outra entrevista, foi ainda mais franca. Não é só que quisesse fazer parte do movimento. Nem se sacrificar pelo bem maior. Havia outra coisa, algo que ela não tinha certeza se a entrevistadora conseguiria entender. "Ter um homem por perto para lhe dizer que você está bonita ao sair [...], você fica ansiosa por isso", disse Coretta. "E uma coisa que quero dizer é que ele fazia eu me sentir uma mulher de verdade [...]. Ele era baixo, mas tinha um vozeirão, era o tipo de homem que você podia respeitar e admirar." Segundo ela, Martin acreditava que a função do homem era sustentar a casa, enquanto a da mulher era cuidar de seu homem e dos filhos. Para ele, não era fácil aceitar as aspirações profissionais de Coretta, mas a ouvia e no fim parecia lhe dar razão.

"Mas comecei a ter filhos antes de conseguir um emprego", disse ela. Mesmo então, não se sentia negligenciada. "Porque ele prestava atenção."

Não muito depois do nascimento de Marty, um fotógrafo retratou os King num momento saudavelmente familiar: Coretta, a nova mãe, estava sentada no sofá da sala de estar com o filho no colo, enquanto Martin, usando uma camisa branca de mangas curtas e gravata escura, estava sentado no chão e sorria para Yoki, de pé perto da câmera, rebolando enquanto mostrava sua destreza com o brinquedo cobiçado por quase todas as crianças americanas em 1958: um bambolê. Era o retrato da nova classe profissional liberal negra, o grupo que motivava e impulsionava o movimento de King. Após a Segunda Guerra Mundial, os americanos negros tiveram avanços. Eram mais escolarizados e tinham empregos melhores. Viviam em casas de melhor qualidade, o que foi possibilitado em parte pelo boom econômico, em parte pela luta pelos direitos civis. As pessoas emanavam energia e ambição. As faculdades negras e as pequenas empresas de negros não davam conta de todo mundo. As pessoas estavam prontas para se espalhar por toda a sociedade americana, se fossem aceitas. King, nascido na hora e no lugar certos, transbordando ardor e segurança, viu uma oportunidade e uma solução possível. Chegara o momento para mulheres e homens de sua geração pressionarem por suas reivindicações, mostrarem sua força e lutarem por seu pleno e devido lugar na sociedade americana.

* * *

Em 12 de janeiro de 1958, King apresentou uma palestra chamada "What is Man?" [O que é o homem?] no Orchestra Hall, em Chicago. Era um discurso em que vinha trabalhando e praticando desde a época do seminário, uma de suas adaptações de Fosdick. King afirmou que o homem foi criado para se relacionar com Deus, e que nossa relação divina devia nos levar a viver uma vida melhor, moldar o universo para o melhor, nos fazer amar até mesmo nossos inimigos como se fossem nossas irmãs e nossos irmãos. O discurso era vigoroso, mas o mais notável talvez tenha sido o efeito que exerceu sobre uma pessoa na plateia. Semanas depois, Elijah Muhammad, líder da Nação do Islã, escreveu em sua coluna de jornal um de seus ataques virulentos ao cristianismo, o qual pode ter sido uma refutação ao discurso de King em Chicago. "A raça branca e sua Bíblia venenosa (seu cristianismo escravizador) envenenou o coração de meu próprio povo contra si mesmo e seu Deus", escreveu Muhammad.[4] Os cristãos, disse ele, tinham usado sua fé para justificar a escravidão e pacificar os escravizados. Pastores cristãos haviam pregado por muito tempo que os negros não eram gente. Isso já tinha durado o suficiente, disse ele: "A Bíblia diz: 'Trate os outros como gostaria de ser tratado'. Esses maus-tratos de nosso povo pela raça caucasiana serão devolvidos integralmente. Uma amostra disso está em andamento".

Apesar de sua contestação à teologia de King, Muhammad o convidou para falar aos seguidores da Nação do Islã em Chicago, em março ou abril. King respondeu que estava ocupado demais. E se despediu: "Você está em minhas orações e lhe transmito meus melhores votos para o seu trabalho".[5]

A secretária de King, Maude Ballou, redigia memorandos para ajudá-lo a ficar em dia com o trabalho quando estava em viagem. Resumia a correspondência que chegava, nomeava os membros da igreja cujos pedidos de conselho pareciam mais prementes, e uma vez o informou que a chave da máquina automática de Coca-Cola do escritório tinha desaparecido. Iniciava os memorandos com "Caro Martin",[6] e às vezes assinava como "Maude, presidente, seu fã-clube".

Os memorandos de Ballou, embora sem dúvida úteis para King, mostram como o trabalho dele era disperso e ajudam a explicar por que a Associação pela Melhoria de Montgomery se mantinha dividida e sem rumo e por que a Conferência da Liderança Cristã do Sul ainda não estabelecera uma missão bem definida. King, como muitos pastores batistas, era bom em pregar, mas não em organizar, disse Ella Baker, contratada para dirigir temporariamente a sede da SCLC em Atlanta. Embora tivesse as qualificações necessárias para dirigir toda a organização, Baker sabia que o grupo jamais entregaria esse cargo a uma mulher. John Lewis escreveu: "Ella tinha todas as qualidades de uma líder de sucesso [...]. Mas era uma mulher, uma mulher nascida na época errada".[7] Apesar disso, Baker persistiu no trabalho e ajudou a recrutar John Lee Tilley, pastor de Baltimore, como diretor-executivo. A SCLC lançou a Cruzada pela Cidadania, determinada a dobrar em dois anos o cadastramento eleitoral negro, mas os comícios foram um fiasco por falta de divulgação e de apoio das bases. "Martin não estava treinado nem maduro para a posição em que o colocaram", disse Baker ao historiador David J. Garrow.[8]

King também não estava maduro para aceitar mulheres em posição de autoridade. Cresceu numa igreja que proibia o pastorado feminino e onde as decisões vinham de um único lugar — o topo. Embora a mãe fosse mais instruída do que o pai e tivesse um histórico mais longo e ligações mais fortes dentro da comunidade da Ebenezer, era o marido que decidia. Segundo Baker, era por isso que King não criava uma identificação sólida com as pessoas que liderava, tinha dificuldade em aceitar processos decisórios coletivos e desconsiderava as contribuições das mulheres.

"Aqueles eram pastores batistas jovens", disse Andrew Young, referindo-se aos homens que lideravam a SCLC.[9] "Ella Baker era uma mulher decidida que lhes lembrava as Mamas fortes das quais estavam tentando se libertar."

Rustin e Levison tiveram de convencer King a contratar Baker como diretora-executiva, mesmo em caráter temporário, e ela nunca teve o apoio financeiro ou administrativo necessário para se sair bem na tarefa.[10] Mais tarde, Coretta Scott King escreveu que achava que Baker era desvalorizada por ser mulher.[11]

Em 23 de junho, King, A. Philip Randolph, Roy Wilkins e Lester B. Granger, da Liga Urbana Nacional, se encontraram com o presidente Eisenhower para pressionar por leis mais firmes para os direitos civis. Muitos jornalistas do país consideravam Eisenhower um burocrata bonzinho, distante e ineficiente, em especial depois do ataque cardíaco sofrido em 1955 e a subsequente hospitalização em 1956. Em 1958, seus índices de aprovação ficaram pela primeira vez abaixo dos 50%. King estava entre os que desaprovavam seu governo. Para ele, se Eisenhower tivesse demonstrado mais cedo um apoio sólido aos direitos civis, "grande parte da tensão no Sul [...] poderia ter sido evitada".[12] Desde o caso Brown v. Board of Education, Eisenhower adotara uma abordagem circunspecta, e assim procedeu na reunião com King e os demais no Salão Oval, dizendo que não comentaria as propostas deles, mas "ficaria contente em analisá-las". Dois dias depois, Rocco Siciliano, um assessor do presidente, resumiu o resultado com uma honestidade brutal no memorando de atualização a Eisenhower: "Os líderes pretos ficaram mais do que entusiasmados com a recepção que tiveram [...]. Estou convencido de que essa reunião foi um sucesso irrestrito — ainda que o sucesso nessa área se erga sobre areia".[13]

Como a SCLC e a MIA não estavam fazendo muita coisa, Martin e Coretta tiveram tempo para passar férias em Acapulco, no México, e King teve tempo para trabalhar no livro sobre o boicote de ônibus em Montgomery, intitulado *Stride Toward Freedom* [Caminhando para a liberdade]. Um dia, enquanto escrevia num quarto de hotel atravancado de coisas em Atlanta, King concedeu uma entrevista a James Baldwin, autor nascido no Harlem que surgira como um dos escritores mais viscerais do país no que se referia à questão racial. Enteado de um pastor batista e menino-prodígio que outrora parecia destinado a uma carreira própria no púlpito, Baldwin comentou que King "não [era] como nenhum pregador que eu tinha conhecido até então. Para começar, e falando sem rodeios, gostei dele [...]. King é tremendamente cativante, não existe outra palavra para isso [...]. Eu queria lhe perguntar como era estar na posição em que estava, como ele dava conta, que conjunto de milagres o preparara para tudo isso. No entanto, quase não é possível perguntar essas coisas, quase não dá para responder a elas". Baldwin não encontrou em King nenhum traço de arrogância, nenhuma "crença horrorosa", nenhum chauvinismo, nenhuma tendência de dizer uma coisa aos brancos e outra aos negros.

No domingo seguinte, King estava de volta a Montgomery, e Baldwin parou na igreja batista da Dexter Avenue para ouvi-lo pregar. O escritor sentiu algo que nunca sentira antes numa igreja: a sensação de que os fiéis tinham feito de King o símbolo de sua luta e, embora hesitante, ele aceitara o chamado deles. Suas batalhas haviam se unificado. Baldwin escreveu: "A alegria que enchia essa igreja, portanto, era a alegria alcançada por pessoas que deixaram de se iludir sobre uma situação intolerável, que viram suas preces por um líder ser milagrosamente atendidas e agora sabem que, se quiserem, podem mudar a situação".[14]

Apesar de sua habilidade oratória extraordinária, King tinha dificuldade como escritor. Para ajudar a concluir o livro, ele chamou uma equipe de amigos e aliados, entre eles Stanley Levison, Bayard Rustin, L. D. Reddick e Harris Wofford, um jovem ativista nova-iorquino que fora o primeiro branco a se formar na escola de direito da Universidade Howard. Levison se tornou não só o ghost-writer mais importante de King, mas também um conselheiro fundamental e seu amigo branco mais próximo.

Levison, aos 46 anos, era um empresário e advogado judeu de Nova York e patrocinador ativo do grupo In Friendship, que prestava auxílio financeiro a causas sulinas negras. Seus pais eram imigrantes russos que falavam iídiche.[15] O pai dele tinha gerenciado uma loja de roupas infantis no Queens, em Nova York. No colégio Far Rockaway, Levison fora eleito o "garoto mais esperto".[16] Depois da faculdade e da escola de direito, ele passou a trabalhar no setor imobiliário. Tinha uma agência autorizada de venda de automóveis em Nova Jersey e morava em Manhattan. Mas seu currículo não era a imagem perfeita do capitalismo, como parecia. Antes de conhecer King, Levison tinha sido um dos principais financiadores do Partido Comunista dos Estados Unidos. Estava sob vigilância federal desde 1952. Informantes secretos disseram ao FBI que Levison havia montado vários negócios para receber ou lavar dinheiro para o Partido Comunista. Quando informaram que ele passou a ter um papel maior em assuntos comunistas, o FBI aumentou a vigilância, chegando, em 1954, a grampear o telefone de sua casa e pôr escuta em seu quarto de hotel em Chicago.[17] Em 1955, o papel de Levison nas finanças do Partido Comunista já se reduzira. Foi Bayard Rustin que o apresentou a King.

"Stan, como estrategista, foi a força individual de maior influência na vida de King", disse Harry Belafonte. "Quanto mais ele se manifestava e ajudava o dr. King, mais este via mérito nele e passava a ter confiança total em muito do que ele dizia e fazia."[18]

Em 1956, no primeiro encontro entre os dois, King deixou uma impressão indelével em Levison. Dirigindo por Baltimore, alguém brincou sobre a possibilidade de o reverendo ser preso ao voltar a Montgomery, dizendo que a prisão só ajudaria a causa. Coretta ficou brava e respondeu que, para os negros, ser preso no Sul não era algo com que se brincar. O clima dentro do carro lotado ficou tenso, lembrou Levison, até que o dr. King falou:

> Se alguém tivesse me pedido um ano atrás para encabeçar esse movimento, digo a vocês com toda a franqueza que eu correria um quilômetro para ficar longe disso. Não tinha nenhuma intenção de me envolver assim [...]. Quando me envolvi e as pessoas começaram a ficar inspiradas pelo próprio envolvimento, percebi que a escolha não está nas nossas mãos. As pessoas esperam que você as oriente. Você vê que elas crescem ao entrar em ação, e aí você já não tem escolha.[19]

Levison, como relembrou mais tarde, ficou impressionado. "Ele não parecia ser o tipo de líder de massas. Não havia nele nada extravagante, nem mesmo carismático [...]. Parecia um acadêmico típico, reflexivo, calado e tímido — muito tímido. Eu sentia que a timidez se acentuava com pessoas brancas.

No começo, mesmo ao se relacionar comigo, nem sempre ele ficava descontraído [...]. Havia uma polidez, certa forma de manter a distância, e dava para sentir que não havia descontração [...]. Era como se a formação sulina do dr. King, basicamente na comunidade negra, atuasse sobre ele no que se referia a pensar e ficar à vontade na companhia de brancos."

Mas a intimidade e a descontração aumentaram. No começo da amizade entre eles, Levison contou a King sobre seus vínculos pregressos com o Partido Comunista e disse que entenderia se o jovem pastor quisesse manter distância. Mas tranquilizou King sobre seus motivos, escrevendo numa carta que tinha adquirido suas habilidades empresariais numa "selva comercial" que considerava "horrenda". Agora, queria usar essas habilidades para "fins socialmente construtivos". Ao longo dos anos, quando King oferecia a Levison a possibilidade de pagar por seus serviços, este sempre recusava de maneira enfática. King muitas vezes ligava para Levison depois da meia-noite. Os dois passavam horas falando sobre política de modo direto, franco, sem rodeios, idealista. Levison possuía tamanho ardor moral que King se recusava a crer que o amigo era agnóstico. "Você não sabe, Stan", dizia King, "mas acredita em Deus."

Levison sem dúvida acreditava em King, e o suficiente para ser honesto. Em 1º de abril de 1958, depois de ler o último capítulo do livro de King sobre o boicote, ele escreveu uma carta de quatro páginas que destroçaria a alma de qualquer escritor. A carta começava com:

> Caro Martin:
>
> Seu último capítulo tem muito do poder, do vigor e da franqueza direta de seus discursos, dos quais ele é derivado em grande medida. Mas, embora tenha um tipo básico de organização, é repetitivo e lhe falta um tipo claro de organização, de começo, meio e fim [...]. O resultado é uma profusão um pouco atordoante de ideias que afoga alguns dos pontos principais e rouba deles a ênfase que merecem.[20]

A principal reclamação de Levison se concentrava na parte sobre a "melhoria pessoal do preto". Em vez de exortar os pretos a "se olharem no espelho" e verem como poderiam melhorar seu próprio caráter, disse Levison, King devia se concentrar em incentivá-los a entrar na luta pela igualdade. "Se é verdade que as condições são causadas principalmente pela segregação", escreveu ele, "parece contraditório argumentar que é possível uma ampla mudança dentro da segregação."[21] Ele também pediu que King evitasse insinuações de superioridade moral ao descrever os problemas da comunidade negra. "Pouca gente entende que a quantidade de uniões e procriações ilegítimas, de lares destruídos, de irresponsabilidade para com os filhos não é apenas resultante de condições economicamente limitadas", disse ele. "É produto de séculos de escravidão, em que a unidade familiar era brutalmente destroçada no comércio escravo. Sem um tratamento completo, falta ao material a íntima compreensão humana que deve conter." Poderia ser aceitável maquiar essa história num discurso ou num sermão, mas não num livro.

Mesmo com auxílio, King recaiu num velho hábito como escritor: há no livro trechos plagiados de *Basic Christian Ethics* [Éticas básicas cristãs], de Paul Ramsey, e de *Agape and Eros*, de Anders Nygren, cuja leitura tinha sido solicitada no Seminário Crozer. O plágio passou anos sem ser descoberto. Enquanto isso, *Stride Toward Freedom* recebia resenhas entusiásticas na imprensa. O *New York Times* declarou que o livro era "um documento com importância de grande alcance para os registros presentes e futuros da luta pelos direitos civis neste país".[22] A resenha prosseguia: "Dr. King, que ainda não completou trinta anos, emerge como um líder de fato. Uma figura admirável e até heroica".

Quem conheceu King na segunda metade dos anos 1950 ficou impressionado com a sua modéstia, mas ele nunca hesitava em se pôr sob os holofotes, reconhecendo seu poder pessoal de inspiração. Além do livro, protagonizou uma história em quadrinhos. Publicada pela Sociedade da Reconciliação, o gibi de início se chamava *The Montgomery Story*. Mas, conforme a fama de King aumentava, o título mudou para *Martin Luther King and the Montgomery Story*. A ilustração da capa mostrava King iluminado por um facho de luz, e olhando por cima das imagens de um ônibus, de um carro e da cúpula do Palácio do Governo do Alabama. (O desenhista não creditado foi identificado anos depois como Sy Barry, mais conhecido pelos quadrinhos do *Fantasma*.) O gibi teve um sucesso extraordinário, não só entre crianças, mas também entre pessoas mais velhas que tinham dificuldade de leitura.

Com a história em quadrinhos, o livro, as viagens constantes, as aparições no rádio e na televisão, a coluna de conselhos na *Ebony* e o acesso a pessoas no poder, King se tornou o ativista mais famoso dos Estados Unidos. Mas continuou a ser um negro num mundo onde "raças pisoteiam raças", como disse num discurso a 3 mil representantes na Conferência Nacional sobre Educação Cristã.[23]

Na manhã de 3 de setembro de 1958, ele e Coretta foram ao tribunal em Montgomery para dar apoio a Ralph Abernathy, que estava depondo no julgamento de um homem acusado de agredi-lo. O agressor acreditava que sua esposa estava tendo um caso com Abernathy. Quando não permitiram a entrada de King, ele protestou e disse a um guarda que o advogado Fred Gray explicaria sua presença ali. "Rapaz, se você não der já o fora daqui", disse o policial, "você mesmo vai precisar de um advogado!"[24]

Antes que King pudesse dizer qualquer coisa, dois guardas o agarraram e o empurraram escada abaixo, logo dobraram a esquina e chegaram à delegacia. Avisaram a Coretta que não protestasse: "Moça, é só você mexer a cabeça e a levaremos também, é só mexer a cabeça".[25] Um fotógrafo de um jornal capturou o momento em que a ocorrência era registrada: o braço direito de King torcido atrás das costas por um policial uniformizado, o paletó puxado para trás e para baixo no ombro direito e o corpo curvado sobre o balcão da delegacia. Usando chapéu, King fita um policial atrás do balcão. Coretta, de óculos e vestido de manga curta, com a boca semiaberta, está perto e observa.

A polícia, disse King mais tarde, "tentou quebrar meu braço, me agarraram pelo colarinho e me sufocaram, e quando me colocaram na cela, me deram chutes".[26] King foi acusado de vagabundagem e foi liberado com uma fiança de cem dólares.

No dia seguinte, o juiz Eugene Loe declarou King culpado e o mandou pagar uma multa de catorze dólares ou passar duas semanas na cadeia. King disse ao juiz que a "imperiosa voz da consciência" o impedia de pagar algo injusto. Preferia a cadeia. Mas logo soube que o comissário de polícia Clyde Sellers tinha pagado sua multa, dizendo que não deixaria King se safar com esse "truque de publicidade que pretendia reforçar o papel de mártir que ele mesmo se atribuía".[27]

A briga de Abernathy com um marido furioso levou um dos antigos associados de Daddy King a escrever uma carta de alerta ao jovem pregador que ele conhecia como M. L. "Você é um 'homem marcado'", escreveu Henderson. "Farão todo tipo de tentativa escusa para desacreditá-lo [...]. Uma das influências mais condenatórias é a das mulheres [...]. Os inimigos não hesitam em usá-las em detrimento de um homem [...]. Você precisa ficar bem atento."[28]

Duas semanas depois, King foi a Nova York para promover *Stride Toward Freedom* e falar num comício no Harlem. Em 19 de setembro, mais de 6 mil pessoas se reuniram em frente ao Hotel Theresa para ouvir diversos oradores, entre eles King, Jackie Robinson e A. Philip Randolph. O *New York Times* concentrou sua cobertura do comício nos comentários de Averell Harriman, governador de Nova York, sobre questões da integração nas escolas,[29] mas a imprensa negra adotou outra perspectiva; os repórteres negros apontaram King como o principal orador do comício e indicaram que seus temas centrais haviam sido a integração e a brutalidade policial.[30]

No dia seguinte, King autografava livros na loja de departamentos Blumstein no Harlem, quando uma mulher negra com um conjunto elegante e óculos brilhantes no estilo gatinho se aproximou. Cerca de quarenta pessoas esperavam o autógrafo de King, mas a mulher passou empurrando todo mundo até chegar ao reverendo.

"Você é Martin Luther King?", ela perguntou.[31]

"Sou", disse ele sem levantar os olhos do livro que autografava.

A mulher pôs a mão na bolsa, pegou pelo cabo de marfim um abridor de cartas de dezoito centímetros e enterrou a lâmina de aço no peito de King.[32] Ele não sentiu dor. Ficou na cadeira, olhando calmamente o cabo que se projetava do seu peito.

A agressora foi mais tarde identificada como Izola Ware Curry, de 42 anos, uma mulher com histórico de distúrbio mental. Disse à polícia que não conhecia King e não tinha nada contra ele. Segundo a polícia, seu relato sobre a facada foi incoerente. Enquanto as pessoas na loja a seguravam e algumas começavam a bater em Curry, King não se mexeu.[33] Imóvel na cadeira, foi carregado para o Hospital Harlem. Quando a notícia do ataque se espalhou, mais de cinquenta pessoas se voluntariaram para doar sangue. Uma grande multidão montou vigília em frente ao hospital.

"Vida longa a King!",[34] gritou um homem negro na rua. "E não me refiro ao rei da Inglaterra."

Outros especulavam se a agressora não teria sido contratada por Orval Faubus, governador do Arkansas.

Quando Harriman chegou, King ainda estava com o abridor de cartas no peito. "Parecia ser o menos preocupado de todos no hospital", disse ele.

"Vou ficar bem", disse King ao visitante. "Não se preocupe."

Os cirurgiões disseram mais tarde que a lâmina tinha cortado mas não rompido por completo a aorta. Se alguém na loja tivesse tentado remover o abridor de cartas, King teria morrido no mesmo instante. Mesmo um movimento súbito, como um espirro, poderia tê-lo matado, disseram aos repórteres. A. Philip Randolph, Harry Belafonte, Roy Wilkins e outros aguardavam no hospital enquanto uma equipe com quatro médicos removia parte de uma costela e uma porção do esterno de King para alcançar e remover a lâmina. Os médicos, que precisaram de duas horas e meia para realizar a cirurgia, deixaram uma cicatriz em forma de cruz sobre o coração do paciente, o que lhe lembraria todos os dias sua vulnerabilidade.

Mais tarde, em privado, King falou brincando que tinha tido sorte. "Era provavelmente a quinta facada que atenderam aquela noite no hospital", disse ele. "Se você vai ser esfaqueado, que seja no Harlem."[35]

Coretta chegou cedo no dia seguinte. "Meu marido era o que os psicólogos chamariam de homem carregado de culpa", escreveu ela anos depois, ao relembrar o tempo que Martin passou se recuperando do ataque.[36] Aproveitou o período acamado, disse ela, "para repensar sua filosofia e suas metas e avaliar suas qualificações pessoais, crenças e atitudes". Ele ficava preocupado com suas "responsabilidades tremendas", mas não conseguia fugir da ideia de que sua tarefa ainda estava incompleta. Pouco fizera para reduzir a segregação no Sul. Na verdade, disse Coretta, a atitude dos sulinos brancos se endurecia. Havia pela frente uma "longa, longa luta", e ela e Martin sentiam "que estávamos sendo preparados para um trabalho muito maior".

Duas semanas depois, vestindo pijama de seda amarela, roupão azul e chinelos castanhos, King, acompanhado por Coretta, Alberta King e Ralph Abernathy, falou do segundo andar do hospital aos repórteres. Disse que considerava possível que Izola Curry tivesse sido contratada pelos inimigos da integração para atacá-lo. Nos dias após o atentado, pelo menos um grupo supremacista branco tinha coletado dinheiro para pagar os gastos judiciais de Curry. "Não sei se essa mulher foi enviada pelo Sul", disse King. "Mas é uma possibilidade. Mesmo que seja desequilibrada, uma pessoa assim pode ser usada por pessoas equilibradas." King insistiu que Curry passasse por uma reabilitação, e não uma punição, pois desse modo poderia se reintegrar à sociedade "como um membro construtivo".[37] Mais tarde, ela foi considerada incapaz de comparecer a juízo e encaminhada a um hospital psiquiátrico.

King recebeu cerca de 1800 cartas, cartões e telegramas. O teólogo Howard Thurman visitou o paciente no hospital e lhe recomendou "repousar o corpo e a mente com serenidade para uma boa recuperação".[38] A. Philip Randolph o visitou várias vezes durante a internação, ajudando a consolidar uma relação de cordialidade e admiração mútuas. Semanas depois do atentado, King escreveu numa carta de agradecimento a Randolph:

> Desde o instante em que entrou no meu quarto naquela tarde pavorosa de sábado até o momento que deixei Nova York, você se mostrou uma verdadeira fonte de consolo para mim [...]. Você é realmente o Deão dos líderes pretos. Se eu tivesse de escolher as dez maiores figuras nos Estados Unidos de hoje, você sem dúvida estaria em minha lista.[39]

Uma carta de três páginas de uma mulher branca de 37 anos de Pleasantville, Nova York, concluía: "Fico feliz que você não tenha espirrado". Quase dez anos depois, King estruturaria o último discurso de sua vida em torno dessa frase, embora acrescentando maior força expressiva ao episódio ao atribuir a carta a uma aluna do primeiro ano do ensino médio da escola White Plains. "Eu também fico feliz que não tenha espirrado", disse King. E repetia o refrão para celebrar todas as alegrias, lutas e vitórias que teria perdido se tivesse feito algum movimento brusco naquele dia na loja Blumstein. Fazia tempo que a ideia de morrer ocupava seus pensamentos. Agora ele via que, ao serem atacados, os protestos não violentos ficavam mais fortes. As agressões violentas a participantes decididamente não violentos despertavam solidariedade e atraíam apoio para a causa. Essa lição moldaria os últimos dez anos da vida de King.

"Agora estou convencido", disse ele a repórteres no hospital, "que, se o preto se aferrar ao espírito de não violência, nossa luta e nosso exemplo questionarão e ajudarão a redimir não só os Estados Unidos, mas o mundo."[40]

19. A peregrinação

Mesmo depois de se recuperar da facada, King diminuiu o ritmo de trabalho. A atuação da Conferência da Liderança Cristã do Sul e da Associação pela Melhoria de Montgomery continuava pipocando aqui e ali. A luta pelos direitos civis prosseguia no Sul, mas às vezes era difícil dizer o que tinha mais força: a luta em si ou a retaliação branca.

Em 1º de janeiro de 1959, King recebeu uma carta de uma mulher avisando que seu marido fora contratado para matá-lo. "Peço a meu marido para não fazer isso", escreveu a mulher, que dizia ser negra, "mas ele fala que o mundo vai ser melhor se [sic] quando você estiver no inferno, que é seu lugar com o resto dos patifes, que você é uma desgraça para nossa raça."[1]

As bombas, as agressões e a perseguição policial prosseguiam por todo o Sul. Paul Tillich, o evangelista Billy Graham e outras figuras religiosas importantes se manifestavam contra a violência. Oitenta por cento dos pastores sulinos disseram apoiar a integração escolar, segundo um levantamento do *Pulpit Digest*, de 1958,[2] mas a pesquisa fora feita de forma anônima e nem sempre refletia o que os pastores estavam dispostos a dizer em público. O racismo persistia sem solução e sem tanto controle entre os brancos.

James Baldwin, que percorreu o Sul dos Estados Unidos pela primeira vez em 1957 e entrevistou King, escreveu: "O que isso significa, em suma, é que a nação gasta grande parte de seu tempo e energia desviando os olhos de um dos principais fatos de sua existência. Essa incapacidade de encarar a realidade de frente diminui uma nação tanto quanto o faz com um indivíduo".[3] Os que amam os Estados Unidos e dizem amar a liberdade, escreveu Baldwin, precisam "olhar seriamente" para si mesmos. "Se não somos capazes desse exame, podemos nos tornar um dos maiores e mais monumentais fracassos na história das nações."

King expunha ideias parecidas. Ele e Coretta se preparavam para ir à Índia, numa viagem de um mês e meio que incluiria paradas em Londres, Paris e Zurique antes de chegar ao país asiático e, depois, na viagem de volta, Beirute, Jerusalém e Cairo. A excursão era patrocinada por um grupo pacifista quacre, chamado Comitê Americano de Serviço aos Amigos, na esperança de que King aprendesse mais sobre Gandhi e visse como uma tática não violenta poderia ajudar os Estados Unidos a evitar o fracasso monumental mencionado por Baldwin. King pensou em ir também à Rússia, mas ficou com receio de que os segregacionistas usassem isso para difamá-lo como comunista.[4]

Os americanos estavam diante de um grave desafio, disse King num discurso antes da viagem à Índia. "Tornar-se instrumento de uma grande ideia é um privilégio que a história concede apenas de vez em quando", disse ele.[5] O movimento não violento podia ser o tipo de grande ideia que salva o mundo, que espalha a paz e a fraternidade para muito além de Montgomery, que ajuda a impedir a destruição de um planeta ameaçado por armas nucleares. Quatro meses antes, a União Soviética lançara um satélite do tamanho de uma bola de praia chamado *Sputnik*, intensificando os temores de que ela e os Estados Unidos fossem "dois escorpiões dentro de uma garrafa",[6] como disse o *New York Times*, e com pouca esperança de escapar ou se defender. King se convencia cada vez mais de que a tática não violenta — "o cristianismo em ação"—[7] oferecia uma saída. Ecoava Gandhi, que falava sobre a *satyagraha*, a insistência intransigente na verdade, uma doutrina que mesclava política e religião. As "pessoas de cor"[8] da terra, os pobres e oprimidos, dizia King, liderariam o caminho, enfrentando a força violenta com a força soul, a força da alma, exercendo a influência do amor e esgotando o ódio.

"Tenho esperança de que é possível", disse ele.

No dia seguinte, ele partiu na companhia não só de Coretta, mas também de L. D. Reddick, que tinha doutorado em história pela Universidade de Chicago. Como negro, ex-morador de Atlanta e com o costume inveterado de tomar notas (numa caligrafia extremamente confusa), ele quase era o mais qualificado para documentar a carreira de King. Nas anotações sobre a viagem, ele incluiu a preocupação de que Martin e Coretta tivessem excesso de bagagem. O avião roncou ao se erguer no céu invernal enluarado de Nova York, observou

Reddick. As comissárias de bordo serviram refeições quentes aos passageiros da primeira classe e porções de frios a todos os demais, inclusive os King.[9]

"Bem", disse Martin brincando com Coretta ao ver as magras porções, "ainda somos cidadãos de segunda classe."

Enquanto as luzes da cidade sumiam de vista, Martin tirou os sapatos tamanho 39, se esticou num assento vazio e pôs a cabeça no colo de Coretta.[10] Ela o cobriu com um cobertor, e ele adormeceu.

Depois de dois dias em Londres, durante os quais Martin e Coretta saíram pouco do hotel, eles seguiram para Paris, onde o romancista Richard Wright os recebeu logo após descerem do avião. Wright tinha 51 anos, usava óculos, tinha as têmporas grisalhas, "parecia um professor universitário rechonchudo", escreveu Reddick em suas anotações sobre o encontro.[11] Quinze anos antes, Wright fora saudado pelos críticos como o orador mais eloquente da América negra, papel agora atribuído ao homem jovem que ele fora receber no aeroporto.

Wright levou Reddick e os King para o hotel e então para um café. Conduziu-os por um rápido passeio de compras, no qual Coretta adquiriu um perfume.[12] De lá foram para o apartamento de Wright na Rue Monsieur le Prince,[13] onde Reddick e Coretta ficaram ouvindo King e Wright conversarem sobre raça e política.

Antes que os King fossem embora, Wright chamou sua filha de dezesseis anos, que estava nos fundos do apartamento estudando. Wright pediu que King mostrasse a ela a cicatriz vermelha no peito, onde tinha sido esfaqueado.[14]

King desabotoou a camisa.

E Wright disse: "É isso o que acontece nos Estados Unidos com as pessoas que defendem seus direitos".[15]

"A outros países posso ir como turista", disse King ao chegar a Nova Delhi em 10 de fevereiro de 1959, "mas à Índia venho como peregrino."[16]

Martin e Coretta foram recebidos com guirlandas no aeroporto, conduzidos para o hotel e interrogados por duas dúzias de repórteres. Ele acreditava que o protesto não violento poderia dar frutos na África? King respondeu que sim. Era verdade que os estados do Sul dos Estados Unidos proibiam o casamento inter-racial? Ele confirmou. Seu conceito de não violência incluía o vegetarianismo? Não, não incluía. O que ele achava de Paul Robeson, cantor americano e abertamente apoiador da União Soviética? Sem comentários, disse King.[17]

Ele ficou espantado com a pobreza urbana do país. Em nenhum lugar dos Estados Unidos tinha visto uma quantidade tão grande de gente dormindo nas ruas, na porta das casas, debaixo de pontes, com todos os pertences num saco, os corpos emaciados enrolados em jornal. Os visitantes americanos foram instruídos a não dar esmola aos pedintes, mas Martin não seguiu o conselho.[18]

Na primeira noite em Nova Delhi, Martin, Coretta e Reddick jantaram com o primeiro-ministro indiano, Jawaharlal Nehru, que usava uma rosa na lapela do paletó.[19] Nehru e os King conversaram sobre castas e raças. Compararam a difícil situação dos pretos americanos à dos intocáveis na Índia. Nehru disse que o governo convertera em crime o preconceito contra os intocáveis, gastava milhões de rúpias por ano para criar empregos e moradias e exigia que faculdades e universidades dessem tratamento preferencial aos intocáveis.

"Mas isso não é discriminação?", perguntou Reddick.[20]

"Bom, pode ser", respondeu Nehru. "Mas é nossa maneira de expiar os séculos de injustiças que infligimos a essas pessoas."

Anos depois, King citaria a conversa com Nehru como inspiração para sua proposta de um plano "gigantesco e com bases amplas"[21] que trouxesse reparações pelo longo tratamento injusto sofrido pelos cidadãos desfavorecidos dos Estados Unidos, que levaria à "transformação psicológica e motivacional básica do preto", sem falar da própria democracia americana. Sem dar muitos detalhes sobre como funcionaria o programa, ele o comparou à Lei G1, que indenizava os soldados pelo tempo e pelas oportunidades perdidas enquanto lutavam por seu país. Nunca dinheiro nenhum compensaria a exploração e a humilhação que o povo negro sofria, disse King, mas, pelo menos, era possível pôr um preço nos salários não pagos. Isso ajudaria os pobres. Ajudaria os Estados Unidos a se arrependerem de pecados do passado. Ajudaria a curar uma nação dividida.

Os King, junto com Reddick, viajaram pela Índia. Martin deu palestras. Coretta cantou spirituals. Visitaram templos budistas e hinduístas. Encontraram-se com ativistas que queriam aliviar a pobreza, redistribuir a riqueza e eliminar o sistema de castas. Às vezes o casal se queixava de cansaço. O guia e organizador da viagem, James E. Bristol, do Comitê Americano de Serviço aos Amigos, observou que os King já estavam exaustos desde antes da viagem, "muitíssimo esgotados nervosa e emocionalmente por conta dos últimos anos e da maneira como Martin devia se portar nos Estados Unidos".[22] Pareciam descontentes com a rigorosa programação da viagem. "O que os dois querem é chegar ao quarto e descansar o máximo possível — e muitas vezes Martin sem dúvida quer que o deixem em paz", escreveu Bristol.

Apesar disso, os King mantinham um ritmo incessante. "Recebemos centenas de convites que o tempo reduzido não nos permitiu aceitar", escreveu King.[23] "Éramos vistos como irmãos, e a cor de nossa pele era uma espécie de vantagem. Mas o laço mais forte de fraternidade era a causa comum das minorias e dos povos coloniais na América, na África e na Ásia, lutando para derrubar o racialismo e o imperialismo." Numa reunião com o filho, os netos e outros parentes de Gandhi, King disse que ficou ainda mais convencido de que "a resistência não violenta é a arma mais poderosa disponível para o povo oprimido em sua luta pela liberdade". Ficou impressionado não só com as imensas pobreza e fome da Índia, mas também com a persistência do sistema de castas. Ele se inteirou e elogiou o chamado Movimento Bhoodan, também conhecido como Revolução sem Sangue, um programa de reforma agrária que tentava persuadir os proprietários de terra a cederem uma porcentagem de suas propriedades aos sem-terra.

Reddick se sentia intrigado com King. Ele escreveu após a viagem:

> À diferença de seus modelos indianos, MLK não investe na autopurificação. Em geral se aceita como é e não vê [em si] nenhum impulso tão indigno que o leve a lutar contra ele. Pelo contrário, dá a impressão de se achar agradável e cativante [...]. Não parece capaz de uma autocrítica drástica.[24]

Após um longo dia de novos contatos fascinantes, a tendência de King não era refletir sobre o que aprendera, mas pensar nas frustrações e nos desafios que enfrentava em seu país, escreveu Reddick, acrescentando: "Muitas noites nos trens ele falava até eu cair no sono".

Em 9 de março, na noite anterior à partida, King, com voz cansada, fez no rádio um discurso ao vivo para a nação. Gandhi havia demonstrado que as leis da moral eram tão inevitáveis quanto as da gravidade, disse ele. Comparou Gandhi a Lincoln, que foi alvejado "por cometer o crime de querer sanar as feridas de uma nação dividida".[25] Citou Edwin Stanton, ministro da Guerra de Lincoln, que se postou ao lado do cadáver do grande líder e disse: "Agora ele pertence aos tempos". Gandhi também pertencia aos tempos, disse King. E acrescentou: "E para esse tempo sobreviver, é preciso seguir o caminho do amor e da não violência que ele tão nobremente ilustrou em sua vida [...]. Hoje não temos mais a escolha entre violência e não violência; é não violência ou não existência".

No sinuoso roteiro de volta, Martin e Coretta passaram por Grécia, Líbano e Egito. Visitaram Jericó e Jerusalém oriental, que na época eram controladas pela Jordânia.

No domingo de Páscoa, de volta a Montgomery, King contou à congregação que vagueara por "aquelas ruelas estreitas"[26] da Cidade Sagrada de Jerusalém, passara pelo Portão de Damasco, seguira a Via-Crúcis, vira os muros antigos de Jericó, o rio Jordão e a Gruta dos Patriarcas em Hebron. Então chegou à igreja do Santo Sepulcro. "E é ali [...] que vocês encontram o ponto onde Jesus foi crucificado [...]. Lá havia um magnetismo", disse ele, "algo que me avassalou e, antes que eu percebesse, estava de joelhos rezando [...]. E, antes que eu percebesse, estava chorando. Foi um grande abalo, uma experiência transfiguradora."

Ele ficou tão abalado que deixou Coretta e voltou sozinho para o hotel. Jesus não *tinha* de ir para a cruz, pensou King. "Nunca ninguém exigiria que ele sacrificasse sua vida dessa maneira [...]. Podia ter [...] voltado para a Galileia, esquecido tudo aquilo, e tudo ficaria bem", disse King aos ouvintes. Mas Jesus tinha um senso de obediência ao que King chamou de "obrigações não executórias". Como Sócrates e o homônimo de King, Martinho Lutero, Jesus se sentiu compelido a seguir o caminho da verdade, para onde quer que o levasse. A cruz permanece símbolo da maneira como Jesus viveu, e não apenas de como ele morreu. A cruz nos chama à ação. Expressa um compromisso com a fé de que Deus faria de tudo para "restaurar uma comunidade cindida". Promete que o mundo inteiro algum dia será livre e "a segregação algum dia morrerá [...]. E essa é a esperança que pode nos fazer continuar e nos afastar da frustração enquanto percorremos o caminho da vida".

Ella Baker, concentrando-se no trabalho de cadastramento eleitoral dos negros no Sul, aguardava ansiosamente a volta de King. A SCLC precisava dele, disse ela, mas ele nunca estava ali. A organização estava se desfazendo. Fazia duas semanas que os membros da equipe não recebiam pagamento. Legisladores de todo o Sul propunham novas leis de segregação, e os negros sofriam novos ataques violentos, enquanto a SCLC quase não conseguia reagir.

Baker tinha 55 anos, uma voz profunda e ressonante, pele marrom-escura e uma presença imperiosa que se expandia a depender do número de ouvintes. Criada na Carolina do Norte, ela ouvira a avó ex-escravizada contar que tinha sido açoitada por um branco por ter recusado um casamento arranjado. Baker se formou como a melhor aluna e a oradora da turma na Universidade Shaw, uma faculdade negra em Raleigh, na Carolina do Norte. Mudou-se para o Harlem e trabalhou no Departamento de Progresso das Obras na época da Depressão, na NAACP e na Liga Urbana. Tinha experiência suficiente para oferecer conselhos sem hesitar e saber que os pastores batistas não gostavam de receber conselhos, em especial de mulheres. Baker sugeriu que King parasse de fazer tantos discursos e passasse mais tempo liderando a SCLC. Reddick teve a impressão de que ele se ofendeu com a crítica. King argumentou que era um artista a quem não se devia negar "seus meios de expressão". Acrescentou que "gostava de pregar e sentia que era o que devia fazer".

King sabia que atuava e que sua atuação era mais bem definida do que sua liderança. Postava-se diante de uma multidão, como fez na igreja da Holt Street em Montgomery no começo do boicote de ônibus, e se transformava em algo maior do que ele mesmo. Sua maestria galvanizava o público e levava o povo a agir. Mas seu problema não era isso, segundo Reddick. O verdadeiro problema era sua incapacidade de dizer não. A qualquer um. Sobre qualquer coisa. Quando viajavam pela Índia, Reddick sugerira a King que deixasse a igreja e se dedicasse em tempo integral à cruzada pelos direitos civis. "Sei que ele nunca fará isso", escreveu Reddick. "Continuará a ser um cruzado num terno de flanela cinza."[27]

King concordou em reduzir a equipe da SCLC e demitir o diretor-executivo John Lee Tilley, substituindo-o por Baker, que ficaria como interina até encontrarem um substituto permanente. Mas Baker ainda não dispunha do poder necessário para montar a organização do modo que desejava. Sua frustração aumentou. "A personalidade que precisava ganhar destaque era o dr. King", queixou-se ela.[28] Na maioria das outras organizações, o diretor-executivo atuava como líder e porta-voz, mas não na SCLC. "Não admitiriam uma mulher de idade", disse Baker. "Permitir isso era demais para o ego masculino e pastoral."

Mesmo durante as dificuldades da SCLC, a força do movimento de Montgomery repercutia por todo o Sul. Cinco anos depois de Brown v. Board of Education e dois anos depois de a Lei dos Direitos Civis de 1957 ser diluída, os cidadãos reivindicavam mais. Por que não existia quase nenhuma escola pública integrada no Alabama, na Geórgia, no Mississippi e na Carolina do Sul? Por que, quando pela primeira vez na história do país mais da metade de todos os americanos morava fora do Sul Profundo, a discriminação parecia ir junto com eles? Rebeliões nascem da esperança, tanto quanto da indignação, e os americanos negros enfim tinham visto sinais de esperança. Mas ainda permanecia uma grande indignação.

Na noite de 25 de abril, um homem negro chamado Mack Charles Parker foi sequestrado da cadeia e linchado por um bando de brancos em Poplarville, no Mississippi, e seu corpo foi encontrado dez dias depois no rio Pearl. O *Chicago Defender* disse que as milícias brancas executavam crimes como esse numa tentativa desesperada de repelir as forças da integração. Mas o jornal de proprietários negros previa que isso geraria o efeito contrário: "Dará mais força ao sentimento público contra o intenso racismo do Sul".[29] Cerca de uma semana depois do assassinato de Parker, uma estudante negra da Universidade A&M da Flórida, em Tallahassee, foi raptada e estuprada. Quatro rapazes brancos admitiram o crime. Mas apenas quando estudantes da universidade negra anunciaram uma campanha de "resistência passiva", incluindo o boicote às aulas e comícios de orações, é que foi dada entrada a uma ação judicial.

King montou seu movimento em torno da ideia de que o racismo era não americano e pecaminoso. Pretendia salvar almas e a democracia com lições extraídas da Bíblia. Essa abordagem o ajudou a criar uma ampla aliança, mas trouxe um problema quando o movimento amadureceu e seu foco deixou de se restringir ao Sul. "A trágica verdade", disse ele, "é que a discriminação no trabalho não só é dominante em todo o Sul, mas é difundida de forma vergonhosa no Norte, sobretudo em grandes comunidades urbanas, que muitas vezes afirmam com orgulho serem centros liberais e progressistas na política e na economia."[30] King levantou essas questões numa conferência de líderes religiosos em Washington, DC, em maio de 1959, na qual declarou que o governo tinha obrigação de tomar providências. Mas e se os Estados Unidos não estivessem à altura da causa da justiça para todos? E se a repressão da minoria prosseguisse, sem resposta, o que aconteceria com aquela sôfrega indignação que King desencadeara?

E se ele, ao prometer o sonho americano, visse que fora ainda mais postergado e que a promessa de justiça igualitária era vazia? Seu movimento cristão e não violento bastaria? No Norte, já haviam surgido vozes novas e mais militantes — mais notadamente Elijah Muhammad e seu ardoroso assistente Malcolm X. Na Carolina do Norte, um líder da NAACP local montou uma guarda armada e trocou tiros com a KKK e a polícia local. Esses e outros desdobramentos levantavam a questão: o movimento não violento de King levaria a melhor, ou as pessoas, cada vez mais frustradas, explodiriam?

20. Deixando Montgomery

Numa manhã de outono de 1959, um repórter da revista *Jet* foi visitar King em sua casa paroquial de Montgomery. King vestia pijama e roupão. O repórter trabalhava numa matéria cujo título seria "Por que o rev. M. L. King está deixando Montgomery". No entanto, mais do que a iminente mudança de King para Atlanta, o que parecia interessar ao repórter era seu estado de espírito inquieto:

> Quando um avião decola, os motores aceleram ao máximo. Mas ele não voa com essa velocidade toda a distância entre, digamos, Miami e Chicago. Seria excessivo para o avião e para os passageiros. O avião reduz à velocidade de cruzeiro. Estou há quatro anos sob extrema tensão devido a meus múltiplos deveres. É mais do que hora de trocar de marcha.[1]

Aos trinta anos, King já não tinha mais a aparência jovial e esbelta. O pescoço grosso encimava ombros largos e pesados e um corpo robusto. No palco, ele tinha a força de um vulcão, mas em casa e na esfera privada tinha um ar sonolento. Quando não estava falando, o rosto redondo e os traços suaves mostravam uma serenidade que muitas vezes ele não sentia. O boicote de ônibus mudara sua vida, impondo-lhe exigências e perigos. O pai continuava a insistir que ele reduzisse o ativismo e se concentrasse em pregar. Seu filho, disse Daddy King, ficara "seriamente marcado pela luta".[2] M. L. tinha recebido propostas de trabalho com alta remuneração que aliviariam grande parte do estresse, mas não avaliou nenhuma delas, dizendo que não podia desapontar seus seguidores sucumbindo à "atração do dinheiro".

Em vez disso, fez planos de se mudar com a família para Atlanta, onde seria pastor associado na Ebenezer, logo abaixo do pai, e dedicaria mais tempo e energia à Conferência da Liderança Cristã do Sul.

"O que ando fazendo", disse ao jornalista da *Jet*, que podia ver a cicatriz da facada sob a camisa do pijama de King, "é dar, dar, dar, sem parar para me recolher e meditar como deveria [...]. Se a situação não mudar, vou virar um caco físico e psicológico. Preciso reorganizar minha personalidade e reorientar minha vida."[3] King lamentou o preço que a viagem custara à família. "Papai, quando você vai brincar conosco?", perguntou a filha Yoki, com quatro anos, depois de uma longa viagem profissional. "Faz tempo, taaaanto tempo que você não brinca com a gente. Só trabalha!"

Mesmo de pijama, reclinado numa cadeira, King "pintou um quadro de 'tensão'", como disse o repórter. Estava preocupado que o considerassem um fracasso por deixar Montgomery com tanto trabalho por fazer, os ônibus da cidade já estavam integrados, mas as escolas, os parques e as áreas de lazer ainda estavam segregadas como sempre. "Algo que me rói a consciência é que alguém interprete minha saída de Montgomery como uma retirada da luta pelos direitos civis", disse ele. "Na verdade, estarei envolvido nela numa escala maior. Não posso parar agora. A história lançou algo sobre mim do qual não posso me desviar."

King, que mantinha uma escrivaninha bem organizada, não datilografava. Costumava tomar notas e escrever os sermões à mão, em letra corrida, e ditava as cartas a secretárias. Para montar o sermão de despedida da Dexter, que faria domingo de manhã, no dia 29 de novembro de 1959, ele redigiu uma série de fichas. Sua despedida pública refletia uma das coisas que Coretta falou sobre o marido: que ele era um homem carregado de sentimento de culpa. "Agora faz quase quatro anos", anotou com sua letra apertada, "que venho tentando fazer sozinho o que cinco homens deveriam estar fazendo."[4] A seguir listou as atividades que demandavam seu tempo, incluindo a igreja, a Associação pela Melhoria de Montgomery, os discursos públicos, a correspondência e "a tensão geral de ser conhecido". A família não fazia parte da lista. "Então, para que eu ainda tenha alguma utilidade, preciso fazer algo para reorientar minha vida."

Ele chorou ao dar a notícia.[5]

Enquanto isso, um jornal de brancos do Alabama comemorava o anúncio da partida de King com um editorial intitulado "Ganho do Alabama, prejuízo da Geórgia".[6]

* * *

Duas semanas depois, líderes da SCLC se reuniram em Birmingham — a "cidade mais difícil do Sul" para os pretos que viviam sob a legislação Jim Crow, de acordo com o jornalista Emory O. Jackson — para traçar os planos da organização para o ano seguinte.[7] A SCLC continuaria a trabalhar para promover o cadastramento eleitoral, disse King, mas também lideraria atos de protesto não violento por todo o país, como parte de sua arrancada para um "fim mais rápido da segregação".[8]

Num comício no dia seguinte à reunião da SCLC, King comparou seu povo aos escravizados israelitas que tinham fugido do Egito faraônico. Alguns israelitas temiam a viagem para a liberdade e queriam voltar; outros queriam ser libertados da servidão, mas apenas se não precisassem fazer nenhum sacrifício pessoal; já outros — a minoria criativa, como ele os chamou — estavam dispostos a lutar e a sofrer para alcançar a Terra Prometida. A tarefa de King, conforme disse Bayard Rustin, era convencer os seguidores a se somarem à minoria criativa, fazê-los sentirem "que podiam ser maiores, mais fortes, mais corajosos, mais amorosos do que se julgavam capazes".[9] Mas não estava claro se ele tinha estratégia e organização de força suficientes para fazer isso. A filosofia da não violência havia inspirado muita gente e ganhado atenção na mídia, mas não arrebatara as massas. O movimento de King dera certo em Montgomery em grande parte porque tinha raízes na Igreja. A construção de um movimento nacional, porém, exigia um tipo de trabalho de organização das bases que, até então, escapara a ele e à SCLC.

Embora King ainda fosse um homem jovem, em sua esteira surgira uma nova onda de ativistas, inspirados por ele bem como por docentes de faculdades e universidades negras. Em 1958, em Wichita, no Kansas, os ativistas Carol Parks-Hahn e Ron Walters tinham desafiado a segregação nas lanchonetes. Eles e seus amigos passaram um mês se sentando todos os dias ao balcão da popular Drug Store Dockum, pedindo refrigerantes sem ser atendidos. Depois de um mês, o dono concordou em atendê-los. Pouco depois da decisão de King em se mudar para Atlanta, em 1º de fevereiro de 1960, quatro estudantes da Faculdade Agrícola e Técnica da Carolina do Norte tentaram algo parecido na cidade de Greensboro. Entraram numa Woolworth, compraram alguns itens e se sentaram na lanchonete, onde sabiam que clientes negros não eram bem-vindos. Os quatro estudantes — Ezell Blair Jr., Franklin McCain, Joseph McNeil e David Richmond — eram calouros. Dois deles tinham acabado de ler a história em quadrinhos sobre os boicotes de ônibus em Montgomery, mas o grupo não tinha feito nenhum planejamento prévio para o protesto na Woolworth.[10] Não tinham nenhum objetivo claro. Possuíam apenas um sentimento de injustiça e a vontade de agir.

Quando Blair pediu café, a garçonete se recusou a servi-lo. Os estudantes ficaram no balcão até a loja fechar. Na manhã seguinte, os quatro rapazes voltaram, agora com cerca de mais vinte estudantes que tinham ouvido falar da manifestação. A ação se espalhou como sementes ao vento — para lanchonetes na Carolina do Norte, na Carolina do Sul, na Virgínia, na Flórida e no Tennessee. Em Nashville, diversos estudantes tinham começado a planejar um protesto muito antes da ocupação em Greensboro e agora estavam ansiosos para se juntar também ao levante. Em 13 de fevereiro, mais de cem jovens saíram de uma igreja no centro de Nashville e ao mesmo tempo se sentaram nas lanchonetes próximas. Sem nenhuma organização nacional lhes dando respaldo, sem nenhum líder nacional falando por eles, sem nenhum leque geral de reivindicações, iniciou-se um movimento de base, tendo como alvo um dos símbolos mais ostensivos da segregação: a humilde lanchonete. Até o nome da campanha era humilde: foi chamada de "o movimento *sit-in*".

O movimento era, em parte, uma reação ao ritmo decepcionantemente lento da dessegregação escolar. Cinco anos depois de Brown v. Board of Education, menos de 6% das crianças negras no Sul estavam matriculadas em escolas integradas. Em meados de março, 48 cidades sulinas tinham sido tomadas por protestos contra diversas questões referentes à segregação — uma onda de resistência, noticiou a revista *Time*, "como os Estados Unidos nunca tinham visto". Tal qual o boicote de ônibus em Montgomery, as ocupações enfatizavam o protesto não violento. Pouco mais de um ano antes, Stanley Levison se queixara numa carta a King que os esforços de lançar um movimento nacional tinham sido tolhidos pela "relativa apatia da juventude e da força de trabalho".[11] Agora a apatia havia desaparecido.

"Havia uma profunda valorização e consciência do boicote de ônibus em Montgomery", disse o rev. James Lawson, que organizou as ocupações em Nashville. King mostrara aos estudantes que ganhariam uma vantagem tática com o confronto não violento, disse Lawson, em especial quando as autoridades reagiam com violência e a mídia noticiava o caso. Alguns repórteres falavam em resistência passiva, mas, para Lawson, não havia nada de passivo nisso; era uma forma sutil de extrair poder de um grupo que não tinha a menor intenção de cedê-lo. "A SCLC foi organizada para isso", disse Lawson. "A NAACP não estava interessada em criar um departamento de ação direta para explorar essa possibilidade."[12]

Em muitas cidadezinhas sulinas, onde não havia faculdade nem imprensa negras, os protestos foram um fiasco. "Fomos presos uma meia dúzia de vezes, e foi basicamente isso", disse Robert Avery, um manifestante adolescente em Gadsden, no Alabama. "Não conseguimos nenhuma publicidade. Nem mesmo o jornal local escreveu sobre o que estávamos fazendo."[13]

Se muitos repórteres sulinos brancos viam com ceticismo os protestos dos estudantes, e políticos e líderes empresariais brancos nem os levavam em conta, King por outro lado os apoiou. Como em Montgomery, King não deu o pontapé inicial ao levante, mas como já havia acontecido antes, foi projetado à posição de liderança, improvisando ao longo de todo o processo. Em 16 de fevereiro, ele foi a Durham e discursou para uma densa multidão com mais de 1200 pessoas, incluindo estudantes de mais de doze faculdades da Carolina do Norte, Carolina do Sul e Virgínia, dizendo-lhes que tinham vantagem moral sobre seus oponentes. "Não tenhamos medo de ir para a cadeia", disse ele. "Devemos dizer que estamos dispostos a lotar as cadeias do Sul." E recomendou: "Nossa meta final não é humilhar o homem branco, mas fazê-lo entender".[14]

"Lotar as cadeias" se tornou um chamado à ação, que iria inspirar uma nova onda de ativistas, em sua maioria mais jovens do que King. Entre eles estavam John Lewis, James Bevel, Diane Nash, Marion Barry, C. T. Vivian e Bernard Lafayette Jr. Este último, participante do movimento de ocupação de Nashville, ficou impressionado com a voz de King, que o fazia parecer fisicamente maior do que era. Impressionou-se também com uma coisa que King disse aos estudantes que protestavam: "Vim não para trazer inspiração, mas para *ganhar* inspiração".[15]

Para John Lewis, que crescera no Alabama e seguia King desde Montgomery, a chegada do famoso pastor a Nashville causou uma impressão duradoura. "Acreditamos em Martin Luther King Jr.", disse Lewis. King e Lawson, disse ele, "nos ensinaram a nos levantar, a sermos ousados e corajosos".[16]

A volta de King para Atlanta fazia sentido para a SCLC. Daria um maior alcance nacional para a organização. E, como seu pai liderava a Ebenezer, ele teria menos responsabilidades ligadas à igreja. Mas esse arranjo também trouxe complicações emocionais para King, que confidenciou seus sentimentos a James Lawson. Daddy King e Martin Luther King Jr. viviam num constante "corpo a corpo", disse Lawson.[17] O filho era um astro. Vinha gente de longe para ouvi-lo pregar. Mas a congregação pertencia ao pai. King Jr. também precisava ficar atento à política local. Daddy King tinha relações de longa data com líderes políticos e empresariais brancos em Atlanta. A SCLC raramente lançava protestos na cidade, disse Lawson, para a frustração de alguns, "porque seria um tapa na cara" de Daddy King e outros líderes religiosos mais velhos.

Esse não era o único problema de King. Logo depois de voltar a Atlanta, dois agentes da delegacia da Geórgia chegaram a seu escritório na igreja Ebenezer e lhe entregaram uma ordem de prisão do Alabama. Era acusado de duas ocorrências de perjúrio — crime grave —, referente à precisão de suas declarações de renda de 1956 e 1958 ao estado do Alabama. King insistiu que sempre contabilizara de forma escrupulosa seus vencimentos e pagara os devidos impostos. O Alabama já viera atrás dele uma vez, e King concordara em pagar a quantia que, segundo a Fazenda do estado, ele estaria devendo, e explicou que era mais fácil pagar do que combater um sistema fraudulento. Agora o Alabama voltava a ameaçá-lo. Era incomum que um estado processasse um cidadão que já aceitara e pagara o valor dos impostos não pagos, e era ainda mais incomum que entrasse com acusações criminais num caso desses. King qualificou o fato como uma tentativa "de me perseguir devido à posição que adotei na luta pelos direitos civis".[18]

Mesmo assim, a acusação fiscal foi um golpe duro para King. Ele sempre tomara cuidado para evitar qualquer impressão de que estivesse se aproveitando de sua posição de liderança. Morava de aluguel numa casa modesta e seu carro era um Pontiac usado. Recebia um salário anual de um dólar por dirigir a SCLC. A Ebenezer lhe pagava 4 mil dólares por ano e um estipêndio de 2 mil dólares por "assistência pastoral". Doava a maior parte dos honorários de suas palestras e dos royalties de suas publicações. Mas agora isso não tinha importância. As acusações fiscais tinham o potencial de destruir seu nome. Receava que nunca conseguiria ter um julgamento justo. Ele disse a Coretta que, pelo resto da vida, "as pessoas vão acreditar que peguei um dinheiro que não era meu".[19] Coretta comentou que nunca o vira tão transtornado. King ficou andando de um lado para o outro em seu escritório e rezou. Cancelou uma viagem a Chicago, com vergonha de encarar qualquer pessoa, e então mudou de ideia. "Liguei para o aeroporto, fiz outra reserva e fui para Chicago", disse como se declarasse vitória em sua batalha interior.[20]

A batalha efetiva ainda estava por vir. Seus amigos — incluindo Harry Belafonte, Bayard Rustin e Stanley Levison — formaram o Comitê de Defesa de Martin Luther King. Nat King Cole era tesoureiro da entidade, e Eleanor Roosevelt participou ativamente. Mesmo essas iniciativas preocupavam King. Os fundos arrecadados para sua defesa não seriam mais bem usados na SCLC e no movimento de ocupação?

Como de hábito, ele encontrou força nas palavras. Escreveu vários longos artigos de revista nos quais tentava justificar o trabalho de sua vida e compor um quadro do futuro. Num longo ensaio para *The Christian Century* — como parte de uma seção da revista que se chamava "How My Mind Has Changed"

[Como minha opinião mudou], King escreveu que tinha sido durante muitos anos um "liberal dedicado",[21] "absolutamente convencido da bondade natural do homem e do poder natural da razão humana". Mas desde então ganhara uma compreensão maior das profundezas do pecado e da "realidade flagrante do mal coletivo". Passou a entender que seu liberalismo tinha sido sentimental e idealista demais. Os seres humanos racionalizavam seus pecados e, sem "o poder purificador" da fé em Deus, disse ele, assim continuariam a proceder. Em meses recentes, escreveu King, ele se convencera mais do que nunca da realidade de um Deus pessoal. "Talvez o sofrimento, a frustração e os momentos de aflição pelos quais tive de passar algumas vezes em decorrência de meu envolvimento numa luta difícil tenham me aproximado mais de Deus", afirmou ele. "Seja qual for a causa, Deus tem sido profundamente real para mim nos últimos meses [...]. Portanto, ainda não desanimei em relação ao futuro [...]. Num mundo sombrio e confuso, o espírito de Deus ainda pode reinar supremo."

No ensaio, King também expôs seu crescente entendimento das relações entre injustiça econômica e injustiça racial. E, ao fim, explicou a evolução de suas ideias sobre o militarismo. Antes ele pensava que a guerra, por horrível que fosse, poderia ser uma alternativa necessária à rendição ao totalitarismo. Mas aos poucos passou a concluir que a guerra, em vista do poderio das armas modernas, nunca poderia ser justificada. Na época, via-se a Guerra Fria como um combate maniqueísta, que praticamente silenciava o debate sobre a utilização americana da força. King foi um dos poucos líderes do país amplamente conhecidos na época a abordar os custos morais da guerra. A Igreja, escreveu ele, "não pode se manter em silêncio enquanto a humanidade está perante a ameaça de ser lançada ao abismo da aniquilação nuclear".

Depois de enviado o artigo para avaliação da revista, o editor lhe pediu para comentar se os perigos pessoais tinham afetado seu pensamento. Em sua resposta, que chegou tarde demais para a publicação, King escreveu que não queria que ninguém pensasse que estava tentando angariar simpatia, mas que os perigos associados a seu trabalho de fato o fizeram mudar. A seu ver, o sofrimento tinha o poder de aproximar mais as pessoas de Jesus. As pessoas que estavam mais dispostas a sofrer do que a infligir sofrimento aos outros poderiam dar o exemplo, disse ele, mudando as relações entre indivíduos, comunidades, grupos raciais e nações. Expressou-se ecoando as palavras de Jesus em Mateus 11,28-30:

> Agora aprendi que o fardo do Mestre é leve precisamente quando tomamos seu jugo sobre nós. Minhas provações pessoais também me ensinaram o valor do

> sofrimento imerecido. Quando meu sofrimento aumentou, logo entendi que havia duas maneiras com as quais posso responder à minha situação: reagir com amargura ou tentar transformar o sofrimento numa força criativa. Decidi seguir esse segundo curso [...]. Tenho vivido esses últimos anos na convicção de que o sofrimento imerecido é redentor [...]. Os momentos de sofrimento e aflição pelos quais passei nos últimos anos também me aproximaram mais de Deus.[22]

Martin e Coretta alugaram uma casa no número 563 da Johnson Avenue, em Atlanta, não distante da Ebenezer e da sede da SCLC. Era um sobrado de tijolos, muito parecido com os demais no quarteirão residencial de classe média, com grades de proteção nas janelas do térreo.[23] O aluguel era de 110 dólares por mês.[24] King ainda gostava de se vestir bem e se hospedava em hotéis finos quando viajava para o Norte, mas não tinha interesse em comprar uma casa própria e recomendou que Coretta não fizesse extravagâncias na decoração do novo lar. O papel de parede na sala de estar era de estampa floral. Na parede entre a sala de jantar e a cozinha, os King puseram um calendário ilustrado com a emblemática pintura da Guerra Revolucionária, *The Spirit of '76*, de Archibald M. Willard.[25] King insistiu que Yoki e Marty frequentassem a escola pública, muito embora as de Atlanta continuassem segregadas e Coretta tivesse receio de que os filhos receberiam uma instrução de qualidade inferior. O ensino privado, disse King à esposa, "fazia com que as crianças nas escolas se sentissem melhores do que as outras, que isso criava uma espécie de consciência de classe e às vezes também impedia que as crianças de fato sentissem uma identificação com todas as pessoas".[26]

Estabelecendo-se em Atlanta, King negociou seu Pontiac e comprou dois carros usados: uma perua Ford com cinco anos de uso e 31 976 quilômetros rodados e um Chevrolet com três anos de uso e 70 705 quilômetros rodados.[27] King aumentou muito a quilometragem do Chevy indo a ocupações em vários locais do Sul, inclusive um protesto iniciado por estudantes da Universidade Estadual do Alabama em Montgomery, que levou a polícia a invadir o campus com espingardas, rifles e gás lacrimogêneo, ameaçando prender todo o corpo estudantil. Com o alastramento das ocupações, King apareceu no programa de TV *Meet the Press* e elogiou os estudantes. "Penso que as ocupações servem para ilustrar as indignidades e a injustiça que as pessoas negras estão enfrentando em toda a nação", declarou.[28]

Embora King fosse um herói para os estudantes, Ella Baker insistiu que ele os deixasse agir independentemente da SCLC. King concordou, mesmo que continuasse a falar em comícios estudantis. Reconhecendo que muitos estudantes universitários negros não tinham preparo para liderar protestos locais, Baker organizou uma reunião com cerca de duzentos alunos de toda a região que teve início em 15 de abril de 1960, na Universidade Shaw em Raleigh. Tomou um empréstimo de oitocentos dólares da SCLC para alugar salas de reuniões e enviou uma nota assinada por ela e por King a todos os grandes grupos de protestos, convidando-os a comparecer, muito embora não fosse um evento da SCLC.[29] O objetivo, escreveu ela, era compartilhar experiências e estabelecer objetivos. Os "Combatentes Adultos pela Liberdade" estariam presentes para oferecer orientação, escreveu ela, mas a conferência se concentraria na juventude. Ainda assim, como observa o historiador Clayborne Carson, a presença de King provavelmente contribuiu para o expressivo comparecimento.[30] King, aos 31 anos, era uma década mais velho do que a maioria dos estudantes. Incentivou-os a se organizarem, mas não os pressionou a ingressar na SCLC. Também os incentivou a utilizar seu poder econômico para pleitear a mudança e treinar seus voluntários a ficar na cadeia em vez de pagar fiança. Falou-lhes sobre o significado da não violência e ofereceu conselhos práticos, dizendo, por exemplo, que cada grupo devia ter apenas um porta-voz e que este nunca devia falar em "termos duros".[31]

Durante o encontro, os estudantes votaram pela criação de uma entidade própria, o Comitê de Coordenação Estudantil não Violenta (SNCC, na sigla em inglês, que deveria ser pronunciado "*snick*", "estalido"), com King e James Lawson na função de consultores, não de líderes. Um dos estudantes presentes, Julian Bond, disse que seus colegas tinham a impressão de que Lawson disputava com King para ficar com "a liderança desse grupo de jovens".[32] King não causou nenhuma grande impressão naquele dia, disse Bond, "exceto pelo fato de ser Martin Luther King". Foi Lawson quem arrebatou a imaginação dos estudantes em Raleigh, segundo Bond e outros. Criado no Norte, Lawson optara por ir preso em vez de servir na Guerra da Coreia. Tinha passado três anos como missionário na Índia, onde estudou a tática não violenta de Gandhi. Lawson, que fora expulso da Escola de Teologia Vanderbilt por causa de seu papel nas ações de ocupação, atraía os estudantes em parte porque continuava a ser um outsider, alguém que insistia que os protestos estudantis se radicavam mais em questões morais e espirituais do que legais ou políticas.

Lawson ficara empolgado com o boicote de ônibus em Montgomery, e agora o movimento de ocupação tinha em certa medida a mesma espontaneidade e militância. Mas, indagava-se ele, como os estudantes manteriam aquele tipo de energia? "Vi que, se era para ter uma segunda campanha que mostrasse a eficácia da não violência", disse ele, "eu teria de fazê-la, coisa que eu nunca tinha feito antes."[33] Como King, Lawson usou a Bíblia para unir e motivar.

"Quando contei a história do Êxodo e de Moisés e dos escravos se libertando, usei essa história [...] como um dos primeiros exemplos da luta não violenta", disse Lawson. "Falei que [...], se você olhar nas entrelinhas, vai ver que Moisés e Josué tiveram de fazer certo trabalho de organização, preparando o povo para deixar o Egito."

Os estudantes em Shaw e outros locais energizaram e nacionalizaram o movimento. O grupo estudantil de Nashville, inspirado por Lawson e liderado por Marion Barry, John Lewis e Diane Nash, entre outros, forneceu a liderança essencial. Os estudantes começaram a deixar os campi de suas faculdades. Logo se espalhariam por todo o Sul, indo de porta em porta para incentivar os negros a tentarem o cadastramento eleitoral. Ella Baker aconselhava os jovens ativistas e os ajudava a travar contato com ativistas mais velhos, mas também os alertava para não se deixarem manipular ou dominar pelos líderes estabelecidos do movimento. "Essa liderança calcada no grupo", disse ela, "em vez de um grupo centrado na liderança era de fato revigorante para aqueles mais velhos que trazem as cicatrizes da batalha, as frustrações e a desilusão que surgem quando o líder profético revela ter grandes pés de barro."[34]

Logo depois, Roy Wilkins voltou a investir contra King. O líder da NAACP, numa carta de 27 de abril, reclamou que King e seus aliados andavam criticando a mais antiga organização de direitos civis da nação por causa de sua tática conservadora. "Buscamos os mesmos objetivos e temos os mesmos inimigos [...]. Ao mesmo tempo nos sentimos ofendidos com esse ataque injustificado."[35]

Não era de admirar que os repórteres dissessem que King parecia muito mais velho. Coretta também andava preocupada. "A pressão de tudo isso deixa a gente entorpecida", disse ela. "Ou talvez mais preparada para qualquer coisa. Quando uma noite veio um grupo de homens e queimou uma cruz no jardim, Martin estava fora e as crianças dormiam. Mas, quando saí e olhei, não estava com medo. Para mim parecia só um pedaço de lenha queimando."[36]

King aceitava o sacrifício pessoal exigido, disse ele, mesmo que às vezes se sentisse esgotado:

> Às vezes penso que sou um símbolo bastante despreparado. Mas as pessoas não têm como se devotar a uma grande causa sem encontrar alguém que se torne a personificação daquela causa. As pessoas não têm como se devotar ao cristianismo enquanto não encontrarem Cristo, à democracia enquanto não encontrarem Lincoln, Jefferson e Roosevelt, ao comunismo enquanto não encontrarem Marx, Lênin e Stálin. Sei que essa é uma causa justa e que, estando ligado a ela, estou ligado a um valor transcendente de justiça.

Mas nada poderia ter preparado King para o papel de "mártir de pleno direito", segundo definição da revista *Time*. A cada semana, chegavam à sua casa ou seu escritório centenas de cartas, telefonemas e visitas, anunciadas ou não. Edward Kosner, que na época era repórter do *New York Post*, relembrou a vez em que telefonou para a casa de King às três horas da madrugada para obter a resposta dele para um artigo. "O telefone tocou cinco ou seis vezes, e então uma voz sonolenta, mas reconhecível, atendeu", disse Kosner.[37] "Soltei minha pergunta e King respondeu: 'Eu diria vírgula...'." King ditou não só uma frase clara e direta, mas também a pontuação.

A cada citação a um repórter de jornal, a cada carta, a cada sermão e a cada discurso, King atraía atenção e seguidores, espalhando sementes que iriam germinar em tempos e lugares que ele nunca teria imaginado. Em 29 de julho de 1960, por exemplo, King falou a uma multidão de cerca de 2 mil pessoas na igreja batista do Calvário na cidade de Oklahoma.[38] Naquele dia, por acaso estava lá um homem de 27 anos chamado James Meredith, que, ao voltar da Califórnia para sua casa no Mississippi, tinha parado para pernoitar na cidade. Meredith, quando servia na Força Aérea, acompanhara as notícias sobre King e ficou empolgado com a chance de ouvir o pastor falar. "Foi a coisa mais impressionante que já tinha visto na vida, porque o local estava realmente abarrotado. Não consegui chegar perto do prédio", disse Meredith numa entrevista sessenta anos depois. "Mas ver o entusiasmo das pessoas era uma coisa que eu nunca tinha presenciado antes [...]. Quer dizer, ele era um fenômeno." Meredith comentou que se sentiu como se viesse combatendo a supremacia branca desde os quatro anos de idade.[39] Não se interessava pela filosofia da não violência de King, mas essa era só uma questão de tática que, a seu ver, não chegava a diminuir sua admiração. King, disse ele, "foi o maior exemplo do que eu queria ser [...]. Foi a maior inspiração [...]. Você vê, ele *tinha* as pessoas!".

"O preto quer sua liberdade", declarou King naquela noite na cidade de Oklahoma, "e quer sua liberdade já. O preto passou a se reavaliar e a sentir que é alguém."[40]

Era exatamente isso, disse Meredith, que chegou em casa no Mississippi e escreveu uma série de cartas a King, comentando os pontos em que concordava e discordava do pregador. "Pensei que ele precisava do meu conselho", disse Meredith.[41]

King não respondeu, mas os caminhos de ambos voltariam a se cruzar.

Em 4 de maio, Martin e Coretta receberam a escritora branca Lillian Smith para o jantar. Depois da refeição, King se ofereceu para levar Smith ao

Hospital da Universidade Emory, onde a romancista de 62 anos estava sendo tratada de câncer.

"Conversávamos no carro, antes de a srta. Smith descer, quando notei uma viatura passando devagar a nosso lado", relembrou King numa entrevista anos depois. "Quando íamos voltar, a polícia nos parou, desconfiada, imagino eu, por ver uma mulher branca sair de um carro cheio de pretos."[42] O policial registrou uma infração por dirigir com uma habilitação do Alabama quando, naquela altura, deveria ter tirado uma da Geórgia.

Mais tarde, ainda no mesmo mês, King voltou a Montgomery para ser julgado no processo sobre seu imposto de renda. Em 1956, ele tinha declarado uma receita de 9150 dólares. O estado, que, ao que consta, nunca havia processado ninguém por perjúrio numa declaração de renda, alegou que a receita real de King tinha sido de 16 162 dólares. O depoimento mostrou, porém, que King tivera um reembolso de cerca de 7 mil dólares de despesas de viagem, o que explicava a diferença entre sua receita efetiva e a cifra alegada pelo Estado. King apresentou como prova recibos e registros detalhados. Depois de três horas e 45 minutos de deliberações, o júri exclusivamente branco apresentou o veredito de não culpado, para o visível alívio de King.

Na mesma época surgiu outro problema judicial quando o comissário de polícia de Montgomery, L. B. Sullivan, deu entrada numa ação por difamação no tribunal do condado contra Ralph Abernathy, três outros pastores e o *New York Times*. A ação vinha em resposta a um anúncio de página inteira publicado no *Times*, no qual solicitava fundos para a defesa judicial de King no processo fiscal. O anúncio acusara os agentes públicos do Alabama de aterrorizar os manifestantes pacíficos, mas trazia também declarações falsas e exageradas sobre as ações da polícia e do governo que, alegavam os queixosos, haviam prejudicado a reputação deles. O processo se tornou um marco legal da Primeira Emenda, mas, por ora, visto que os associados de King estavam diante da possibilidade de anos no tribunal e de multas exorbitantes, era mais uma fonte de estresse.

Adam Clayton Powell Jr., o poderoso congressista negro de Nova York, criou mais um problema ao atacar King na imprensa, dizendo que ele era um "cativo de interesses socialistas", nas palavras do *Pittsburgh Courier*, por causa de suas ligações próximas com os assessores Levison e Rustin. King, Rustin e A. Philip Randolph planejavam um piquete nas convenções nacionais dos republicanos e dos democratas que logo se realizariam. Powell se opôs aos protestos e fez uma ameaça privada: ou cancelavam os piquetes, ou ele afirmaria publicamente que King e Rustin eram amantes.

Não era verdade, disse Rustin, mas King ficou preocupado que a alegação prejudicasse sua reputação.

"Decidi que o melhor a fazer sob tais pressões, pois eu sabia que dr. King estava consternado", explicou Rustin, "era dizer: 'Bom, eu renuncio.'"[43] Rustin, porém, ficou decepcionado quando King aceitou sua renúncia da SCLC. Era um sinal da maior falha dele como líder, uma falha irônica para um líder de protestos, disse Rustin: ele detestava conflitos.

O movimento de ocupação se espalhou até Atlanta. No começo de março de 1960, na loja de departamentos Rich, a mesma onde Daddy King fora insultado quando levou o menino M. L. para comprar sapatos, a lanchonete se recusou a atender estudantes negros.[44] Duas semanas depois, eles fizeram um piquete na loja no centro da cidade.[45] Os protestos se acalmaram durante o verão, mas foram retomados no outono e se espalharam por lojas e lanchonetes de toda a cidade. Os líderes — incluindo Julian Bond, Roslyn Pope, Marian Wright e Lonnie King (nenhum parentesco) — pediram que King se juntasse a eles.

De início, King parecia relutante em desafiar as autoridades em sua terra natal. Ele e a família faziam parte da própria estrutura da cidade. A irmã de King, Christine, estava noiva e prestes a se casar com Isaac Farris, veterano do Exército e linotipista no *Atlanta Daily News*. King e o irmão A. D., que agora era pastor numa igreja em Newnan, na Geórgia, oficiariam a cerimônia.[46] A dama de honra da noiva seria Juanita Sellers, a antiga namorada de M. L., agora casada. Coretta, na terceira gravidez, seria a madrinha de honra. Só havia um pequeno problema. Christine tinha comprado o vestido de casamento na Rich.[47] Não queria furar o boicote, mas a peça já estava paga e tinha ficado na loja só para fazer os ajustes, e assim Christine pediu a um amigo negro que trabalhava na Rich que retirasse o vestido para ela.

O prefeito de Atlanta, William B. Hartsfield, era o mesmo que presidira a cerimônia de gala da estreia de *...E o vento levou*, quando o garoto Martin Luther King Jr., aos dez anos, usando roupa esfarrapada de escravo, cantara com o coral de sua igreja. Hartsfield se considerava progressista. "Somos uma cidade atarefada demais para o ódio", dizia ele. "Atlanta não se prende ao passado. Quem se aferra às velhas tradições sulinas não sabe a desgraça que elas são." Quando Hartsfield falava em pegar pesado com quem agitava a turba, não se referia aos manifestantes negros. "O que aconteceu em Little Rock não vai acontecer aqui", disse ele. "Quando racistas vêm a *esta* cidade, sabem que terão de se comportar."[48]

Ivan Allen Jr., presidente da Câmara de Comércio de Atlanta, alardeava: "A paz racial permitirá que Atlanta prossiga com o fantástico crescimento dos últimos vinte anos".[49]

King, como o pai, se sentia propenso a acreditar nas declarações do poder público. "Sou um otimista", disse ele, "e tenho como base a própria Atlanta [...]. Aqui temos todas as forças em ambos os lados, mas as forças da provocação não são tão fortes quanto aquelas que entendem que é inútil ficar na praia da história tentando deter a maré."[50] King andava numa corda bamba em Atlanta. A liderança negra estabelecida, que incluía seu pai, não via com bons olhos a participação de Martin Jr. Os mais velhos tinham acesso à estrutura de poder branca e "não queriam que isso fosse prejudicado", como disse Charles Black, um dos organizadores estudantis.[51] Os jovens estudantes ativistas também viam King com certa desconfiança. "Mas Martin era um grande conciliador, um grande ouvinte", disse Black. "Fazia o meio de campo, e assim ninguém se zangava."

King era, de fato, um grande conciliador. Mas seu sucesso vinha de sua disposição em alicerçar as palavras na ação. Foi o que provou mais uma vez às onze da manhã de 19 de outubro em Atlanta, quando se somou aos estudantes numa ocupação da lanchonete na Rich. Dali foram de elevador até o sexto andar, onde ficava o Magnolia Room, o restaurante mais elegante da loja. Quando se recusaram a sair, King e mais 51 pessoas foram presos.

King entendia a poderosa mensagem transmitida por sua prisão e a cobertura da mídia que ela atrairia, e, assim, negou-se a pagar a fiança de quinhentos dólares e recusou a comida que os carcereiros lhe levaram.[52] King, Bernard Lee e Lonnie King dividiam a cela, cantando e jogando damas. As acusações logo foram rejeitadas e os prisioneiros, liberados, mas King continuou atrás das grades. Os agentes públicos em Dekalb County disseram que ele violara os termos de sua liberdade condicional pela transgressão das leis de trânsito que recebera meses antes, quando dirigia com Lillian Smith. "Era uma ação tão secundária", disse King mais tarde, que ele não se deu conta de que seu advogado apresentara uma declaração de culpa.[53]

O juiz Oscar Mitchell julgou King culpado de violar a condicional e o condenou a quatro meses de trabalho forçado no campo de obras públicas da Geórgia. O advogado de King entrou com a queixa de que o cliente deveria ser liberado sob fiança enquanto a defesa recorria da violação da condicional, mas o juiz negou. Todos os negros, homens e mulheres, na Geórgia sabiam o que significava estar num campo de trabalho de prisioneiros. Significava grupos acorrentados. Significava trabalho sob poeira e sol escaldante, em estradas remotas onde corpos facilmente sumiam para sempre. Isso ocorria com frequência suficiente para inspirar uma música folk, "Another Man Done Gone". Coretta chorou durante o rápido encontro que teve com Martin numa cela de detenção. No quinto mês de gravidez, temia que ele ainda estivesse preso quando o bebê nascesse.[54]

"Você tem de ser forte por mim", disse ele. "Creio que devemos nos preparar para o fato de que, desta vez, vou ter de cumprir sentença na prisão."[55]

No dia seguinte, por volta das quatro horas da manhã, dois policiais brancos com lanternas acordaram King na cela. Algemaram-lhe os pulsos, acorrentaram as pernas e prenderam as correntes num gancho no chão da viatura.[56]

Percorreram durante mais de seis horas estradas escuras e vazias, os homens da lei brancos conversando entre si, mas nunca com King. Quando ele reclamou que as algemas estavam apertadas, os policiais as apertaram ainda mais.[57]

"Foi uma viagem longa", disse King. "Eu não sabia para onde estavam me levando."

21. “Kennedy ao resgate!”

King chegou de manhã à penitenciária de Reidsville, a 320 quilômetros de Atlanta. O edifício era uma coisa baixa e horrorosa de concreto que, exceto as torres de vigia que avultavam, parecia um armazém gigantesco. Retiraram-lhe os pertences, disseram-lhe para vestir um uniforme de presidiário e o trancaram numa cela estreita, sozinho.

Era 25 de outubro de 1960, duas semanas antes de os americanos escolherem um novo presidente, numa disputa acirrada entre o vice-presidente republicano Richard Nixon e o senador democrata John F. Kennedy. O assunto que dominava as mensagens dos candidatos e a cobertura da campanha pela mídia convencional não eram os direitos civis, mas a política da Guerra Fria. Dentro do país, a maioria dos americanos brancos vivia uma fase de prosperidade sem precedentes. A economia crescia e a desigualdade de renda diminuía. Os bairros residenciais se espalhavam, numa ampliação alimentada pelo duplo motor da prosperidade da classe média e da mudança residencial dos brancos, que saíam das cidades e iam para os subúrbios. Três entre cinco americanos tinham casa própria e equipavam o lar com os eletrodomésticos mais modernos, incluindo máquinas de lavar louça, toca-discos, televisões, máquinas de lavar roupa, liquidificadores e geladeiras, em grande parte fabricados por empresas americanas. Nas últimas semanas da campanha, a margem de diferença entre Nixon e Kennedy continuava estreita demais, o que significava que os candidatos abordavam os eleitores negros com cautela, visando ganhar o apoio deles no Norte sem irritar os eleitores brancos do Sul.

King encontrara Kennedy duas vezes, e o senador de Massachusetts não havia lhe impressionado. "Na ocasião não senti muita diferença entre Kennedy e Nixon", recordou mais tarde.[1] Se as conversas tivessem tomado outro rumo, talvez King e Kennedy descobrissem muitas coisas em comum. Embora King fosse doze anos mais novo do que Kennedy, ambos tinham pais poderosos e autoritários. Eram bem-apessoados, cativantes, ambiciosos, dotados de curiosidade intelectual. Mas não tinham criado um vínculo forte, e Kennedy não seguira o conselho de King de explicitar com clareza seu compromisso com os eleitores negros. Nixon e King, por outro lado, haviam conversado várias vezes e mantinham uma relação sólida.

Duas semanas antes, o *Atlanta Daily World* noticiara que o entusiasmo pela chapa republicana "aumentava rápido" entre os pastores batistas negros em Atlanta.[2] O partido de Lincoln ainda gozava da lealdade de muitos eleitores negros no Sul. Daddy King, M. L. e A. D. haviam comparecido a um comício no qual "ficou demonstrado de forma conclusiva" que os principais pastores negros de Atlanta eram a favor de Nixon e seu companheiro de chapa, Henry Cabot Lodge Jr. O artigo não mencionava especificamente se M. L. ou A. D. haviam endossado os republicanos, mas informou que Daddy King "expressou aprovação a Nixon e Lodge".

Numa carta escrita naquela mesma semana, Stanley Levison relembrou a King a importância do apartidarismo. "É preciso adotar uma visão de longo prazo", escreveu Levison, "que veja que, quaisquer que sejam as vantagens imediatas que se possam obter caso você fale agora em favor de um partido, o que se perde é um líder raro cujo altruísmo está consolidado há muito tempo e é altamente valorizado pelo povo."[3]

Mas o encarceramento de King trazia um desafio aos dois candidatos. Deviam se arriscar a tomar uma posição? Alguns assessores de Nixon, inclusive Jackie Robinson, insistiram que o candidato republicano telefonasse para o líder dos direitos civis na prisão ou dissesse algo em sua defesa na mídia. Robinson ficou com lágrimas nos olhos depois de falar com Nixon, sem conseguir convencê-lo a agir.[4] "Nixon não merece ganhar", disse a lenda aposentada do beisebol.[5]

Enquanto isso, antes de saber que King estava preso, a campanha de Kennedy pedira a Frank D. Reeves, assessor de campanha sobre direitos civis, que examinasse a possibilidade de envolver o líder na campanha democrata. Reeves se encontrara com King na cadeia de Fulton County. "Ele disse [...] que estava muito preocupado com a esposa e que sem dúvida agradeceria qualquer coisa que pudéssemos fazer para assegurá-la de que ele estava bem", relembrou Reeves numa entrevista em 1967.[6] De volta a Nova York, Reeves se encontrou com o senador Kennedy, Harris Wofford e o irmão de JFK, Robert, que estava como seu gerente de campanha. "A [...] primeira sugestão que fiz foi que o próprio senador enviasse um telegrama a Coretta, a sra. King, mostrando sua preocupação e perguntando se havia algo que ele pudesse fazer", disse Reeves. Em vez disso, Kennedy telefonou para ela.

Coretta se preparava para sair e encontrar Daddy King no escritório do advogado deles quando o telefone tocou; era John Kennedy na linha. Ele disse que sabia que ela esperava um bebê. Recomendou que Coretta o contatasse se ela ou Martin precisassem de sua ajuda. Coretta agradeceu. A ligação não durou mais que um minuto e meio.

Quando Coretta falou da ligação a Daddy King, ele anunciou na mesma hora que estava mudando seu voto de Nixon para Kennedy e que não pretendia fazer disso um segredo.

Os repórteres não mostraram muito interesse pelo telefonema de Kennedy para Coretta. O episódio mereceu um item de cinco centímetros na página 22 do *New York Times*. Poucos dias depois, o governador da Geórgia, S. Ernest Vandiver, criticou a intromissão de Kennedy, por "ligar para a casa do agitador racial mais destacado do país".[7] No entanto, ao criticar publicamente o candidato à presidência, Vandiver não mencionou que ele também recebera um telefonema particular de Kennedy sobre King.

Ex-piloto bombardeiro da Segunda Guerra Mundial, Vandiver concorrera ao cargo de governador em 1958 com a promessa de manter as escolas segregadas. Quando Martin Luther King Jr. anunciara sua mudança de Montgomery para Atlanta, Vandiver declarou que ele "não [era] bem-vindo na Geórgia".[8] Mas, entre os dois candidatos ao cargo, ele era o mais moderado e tentara se distanciar dos segregacionistas mais radicais. Vandiver também endossara seu colega democrata para a disputa presidencial. Agora Kennedy colocava o governador numa situação delicada.

"Ele pediu o auxílio do gabinete do governador para que Martin Luther King fosse solto",[9] disse Vandiver numa entrevista de 1967, que só foi lançada quando um historiador a revelou trinta anos depois.[10] "Ele, claro, estava muito preocupado e receoso de que qualquer iniciativa que tomássemos pudesse vir a público", prosseguiu Vandiver. "Assegurei a ele que aquela era uma conversa pessoal entre o candidato Kennedy e eu, e que ninguém, além da minha esposa, sabia do telefonema. Então decidimos que faríamos o possível para usar o gabinete do governador para obter a soltura de Martin Luther King."

Vandiver pediu a seu cunhado que ligasse para um amigo de Oscar Mitchell, o juiz que condenara King. "Claro", disse Vandiver, "que seria, creio, um suicídio político, com o clima que havia naqueles tempos, se isso viesse a público [...]. Mas, com meu interesse em ver Kennedy eleito presidente, eu estava disposto a arriscar."

Robert Kennedy deu prosseguimento com um telefonema para Mitchell, embora a essa altura o juiz já tivesse decidido libertar King. Depois de oito dias de cárcere, King foi liberado com uma fiança de 2 mil dólares.

"Penso que ganhei uma nova compreensão do significado do sofrimento", escreveu King numa carta a L. Harold DeWolf, "e saí mais convencido do que nunca de que o sofrimento imerecido é redentor."[11]

Embora vários homens próximos a Kennedy viessem a reivindicar os créditos por ajudar a libertar King, sulinos brancos como Vandiver evitaram receber maior atenção durante anos, até o momento em que se sentiram à vontade o bastante para comentar ou, em alguns casos, exagerar o papel que tiveram nos anos 1960. O episódio da soltura de King atraiu pouca atenção da imprensa branca, o que Vandiver preferia. Mas a imprensa negra comemorou o telefonema a Coretta: "Kennedy ao resgate!", dizia a manchete do *Philadelphia Tribune*.[12] Os consultores de direitos civis Harris Wofford e Sargent Shriver, junto com o jornalista negro Louis Martin, correram para imprimir um panfleto que seria distribuído em igrejas negras, numa campanha discreta para lembrar os eleitores negros que tinha sido Kennedy, e não Nixon, que tomara uma atitude, que tinha sido Kennedy, e não Nixon, que ajudara a libertar o principal ativista negro da nação. Imprimiram 50 mil cópias do panfleto — "a bomba azul", como o chamou Wofford por causa do papel azul barato utilizado na impressão —, e organizações negras locais continuaram a imprimir e distribuir muitas cópias mais.

Enquanto isso, King lançou uma declaração que era quase um endosso, dizendo que estava "profundamente agradecido ao senador Kennedy pela genuína preocupação que manifestou [...]. [Ele] demonstrou uma coragem moral de alto nível".

Numa das eleições mais apertadas da história americana, Kennedy venceu por cerca de 100 mil votos. Muitos observadores políticos disseram que ele devia sua eleição ao eleitorado negro, pois cerca de 70% dos votos negros foram a seu favor.

Nixon acusou fraude nas eleições. Acusou a imprensa. Acusou o governo Eisenhower por não ajudar King. E acusou os eleitores negros que tinham mudado de posição, disse ele, por causa de "um par de telefonemas".

King soube apreciar a disposição de Kennedy em correr riscos e agir por princípio, mesmo sabendo que poderia perder mais votos no Sul do que ganharia no Norte. Nixon, disse King anos depois, perdeu a oportunidade de tomar desde cedo uma posição sobre os direitos civis. "Então é por isso que o considerei realmente um covarde moral e alguém que não se dispunha a dar um passo corajoso e correr riscos", disse ele. "E estou convencido de que foi por causa disso que ele perdeu a eleição."[13]

King e outros esperavam que Kennedy se lembrasse de sua dívida para com os eleitores negros. No entanto, houve um eleitor negro que não votou: os agentes públicos da Geórgia disseram que Martin Luther King Jr. não morava em Atlanta tempo suficiente para estar habilitado a votar, e os do Alabama disseram que era tarde demais para pagar a tarifa de 1,50 dólar para registrar seu voto em trânsito em Montgomery.

O papel de King na eleição consolidou sua posição como "o líder mais conhecido da opinião pública preta nos Estados Unidos", como o qualificou Ralph McGill, o influente colunista e editor do *Atlanta Constitution*.[14] Se a influência de King aumentou, escreveu McGill, foi por causa de seus inimigos. Ao prendê-lo por acusações frágeis, ao condená-lo a quatro meses de prisão, ao algemá-lo e transportá-lo para Reidsville protegidos pelas sombras da noite, os adversários de King anunciavam ao mundo suas crenças e práticas preconceituosas. "Num prazo de três anos", escreveu McGill, "a oposição extremista do dr. King conseguiu torná-lo símbolo internacional do homem perseguido."

Embora King sentisse ter raízes profundas nos costumes e valores do Sul e concentrasse grande parte de sua energia em transformar a sociedade sulina, seu otimismo cristão o levava a denunciar a injustiça em toda parte — inclusive no Norte, onde o público ouvinte incluía seus maiores contribuintes financeiros e mais fortes apoiadores políticos. King presenciara o fenômeno do racismo nortista durante seus anos como estudante em Connecticut, Pensilvânia e Massachusetts. Embora os nortistas dissessem ser mais solidários, com muita frequência a conduta deles desmascarava a mentira. Os brancos no Norte, tal como no Sul, justificavam a segregação dizendo que os negros não sabiam lidar com ela, que eles degradavam o nível das escolas e dos bairros brancos, e que ainda não estavam qualificados para empregos melhores e salários mais altos. Num discurso em Nova York, King falou aos membros da Liga Urbana Nacional:

> Eles nunca são honestos o suficiente para reconhecer que os atrasos acadêmicos e culturais na comunidade preta são resultado da segregação e da discriminação.

Há necessidade premente de um liberalismo no Norte que seja realmente liberal, um liberalismo que acredite com firmeza na integração não só no Sul Profundo, mas também em sua própria comunidade. Há necessidade do tipo de liberal que não só se erga com justa indignação quando um preto é linchado no Mississippi, mas que fique igualmente indignado quando a um preto é negado o direito de viver no bairro dele, de ingressar em sua associação profissional ou de ocupar uma alta posição em sua empresa. Não é hora de prestar serviço à integração com palavras vazias; temos de fazê-lo com a vida.[15]

Em 30 de janeiro de 1961, quando Martin estava em Chicago para um discurso, Coretta deu à luz o terceiro filho deles. Deram-lhe o nome de Dexter, em homenagem à igreja de Montgomery em que Martin iniciara a carreira. Yoki estava com seis anos. Marty estava com três. Yoki e Marty tinham idade suficiente para saber que o pai era uma figura especial — que aparecia na televisão e no rádio, que viajava muito a trabalho e, também, que ia preso.

"Por que papai foi para a cadeia?", perguntou Yoki depois da prisão do pai em Atlanta.

"Papai foi para a cadeia de avião?", perguntou Marty, que sabia que o pai passava muito tempo voando e falou para a mãe que quando crescesse queria ser piloto, pois assim poderia levar o pai para onde ele quisesse ir.

"Sim", disse Coretta, tentando fazer parecer que aquilo era uma honra,

o papai de vocês é um homem bom e corajoso. Foi para a cadeia para ajudar as pessoas. Algumas não têm o suficiente para comer, nem casa confortável para morar ou roupa o bastante para vestir. Papai foi para a cadeia para que todo mundo possa ter essas coisas. Não se preocupem, o papai de vocês logo vai voltar.[16]

O pai deles sempre voltava e, em casa, cercava os filhos de atenção. Punha-os sentados em cima da geladeira e deixava que saltassem para seus braços. Jogava bola com eles no quintal. Porém logo precisaria partir de novo. Não podia nem queria cumprir suas tarefas num escritório. Os ouvintes lhe incutiam energia. Adorava conhecer gente nova. Depois da eleição, foi para a Nigéria a convite do governo do país para comemorar sua independência da Grã-Bretanha. Em Nova York, apareceu em rede nacional num debate sobre a estratégia e os méritos da integração com James J. Kilpatrick, editor conservador do *Richmond News Leader* e firme opositor da dessegregação determinada pelo tribunal. A agenda de viagens lotada de King também lhe permitia passar tempo com outras mulheres que não Coretta.

"Bom [...] claro que, quando um homem viaja, como você e eu", disse ele ao colega ativista James Farmer, "é inevitável que haja mulheres, e tem havido um monte delas."[17]

Quatro anos antes, em 5 de outubro de 1956, King tinha falado na igreja batista Monte das Oliveiras em Petersburg, na Virgínia, na 21ª convenção anual da NAACP do estado. Fora convidado pelo rev. Wytt Tee Walker. Entre os ouvintes naquela noite estava Dorothy Cotton, de 26 anos, nascida em Goldsboro, na Carolina do Norte, recém-casada e transferida para Petersburg, onde entrara na igreja de Walker e participava de uma campanha para a integração das bibliotecas municipais. Antes do discurso de King, Cotton subiu à tribuna para recitar um poema.

Naquela noite, ele esteve como convidado na casa do rev. Walker e sua esposa, Theresa Ann. Dorothy Cotton e outros membros do Clube Paroquial local serviram frango no jantar.

"Enquanto andávamos em volta da mesa com aquelas grandes travessas de comida, eu ouvia os comentários que Martin fazia flertando, e tudo bem, porque naquela hora estávamos todos dando risadinhas e agindo feito bobos", relembrou Cotton mais tarde.[18] Ela era baixa e esguia, com olhos separados e bochechas graúdas que ficavam bem redondas quando sorria. Naquela noite, ela sorriu quando King a elogiou pelo poema que havia recitado na igreja e pelas pernas bonitas que tinha.

Na mesma entrevista, quando solicitada a descrever King como pessoa, Cotton respondeu: "Como pessoa, era um playboy bobo. Sim, era mesmo, realmente era". O fato de que um líder religioso casado flertasse de modo tão descarado num ofício da igreja — e com uma mulher casada — dizia muito sobre as atitudes que os pregadores tinham com mulheres. Cotton disse que saiu do jantar naquela noite com King. "Acabamos cantando e nos divertindo muito", comentou ela.[19] Disse que se sentiu tomada por uma forte emoção, que era mais do que simples atração física. "Senti uma espécie de ligação mesmo quando estávamos servindo o jantar", falou Cotton. "Desde aquele dia eu sentia como se tivesse encontrado um irmão que nunca tive."[20]

O pai dela, Claude Daniel Foreman, era um agricultor que plantava algodão e tabaco e não estudara além do terceiro ano.[21] A mãe deu à luz quatro filhos em quatro anos e morreu na quinta gravidez. Dorothy lembrava a infância com tristeza, inclusive o dia em que foi da escola até o consultório médico, extraiu as amígdalas, foi para casa a pé e se deitou, tudo isso sozinha.[22] "Não me lembro de nada afetuoso no ambiente doméstico", disse ela. "As surras com a cinta de meu pai [...] ou um beliscão eram a ordem do dia."[23]

No entanto, Cotton, um ano mais nova do que King, tinha uma natureza alegre que se contrapunha às durezas de sua vida. Segundo Theresa Ann Walker, ela era "uma dama simpática e exuberante".[24] Como Cotton disse certa vez, ao rir e cantar ela não interiorizava a dor. Sua personalidade ensolarada aquecia todos à sua volta, mesmo o homem que batia nela. "Dorothy pode estar lavando pratos", disse o pai, "e, enquanto enxuga um prato, ela para no meio, segura-o até acabar a música que está cantando. Então termina de enxugá-lo."[25]

King esteve em Petersburg quatro vezes entre 1956 e 1960. Depois de sua ida em 1960, ele pediu a Wyatt Tee Walker que se mudasse para Atlanta e se tornasse diretor-executivo da Conferência da Liderança Cristã do Sul. Walker aceitou o emprego e foi com dois associados — Jim Wood e Dorothy Cotton. O marido de Dorothy, George Cotton, levou-a de carro até Atlanta, ficou alguns dias e voltou para a Virgínia.[26] Cotton alugou um quarto na casa de Dora McDonald, a nova secretária de King, planejando permanecer seis meses na cidade para trabalhar como assistente administrativa de Walker. Mas acabou ficando. "O movimento se tornou minha vida", disse ela, "e meu marido não se interessava muito por ele. Eu não estava terminando meu casamento, mas fomos nos afastando, e por fim as visitas cessaram."[27] Com o tempo, o casal se divorciou.

Cotton se tornou uma das mulheres mais influentes na hierarquia da SCLC, dominada por homens. Seu maior valor, disse um líder do grupo, consistia em moderar as disputas e afagar os grandes egos que formavam o movimento.[28] Quase todos gostavam dela. Nesse meio-tempo, Cotton e King se tornaram mais do que amigos, mais do que colegas. E, embora nunca revelasse publicamente seu segredo, Cotton dizia aos amigos que ela e King eram íntimos e devotados como marido e mulher.

"Ele amava a esposa", disse Cotton numa entrevista, "mas também amava algumas outras pessoas."[29]

Outros do círculo interno de King sabiam do relacionamento, mas mantinham segredo. Cotton, disse Juanita Abernathy anos depois, "fazia tudo, exceto se dizer mulher de Martin".[30]

"Hoje vemos não a vitória de um partido, mas uma celebração da liberdade", disse John F. Kennedy ao iniciar o discurso de posse, prometendo dedicar seu mandato na presidência à causa da liberdade e expressando votos de que todas as nações se unissem de forma livre para "explorar as estrelas, conquistar os desertos, erradicar as doenças". Mas não fez nenhuma menção à raça, a não ser afirmar seu compromisso com os direitos humanos "no país e em todo o mundo".

No começo de 1961, King não tinha planos claros para o ano que vinha pela frente. Não foi convidado para a posse de Kennedy. A equipe do novo presidente decidiu que os direitos civis não teriam papel importante na agenda do primeiro ano de governo, em parte porque o novo presidente não queria ser hostilizado pelos brancos sulinos que o ajudaram a vencer as eleições. Na época, não havia nenhum negro no Senado, enquanto na Câmara dos Deputados havia apenas meia dúzia. Kennedy não via muito a ganhar em pressionar por reformas legislativas significativas ou em adotar uma ampla ação do Executivo em relação aos direitos civis. Enquanto isso, a integração das escolas sulinas estava parada. Algumas autoridades brancas tinham decidido fechá-las em vez de integrá-las. Em outros casos, pais brancos tinham tirado os filhos da escola com a chegada de alunos negros, muitas vezes encaminhando-os como alternativa para instituições particulares novas ou ampliadas exclusivas para brancos.

Walker ficara encarregado da SCLC, prometendo ajudar a organização a liderar ou, pelo menos, participar da onda de protestos de ação direta que estava sendo conduzida basicamente por estudantes. Ella Baker insistira que a SCLC ministrasse cursos para adultos, o que impulsionaria os esforços para o cadastramento eleitoral, e visitou a escola Highlander Folk no Tennessee, um centro de treinamento para ativistas progressistas, para ver como funcionavam os programas de educação cidadã de lá. Como a Highlander corria o risco de fechar por causa de perseguições judiciais, Baker e outros insistiram que a SCLC assumisse o programa de treinamento da escola e o expandisse a fim de atrair e educar voluntários por todo o Sul. Walter e King apoiaram a ideia. Dorothy Cotton começou a recrutar alunos. Septima P. Clark, coordenadora do programa da escola, conduzia o treinamento. Cotton e Clark tinham experiência como organizadoras comunitárias, sobretudo quando eram trabalhos que não cerceavam a participação das mulheres, como os ligados à estrutura da igreja. Elas planejaram treinar 240 instrutores e ajudá-los a montar no Sul cursos de alfabetização e promoção do cadastramento eleitoral.

Embora o plano de utilizar o programa da escola Highlander Folk tivesse partido de mulheres e viesse a ser em larga medida operado por elas, a SCLC escolheu um homem para conduzir o projeto: um jovem pastor negro chamado Andrew Young, que liderara o pastorado de jovens para o Concílio Nacional de Igrejas em Nova York.

Young, como King, vinha de uma família respeitável. Mas era filho de um dentista, não de um pastor. Seus pais tinham tentado protegê-lo da dor do racismo sulino. Também o mantiveram longe do jazz e do blues, coisa nada fácil em New Orleans, onde nasceu, na esperança de criarem um rapaz fino.[31] Os Young eram de uma igreja congregacional, que enfatizava a responsabilidade cívica e o trabalho missionário. Seguindo os passos do pai, Young frequentou a Universidade Howard e fez os cursos de pré-medicina necessários para a carreira odontológica. Mas escolheu o pastorado, o que, para o pai, era uma diminuição no grau de respeitabilidade. Ao comandar sua primeira paróquia em Thomasville, na Geórgia, era a primeira vez que Young convivia entre famílias negras pobres. Quando ingressou na SCLC, estava com 28 anos, mas mostrava o bom senso de um homem de mais idade. Tornou-se um tático que gostava de negociar com opositores brancos, um moderado que às vezes enfurecia seus associados mais ardorosos e um assessor em quem King podia confiar. Mas tinha a mesma concepção de King quanto ao papel das mulheres no movimento e disse a um entrevistador: "As mulheres podem apoiar e fortalecer, mas o papel de protesto, o papel de moldar o mundo, o papel criativo em acepção social e política, penso que é do homem".[32]

King mantinha seu ritmo frenético, chegando a fazer cinco discursos por dia, angariando fundos para a SCLC. Chegavam bateladas de cartas a seu escritório, pedindo ajuda para encontrar emprego, quitar dívidas, lidar com senhorios, ajudar nas tarefas de casa. Um homem de Hamlet, na Carolina do Norte, lhe pediu que o ajudasse a encontrar "uma mulher jovem e bonita [...] entre 25 e 34 anos e não tem problema se já foi casada [...] e garantir que a moça tenha feito o segundo grau".[33]

Às vezes tinha-se a impressão de que King queria transformar o país na sua congregação. Mesmo ao se tornar mais político, mais poderoso e mais respeitado, ele extraía sua autoridade da Bíblia e não perdia ocasião de falar do alto de um púlpito. "No recesso secreto de meu coração", como dizia, "sou fundamentalmente um clérigo, um pregador batista." E afirmava que sua missão não era apenas mudar as leis e os valores dos Estados Unidos, mas redimir a alma da nação. O conceito de liderança de King vinha da igreja, dos exemplos dados pelo pai, pelo avô e por inúmeros outros pregadores e profetas bíblicos que lhe haviam moldado o coração e o intelecto. Acreditava que, se falasse a Palavra de Deus, as pessoas ouviriam e seriam levadas à transformação. Em especial para seus ouvintes negros, King esperava que a Palavra de Deus inspirasse a confiança de que a causa deles era justa, de que teriam a fé recompensada, por mais improvável que isso parecesse na época.

No outono de 1960, King pregou um sermão chamado "The Seeking God" [O Deus que busca], em que dizia que muitas pessoas se perdem como ovelhas e ficam "apenas mordiscando capim fresco" e se entregando à atração do prazer transitório.[34] E advertia: aquele que bebe socialmente se torna alcoólatra. Aquele que busca experiências raras e estranhas se torna dependente de drogas. O homem casado que aprecia as lisonjas de uma mulher se torna um marido infiel. Mas, disse ele, Deus é nosso "Pastor Cósmico", procurando por nós e nos guiando de volta ao rebanho. Na primavera de 1961, num sermão que proferiu muitas vezes, chamado "Loving Your Enemies" [Amando seus inimigos], King exortava a congregação a lembrar que o mandamento de Jesus para amarmos nossos inimigos não é um utopismo carola; é prático, realista e fundamental para trazer a mudança, em especial para o povo negro do Sul:

> Ponham-nos na cadeia, e iremos com um sorriso humilde no rosto, ainda amando vocês. Atirem bombas em nossas casas e ameacem nossos filhos, e ainda amaremos vocês [...]. Mas estejam certos de que os venceremos com nossa capacidade de sofrer. E um dia conquistaremos nossa liberdade, mas não só conquistaremos liberdade para nós, como exerceremos tal apelo em seus corações e consciências que venceremos vocês nesse processo. E nossa vitória será dupla. Parece-me ser essa a única resposta e a única maneira de tornar nossa nação uma nova nação, e nosso mundo um novo mundo. O amor é o poder absoluto.[35]

Uma pesquisa de opinião do começo de 1961 perguntou a sulinos: em sua opinião, chegará o dia no Sul em que brancos e pretos irão às mesmas escolas, comerão nos mesmos restaurantes e, de modo geral, usarão as mesmas instalações públicas? Sim, responderam 78% dos consultados, contra 45% quatro anos antes. Mas, como assinalou o instituto responsável pela pesquisa, prever e gostar não eram a mesma coisa.[36]

Uma semana depois da posse de Kennedy, Frank Sinatra organizou uma homenagem a King no Carnegie Hall. Harry Belafonte, entre outros, estivera recrutando celebridades para darem apoio ao movimento pelos direitos civis. Entre os participantes estavam também Mahalia Jackson, Sammy Davis Jr., Tony Bennett, Count Basie e Dean Martin. O evento arrecadou para a SCLC mais de 50 mil dólares (equivalente a cerca de 450 mil dólares atuais).

Num ofício interno com a indicação de "confidencial", altos membros da SCLC discutiram como apresentar King ao público para aproveitar melhor sua fama: "Devoto, reverente, mas não carola", dizia o ofício. "Humilde, decidido, modesto, mas não tímido. Dedicado, mas não fanático. Corajoso, com iniciativa, mas não intimidador."[37]

King era o líder pelos direitos civis mais conhecido do país, mas estava longe de ser o único, o que significava que a SCLC tinha de se esforçar para arrecadar fundos, bem como para disputar a atenção da mídia, do governo Kennedy e do público. No primeiro semestre de 1961, James Farmer se tornou o novo diretor nacional do Congresso de Igualdade Racial (Core, na sigla em inglês) e começou a adotar o tipo de ação audaciosa que King e a SCLC tentavam evitar. Farmer resolveu enviar negros e brancos de ônibus para o Sul, para testar no mundo real o impacto da decisão do Supremo Tribunal em Boynton versus Virginia, de 1960, a ação que declarara inconstitucional a segregação em ônibus e ferrovias interestaduais. Essas excursões viriam a se chamar Viagens pela Liberdade.

Em 1947, outro grupo de ativistas havia lançado suas próprias "viagens pela liberdade", chamadas Jornada da Reconciliação. Mas essas se limitaram a estados do Centro-Sul. Essa nova viagem seria mais perigosa. O primeiro ônibus Greyhound partiu de Washington, DC, em maio, com planos de chegar a New Orleans em 17 de maio de 1960, data do sexto aniversário de Brown v. Board of Education. Os organizadores tinham esperança de que ocorresse um conflito capaz de gerar uma cobertura nos noticiários nacionais e de pressionar o governo federal a intervir.

O conflito veio depressa. Quando os viajantes se aproximavam de Anniston, no Alabama, uma turba de brancos atacou os passageiros com canos compridos e ateou fogo ao ônibus. Em Birmingham, brancos raivosos aguardavam na rodoviária, portando canos e porretes. Não havia nenhum policial à vista, embora o edifício da prefeitura ficasse a duas quadras dali. "Pelos relatos de nossos policiais", disse o comissário de polícia de Birmingham, Theophilus Eugene "Bull" Connor, "parece que os dois lados eram de fora da cidade — os que foram surrados e os que surraram."[38] Mais de uma dúzia de pessoas foi hospitalizada, mas ninguém foi imediatamente detido após os ataques. Jornais e programas de televisão do mundo inteiro divulgaram imagens dos viajantes ensanguentados.

Robert F. Kennedy, recém-nomeado procurador-geral da República, telefonou para King, pedindo-lhe que usasse sua influência para interromper as viagens até passar o próximo encontro do presidente com o premiê soviético Nikita Khruschóv.[39] Não se sabe se King teria conseguido deter as Viagens pela Liberdade, mas, de todo modo, ele respondeu a Robert Kennedy que era possível encerrar o protesto caso uma ordem federal proibisse a segregação em viagens de ônibus; enquanto isso não acontecesse, os veículos continuariam a rodar, disse ele. E continuaram.

Foram até Montgomery e, na manhã de 20 de maio, os passageiros se depararam com uma turba de trezentos homens brancos empunhando tijolos, bastões e garrafas. A turba atacou, brandindo suas armas, atingindo não só os viajantes, mas também repórteres e fotógrafos. John Seigenthaler, assistente de Robert Kennedy no Ministério da Justiça, fora enviado para tentar acalmar as tensões. Ao tentar ajudar uma moça perseguida pela turba, um membro da KKK brandindo um cano atacou-o por trás. O corpo inerte de Seigenthaler ficou estendido na rua por 25 minutos até ser levado para um hospital.[40]

"Primeiro começaram a bater no pessoal da imprensa", contou John Lewis, um dos passageiros do ônibus. "Se você estava com um caderno de notas, um lápis, uma caneta, era espancado [...] largado na rua. Então passaram para os Viajantes pela Liberdade [...]. O rapaz sentado ao meu lado era um estudante jovem branco chamado Jim Zwerg. Fomos separados dos outros. Ele foi golpeado na cabeça. Eu fui golpeado na cabeça com um engradado de Coca-Cola." Quando Zwerg caiu, três brancos o suspenderam para que uma mulher branca lhe chutasse a virilha e o esmurrasse na cara "até ficar cansada demais para bater outra vez", segundo o *Montgomery Advertiser*. "Fui levado para um consultório médico", contou Lewis, "onde me puseram um curativo na cabeça. Jim Zwerg foi levado para um hospital local. Ele estava muito, muito gravemente ferido."

Repórteres com câmeras portáteis de TV — uma nova tecnologia — filmaram os ataques e distribuíram a matéria pelo mundo. Quarenta milhões de lares americanos tinham aparelho de televisão — ultrapassando pela primeira vez o número de lares que recebiam jornais diários.[41]

King, que estivera fora da cidade para realizar um discurso, correu de volta para Montgomery e falou com os repórteres. Também ficou em contato com Robert Kennedy, que, após o governador John Patterson ter se negado a garantir a segurança dos passageiros, enviou agentes federais para protegê-los. "Acho que ele me telefonava todos os dias", disse King mais tarde a respeito de Robert Kennedy, "às vezes duas ou três vezes por dia, quando estávamos em Montgomery nas Viagens pela Liberdade."[42]

Mais de mil pessoas lotaram a igreja de Ralph Abernathy na noite de 21 de maio de 1961, em apoio aos Viajantes pela Liberdade. A elas se uniram seguidores do SNCC, do Core e da SCLC. Cantaram hinos e ouviram uma série de oradores enquanto, no lado de fora da igreja, uma turba furiosa de brancos se agitava esbravejando e arremessando tijolos e garrafas contra as casas. Também virou um carro e ateou fogo. O grupo dentro da igreja estava com receio de que fizessem o mesmo com o templo. "Dr. King estava muito nervoso, em pânico, diria eu", relembrou Burke Marshall do Ministério da Justiça, que entreouviu alguns dos telefonemas de King para Kennedy.[43] Mas, ao desligar o telefone, King se inclinou com calma, apoiou os braços na tribuna e falou ao público em tom tranquilizador:

> Soldados estão neste instante a caminho de Montgomery e logo chegarão aqui. Pediram que todos fiquemos aqui dentro por enquanto [...]. Devemos ter clareza de que aderimos de forma incondicional à não violência. Ora, é muito fácil ficarmos bravos, indignados e até violentos num momento desses, mas penso

que esse é o teste. Ora, uns minutos atrás tivemos de sair e aconselhar alguns de nosso próprio povo que estavam chegando à beira de revidar a violência. E não queremos fazer isso. Não *podemos* fazer isso. A vitória moral é nossa.[44]

Passaram a noite abrigados na igreja. King deu entrevistas por telefone a repórteres de fora da cidade e continuou em contato frequente com Robert Kennedy.[45] As crianças dormiram numa sala de reuniões no térreo. Os adultos se estenderam nos bancos.[46] Em seus comentários, King exortou os ouvintes a reconhecerem o papel do governo na luta pela justiça e a insistirem que as autoridades eleitas agissem. "A lei pode não ser capaz de fazer um homem me amar, mas pode impedi-lo de me linchar", disse ele. "O fato é que os hábitos, se não os sentimentos dos homens, mudaram e estão sendo mudados todos os dias pela ação federal."[47] Haveria mais à frente carreatas pelo cadastramento eleitoral, além de protestos pressionando pela integração de parques públicos, escolas, lanchonetes, entre outros. Os Viajantes pela Liberdade mostraram o caminho, e ele era não violento.

Milhares de brancos investiam furiosos.[48] Alguns agitadores adentraram a igreja. Outros atiraram bombas incendiárias pelas janelas. Os explosivos logo foram apagados. Robert Kennedy enviou quatrocentos policiais federais para proteger quem se abrigava ali. No dia seguinte, enviou mais duzentos.

"Achávamos que a igreja seria destruída pelo fogo", disse Bernard Lafayette Jr., um dos Viajantes pela Liberdade.[49] Quando King enfim conduziu o grupo para fora, caminhando por entre a turba, Lafayette imaginou que haveria uma chacina, mesmo com a presença dos policiais. Mas continuou a andar mesmo assim. "Não sei por que a turba não atacou", disse ele. O modo calmo e ordeiro com que andavam pareceu ter um efeito hipnótico sobre a multidão branca enfurecida. "Atravessamos aquela noite, mas foi por causa da liderança de Martin Luther King."

Robert Kennedy insistiu que os Viajantes pela Liberdade suspendessem a jornada, mas eles se negaram, e poucos dias depois foram para Jackson, no Mississippi, escoltados até a fronteira por soldados e aeroplanos de reconhecimento.

"Toda a garotada sabia que a morte era uma possibilidade concreta", disse Diane Nash, uma líder estudantil de 22 anos que já havia sido presa duas vezes.[50]

King resolveu não ir com eles, desapontando alguns viajantes.

"Vários de nós queríamos que dr. King fosse conosco para Jackson", disse John Lewis.[51]

"A causa da decência humana e da libertação negra exige que você viaje fisicamente nos ônibus com nossos bravos viajantes pela liberdade", escreveu

Robert Williams, presidente de um cabido da NAACP da Carolina do Norte, num telegrama a King. "Nenhum líder sincero pede que seus seguidores façam sacrifícios que ele próprio não fará."[52]

King tinha suas razões para ser cauteloso. Por exemplo, receava que uma detenção infringisse os termos de sua liberdade condicional por aquela antiga acusação de dirigir sem a devida habilitação da Geórgia. Mas isso não conseguiu silenciar seus críticos.

Em Jackson, a polícia prendeu todos os 27 viajantes quando tentaram entrar em cafeterias e sanitários apenas para brancos. As detenções e os ataques aos ônibus pretendiam criar obstáculos a um movimento social em crescimento, mas tiveram o efeito contrário. As pessoas presas converteram as celas da cadeia em "universidades de não violência", como disse James Lawson, ensinando aos colegas detentos a doutrina de Gandhi.[53] As Viagens pela Liberdade ajudaram a ampliar a influência e o número de membros do Core. Ajudaram a dar um âmbito nacional ao movimento pelos direitos civis, na medida em que brancos, clérigos e acadêmicos do Norte se somaram às manifestações e intensificaram seu compromisso com a causa.

King ajudara o movimento estudantil a dar o salto inicial. Mas restava ver se a nova geração o deixaria para trás. Sua decisão de não viajar nos ônibus frustrou muitos apoiadores mais jovens. "Eles questionaram sua reticência em participar das Viagens pela Liberdade", afirmou Ella Baker. "Questionaram muito incisivamente, e entendo que houve sérios atritos com ele, a ponto de alguns o verem irritado pela primeira vez."[54]

Jovens negros haviam iniciado, escreveu Baldwin, "nada menos que uma revolução moral",[55] e isso criara uma distância entre os revolucionários e a liderança oficial. "É por causa dessa distância que King se encontra em posição tão difícil. As pressões sobre ele são enormes e vêm de cima e de baixo." Mas King continuava a ser a figura central da luta pela justiça racial, segundo Baldwin, e não em pequena medida, porque a mídia continuava a colocá-lo no centro da ação, mesmo quando outros, inclusive Lawson e Farmer, vinham nos últimos tempos contribuindo mais para moldar o curso dos acontecimentos. "Ele conseguiu, como nunca preto nenhum conseguira antes dele, levar a batalha para dentro do coração de cada um e fazer de sua resolução o território da vontade individual", escreveu Baldwin. "Ele fez dela uma questão, nos dois lados da cerca social, de autoanálise pessoal; e, portanto, incorreu na pesada responsabilidade de continuar a liderar no caminho que encorajou tanta gente a seguir. Como ele fará isso, não sei."

22. A nova Proclamação de Emancipação

No verão de 1961, King e os colegas estavam dirigindo de Atlanta a Charleston, na Carolina do Sul. Quando chegaram à cidadezinha de Warrenton, na Geórgia, a mais de 160 quilômetros de Atlanta, viram um adolescente com uma mesinha dobrável montada ao lado da estrada.

Tyrone Brooks, de quinze anos, tinha ouvido que seu herói, Martin Luther King Jr., ia passar pela cidade. Ele embalou sanduíches e biscoitos em sacos de papel pardo para King e os colegas. Também havia copos de limonada gelada à espera deles.

King parou o carro. Agradeceu a Tyrone e perguntou se o adolescente queria ingressar na divisão de jovens do movimento. Tyrone falou que já tinha começado a fazer piquetes no conselho local de educação e estava ansioso por fazer mais. King seguiu viagem, deixando Tyrone cheio de inspiração e admiração.

"Ele era bem baixinho", disse Tyrone. "Eu imaginava que teria mais de 1,90 metro."[1]

"O que acontece com um homem que é possuído por uma causa?", perguntara o jornalista Mike Wallace alguns meses antes a King numa entrevista televisionada. "O que acontece com você quando se torna o símbolo da luta contra a segregação? Como homem?"

King respondeu de forma calma:

> Tem vantagens e desvantagens. Quando você está ciente de que é um símbolo, isso faz com que examine constantemente sua alma, passando por essa coisa de autoanálise, para ver se está à altura de todos os princípios nobres e elevados [...]. Você perde de fato um pouco de sua vida individual, de sua vida privada.[2]

Coretta colocou a questão de outra maneira: "Ele presta menos atenção a si mesmo", disse ao cronista de uma revista.

> Houve uma época em que ele cuidava muito da aparência. Hoje eu preciso lembrá-lo de comprar um terno novo. Nossa viagem à Índia em 1959, para estudar o movimento de independência de Gandhi, causou uma profunda impressão nele. [Martin] ficou ainda mais envolvido com a não violência e pouco interessado em coisas materiais. Às vezes ele até questiona se é o caso de ter alguma coisa que não seja absolutamente necessária para o resto da família.[3]

E Daddy King disse: "Ele está mais sério, mais empenhado e mais destemido; perdeu o senso de autoproteção de sua vida [...]. E está mais profundamente religioso [...]. Tem fé nas pessoas, mesmo nas que o perseguem; é uma coisa incrível".[4]

King Jr., numa entrevista a um repórter da revista *Redbook*, explicou em mais detalhes de que forma havia mudado em cinco anos como ativista e figura pública:

> Primeiro, claro, há algo de muito satisfatório no que tem acontecido comigo. Tenho a forte sensação de estar envolvido num grande movimento e de fazer parte de uma luta que sei que é correta. Fazer parte dela já é em si uma enorme satisfação. E tenho certeza de que fiquei mais sério. Não acho que perdi meu senso de humor, mas sei que deixo passar muitas oportunidades de usá-lo [...]. E sei que minha religião passou a ter para mim um significado maior do que antes. Passei a acreditar mais e mais num Deus pessoal — não um processo, mas uma pessoa, um poder criativo com amor infinito que atende às preces.[5]

Coretta e os filhos não viam Martin com a frequência que gostariam. A SCLC continuava a depender muito de King para arrecadar dinheiro ao fazer discursos. E os protestos em andamento, liderados por estudantes, levavam-no a viajar na esperança de gerar mais publicidade e exercer mais pressão sobre o governo federal. Com isso, Coretta passava longos períodos em casa sozinha com os filhos, o que a forçava, disse ela, a assumir os dois papéis, de mãe e de pai. Ela desistiu de tentar criar uma rotina para as crianças, deixando que não tivessem hora certa de ir para a cama quando o pai estava em casa. A vida em Atlanta era menos desgastante do que tinha sido em Montgomery, comentou Coretta, mas ainda assim ela se perguntava sobre o efeito da tensão nos filhos:

> Yolanda, a mais velha, que está com quase seis anos é uma menina sensível, mas não expressa muito seus sentimentos. Nós dois achamos que ela sente certa insegurança, mas não creio que seja grave. Ela realmente tem problema para dormir à noite. Sempre que Martin tem tempo, ele se senta no chão com os filhos, cheio de graças e criancices. Mas é raro ele ter tempo.[6]

King disse ao mesmo entrevistador que não tinha nenhuma intenção de recuar de suas responsabilidades como líder do movimento, mas que ansiava pelo momento, "algum dia", em que poderia dedicar mais tempo às "ideias culturais, intelectuais e estéticas que tinha extraído dessa luta".

O pai dele não parecia ter tanta certeza de que esse dia chegaria: "O que ele faz, faz com um senso de obrigação", disse Martin Luther King pai. "Ele não escolheu esse papel e não pode recusá-lo."[7]

Quando os líderes se convertem em símbolos, costumam desejar poder ou ficar absorvidos em si mesmos. Passam tanto tempo falando com jornalistas, angariando fundos e fazendo acordos políticos que as revoluções lançadas por eles acabam por deixá-los para trás. Mas King, mesmo não acompanhando os ônibus da Viagem pela Liberdade, ouvia e aprendia com os estudantes. "Eu ficava admirado com a paciência", disse James Lawson, "com a capacidade dele de sentar quieto numa reunião de diretoria ou de equipe e ouvir tudo o que se passava [...]. Ele tinha calma e sabedoria."[8] King tentava não indispor ninguém que pudesse ser um aliado, jovem ou velho, radical ou conservador. "Sim, ele pressionava", disse Lawson, principalmente quando se tratava de defender a não violência como chave de sua estratégia, "mas o fazia de maneira gentil e afetuosa."

Em 5 de junho de 1961, King disse para o presidente Kennedy "editar um decreto-lei declarando ilegais todas as formas de segregação racial".[9] Referiu-se a isso como uma segunda Proclamação de Emancipação. "Assim como Abraham Lincoln teve a capacidade de ver quase cem anos atrás que esta nação não poderia ser metade escrava e metade livre", disse ele, "o atual governo deve ter o discernimento de ver que hoje a nação não pode existir metade segregada e metade integrada."

Enquanto isso, as Viagens pela Liberdade prosseguiram durante o verão. Chegavam novas ondas de voluntários, inclusive líderes religiosos de diversas denominações, vindos de todo o país para se somar à campanha. Por todo lado, jovens comentavam e reproduziam as ocupações. O movimento se espalhava de escola em escola, de cidade em cidade, com a imaginação vencendo o medo, a ação substituindo a inércia. No outono, a Comissão de Comércio Interestadual emitiu uma ordem que proibia a segregação em terminais rodoviários interestaduais. Essa forma de segregação já fora declarada inconstitucional pelo Supremo Tribunal, mas o empenho do governo federal em fazer valer a lei era um avanço importante. Três grandes empresas ferroviárias que atendiam o Sul acabaram com a segregação em seus trens e terminais. A cada vitória, as expectativas aumentavam. As Viagens pela Liberdade inspiraram um novo grupo de ativistas resolutos a se espalhar pelo Sul. Jovens negros e brancos, homens e mulheres, cristãos e judeus, nortistas e sulinos punham a vida em risco por sentirem que algo relevante acontecia.

Após nove meses na presidência, John F. Kennedy ainda não se encontrara com King. Fazia meses que Harris Wofford, amigo de King, pressionava a Casa Branca para corrigir esse descuido e, por fim, foi marcado um encontro para 16 de outubro de 1961. A invasão malsucedida à baía dos Porcos e a Guerra Fria em termos mais gerais tinham ocupado grande parte da atenção de Kennedy, mas King tentava fazer com que o presidente se concentrasse nos direitos civis e cumprisse suas promessas aos eleitores negros. King se encontrou primeiro com Robert Kennedy e depois almoçou na Casa Branca com o presidente e a primeira-dama, Jacqueline Kennedy. King lhe relembrou sua ideia de uma segunda Proclamação de Emancipação, que declararia ilegal toda e qualquer segregação nos termos da Décima Quarta Emenda. Kennedy disse que pensaria nisso. "Kennedy se sentiu pouco à vontade com King", relembrou Wofford,[10] e King sentiu que faltava a Kennedy a coragem de agir de acordo com suas convicções no que se referia aos direitos civis. King disse que Kennedy tinha a habilidade política necessária, mas não estava claro se tinha também a paixão.

No Dia de Ação de Graças, a cantora gospel Mahalia Jackson e a pianista Mildred Falls foram jantar na casa dos King. Alberta e Coretta prepararam a refeição. Juanita Abernathy e os filhos também foram, mas Ralph estava fora realizando um trabalho da SCLC. Comeram peru grelhado, pernil assado, verduras, batata-doce e pão de milho, com torta e sorvete de sobremesa, e um cafezinho. "Ali estava uma família em que as pessoas eram gratas tanto pelas coisas pequenas quanto pelas grandes", mais tarde escreveu Mahalia.[11]

Martin pediu licença e deixou a mesa de Ação de Graças para atender a telefonemas em seu escritório.[12] Ligavam para atualizá-lo sobre um protesto que crescia em Albany, na Geórgia.

Algum tempo antes, naquele mesmo outono, dois jovens negros do SNCC — Charles Sherrod e Cordell Reagon — tinham iniciado uma campanha de cadastramento eleitoral em Albany. A cidade tinha 55 mil habitantes, sendo cerca de 40% negros, e ficava mais perto de Tallahassee do que Atlanta. Antes da Guerra Civil, a economia era dominada pelo algodão, e o número de pessoas escravizadas ultrapassava em muito o de pessoas livres. Ainda havia pequenas lavouras de algodão, algumas manadas de gado e longas filas de nogueiras-pecã, mas em 1961 a economia dependia basicamente da base da Força Aérea Turner e do depósito de suprimentos da Marinha americana. Tal como em Atlanta, os líderes municipais de Albany gostavam de alardear as boas relações entre as raças, assinalando que em data recente a bandeira no prédio da prefeitura fora baixada a meio-pau para marcar o falecimento de um barbeiro negro popular.[13] Também diziam que a KKK e os Conselhos de Cidadãos Brancos tinham pouca presença na cidade. O surpreendente, porém, era que os brancos locais raramente celebravam seu conterrâneo mais famoso: o cantor Ray Charles, nascido ali em 23 de setembro de 1930.

Sherrod e Reagon haviam chegado a Albany muito esperançosos. A cidade tinha parquímetros e calçadas. Tinha um jornal. Tinha uma classe média negra. Tinha um médico e um advogado negros. Tinha uma faculdade negra, a Faculdade Estadual de Albany, e lá Sherrod e Reagon começaram o recrutamento. A eles logo se somou Charles Jones, que fazia ocupações em lanchonetes e era organizador estudantil de Charlotte.

Os rapazes montaram um escritório num imóvel precário, em que a argamassa caía das paredes e o mimeógrafo funcionava de modo intermitente, e começaram a registrar eleitores e a ouvir reclamações sobre questões locais.[14] Dr. William G. Anderson tinha um consultório médico em cima de uma loja de bebidas na seção negra da cidade, bairro que os locais chamavam de Harlem. Ele observou os dois rapazes enquanto trabalhavam. "Eram repelidos, intimidados, molestados", disse Anderson.[15] Em outubro, ao saber que os rapazes estavam organizando uma manifestação, o médico e sua esposa, Norma, se juntaram a eles. O movimento cresceu rapidamente. Pregadores negros abriram suas igrejas para os comícios. Nascia uma nova organização, chamada Movimento de Albany, que tinha Anderson na presidência. Integrantes do Movimento de Albany, aos quais se somaram integrantes do SNCC, organizaram ocupações na estação de ônibus, que não fora integrada, apesar da ordem recente do governo Kennedy. Logo foram detidos. Chegaram mais manifestantes de Atlanta. E o mesmo se passou com eles. Seguiram-se passeatas até o prédio da prefeitura. Até 15 de dezembro, cerca de quinhentas pessoas tinham sido presas.

"Não aceitaremos esses encrenqueiros entrando em nossa cidade com o único objetivo de perturbar a paz e a tranquilidade da cidade de Albany", disse o chefe de polícia Laurie Pritchett.[16]

Anderson conhecera King quando o famoso pastor era um adolescente em Atlanta. Anderson conhecia também Ralph Abernathy, e ambos tinham sido colegas na Faculdade Estadual do Alabama. Com a escalada das tensões, Anderson ligou para King e Abernathy, pedindo ajuda.

King chegou de carro, com escolta policial, em 15 de dezembro.[17] Falando para uma grande multidão de manifestantes, ele se referiu à segregação como "o fardo do preto e a vergonha dos Estados Unidos".[18] E acrescentou: "A situação atual do mundo não nos permite o luxo de uma democracia anêmica". Àquela altura, mais de setecentos manifestantes tinham sido detidos na cidade, e a comunidade negra aumentara o número de reivindicações. Além da rodoviária, pleiteavam a integração de bibliotecas, lojas e restaurantes. Queriam o fim da brutalidade policial. Queriam empregos, inclusive no governo. Queriam jurados negros em ações que envolviam réus negros.[19] E queriam a soltura dos colegas que estavam na cadeia. Agora os dissidentes estavam engajados numa das maiores contestações da segregação legalizada já vistas no Sul.

"Era um movimento de massa", disse Anderson. "Estávamos tomando uma cidade inteira. Foi o primeiro movimento *de massa* não violento."[20]

Nem todos os ativistas acolheram bem o envolvimento de King. James Forman, secretário-executivo do SNCC, foi contrário ao convite, dizendo que o protesto já recebia muita atenção da mídia. Seu receio era que o povo de Albany recuasse e deixasse a luta a cargo de King. Forman achava que, se depositassem confiança demais na liderança eletrizante de King, a formação de um movimento de bases, tanto em Albany quanto no resto do país, ficaria debilitada no longo prazo. Mas Anderson e outros líderes locais queriam King, e Forman, quando ficou claro que não conseguiria convencê-los, deixou de lado a discussão.[21]

Na tarde do dia 17 de dezembro, um domingo, na ausência de qualquer resposta do prefeito Asa D. Kelley às reivindicações dos manifestantes, cerca de 250 pessoas se prepararam para uma passeata da igreja Shiloh até o prédio da prefeitura. O dia estava frio, cinzento e garoava.[22] King, com um terno castanho, encabeçou a passeata, junto com Abernathy e Anderson.[23] Os manifestantes, andando em duplas, foram até o centro da Jackson Street, passando por lojas enfeitadas para o Natal e por pessoas que faziam compras de domingo, muitas vindas de cidadezinhas próximas, "onde o sentimento de segregação é ainda mais forte do que nesta cidade de 53 mil habitantes", escreveu um repórter que cobria o protesto. Uma força policial com cerca de 120 homens vestindo impermeáveis amarelos separava os manifestantes dos transeuntes brancos.[24]

Os integrantes da passeata cantavam:[25]

Venceremos
Venceremos
Um dia venceremos
Ah, acredito mesmo
Do fundo do meu coração
*Um dia venceremos.**

Quando os manifestantes se aproximaram da prefeitura, um contingente de policiais avançou na direção deles, liderado pelo chefe Pritchett, com sua jaqueta preta de couro perolada de gotas de chuva.[26] Manifestantes e policiais se encontraram na Oglethorpe Street, perto do terminal de ônibus da Trailways. Pritchett os parou e perguntou a King se tinha uma autorização para o desfile.

"Estamos apenas indo rezar na prefeitura", respondeu King.[27]

Pritchett, ex-jogador da equipe de futebol americano da Universidade Auburn, media 1,80 metro de altura e pesava 120 quilos.[28] Parecia "que a cabeça, o pescoço e os ombros dele formavam uma peça só", disse um policial.[29] Pritchett passara meses estudando o comportamento dos ativistas pelos direitos civis, conversando com policiais em Little Rock, Birmingham e Montgomery, enquanto se preparava para esses protestos. "Pesquisei sobre o dr. King", relembrou Pritchett anos depois. "Li sobre seus primeiros tempos em Montgomery, os métodos que usava lá. Li que era um grande seguidor de Gandhi."[30] Pritchett passou filmes sobre controle de multidões para seus policiais e insistiu que tratassem protestos não violentos com ação policial não violenta. Prometeu que demitiria qualquer policial que erguesse o cassetete acima da altura da cintura.[31] O município tinha dois cães policiais, mas Pritchett não os utilizou no dia da passeata.[32] Desde que não ocorresse nenhuma violência, disse o chefe de polícia, ele confiava que o governo federal não interviria em Albany, e o protesto minguaria.

Diante dos manifestantes, Pritchett ergueu um megafone e anunciou que, se não fossem embora, todos seriam detidos.[33]

* "*We shall overcome/ We shall overcome/ We shall overcome some day/ Oh, deep in my heart/ I do believe/ We shall overcome some day.*" (N. E.)

King, Abernathy e Anderson retomaram a marcha. O povo seguiu.

A polícia acuou a multidão numa viela ao lado da cadeia municipal e bloqueou a saída com uma viatura. Prenderam 162 adultos e 104 adolescentes. Ficou estabelecido que seria cobrado uma fiança de duzentos dólares em espécie por pessoa.

"Eles não têm respeito por seres humanos", disse King parado na viela. "Não têm respeito pela justiça."[34]

A seguir, os policiais separaram King, Abernathy e Anderson do grupo e os levaram para a cadeia de Sumter County em Americus, a 65 quilômetros de Albany. Os guardas tratavam King por "garoto".

"Se eu for condenado, vou me recusar a pagar fiança", disse ele a um repórter que foi encontrá-lo na cadeia. "Imagino que passarei o Natal aqui. Espero que milhares se juntem a mim."[35]

Quando o mesmo repórter tentou entrevistar Anderson, o delegado interveio, dizendo que achava que já tinha sido "glória pessoal suficiente para o crioulo".[36]

A declaração de King dizendo que pretendia ficar na cadeia atraiu para Albany mais jovens ativistas, jornalistas e clérigos. O rabino Allen Secher, que na época liderava uma congregação em Nova Jersey, disse que foi atraído à Geórgia pela poderosa mensagem de King. "Vou lhe dizer o que preparou King para ser líder. Foi ter estômago",[37] disse o rabino, usando o termo iídiche *kishkes* para "tripas". "Ele não era cem por cento perfeito [...]. Mas o que sabemos sobre as profundezas de seu ser era que ele era o que a religião devia ser. Podia ter tido *algum* treinamento, mas ele tinha *toda* a alma."

Na segunda-feira, as autoridades municipais e os manifestantes concordaram com uma trégua, e King foi liberado. Os agentes políticos de Albany prometeram dessegregar as estações de trem e de ônibus, soltar a maioria dos manifestantes detidos e ouvir outras reclamações em futuras reuniões da comissão municipal. Os líderes do Movimento de Albany, por sua vez, prometeram suspender os protestos. Os jornalistas, inclusive alguns da imprensa negra, disseram que King foi um fracasso porque não obtivera nada muito além de promessas e insinuaram que ele tinha sido derrotado por uma manobra do prefeito e do chefe da polícia.

A trégua logo foi rompida. Em janeiro, um motorista de ônibus branco botou o dedo na cara de uma moça negra de dezoito anos e perguntou o que ela fazia sentada num banco da frente. "Paguei meus malditos vinte centavos", disse Ola Mae Quarterman, "e posso sentar onde quiser." Seguiu-se um boicote a ônibus. Quando a comissão municipal rejeitou diversas reivindicações, seguiram-se mais protestos e mais detenções. Um atendente de lanchonete negro, Walter Harris, foi morto a tiros por um policial, que alegou que Harris resistira à voz de prisão e o atacara com uma faca.

No verão de 1962, mais de 1200 pessoas tinham sido presas em Albany. Pritchett continuou a ganhar elogios na imprensa nortista branca pela tática polida, mas firme. O *Washington Post* noticiou que "o vigor das manifestações de pretos estava diminuindo".[38] Policiais de todo o Sul visitavam Albany para estudar a abordagem de Pritchett. "Essa cidade pequena [...] está dando um exemplo ao mostrar como é possível frustrar as tentativas [de integração] fora da lei", escreveu um repórter de Birmingham, no Alabama.[39]

King andava ocupado demais para dedicar atenção total a Albany. Viajava por todo o Sul no que chamava de Turnê de Contato Direto, dando apoio a ocupações locais e promovendo o cadastramento eleitoral. Trabalhava num livro de sermões. Escrevia uma coluna periódica para o *New York Amsterdam News*. Tinha planos de criar uma nova organização isenta de tributação, chamada Sociedade Gandhi pelos Direitos Humanos, a cargo do advogado nova-iorquino Clarence B. Jones. Estava ampliando a SCLC, contratando os ativistas estudantis James Bevel e Bernard Lee como secretários de campo. Bevel era do Mississippi e um pastor ordenado. Era criativo, corajoso e teimoso. Certa vez seu colega Bernard Lafayette Jr. disse que discutir com ele era como discutir com uma mula inteligente. Bernard Lee, da Virgínia e veterano da Força Aérea, era tão valente e ousado quanto Bevel, mas era também afável, divertido e de fácil convívio. A organização acrescentou ainda Fred C. Bennette a seus quadros, para trabalhar no cadastramento de eleitores, e Stan Levison trouxe Hunter Pitts "Jack" O'Dell para trabalhar numa campanha de arrecadação por mala direta, concebida por Levison, que se tornaria a maior e mais confiável fonte de renda da organização.

Nesse meio-tempo, King foi a Washington para encontrar Robert Kennedy e discutir o cadastramento eleitoral no Sul. Também ministrou seu primeiro e único curso universitário, um seminário de filosofia, na Morehouse.

"Dava a impressão de que era um conjunto de coisas amontoadas de qualquer jeito, em parte porque King precisava de dinheiro", disse Charles Black, um dos oito estudantes na turma de King, junto com o ativista Julian Bond. King conhecia os filósofos — Kant, Platão, Aristóteles e outros — e parecia bem à vontade na sala de aula. "Ele dizia muito 'É isso aí'. Era um King diferente do orador", relembrou Black. Os estudantes se sentavam em semicírculo. King os tratava por "senhor" e "senhorita".[40]

Enquanto isso, no primeiro semestre de 1962, Hoover soube que Levison tinha escrito havia pouco tempo para King um discurso exortando a solidariedade entre os movimentos trabalhista e pelo direitos civis. Para o diretor do FBI, isso sugeria que Levison tentava alinhar a mensagem de King com os interesses do Partido Comunista.

Os memorandos de Hoover sobre a influência comunista eram "muito, muito persuasivos", relembrou John Seigenthaler, mesmo que não fizessem menção aos agentes secretos que serviam de fonte.[41] Hoover sustentava, como escreve David L. Garrow, que "alguém com o histórico secreto de Levison [...] de serviços inestimáveis para o Partido Comunista americano podia muito bem ter aparecido junto a Martin Luther King não por mero acaso".[42] Mesmo que Levison parecesse estar se afastando do partido, Hoover desconfiava que ele procedia assim para poder plantar de modo mais eficaz as sementes do comunismo dentro do movimento por direitos civis. King ouviu os assessores de Kennedy e agradeceu o alerta. Mas, como comentou com Harris Wofford, fazia cinco anos que Levison era um amigo leal e um conselheiro de confiança, e as alegações do FBI eram, no máximo, vagas. Mais tarde, King foi alertado que Jack O'Dell, um dos novos contratados da SCLC, também tinha um longo histórico de ligações comunistas.

Em 6 de março de 1962, a divisão de inteligência interna propôs formalmente o grampeamento telefônico e um sistema de vigilância por microfone no escritório de Levison. Robert Kennedy autorizou. Sem necessidade de aprovação judicial, o microfone no escritório foi instalado em meados de março. A escuta telefônica começou quatro dias depois. Os agentes passaram a enviar memorandos para a sede sobre as conversas de Levison com King, e J. Edgar Hoover encaminhava relatórios para Kennedy. Os telefonemas provavam que Levison era um assessor de importância crucial para King, mas não que tivesse qualquer envolvimento em curso com questões comunistas. Mesmo assim, quando ouviram Levison recomendar uma promoção a O'Dell, o FBI ficou mais desconfiado do que nunca.

As suspeitas não tinham nenhuma relação com qualquer coisa que King tivesse dito ou feito; nasceram quase exclusivamente da suposição do FBI de que a presença de ex-militantes do Partido Comunista dentro da SCLC fazia de King uma ameaça à segurança nacional. Para J. Edgar Hoover, logo a investigação sobre King se tornou uma questão pessoal.

Em 17 de maio, King formalizou seu pedido de uma nova Proclamação de Emancipação, apresentando ao presidente um manifesto de 65 páginas que se iniciava com um glorioso preâmbulo baseado nas palavras de Frederick Douglass, Abraham Lincoln, Woody Guthrie e até John Kennedy:

> Sabemos que a liberdade é, de fato, uma coisa extremamente preciosa. Sabemos que "esta terra é nossa terra, da Califórnia à ilha de Nova York, das florestas de Redwood às águas do Golfo", sabemos que esta terra existe para todos os americanos, brancos e pretos. Porém também sabemos que para milhões de pretos por todos esses Estados Unidos a liberdade ainda não é uma "realidade viva".
>
> Cremos que chegou a hora de a liderança presidencial ser exercida com vigor para remover da sociedade americana, de uma vez por todas, o câncer ulceroso da segregação e da discriminação.[43]

Para a maioria dos americanos brancos, a percepção e o significado da Guerra Civil não haviam mudado desde *...E o vento levou.* Resistiam à ideia de que a guerra fora causada pela escravidão e tratavam tanto o Norte quanto o Sul como nobres combatentes americanos. Os negros eram, na melhor das hipóteses, figuras parentéticas nos livros de história americana, inclusive os sobre a Guerra Civil. O manifesto de King tentava mudar a narrativa:

> A luta pela liberdade, senhor presidente, da qual a Guerra Civil foi apenas um capítulo sangrento, ainda prossegue em toda a nossa terra. A coragem e o heroísmo dos cidadãos pretos em Montgomery, Little Rock, New Orleans, Prince Edward County e Jackson, no Mississippi, constituem apenas mais um esforço para afirmar a herança democrática tão dolorosamente conquistada, em parte, nos campos de batalha agrestes de Antietam, Lookout Mountain e Gettysburg.

Os estados da antiga Confederação podem continuar a rejeitar a integração e o cumprimento da promessa da democracia americana, mas não precisam ter a palavra final, disse King. Kennedy tinha poder para pôr fim à rebelião deles — requisitando a aprovação de uma sólida legislação de direitos civis que acelerasse a integração das escolas e garantisse o direito ao voto.

Mas Kennedy não seguiu a recomendação de King. Para o pastor batista, parecia que o presidente naquele momento estava mais preocupado com a alta dos preços do aço.[44]

Em 10 de julho, King e Abernathy voltaram a Albany para serem julgados pelas detenções de dezembro. Quando o juiz os condenou a pagar uma multa de 178 dólares ou passar 45 dias presos, ambos escolheram a cadeia, esperando mais uma vez que o encarceramento deles atraísse atenção para a causa. King escreveu de pronto uma carta da cadeia e a encaminhou a jornais negros, alegando que os agentes públicos de Albany e de outros lugares tentavam quebrar financeiramente o movimento pelos direitos civis com multas e custos judiciais. "Agora é chegada a hora", escreveu ele, "em que precisamos praticar a desobediência civil em sua verdadeira acepção ou adiar por muitos anos nosso impulso pela liberdade."[45]

Mas, antes que os jornais publicassem a carta, King e Abernathy foram soltos e as multas foram pagas por um "benfeitor misterioso". King disse que ficou "muito descontente com a tática astuciosa e conivente" que levou à liberação deles.[46] Os líderes brancos de Albany, para não dar palanque a King na prisão, tinham pagado pela sua liberdade. A estratégia deu certo. Ativistas mais jovens reclamaram que tinha faltado esperteza a King. Consideravam-no conservador e passivo demais, mais teórico do que prático. James Bevel relembrou a vez em que, mais ou menos naquela época, perguntou: "Dr. King, o que vocês, como líderes não violentos, propõem fazer?".[47] Quando o pastor respondeu que não sabia, disse Bevel, "ficou evidente para mim que ele nunca tinha estudado de verdade táticas e estratégias de não violência [...]. Sua não violência era filosófica, mas nunca aplicada na prática".

Em comícios, King reconhecia que suas responsabilidades — como líder, pastor e homem de família — era menos conservador do que alguns ativistas estudantis gostariam. Dizia que acolhia bem as críticas e valorizava a importância de ser pressionado por "antagonistas criativos".[48] Enquanto isso, os protestos e as ocupações em Albany continuavam, assim como as negociações. Durante uma passeata, pedras foram jogadas na polícia e as capotas de carros conversíveis foram rasgadas. No dia seguinte, King, vestindo camisa de manga curta, foi ao Dick's Cue Room, um salão de bilhar no bairro que chamavam de Harlem em Albany. Enquanto pedia que o pessoal jovem se mantivesse pacífico, não deu nenhum sinal de estar incomodado com o espaço cujas paredes estavam encardidas de fumaça e o chão sujo de cerveja barata. "Nada pode nos prejudicar mais do que esse tipo de conduta", disse ele.[49] Para evitar mais conflitos, ele pediu "um dia de penitência" e uma pausa nas manifestações.

Em 27 de julho, King, Abernathy e outros rezavam de joelhos na frente do prédio da prefeitura; a polícia deu ordens para saírem dali, mas eles se negaram e foram detidos de novo. Dessa vez ficaram na cadeia. Em 5 de agosto, Coretta foi visitá-lo acompanhada de Yoki, Marty e Dexter. Fazia um mês que as crianças não viam o pai. Coretta relembrou a elas que o pai não tinha feito nada de errado e estava ali para ajudar as pessoas. Autorizado a sair da cela, King encontrou a família num banco de engraxate na frente da prisão. Coretta usava um vestido branco pregueado e um colar de pérolas. Yoki, com quase sete anos, vestia um macaquinho curto. Martin, com quatro anos, e Dexter, com dezoito meses, estavam de calção xadrez e camisa branca.

Só Yoki chorou. Ela tinha visto na TV o anúncio do parque de diversões Funtown em Atlanta; cantava o jingle e pedia para a mãe levá-la. Coretta disse que os que haviam construído Funtown "não eram bons cristãos"[50] e por isso tinham decidido excluir os pretos do parque. "Mas não vai demorar muito para você poder ir", disse ela, "porque é isso que o papai faz todos os dias, ele está tentando tornar possível que você vá a Funtown ou aonde quiser."

Agora Yoki disse à mãe que esperava que o pai ficasse na cadeia "até dar um jeito nisso e eu poder ir a Funtown".[51]

King passou duas semanas preso. Ao ser liberado em 10 de agosto, cancelou uma série de protestos programados, dizendo esperar que as autoridades municipais concordassem em negociar "de boa-fé".[52] Mas, depois de quase um ano de desobediência civil em Albany, os ativistas não tinham muitos resultados para mostrar. O município continuava profundamente segregado. Havia poucos novos eleitores cadastrados. O governo Kennedy não tomara nenhuma providência para aplicar as leis federais, apesar das evidentes transgressões. "Nós os matamos com gentileza", gabava-se um agente público de Albany.[53] Na verdade, Pritchett sufocava os protestos com prisões em massa, mas escapava de críticas por ser menos violento do que a mídia esperava.

"O erro que cometi lá", disse King sobre Albany, "foi protestar contra a segregação em geral e não contra um aspecto claro e específico. Nosso protesto foi tão vago que não obtivemos nada, e as pessoas ficaram muito deprimidas."[54] Anos depois, porém, William Anderson contestou a ideia de que o movimento em Albany tivesse sido um fracasso. O trabalho de King provava que membros da comunidade negra respondiam ao apelo da não violência. Ao mesmo tempo, os brancos viram que os negros não estavam contentes e não aceitavam ser cidadãos de segunda classe. Aos poucos, a trancos e barrancos, os brancos em Albany começaram a conceder mais respeito e mais oportunidades aos negros. "A mudança partiu do alto e veio descendo", disse Anderson.[55]

"Mesmo no curto prazo, as coisas melhoraram", disse Chris Vail, um policial branco de Albany. "Você tinha na comunidade a sensação de que não existia essa parede invisível. A sensação era: 'Ei, realmente podemos conversar com vocês.'"[56]

Mas não era assim que parecia na época, não para a mídia nem para King.

Anos depois, historiadores iriam dizer que King aprendeu com Albany e levou essas lições para sua campanha seguinte. Porém foi mais complicado do que isso. A NAACP atacava as bases jurídicas da segregação, o SNCC fazia o trabalho de organização em nível local, enquanto a SCLC e outros grupos educavam e cadastravam eleitores. Mas o avanço do movimento de Montgomery para Albany e mais além não era um plano coordenado, nem mesmo uma onda crescente. O movimento pelos direitos civis surgiu e se desenvolveu conforme aumentavam as expectativas. Os negros no Sul viam a possibilidade de mudanças significativas. A Segunda Guerra Mundial transformara a economia. Quem migrava para o Norte escrevia cartas para a família, descrevendo a vida fora do Sul da Jim Crow. Martin Luther King falava de forma profética sobre um mundo sem preconceito ou ódio. Era o suficiente para que mesmo um povo brutalmente espancado acreditasse em dias melhores.

Quando o conflito de fato surgiu, como em Montgomery e Albany, aconteceram duas coisas importantes. Primeiro, as comunidades negras se juntaram. Em Montgomery, os pobres e a classe média, os seguidores de E. D. Nixon e de Rufus Lewis, se uniram por uma mesma causa. Em Albany, quando atiraram pedras na polícia, King pode ter ficado triste com a violência, mas se sentiu encorajado ao ver que a luta pela integração alcançava pessoas que não faziam parte de sua rede de trabalho articulada em torno da igreja. E, enquanto essas crises unificavam a comunidade negra, acontecia uma segunda coisa importante: criava-se uma cisão no establishment político branco. Nem todos os líderes brancos se mostravam intransigentes. Nem todos os empresários brancos se opunham à integração. Nem todos os políticos agiam em sintonia para defender a segregação. O muro da oposição mostrava rachaduras. E era crescente o número de líderes religiosos brancos do Norte que se envolviam. No outono de 1962, King enviou uma carta pessoal ao rabino Israel Dresner, do Templo Sha'arey Shalom em Springfield, em Nova Jersey, que fora preso em 1961 durante as Viagens pela Liberdade e também nos protestos em Albany.

Pelo menos em público, King manifestava confiança de que o movimento teria êxito. "Uma campanha não violenta pela mudança social leva pelo menos um ano de esforço e, no Sul Profundo, provavelmente mais", escreveu King ao rabino. "Albany está agora em seu nono mês. Reunimos um protesto de alcance nacional e, por meio de Albany, o mundo conhece exatamente a situação dos pretos no Sul e a natureza das injustiças que sofrem. Nos próximos meses começaremos a trabalhar no sentido da reconciliação."[57] E falou esperançoso sobre a próxima eleição presidencial de 1964, quando os brancos moderados teriam, na privacidade da cabine eleitoral, uma "oportunidade de estabelecer uma comunidade de Justiça".

* * *

Em setembro, a SCLC realizou sua convenção anual em Birmingham, onde o rev. Fred Shuttlesworth estivera liderando os trabalhos de integração. Shuttlesworth era o Martin Luther King Jr. de Birmingham, com menos instrução e mais furor. Sua organização, o Movimento Cristão do Alabama pelos Direitos Humanos, fora fundada quando o estado proibiu a NAACP, e agora fazia o que a Associação pela Melhoria de Montgomery tentara e não conseguira fazer nos últimos anos: pressionava de forma incessante as autoridades municipais para acabar com a segregação. Shuttlesworth era um líder inspirador para os moradores negros de Birmingham e um antagonista que enfurecia o comissário de segurança pública do município, Bull Connor. De 1957 até o final de 1962, dezessete bombas tinham explodido em igrejas negras e na casa de líderes do movimento na cidade, sem que isso acarretasse nenhuma prisão. Nos primeiros meses de 1962, os estudantes tinham começado um boicote aos comerciantes brancos de Birmingham que se negavam a atender ou contratar negros. King prometeu a Shuttlesworth e outros que os habitantes da cidade o veriam com mais frequência ao longo do ano que vinha pela frente.

King também aproveitou convenção para manifestar apoio a James Meredith, o jovem veterano da Força Aérea que ouvira King discursar na cidade de Oklahoma dois anos antes e agora tentava se tornar o primeiro estudante negro da Universidade do Mississippi.

Na manhã de 28 de setembro, uma sexta-feira, durante a última sessão da convenção, um branco alto e corpulento se levantou de um banco na sexta fila e subiu ao palco enquanto King falava. O homem desferiu dois socos no rosto dele.

"Dr. King deixou as mãos caírem como um bebê recém-nascido", disse Septima Clark, que estava sentada na primeira fila da plateia.[58]

"Não toquem nele, não toquem nele", disse King enquanto outros dominavam o agressor, mais tarde identificado como Roy James, filiado ao Partido Nazista Americano. "Temos de rezar por ele."[59]

Rosa Parks correu até uma loja próxima para pegar aspirina e uma garrafa de coca-cola.[60] Alguém chamou a polícia. Enquanto isso, King deixou o palco e encontrou um lugar tranquilo para falar com o agressor. Disse ao homem que não prestaria queixa. Voltando ao palco, disse ao público que não culpava Roy James, mas as "forças maléficas" na sociedade que tentavam dividir os filhos de Deus.[61] King não só abriu mão de prestar queixa, como também convidou James a voltar a se sentar e ouvir o resto do programa.[62] Os repórteres não informaram se ele aceitou o convite.

A cena impressionou bastante Clark. Ela fazia parte da militância de campo, dizia aos jovens que, se queriam marchar em passeatas e combater a Jim Crow, tinham de prometer que fariam isso de modo não violento. Ela ouvira e ensinara as lições de King, mas, apesar disso, ainda tinha dúvidas sobre a eficácia do método.

"Bom [...]", disse ela, "quando o vi abaixar as mãos ao ser atacado [...] realmente senti o que ele queria dizer."[63]

A reação de King comprovou algo além do compromisso com a não violência; mostrou também que ele calculara e aceitara a possibilidade de morte prematura. Como afirmou a um repórter: "Todo homem deveria ter alguma coisa pela qual morrer. Um homem que não morreria por *alguma coisa* não está apto a viver".[64]

Coretta, porém, repreendeu o marido. Uma coisa é oferecer a outra face e não prestar queixa, mas, perguntou ela, Martin precisava mesmo deixar o agressor voltar a se sentar?

"Suponha que ele tivesse uma faca ou uma arma de fogo", disse ela mais tarde, à mesa da cozinha.[65]

"Bom", respondeu King de forma tranquila, "se ele tivesse, teria usado antes."

23. Tentação e vigilância

Em novembro de 1962, King passou nove dias seguidos em Atlanta, mas apenas duas noites em casa.[1]

Muitas vezes ele trabalhava o dia inteiro, ia para casa jantar com Coretta e os filhos, ficava uma hora ou uma hora e meia por lá e então saía para nadar na Associação Cristã de Moços (ACM). Depois, passava a maioria das noites "com Bennett" ou "pela cidade", segundo sua agenda, que era datilografada pela secretária Dora McDonald. "Bennett" se referia a Fred Bennette, assistente de King, que alugava um apartamento no número 3006 da Delmar Lane NW, que King usava, segundo o FBI, para se encontrar com mulheres.[2] "Pela cidade" se referia ao mesmo local. De vez em quando, ele passava a noite na casa de Ralph Abernathy, mas essas idas não eram planejadas. Aparecia tarde, às vezes sem avisar, e falava com Ralph enquanto Juanita fazia um bife para ele. Quando ele adormecia no sofá, Juanita ligava para Coretta avisando que Martin não iria para casa.[3]

Mas McDonald, quando escrevia que King estava "pela cidade", sabia que não era na casa de Abernathy. Também sabia que não era uma boa ideia anotar na agenda a localização exata do chefe.

Era frequente que King dormisse quatro horas e meia.[4] Nos meses subsequentes a Albany, sentia-se "deprimido".[5] Passava por "uma reavaliação angustiante" e se perguntava até que ponto deveria ter um papel enérgico no movimento pelos direitos civis, segundo Andrew Young, que assumira mais responsabilidades na SCLC. Diante do estresse, disse Young, King "mergulhava em atividades sociais que, na superfície, pareciam não ter nada a ver com a crise imediata que enfrentava".

Como pastor, King sabia da importância de viver segundo os padrões morais que pregava aos seguidores. Mas, como escreveu Ralph Abernathy, ele "tinha especial dificuldade" com a tentação sexual.[6] Era um homem relativamente privilegiado que crescera numa época e numa cultura em que o adultério era coisa corriqueira. Sabia da fama do pai. Sabia também que, com seu charme e boa aparência, escreveu Abernathy, "atraía mulheres, mesmo quando não queria, e as atraía em bando". Prossegue Abernathy:

> Parte de sua atração consistia no papel predominante que tinha na comunidade negra e parte era pessoal [...]. Martin Luther King era o negro mais importante dos Estados Unidos [...]. Esse fato, por si só, lhe conferia uma aura de poder e grandeza que as mulheres achavam muito atraente [...]. Mas ele tinha também um encanto pessoal [...]. Era sempre amável e cortês com as mulheres, quer lhe parecessem atraentes ou não [...]. Era cordial e afável. Sabia fazê-las rir. Era uma boa companhia [...]. Essas qualidades o tornavam ainda mais atraente de perto do que de longe. Além disso, o próprio gosto de Martin por mulheres era visível de uma forma difícil de especificar — mas elas percebiam com clareza, mesmo de longe. Lembro-me de mais de uma ocasião em que estava sentado num palco e Martin se virava para mim e dizia: "Está vendo aquela mulher me paquerando, a de vestido vermelho?". Eu não conseguia vê-la direito daquela distância, mas de alguma maneira ela já tinha mandado sinais de sua atração, e ele, por sua vez, tinha respondido. Mais tarde eu via os dois conversando, como se se conhecessem desde sempre. Eu ficava um pouco perplexo ao ver como essa atração mútua se dava de modo forte e infalível.

King sabia que a revelação de seus casos amorosos teria consequências devastadoras. A certa altura, Abernathy o avisou que achava que os repórteres podiam ter percebido o relacionamento íntimo de King com uma mulher que atuava no movimento e viajava com os líderes — referência, sem dúvida, a Dorothy Cotton. Abernathy recomendou que o amigo desse "uma acalmada", mas King recusou.[7] "Ralph", disse ele, "você pode ter razão no que diz, mas não me importa [...]. Não tenho nenhuma intenção de cortar esse relacionamento."

Abernathy não ofereceu nenhuma análise profunda do comportamento arriscado do amigo; disse apenas que King carregava um enorme fardo por conta do trabalho, "e sentia que não conseguiria cumpri-lo sem essa fonte de força". O psicólogo Kenneth Clark, amigo e conselheiro de King, disse que todas as pessoas próximas sabiam que ele tinha uma queda por mulheres. "Martin realmente acreditava no amor", disse Clark, talvez brincando.[8] Comentou que era frequente as mulheres se insinuarem a King e que ele não conseguia recusá-las. Afinal, acrescentou Clark, "pastores batistas tinham de servir à congregação".

Nesse aspecto, Levison assinala um ponto em comum entre King e John F. Kennedy. "Os dois tinham pais poderosos que eram homens de notórias proezas sexuais", disse Levison ao historiador Arthur M. Schlesinger Jr. "Talvez ambos fossem movidos por um impulso inconsciente de provar que eram tão másculos quanto os pais."[9]

Se King lutava consigo mesmo por essa falta de controle, ele revestia essa luta com o manto sacerdotal, dizendo num sermão, por exemplo, que o Norte e o Sul da alma do homem travavam uma "guerra civil" contínua. Como Dr. Jekyll e Mr. Hyde, de *O médico e o monstro*, disse ele, temos na esfera privada um eu que tentamos ignorar ou, pelo menos, proteger da esfera pública; vivemos um tipo de vida durante o dia e outro durante a noite:

> Existe uma privacidade em todos nós da qual nos envergonhamos e que tentamos sempre esconder [...]. E isso se reduz a sermos pecadores com necessidade do poder redentor de Deus. Sabemos a verdade e, mesmo assim, mentimos. Sabemos como ser justos e, mesmo assim, somos injustos. Sabemos como viver nossa vida no plano do amor e, mesmo assim, odiamos ou somos infiéis àqueles a quem deveríamos ser fiéis [...]. Todos os homens passam por isso. E é por esse motivo que o santo sempre reconhece que é um pecador, e o pior pecador do mundo é o homem que acha que não o é [...]. Não sei vocês, mas eu, quando olho para mim mesmo a sério e a fundo e retorno de meu eu público para meu eu privado, não me sinto bradando junto com o fariseu: "Agradeço a Ti, Deus, por eu não ser como outros homens". Mas me pego dizendo: "Senhor, tem piedade de mim, um pecador".[10]

Nesse sermão, King não fez nenhuma menção ao arrependimento. Nem à necessidade de que o pecador deixasse de pecar. Em vez disso, falou na graça, dizendo que Cristo a oferecia ao indivíduo que peca. Cristo também oferece a graça, disse ele, ao pecado de racismo dos Estados Unidos.

King, em 1960, tentara persuadir Abernathy a se mudar de Montgomery para Atlanta, mas de início ele recusou. Os dois se falavam quase todos os dias pelo telefone, pois King sentia falta da companhia do amigo.[11] "Meu marido era confiável", disse Juanita Abernathy. "Não era enganador. Ele era o que se via."[12] King, conforme aumentavam o estresse e as complicações de sua vida, precisava dessa confiabilidade. Coretta, claro, oferecia conforto a King, mas não como Abernathy. Logo Daddy King passou a pressionar, dizendo a Abernathy que sua presença era necessária em Atlanta. Mesmo assim, ele resistiu. Tendo se criado no Alabama rural, Montgomery já estava de bom tamanho para seu gosto. Talvez tivesse percebido, como escreveu L. D. Reddick numa biografia inédita do pregador, que em Atlanta nunca sairia da sombra de King. Juanita também era contrária à mudança. Mas, por fim, Abernathy aceitou o cargo de pastor na igreja batista da West Hunter Street em Atlanta, de menor destaque do que a Ebenezer de King. Talvez não fosse a melhor decisão para sua carreira ou para a família, disse Abernathy, mas ele também precisava levar em conta o que sua decisão significava "para Martin e o movimento".[13]

King e Abernathy eram como irmãos. Com outras pessoas, mesmo colaboradores próximos, King podia se mostrar reservado. Era ouvinte atento e, claro, muito falador, mas raramente se deixava ter uma conversa descompromissada.[14] Com Abernathy, King se sentia solto, feliz e amado.

"Eu tentava lhe dar a amizade de que todo líder precisa", disse Abernathy. "Isto é, eu estava com ele, quer ele estivesse certo ou errado."[15]

King podia dizer qualquer coisa para o amigo. Sabia que, por maior que fosse o caos que o envolvia dentro da SCLC, por mais boatos que circulassem sobre sua vida pessoal, por mais críticas da imprensa, de políticos ou de outros ativistas que chovessem sobre ele, Abernathy estaria a seu lado. "Ele vivia cuidando para que ninguém atrapalhasse o caminho de Martin e nem desperdiçasse o tempo de Martin", disse o rev. C. T. Vivian. "Garantia que ouvíssemos Martin [...] e cuidava para que as ordens dele fossem cumpridas."[16]

King e Abernathy gostavam da mesma comida. Riam das mesmas piadas. Usavam a mesma marca de sapatos (Stacy Adams).[17] Depois de 1964, usavam até a mesma água-de-colônia, Aramis.[18] Um provocava o outro de propósito, mas nunca de maneira ferina. Tinham mais ou menos a mesma altura e constituição física, e seus bigodes tinham quase o mesmo desenho.

"Ralph, você parece um buldogue", dizia King quando Abernathy começou a engordar. Chamava o amigo de "Chops" [costeletas].[19]

"Martin, você é um preto cheio da grana", devolvia Abernathy, sugerindo que King era pomposo e pretensioso.[20] Em Montgomery, Abernathy se referira à igreja batista da Dexter Avenue de King como "clara, brilhante e quase branca".[21]

Nas terças à noite, se ambos estivessem na cidade, King e Abernathy levavam os filhos para nadar na ACM. Todo outono, levavam as crianças à Southeastern Fair para ver os animais e andar na roda-gigante. As duas famílias jantavam juntas. Martin e Juanita eram os que mais falavam, enquanto Ralph e Coretta tinham mais propensão a ouvir. Martin jogava Candy Land e Banco Imobiliário com as crianças e nunca as deixava ganhar.[22] Quando ele esquecia por ali um maço de cigarros — costumava fumar Kent ou L&M —, as crianças o escondiam ou o destruíam. "Nunca ouvi o tio Martin gritar nem berrar", disse Juandalynn Abernathy, a filha mais velha de Ralph e Juanita. "Era uma pessoa jovial, maravilhosa." Mas não gostava que sumissem com seus cigarros e passou a escondê-los.

As crianças montavam peças de Natal para os pais, Yoki dirigia as outras crianças e Coretta gravava as apresentações com uma filmadora. Quando Yoki ganhou uma tartaruga de estimação (chamada Agamêmnon), Juandalynn também quis uma. Os King tinham uma cadela branca chamada Topsy, nome da menina travessa de *A cabana do Pai Tomás*. Os Abernathy tinham um cocker spaniel chamado Brownie. As duas famílias tinham passarinhos de estimação.

Coretta engravidou mais uma vez no verão de 1962. A essa altura, ela disse que já sabia que "o movimento ocupava grande parte do tempo de Martin" e sabia também que seu papel de genitora trazia a responsabilidade adicional de compensar a ausência do marido e garantir que as crianças se sentissem amadas e protegidas. Também significava ajudar os filhos a lidar com o medo de que houvesse pessoas lá fora querendo ferir o pai ou jogá-lo na cadeia.

"Ele sempre passava os feriados com a família", disse ela, "onde quer que estivesse [...] sempre podíamos contar ansiosamente com isso [...], e eles também podiam contar ansiosamente com aquele tempo em que teriam o papai inteiro só para eles."[23]

Dexter King, ao refletir sobre a infância, lembrava que o pai vinha para o café da manhã de chinelos e um "roupão acetinado cor de vinho".[24] Dexter sabia que se o pai estivesse de roupão, não ia sair de imediato. O filho se lembrava do pai mascando talos de cebolinha antes do jantar, "perdido em pensamentos". E da "brincadeira do beijo", quando as crianças, uma de cada vez, pulavam da geladeira para os braços do pai. "Onde é o lugar do beijo?", perguntava ao pegá-las. O lugar do beijo de Yoki era um dos cantos da boca. O de Marty era na testa. O de Dexter era na têmpora. Ele dividia por igual o tempo entre os filhos, escreveu Dexter, "o pouco tempo que tivesse".

Em artigos sobre King, Coretta era muitas vezes apresentada como a mulher que ficava em casa para possibilitar o trabalho do marido. Mas ela se via como colaboradora, discutindo estratégias e, quando o marido não estava disponível, substituindo-o em comícios e eventos públicos. Expressava sua satisfação por ainda conseguir se entregar à sua paixão por cantar e usava seus talentos em concertos para arrecadar fundos. Também sabia que o marido não conseguiria ter realizado tudo sem suas contribuições não nomeadas. "Ser a pessoa por quem ele volta ao lar e consolá-lo quando ele mais precisa, penso que é bastante importante — e talvez o mais importante", disse ela.[25]

As mulheres no movimento sabiam o quanto ela aguentava e o quanto trabalhava dentro e fora de casa. "Coretta era a mulher mais inteligente do mundo para mim", disse Edwina Smith Moss, uma secretária da SCLC. "Não era inteligente só intelectualmente, mas tinha um senso interno que muitos chamariam de bom senso, movido pela justiça e pela equidade [...]. Nós a chamávamos de 'O Milagre' [...]. Por se manter forte como se mantinha, era de verdade uma mulher milagrosa."[26]

Em 18 de novembro de 1962, um domingo, King pregou na igreja Riverside em Nova York. Depois do ofício, um repórter do *New York Times* lhe perguntou se ele concordava com um artigo do historiador e ativista Howard Zinn, dizendo que as manifestações de pretos em Albany, na Geórgia, tinham desacreditado o FBI. O órgão era uma operação policial americana tão poderosa e amplamente admirada que aquela crítica à agência tinha virado notícia. King respondeu que concordava vivamente com a conclusão de Zinn: "Um dos maiores problemas que enfrentamos com o FBI no Sul é que os agentes são sulinos brancos que foram influenciados pelos costumes da comunidade".

> Para preservar sua posição, eles têm de ser amistosos com a polícia local e com as pessoas que promovem a segregação. Toda vez que vi agentes do FBI em Albany, eles estavam com a força policial local [...]. Se um agente do FBI concorda com a segregação, ele não tem como investigar de maneira honesta e objetiva.[27]

King tinha boas razões para reclamar. Todos os dirigentes e quase todos os agentes do FBI eram brancos. Os que foram designados para Albany eram todos brancos. "Os homens do FBI, sempre espreitando o movimento de Albany, não escondiam sua animosidade contra os repórteres, sua hostilidade em relação aos pretos e, para nós o mais ameaçador de tudo, sua amistosidade com a polícia local", escreveu Pat Watters, um repórter branco para o *Atlanta Journal*. "O movimento encaminhava a eles informes e mais informes de violência e transgressão dos direitos civis, e depois não se ouvia falar disso."[28] Para Watters, foi um choque. A hostilidade dos brancos sulinos protegida pela polícia e incitada pelo governo federal parecia ser algo de fora, e não americana. Watters estava apenas começando a entender, escreveu ele, que os negros no Sul conviviam com "o fato terrível de que a polícia não está do lado deles nem do lado da lei".[29] O jovem jornalista ficou impressionado que eles suportassem e se erguessem acima desse medo e dessa ameaça. Os americanos negros sempre souberam que os agentes do FBI que trabalhavam no Sul não estavam do lado deles. "Onde moravam? Com o delegado", disse James Baldwin numa entrevista em 1970. "O que faziam aos domingos? Jogavam beisebol com o delegado e seus homens [...]. Você acha que não sei o que se passa?"[30]

No quadro geral, o FBI estava mais concentrado em analisar os vínculos de King com supostos comunistas do que em proteger este ou qualquer outro líder dos direitos civis de ameaças de violência. No quadro ainda mais geral, como King passara anos apontando, o sistema americano de justiça negava aos negros o mesmo acesso à proteção da lei. King disse que negros acusados de estuprar brancas nos anos 1960 enfrentavam a probabilidade de ser condenados e até eletrocutados, ao passo que brancos acusados de estuprar negras raras vezes eram sequer detidos.

Em agosto de 1962, Hoover enviara uma carta ao procurador-geral dos Estados Unidos, Robert Kennedy, dizendo que membros do Partido Nazista Americano tinham se dirigido a Albany para fazer uma manifestação contra King e a SCLC, mas nada no memorando indica que King tivesse sido alertado.[31] Roy James, o mesmo nazista que atacou King em Birmingham, passou a segui-lo meses depois em Chicago.[32]

J. Edgar Hoover sempre foi suscetível a críticas. Ao saber dos comentários de King, o diretor do FBI pediu a Berl I. Bernhard, diretor-executivo da Comissão de Direitos Civis, que falasse com ele e explicasse que nem todos os agentes no Sul eram sulinos. King não engoliu a explicação. "Continuo a pensar que o FBI está associado com todos os chefes de polícia do Sul, e não estamos tendo as investigações adequadas", disse King a Bernhard.[33]

Agentes de alto escalão do FBI decidiram que o diretor assistente da agência, Cartha Dekle "Deke" DeLoach, entraria em contato com King e combinaria um encontro para debater as reclamações do pastor. Em 30 de novembro, DeLoach ligou duas vezes para King. Deixou duas mensagens, mas disse que ele não retornou os telefonemas. "Parece óbvio", escreveu DeLoach num memorando, "que o rev. King não deseja ouvir a verdade dos fatos. Ele obviamente usou fraudes, mentiras e traições como propaganda para fomentar suas próprias causas."[34] Em outro memorando, Hoover qualificou a falta de retorno de King como "um exemplo de sua insinceridade" e acrescentou que "o FBI não está empreendendo nenhuma tentativa adicional de contatá-lo".[35]

Dois dias depois dos comentários críticos de King sobre o FBI, Robert Kennedy autorizou a agência a aumentar a vigilância sobre Levison e grampear o telefone da casa dele, além do já instalado em seu escritório.[36] Logo se seguiriam mais grampos, assim que o FBI começou a tratar o próprio King como uma ameaça.

24. "A coisa tá neles"

Quando Martin Luther King III estava com cinco anos e meio, teve seu ingresso negado na escola episcopal particular Lovett, em Atlanta.

Era o primeiro pedido de matrícula em nome de um aluno negro, segundo a carta que o diretor da escola, o rev. James R. McDowell, enviou aos King. Segundo ele, o comitê de matrículas da diretoria administrativa decidiu que naquele momento "não [era] aconselhável" aceitar um aluno negro.[1]

Martin e Coretta lançaram em resposta uma declaração na imprensa, dizendo que não tinham feito o pedido de matrícula na Lovett para testar suas políticas de integração nem para provar alguma coisa, mas apenas para assegurar ao filho "o melhor ensino fundamental possível".[2] Um dos integrantes da diretoria administrativa renunciou em protesto, mas a escola continuou segregada por mais três anos. Marty, enquanto isso, se inscreveu numa escola pública apenas para negros.

"Isso só prova mais uma vez", disse King a um repórter, "que a igreja muitas vezes é participante ativa na perpetuação da segregação."[3]

Onze dias depois, em 28 de março de 1963, Coretta deu à luz a quarta criança do casal, Bernice Albertine King, que recebeu o nome da mãe de Coretta. Chamavam-na de "Bunny". Nas semanas seguintes, Martin pouco viu a esposa e os filhos.

Por todo o país, os protestos se intensificavam, e a reação ficava mais violenta. Em Petersburg, na Virgínia, cães policiais atacaram manifestantes pacíficos. Em Greenwood, no Mississippi, policiais, bombeiros e um cão policial dispersaram os ativistas que tinham se reunido para reivindicar o direito ao voto. Ficava difícil manter o idealismo das ocupações e das Viagens pela Liberdade diante de tanta brutalidade. Em Los Angeles, ativistas anunciaram planos de protestar contra o Oscar e o racismo na indústria cinematográfica. Avisaram que haveria tumulto se a polícia tentasse detê-los. "Se nos agredirem", disse Caleb Peterson, o líder do protesto, "haverá violência. Esse não é um movimento Martin Luther King."[4]

King sentiu a pressão aumentando nas comunidades negras e reconheceu que sua estratégia pacifista deixava muita gente frustrada. Enviou um telegrama para Robert Kennedy, o procurador-geral dos Estados Unidos, declarando que não estava claro até que ponto os manifestantes se conteriam diante do "caos e das reiteradas tentativas de assassinato".[5] O telegrama chegou a Washington quando King se preparava para confrontar a segregação em Birmingham, considerada por muitos a cidade mais ferrenha e cruelmente segregada do país. Alguns a chamavam de "Bombingham".

Birmingham tinha 340 mil habitantes, sendo cerca de 40% deles negros. A cidade era atrasada, tanto para negros quanto para brancos. Apenas cerca de um terço da população adulta tinha o segundo grau completo, e menos de 7% dos adultos tinham diploma universitário. A renda familiar média dos moradores era 1200 dólares, inferior à média nacional. Para as famílias negras, era ainda pior. Recebiam algo em torno da metade do que recebiam as famílias brancas. O número de negros com ensino médio ou curso superior era muito menor do que o de brancos. Os legisladores se empenhavam para garantir que não surgisse nenhuma rachadura no muro da segregação. Por exemplo, se um restaurante quisesse atender clientes negros e brancos, o dono tinha de erguer "uma divisória sólida que ia do chão até uma altura de dois metros ou mais" e ter entradas separadas na rua, exigência tão cara e pouco prática que se tornava quase impossível atendê-la. Menos de 10% dos negros habilitados a votar tinham conseguido se cadastrar, o que permitia aos segregacionistas manterem o controle do governo municipal. Se o governo não mantivesse a segregação, poderiam contar com a KKK como última linha de defesa. Quando famílias negras em ascensão social se mudaram para o bairro de classe média College Hills, enfrentaram tantas bombas que a região passou a ser chamada de Dynamite Hills. Em 1956, três brancos atacaram o famoso cantor negro Nat King Cole no meio de uma apresentação no Auditório Municipal de Birmingham. No ano seguinte, um homem negro que trabalhava com serviços gerais chamado Judge Aaron foi sequestrado por brancos e castrado. Os sequestradores despejaram terebintina na ferida, continuando a torturar a vítima. Em 1962, quando um tribunal federal ordenou que Birmingham integrasse suas áreas de lazer, a prefeitura preferiu fechar parques, playgrounds, piscinas e campos de golfe. As autoridades disseram que, se algum dia os tribunais determinassem a integração das escolas, elas também seriam fechadas.

O desafio era grande e havia muito em jogo para King em Birmingham. Malcolm X dissera que o Movimento de Albany era um ponto negativo na luta pelos direitos civis, mais uma prova da inutilidade do protesto não violento. "Mostrem-me um negro que não seja extremista", disse ele, "e eu lhes mostrarei um que precisa de atendimento psiquiátrico!"[6]

King podia ser moderado demais para o gosto de Malcolm X, mas o jornalista Lerone Bennett Jr. e outros ainda acreditavam que a capacidade do líder da SCLC em mobilizar as massas lhe dava uma espécie de poder maior do que o de qualquer outro ativista negro antes dele. "Do nascimento até a morte, o preto é dominado, desfigurado e violentado pelos símbolos do poder branco", escreveu Bennett. "Ao crescer, ele tenta se ajustar ao poder branco. Na puberdade, se sobrevive e continua fora da prisão ou do manicômio, cria uma paz separada — uma paz de acomodação ou de protesto. O preço é alto, fantasticamente alto. O preço é nada mais que a castração social."[7] Mas os novos manifestantes, liderados por King, talvez tivessem encontrado outro caminho, disse Bennett. Haviam encontrado um estilo de revolta que, mais do que isso, parecia um chamado messiânico para chegar a um mundo melhor. Bennett escreveu: "Martin Luther King Jr. e os estudantes das ocupações [...] resolveram os problemas técnicos revestindo um movimento de resistência com os trajes reconfortantes do amor e do perdão".

Seria suficiente? No começo de 1963, nem mesmo King parecia muito seguro. Num artigo publicado em *The Nation*, ele se mostrou frustrado que os direitos civis não estivessem mais no topo da lista de prioridades da política interna. "O povo americano", escreveu ele, "não abandonou a busca pelos mesmos direitos; o que aconteceu foi que ele se deixou persuadir a aceitar vitórias simbólicas como sinal de um verdadeiro e satisfatório progresso."[8] O presidente Kennedy nomeara negros para alguns poucos cargos em seu governo; cerca de meia dúzia de cidades, inclusive Atlanta, fizera concessões na segregação em estabelecimentos públicos; Kennedy propusera medidas para ampliar o cadastramento eleitoral. Mesmo assim, escolas e áreas residenciais continuavam maciçamente segregadas, no Norte e no Sul, observou King, e o índice de desemprego entre os negros era o dobro daquele que havia entre os brancos.

King disse numa entrevista à revista *Look* que, como a população negra do país estava se mudando para o Norte, a questão da segregação legal logo se tornaria menos premente do que a da discriminação na moradia e no emprego, "que cria uma segregação de fato",[9] relegando aos negros serviços de baixa remuneração e bairros tomados pela pobreza. Ele não citou Birmingham, embora estivesse a ponto de iniciar lá uma grande campanha, talvez por continuar hesitante, com o receio de que lhe faltassem militantes, devido à inexistência de uma grande população estudantil negra. Mas Fred Shuttlesworth manteve a pressão, o que, mais do que qualquer outra coisa, disse James Lawson, "fez Martin decidir que era hora de entrar em Birmingham".[10]

Em 14 de janeiro de 1963, George C. Wallace se tornou o governador do Alabama, prometendo a seus eleitores que imporia "segregação agora... segregação amanhã... segregação sempre".[11]

King e a SCLC adiaram os protestos de Birmingham enquanto aguardavam o resultado da eleição para a prefeitura da cidade, que foi para um segundo turno marcado para 2 de abril. Os dois candidatos eram segregacionistas ferrenhos, mas King e os outros organizadores da campanha imaginavam que seria mais fácil negociar com o candidato mais moderado, Albert Boutwell, do que com Theophilus Eugene "Bull" Connor, o notório comissário de segurança pública. Boutwell derrotou Connor no segundo turno, mas Connor se recusou a deixar o cargo. Como a prefeitura estava fazendo a transição de uma comissão de três homens para um conselho de governança de nove homens, Connor e outros comissários insistiram em continuar no cargo até expirar seus mandatos em 1965, mantendo-se Connor incumbido das forças da lei. O Supremo Tribunal do Alabama acabaria tendo de obrigar Connor a deixar o cargo. Enquanto isso, o município funcionava com dois corpos governamentais.

"Sou só um bom e velho caipira", dissera Connor em 1931, quando começou a ganhar atenção pública como locutor radiofônico de beisebol da segunda divisão, cobrindo os Birmingham Barons da Associação Sulina.[12] Connor nascera em 1897 em Selma, filho de um controlador ferroviário e uma dona de casa. Quando a mãe morreu, Connor foi morar na fazenda dos tios em Birmingham do Norte, onde era mais importante plantar e arar do que ir à escola. Ele provavelmente teria prosseguido nas atividades rurais dos tios se não tivesse descoberto seu gosto por descrever as partidas da segunda divisão, baseando-se no lote mínimo de informações enviadas pelo telégrafo quando a equipe local estava em viagem. Sentado no escritório, enquanto o telégrafo martelava, Connor pegava, por exemplo, o informe de uma bola recuperada do ar no campo direito e criava toda uma história, inventando as expressões no rosto dos jogadores entre os arremessos, uma criança tentando pegar uma bola que saiu do campo, o suor, as cusparadas e a brisa quente do verão. Outro político promissor, Ronald Reagan, começou da mesma maneira, mesclando nostalgia e fantasia para criar um vínculo com os ouvintes.

Quando jovem, Connor era esguio. Mesmo mais velho, com o corpo mais pesado e cara de buldogue, não tinha um físico imponente. O apelido "Bull" vinha da voz áspera, que tornava fácil reconhecê-lo no rádio, além de sua habilidade em "*shoot the bull*" [papear à toa]. Segundo um repórter da época em que ele despontava como celebridade local, Connor era "absolutamente autêntico, despojado e muito simpático mesmo à primeira vista".[13] Não demorou e Connor aproveitou sua popularidade no rádio para se lançar à carreira política. Como muitos candidatos da época, ele garantia aos eleitores brancos que defenderia o direito deles de viverem numa sociedade segregada, mas não era propriamente mais radical ou virulento do que outros políticos brancos do Alabama. Como comissário de segurança pública, tomou a raça como prioridade, o que significava usar a força policial para controlar e disciplinar a comunidade negra. Naquela altura, seu apelido adquiriu um novo significado: Connor garantia aos eleitores que seria obstinado como um touro para preservar o sistema de estratificação racial do município.

Já no começo da carreira política, Connor mostrou seu compromisso com a lei e a ordem com investidas amplamente divulgadas contra prostitutas e apostadores. Em 1938, os policiais sob seu comando interromperam a convenção de fundação da Conferência Sulina pelo Bem-Estar Humano, na qual estava presente Eleanor Roosevelt, e obrigaram os delegados negros e brancos a se sentarem em lados opostos do auditório. Dez anos depois, ele ordenou que o senador Glen Taylor de Idaho fosse detido por ter entrado numa reunião do Congresso da Juventude Preta Sulina usando a porta que a polícia marcara para "pessoas de cor". Nos anos 1940, Connor tinha supervisionado a instalação de "tábuas de raça", painéis transportáveis que dividiam o espaço para passageiros negros e brancos nos ônibus. Em 1948, na Convenção Nacional do Partido Democrata na Filadélfia, ele balançou uma bandeira dos Confederados enquanto liderava a delegação dita dixiecrata que saíra em protesto contra a plataforma de direitos civis do partido. Tais gestos impulsionavam sua popularidade entre os eleitores brancos — os únicos que lhe importavam em Birmingham.

Não era apenas por causa de Connor que a SCLC qualificava Birmingham como "a cidade mais dura do Sul".[14] Ali, com o desenvolvimento da indústria siderúrgica, os operários brancos de ascendência anglo-saxã adotaram posição hostil contra negros, italianos e irlandeses que disputavam vagas de emprego. Os sindicalistas estavam entre os numerosos moradores de Birmingham que integravam a KKK e os Conselhos de Cidadãos Brancos.[15]

Anos depois, Wyatt Tee Walker disse que ele e a SCLC elaboraram um plano para Birmingham, chamado Projeto C, de "confronto", prevendo uma acolhida hostil.[16] Mas os registros da SCLC sugerem que Walker só surgiu com esse nome depois da campanha. De fato, pelo menos no início, King procurou *evitar* o confronto com Bull Connor. Ele sabia, como deixou claro em *The Nation*, que o racismo não era apenas um problema sulino e não queria dar a chance de as pessoas colocarem a culpa pela discriminação apenas em alguns poucos segregacionistas mais desbocados. Sabia que certos brancos nortistas justificavam suas próprias práticas racistas dizendo a si mesmos que não eram tão ruins quanto Bull Connor e sua turma. Os fanáticos sulinos descreviam os negros como indivíduos geneticamente inferiores, escreveu King, ao passo que os segregacionistas do Norte sustentavam que os negros eram vítimas da cultura da pobreza e que precisavam de melhores hábitos profissionais e valores familiares mais sólidos. Os resultados eram igualmente danosos no Norte, mas eram mais visíveis em lugares como Birmingham. Um ano antes, quando estudantes negros organizaram uma série de campanhas de compras seletivas contra comerciantes brancos, com a intenção de que atendentes negros fossem contratados, a prefeitura de Birmingham reagira retirando o apoio a um programa de cestas básicas que beneficiava muita gente da comunidade negra. No momento em que um grupo de comerciantes concordou em dessegregar, Bull Connor e outras autoridades municipais passaram a pressioná-los, enviando fiscais da prefeitura para indiciar as lojas por coisas como escadas pouco seguras e proteção inadequada contrafogo.[17]

King esperava fazer em Birmingham o que tinha feito em Montgomery: atingir a estrutura de poder econômico da cidade, extrair concessões dos políticos, unir a comunidade negra e utilizar os noticiários para incentivar outros no país a se juntarem à luta. Em Albany, tinha sido um erro pressionar os líderes políticos locais, pois estes não precisavam responder a eleitores negros.[18] Em Birmingham, mudariam a estratégia. King tinha consciência de seu papel como dramaturgo. A televisão era o novo palco americano, e King montou uma peça com mocinhos e vilões.

Os repórteres que seguiam King o consideravam distante,[19] solene demais para agradá-los como estavam acostumados com outras fontes importantes. Mas isso também lhe dava um ar de autenticidade. Em Birmingham, King iria se comunicar não só com a mídia, mas também com o presidente Kennedy e líderes pelos direitos civis. James Bevel, Dorothy Cotton e Andrew Young treinariam os manifestantes. Young lideraria as negociações com a comunidade empresarial branca. King, seu irmão A. D., Fred Shuttlesworth e Ralph Abernathy liderariam as assembleias e os comícios de massa. A chave dessa campanha, disse King, seria a economia, e o impacto demoraria algum tempo para ser sentido. Os consumidores negros boicotariam lojas até que a prefeitura atendesse às quatro reivindicações do movimento: dessegregação nos estabelecimentos do centro comercial, justa contratação nesses lugares, retirada de denúncias contra quem havia sido detido por protestos e criação de um comitê birracial para dar continuidade às discussões sobre integração.

Mostravam-se decididos a estar mais bem preparados do que em Albany.

"Deus tirou todo o meu medo", disse Calvin Woods, que, quando por fim o Movimento de Birmingham começou na manhã de 3 de abril de 1963, estava num grupo de oito ativistas negros que ocupavam uma lanchonete apenas para brancos da Woolworth.[20] O irmão de Calvin, o rev. Abraham Woods Jr., liderava outro grupo na Britling Cafeteria. Antes do meio-dia, treze manifestantes já tinham sido detidos e quatro lanchonetes haviam sido fechadas. Bull Connor reagiu, como era de esperar: se os protestos continuassem, disse ele, "vou lotar aquela cadeia".[21]

King e Abernathy chegaram mais tarde naquele dia. Shuttlesworth foi recebê-los no aeroporto, mas o rev. J. L. Ware, o pastor negro de maior prestígio da cidade, não. King tomou isso como mau sinal. O apoio de Ware ao Movimento de Birmingham devia ter sido assegurado de antemão.[22]

Os três seguiram até o Motel Gaston, um modesto sobrado de tijolos cujo dono era A. G. Gaston, muitas vezes citado como "o preto mais rico do Alabama". Pegaram a melhor suíte do motel, onde o telefone começou a tocar imediatamente, embora não tanto quanto eles gostariam. "Martin e eu começávamos a nos perguntar quanto apoio Fred e os outros de fato conseguiriam dar", disse Abernathy.[23] Shuttlesworth era um herói para a comunidade negra de Birmingham. Esteve com King em Montgomery no boicote de ônibus, em Atlanta para o nascimento da SCLC, em Albany para enfrentar Laurie Pritchett. Durante todo esse tempo, Shuttlesworth insistira que King viesse a Birmingham.

Shuttlesworth era espalhafatoso, destemido. Sobrevivera a uma explosão que o arremessou para longe da cama e, por milagre, conseguiu se cobrir com o colchão bem a tempo de se proteger da queda do telhado da casa. Ele também dividia opiniões — agressivo demais para alguns, sociável demais para outros. Embora tivesse um estilo oratório diferente do de King, seu poder de estimular os ouvintes era parecido. Ele começou um de seus discursos com uma anedota:

Vocês conhecem a história do menino que perguntou ao pai: "Papai, o que faz o vaga-lume brilhar?". O homem, claro, não queria admitir que não sabia, porque um pai deve saber tudo aos olhos do filho. Como aqueles segregacionistas que acham que sabem *tudo* sobre nós [...]. Bom, seja como for [...], o pai tentou mudar de assunto e falar de outra coisa [...]. Mas o menino continuava a bater na mesma tecla [...]. "Mas, papai, eu quero saber: o que faz um vaga-lume brilhar?" Então ele pôs a mão na cabeça, onde devia ter um tufo de cabelo — ele estava ficando careca — e disse: "Tudo bem, vou lhe contar a verdade, menino". Disse: "A coisa está nele, só isso". E quanto ao ânimo para que esses pretos sejam livres, bom, a coisa está neles.[24]

A multidão que recebeu os pregadores na igreja batista St. James era grande, cerca de quatrocentas pessoas,[25] mas não tão grande quanto King e Abernathy tinham esperado. A reunião no dia seguinte para o primeiro protesto público, no centro de Birmingham, foi ainda mais decepcionante. Quatro das cinco lanchonetes visadas passaram o dia fechadas, para não enfrentar os manifestantes; a quinta contratou seguranças para bloquear a entrada de fregueses negros. Os repórteres que tinham vindo para a cidade, esperando grandes acontecimentos, se indagavam por que o movimento de massa não tinha massa nem movimento. King falou que não estava preocupado. Levaria tempo. Demandaria conflito também, mas King relembrou mais uma vez a quem o ouvia que sua abordagem do conflito tinha raízes na teologia cristã. "Agora dizemos nesse movimento não violento que vocês têm de amar o homem branco", declarou ele. "E Deus sabe o quanto ele precisa de nosso amor [...]. E, quando falo de amor, não estou falando de tolice emocional."[26] Significava, disse ele, o seguinte: "Você ama aqueles que amam você. Ama aqueles de quem não gosta. Ama aqueles cujos modos lhe desagradam. Ama a todos porque Deus ama a todos eles".

Com o ágape, um espírito de amor incondicional derivado de Deus, disse ele a uma multidão exultante num comício, o povo de Birmingham mostraria à nação como pôr fim à discriminação racial.[27] Não parariam, prometeu ele, enquanto os segregacionistas da cidade não enxergassem seus erros de conduta, enquanto "o faraó não deixar o povo de Deus partir".[28]

Mas, em privado, King manifestou sua decepção. Marcou mais encontros com pastores e líderes empresariais. Discursou em sucessivos comícios, tentando angariar apoio, porém os protestos iniciais continuavam pequenos, sem atrito suficiente para acender uma chama. A campanha de compras seletivas, que tinha o objetivo de prejudicar comerciantes brancos, "não estava tendo êxito", segundo o jornal negro da cidade, o *Birmingham World*.[29] Emory O. Jackson, editor do jornal, disse que o trabalho de King estava sendo prejudicado por membros moderados da comunidade negra, que preferiam não ter ligação com a SCLC nem com nenhum outro grupo.[30] Em 6 de abril, o *New York Times* noticiou que "as manifestações de massa prometidas não foram realizadas, e parecia haver a possibilidade de que a campanha fosse temporariamente abandonada".[31]

Mas no dia seguinte tudo mudou. E não foi King, mas seu irmão A. D., que esteve à frente. A. D. King era pastor na Primeira Igreja Batista de Birmingham. Ele, a esposa Naomi e os cinco filhos tinham se mudado em 1962 para o bairro Ensley.[32] Embora tivesse sido preso com o irmão nas ocupações de Atlanta em 1960, A. D. se manteve discreto nos primeiros anos do movimento pelos direitos civis. Em 1961, ele fora preso perto de Fayetteville, na Geórgia, sob a acusação de dirigir embriagado.[33] Martin Luther King Jr. confidenciou a um amigo que a ira e a personalidade exigente do pai tinham "destruído" o irmão.[34] Um amigo da família disse mais tarde que A. D. procurava imitar a conduta calma de Martin, mas "não conseguia vencer a raiva que o sufocava".[35]

No Domingo de Ramos, no dia 7 de abril, A. D. liderou um pequeno grupo de manifestantes numa passeata até a prefeitura. Policiais e autoridades municipais, inclusive Bull Connor, estavam à espera.

"Esses sujeitos não passam de agitadores comunistas", disse o prefeito Arthur Hanes, em final de mandato, a um repórter ali presente. "Estão transformando cidadãos pacíficos em selvagens brutos."[36]

Ao alcançarem um obstáculo que fechava a via, os manifestantes se curvaram em oração. A polícia prendeu cerca de 25 deles e usou cães policiais para dispersar o resto do grupo. "Veja aquele cão", disse Connor a um repórter. "É para isso que os treinamos — para fazer cumprir a lei — assim como treinamos nossos policiais."[37]

The Birmingham News apresentou o seguinte relato do que aconteceu depois:

> Um preto de dezenove anos [...] foi enfrentar um cão policial com um pedaço pequeno de manilha de barro. O cachorro derrubou o rapaz, e a multidão começou a avançar [...]. Outro preto puxou um canivete, e cerca de quinze policiais, junto com cães policiais, foram para cima e obrigaram a multidão a recuar.[38]

Foram presas 26 pessoas, inclusive o adolescente mordido pelo cachorro. James Forman, líder do SNCC, que estava no protesto, apresentou outra versão dos fatos, dizendo que um negro só puxou o canivete depois de ter sido atacado pelos cães.[39] Jornais de todo o país publicaram uma foto de um cão policial avançando para um homem negro não identificado caído, enquanto um policial uniformizado estava por cima do negro, cutucando-o com uma vara. O confronto ocupou as primeiras páginas dos jornais de todo o país, em grande parte por causa das fotos chocantes dos cães.

Mais tarde, de volta ao motel, Forman encontrou Wyatt Tee Walker e Dorothy Cotton animadíssimos, "dando pulos de alegria". Depois, Forman escreveu: "Eles repetiam sem parar: 'Temos um movimento. Temos um movimento. Tivemos brutalidade policial. Eles trouxeram os cães. Temos um movimento'".

Forman sentiu asco, não vendo nenhuma razão para comemorar a brutalidade policial, mesmo que gerasse uma preciosa cobertura da imprensa.

No dia seguinte ao protesto, Martin Luther King Jr. se reuniu com duzentos pastores negros da cidade, pedindo-lhes que se envolvessem mais. Apenas uma religião "estéril"[40] permitia que pastores louvassem as glórias dos céus e não se importassem com as condições na terra, disse ele.

"Há alguns pastores em Birmingham que não estão com este movimento", bradou ele do púlpito da igreja de seu irmão em 11 de abril. "Estou cansado de pregadores passeando em carrões, morando em belas casas, mas não dispostos a participar da luta. Ele é o homem mais livre da comunidade. O branco não pode cortar seu salário. Se você não é capaz de se levantar com seu povo, você não é adequado para ser um líder."[41]

O público aprovou aos gritos. King e Abernathy puxaram o coro em "I'm on My Way to Freedomland", acompanhados pelas notas graves do órgão da igreja.[42] Perguntaram quantas pessoas se juntariam a eles na cadeia na Sexta-Feira Santa. Cerca de cinquenta pessoas se levantaram.

"Eu nunca estive na cadeia em minha vida", disse uma senhora grisalha, erguendo-se do banco, "mas também vou."[43]

No entanto, enquanto King e Abernathy arregimentavam seguidores, os procuradores municipais pediam a um juiz da Vara Distrital do Alabama que emitisse uma ordem proibindo passeatas e protestos. O juiz atendeu de pronto à solicitação. King prometeu desafiar a ordem.

A polícia prendeu mais doze manifestantes na quinta-feira, elevando o total para 160 pessoas desde o início da campanha. Naquela noite, Daddy King falou num comício para os ouvintes correrem o risco e se juntarem aos protestos. Enquanto isso, seu filho estava de volta ao motel Gaston, fazendo telefonemas, receoso com o que aconteceria com quem estava na cadeia se a SCLC não arrecadasse mais dinheiro para as fianças. King falou com Harry Belafonte e o advogado Clarence Jones sobre conseguir mais fundos. Foi sugerido que seria prudente King sair de Birmingham e ir para o Norte numa missão de arrecadação. Ele se sentiu dilacerado. Tinha prometido ao povo de Birmingham que iria com eles para a cadeia e não queria aparentar fraqueza.

Às 8h30 da manhã seguinte, em 12 de abril, umas duas dúzias de pessoas, incluindo Daddy King, Dorothy Cotton e Ralph Abernathy, se amontoaram no quarto 30 do motel Gaston. King ficou sentado à cabeceira da cama, fumando um cigarro, ouvindo várias opiniões sobre o que fazer a seguir.

Ele escreveu mais tarde:

> Fiquei sentado ali, ciente dos 24 pares de olhos. Pensei nas pessoas na cadeia. Pensei nos pretos de Birmingham já alinhados pelas ruas da cidade, esperando para me ver pôr em prática o que preguei de forma tão apaixonada. Como explicar à comunidade local se agora eu não me submetesse a ser preso? Qual seria o veredito do país sobre um homem que incentivou centenas de pessoas a fazer um tremendo sacrifício e ele próprio se esquivou?[44]

No entanto, até aquele momento, ele nunca tinha desobedecido a uma ordem judicial. "Fiquei sentado", escreveu ele, "em meio ao mais profundo silêncio que senti na vida [...]. Estava sozinho naquele quarto lotado."

King ficou quieto. Parecia, como disse Andrew Young, "estar muito longe do cômodo abafado".[45] Pela janela aberta, os homens ouviam vozes cantando na igreja batista da Sixteenth Street, onde o pessoal da equipe da SCLC treinava voluntários que logo marchariam e enfrentariam a prisão.

King se levantou e foi para o quarto vizinho, onde ficou parado sozinho no centro do aposento. "Penso que eu também estava parado no centro de tudo o que minha vida me levara a ser [...]. Pensei na comunidade preta de Birmingham, esperando", escreveu ele ao relembrar aquele momento.

> Então meus pensamentos saltaram para além do motel Gaston, além da cadeia municipal, além das fronteiras do município e do estado, e pensei em 20 milhões de negros que sonhavam que algum dia conseguiriam cruzar o mar Vermelho da injustiça e encontrar o caminho para a terra prometida da integração e da liberdade. Não havia mais espaço para dúvidas.[46]

Ele se trocou e vestiu calça de brim azul e camisa de algodão cinza, o tipo de roupa que o pai e o avô usavam quando colhiam algodão na Geórgia, com a diferença de que agora as roupas eram novas e estavam limpas. Abotoou a camisa por cima de sua camisa branca imaculada, enfiou as duas por dentro da calça e afivelou o cinto. Quando voltou para o outro quarto, as pessoas ali reunidas viram que ele tinha se decidido.

Mais uma vez, porém, ele encarou a reprovação paterna. Daddy King insistiu que o filho fosse cauteloso. M. L. rejeitou o conselho.

Abernathy também vestiu uma calça de brim azul. E pôs uma camisa cinzenta por cima de sua camisa branca.[47] King exortou o amigo a evitar a prisão, pois assim poderia voltar a Atlanta e estar no púlpito para a Páscoa, mas Abernathy recusou; se King ia para a cadeia, Abernathy iria junto.

"Não me lembro de nada que dr. King disse nesse momento, mas deve ter dito alguma coisa", escreveu Dorothy Cotton.

> Sei que cantamos calmos e compenetrados nosso hino do momento, "We Shall Overcome". Dessa vez eu estava com lágrimas nos olhos. Creio que outros choraram [...]. Dr. King não chorou [...]. Dei-lhe um grande abraço, e outros no quarto também deram. Quando ele saiu pela porta, todos nós fomos atrás dele.[48]

Formavam uma imagem estranha, aqueles dois homens baixos bem cuidados usando roupas de trabalho que pareciam novas em folha, de mandíbulas cerradas, olhos baixos, expressões severas. King e Abernathy seguiram a passos largos do motel Gaston até a igreja batista da Sixteenth Street. Quando chegaram, entraram pela porta de trás, e a multidão lá dentro rugiu de entusiasmo. Todos entenderam o significado daquelas roupas. Esses clérigos estavam vestidos para ser presos.

Centenas de pessoas seguiram King e Abernathy para a rua. A multidão foi aumentando, ficando mais barulhenta e empolgada a cada passo que dava na direção da prefeitura. Dali a algumas quadras, porém, toparam com barricadas policiais.

"Detenham-nos", gritou Connor. "Não deixem que avancem mais."

Dessa vez não havia cães.[49] Um policial de moto se aproximou e bloqueou o caminho deles. King e Abernathy se ajoelharam para rezar. Um policial agarrou King pelo cotovelo e num puxão o botou de pé, e a seguir fez o mesmo com Abernathy. O policial agarrou King pelo fundilho das calças e o empurrou para dentro de um camburão.[50] O mesmo ocorreu a Abernathy.

"Continuem com o movimento", disse King antes que as portas do camburão se fechassem.[51]

Os dois ficaram sentados no escuro, o veículo parado com o motor ligado. Por fim, ouviram a voz de Bull Connor dizer a um de seus homens que levasse os prisioneiros para a cadeia.

"Ponha eles na solitária", disse Connor.[52]

25. A cadeia de Birmingham

Depois de lhe negarem um telefonema, King desapareceu na solitária.[1] Os guardas retiraram o colchão da cela, deixando como cama apenas uma placa fria de metal. Por uma janelinha na parede de concreto passava um fiapo de luz do sol.

"Aquelas foram as horas mais longas, frustrantes e desconcertantes que tive na vida", escreveu ele mais tarde. "Você nunca vai saber o que significa a escuridão total enquanto não estiver deitado numa masmorra dessas, sabendo que a luz do sol se derrama lá em cima e, mesmo assim, você só vê a escuridão. Daria para achar que eu estava tomado por uma alucinação gerada pela inquietação. E eu estava inquieto mesmo."[2]

Para acalmar os nervos, King começou a compor uma carta.

No dia de sua prisão, um grupo de oito clérigos brancos de Birmingham tinha feito uma declaração na qual conclamavam os cidadãos negros a "retirar o apoio dessas manifestações e se unir localmente para trabalhar de forma pacífica por uma Birmingham melhor".[3] E prosseguia: "Reconhecemos a impaciência natural das pessoas ao sentir que suas esperanças demoram para se realizar. Mas estamos convictos de que essas manifestações são imprudentes e inoportunas". Antes disso, no mesmo ano, grande parte desse grupo de clérigos brancos havia escrito uma declaração incentivando os brancos de Birmingham a cumprirem as ordens de integração, afirmando que "ninguém está com sua liberdade a salvo a menos que a liberdade de todos seja igualmente protegida".[4] A nova carta apareceu na página 2 do *Birmingham News* em 13 de abril, na mesma página na qual figurava uma foto de King e Abernathy sendo empurrados para o camburão.

Os clérigos achavam que a mensagem era um apelo em favor da cooperação, da moderação e da razão. Mas King, que leu a declaração à luz fraca da lâmpada da cela, ficou exasperado. Por que todo mundo dizia para os negros esperarem? Os Kennedy diziam *esperem*. O prefeito de Birmingham dizia *esperem*. O rev. Billy Graham dizia *esperem*. Os profissionais liberais negros de Birmingham diziam *esperem*. Os colunistas do *New York Times* diziam *esperem*. Deem tempo para o governo agir, diziam eles; fiquem em paz e confiem no processo. Mas, para King e para as pessoas que ele se sentia chamado a liderar, esperar era sinal de aceitar uma dura situação injusta. Esperar representava cumplicidade. Enquanto prosseguia no raciocínio, King se pôs a trabalhar. Ficou escrevendo nas margens do jornal e, quando já não havia mais espaço ali, passou a anotar em guardanapos e papel higiênico.[5] Às vezes usava o papel em que seus sanduíches vinham embrulhados.

No domingo, dia 14 de abril, A. D. King encabeçou outro protesto. Acabou mais uma vez em violência, com a polícia bloqueando os manifestantes e os espectadores atirando pedras na polícia. No dia seguinte, o advogado Clarence Jones visitou King e contou a boa notícia de que Harry Belafonte tinha arrecadado 50 mil dólares para pagar as fianças dos manifestantes presos. Ao mesmo tempo, Robert Kennedy coordenou com líderes dos Trabalhadores Unidos da Indústria Automobilística o envio de mais 160 mil dólares. King contou a Jones que tinha respondido aos clérigos e lhe entregou os pedaços de papel em que anotara suas considerações. Jones conseguiu sair com eles em segredo e os entregou a Wyatt Tee Walker, que os passou para sua secretária, Willie Pearl Mackey King, que datilografou as palavras em sua IBM Selectric.

"Foi difícil entender o que estava escrito nos papéis engordurados dos sanduíches", lembrava ela. Os pedaços nem sempre estavam em ordem. "Era como um quebra-cabeça. Foi a pior coisa com que tive de trabalhar na vida."[6]

Walker ajudou a montar a carta. Willie Pearl Mackey King, depois de se assegurar de que tinha decifrado da maneira correta as garatujas de King, jogou as anotações originais no lixo.

Martin Luther King Jr. logo recebeu papel normal, e a tarefa da datilógrafa ficou mais fácil. Mas a coisa prosseguiu por vários dias. As páginas datilografadas entravam na cadeia e saíam de lá com as revisões do prisioneiro, para ser redigitadas. A carta acabou se estendendo por vinte páginas em espaço duplo. Como era a primeira pessoa a lê-la e alguém que conhecia King, Willie Pearl Mackey King disse que dava para sentir a emoção do autor. "Não estava zangado", disse ela. "Estava magoado. Estava profundamente magoado que os clérigos não entendessem com que ele estava lidando."[7]

King escreveu:

> Meus prezados colegas clérigos:
>
> Estando aqui confinado na cadeia municipal de Birmingham, deparei-me com a recente declaração de vocês em que qualificavam minhas atividades presentes de "imprudentes e inoportunas". Raramente me detenho para responder críticas ao meu trabalho e a minhas ideias. Se eu procurasse responder a todas que aparecem em minha mesa, restaria a minhas secretárias pouco tempo ao longo do dia para outras coisas além desse tipo de correspondência, e eu não teria tempo para o trabalho construtivo. Mas, como sinto que vocês são homens de genuína boa vontade e que suas críticas são apresentadas de forma sincera, quero tentar responder à declaração de vocês em termos, espero eu, pacientes e sensatos.[8]

A introdução cordial cedeu caminho a um ataque cáustico. Poucas coisas deixavam King mais furioso do que o racismo na igreja. A carta, escrita num momento decisivo de sua liderança, redigida sem acesso à sua estante de livros e sem o auxílio de seus frequentes colaboradores, tornou-se sua prosa mais fervorosa e duradoura. Invocou as obras-primas de filosofia e teologia que aprendera no Crozer e na Universidade de Boston. Invocou as obras de Harry Emerson Fosdick, Harris Wofford e George Kelsey, seu mentor na Morehouse, que inserira durante anos em seus sermões e ensaios e sabia razoavelmente de cor. Invocou o apóstolo Paulo, que escrevera suas próprias epístolas na prisão, e profetas hebreus como Jeremias e Amós. E, talvez o principal, invocou seus predecessores na Igreja negra, inclusive o avô, o pai e Vernon Johns, que mesclavam protesto e profecia. A ida para a cadeia inspirou King a pregar e a protestar, a escrever com um fervor que raramente aparecia em sua prosa e, com isso, a redefinir a liderança religiosa americana.

King dirigia a carta aos oito clérigos de Birmingham, mas visando um público maior. O *New York Post* publicou trechos dela em maio. Ao mesmo tempo, King submeteu a carta à avaliação do *Christian Century*, passando por um trabalho de revisão antes de ser publicada na edição de 12 de junho da revista. O editor Harold E. Fey pediu a King que avaliasse a retirada dos nomes dos oito clérigos, "a fim de ampliar ao máximo possível o impacto de suas observações, visto que estamos convencidos de que elas se aplicam em grau considerável a todos nós".[9] King concordou. Com *The Christian Century*, ele sabia que sua mensagem alcançaria grande parte da liderança protestante do país. Logo depois, repassou a carta para outras publicações. Tornando-se quase instantaneamente famosa, as igrejas individuais a distribuíam entre a congregação.

A carta de King na cadeia era uma missiva de amor no sentido mais amplo: falava da necessidade de ser "extremista por amor". Era de agradecimento a Deus e à Igreja negra: "Agradeço a Deus que, por meio da Igreja preta, a dimensão da não violência tenha entrado em nossa luta". Ela oferecia uma metáfora: dizia que os Estados Unidos eram uma prisão para os negros. "A injustiça numa parte qualquer é uma ameaça à justiça em toda parte", escreveu ele. Ofertava o patriotismo: aqueles manifestantes que "se sentavam em lanchonetes [...] estavam na verdade se erguendo pelo melhor do sonho americano" e "trazendo nossa nação de volta àqueles grandes poços da democracia que foram profundamente cavados pelos pais fundadores ao formularem a Constituição e a Declaração de Independência". Apelava à consciência de moderados e liberais: "Quase cheguei à lamentável conclusão de que o maior obstáculo do preto não é o integrante do Conselho de Cidadãos Brancos ou da Ku Klux Klan, e sim o branco moderado, que é mais devotado à 'ordem' do que à justiça". Trazia um aviso: a questão, dizia ele, "não é se seremos extremistas, mas que tipo de extremistas seremos", lembrando àqueles pastores o extremismo de indivíduos como o profeta Amós, Jesus, Jefferson e Lincoln. "Eu concordaria com Santo Agostinho", escreveu ele, "que 'uma lei injusta não é lei.'"

A carta se tornou parte da história americana, um belo e intenso tratado sobre a obrigação moral de combater a opressão, captando o espírito do movimento pelos direitos civis e o brilho ardente de seu líder. Mostrava o poder que King descobrira ao liderar um movimento de massa de americanos negros para se juntarem à corrente dominante da vida americana e, ao mesmo tempo, remodelarem o padrão dominante da vida americana. Capturava a essência de suas crenças e aspirações.

Mas ela não teve nenhum impacto imediato em Birmingham.

Em 15 de abril, o quarto dia de King na cadeia, o presidente Kennedy telefonou para Coretta para expressar preocupação por seu marido. Trinta minutos depois, King teve permissão para ligar da cadeia para a esposa. Conversou rapidamente com Yoki e Marty, e perguntou a Coretta sobre a bebê. Perguntou-lhe também se os protestos de Birmingham estavam recebendo boa cobertura na imprensa.

"Como anda seu ânimo?", perguntou Coretta.[10]

"Vai indo. Você sabe, estou solitário."

"É, eu sei."

Coretta lhe contou que o presidente tinha telefonado, e King recomendou que ela garantisse que a mídia ficasse a par disso. Tinha esperança de que a ligação de Kennedy gerasse maior cobertura da mídia e instigasse o Ministério da Justiça a se envolver para proteger os manifestantes.

Em 20 de abril, depois de mais de uma semana na cadeia, King e Abernathy foram soltos, com a barba por fazer, e o movimento de base ainda correndo o risco de se dissolver. King, em sua primeira coletiva de imprensa, continuou a criticar a desunião na comunidade negra. Uma semana depois, quando o movimento encabeçava uma assembleia pela 25ª noite seguida, ficou evidente que o público diminuía. A estratégia da prefeitura — lotar as cadeias, minar o movimento com proibições e evitar grandes manchetes — parecia drenar a energia dos seguidores de King.

"Sabe, a gente precisa ter alguma coisa acontecendo", disse ele em reservado. "A imprensa está deixando de lado."[11]

Muitos adultos na comunidade negra e mesmo alguns dos pastores queriam que o movimento acabasse e que King partisse, disse Dorothy Cotton. Ela comentou: "Se você os ouve falando agora, todos amavam Martin Luther King. Mas nem todos amavam Martin Luther King e [...] queriam que ele com suas encrencas fosse embora da cidade".[12]

James Bevel da SCLC e Isaac Reynolds da Core, que estiveram treinando manifestantes jovens, recomendaram que King recrutasse estudantes secundaristas para recuperar o porte e a vitalidade das manifestações que vinham enfraquecendo. Bevel parecia estar sempre incentivando King, e este gostava da paixão, da coragem e da inteligência do rapaz, deixando a Andrew Young a tarefa de refrear Bevel quando ele ficava agressivo demais. King precisava das ideias e da energia de Bevel. Às vezes referiam-se a ele como "o Profeta". "Ele nunca parava de falar", mesmo com racistas, disse Young a respeito de Bevel.[13] "Ele entrava numa mercearia, comprava uma coca-cola e uma Moon Pie e começava a conversar", sabendo que, na metade das vezes, o comerciante ligaria para a polícia tão logo ele saísse da loja. Bevel usava um barrete judaico na cabeça raspada em homenagem aos profetas do Antigo Testamento e porque se considerava em parte judeu. Ele afirmava que, enquanto a comunidade negra adulta de Birmingham permanecia irremediavelmente fragmentada, era possível unir os adolescentes na ação. Ele e outros — inclusive James Orange, um astro do futebol de Birmingham que acabara de concluir o segundo grau — visitavam as escolas secundárias e encontravam os estudantes ansiosos por participar.

Centenas deles mataram as aulas para se reunir na tarde de 2 de maio, uma quinta-feira, na igreja batista da Sixteenth Street. Mas, ao mesmo tempo, em sua suíte no motel Gaston, King estava reunido com integrantes da classe média negra, indignados que seus filhos fossem usados como peões num jogo violento de xadrez com Bull Connor.

Ao meio-dia, vários grupos de alunos se puseram em marcha da igreja para o centro da cidade. Eram na maioria estudantes do ensino médio, mas havia também gente bem mais nova. Alguns pareciam ter não mais de dez anos de idade, de bracinhos finos e ainda trocando os dentes. Cantavam músicas pela liberdade, riam e batiam palmas. Alguns grupos se dirigiam para a prefeitura, outros para o centro comercial.

"Cantem, crianças, cantem!", disse uma espectadora quando vários alunos uniram as vozes em "We Shall Overcome".

Alguns estudantes saíram correndo ao ver a polícia. Outros se submeteram de maneira pacífica à prisão. Bull Connor mandou os bombeiros bloquearem os manifestantes; embora tivessem desenrolado as mangueiras de alta pressão, não ligaram a água. Tampouco usaram cães policiais. Ao final do dia, centenas de adolescentes tinham sido detidos, elevando o total de prisões a mais de mil. Connor, mantendo a promessa de lotar as cadeias, se enfureceu com a forma como a imprensa retratava King e os manifestantes. "Pobre King, pobre King, o maior bandido que já existiu nos Estados Unidos", disse ele a um repórter. "Chantagista. Aparece aqui pregando a não violência, e a única violência aqui é a turma dele atirando pedras."[14]

Naquela noite, a igreja batista da Sixth Avenue ficou lotada de manifestantes para ouvir King. "Hoje fiquei comovido e inspirado", disse ele. "Nunca vi nada parecido."

Bevel aumentou a temperatura na sala, declarando: "Não vai ter reunião na segunda à noite porque todos os pretos vão estar na cadeia no domingo à noite".

Abernathy zombou de Bull Connor, dizendo que sabia que os agentes da lei estavam espionando a reunião, mas que ele pouco se importava.

"Aquilo me pegou", disse James Orange, referindo-se ao discurso de Abernathy. "Eu nunca tinha visto ninguém responder aos brancos daquele jeito."[15]

A reunião pública terminou em cantoria, bateção de pés e gritaria. Pelo visto, os estudantes tinham revigorado um movimento que estava lento, quase parando. Mas também foram objeto de escárnio — de Albert Boutwell, Robert Kennedy e até Malcolm X, que disse: "Homens de verdade não põem os filhos na linha de fogo". King respondeu à crítica numa coletiva de imprensa: "Estamos dispostos a negociar. Mas pretendemos negociar a partir de uma posição de força".

No dia seguinte, 3 de maio, uma sexta-feira, Connor pôs seus homens no lado leste do Kelly Ingram Park. Bombeiros vestindo capas castanho-claras que iam até o joelho estavam de prontidão nos cruzamentos principais, com mangueiras desenroladas e preparadas para serem usadas como armas de grande potência.

Dentro da igreja, 2 mil estudantes ouviam as instruções finais de King. "Se hoje vocês participarem das passeatas, irão para a cadeia, mas por uma boa causa", disse ele. A multidão entoava cantos pela liberdade. Batiam os pés e as mãos. À uma da tarde, as portas da igreja foram escancaradas e os estudantes saíram numa torrente, atravessaram a rua e seguiram para o parque. Connor tirou e acenou seu chapéu de aba estreita, dando sinal para seus homens avançarem.

"Eles vão ver", disse Connor.[16]

O parque virou um campo de batalha. Os policiais agarravam os manifestantes e os enfiavam em camburões. Mas era gente demais para prender. A água jorrava das mangueiras de alta pressão, batendo forte no chão, nos carros, nas árvores, nas pessoas. Uma mocinha esguia toda vestida de branco se preparou, achando que conseguiria resistir à água, e então caiu na terra. Os manifestantes se prendiam uns aos outros. A água arrancava as camisas deles, os fazia girar, escorregar e se arrastar pela rua. Erguia do chão os jovens mais leves. As pessoas corriam assustadas naquela confusão, às vezes escorregando dos braços dos policiais. Cães uivavam e rosnavam. Espectadores gritavam e jogavam garrafas e tijolos nos manifestantes.

"Liberdade!", gritou um adolescente que se debatia sob o impacto da água.[17]

No meio do caos, um garoto de quinze anos chamado Walter Gadsden foi atravessar a rua na esquina da Sixteenth Street com a Sixth Avenue North, na frente do restaurante Jockey Boy. Era um secundarista que tinha ido assistir à manifestação, sem participar. Mas, ao atravessar a rua, um cão policial avançou para cima dele. Gadsden não tinha medo de cachorros grandes — na verdade, a família tinha um. Instintivamente, ele ergueu o joelho esquerdo para se defender, encostando no peito do animal, mas se manteve calmo, com os braços e as mãos na lateral do corpo. No mesmo instante, aconteceram mais três coisas: o policial branco que segurava o cachorro pela coleira agarrou com a mão direita o cardigã de Gadsden; este, com a mão esquerda, segurou o pulso direito do policial; e, talvez o mais importante, um fotógrafo da Associated Press, chamado Bill Hudson, tirou uma foto.

Bull Connor utilizara os cães por cerca de meia hora, e eles não haviam causado muitos danos. Mesmo as mangueiras tinham provocado mais tumulto do que ferimentos. No século transcorrido desde o fim da escravidão, os negros nos Estados Unidos haviam suportado coisas muitos piores, mas a maioria ocorrera sem testemunhas brancas nos noticiários, nem amplas provas fotográficas. Foi essa imagem específica — um rapaz negro atacado por um cão policial — que apareceu no dia seguinte na primeira página do *New York Times* e de outros jornais pelo país. A foto abalou o mundo e cristalizou a mensagem que King e outros vinham tentando expressar durante anos.

A imagem captava da maneira mais simples possível, em preto e branco, o equilíbrio moral do movimento pelos direitos civis: a coragem dos manifestantes pacíficos versus a brutalidade selvagem dos agentes da supremacia branca. Para os brancos no Norte — inclusive o presidente Kennedy —, a foto ajudou a demonstrar a humanidade de um grupo cuja estatura moral fora por muito tempo negada por seus opressores. Mas também pode ter oferecido a alguns observadores um cômodo contraste entre o Norte e o Sul. Um único fotograma, para muitos brancos nortistas, se tornou literalmente a imagem do racismo americano — problema *deles*, não nosso.

Um observador negro poderia olhar a mesma imagem de outra maneira, principalmente se estivesse envolvido na luta pelos direitos civis. Gadsden, afinal, não estava entre os manifestantes não violentos; era um espectador. Não só ergueu o joelho contra o peito do cão, mas teve também a temeridade de segurar um policial branco pelo pulso. Quaisquer que fossem suas implicações, a foto chegava ao cerne da questão e nacionalizava a luta negra pela igualdade de uma forma que as ocupações, as Viagens pela Liberdade e o Movimento de Albany não haviam conseguido fazer. Ela desencadeou a indignação e a ação de uma forma inédita. Enviou uma enxurrada de repórteres para Birmingham. Comprovou também algo que Bayard Rustin comentou certa vez a respeito de King: "Martin não era mesmo um organizador [...]. Os organizadores foram Bull Connor, os cães, as mangueiras de incêndio".[18]

Rustin não mencionou as crianças e os adolescentes, mas eles também mudaram a equação moral.

No mesmo dia em que a foto de Gadsden e do cão policial apareceu nos jornais, o governo Kennedy enviou Burke Marshall, diretor do Departamento de Direitos Civis do Ministério da Justiça, para Birmingham a fim de mediar o conflito. Marshall era um homem miúdo e tranquilo. Era um branco nascido em Nova Jersey, formado na Academia Phillips Exeter e em Yale, usava óculos e gravata-borboleta, era pai de três filhos e adorava jogar bridge. Sua melhor qualificação para a tarefa era a maestria na arte da persuasão. Mas, quando chegou à cidade, viu que os líderes da comunidade branca tinham se esforçado pouco para entender o que os manifestantes queriam — só sabiam que eram contra.[19]

Enquanto Marshall se reunia no sábado com líderes brancos moderados na prefeitura, James Bevel punha em ação mais uma passeata. Dessa vez, Bull Connor não usou cães policiais, mas, quando alguém atirou um tijolo que caiu perto de seus pés, ele ordenou que os bombeiros usassem as mangueiras a toda potência e fizessem a multidão recuar. Como disse mais tarde Wyatt Tee Walker: "Bull Connor tinha a intenção de não deixar esses crioulos chegar à prefeitura. Eu rezava para que ele continuasse tentando nos deter [...]. Birmingham teria sido perdida se Bull tivesse nos deixado ir até a prefeitura e rezar [...]. Não haveria nenhum movimento, nenhuma divulgação".[20]

King reuniu os seguidores em 5 de maio. "Nunca na história desta nação houve tanta gente presa pela causa da liberdade e da dignidade humana", disse à igreja lotada.

> Vocês sabem que cerca de 2500 pessoas estão na cadeia neste momento. Agora eu digo o seguinte: o que temos de fazer é manter esse movimento andando [...]. Se continuarmos a nos mexer como estamos, a estrutura de poder de Birmingham terá de ceder. E não se preocupem com seus filhos. Eles ficarão bem. Não os impeçam se quiserem ir para a cadeia, pois estão fazendo um trabalho não só para si mesmos, mas para todos os americanos e para toda a humanidade.[21]

Os ouvintes ficaram quietos quando King falou da difícil situação dos filhos deles, mas voltaram à vida, aclamaram e repetiram suas palavras quando ele recorreu à Bíblia. "Lembrem-se", disse King, aumentando o volume da voz, "havia outro menino pequeno, de apenas doze anos, e ele se envolveu numa discussão lá em Jerusalém [...]. Falou: 'Preciso cuidar dos assuntos de meu Pai'. Esses garotos estão cuidando dos assuntos do Pai deles. E estão cavando um túnel de esperança na grande montanha do desespero."

Dois dias depois, policiais, bombeiros e tanques entraram em choque com milhares de pessoas no centro de Birmingham. Os manifestantes atiravam pedras e tijolos. Uma mangueira de incêndio jogou Fred Shuttlesworth contra a parede de uma igreja.

"Esperei uma semana para ver Shuttlesworth ser atingido por uma mangueira", disse Connor depois que o pregador foi levado por uma ambulância. "Gostaria que o tivessem levado num carro funerário."[22]

Em 10 de maio de 1963, King e Shuttlesworth chegaram a um acordo com as autoridades municipais para um programa de dessegregação em etapas e a liberação dos manifestantes presos. "O município de Birmingham", anunciaram King e Shuttlesworth numa declaração conjunta, "chegou a um acordo com sua consciência."[23]

Reagindo ao acordo, um branco disse a um repórter de rádio:

> Isso me incomodou bastante, para lhe dizer minha opinião sincera. Não gostei muito da ideia porque eu, pessoalmente, mal consigo ver um preto usando o mesmo banheiro que eu, não que eu ache que sou o Todo-Poderoso ou melhor do que ele, não é isso, é só que, é só uma questãozinha de asseio e de moral e de todo o resto.[24]

Bull Connor e Arthur J. Hanes, ainda se aferrando aos cargos de poder depois de derrotados, explodiram de raiva com a tentativa de uma conciliação. "Pusemos aquele King agitador de tendências comunistas para correr", disse Hanes aos repórteres. "Destroça meu coração ver brancos traidores negociando, sendo que demos uma surra nele."[25]

King foi para casa passar o Dia das Mães em Atlanta. No dia seguinte, um repórter de rádio em Birmingham perguntou a Robert Shelton, o chamado Mago Imperial da Ku Klux Klan, se haveria uma explosão de violência em reação aos protestos de Birmingham. Shelton declarou que ninguém havia feito mais do que a KKK para preservar a paz na cidade. Mas, acrescentou ele, "o povo de Birmingham e o povo do Alabama têm sido pressionados até onde dá. E isso vai ter de parar de alguma maneira".[26]

Trinta minutos depois da declaração de Shelton, explodiram bombas no motel Gaston e na casa do irmão de King. Três pessoas ficaram feridas no ataque ao motel.[27] A casa de A. D. King sofreu grandes estragos, mas ele e a família saíram ilesos. Em resposta às bombas, milhares de negros, homens e mulheres, encheram as ruas, quebrando janelas, incendiando carros e atirando pedras e tijolos. A polícia montada estadual veio com força, espancando com cassetetes e dando coronhadas. A. D. percorreu a cidade de carro com um megafone, tentando acalmar as multidões e insistindo que todos fossem para casa.[28] O irmão voltou às pressas para Birmingham. O presidente Kennedy colocou as tropas federais de prontidão e anunciou que não permitiria que extremistas rompessem o acordo firmado entre os manifestantes e a prefeitura.

King falou no dia seguinte na igreja batista da Sixth Avenue, enfatizando a não violência. "Estou convencido de que nas próximas semanas veremos uma Birmingham integrada", disse. "Nem todos os brancos da cidade são más pessoas. Nem todos os brancos da cidade são contra o que estamos pleiteando. Vocês me desculpem, mas eu nunca vou ensinar nenhum de vocês a odiar os brancos." Sua voz crescia cada vez mais. "Estou ensinando vocês a amarem os que nos odeiam e amarem os que nos amam. Amem a *todos*, porque Deus disse 'amai'!"[29]

Após o conflito de Birmingham, uma pesquisa da revista *Newsweek* mostrou que 95% dos líderes negros e 88% de todos os negros entrevistados consideravam King seu melhor porta-voz. Jackie Robinson vinha em segundo lugar. Malcolm X nem aparecia na lista. Numa pesquisa de opinião, que fez um levantamento com um grupo maior de americanos, King não figurou entre os dez homens mais admirados do mundo em 1963.[30] A lista trazia apenas homens brancos.

King viu em Birmingham que a ampla desordem e a publicidade tinham sido mais eficientes do que os boicotes econômicos. Ao planejar o próximo passo, ele pensou em converter a SCLC numa organização com filiação nacional. Tal estratégia abriria concorrência direta com a NAACP e esfriaria ainda mais a relação de King com Roy Wilkins. Mas também criaria uma base financeira mais estável para a organização, permitindo talvez que King reduzisse as despesas de viagem. Em 1963, a SCLC tinha uma equipe de quarenta pessoas e um orçamento de 450 mil dólares — bem acima dos 60 mil dólares de 1960, mas ainda pequeno para uma organização que defendia uma causa na busca de impacto nacional. Desse montante, King arrecadou cerca de 100 mil dólares em aparições pessoais. Em comparação, o orçamento da NAACP era quase o triplo.[31] Mas King estava concentrado em outras coisas além das questões fiscais. Como organização de filiação nacional, disse ele, a SCLC teria como ampliar seu escopo e atacar a discriminação racial em outras regiões do país. "Logo terei de decidir se me limitarei ao Sul", disse ele. "No Norte, há irmãos e irmãs que estão sofrendo uma discriminação que é ainda mais torturante, em certo sentido, do que no Sul [...]. No Sul, pelo menos o preto pode ver algum avanço, enquanto no Norte ele vê apenas retrocesso."[32]

Sua carta da cadeia de Birmingham incluía um ataque severo aos brancos moderados. Ele sabia que muitos liberais do Norte que financiavam seu trabalho no Sul resistiam à mudança na vida, nos negócios e na comunidade deles. Sabia também que os líderes políticos, inclusive o presidente Kennedy, achavam muito conveniente tratar o racismo como fenômeno puramente sulino. Quando as nações do Terceiro Mundo e a União Soviética criticavam os Estados Unidos pelo tratamento dado aos cidadãos negros, Kennedy podia culpar o fracasso moral dos racistas convictos do Sul, ao mesmo tempo que alardeava seu apoio e admiração por Martin Luther King Jr.

Muitos negros no Norte, atentos à ação em Birmingham, no Mississippi e em outros lugares, abraçaram a luta. Em Detroit, milhares fizeram uma passeata para marcar o vigésimo aniversário de um motim racial durante a guerra que havia tirado 34 vidas. Na Filadélfia, o Core fez ocupações no gabinete do prefeito em protesto contra a discriminação nas contratações. No Brooklyn, o grupo organizou uma greve de aluguéis para combater os donos dos cortiços que embolsavam o aluguel dos inquilinos negros, mas não providenciavam condições adequadas de vida.

King saiu em turnê, falando para multidões de 25 mil pessoas em Los Angeles e 10 mil em Chicago. Enquanto percorria o país, Lerone Bennett Jr. escreveu:

> O fogo que ele acendeu em Birmingham saltou de gueto em gueto, se alastrou em grandes cargas de energia social e fundiu pretos de todos os níveis numa massa indignada. Com um desespero nascido de cem anos de opressão, com uma nova esperança surgida em Birmingham, os pretos irrompiam nas ruas dos Estados Unidos, estendendo-se na frente de carros e tratores, em ocupações de pé e sentadas, marchando, cantando, gritando: "Liberdade já!".[33]

King tinha sacudido a consciência da nação. Com a ajuda de Bull Connor e George Wallace, ele tornara impossível aos brancos ignorar a situação terrível do povo negro no Sul. "Há uma condição revolucionária", escreveu Walter Lippmann, o respeitado colunista de uma agência de imprensa. "A causa da dessegregação deve deixar de ser um movimento de pretos com as bênçãos de políticos brancos dos estados nortistas. Deve se tornar um movimento nacional para pôr em vigor as leis nacionais, conduzido e dirigido pelo governo nacional."[34] Quando o povo preto acreditar que o governo americano está lutando por sua igualdade, continuou, a nação poderá avançar de forma pacífica para a verdadeira unidade.

Em 24 de maio, Robert Kennedy, por sugestão de James Baldwin, se reuniu com um grupo de artistas e escritores negros no apartamento da família Kennedy no número 24 da Central Park South, em Manhattan. Entre os presentes estavam Harry Belafonte, Lena Horne, Lorraine Hansberry, Clarence Jones, Kenneth B. Clark, Edwin C. Berry, da Liga da União, e Jerome Smith, um Viajante pela Liberdade e membro do Core. Depois que Smith descreveu as experiências pelas quais passara e reclamou que não sabia por quanto tempo mais conseguiria se manter não violento, criou-se um clima de antagonismo na reunião. O procurador-geral levou para o plano pessoal.[35] Disse que estava ali em busca de ideias, não de ataques. Mas a conversa prosseguiu por três horas, até cessar "por pura exaustão", como disse Arthur M. Schlesinger Jr., historiador e confidente de Kennedy.

"Bobby [...] não entendia nossa urgência", disse Baldwin mais tarde, acrescentando que faltava a Kennedy a compreensão da profundidade do problema.

> Nossa percepção dessa sua falha de entendimento deixou a coisa muito tensa e, por fim, muito desagradável. Se não conseguíamos fazer com que o procurador-geral dos Estados Unidos, que era um homem bem jovem e inteligente, entendesse a premência da situação negra, então não havia nenhuma esperança![36]

Embora Kennedy se indignasse com a maneira como foi tratado, disse Schlesinger, a mensagem do grupo chegou até ele. "Ele começou, creio eu, a captar o cerne da angústia negra", escreveu Schlesinger.[37]

Menos de uma semana depois, em 30 de maio, King enviou um telegrama para a Casa Branca, pedindo um encontro com o presidente e o procurador-geral. Eles responderam que estavam ocupados demais.

Quando King telefonou no dia seguinte para Stanley Levison para discutir uma estratégia, o FBI monitorou a ligação e notificou Robert Kennedy, que pediu à agência que passasse um relato da conversa para seu irmão. Logo depois, em outra discussão monitorada pelo FBI, King disse a Levison que o anúncio de uma grande marcha por Washington poderia ajudar a pressionar o presidente. Fazia meses que Bayard Rustin e A. Philip Randolph andavam discutindo a ideia de fazer algo assim, e Rustin sonhava com isso havia décadas. Levison perguntou a King se uma série de protestos como os de Birmingham não seria mais eficaz.

Mas King não dispunha apenas de passeatas e protestos para lutar pela mudança. Em 9 de junho de 1963, ele apareceu em rede nacional numa entrevista com David Susskind e aproveitou para pressionar o presidente, dizendo que Kennedy "ainda não forneceu a liderança que a enormidade do problema exige".[38] Também alfinetou os brancos moderados do Norte, que criticavam o racismo no Sul, mas, em suas próprias comunidades, fechavam os olhos para o tema e se beneficiavam de suas vantagens.

"Há muita hipocrisia no Norte, e o branco sulino é mais honesto ao vir e dizer com franqueza o que sente em relação ao preto", disse King a Susskind. "O Norte precisa ficar eternamente vigilante. Não pode se tornar complacente, pois, se isso acontecer, muitos dos tipos insidiosos de discriminação continuarão a crescer e se desenvolver e [...] a segregação nortista de fato se tornará tão grande quanto a segregação jurídica do Sul."[39]

King disse que nunca vira os negros mais despertos e determinados. Avisou que, para os pretos não só do Sul, mas de todos os lugares, "não haverá um ponto final antes da justiça e da liberdade".

Dois dias depois, em 11 de junho, o governador Wallace bloqueou a entrada do prédio da administração da Universidade do Alabama para impedir a matrícula de dois estudantes negros. Mais tarde, no mesmo dia, depois de o presidente Kennedy federalizar a Guarda Nacional do Alabama, ele liberou a entrada.

Robert e John Kennedy passaram o dia inteiro recebendo atualizações e falando sobre a situação no Alabama.[40] Segundo Harris Wofford, foi nesse momento que Kennedy se comprometeu a "ir com tudo"[41] para aprovar uma nova e sólida legislação de direitos civis e conduzir um impulso geral pela justiça racial. Todos os assessores do presidente foram contrários, temendo que isso prejudicasse suas chances de reeleição, disse Wofford. Apenas Bobby Kennedy o incentivou.

Naquela noite, o presidente Kennedy fez um discurso televisionado em que convocava o Congresso a aprovar uma legislação que acabasse com toda a segregação em instalações públicas. Ele improvisou durante os últimos quatro minutos do discurso e disse:

> Temos o direito de esperar que a comunidade negra seja responsável e siga a lei, mas ela tem o direito de esperar que a lei seja justa, que a Constituição seja cega à cor, como disse o juiz Harlan na virada do século. É disso que estamos falando, e essa é uma questão que diz respeito a este país e ao que ele representa, e, para atendê-la, peço o apoio de todos os nossos cidadãos.[42]

Era o tipo de discurso que King esperava ouvir. Kennedy não só colocara a justiça racial no topo da pauta nacional, mas também engajara seu governo na causa. A tarefa de acabar com a discriminação racial não seria feita com gestos simbólicos. Ela seria feita com a ação significativa das autoridades locais, estaduais e federais, disse Kennedy. "Aqueles que não fazem nada estão atraindo não só a violência, mas também a vergonha", completou. "Aqueles que agem com ousadia estão reconhecendo não só a realidade, mas também o direito."

King comentou que o discurso de Kennedy foi "a defesa mais eloquente, ardorosa e inequívoca pelos direitos civis, pela justiça em relação ao preto, já feita por qualquer presidente".[43]

Horas depois do discurso, Medgar Evers, o secretário de campo da NAACP no Mississippi, foi baleado quando ia do carro até sua casa em Jackson. Claude Sitton escreveu no *New York Times*:

> A bala do atirador o atingiu logo abaixo da omoplata direita. O chumbo estilhaçou uma janela da frente da casa, penetrou numa parede interna, ricocheteou numa geladeira e quebrou um bule de café [...]. Evers foi cambaleando até a porta de entrada, com as chaves na mão, e caiu perto dos degraus. Sua esposa, Myrlie, e os três filhos correram até a porta [...]. Os gritos das crianças, "Papai! Papai! Papai!", acordaram um vizinho.[44]

Uma semana depois, Kennedy propôs um projeto de lei de direitos civis de ampla abrangência. Não que ele tivesse despertado de repente para a dura situação da comunidade negra, disse seu irmão Robert; na verdade, pela primeira vez, boa parte da nação despertara.[45] Pela primeira vez, havia uma chance de passar uma lei vigorosa de direitos civis.

Numa entrevista realizada um ano depois, King disse:

> Bem, penso que Birmingham conseguiu [...]. Birmingham criou uma tal crise nas relações raciais que [...] não podia mais ser ignorada. E tenho certeza de que o presidente, quando encarou [...] a terrível brutalidade e desumanidade de um Bull Connor e tudo o que o acompanhava, passou a ver, de uma maneira que provavelmente nunca vira antes — e que muitos outros enfim passaram a ver —, que a segregação era moralmente errada e causava algo tanto na alma do segregador quanto na do segregado.[46]

PARTE III

26. O sonho, parte I

Depois de Birmingham, King se viu tomado por um novo sentimento de esperança e um novo propósito.

O verão de 1963 marcou o início de uma revolução de alcance nacional quando, nas palavras da revista *Newsweek*, "19 milhões de pretos americanos exigiram o pagamento da secular promissória chamada Proclamação de Emancipação",[1] e King se manteve como seu líder mais respeitado.

"Nós, os pretos, agora não temos medo", disse Carrie Allen, atendente de uma mercearia em Union Springs, no Alabama. "Despertamos."[2]

Irromperam protestos em centenas de cidades grandes e pequenas. Manifestantes se sentavam e ocupavam lanchonetes e faziam fila nos tribunais para se cadastrar como eleitores, cada vez mais pondo em risco a vida e os meios de sustento. As organizações da mídia branca no Norte não só cobriam as ações, mas também noticiavam as condições por trás dos protestos, ajudando muitos americanos a entenderem melhor as raízes do racismo, lição que a maioria nunca aprendera em casa nem na escola. "As nascentes do rio do protesto preto estão num mundo tão distante e desconhecido para a maioria dos americanos brancos quanto a face oculta da Lua — a face escura", dizia a *Newsweek*. "Quem são esses revolucionários? O que eles querem?"

Agora King tinha a dupla tarefa de inspirar os manifestantes e explicá-los para os brancos americanos. "Era inegável", escreveu ele, "que o preto havia sido objeto de simpatia e carregava as cicatrizes de injustiças profundas, mas a nação passou a considerá-lo uma criatura que suportaria calada, sofreria em silêncio e esperaria com paciência. Era bem treinado para servir e, qualquer que fosse a provocação, não revidava nem respondia."[3] Mas agora não era mais assim. "Da mesma maneira o relâmpago não emite som antes de cair, a revolução preta se gerou rapidamente [...]. E as virtudes por tanto tempo vistas como propriedade exclusiva do Sul branco — bravura, lealdade e orgulho — haviam passado para os manifestantes pretos." [4]

Bravura, lealdade e orgulho eram vistos por todo lado, enquanto novas investidas contra a segregação surgiam quase todos os dias. Enquanto isso, o presidente Kennedy se reunia com governadores, dirigentes empresariais, líderes sindicais e republicanos no Congresso para obter apoio a um projeto de lei de direitos civis que, entre outras coisas, abriria todas as instalações públicas para o mundo. Grandes empresas atenderam. A F. W. Woolworth Company disse aos repórteres que tinha integrado lanchonetes em 150 cidades desde o início das ocupações em 1960. Nos subúrbios de Washington, DC, uma rede de cinemas removeu as placas APENAS BRANCOS. Depois de uma reunião com Robert Kennedy, o proprietário da rede de restaurantes Night Hawk, com sede em Austin, no Texas, concordou em integrar todos os seus estabelecimentos.[5] Mais de uma dúzia de outros restaurantes da cidade seguiram seu exemplo. A Howard Johnson Company, alvo frequente dos manifestantes, concordou em dessegregar todos os restaurantes da empresa, exceto quatro no Alabama. Bob Dylan, com sua nova canção "Blowin' in the Wind", expressou o que muita gente sentia, sugerindo que a mudança é tão inevitável quanto o ar se movendo em torno de nós.

King presenciou isso ao vivo. Viu em Jackson, no Mississippi, quando ao comparecer ao funeral de Medgar Evers presenciou quinhentos manifestantes cantarem, baterem palmas e provocarem os policiais gritando "Atirem, atirem, atirem". A polícia não disparou, mas usou mangueiras de incêndio e cães para dispersar a multidão, além de realizar 27 prisões — e nem isso encerrou os protestos. Viu em Chicago, onde uma coalizão de grupos por direitos civis protestou contra as escolas segregadas e desiguais da cidade.

"Estamos no limiar de um avanço significativo", disse King a Stanley Levison num telefonema gravado pelo FBI em 4 de junho, "e a maior arma é a manifestação de massa."[6]

King perguntou a Levison se tinha razão em pensar que chegara a hora.

"A hora é agora", o outro respondeu.

No verão de 1963, King podia estar no auge de seu poder como profeta e operador político. Qualquer coisa era possível e, mesmo assim, tudo era incerto.

Quando estudante, na época em que ele e Coretta namoravam, King prometera que um dia mataria Jim Crow. Se Kennedy promulgasse uma lei sólida dos direitos civis e as empresas de todo o país continuassem a dessegregar, King poderia dizer que cumprira a promessa. O racismo não ia desaparecer no mesmo instante, mas seus filhos poderiam crescer num país sem a segregação legalizada. E então? King tinha uma vez manifestado a vontade de dar aulas, seguindo os passos de W. E. B. Du Bois e Benjamin Mays. Mas agora, mesmo em conversas pessoais com Levison, King não dava nenhum sinal de que recuaria. A influência de Gandhi parecia aumentar. Como o líder indiano, escreveu King, o preto "estava disposto a se arriscar ao martírio para alcançar e sacudir a consciência de sua comunidade e da nação. Em vez de se submeter à crueldade sub-reptícia em milhares de celas sombrias na cadeia e em incontáveis esquinas escuras, ele obrigaria o opressor a cometer suas brutalidades abertamente [...] diante dos olhos do resto do mundo".[7]

King tinha a habilidade de avançar em meio à incerteza, seguindo com um plano, mas também sabendo que este mudaria a depender das inúmeras voltas desconhecidas que o destino daria, guiado pela fé em Deus e pela confiança em si mesmo. Agora acreditava que aquele podia ser um ponto de inflexão. Com grupos como o SNCC e o Core cuidando da organização no Sul, com o apoio do Ministério da Justiça e a nova legislação do Congresso, com a litigação da NAACP e o aumento do número de eleitores negros cadastrados, o sistema de opressão ao estilo Jim Crow poderia ter fim. Ao mesmo tempo, King estava diante de outros desafios que não se resumiam a negociar com um presidente cauteloso. Enfrentava uma reação violenta de segregacionistas brancos, que tinham as próprias definições de patriotismo e visão da sociedade americana sob ataque. Enfrentava pressões de uma ala radical crescente do movimento pelos direitos civis, personificada por Malcolm X, mas não restrita a ele, que não acreditava que os brancos no poder algum dia o partilhariam. Enfrentava um diretor do FBI desconfiado e um procurador-geral cada vez mais ansioso. Quanto mais King pressionava, mais forte podia ser a pressão contrária daquelas forças que se opunham. Mesmo assim, ele pressionava.

Em 11 de julho, King foi a Danville, na Virgínia, a última capital da Confederação, para apoiar uma manifestação. Quando os repórteres comentaram que uma proibição barrava o ato, King respondeu: "Tenho tantas proibições que nem olho mais para elas. Fui barrado em 15 de janeiro de 1929, quando nasci preto nos Estados Unidos".[8]

* * *

John F. Kennedy também podia estar no auge de seus poderes.

Embora o presidente mais jovem da história americana tivesse declarado no discurso de posse que a tocha fora passada para uma nova geração, grande parte de seu tempo no cargo tinha sido consumida pela velha luta das potências ocidentais contra o comunismo e pela determinação de prevalecer sobre as nações que não haviam tomado partido. Oito meses antes — em 22 de outubro de 1962, uma segunda-feira —, Kennedy fora ao rádio e à televisão para alertar a nação sobre uma crise existencial. A União Soviética levara armas nucleares antes não detectadas para a Cuba comunista. Os mísseis estavam a menos de quinze minutos de voo de Washington, DC, colocando o mundo mais perto do que nunca, antes ou depois, da aniquilação. Kennedy enfatizou a necessidade de paciência.

Avaliou a perspectiva de Khruschóv. "Se, depois isso, ainda houver alguém para escrever", disse ao irmão na época da crise dos mísseis, "irá entender que fizemos tudo para chegar à paz e para dar a nosso adversário espaço para se mover." O presidente angariou apoio internacional, pôs as forças americanas em estado de prontidão nuclear e se preparou para uma possível invasão de Cuba. Anunciou um bloqueio militar para impedir a chegada de outros mísseis à ilha. Os americanos passaram 48 horas aterrorizados, enquanto os navios soviéticos se aproximavam do bloqueio. A deliberação de Kennedy deu aos soviéticos tempo para preparar seus mísseis de combate. Mas, no final, a catástrofe foi evitada. A União Soviética concordou em retirar seus mísseis de Cuba em troca da remoção secreta dos mísseis americanos na Turquia.

Não fazia parte dos planos de Kennedy focar os direitos civis na segunda metade de seu mandato, e tal perspectiva o inquietava. O presidente estava preocupado que a questão "seria seu canto do cisne político", disse Robert.[9] "Discutíamos se o que fora feito era a coisa certa, o simples fato de que eu o coloquei em tamanha dificuldade. Conversávamos sobre isso a cada três dias, porque na época dava-se atenção demais ao assunto de maneira desagradável." Se a legislação dos direitos civis não desse certo, enquanto outras eram adiadas, Kennedy poderia perder a chance de ser reeleito em 1964 por causa de uma questão que poderia ter evitado.

"Burke — a coisa não está melhorando nada", Robert Kennedy anotou num memorando a Burke Marshall, diretor do Departamento de Direitos Civis do Ministério da Justiça.[10] Era uma referência aos vínculos de King com Levison e Jack O'Dell, da SCLC. O FBI não encontrara nada indicando que Levison ainda tinha ligações comunistas, mas mesmo assim a agência continuava a grampeá-lo e a enviar relatórios a Robert Kennedy, ansiosa em perpetuar a narrativa de que os Vermelhos estavam usando King para "desestabilizar a sociedade americana", como disse Deke DeLoach do FBI.[11] A paranoia em relação ao comunismo era tão grande que tinha gente acreditando que a fluoração da água era uma conspiração; num clima desses, era fácil convencer os americanos, em especial no Sul, que o movimento pelos direitos civis também podia ser um complô para enfraquecer a democracia.

Robert Kennedy não compartilhava a obsessão de J. Edgar Hoover de que haveria influência dos comunistas no movimento pelos direitos civis. Kennedy, pelo contrário, tinha interesse em apoiar King. Soubera na incômoda reunião com James Baldwin e outros em Nova York que o movimento estava "se afastando de Martin Luther King e passando para esse pessoal mais jovem, que não acreditava nem confiava no sistema de governo", disse Kennedy.[12] Mesmo assim, o procurador-geral continuava preocupado se a relação de King e Levison viria a público, pois isso "não só prejudicaria [King], mas também [...] qualquer chance possível de aprovação da legislação".[13]

Em 15 de junho de 1963, mais de 3 mil pessoas, na maioria negras, seguiram em passeata pelas calçadas da Pennsylvania Avenue em Washington. Quando se reuniram na frente do Ministério da Justiça, Robert Kennedy foi até a entrada do prédio, aclamado pelos manifestantes. Com um conjunto de notas datilografadas na mão esquerda e um megafone na direita, ele se dirigiu à multidão. O governo federal se empenhava para trazer justiça igual para os pretos, disse ele, "mas ainda temos um longo caminho a percorrer".[14]

Dois dias depois, Robert Kennedy telefonou para J. Edgar Hoover e propôs que Burke Marshall desse mais informações a King sobre as ligações comunistas de seus associados. Hoover concordou com a sugestão, mas a agência ainda não dispunha de nenhuma informação concreta que mostrasse uma influência comunista dentro da organização de King, e a conversa proposta nunca se concretizou. Se o país não estivesse tão tomado pelo medo de uma ameaça comunista e se as principais autoridades das forças da ordem não tivessem sido condicionadas a ver os negros como ameaça, as ligações entre King e Levison provavelmente nem teriam sido objeto de consideração. Os Kennedy poderiam ter reconhecido que a verdadeira lealdade de Levison, fosse qual fosse seu passado, estava com King e a causa pelos direitos civis. Poderiam também ter reconhecido o perigo intrínseco na obsessão crescente do FBI por King. Mas não o fizeram. Depois de não conseguir fornecer a Marshall provas das ligações comunistas de Levison, o FBI forçou a mão, alegando de forma falsa que Levison não era apenas integrante secreto do Partido Comunista, mas uma figura central no aparato do serviço secreto soviético. Quando o governo Kennedy pressionou pela aprovação de seu projeto de lei pelos direitos civis, o FBI aumentou a vigilância e enviou mais relatórios sobre King.

A partir do começo de junho, o presidente Kennedy teve reuniões com governadores, educadores e líderes empresariais, trabalhistas e religiosos — mais de mil pessoas ao todo — para incentivá-los a integrar. "Bob Kennedy — foi tudo ideia dele", disse Burke Marshall, que notou que o procurador-geral dedicava quase todo seu tempo aos assuntos dos direitos civis.[15] "Ele organizou isso pessoalmente [...], fez o trabalho preparatório, fez o acompanhamento [...]. E o que ele queria era criar [...] pressão política tanto do topo quanto da base da sociedade para essa legislação." Agora os Kennedy acreditavam que a integração era a coisa moralmente correta a fazer. Também queriam acabar com o turbilhão racial que varria o país, o qual se refletia de forma negativa sobre a nação e dava à União Soviética razões para criticar a democracia americana.

Malcolm X aumentou a pressão, anunciando seus planos de dividir o tempo entre Nova York e Washington, alardeando que em 1970 "90% dos pretos estarão convertidos ao islamismo".[16] Birmingham, prosseguiu ele, provou que os brancos no poder não fariam concessões:

> Birmingham é um exemplo do que pode acontecer quando os pretos dependem dos brancos para resolver seus problemas. Os brancos nunca abrirão as portas para os pretos, que precisam aprender a se pôr de pé sozinhos, a depender de si mesmos para melhorar sua condição humana [...]. Não pregamos o ódio e a violência. Mas acreditamos que, se um cachorro de quatro pernas ou de duas pernas ataca um preto, ele deve ser morto [...]. Estamos apenas falando a verdade sobre o tratamento que o homem branco dá ao homem negro.

King não esteve diretamente envolvido na elaboração do projeto de lei dos direitos civis; a maior parte do trabalho foi feita por homens como Whitney Young, da Liga Urbana, e Clarence Mitchell e Roy Wilkins, da NAACP. Em vez disso, King anunciou planos para uma grande marcha por Washington em agosto, com a finalidade principal de pressionar o Congresso. A. Philip Randolph vinha insistindo num ato desses desde 1941. Quando King anunciou seu apoio à marcha de Randolph, o SNCC, a Core, a Liga Urbana e a NAACP concordaram em participar. Numa entrevista, King avisou que, se o governo federal não respondesse às reivindicações de manifestantes pacíficos, "isso pode abrir a porta para os grupos mais extremistas".[17] E acrescentou: "Pode evoluir para uma situação muito explosiva. Quero dizer explosiva em termos de violência".

O rev. George Lawrence, pastor do Brooklyn e representante regional da SCLC, declarou numa coletiva de imprensa em Nova York que, se o projeto de lei dos direitos civis fosse obstruído no Congresso ou enfraquecido por emendas, o resultado seriam "ações em massa de desobediência civil por toda a nação", com ocupações em garagens de ônibus e trilhos de trens e "corpos deitados em pistas de aeroportos".[18] Lawrence deixou clara a mensagem: "Temos um barril de pólvora nos Estados Unidos". O mesmo sentimento aflorava com frequência nas entrevistas de jornalistas com americanos negros no verão de 1963. "Eles, esse pessoal branco, se assustam quando um preto fica louco da vida", disse uma dona de casa de St. Louis que se apresentou a um repórter como sra. Clyde Durham, "e vamos ter de ficar bem loucos da vida pra eles saberem que estamos falando sério."[19]

King, em reservado, mostrou-se inquieto com a pressão. "O preto está se protegendo de seu medo", disse ele, "e minha verdadeira preocupação é como impediremos que esse destemor alcance proporções violentas."[20]

King e outros não estavam muito otimistas com a legislação dos direitos civis. Não tinham certeza se o projeto de lei prometido por Kennedy seria aprovado e, se fosse, não sabiam se teria eficácia. Planejaram mais passeatas. O presidente receava que a estratégia desse errado — a continuidade dos protestos poderia enfurecer congressistas moderados. Em 22 de junho, os irmãos Kennedy estavam na Casa Branca para realizar uma conferência com um grupo de 29 líderes de direitos civis. King estava presente, claro, junto com Roy Wilkins, James Farmer da Core, A. Philip Randolph e outros. Malcolm X não fora convidado. Kennedy aproveitou a ocasião e anunciou medidas para reduzir a discriminação nas bases militares e nos contratos para os projetos de obras financiadas pelo governo. Os ativistas prometeram ajudar a reunir apoio para a legislação de direitos civis de Kennedy, mas rejeitaram a sugestão de interromper os protestos. Na verdade, King disse ao presidente que planejava trazer mais protestos para Washington, caso os opositores do projeto de lei de direitos civis tentassem manobras obstrucionistas para impedir a aprovação da lei.

"Queremos êxito no Congresso", disse o presidente aos líderes negros, "não só um grande espetáculo no Capitólio. Algumas dessas pessoas estão procurando um pretexto para se opor a nós. Não quero dar a nenhuma delas a chance de dizer: 'Sim, sou a favor do projeto de lei, mas não voto nele nem sob a mira de uma arma.'"[21] Kennedy disse que a marcha proposta em Washington era "um grande erro".

King discordava. A marcha, disse ele, canalizaria as queixas de uma população oprimida. Mostraria a unidade e a paixão dessas pessoas. Exporia de forma dramática a questão do racismo americano e conquistaria apoio para a reforma em regiões do país que ainda não tinham visto manifestações. "Pode parecer inoportuna", disse ele ao presidente. "Na verdade, nunca me envolvi em nenhum movimento de ação direta que não parecesse inoportuno. Alguns achavam Birmingham fora de hora."[22]

"Inclusive o procurador-geral", disse o presidente Kennedy.

O presidente encerrou a discussão com uma piada: "Acho que vocês não deviam ser todos tão duros com Bull Connor. Afinal, ele fez mais pelos direitos civis do que quase qualquer outro".

Depois da reunião, Kennedy chamou King para uma conversa particular no roseiral da Casa Branca. O presidente o avisou que ele estava sendo vigiado e que não devia deixar que a lealdade aos amigos prejudicasse a causa. "Eles são comunistas", disse Kennedy, referindo-se a Levison e O'Dell. "Você precisa se livrar deles. Se [os opositores dos direitos civis] lhe derem um tiro, farão isso conosco também — então estamos pedindo para você se precaver."[23] Burke Marshall já tinha antes puxado King de lado para lhe dizer a mesma coisa.

King logo deixou O'Dell, mas manteve sua posição em relação a Levison, dizendo a Kennedy e a outros que ele conhecia e confiava em seu assessor e amigo de longa data. Mais tarde, King disse brincando que Kennedy provavelmente o levara para passear pelo roseiral porque J. Edgar Hoover tinha grampeado o Salão Oval.

No dia seguinte, em 23 de junho, King foi a Detroit para liderar um evento que foi descrito por jornalistas negros como a maior manifestação do orgulho negro organizada na história americana. Mais de 125 mil pessoas encheram as ruas do centro da cidade, cantando, balançando bandeiras do país e portando cartazes que diziam "Parem a Jim Crow", "Evers morreu por vocês" e "Chega de esperar".

Os manifestantes tiveram apoio de políticos brancos, como George Romney, governador republicano de Michigan, que proclamou o "Dia da Marcha pela Liberdade", e Jerome Cavanagh, prefeito democrata de Detroit, que se juntou ao comício.[24] Quando os participantes chegaram ao Cobo Hall, o centro de convenções do município, 12 mil deles se apinharam dentro do estádio e mais dezenas de milhares se aglomeraram do lado de fora, ouvindo pelos alto-falantes Rosa Parks falar e os Four Tops cantar. Os Four Tops tinham ingressado havia pouco tempo no rol dos artistas da gravadora Motown, de proprietários negros, que estava em rápido crescimento, presente na parada de sucessos com canções que acenavam de forma otimista para o futuro e atraíam multidões de fãs negros e brancos. O fundador da Motown, Berry Gordy, planejava gravar a apresentação de King naquele dia, marcando a primeira incursão do selo na gravação de falas e discursos.

King, como de hábito, chegou atrasado. Nesse caso, pode ter sido porque ele parou na casa de sua tia, Cleo Louise King Hill, irmã mais nova de Daddy King, que lhe serviu um pedaço de sua torta caseira de pêssegos.[25] Mesmo assim, chegou a tempo de apresentar o discurso principal. Vestindo, como também costumava fazer, um terno preto,[26] King subiu numa banqueta e ficou em silêncio enquanto olhava o mar de rostos ansiosos, cena que talvez lhe recordasse seu primeiro grande discurso em Montgomery, sete anos e meio antes, quando só conseguia ver os rostos de uma pequena parcela do público, mas sabia que suas palavras ultrapassariam as paredes.

"Agora é hora de concretizar a promessa de democracia", disse ele, utilizando uma frase que o presidente Kennedy usara em seu recente discurso na televisão.[27] Era uma adaptação de uma fala de King de 1962, na Carolina do Norte, na qual tomava emprestado frases e cadências de um poema de Langton Hughes, chamado "I Dream a World" [Sonho com um mundo], como afirmou o estudioso W. Jason Miller.[28] King misturou poesia, prece e patriotismo. Com outro orador, o resultado poderia ficar pesado e chato, mas King utilizou as forças religiosa e poética para exortar o país inteiro a aproveitar aquele momento, e levou paz, amor e igualdade a quem por tanto tempo nunca tivera acesso à promessa do sonho americano.

"Volto a crer que o novo dia está chegando", continuou King. "E assim, nessa tarde, eu tenho um sonho. É um sonho profundamente enraizado no sonho americano." Adotou a cadência que qualquer um que já o tivesse ouvido na igreja conhecia, e o público o acompanhou.

Nesse sonho, disse ele, por todo o Sul, os filhos dos donos de escravos e os filhos dos escravizados viviam juntos como irmãos. Nesse sonho, crianças negras e brancas ficavam de mãos dadas em harmonia. Nesse sonho, os filhos dele seriam julgados "pelo conteúdo do caráter, e não pela cor da pele".

Ele repetia "Eu tenho um sonho" conforme avançava devagar até a conclusão:

> Esta tarde, eu tenho um sonho de que a fraternidade do homem se tornará realidade *neste* dia. E com *esta* fé sairei e cavarei um túnel de esperança por entre a montanha do desespero [...]. Com *esta* fé, *nós* poderemos alcançar esse novo dia quando *todos* os filhos de Deus [...] darão as mãos e cantarão com os pretos o spiritual de outrora: Finalmente livres, finalmente livres, graças a Deus Todo-Poderoso finalmente estamos livres.

A multidão rugia e cantava em louvor.

* * *

Uma semana depois, de volta a Nova York, o rev. George Lawrence levou King de carro do Brooklyn ao Harlem, onde ele falaria na igreja de Salem.[29] Na noite anterior, Malcolm X instigara seus seguidores a "aparecer lá amanhã e mostrar ao Pai Tomás* que estamos contra ele e não acreditamos no que ele prega".[30] Na tarde de 30 de junho, centenas de pessoas estavam nas ruas e olhavam pelas janelas para esperar a chegada de King. Havia cerca de vinte policiais. King e Lawrence apareceram na esquina da Seventh Avenue com a 129th Street, no Ford Thunderbird de Lawrence.[31] Quando King saiu do carro, um pequeno número de negros na multidão começou a vaiar. Atiraram meia dúzia de ovos, e alguns atingiram o carro, mas não King. As aclamações na multidão logo abafaram as vaias. Mesmo assim, King ficou consternado.

"Não consigo entender o que meus irmãos de cor têm contra mim", disse à multidão dentro da igreja. "Eu me acostumei com as turbas brancas no Mississippi e no Alabama, mas ainda não me adaptei ao que acabo de viver no Harlem."[32]

Ele disse que logo deixou de se "sentir rejeitado" e se concentrou na pobreza, no isolamento e na frustração "que levam os indivíduos a reagir dessa maneira".[33]

A Marcha sobre Washington por Emprego e Liberdade estava originalmente marcada para outubro de 1963, mas os organizadores a anteciparam para 28 de agosto, tentando aproveitar o impulso gerado pelos protestos em Birmingham e esperando pressionar o Congresso para aprovar uma sólida legislação de direitos civis. A. Philip Randolph pediu a Bayard Rustin que cuidasse da logística. Trabalhando num predinho residencial de quatro andares no Harlem, Rustin e sua equipe enviaram pelo correio milhares de manuais, folhetos e panfletos a todos os que eles achavam que poderiam ser simpáticos à causa, inclusive líderes religiosos e sindicais. Os organizadores da marcha não só ajudaram a fretar ônibus e aviões, como também treinaram uma equipe de 2 mil líderes instruídos a manter a ordem. Cartazes e folhetos diziam que os manifestantes reivindicariam leis de direitos civis efetivas, programas maciços

* Pai Tomás, ou Uncle Tom no original, é o protagonista do romance *Uncle Tom's Cabin*, de Harriet Beecher Stowe (traduzido no Brasil como *A cabana do Pai Tomás*). Tornou-se um epíteto pejorativo para designar uma pessoa negra subserviente, acomodada e traidora de sua raça. (N. T.)

de obras federais, pleno emprego, moradia decente, direito ao voto e escolas integradas. Rustin disse aos repórteres que esperava uma multidão de cerca de 100 mil pessoas. Em privado, ele falou aos colegas que não fazia ideia de quanta gente compareceria.

Foram escalados dez oradores, cada um representando um dos grupos que patrocinavam a marcha. King era o último da programação, em parte porque ninguém queria vir depois. Enquanto isso, os líderes do SNCC ficavam cada vez mais preocupados que os organizadores estivessem se concentrando demais na civilidade e que o governo conseguira excluir a militância da marcha. "O governo Kennedy parecia tentar de certa forma nos silenciar, esfriar nosso ânimo", escreveu mais tarde John Lewis.[34]

King passou pouco tempo preparando sua fala. Nas semanas que precederam a manifestação em Washington, ele teve um raro período de férias com a esposa e os filhos, quando passou dez dias na casa do advogado Clarence Jones, no bairro de Riverdale, no Bronx. Martin e Coretta levaram as crianças ao topo do Empire State Building e para um passeio na balsa de Staten Island. Mas King não esvaziou totalmente a agenda de trabalho. Conseguiu dar um pulo até Chicago, onde fez um discurso, e parou na cadeia de Cook County para ver o amigo e comediante Dick Gregory, que fora preso num protesto contra a segregação nas escolas.[35] Fazia anos que os ativistas da cidade reclamavam que as instituições de ensino de Chicago eram segregadas de forma maciça e que muitas predominantemente negras tinham problemas de superlotação. As autoridades municipais, em resposta, compraram trailers para abrigar o excesso de alunos em vez de encaminhá-los para escolas em bairros brancos. Conforme as instituições se tornavam, a cada ano, ainda mais segregadas, os protestos aumentavam, atraindo a atenção de King, mas não sua participação — pelo menos não por ora.

Quando estava em Nova York com a família, ele passava uma parte do dia trabalhando num novo livro, cuja origem era a "Carta da cadeia de Birmingham". Levison negociou um acordo entre King e a editora Harper & Row. King deu ao livro o título *Por que não podemos esperar*, em resposta aos numerosos políticos e líderes religiosos brancos que reclamavam que os pretos queriam muita coisa rápido demais. Ele iniciava o livro alertando de forma incisiva que pretendia levar sua cruzada para além do Sul dos Estados Unidos, tratando de questões que poderiam deixar alguns de seus apoiadores do Norte nervosos:

> É o começo de 1963 de Nosso Senhor. Vejo um menino preto. Está sentado na sacada de um apartamento infestado de bichos no Harlem. O fedor do lixo enche

os corredores. Bêbados, desempregados, drogados ocupam como sombras seu mundo cotidiano. O menino vai para uma escola com maioria de alunos pretos e um punhado de porto-riquenhos. O pai é um dos desempregados. A mãe é uma empregada doméstica que dorme no serviço, trabalhando para uma família em Long Island.[36]

O prazo para a entrega do livro era 31 de agosto, mas King precisaria de mais tempo.

Enquanto estava hospedado na casa de Clarence Jones, King foi monitorado pelo FBI. A agência grampeou o telefone do advogado com a justificativa de que Jones mostrara outrora interesse pelo comunismo. Um memorando datado de 13 de agosto, marcado como confidencial, dizia que King usara o telefone em 8 de agosto para falar com Dorothy Cotton, uma "conversa de natureza pessoal em que King perguntou se ela tinha se comportado como uma boa menina, e ela respondeu que teve de se comportar como uma boa menina, pois ele não estava com ela". O memorando continuava: "Ela declarou que estava com saudades de King e perguntou se a esposa dele tinha ouvido alguma coisa dessa conversa. Ele garantiu que ela não tinha ouvido a conversa".

Mais tarde, naquela noite, King ligou para uma mulher chamada Dorothy L. Newborn, no subúrbio nova-iorquino de Mt. Vernon. Newborn era uma ex-modelo e ex-esposa do pianista de jazz Phineas Newborn Jr., e mãe de dois filhos. Segundo o mesmo memorando do FBI, King disse a Dorothy Newborn que "ele a amava loucamente". Newborn perguntou se King havia reservado um quarto de hotel em Washington. Ele disse que não. "Vou lhe dizer uma coisa [...]", teria dito Newborn, "estou me cansando do papel de segundo violino". King teria respondido: "Fale, querida". Ele disse a Newborn que faria uma reserva de hotel e encerrou o telefonema, segundo o FBI, dizendo: "O.k., baby, te amo".

Em 23 de agosto, o FBI ouviu e anotou a conversa de King com Wyatt Tee Walker sobre o programa da Marcha sobre Washington, que seria dali a cinco dias. King falou temer que o tempo não seria suficiente para todos os oradores e recomendou que o tempo programado fosse ampliado. Também sugeriu reduzir o número de mulheres na programação, passando de quatro para uma.

Mais tarde, no mesmo dia, ele fez ligações pessoais para mais duas mulheres. A primeira, identificada como Martha, residente em Washington, DC, se queixou que fazia três meses que não se falavam. Disse que estava começando a duvidar da afeição dele, segundo a transcrição do FBI. Ele falou que tinha tentado ligar, mas que Martha não estava em casa. Quando ela se mostrou descrente, King mudou de assunto. "Você vai marchar conosco na semana que vem?", perguntou ele. Quando ela lhe perguntou se iria vê-lo no dia da passeata, ele falou que não, pois estaria ocupado demais, mas que tentaria vê-la antes disso, em 25 de agosto, quando fosse a Washington para aparecer no programa *Meet the Press*.

Depois de terminar a conversa com Martha, por volta das cinco horas da tarde, King ligou rapidamente para outra mulher, identificada como Dolores Evans nos registros do FBI, esposa de um dentista de Los Angeles. King a chamava de "Dodi".

"Ah, senti tanto a sua falta", disse ele. "Você não devia fazer isso comigo."

King e Evans tinham sido fotografados juntos no final de maio, num evento de arrecadação da SCLC em Los Angeles. A foto apareceu na edição de 30 de maio do *Los Angeles Sentinel*.[37]

"Ai, não fale assim, por favor", disse Evans. "Você faz eu me sentir como se estivesse fazendo alguma coisa horrível, e já tenho um complexo, um complexo de culpa."

"Bom, digo isso com toda a ternura e alegria com que se pode dizer algo negativo", respondeu King.

"É, eu sei", disse ela. "Mas, com você falando assim, eu me sinto ainda pior e senti um complexo terrível, realmente terrível [...] nesses últimos dias."

"Ah, não sinta", disse King.

Depois Evans disse: "Tenho tanto medo de me ligar de algum modo a você".

"Mas dá para evitar essa ligação", respondeu King.

Ele prometeu que ligaria outra vez para ela no dia seguinte.

"Simplesmente adoro te ouvir", disse ele antes de desligar.

Clarence Jones, quando hospedou os King no verão de 1963, não sabia que o telefone de sua casa estava grampeado. Mais tarde, ficou desconfiado e levantou a questão, mas King disse para não se preocupar, rindo um pouco do amigo por "acreditar que em todas as casas havia um agente do FBI".[38]

Em 23 de julho, faltando menos de um mês para a ida de King a Nova York, J. Edgar Hoover enviara um memorando a Robert Kennedy, afirmando mais uma vez que forças comunistas estavam usando Levison para influenciar e controlar King. Não havia nada nas centenas de páginas de memorandos feitos pelos agentes que sugerisse que Levison estaria tratando com comunistas ou tentando manipular King em proveito do Partido Comunista. Os dois, quando conversavam pelo telefone, passavam a maior parte do tempo discutindo como fariam para que a democracia servisse a todos os cidadãos, falando sobre tribunais, Congresso, mídia e atribuições da presidência.

Mas o FBI se aferrou a suas suspeitas. O escritório da agência em Atlanta recebera ordens de informar a viabilidade de grampear a casa de King e o escritório da SCLC. Embora os agentes tenham informado que era possível instalar com segurança escutas na casa e no escritório de King, o plano foi deixado de lado. Kennedy decidiu que, em vista da agenda lotada de viagens do pastor, os grampos não gerariam informações suficientes para justificar os riscos envolvidos.

Mas essa não seria a palavra final.

27. O sonho, parte II

Francine Yeager era apenas uma adolescente de blue jeans[1] da zona sul de Chicago, que levava na mochila uma escova de dentes, duas garrafas de Pepsi e uma muda de roupas íntimas, mas fazia parte de uma multidão cada vez maior de negros e brancos que chegavam de ônibus e de trem, andando, cantando, rindo, gente de cidades grandes e pequenas, levando malas e cartazes, carregando seus sofrimentos e sonhos pessoais, todos andando na mesma direção, para a Marcha sobre Washington por Emprego e Liberdade, na quarta-feira, 28 de agosto de 1963.

As pessoas tinham o poder de mudar o mundo. Era por isso que ela estava lá. Caminhava sob um céu límpido. O dia estava quente, na faixa dos 28 graus, mas extremamente agradável para um dia de verão em Washington, DC.

Francine tinha dezenove anos. Nunca tinha viajado sem os pais. Mas eles não tentaram impedi-la. Sentiram sua determinação e sabiam que ela não era de se envolver em problemas. Talvez até admirassem a coragem dela. Conforme assistia pela TV ao que acontecia no movimento pelos direitos civis, Francine foi se indignando cada vez mais. Os cães de Bull Connor em Birmingham finalmente a levaram a se envolver. Como poderia viver num mundo com tanto ódio e não reagir? De todo modo, disse ela aos pais, seria como na igreja, com gente legal se unindo numa comunidade cheia de amor e esperança de criar um mundo melhor. Sua melhor amiga, Florentine, iria com ela. E ela ia ouvir Martin Luther King Jr.

Trens especiais de Chicago levavam passageiros para a marcha. Em quase toda as principais cidades americanas, as igrejas e as seções locais da NAACP fretaram ônibus e organizaram caravanas de carros. A SCLC e outras organizações bancaram as despesas de viagem para os necessitados. Francine, que estudava na Faculdade Junior do Sudeste e trabalhava meio período como caixa de uma mercearia, pagou a viagem do próprio bolso. Quando desceu do trem e começou a andar na direção do Lincoln Memorial, via jovens carregarem a bagagem de gente de idade, pais com filhas pequenas encarapitadas nos ombros, mães empurrando carrinhos de bebê. Os brancos tratavam os negros por "senhor" e "senhora" e diziam "Bom dia" e "Como vai?". Parecia que por toda parte alguém dedilhava um violão.

"Florestine", disse Francine, "é assim que o paraíso vai ser quando chegarmos lá."

Era essa sensação de paraíso ou de utopia social que King, Bayard Rustin e outros organizadores da marcha tinham almejado e pela qual haviam trabalhado. Uma linha de montagem de voluntários usou cinco toneladas de queijo para fazer 80 mil sanduíches gratuitos, numa iniciativa que um deles chamou de "um gesto de amor".[2] Os organizadores tinham a esperança de que comparecessem cerca de 100 mil pessoas, mas, quando os discursos começaram às duas horas da tarde, havia pelo menos 200 mil, talvez 250 mil pessoas, olhando na direção da estátua de Abraham Lincoln, aglomerando-se nas margens do grande espelho d'água e se espalhando à sombra das árvores em torno. Era um teatro televisionado, com cobertura ao vivo, presenteando os espectadores negros e brancos com uma mensagem de dignidade e orgulho que, durante anos, a imprensa negra estivera trombeteando e a imprensa branca, ignorando.

Sabendo que o mundo estaria assistindo e que muitos brancos achavam que a marcha viraria um motim, os organizadores relembravam aos participantes que se comportassem de maneira responsável. Anunciaram que só permitiriam cartazes com mensagens sobre temas previamente aprovados, como a integração e o direito ao voto. A polícia lhes garantiu que um pequeno contraprotesto do Partido Nazista Americano seria isolado e monitorado de forma rigorosa. A prefeitura determinou que bares e lojas de bebidas ficassem fechados. Os Washington Senators adiaram dois jogos de beisebol.[3] As agências de serviços federais não funcionaram. Foram instaladas centenas de bebedouros e banheiros químicos.[4]

Noventa e um por cento dos americanos tinham televisão em casa. Passaram o verão assistindo no noticiário vespertino aos protestos pelos direitos civis nos estados sulinos, protestos marcados por mangueiras de incêndio, cães policiais e algemas. Agora, pelo menos por um dia, as três redes de televisão do país cobriam ao vivo um protesto que transformou a imagem da luta pelos direitos civis — e a imagem das pessoas negras — como nunca, antes ou depois.

Roger Mudd, de 35 anos, âncora do telejornal da CBS, ficara tão nervoso com a perspectiva de um dia inteiro de cobertura ao vivo que, ao chegar onde deveria ficar no Lincoln Memorial, vomitou.[5] Avisaram Mudd que, se estourasse alguma violência ou se os oradores ficassem inflamados demais, o Ministério da Justiça desligaria o sistema de som.[6] Mas, para ele e outros repórteres, foi fácil fazer a cobertura. Não houve nenhuma surpresa, nenhuma conclamação à violência, nenhuma briga. Embora três quartos dos manifestantes fossem negros, os telespectadores podiam achar que a mescla racial estava mais próxima de meio a meio, pois os câmeras se esforçavam para encontrar rostos brancos na multidão, e os diretores de edição se detinham neles, transmitindo uma mensagem de harmonia. O dia "combinou todos os elementos de um comício político, uma sessão de avivamento e um piquenique do Quatro de Julho", disse o comentarista Eric Sevareid aos telespectadores da CBS.[7] Era "a maior reunião de pretos americanos em seus trezentos anos neste país" e, disse ele, uma prova de que "a causa preta está se tornando uma causa geral e universal".

Francine e a amiga Florentine deram pouca atenção às câmeras de TV. Foram andando, cantando e falando com desconhecidos até chegar o mais perto que conseguiram de Abe Lincoln. Ficaram num local gramado à direita do palco, mais ou menos na metade da extensão do espelho d'água. As cigarras cantavam nas árvores. As pessoas em torno tiravam os sapatos e se deitavam na grama. Balançavam e molhavam os pés no espelho d'água, mas não entravam nele. As garotas de Chicago estavam longe demais para ver Martin Luther King, mas podiam ouvi-lo perfeitamente.

Bob Dylan, Mahalia Jackson e outros cantaram. Nenhuma mulher foi designada para falar, apesar das pressões de Dorothy Height, presidente do Conselho Nacional de Mulheres Pretas. Numa tentativa de conciliação, ficou decidido que A. Philip Randolph pediria que seis mulheres, entre elas Rosa Parks e Myrlie Evers, viúva de Medgar Evers, ficassem de pé e fossem reconhecidas. Parks conseguiu inserir algumas palavras, dizendo: "Olá, amigos da liberdade, este é um dia maravilhoso".

John Lewis fez um dos discursos mais vigorosos do dia, reclamando que o projeto de lei de direitos civis do presidente Kennedy não avançava o suficiente, mesmo depois da tentativa do arcebispo Patrick O'Boyle, de Washington, de censurar o discurso.

Por fim, Randolph apresentou King, referindo-se a ele como "o líder moral de nossa nação".

King subiu ao palco, deu um leve sorriso e abriu diante de si as páginas de seu discurso.[8] Virando para o lado leste, fitou a maior massa de gente que já vira na vida, os rostos brilhando ao sol do fim de tarde. Vestia um terno preto, uma gravata preta, uma camisa branca e um lenço de bolso branco com três pontas em triângulo. O relógio de pulso, as abotoaduras e a aliança de casamento, todos de ouro, faiscavam em pequenos lampejos luminosos. Coretta, sentada ali perto, usava um vestido estampado preto e branco.[9] Rustin, com a gravata afrouxada, se esbaforia pelo palco, suando, murmurando, fumando, ajeitando as pessoas em seus devidos lugares. Um policial florestal do Serviço Nacional de Parques se postou atrás do ombro esquerdo de King, a última linha de defesa caso alguém tentasse avançar sobre o pregador com uma faca ou disparasse um tiro dentre a multidão. Ele se chamava Gordon Gundrum, mas todos o tratavam por "Gunny".

Ele é baixo.[10] Foi a primeira coisa que Gunny notou em King. Embora não fosse sua função, ele foi até o famoso pregador e abaixou a altura dos microfones. Queria garantir que a voz de King chegasse em alto e bom som a todos, e que os microfones não atrapalhassem a visão do rosto de King. Feito isso, ele transferiu sua atenção para a multidão, procurando sinais de algum comportamento suspeito. Gunny tinha 25 anos, era o quarto de quinze irmãos e tinha deixado a escola no sexto ano, um garoto da montanha, como dizia ele, de uma cidadezinha perto de Albany, em Nova York. Nunca se considerara preconceituoso, mas isso não queria dizer muita coisa, pois não lembrava se tinha visto um negro quando era menino. Agora, fitando um mar de rostos mais escuros do que o seu, ele se lembrou de uma vez na infância em que tinha pegado uma moedinha e colocado na boca, e a avó lhe dissera para cuspi-la, pois "algum crioulo podia ter posto aquela moeda na boca". Aquilo apenas o deixou meio confuso. Quando ingressou na Marinha americana, ele e seu colega negro de alojamento não podiam ir aos mesmos restaurantes na ilha de Parris em Beaufort, na Carolina do Sul. Foi aí que Gunny percebeu que havia grandes parcelas da vida e da história americana que ele nunca tinha considerado. Foi como você ficar sabendo que tinha um tio e um bando de primos que nunca conheceu. Ficou pensando nisso enquanto examinava os rostos na multidão. O que mais ele tinha deixado passar? Os negros marchando no Parque Nacional tinham razões para sentir raiva e, no entanto, cantavam, riam, ficavam de braços dados com brancos.

Gunny tinha 1,80 metro de altura, mas parecia ainda maior por causa do chapéu castanho de copa alta e abas largas. Estava em serviço desde as seis horas da manhã. Passara o dia com medo de que irrompesse alguma violência do tipo que vira pela TV, em Birmingham. Não parou nem um instante para pensar quem poderia iniciar a violência ou por quê. Quando o chefe lhe disse para tratar os manifestantes da melhor forma possível a fim de evitar que se desencadeasse algum incidente, isso só aumentou seu nervosismo. Em certo momento do começo da tarde, quando a multidão ficou irritada com um orador, Gunny ergueu a mão, tentando restaurar a calma. *Bem*, pensou ele, *não funcionou.*

Em outro, ele viu uma figura suspeita, um negro baixo e magro, de barba, abrindo caminho em direção ao palco, evitando contato visual. Gunny o interceptou.

"Aonde você está indo?"

"Vou subir."

Gunny se interpôs entre o homenzinho e o palco e perguntou:

"Cadê seu passe?"

"Deixei no quarto do hotel." O homenzinho olhou em volta e retomou: "Você não sabe quem eu sou, não é?".

"Não."

"Sou Sammy Davis."

Constrangido por não ter reconhecido um dos artistas mais famosos dos Estados Unidos, que tantas vezes vira na televisão, Gunny o acompanhou até o palco, onde Davis se sentou com as outras celebridades que tinham ido até lá, incluindo Josephine Baker, Charlton Heston, Paul Newman, Marlon Brando, Rita Moreno, Harry Belafonte, James Baldwin, Ruby Dee, Tony Curtis, Sidney Poitier e Steve McQueen.

King fitou a multidão, "o coração vivo e palpitante" do movimento que, de certa forma, ele fora chamado a liderar.[11] Falou devagar, com a voz firme, forte, serena, mas levemente trêmula. Sentia-se feliz por estar ali, disse ele, para um dia que seria lembrado como a maior manifestação pública pela liberdade na história americana.

Seu rosto brilhava de suor. Ele segurou as laterais da tribuna e ficou oscilando um pouco de um lado ao outro. Nenhuma tentativa tinha sido feita de criar um pano de fundo esteticamente agradável para os oradores da tarde. Atrás de King estavam filas de policiais e bombeiros suados fazendo a segurança e usando barretes brancos em homenagem a Gandhi.

Pouca ou nenhuma atenção fora dada à aparência da tribuna, onde fios e microfones se emaranhavam e se eriçavam como um jardim tomado pelo mato. Para os produtores de TV, a multidão era mais interessante do que os oradores, cujas falas eram basicamente políticas.

Gunny agora não se atreveu a ir até a frente de King, mas os microfones ainda pareciam altos demais.

“Dez décadas atrás”, disse King em voz retumbante, “Abraham Lincoln, ao assinar a Proclamação de Emancipação, ofereceu esperança a milhões de homens e mulheres que só conheciam a escravidão, o sofrimento e a injustiça. Nosso presidente ofereceu ao povo uma aurora bela e brilhante após sua longa noite de desgraça. Mas cem anos depois”, disse King, “o preto ainda não é livre.”

“Meu Senhor!”, gritou alguém na multidão.

King continuou. Depois de cem anos, os americanos negros ainda estão acorrentados pela segregação e pela discriminação, ainda estão isolados pela pobreza, ainda são obrigados a se sentir como exilados em seu próprio país.

“Isso, isso!”, gritou uma voz. Dessa vez era Mahalia Jackson, sentada na frente e à esquerda de King.

“E assim viemos hoje aqui para dramatizar uma condição vergonhosa”, disse ele à multidão.

Até aquele momento, ele se prendera ao roteiro, quase palavra por palavra. Tinha chegado ao hotel em Washington às dez horas da noite anterior, sem ter começado a trabalhar no discurso.[12] Levou cerca de duas horas para fazer um esboço geral e mais uma hora e meia para convertê-lo num rascunho completo.[13] Terminou entre as três e as 3h30 da madrugada. Os outros oradores tinham recebido oito minutos de tempo para falar, mas King, mesmo avisado de que disporia de dez minutos, não estava acostumado com essa brevidade. De manhã cedo, a versão final do discurso foi datilografada, mimeografada e distribuída para a imprensa.

O presidente Kennedy assistiu pela televisão no Salão Oval. Nunca tinha visto nem ouvido King falar para uma multidão.

“Ele é muito bom”, disse o presidente.[14]

King continuou, ainda se atendo ao roteiro, ainda mantendo as mãos na tribuna. Rogava a essa enorme congregação de crentes que mantivessem a coragem e o orgulho, se erguessem acima dos inimigos, vencessem a raiva, evitassem a tentação de desconfiar de todos os brancos, respondessem à ameaça de violência com a promessa de amor. Nossos amigos brancos hoje aqui conosco, disse ele, provavam que os destinos dos americanos negros e brancos eram indissociáveis, que nunca poderia existir liberdade de verdade para ninguém enquanto não houvesse liberdade para todos.

Gunny não conseguiu mais se conter. Estendeu a mão esquerda e abaixou de forma brusca os microfones vários centímetros, permitindo que os telespectadores americanos tivessem uma rápida visão da manga de sua camisa e de seu relógio e garantindo, enfim, que o público enxergasse o rosto de King sem nada atrapalhar até o final do discurso. King pareceu nem perceber.

A presença de palco, os gestos e as atitudes de King, que ele praticara durante a maior parte da vida, irradiaram pela multidão. O público, reagindo ao comentário dele sobre o destino que tinham em comum, gritou e aplaudiu. Ali estavam eles unidos, pelo menos por uma tarde.

King prosseguiu. Agora não tinha como voltar, disse ele. Temos de avançar juntos. Não podemos parar, nunca, não enquanto os negros forem vítimas da brutalidade policial; não enquanto continuarem barrados de tantos hotéis e motéis do país; não enquanto suas casas e escolas continuarem segregadas e de segunda categoria; não enquanto o voto lhes for negado.

"Não", disse ele, "não podemos voltar!"

Aproximava-se o limite de dez minutos. A coisa estava indo bem, embora não tão bem quanto em Detroit.

Francine Yeager olhou em volta e viu que algumas pessoas próximas tinham ido embora, para evitar o trânsito. Mas as palavras de King tinham ressoado nela. Era por isso que tinha vindo, para ouvi-lo responder aos cães de Bull Connor, para entender o que vira na TV, para encontrar fé.

King falava por todos eles. Não estaremos satisfeitos, disse ele, "até que a justiça corra como água e o justo, como um rio impetuoso".

Agora ele transferia o peso do corpo de um lado para outro, balançando suavemente ao ritmo de suas próprias palavras, usando seu corpo inteiro para dizer *não, não, não*: Não aceitaremos mais o mundo como o temos hoje. Não permitiremos mais que o amor-próprio de nossos filhos seja roubado por placas que dizem APENAS BRANCOS.

Enquanto King fazia uma pausa e franzia os lábios, Francine teve uma rápida lembrança de sua infância. Ela nunca tinha visto uma placa de APENAS BRANCOS em Chicago, mas lembrou vividamente o instante exato em que se sentiu pela primeira vez privada de seu amor-próprio. Foi quando estava no primeiro ou segundo ano na St. Raphael, uma escola católica no bairro de Englewood, em Chicago. A escola tinha cerca de 20% de estudantes negros e 80% de brancos, mas os números mudavam de forma rápida conforme as famílias brancas se mudavam em peso para os subúrbios. A melhor amiga de Francine na St. Raphel era uma menina branca chamada Geraldine. Geraldine morava em frente à escola e todos os dias ia para casa na hora do recreio. Num dia de primavera, ela foi para casa e mostrou aos pais a foto de sua nova turma; quando voltou para o playgound, não veio com seu sorriso habitual. As meninas estavam com o uniforme da escola, uma salopete azul, blusa branca, meias três-quartos brancas e sapatos de verniz pretos.

"Posso perguntar uma coisa, Francine?", disse Geraldine, enrubrescendo.[15]

"Claro!", respondeu Francine. "Você pode me perguntar qualquer coisa!"

Geraldine fez uma pausa, baixou os olhos e disse: "Você é branca ou crioula?".

Francine não soube o que dizer. Pensou em sua família e na aparência dela, alguns mais escuros do que outros. Francine sabia que era clara, com cabelo crespo ou o que alguns chamavam de "pixaim". Pensou na pergunta de Geraldine e concluiu que, fosse lá o que significasse a palavra "crioula", ela não gostava. Os únicos termos que tinha ouvido para descrever sua etnicidade eram "de cor" ou "preta". Após refletir, por fim respondeu: "Sou de cor".

Geraldine se afastou. As meninas nunca mais brincaram juntas. Agora, enquanto King falava, Francine reviveu toda aquela dor. E se perguntou, pela primeira vez em anos, o que teria acontecido com Geraldine.

A voz de King pareceu se expandir na cabeça dela. Ficou não só mais alta, mas também maior. Ondulou pelo espelho d'água, soprou por entre as árvores e afastou seus outros pensamentos. Afastou Geraldine.

Ele se aproximava do final do discurso escrito.

Voltem para casa, disse ele ao povo. Voltem para o Mississippi, para a Louisiana, para a Geórgia. Voltem para o Alabama. Voltem para suas cidades pobres no Norte, voltem para casa sabendo que a mudança virá. Não desistam. Não, nunca desistam.

"Não nos afundemos no vale do desespero."

Sim, King tinha começado devagar, com suavidade, pois assim podia aumentar de forma gradual sua potência — Gunny agora tinha certeza disso. O policial florestal se viu tomado pela emoção, distraindo-se de sua tarefa. As palavras saíam de King como um cântico ou um hino. Era mágico, pensou Gunny. As pessoas que se estendiam em volta e diante de King não eram mais ouvintes. Cantavam junto com ele.

"Isso! Isso!"

"Conte a eles como é o sonho!"[16]

"Amém! Amém!"

Muitos jornalistas imaginaram que ele tinha terminado. As redes de TV começaram os cortes. O silêncio tomou conta do parque; 250 mil pessoas aguardavam. Três meses depois, King disse a um entrevistador que não sabia por que tinha "posto de lado" o discurso preparado; deixou-o totalmente, ergueu os olhos das páginas datilografadas e disse: "E assim, mesmo enfrentando as dificuldades de hoje e de amanhã...".[17] E então começou uma das mais famosas orações da história americana.

"Ainda tenho um sonho."

Abanou a cabeça de um lado para o outro e então ergueu rapidamente os olhos para o céu. Inclinou-se para trás da mesma maneira que muitas vezes fazia no púlpito quando queria um envolvimento maior com os ouvintes, quando usava a linguagem que absorvera do pai, do avô e de outros pregadores que ouvira durante toda a vida.

A multidão o exortou a continuar.

"É um sonho profundamente enraizado no sonho *americano*", disse ele.

Olhou para baixo rapidamente e em seus olhos brilhou um sorriso.

Tinha um sonho, disse ele, de que os Estados Unidos um dia se ergueriam à altura de sua promessa fundadora: "Consideramos essas verdades como autoevidentes, que todos os homens são criados iguais".

Tinha um sonho, disse ele, de que os filhos dos donos de escravizados e os filhos dos escravizados se sentariam juntos "à mesa da fraternidade"; que o estado do Mississippi se tornaria uma terra de justiça e igualdade; que seus quatro filhos seriam julgados por seu caráter, e não pela cor da pele.

"Eu tenho um *sonho* hoje!"

Ele se apressou nessa última frase, emendando na anterior como a cauda de uma pipa, fazendo as palavras voarem mais alto e mais rápido num vento que levava todo mundo junto.

"Eu tenho um sonho", prosseguiu ele, de que mesmo no Alabama, um estado governado por racistas e eivado de ódio, sim, mesmo no Alabama, as crianças negras e as crianças brancas se darão "as mãos [...] como irmãs e irmãos".

"Eu tenho um sonho!" Uma voz masculina no público ecoou a de King.

"Fale do sonho para eles", gritou Mahalia Jackson, sua voz se afogando quando King voltou a falar.

"Eu tenho um sonho", disse ele, "de que um dia todos os vales serão elevados e todas as colinas e montanhas serão aplainadas. Os lugares acidentados serão nivelados..."

King ergueu ao alto a mão direita enquanto as palavras ressoavam.

Ah, pensou Francine, agora estamos *mesmo* indo para a igreja! O espírito se apoderara do pregador, e que bênção era estar aqui com ele! Que bênção receber palavras que brilhavam como um farol, que saíam da noite, iluminavam a escuridão e mostravam o caminho em frente! Francine sentia como se King agora conversasse com ela, com todos. Revelava o caminho para o futuro conforme cavava as pedreiras da memória. King lembrava aos ouvintes que seu povo tinha sofrido, que a confiança deles fora violada, que haviam lutado e morrido na batalha pela liberdade e mesmo assim nunca desistiram. Nunca *iriam* desistir. Sua voz era grande, forte. Mas esse público era grande também.

Esse público era forte. Somos testemunhas dele, pensou Francine, e tomaremos suas palavras, e elas farão parte de nossos corações. Carregaremos essas palavras e elas nos carregarão.

King prosseguiu na escalada, subindo cada vez mais alto. Hoje partiria e voltaria para o Sul com fé, disse ele, com fé de que os Estados Unidos logo seriam uma verdadeira terra da fraternidade, que as pessoas sairiam dessa bela reunião e prosseguiriam, trabalhariam, rezariam, lutariam e protestariam sabendo que logo seriam livres, que todos os americanos logo cantariam alto uma nova verdade: "Meu país, é de ti, doce terra da liberdade, é de ti que eu canto. Terra onde meus pais morreram, terra do orgulho do peregrino, que de todas as encostas das montanhas ressoe a liberdade".

Que ressoe a liberdade.

Por toda essa terra.

Que ressoe a liberdade.

De New Hampshire, de Nova York, da Califórnia, do Colorado, da Geórgia, do Tennessee, de "todos os morros e colinas do Mississippi".

De todas as encostas das montanhas.

Que ressoe a liberdade.

Ele levantou o braço direito acima da cabeça. E nas palavras finais, estendeu os dois braços, cerrou os punhos e ficou na ponta dos pés:

> E [...] quando permitirmos que a liberdade ressoe [...] iremos [...] apressar aquele dia em que todos os filhos de Deus [...] irão [...] dar as mãos e cantar nas palavras do antigo spiritual preto: Finalmente livres! Finalmente livres! Graças a Deus Todo-Poderoso, finalmente estamos livres!

Enquanto King deixava a tribuna e se afastava da multidão, Gunny sentiu a reação do povo. Como relembrou anos mais tarde, ondas de energia se erguiam no ar, nas pessoas e também nele, e assim ele logo se pôs na frente de King, porque entendeu que aquele era um grande homem que merecia ser protegido, e Gunny usou seu corpo para proteger o dele.

As pessoas *têm* mesmo o poder de mudar o mundo, pensou Francine. É assim que acontece. É assim que se faz a história.

28. “O preto mais perigoso”

King foi direto da Marcha sobre Washington para a Casa Branca.

“Eu gostaria de ir”, disse Coretta, que tinha falado com o presidente Kennedy pelo telefone, mas nunca o encontrara pessoalmente.[1]

“Ah, você não pode ir”, disse King à esposa.

“Bom, não vejo por que não posso.”

Ele alegou o protocolo. Coretta não estava na lista de visitas autorizadas.

“Bom, então tudo bem”, disse ela.

“Eu tenho um sonho”, disse John F. Kennedy ao apertar a mão de King.[2]

Eram cinco da tarde. O presidente tinha passado a manhã inteira numa reunião secreta sobre a estratégia no Vietnã e teria no começo da noite outra reunião sobre o mesmo assunto, mas não antes de conferenciar durante uma hora com King e outros nove líderes da marcha. Ao saber que os homens não tinham almoçado, Kennedy mandou que fossem servidos presunto, queijo e sanduíches de peru.[3]

Roy Wilkins, Walter Reuther e A. Philip Randolph se encarregaram da maior parte da conversa, enfatizando que queriam que a legislação de direitos civis de Kennedy incluísse cláusulas para o fim da contratação discriminatória. O presidente se mostrou encantado que o evento grandioso tivesse corrido em paz. Os homens riam e concordavam amplamente sobre as questões, embora o vice-presidente Lyndon Johnson alertasse que as perspectivas da votação da legislação de direitos civis eram um tanto incertas. O presidente, disse Johnson com seu sotaque texano arrastado, "pode pleitear, orientar, persuadir e até ameaçar, mas não pode dirigir o Congresso".[4]

Kennedy insistiu que os líderes dissessem à imprensa que contavam totalmente com o voto favorável dos congressistas republicanos, a fim de "tornar mais difícil que votem contra".[5] Também recomendou que pensassem para além da lei, que pensassem como os negros poderiam ajudar a si mesmos, que se inspirassem no rápido crescimento econômico da comunidade judaica americana e levassem "a comunidade preta a ver a educação dos filhos como a melhor saída".[6] Quando Kennedy mencionou pela segunda vez a importância de persuadir crianças negras a serem aplicadas na escola, como faziam as famílias judias, Wilkins interrompeu o presidente de maneira educada para dizer que os pais negros estavam fazendo o máximo para educar os filhos e que seria mais fácil se os pais e as crianças não enfrentassem uma "discriminação entranhada".

King perguntou se a pressão poderia fazer com que o ex-presidente Eisenhower apoiasse a legislação de direitos proposta por Kennedy, mas, afora isso, ele se manteve basicamente em silêncio, como costumava fazer quando estava em reuniões com a participação de Randolph e Wilkins.

Depois do encontro, King e os outros líderes da marcha foram levados a um estúdio de TV ali perto, onde gravaram uma entrevista com um mediador chamado Jay Richard Kennedy, romancista, roteirista e ativista que tinha sido agente empresarial de Harry Belafonte. Sem que King nem ninguém da área de direitos civis soubesse, Jay Kennedy agora operava como o principal informante da CIA sobre atividades relacionadas com os direitos civis.

A Marcha sobre Washington ofereceu um vislumbre da amada comunidade de King — negros e brancos cantando juntos literalmente em harmonia; adolescentes mobilizados com sindicalistas de meia-idade, todos empenhados em combater o racismo, aumentar a conscientização e pressionar o governo federal para agir.

A popularidade de King disparou após seu discurso, mas nem todos ficaram motivados como ele pretendia. Malcolm X se referiu à manifestação gigantesca como "A Farsa sobre Washington"[7] e acusou King e outros líderes do evento de baixarem o tom de sua militância para acalmar seus financiadores brancos e o governo Kennedy. Foi por isso, alegou Malcolm, que os organizadores da marcha concordaram em evitar problemas com o município e o governo. Foi por isso, disse ele, que James Baldwin não fora autorizado a falar, "porque eles sabem que Baldwin é capaz de dizer qualquer coisa [...]. Foi um circo, um espetáculo que superou qualquer coisa que Hollywood conseguiria algum dia fazer".[8]

Mas se a marcha tinha sido cordata demais para Malcolm X, ainda era militante demais para J. Edgar Hoover e outros do FBI. Uma semana antes do evento, a divisão de inteligência interna da agência apresentara um relatório de 68 páginas, no qual afirmava que o Partido Comunista dos Estados Unidos — uma organização minúscula com apenas cerca de 4 mil filiados na época — exercia pouca ou nenhuma influência no movimento pelos direitos civis.[9] Hoover não gostou. "Esse memorando me faz lembrar vividamente aqueles que recebi quando Castro tomou Cuba", rabiscou o diretor na folha de apresentação do relatório.[10]

> Vocês na época contestaram, dizendo que Castro & seu bando não eram comunistas & não eram influenciados por comunistas [...]. Eu, por exemplo, não posso ignorar os memorandos referentes a King, O'Dell, Levison [...] et al. como se tivessem apenas um efeito infinitesimal nas tentativas dos comunistas de tirar proveito do preto americano.

Dois dias depois da Marcha sobre Washington, o diretor de operações de inteligência do FBI, William C. Sullivan, elaborou um memorando que invertia o relatório que ajudara a elaborar uma semana antes:

> O diretor está certo. Estávamos totalmente errados em acreditar que as provas não eram suficientes para determinar alguns anos atrás que Fidel Castro não era comunista ou não estava sob influência comunista. Ao investigar e escrever sobre o comunismo e o preto americano, seria melhor nos lembrarmos disso e aproveitarmos a lição que isso deveria nos ensinar.
>
> [...] Pessoalmente, acredito à luz do poderoso discurso demagógico de King de ontem que ele está muito acima de todos os outros líderes pretos somados quando se trata de influenciar grandes massas de pretos. Devemos agora marcá-lo, se ainda não o fizemos antes, como o preto mais perigoso do futuro nesta nação do ponto de vista do comunismo, do preto e da segurança nacional.[11]

Pode ser que a intenção básica do memorando de Sullivan tivesse sido a de acalmar o chefe furioso, que detestava ver King adquirindo maior fama como líder moral, mas também mostrava, como escreveu o historiador David J. Garrow, que o FBI era guiado tanto pelo racismo quanto pelo paternalismo em sua suposição de que os americanos negros eram especialmente vulneráveis à manipulação comunista. Hoover e o FBI não tratavam Roy Wilkins, Whitney Young ou A. Philip Randolph da mesma maneira que tratavam King. Entre os principais ativistas dos direitos civis, King, com seus vínculos com Stanley Levison e sua capacidade de mobilizar grandes massas, era visto como a ameaça maior. Em vista do grau de risco apresentado por King, escreveu Sullivan, o FBI poderia considerar necessário ir além do tipo de "prova conclusiva [...] que se sustentaria em depoimento ou em juízo" para montar sua argumentação contra ele. Em outras palavras, dane-se a lei; King tinha de ser detido.

O estranho e inexplicável é que o FBI deixou de enfatizar para os Kennedy uma das provas mais fortes de que dispunha para vincular King a um dito integrante secreto do Partido Comunista dos Estados Unidos da América (CPUSA, na sigla em inglês), partido político com ligações com a União Soviética. Em 1957 e 1958, Levison providenciara que King recebesse um total de 10 mil dólares em doações monetárias dele e de um amigo próximo. Ao mesmo tempo, e até o começo dos anos 1960, Levison continuou a fazer doações substanciais ao CPUSA, segundo documentos do FBI recém-liberados: 25 mil dólares em 1957, 12 mil dólares em 1958, 13 mil dólares em 1959, 12 mil dólares em 1960, 12 mil dólares em 1961 e pelo menos 2,5 mil dólares em 1962. Na época, para fins comparativos, o custo de vida de uma família média nos Estados Unidos era de 12 mil dólares ao ano. Se as alegações do FBI são verdadeiras, por que Levison teria continuado a fazer doações se havia aparentemente cortado seus vínculos com o CPUSA? Uma das hipóteses, apresentada por Garrow, é que, décadas antes, Levison investira o dinheiro do partido em empresas americanas e se sentiu na obrigação de repartir os rendimentos.[12] Andrew Levison, filho de Stanley, oferece outra explicação. O pai teria continuado amigo e consultor empresarial de ex-apoiadores do Partido Comunista, que faziam contribuições por "hábito e sentimento", como disse ele, mesmo depois de diminuírem suas atividades na organização. O FBI pode ter atribuído todas essas contribuições a Stanley. Qualquer que fosse a origem do dinheiro, a agência sabia das doações de Levison na época, mas, em 1963, como escreve Garrow, os executivos no FBI podem ter deixado de montar sua melhor argumentação contra King porque tinham passado a se ocupar de sua vida privada.[13]

Do ponto de vista dos homens de Hoover, os grampos de Jones não só revelavam que King mantinha contato com Levison, mas mostravam também sua imoralidade. Outro memorando, datado de 16 de setembro de 1963, dizia que os supostos vínculos de King com comunistas provavam que o preto americano se tornara o "alvo favorito" do Partido Comunista, na medida em que a organização trabalhava para minar a democracia. No entanto, Hoover e seus homens não temiam apenas os comunistas, mas também a mudança. King, escreveu Sullivan, era "o líder preto mais perigoso e mais eficaz do país", acrescentando que "estamos agora nesta nação engajados numa forma de revolução social".

Por mais que King enfatizasse os valores americanos de seu movimento, por mais que citasse a Constituição, a Bíblia e hinos patrióticos, ele ainda era visto e tratado como uma ameaça. Ninguém dentro do FBI ou do governo Kennedy sugeriu que as forças da lei deveriam proteger, em vez de investigar e enfraquecer, os líderes do movimento pelos direitos civis.

No verão de 1963, King comentou em entrevistas os boatos de uma influência comunista no movimento pelos direitos civis, que tinham sido espalhados por vazamentos do FBI à imprensa. Numa entrevista na televisão, ele disse:

> A SCLC é tão solidamente estabelecida como um movimento não violento cristão que seria impossível ser de alguma maneira influenciada pelo método ou pela filosofia do comunismo [...]. É nossa firme convicção de que o comunismo se baseia num relativismo ético, num materialismo metafísico, num totalitarismo mutilador e numa negação da liberdade humana que nunca poderemos aceitar. Os meios que usamos devem ser tão puros quanto o fim que buscamos.[14]

Os que temiam uma influência comunista no movimento pelos direitos civis, disse ele, deveriam reconhecer que a justiça igualitária era um ideal democrático:

> Penso que as condições que deram origem às manifestações de rua ajudam muito mais a causa comunista do que a luta decidida de se livrar dessas condições. O fato é que, enquanto a segregação e a discriminação estiverem vivas nesta nação, os comunistas terão uma arma de propaganda conveniente.

Robert Kennedy, sem se convencer, tinha dificuldade em entender por que King não levava a ameaça comunista mais a sério.[15] No mínimo, os laços de King com Levison prejudicavam a reputação dele em Washington, onde tais coisas tinham grande importância. Em 7 de outubro, o FBI solicitou formalmente permissão para instalar uma escuta telefônica na casa e no escritório de King em Atlanta. Três dias depois, Robert Kennedy assinou a autorização. Também aprovou um pedido do FBI para grampear Bayard Rustin.

Anos depois, os colaboradores de Robert Kennedy alegariam que o procurador-geral autorizara as escutas por pressão de Hoover. Numa série de entrevistas de 1964 que ficaram em sigilo até depois de sua morte, Kennedy disse acreditar que Levison era comunista e que King estava sendo influenciado. "Os objetivos deles eram idênticos, de fato, creio eu", disse Kennedy a respeito de Levison e King.[16] Mas, nessas mesmas entrevistas, o procurador-geral ofereceu mais elementos para contextualizar sua capitulação. Segundo ele, Hoover dispunha de materiais comprometedores também sobre os Kennedy, inclusive um relatório sobre relações sexuais com "um grupo de moças no décimo segundo andar [...] do Hotel LaSalle".[17] Robert Kennedy disse que tais relações nunca aconteceram e que apresentou o caso como um exemplo dos métodos de Hoover.

O entrevistador perguntou: "O senhor pensava ou pensa agora que o sr. Hoover é uma pessoa perigosa [...] ou apenas sórdida?".[18]

"Não", respondeu Kennedy, "penso que ele é perigoso."

Kennedy então disse que ele e o presidente tinham visto Hoover como "um perigo que conseguiríamos controlar".

Mas, às vezes, parecia que quem tinha mais controle era Hoover. Seus agentes instalaram escutas nos telefones de King na Johnson Avenue em Atlanta e em seu escritório na SCLC, no número 330 da Auburn Avenue, NE. O FBI alugou um apartamento de um quarto no vigésimo andar do prédio residencial Peachtree Towers,[19] onde os agentes monitoravam e gravavam os telefonemas de King. Em 8 de novembro de 1963, uma sexta-feira, os agentes federais começaram a ouvir todas as ligações feitas ou recebidas na casa e no escritório de King. Robert Kennedy, como procurador-geral, supostamente as analisaria depois de trinta dias e, com base no conteúdo delas, decidiria se eram justificadas. Mas, ao que parece, nunca o fez. No final de novembro de 1963, outros fatos se precipitaram e abalaram não só Robert Kennedy, mas o mundo inteiro.

"Nunca tantos americanos tinham ouvido uma fala que fosse um décimo tão radical quanto aquela", escreveu Murray Kempton no *New Republic*, ao descrever o discurso "Eu tenho um sonho" de King.[20] Norman Mailer, escrevendo na *Esquire*, disse que os pretos americanos, o grupo com maior potencial de violência dos Estados Unidos, mostraram que "também possuíam a mais excepcional capacidade de ordem e disciplina na nação".[21] O ato de "genialidade revolucionária" no Mall em Washington, escreveu ele, "criou a segunda fase do movimento".

Na onda da Marcha sobre Washington, o movimento de protesto aumentou em toda a nação, como King esperava. Em Birmingham, mais de 3600 negros num período de dois meses tiraram título de eleitor, um número sem precedentes.[22] Em St. Augustine, na Flórida, o rev. C. T. Vivian, integrante da equipe da SCLC, começou a fazer planos de contestar as leis e os costumes segregacionistas da cidade de modo bastante semelhante ao que ocorrera em Birmingham. "Ali estava Martin King ficando maior, cada vez maior, certo? E era exatamente o que eu queria", relembrou Vivian anos depois.[23]

Após a Marcha sobre Washington, as pessoas, mesmo em casa, mesmo nas relações sociais, agiam com uma nova ousadia. Walter Stovall, um branco da Geórgia, resolveu ser mais explícito com os colegas de trabalho sobre seu casamento com uma mulher negra chamada Charlayne Hunter. "Agora posso usar minha aliança o tempo todo", escreveu Stovall na época. "Antes eu só a usava nos finais de semana."[24] Na Califórnia, um corretor de imóveis branco, Richard S. Hallmark, deixou o emprego porque a firma não alugava nem vendia para pretos. "Não sou mártir nem cruzado, mas aquilo me dava vergonha", disse ele. "O povo de cor está aqui para ficar, então vale mais a gente se acostumar a isso."[25]

A popularidade de King nunca fora tão grande, mas, após a Marcha sobre Washington, ele não comemorou exultante. Dorothy Cotton relembrou: "O que eu via acontecer com frequência com o dr. King era que, quando obtinha uma resposta grande e positiva, como depois daquele discurso, ficava muito abatido, porque aquilo também colocava um fardo a mais sobre ele".[26]

Durante um retiro da entidade, King e outros líderes da SCLC avaliaram diversas cidades que poderiam ser boas para o próximo grande protesto. "Cada vez mais sinto que nossa investida seguinte não poderá ser apenas conseguir que uma lanchonete implante a integração ou que uma loja de departamentos retire placas discriminatórias", disse King.[27] "Sinto que teremos de atacar todo o sistema de segregação numa comunidade." Porém, mais uma vez o movimento de integração enfrentava oposição, em parte também dos ativistas negros radicais, entre eles Malcolm X, que dizia que King fora cooptado e enfraquecido pelos Kennedy. Malcolm disse que a Marcha sobre Washington o impressionou "tanto quanto o Rose Bowl Game o faria".[28] O discurso de King foi tocante, mas, "enquanto ele estava tendo um sonho, nós, os outros pretos, estamos tendo um pesadelo". No entanto, uma reação ainda mais virulenta veio dos brancos raivosos, sobretudo no Sul, que ouviram King usar palavras como "investida" e "enfrentar" e decidiram contra-atacar.

Em 4 de setembro, sete dias depois da Marcha sobre Washington, um homem branco chamado Robert Chambliss foi de Birmingham à cidade vizinha Daisy City para comprar dinamite. Falou que precisava de uma caixa inteira — 140 bananas — para limpar um terreno que a KKK acabara de comprar.

"Se vocês vão explodir alguns crioulos", disse o vendedor, "ponho a mais algumas bananas."[29]

Chambliss, que alguns chamavam de "Bob Dinamite" por causa de sua habilidade com explosivos, pôs o material no bagageiro de seu Ford Falcon e voltou para Birmingham.

Para os segregacionistas do Alabama — "os segs", como diziam os repórteres brancos do Norte —, os ataques a seu modo de vida preferido continuavam a vir. O governador George Wallace prometeu que usaria a Guarda Nacional do estado para impedir a integração nas escolas, enquanto o presidente Kennedy ameaçava federalizar essas tropas para proteger os estudantes negros. Na mesma noite em que Robert Chambliss comprou a dinamite, uma explosão destruiu a casa de Arthur Shores, um advogado negro, em Birmingham.

Seguiu-se um motim na área de Smithfield em Birmingham que feriu 21 pessoas, entre elas quatro policiais. Um rapaz negro de 21 anos chamado John Coley foi alvejado e morto durante o tumulto, talvez por ser parecido com Fred Shuttlesworth, que também estava no local. De início, a polícia disse que havia atirado em Coley depois de ele irromper de uma casa disparando uma arma. Quando os investigadores constataram que o rapaz era apenas um espectador desarmado, a polícia mudou a história e disse que ele havia sido vítima acidental de balas perdidas disparadas acima da cabeça dos amotinados. Carreatas percorriam a cidade, com manifestantes brancos balançando bandeiras confederadas.

Em 13 de setembro, depois de um discurso incendiário de um segregacionista, mais de cem manifestantes estudantis brancos invadiram a prefeitura. Um rapaz subiu em cima da mesa de Albert Boutwell, balançando uma bandeira confederada, enquanto outros largavam cigarros acesos em cima do tapete.[30] Um policial pediu que um dos estudantes lesse a Determinação Municipal 63-17, que tratava de manifestações e desordens, mas ninguém foi preso. O prefeito disse a eles que tinham seu apoio. "A questão toda da integração é desagradável para mim", disse Boutwell. "Acredito que o bom Senhor teve boas razões para criar diferença entre as raças. Acredito que elas serão preservadas."[31]

Primeiro veio o tique-taque e então a explosão.

Ela escancarou portas, abalou paredes, estilhaçou vitrais. O teto pegou fogo. Gritos e soluços encheram o ar, e então vieram as sirenes.

Era 15 de setembro de 1963, Dia da Juventude na igreja batista da Sixteenth Street em Birmingham, a mesma onde jovens tinham se reunido meses antes para rezar e cantar antes de atravessar a rua e enfrentar cães policiais e mangueiras. Agora, quinze bananas de dinamite tinham explodido o lado leste da igreja de tijolo à vista. Quando a equipe de resgate chegou ao térreo, encontraram quatro crianças mortas, soterradas pelos destroços. Eram Denise McNair, de onze anos, e Addie Mae Collins, Cynthia Wesley e Carol Robertson, de catorze anos. Outras vinte pessoas ficaram feridas, inclusive a irmã de doze anos de Addie Mae Collins, Sarah, que perdeu a visão de um olho. Demorou catorze anos até que as autoridades condenassem Chambliss por seu papel no bombardeio. Demoraria trinta anos para que outros dois participantes, Thomas Edwin Blanton Jr. e Boby Frank Cherry, fossem condenados.

King soube da notícia quando se preparava para subir ao púlpito da Ebenezer. "Deus amado, por quê?", perguntou-se ele. Tomou um avião para Birmingham no mesmo dia, mas não antes de enviar dois telegramas. O primeiro foi para o presidente Kennedy, avisando que ocorreria o "pior holocausto racial que esta nação já viu" caso o governo federal não tomasse alguma providência. O segundo foi para o governador Wallace: "O sangue de nossas crianças está em suas mãos".

Ele se sentiu inundado de dor e amargura. Pensou no fato de que o rosto de Jesus Cristo fora literalmente explodido num vitral e se indagou se seria um sinal de que o mal estilhaçara a mensagem de Cristo. "Se os homens eram tão bestiais", indagou-se ele, "valia a pena tudo isso? Havia alguma esperança? Havia alguma saída?"[32]

Nenhuma autoridade municipal compareceu ao ofício fúnebre pelas vítimas do bombardeio. O governador Wallace disse que a explosão podia ter sido obra de comunistas ou de militantes de direitos civis em busca de publicidade. Mas, ao mesmo tempo, 53 advogados brancos de Birmingham lançaram uma declaração pública conclamando o apoio às leis de integração. Um advogado branco chamado Charles Morgan, ao discursar no Clube Empresarial de Jovens, declarou: "Quem fez isso? A resposta deveria ser: nós todos fizemos [...]. Cada um nessa comunidade que contribuiu de alguma maneira para a popularidade do ódio é pelo menos tão ou mais culpado do que o louco demente que lançou aquela bomba".[33]

King fez o elogio fúnebre das meninas numa igreja lotada em Birmingham, como "heroínas de uma cruzada santa pela liberdade e dignidade humana".[34] Passou a responder a suas próprias perguntas, se havia alguma esperança, alguma saída. As crianças "não morreram em vão", disse ele. "O bem ainda tem como brotar do mal. O sangue dessas meninas deve servir como força revitalizante para trazer luz a esta cidade escura."

Mas nem todos achavam suficiente falar. "Enquanto eu via a indignação moral ineficiente dos pregadores sulinos negros, a cobertura fria da mídia branca e a postura da Casa Branca de John F. Kennedy, toda a minha visão de mundo ganhou sentido", relembrou Kareem Abdul-Jabbar, um astro do basquete juvenil de dezesseis anos que, na época, ainda atendia pelo nome de Lew Alcindor. "Minha fé explodira [...]. Eu mataria de bom grado quem quer que tivesse matado aquelas meninas."[35]

Sessenta e oito dias depois dos assassinatos em Birmingham, um atirador alvejou o presidente Kennedy em Dallas. King estava em casa, em Atlanta. Quando viu a notícia na TV, ligou para Coretta. Juntos, rezaram para que Kennedy sobrevivesse. Ao saber que ele morrera, King ficou sentado em silêncio por muito tempo.

"É isso o que vai acontecer comigo também",[36] disse por fim.

Coretta segurou a mão do marido. Queria dizer alguma coisa para reconfortá-lo, mas não encontrou palavras.

"Não consegui dizer: 'Não vai acontecer com você'", relembrou ela. "Senti que ele tinha razão."

29. Homem do Ano

Eram 21h20 do dia 25 de novembro de 1963, três dias após o assassinato de Kennedy, e a voz do presidente Lyndon B. Johnson vibrou no telefone:

> JOHNSON: Quero lhe dizer [...] que tentarei ser digno de todas as suas esperanças [...].[1]
>
> KING: Você sabe que tem nosso apoio e respaldo. Sabemos que este é um período difícil.
>
> JOHNSON: Um período impossível.

Johnson falou então sobre suas metas legislativas, entre elas a aprovação de um grande projeto de lei de direitos civis. King disse que a posição do presidente era "excelente".

> KING: Penso que um dos grandes tributos que podemos prestar à memória do presidente Kennedy é tentar implantar algumas das grandes políticas progressistas que ele procurou iniciar.
>
> JOHNSON: Bom, vou apoiar todas elas e pode contar com isso [...], e precisarei ter a ajuda de todos vocês, nunca precisei tanto quanto agora.
>
> KING: Bom, você sabe que a tem e sinta-se à vontade para recorrer a nós para qualquer coisa.
>
> JOHNSON: Muito obrigado, Martin [...]. Qualquer sugestão que tiver, traga.

Uma semana depois, King teve uma reunião de 45 minutos com Johnson e o consultor presidencial para direitos civis, Lee White. O presidente não fez nenhuma menção à espionagem do FBI nem às preocupações da agência quanto aos supostos vínculos de King com pretensos membros do Partido Comunista. King saiu da reunião dizendo-se impressionado com a dedicação do presidente a questões que afetavam o preto americano.

Johnson aproveitou seu primeiro grande discurso como presidente para declarar seu compromisso com o projeto de lei de direitos civis de Kennedy. Apesar de sua relação tensa com Robert Kennedy, Johnson tentou trabalhar com o procurador-geral na questão interna mais premente da época. Porém, numa entrevista realizada anos depois, Johnson criticou Robert Kennedy pela decisão de espionar King. "Parecia que eu estava lidando com uma criança. Nunca entendi Bobby", disse Johnson.

> Nunca compreendi como a imprensa o converteu naquela grande figura. Ele ingressou na vida pública como assessor do [senador Joseph] McCarthy e depois do [senador John] McClellan, e então grampeou a linha telefônica de Martin Luther King [...]. A atividade de Martin Luther King era financiada por Kennedy.[2]

Johnson podia estar se referindo ao trabalho que o procurador-geral fez para ajudar a arrecadar fundos para pagar a fiança dos manifestantes em Birmingham. "Ele grampeava o telefone com a mão direita e dava notas de cem dólares com a esquerda", disse Johnson.

As reflexões do novo presidente não reconheciam o papel dinâmico que o procurador-geral desempenhara na luta contra a discriminação racial e na elaboração da legislação de direitos civis, mas deixavam claro o extremo grau de animosidade entre os dois.

Quando King passou o Natal em Atlanta, os homens de Hoover escutaram todos os telefonemas da família. Não ouviram nada sobre comunismo. Mas, alguns dias depois do começo da vigilância, os agentes informaram que King havia conversado com três mulheres, identificadas como "namoradas".

O objetivo de Hoover, agora, era acabar com o "pixaco", como se referia a King. Por qual motivo? Porque King era esquerdista? Porque tinha vínculos com supostos comunistas? Porque tinha criticado publicamente a conduta dos agentes sulinos do FBI em casos de direitos civis? Porque era negro? Porque representava uma ameaça ao status quo? Fosse qual fosse a razão, Hoover tinha detectado um ponto fraco em King e pretendia explorá-lo.

Como disse Burke Marshall, do Ministério da Justiça: "Penso que o FBI e o sr. Hoover decidiram de forma deliberada pegar Martin King".[3]

Em 29 de dezembro de 1963, a *Time* nomeou King como o Homem do Ano, o primeiro negro a ser escolhido para essa honraria. Mas o repórter que visitou e entrevistou o pastor por oito dias encontrou um homem que não parecia apreciar esse destaque, que não irradiava mais o calor e o otimismo que manifestara durante a maior parte da vida.[4] A matéria da revista o apresentava como uma "figura simples" com um guarda-roupa "funéreo" (cinco de seus seis ternos eram pretos) e "pouquíssimo senso de humor". Segundo a revista, King passava pouco tempo em casa, dormia apenas quatro horas por noite e vivia sob a ameaça constante de assassinato. Mesmo o retrato encomendado para a capa da publicação — e aprovado por ele —[5] mostrava o Homem do Ano com um ar mais preocupado do que triunfante, com os ombros inclinados para a frente e os olhos baixos, num perfil de três-quartos à direita do leitor.

"A qualidade, não a longevidade, da vida da pessoa é que importa", disse King ao repórter. "Se você é abatido num movimento que está destinado a salvar a alma de uma nação, nenhuma outra morte poderia ser mais redentora."

Na semana seguinte, quando a revista chegou pelo correio aos lares americanos e ficou exposta com destaque em bancas de jornal, King foi ao Supremo Tribunal em Washington para ouvir a argumentação oral da ação New York Times Co. v. Sullivan, que tinha começado anos antes, quando o comissário de polícia de Montgomery acusou Ralph Abernathy e outros de publicarem um anúncio difamatório no *New York Times*. Antes que ele chegasse, agentes do FBI haviam instalado dispositivos de escuta em duas lâmpadas e mandaram que fossem colocadas nos quartos reservados a King e seus companheiros no hotel Willard. Em dois dormitórios próximos, os agentes instalaram receptores de rádio e gravadores para monitorar as atividades de King.

Em 5 de janeiro, a vigilância gravou um grupo de pessoas num quarto ocupado por Logan Kearse, amigo de King e pastor da igreja batista da Cornerstone em Baltimore, segundo um sumário recém-liberado dos arquivos de William C. Sullivan, o diretor assistente que conduzia a investigação sobre King. As gravações e transcrições completas desse e de outros encontros de King não estão liberadas até 2027 por ordem de um juiz. Em 2022, havia disponível apenas um relatório que descrevia a gravação. Dizia que Kearse "trouxe para Washington várias mulheres 'fiéis' de sua igreja" e convidou King e outros para visitá-las. "O grupo se reuniu no quarto e debateu quais delas seriam adequadas para atos sexuais naturais e não naturais", segundo o relatório da agência.

"Quando uma das mulheres protestou e disse que não aprovava aquilo, o pastor batista na mesma hora a estuprou." Alguém editou o documento com uma caneta e acrescentou uma alegação chocante e não comprovada: "King olhava, ria e dava conselhos". Na noite seguinte, de acordo com o mesmo relatório, King e cerca de outras doze pessoas "participaram de uma orgia sexual", que envolvia consumo de álcool, "a linguagem mais baixa que se possa imaginar" e "atos degenerados e depravados".

Seria o caso de confiar no relatório, em vista do que agora se sabe sobre a obsessão de Hoover e o programa deliberado do FBI de distorcer e desacreditar King?

"Penso que é uma prova questionável", disse Stanley Pottinger, ex-assistente do procurador-geral no Ministério da Justiça, que ouviu algumas das fitas do FBI sobre King, inclusive parte das gravações do hotel Willard.[6] Ele disse que as vozes eram difíceis de discernir, em especial quando havia muita gente no aposento. Quando as vozes eram nítidas, as transcrições estavam corretas, disse Pottinger. Mas relatórios como aquele do hotel Willard não traziam transcrições, apenas resumos feitos por agentes. Será difícil tirar alguma conclusão, disse ele, pelo menos enquanto as fitas e as transcrições não forem liberadas.[7]

Em 1976, funcionários do Ministério da Justiça revisaram quinze rolos de áudio do hotel Willard, além de uma fita montada com trechos das gravações. Esta "parecia consistir basicamente em episódios de conversas e atividades privadas que a agência resolveu extrair das gravações originais", segundo o Ministério da Justiça.[8] Embora o relatório não dissesse se os investigadores ouviram todos os minutos de todos os rolos, o publicado em 1977 não trazia nenhuma menção à orgia ou ao suposto estupro.

"Não pensamos na disseminação dessa informação nesse momento, mas a utilisaremos [sic], junto com resultados da futura cobertura adicional, em nosso plano para expor King como ele é", escreveu um alto agente do FBI em 11 de janeiro de 1964.[9] Dois dias depois, num memorando, Sullivan escreveu: "É extremamente importante que desenvolvamos mais informações desse tipo a fim de poder desacreditar King por completo como o líder do povo preto".[10]

Depois da vigilância no hotel Willard, os agentes se apressaram para instalar grampos em mais quartos de hotel. Também repassaram transcrições e gravações a altos servidores da Casa Branca e repórteres, tentando minar a credibilidade de King.[11] Anos depois, quando a questão não apresentava mais riscos à sua carreira, Sullivan atribuiu a responsabilidade por essa tática a Hoover. "Muitos de nós", escreveu Sullivan, "inclusive eu mesmo, enviávamos a Hoover memorandos que reproduziam sua atitude em relação a King só para ele não ficar mais em cima da gente."[12]

Martin Luther King Jr., Montgomery, 1956. (Fotografia de Dan Weiner/ © John Broderick)

Acima: Martin Luther King pai e Alberta King na igreja batista Ebenezer, em Atlanta, 1970. (Atlanta Journal--Constitution/ Associated Press/ Image Plus)

À dir.: King aos dezenove anos na formatura da Faculdade Morehouse, 1948. (Cortesia Faculdade Morehouse)

Martin e Coretta Scott King com a filha Yolanda na igreja batista da Dexter Avenue, 1956.
(Fotografia de Dan Weiner/ © John Broderick)

King é preso pela polícia de Montgomery, 1958. (Charles Moore/ *Montgomery Advertiser*)

Coretta felicita Martin na saída do tribunal de Montgomery, 1956. (Gene Herrick/ Associated Press/ Image Plus)

King e Ralph Abernathy no banco da frente depois de uma campanha de um ano pró-integração dos ônibus de Montgomery. (Dr. Ernest C. Withers Sr./ Cortesia Withers Family Trust)

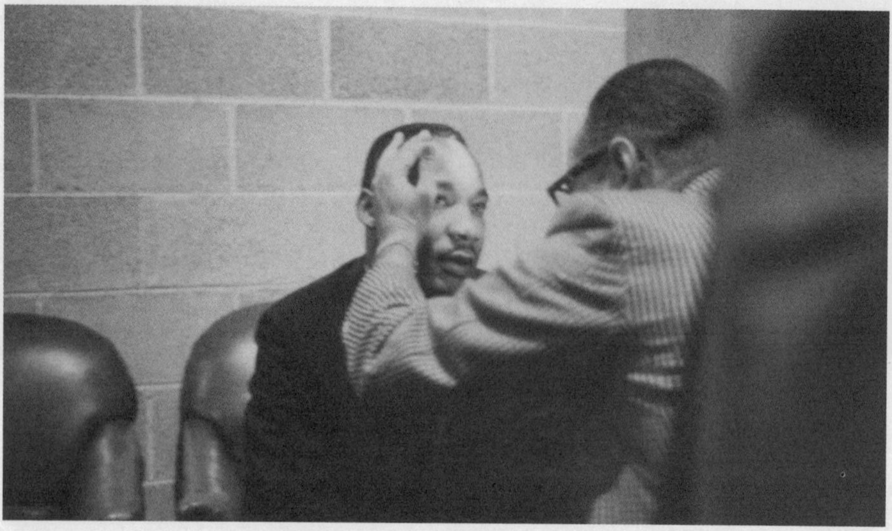

King é examinado por um médico depois de ser agredido na cabeça por Roy James, membro do Partido Nazista Americano.

King se encontra com Roy James e abre mão de registrar queixa contra seu agressor, "Temos de rezar por ele". (James Karales para a revista *Look*/ Biblioteca do Congresso)

King com a família na casa da Johnson Avenue, 563, em Atlanta, outono de 1962. (James Karales para a revista *Look*/ Biblioteca do Congresso)

Abernathy e King são presos pela polícia de Birmingham, abril de 1963. (Associated Press/ Image Plus)

ıquanto King faz o discurso "Eu tenho um sonho", Bayard Rustin (de óculos) e Gordon
ʿunny" Gundrum (guarda-florestal) olham para a multidão, e Mahalia Jackson (de costas,
: chapéu) se levanta e grita. (© Bob Adelman)

King e o presidente Lyndon B. Johnson na Sala do Gabinete da Casa Branca, 1966. (LBJ Library, fotografia de Yoichi Okamoto)

; e Abernathy cantam num retiro da Conferência da Liderança Cristã do Sul, com Dorothy
on sentada atrás de King. (Arquivo Fotográfico Bob Fitch, Departamento de Coleções
ciais, Biblioteca da Universidade Stanford)

King e Andrew Young no aeroporto de Montgomery, 1966. (Arquivo Fotográfico Bob Fitc
Departamento de Coleções Especiais, Biblioteca da Universidade Stanford)

Jovens brancos provocam manifestantes no Southwest Side de Chicago [com uma faixa dizendo “O zoológico quer você”], em agosto de 1966. (Larry Stoddard/ Associated Press/ Image Plus)

loyd McKissick, King e Stokely Carmichael encabeçam a Marcha de Meredith, Mississippi, unho de 1966. (Arquivo Fotográfico Bob Fitch, Departamento de Coleções Especiais, Biblioteca da Universidade Stanford)

A última marcha, Memphis, 1968.
(Dr. Ernest C. Withers Sr./ Cortesia
Withers Family Trust)

Coretta Scott King abraça sua filha mais nova, Bernice, no funeral de Martin Luther King Jr., abril de 1968.

Segundo o FBI, 24 horas depois de voltar de Washington, King combinou um encontro com Dorothy Cotton no apartamento da Delmar Lane em Atlanta, que ele usava como retiro pessoal. O FBI continuou a segui-lo em fevereiro, quando ele foi ao Havaí e a Los Angeles com Dolores Evans, segundo a agência.

Em meados de abril, Hoover enviou um memorando a um dos principais assessores do presidente, informando que King andara dizendo a amigos que faria uma greve de fome se alguma manobra obstrucionista no Congresso empacasse a aprovação do projeto de lei de direitos civis. "Estou me preparando para morrer", teria dito King várias vezes. "Não cedam. Nem me deixem morrer."[13]

Em menos de quinze dias, em 26 de abril de 1964, King foi para Las Vegas para um discurso na seção local da NAACP e, segundo um agente estadual, fez sexo com a cantora gospel Clara Ward e uma dançarina a quem Ward tinha pagado cem dólares.[14] O agente entrevistou a dançarina três semanas depois da relação e fez um relatório. "Ela disse que estava com medo de verdade de dizer que queria ir embora, e por fim ficou muito enojada com a atividade que praticou", dizia o relatório. King esteve em Las Vegas acompanhado de uma "amante" de Los Angeles que ficou naquela noite na suíte dele, mas não participou do sexo com Ward e a dançarina, segundo o FBI.

Em dezessete meses, segundo Sullivan, o FBI fez gravações de King em quinze quartos de hotel, "e Hoover ouviu todas".[15] Hoover também instruiu os agentes a disponibilizarem as gravações a "alguns membros da imprensa, a congressistas selecionados e ao presidente Johnson". Quando os dispositivos de gravação pegaram King fazendo uma piada de péssimo gosto sobre a vida sexual de John F. Kennedy, Hoover fez questão de que o irmão do ex-presidente, o procurador-geral, ficasse sabendo.[16] Jackie Kennedy, a viúva do presidente, soube dela por Robert Kennedy e mais tarde, numa história oral, disse: "Não consigo ver uma imagem de Martin Luther King sem pensar, sabe, esse homem é terrível".[17]

A agência informou que Coretta King sabia das infidelidades do marido e, "pelo menos exteriormente, se mostra conformada com elas, indicando que se contenta em ser a sra. Martin Luther King. De tempos em tempos, porém, ela o repreende por não cumprir seus 'deveres' conjugais".[18] Nessa altura, alguém, talvez Sullivan, acrescentou a mão outra frase ao documento: "Ele lhe disse que ela devia sair e ter alguns casos sexuais próprios. Essa agência não tem conhecimento de nada que mostre que a sra. Martin L. King seja algo além de uma mulher respeitável e de bom caráter".

O FBI logo começou a tentar usar as informações reunidas para solapar o trabalho de King. Altos integrantes da agência falaram em plantar matérias nos noticiários que criariam atrito entre ele e Roy Wilkins.[19] Falaram em incentivar novas matérias de jornal sobre suas despesas de viagem. Quando agentes souberam que duas faculdades pensavam em conceder títulos honorários a King, se esforçaram para bloquear os prêmios ao repassar a dirigentes acadêmicos algumas das informações reunidas sobre o líder dos direitos civis. Os agentes também discutiram a possibilidade de elevar outro negro para substituí-lo como líder do movimento depois de o FBI destruir a reputação de King. Pensaram num advogado de Nova York chamado Samuel R. Pierce Jr., que mais tarde seria ministro da Habitação e Desenvolvimento Urbano no governo Ronald Reagan. "Quando isso estiver feito, e pode ser e será feito", escreveu Sullivan num memorando, "reinará uma grande confusão [...]. Os pretos ficarão sem um líder nacional de personalidade envolvente o bastante para guiá-los na direção adequada. Isso é o que poderia acontecer, mas não precisa se a essa altura o tipo certo de líder preto nacional tiver se desenvolvido a ponto de eclipsá-lo."[20]

Quando Hoover disse a um comitê do Congresso que os comunistas tinham influência sobre o movimento pelos direitos civis, King deu a réplica. Em vista do terrível tratamento que os negros recebiam nos Estados Unidos, disse ele, era de admirar que os comunistas não tivessem conquistado mais simpatizantes. Disse que achava "difícil aceitar a palavra do FBI sobre a infiltração comunista no movimento pelos direitos civis, tendo mostrado tão completa ineficiência em proteger o preto da brutalidade no Sul".[21] A seguir, King disse que gostaria que Hoover aplicasse a mesma diligência em procurar quem havia colocado bombas em igrejas que usava para caçar comunistas no movimento pelos direitos civis. Num telefonema grampeado, King mostrou sua raiva e talvez uma sensação de impotência, ao dizer sobre Hoover: "Quero pegar pesado com ele".[22]

Foi um período desnorteante para King, disse seu amigo Harry Belafonte. Quando ele o visitava em seu apartamento em Manhattan, os dois tiravam os sapatos, punham um disco na vitrola e cantavam com Lead Belly, Odetta ou o trio folk Peter, Paul and Mary. Mas esses momentos de descontração eram raros. "Martin tinha de dar conta de muita coisa",[23] disse Belafonte. "Quanto mais se envolvia, mais percebia que o papel que ia desempenhar teria um alto custo."[24] Mesmo no auge da fama, disse Belafonte, King continuava sem se convencer de que merecia o reconhecimento e o poder que acumulara. Ele parecia a Belafonte um homem realmente modesto, que gostava de ter um público, mas pouco se interessava pelos louros da fama. King, embora aceitasse o renome como preço de uma liderança efetiva, se sentia tomado de dúvidas sobre seu mérito pessoal.

Quem mais o ajudava nos momentos de autocrítica era, ironicamente, Stanley Levison, que era a razão de grande parte do escrutínio a que o FBI sujeitava King. Era ele, disse Belafonte, que lembrava a King que um homem não precisava ser perfeito para ser o líder perfeito num momento oportuno. Mas King tentara diminuir seus contatos com Levison para aplacar Robert Kennedy. Esse afastamento aumentava sua aflição.

A certa altura, Belafonte notou que King tinha desenvolvido um tique nervoso, um pequeno soluço na parte de trás da garganta, tão leve que a pessoa, para ouvi-lo, tinha de estar num aposento silencioso. Belafonte o interpretou como um sinal de ansiedade. Quando enfim sumiu, ele perguntou a King se tinha percebido o tique.

"Ah, sim", ele respondeu.

"E como você se livrou dele?", perguntou Belafonte.

"Me reconciliei."

"Com o quê?"

"Com a morte."

Em 8 de janeiro de 1964, já no segundo discurso importante de sua presidência e nem cinquenta dias desde o assassinato de John Kennedy, Lyndon Johnson aproveitou, ao falar sobre o Estado da União, para anunciar uma cruzada a fim de transformar a sociedade americana.[25] "Infelizmente", disse ele, "muitos americanos vivem nas fímbrias da esperança — alguns por causa de sua pobreza e alguns por causa de sua cor, e inúmeros por causa de ambas. Nossa tarefa é substituir a falta de perspectiva por oportunidades. Este governo hoje, aqui e agora, declara guerra incondicional à pobreza nos Estados Unidos." As armas na guerra seriam "melhores escolas, melhores condições de saúde, melhores moradias, melhor formação e melhores oportunidades de emprego". Tais metas se destinavam não só a aliviar a pobreza, mas também a saná-la e impedi-la, e a corrigir os grandes erros da nação.

Seis dias depois do discurso sobre o Estado da União, o FBI mostrou ao presidente Johnson uma transcrição das gravações picantes feitas durante a estada de King no hotel Willard. Após quatro dias, Johnson recebeu King, Roy Wilkins, James Farmer e Whitney Young para uma reunião na Casa Branca, durante a qual o presidente previu êxito na aprovação de seu projeto de lei de direitos civis. Após o encontro, King disse aos repórteres: "Não estamos dispostos a transigir em nenhum aspecto", e acrescentou que lhe agradara ver o compromisso de Johnson com a questão.[26]

Na época, King estava revisando seu livro sobre o Movimento de Birmingham. Perto do final do manuscrito, ele incluíra uma proposta para um programa de reparações nacionais pela escravidão e pela segregação. Após o encontro com Johnson, ele discutiu com seus assessores se seria o caso de reescrever essa parte enfocando a pobreza, e não a raça, visto que parecia mais provável que o projeto de lei fosse aprovado de forma rápida, e Johnson logo passaria para uma campanha mais ampla. King chegou a um acordo. O "Projeto de Lei de Direitos dos Pretos" se tornou o "Projeto de Lei de Direitos para os Desfavorecidos", determinando a erradicação da pobreza, a garantia de pleno emprego e uma renda mínima incondicional a todos como direito de cidadania.[27] Mas King não esqueceu a raça. Seu Projeto de Lei de Direitos enfatizava a reparação legal pela exploração histórica e opressão dos descendentes de escravizados, bem como pela opressão em curso. O preconceito e a injustiça econômica, escreveu ele, eram "dois males" com "parentesco maligno".[28] Não era por acaso, prosseguia ele, que os salários eram menores no Sul do que no Norte, que os negros tinham níveis de instrução mais baixos do que os dos brancos e que a automação da produção afetava de forma desproporcional o nível de emprego dos negros em comparação ao dos brancos.

King escreveu:

> Poucos levam em consideração o fato de que, além de ter sido escravizado durante dois séculos, o preto foi, durante todos aqueles anos, roubado da remuneração de seu trabalho. Nenhum montante de ouro é capaz de proporcionar uma compensação adequada pela exploração e pela humilhação do preto nos Estados Unidos ao longo dos séculos [...]. Mas pode-se pôr um preço nos salários não pagos. O antigo direito consuetudinário sempre forneceu uma solução para a apropriação do trabalho de um ser humano por outro. Essa lei deveria ser aplicada aos pretos americanos. O pagamento deveria se dar na forma de um programa governamental maciço de medidas indenizatórias especiais que poderia ser visto como um acordo nos termos da prática aceita do direito consuetudinário. Tais medidas certamente seriam menos onerosas do que qualquer cálculo baseado em dois séculos de salários não pagos e de juros acumulados.[29]

King via as reparações aos negros como uma forma de expiação social, uma maneira de curar, restaurar laços rompidos pela servidão e pelo racismo. Por isso ele se concentrou não só no negro oprimido, mas também no "branco pobre esquecido". Por isso se negou a escolher entre o fim da pobreza e a reparação ao povo negro pelas injustiças sofridas. Os Estados Unidos tinham a responsabilidade de fazer as duas coisas, insistiu ele.

"A democracia, em sua melhor acepção", escreveu ele, "é pagamento."[30]

Fazia quase dez anos que saíra a decisão do Supremo Tribunal no caso Brown v. Board of Education. Nesse período, observou o *New York Times*, "o estereótipo do preto inerte e satisfeito"[31] fora apagado; o governo federal se unira à luta contra a segregação racial; pessoas de todas as raças e posições políticas tinham passado a concordar que a raça seria pelos anos vindouros "a grande questão interna deste país". Todavia, decorrida uma década, apenas 1% das crianças brancas no Sul ia à mesma escola das crianças pretas. O desemprego entre os homens pretos ainda tendia a ser o dobro do dos brancos, e a renda média das famílias pretas continuava estacionada em metade da das famílias brancas. Muitas escolas no Norte tinham ficado *mais* segregadas, conforme famílias brancas naquela década migravam das cidades para os subúrbios, em parte para escapar à crescente população urbana preta. Na cidade de Nova York, a maioria dos brancos entrevistados pelo *New York Times* disse que o movimento pelos direitos civis tinha ido longe demais. O jornal informou que eles "falavam dos pretos recebendo 'tudo numa bandeja de prata' e de 'discriminação às avessas' contra brancos".[32] Mais da metade dos entrevistados disse que o movimento estava indo "depressa demais", e quase metade disse que os piquetes mais prejudicavam do que ajudavam a causa dos pretos. O *Times* se referiu ao fenômeno como "reação branca", expressão nova para o jornal em 1964.

Até então, o movimento nos Estados Unidos era uma coisa rara — rebeldes tentando não derrubar, mas participar de uma sociedade. A natureza respeitosa dos protestos tinha muito a ver com a liderança de King baseada no cristianismo. Mas quanto tempo duraria? Até onde iria? A revolução se manteria refreada, perguntou o *Times*, num ponto "aceitável para a opinião branca esclarecida"? Teria de se refrear? Em 1964, alguns escritores brancos sugeriram, como disse o autor sulino Robert Penn Warren, que o estilo de liderança de King tinha "de certa forma dado uma sensação de diretriz branda, uma aproximação, que agrada à sensação de segurança do homem branco".[33]

Quando negros inocentes perderam a vida vitimados por agressões violentas, quando o assassinato de Kennedy levou muita gente a se perguntar se a promessa de apoio federal à igualdade de direitos se desfaria, quando o governador George Wallace do Alabama recebeu apoio maciço nas primárias presidenciais do Partido Democrata, e quando os republicanos se uniram em torno do senador conservador Barry M. Goldwater do Arizona como seu candidato nas eleições gerais de 1964, o tom da luta pela liberdade mudou. Alguns dos manifestantes que antes consideravam a não violência uma boa tática se irritaram com o ritmo lento da mudança. Mesmo alguns dos brancos mais simpáticos à causa começaram a temer, como escreveu um correspondente sulino para um jornal nortista, "que as reivindicações negras de 'Liberdade já! Liberdade já!' estavam prestes a levar ao desmoronamento dos pilares da sociedade".[34] Ao mesmo tempo, Wallace e outros segregacionistas atiçavam as chamas do racismo, criando um ambiente no qual a violência branca contra ativistas negros se tornava cada vez mais ameaçadora. O espírito pacífico da Marcha sobre Washington parecia um sonho que ficava cada vez mais distante.

"Martin Luther King, que Deus o abençoe, hoje não é capaz de deter o problema", disse o comediante e ativista Dick Gregory. E acrescentou:

> No Sul, os brancos o consideram um radical, um comunista. Mas, no Norte, o preto o considera um conservador [...]. Entre 22 milhões de pretos, apenas 1 milhão está com Malcolm X. Mas muitos deles estão dizendo: "Cansei de King. Cansei da NAACP. Estou pronto para combater o pessoal branco". Estão dizendo: "Pegue essa sua espingarda e passe para o lado de Malcolm X". Assim, ele está se tornando o único homem capaz de deter um motim racial. Martin Luther King não é capaz de fazê-lo.[35]

King contestava os que o chamavam de brando. Colocar a "ética do amor" no centro da luta não significava fraqueza, disse ele, acrescentando que "muitos desses argumentos vêm daqueles que estão tão tomados de ressentimento que não conseguem enxergar as profundas questões morais envolvidas".[36] Quando lhe perguntaram como os Estados Unidos deviam impedir revoltas raciais, sua resposta foi simples: integrem mais depressa. Se houvesse uma explosão de violência, seria por falha dos brancos no poder que deixaram de resolver o problema, e não dos negros que exigiam mudança.

"Não estou dizendo que vocês devem ficar sentados e aceitar pacientemente a injustiça", disse ele. "Estou falando de uma força muito potente, em que vocês se levantam com todo o seu poder contra um sistema maligno."[37]

King tentava manter a SCLC como uma entidade jovem e dotada de energia, embora fosse conduzida basicamente por pastores batistas na casa dos trinta e quarenta anos. "Precisamos de gente que confronte", disse ele a Andrew Young ao contratarem Hosea Williams, um ativista pavio curto e veterano da Segunda Guerra. "Hosea sempre se arriscava a ser morto", disse Young, "e nós dizíamos: 'Hosea, vai com calma.'"[38] King tinha sensatez suficiente para saber que precisava de uns gênios doidos como Williams e James Bevel, embora às vezes a loucura fosse maior do que ele era capaz de dar conta. Young disse que Bevel "provavelmente tinha insanidade clínica".[39]

Quando a SCLC estava programando seus trabalhos para 1964, Bevel defendeu o retorno a Birmingham, onde duas grandes lojas de departamentos ainda não tinham sido integradas, não havia ocorrido a contratação de nenhum policial negro e o cadastramento de eleitores andava meio parado. Wyatt Tee Walker indicou Atlanta como o próximo alvo da organização, enquanto Hosea Williams, Bernard Lee e outros insistiam em St. Augustine, na Flórida. Outros ainda, dispostos a pressionar ao máximo o Congresso, defendiam uma série de protestos em Washington, DC. As tensões internas aumentaram. Walker exigiu que King demitisse Bevel, sujeito difícil de controlar. King negou, e então Walker anunciou que pretendia sair da organização. King pensou em colocar Bayard Rustin, cuja reputação como organizador ganhara destaque após seu trabalho para a Marcha sobre Washington, para substituir Walker, mas alguns pastores batistas na SCLC eram contrários por causa de sua homossexualidade, enquanto outros se opunham a ele por conta de sua personalidade autoritária.

As exigências do trabalho mantinham King em atividade constante, batalhando para conseguir renda e publicidade. Dizia aos ouvintes que pensava em organizar um mutirão de cadastramento eleitoral por todo o Alabama. Ao mesmo tempo, a SCLC lançou a Operação Cesta de Pão para levar o governo e as empresas a impulsionarem o emprego negro. Começando em Atlanta, a operação promoveu uma nova forma de protesto político, reivindicando mais e melhores empregos para os negros, respaldando-se na ameaça de boicotes. King achava que era possível aplicar uma pressão semelhante para melhorar as condições habitacionais nas comunidades pobres. A SCLC também se juntou a outras entidades para formar um grupo novo, o Conselho de Organizações Federadas (Cofo, na sigla em inglês), a fim de coordenar os trabalhos no combate à legislação Jim Crow e no cadastramento eleitoral no Mississippi. Mas ainda não estava claro se King ou alguém mais tinha uma estratégia coerente para o longo prazo.

"A verdade é que a SCLC está quebrada", escreveu Wyatt Tee Walker para Roy Wilkins, explicando por que o grupo não tinha pagado sua anuidade de quinhentos dólares como membro da NAACP. "Estamos, ao que parece, numa baixa que não dá nenhum sinal de mudança imediata."[40] Ao fechar o ano fiscal, em 31 de agosto de 1964, a organização declarou um total de 677 381 dólares em despesas, 50 mil dólares a mais do que a receita auferida.[41]

Numa carta a King, marcada como "confidencial", o advogado Clarence B. Jones descreveu "um colapso total de uma efetiva liderança dos direitos civis".[42] Depois da Marcha sobre Washington, escreveu Jones, os grupos de direitos civis de toda e qualquer orientação liderados por King deviam ter se unido e executado um plano de ação abrangente. Em vez disso, apenas reagiam a cada crise e esperavam que o governo federal fizesse algo. Ao mesmo tempo, disse Jones, "uma aliança de forças contrarrevolucionárias" punha a mão na massa, permitindo que George Wallace e Barry Goldwater se tornassem influentes como defensores do status quo segregado.

Anos depois, Hosea Williams diria que King e a SCLC tinham problemas, "em especial por causa do perfil de classe média de Martin", que o impedia de ver os voluntários das bases como possíveis líderes, capazes de organizar suas próprias campanhas.[43] Em meados dos anos 1960, disse Williams, as massas negras começaram a perder interesse por uma liderança conduzida pelas classes média e alta negras. Quando isso ocorreu, King não se adaptou, e o vazio foi ocupado por outros líderes, mais militantes, entre eles Malcolm X.

Vincent Harding, professor de história que participou dos protestos com King em Albany e em outros locais, tinha uma visão parecida dos problemas enfrentados por ele em 1964. A estratégia de King era aparecer em rede nacional, apelar à consciência branca do país e ficar na esperança de que esses americanos brancos pressionassem o governo para pôr fim à discriminação. Mas, com isso, muitos americanos negros se sentiam impotentes e céticos quanto ao compromisso do governo com a mudança. "Lembro como Martin ficava sempre surpreso com [...] a frieza das análises que vinham da Casa Branca", disse Harding. "Muitas vezes comentava como eles pareciam ser *insensíveis* [...] e hesitantes em agir."[44] King, acrescentou Harding, queria acreditar que os políticos eram guiados pelos mesmos imperativos morais que ele. Queria acreditar que as pessoas no poder tinham seu mesmo senso de responsabilidade em relação ao bem-estar dos outros. Mas, para alguns, isso parecia ingenuidade da parte dele.

Depois que a Câmara de Representantes dos Estados Unidos aprovou o projeto de lei de direitos civis do presidente Johnson, os democratas sulinos no Senado tentaram liquidá-lo com manobras obstrucionistas, como receara King. Críticos do projeto objetavam que ele infringia direitos de propriedade e a autonomia pessoal. O governador do Mississippi, Ross Barnett, afirmou que os manifestantes negros tinham ido às ruas para "chantagear o Congresso". Os opositores atacavam também em bases constitucionais, argumentando que era ilegal que o governo federal dissesse às empresas privadas quem deviam atender. Em 26 de março de 1964, King visitou o Capitólio, esperando que sua presença atraísse a atenção da mídia e servisse para pressionar os parlamentares relutantes a liberarem o projeto para votação. Ao sair do prédio, seguido por um bando de repórteres e fotógrafos, King cruzou com Malcolm X, que também fora a Washington para pressionar o Congresso. Era a primeira vez que os dois se encontravam.

"Olá, Malcolm, bom te ver", disse King.[45]

"Bom te ver", respondeu Malcolm.

"Fiquem assim!", gritaram os fotógrafos ali perto, preparando-se para capturar a cena.

Os dois trocaram um aperto de mãos. Se tivessem mais tempo para conversar, poderiam ter descoberto muitas coisas em comum, entre elas as frequentes ameaças de morte, a vigilância do FBI e a convicção de que o projeto de lei de direitos civis não seria suficiente para trazer justiça ou acalmar a agitação crescente entre os americanos negros. Malcolm, tal como King, se tornara não só uma voz em prol da mudança, mas também uma figura famosa. Um mês antes, tinha estado em Miami com Cassius Clay, aclamando e oferecendo orientação espiritual ao jovem pugilista que derrotara o campeão peso-pesado Sonny Liston. Quando Clay anunciou que decidira se juntar à Nação do Islã, Malcolm X ganhou não só um importante convertido, mas também um enorme trunfo de relações públicas.

Mas a vida de Malcolm era caótica. Fora suspenso da Nação do Islã depois de descobrir que seu mentor, Elijah Muhammad, tinha mantido casos amorosos com suas jovens secretárias, engravidando algumas delas. Cada vez mais incomodado com o modo de agir do grupo, ele anunciou sua saída em 8 de março. Enfrentando ameaças de morte da Nação do Islã por ter desafiado a autoridade de Elijah Muhammad, Malcolm tinha pela frente um futuro incerto. Embora admitisse a possibilidade de uma "fraternidade honesta entre brancos e negros" e mostrasse um interesse crescente por assuntos políticos, continuava a considerar a maioria dos brancos integralmente racistas, o cristianismo manchado de forma irremediável pelos laços com a escravidão e Martin Luther King Jr. um desinformado. "Chega de oferecer a outra face", dissera ele num comício no Harlem, dois dias antes de encontrar King. "Chega de brincadeiras assim. Só haverá não violência com os que são não violentos conosco."[46]

Agora ambos sorriam enquanto as câmeras disparavam. King tinha 34 anos, quatro anos mais novo do que Malcolm. King era o insider; Malcolm, o outsider. King era formado na universidade, Malcolm era formado na cadeia. Cada qual achava útil colocar o outro como rival. King deixava claro que era melhor que os detentores do poder prestassem atenção nele ou, do contrário, teriam de lidar com seu contemporâneo mais agressivo, enquanto Malcolm mobilizava os ouvintes lembrando-lhes que a raiva deles era justificada, que seu autocontrole não precisava ser eterno, que nem todos precisavam manter o tipo de paciência que King praticava.

30. Um problema de observância da lei

"Eu e meus amigos viemos almoçar", disse King ao homem branco que barrava sua entrada no Monson Motor Lodge.[1]

Era logo depois do meio-dia de 11 de junho de 1964, um dia de calor escaldante em St. Augustine, na Flórida, a cidade continuamente habitada mais antiga do país estabelecida por colonos europeus. Era também um dos primeiros pontos de chegada de africanos negros escravizados nas Américas. Após quase quatrocentos anos desde sua fundação, St. Augustine tinha 15 mil habitantes, três quartos deles brancos. A economia da cidade se baseava no turismo de brancos do Norte, que visitavam as praias segregadas, ficavam em hotéis segregados e posavam para fotos no antigo Mercado Escravo na entrada da Plaza de la Constitución.

Esses turistas também comiam no conhecido restaurante do Monson Motor Lodge, que tinha uma placa na frente dizendo MESTRES DA HOSPITALIDADE[2] e onde King ficou desconfortavelmente parado à porta, sem poder entrar. O sol estava forte.

"Não podemos servi-los", disse James Brock, um homem com início de calvície e óculos com aros de chifre, que era também presidente da Associação de Hotéis e Motéis da Flórida. "Não somos integrados."[3]

Um branco corpulento, impaciente para almoçar, empurrou King para entrar no restaurante.[4]

Na noite anterior, Brock fora visto numa rua do centro portando uma espingarda, um cassetete, uma pistola e uma lanterna; ele tinha sido designado como representante especial do delegado, incumbido de manter a lei e a ordem durante os protestos pelos direitos civis.[5] Agora, enquanto Brock confrontava o líder dos direitos civis mais conhecido do país, os clientes brancos dentro do restaurante se levantaram de suas mesas e foram até as janelas para observar a cena. Câmeras de TV, repórteres e um punhado de ativistas se apinharam em volta.

"Achamos que você devia nos servir." King falou com calma, mas movia os olhos de modo nervoso de um lado para outro. Antes de chegar a St. Augustine, ele tinha recebido uma ameaça de morte e agora já fora empurrado por um homem que não vira se aproximar. Enquanto a multidão se movia e crescia, Ralph Abernathy ficou ao lado do amigo. Brock disse:

> Rev. King, eu gostaria de convencê-lo em nome de minha esposa e de minha família, minhas duas filhas jovens e eu mesmo, que estamos tentando gerir aqui uma empresa, convencê-lo a incentivar seu, hum, exército não violento a procurar algum outro estabelecimento que não o meu. Como sabe, infelizmente tive de mandar prender 84 pessoas aqui desde a Páscoa.[6]

Esse número aumentou quando a polícia chegou e levou King e Abernathy para a cadeia, sob a acusação de "hóspedes indesejados".[7]

O autor Louis Lomax certa vez se referiu a King como o "principal intérprete do cansaço do preto".[8] King comprovara isso várias vezes, desde seu primeiro grande discurso em Montgomery, quando disse: "Chega uma hora em que as pessoas se cansam de ser pisoteadas pelos pés de ferro da opressão [...], em que as pessoas se cansam de ser jogadas no abismo da humilhação". Mas King não se limitava a interpretar o cansaço de seu povo; ele também o transformava. Dizia às pessoas que, se aguentassem, veriam dias melhores. Às vezes ele mesmo parecia cansado, mas nunca desesperançado. E disse a quem o ouvia em St. Augustine:

> Sabem, às vezes eles nos ameaçam não só com espancamentos [...]. Eles nos ameaçam com a morte física real. Pensam que isso deterá o movimento. Eu soube lá na Califórnia que havia um plano em andamento para tirar minha vida em St. Augustine, Flórida. Ora, se a morte física é o preço que devo pagar para libertar meu irmão branco e todos os meus irmãos e irmãs de uma morte permanente do espírito, então nada pode ser mais redentor.[9]

O surto mais recente de violência em St. Augustine se iniciara antes da chegada de King. Quando as autoridades locais começaram a organizar a comemoração do quarto centenário da cidade, ativistas negros tentaram bloquear o financiamento federal da comemoração, dizendo que não deviam ser destinadas verbas federais para uma cidade tão cabalmente segregada. Jovens manifestantes negros foram presos por distribuir panfletos e condenados a prazos indefinidos num reformatório estadual. Antagonistas brancos arremessaram bombas caseiras e dispararam armas em casas de pessoas negras. Um branco foi morto a tiros enquanto percorria um bairro negro com uma espingarda. Quatro negros foram gravemente espancados depois de espionar uma reunião da KKK. A casa do dr. R. B. Hayling, um dos líderes do protesto, foi alvejada por rifles enquanto ele, a esposa e as duas filhas dormiam. O cachorro da família, um boxer, foi atingido e morto. "Papai", disse uma das filhas de Hayling depois do ataque, "eles simplesmente não entenderam nosso cachorro. Ele parecia muito bravo, mas não machucaria ninguém. Não deviam tê-lo matado."[10]

J. B. Stoner, um branco supremacista e antissemita, chegara à cidade para discursar em comícios da KKK e liderar marchas armadas em bairros negros. "Tem gente em outras partes do país que gosta de pensar que os crioulos são seres humanos porque têm pés e mãos", disse Stoner num comício para a multidão que o aclamava.

> Macacos e gorilas também têm pés e mãos. Que crioulo tenha alma é coisa que nunca li na Bíblia. O único crioulo bom é o crioulo morto [...]. O crioulo é um instrumento a serviço dos judeus comunistas e está sendo usado para destruir os Estados Unidos. Eles querem bombear o sangue da África para dentro de nossas veias brancas.[11]

Poucos dias antes da chegada de King, rufiões brancos armados com correntes de bicicleta e barras de ferro atacaram manifestantes pacíficos. Andrew Young foi derrubado, caiu no chão inconsciente e levou pontapés enquanto jazia na rua. Os líderes municipais brancos acusaram os manifestantes de atiçar tumultos. Os empresários temiam que a chegada de King e a exacerbação das tensões os levaria a um conflito ainda mais acirrado. "Você precisa sobreviver. Você não discute", disse o proprietário branco de um restaurante que, de início, tentou integrar o salão de jantar, mas desistiu.[12] Ele contou para um repórter que crescera na Europa durante a ocupação nazista e nunca sentira medo. "Mas aí venho para esse lugarzinho bonito e pacato nos Estados Unidos da América e pela primeira vez na vida descubro, andando pela rua, que sinto medo." E, mesmo assim, brancos como esse imigrante europeu se abstinham de falar contra as regras de segregação do município.

O medo da mudança ia além de St. Augustine. Barry Goldwater, em sua campanha para a presidência, atraía muitos americanos brancos que sonhavam com um retorno ao que consideravam tempos mais simples. Goldwater prometeu que, como presidente, ele deixaria as questões referentes aos direitos civis a cargo dos estados, algo tão grave que levou King a abandonar sua política de neutralidade eleitoral e a declarar que Goldwater era uma ameaça à "saúde, à moral e à sobrevivência de nossa nação".[13]

Em St. Augustine, porém, o delegado L. O. Davis disse que era King quem constituía a verdadeira ameaça aos Estados Unidos, relembrando a repórteres e leitores dos jornais que o FBI identificara o ativista pelos direitos civis como "comunista e líder comunista". Disse também que King e outros manifestantes estavam dificultando a vida das pessoas que diziam apoiar. O delegado afirmou que, embora nunca tivesse pensado muito sobre a integração antes das manifestações, havia se tornado um segregacionista fervoroso depois dos acontecimentos recentes. E ofereceu sua previsão sobre o final que teria o confronto: "Sabe, quando King não tiver mais utilidade, vão transformá-lo num mártir".[14]

King passou uma noite no confinamento, numa "cela muito solitária, escura e desolada".[15] Os guardas examinaram desconfiados suas várias pílulas dietéticas, embora fossem muito conhecidas na época entre os que queriam controlar o peso. Ele disse a um funcionário negro da cadeia que, depois de estar quinze vezes atrás das grades, aquela era a primeira vez que era "tratado como um comilão".

Enquanto King estava sentado numa cela, a obstrução sulina do projeto de lei de direitos civis caiu, graças, em parte, a Everett Dirksen, líder da minoria no Senado, que reuniu um número suficiente de republicanos para vencer os segregacionistas democratas sulinos, praticamente garantindo a aprovação da lei prometida pelo presidente Kennedy e encaminhada pelo presidente Johnson.

Depois de dois dias, King foi liberado. Deixou St. Augustine por um breve período para fazer dois discursos de formatura universitária. Os protestos na cidade já tinham servido a uma finalidade, exercendo pressão sobre os agentes políticos federais, mas o conflito local continuava a se espalhar. Um grupo de brancos liderou uma "passeata contra os direitos civis" pelo centro da cidade.[16] Um dos líderes negros locais, um diretor de banda colegial chamado Robert Braden, teve a casa destruída por tiros de espingarda. Onze tiros de rifle atingiram o chalé vazio onde King e outros líderes da SCLC haviam se hospedado. Alguém disparou com uma espingarda de um carro em movimento num membro branco da SCLC e em seu filho. Negros que tentaram integrar uma praia exclusiva de brancos foram atacados e espancados. Setenta manifestantes chegaram ao motel Monson, inclusive dezesseis rabinos de cidades do Norte. Quando se recusaram a sair, James Brock tentou empurrá-los enquanto um grupo de empresários brancos aclamava. Ao mesmo tempo, um pequeno grupo de mulheres e homens negros pulou na piscina do motel, levando Brock a despejar dois vasilhames de ácido muriático, um agente sanitizante, dentro da água. A polícia prendeu 41 pessoas.

Em 25 de junho à noite, centenas de membros da KKK vestindo mantos e muitos deles portando bastões marcharam pela cidade, atacando negros, rasgando as roupas de uma garota de treze anos e espancando um jornalista que ajudou a menina a escapar. Trinta pessoas, na maioria negras, foram hospitalizadas. O delegado Davis disse que seus homens não tinham conseguido prender os agressores brancos porque "todo mundo estava na maior briga".[17]

Jackie Robinson se juntou aos manifestantes. King também convidou um grupo de docentes da Universidade de Boston, inclusive seu orientador L. Harold DeWolf, para irem a St. Augustine e negociarem com as autoridades municipais. Ao chegar, DeWolf ficou surpreso que King tivesse trazido seu filho Marty para a cidade. King explicou que queria passar mais tempo com o garoto de sete anos e, embora St. Augustine pudesse parecer perigoso, era assim em todos os lugares a que ele ia na época.[18]

Enquanto os líderes da KKK provocavam e ameaçavam, King, Robinson, Abernathy e outros insistiam na moderação. Durante todo esse tempo, King procurava uma maneira de sair com dignidade de St. Augustine. Encontrou-a quando o governador da Flórida, C. Farris Bryant, criou um comitê birracial com quatro membros para negociar o fim do conflito. Depois disso, King suspendeu os protestos e voltou para Atlanta. Quando, mais tarde, perguntaram ao ativista local Robert Hayling se haviam obtido alguma conquista em St. Augustine, ele respondeu que a violência provavelmente ajudara o presidente Johnson a fazer avançar o projeto de lei de direitos civis no Senado. Mas as pessoas da cidade, disse ele, não podiam apontar nenhum "ganho palpável".[19]

King teve outra boa razão para sair de St. Augustine: o centro do furacão dos direitos civis se transferira de forma rápida e dramática para o Mississippi, onde três jovens ativistas haviam sumido depois de ter sido parados pela polícia por excesso de velocidade em Neshoba County. Os desaparecidos eram James E. Chaney, de 21 anos, um estucador de Meridian, no Mississippi, Michael "Mickey" Schwerner, de 24 anos, membro do Core do Brooklyn, e Andrew Goodman, de vinte anos, estudante da Faculdade de Queens de Nova York. Eles haviam se apresentado como voluntários para trabalhar no mutirão de cadastramento eleitoral do Verão da Liberdade. Após a explosão na igreja batista da Sixteenth Street, a violência flagrante e impune de membros da KKK em St. Augustine e agora o desaparecimento de Chaney, Schwerner e Goodman, a Casa Branca emitiu uma declaração expressando preocupação com um "problema de observância da lei".[20]

Vinte anos antes, em sua primeira viagem ao Norte dos Estados Unidos, o adolescente Martin Luther King Jr. fora obrigado a se sentar atrás de uma cortina no vagão-restaurante de um trem, quando ia de Atlanta para Connecticut para trabalhar durante o verão numa fazenda de tabaco. Quando o trem chegou a Washington, DC, o rapaz foi autorizado a passar pela cortina, como um ator que aparece no palco com uma nova identidade. Agora, aos 35 anos, King voltou à capital do país para ver o presidente Johnson assinar a Lei dos Direitos Civis de 1964, considerada uma das legislações mais importantes a ser aprovada pelo Congresso no século XX. A lei proibia a segregação em instalações públicas e tornava ilegal a discriminação por raça, sexo, religião ou naturalidade no local de trabalho. Conferia ao procurador-geral poderes para processar distritos escolares que não integrassem e vetava que verbas federais fossem destinadas a programas estaduais e municipais que praticassem discriminação. Naquele momento, o equilíbrio de poder mudou no Sul do país; o governo federal tomou partido — claro e explícito — em favor da integração.

Em rede nacional, Johnson declarou:

> Acreditamos que todos os homens são criados iguais, e no entanto a muitos é negado tratamento igual. Acreditamos que todos os homens têm certos direitos inalienáveis, e no entanto muitos americanos não gozam desses direitos. Acreditamos que todos os homens são habilitados às bênçãos da liberdade, e no entanto milhões deles estão sendo privados dessas bênçãos, não por causa de suas falhas pessoais, mas por causa da cor de sua pele [...].
>
> Meus concidadãos, chegamos a um momento de teste. Não podemos falhar.[21]

Jornalistas observaram que Johnson era o primeiro sulino a ocupar a presidência desde Woodrow Wilson, e que a Lei dos Direitos Civis poderia se tornar uma das mais altas realizações de Johnson. Depois de assinar a lei, o presidente presenteou King com uma de suas canetas, e este disse que a guardaria como um tesouro. Mas, algumas semanas depois, ao prometer que continuaria na luta por direitos iguais e as pesquisas mostrarem que muitos americanos brancos consideravam a comunidade negra ingrata, King falou não com gratidão, mas com uma ira crescente.

Repetindo as perguntas que vinha ouvindo nos últimos tempos, ele indagou:

> O que mais o preto vai querer? O que será preciso para que essas manifestações terminem? Bem, eu gostaria de responder com outra pergunta retórica: por que os brancos parecem achar tão difícil entender que o preto está cansado de lhe serem fornecidos em parcelas e com relutância aqueles direitos e privilégios que todos os outros recebem ao nascer ou ao entrar nos Estados Unidos?[22]

Por que, perguntou ele, a sociedade branca tinha de decidir o tamanho das rações de liberdade que distribuiria ao preto? E continuou:

> O que o preto quer — e não vai parar enquanto não tiver — é a absoluta e irrestrita liberdade e igualdade aqui nesta sua terra natal, e não na África ou em algum Estado imaginário. O preto não aceitará nada menos do que seu devido direito e herança. Ele está buscando apenas o que sabe ser honestamente seu. Ele sabe que está certo. Poucos brancos, mesmo hoje, querem encarar o fato evidente de que o próprio futuro e destino deste país estão ligados à resposta que se der ao preto. E essa resposta precisa ser dada logo.

Em 20 de julho de 1964, King pegou um voo de Atlanta para Jackson, no Mississippi, acompanhado por Dorothy Cotton, Andrew Young, Bernard Lee e C. T. Vivian.[23] Os homens usavam um alfinete de lapela em que se lia "SCLC Liberdade Já". Enquanto o avião decolava, King lia uma matéria do *New York Times* que trazia a manchete: "Violência explode novamente no Harlem". Young escrevia num bloco de papel pautado.

Lee lia *As almas do povo negro*, de W. E. B. Du Bois, enquanto Cotton lia *Southern Politics* [Política sulina], de V. O. Key, ao qual retornava apenas quando não estava papeando com King.

Um rapaz branco com um corte de cabelo conservador e forte sotaque sulino estava sentado na fileira ao lado. Ele se inclinou e perguntou a King:

"Desculpe... Você é Martin Luther King?"

"Sou, sim."

"Será que posso lhe perguntar uma coisa?"

Os companheiros de viagem de King se inclinaram para ouvir a conversa, e o mesmo fez um jornalista que estava sentado ali perto, Calvin Trillin. Depois, ele converteu suas notas num artigo para a *New Yorker*.

"Fico pensando: você sente que ensina o amor cristão?", perguntou o rapaz.

"Sim, é essa minha abordagem de base", respondeu King.

"Você acha que as pessoas a quem prega têm um sentimento de amor?"

"Bom, não estou falando do amor fraco", disse King. "Estou falando de amor com justiça [...]. Estou falando do amor que é forte, de tal modo que você ama seus semelhantes o suficiente para conduzi-los à justiça."

"Você acha que é o mesmo amor que Jesus ensinou?", perguntou o rapaz.

"Acho, sim."

"Mesmo que você incite um homem contra outro?"

"Você precisa lembrar que Cristo foi crucificado por gente que era contra ele", disse King de forma educada. "Você acha que há amor agora no Sul? Acha que os brancos no Sul amam os pretos?"

"Nem sempre há amor", respondeu o jovem. "Reconheço que cometemos alguns erros."

"Hã-hã. Bom, permita-me lhe contar algumas coisas que aconteceram conosco. Fomos escravos durante 250 anos. Sofremos cem anos de segregação. Somos brutalizados e linchados. Você não entende que é inevitável que o preto tenha certo ressentimento? Mas eu prego que, apesar disso, devemos nos organizar de modo ativo, porém não violento [...]. Acho que você não estaria falando comigo agora se não tivéssemos tido certo sucesso em levar as pessoas a encararem essa questão."

"Acontece que sou cristão", disse o rapaz.

"Você acha que a segregação é cristã?", perguntou King.

"Eu estava esperando por essa", disse ele. "Não tenho uma resposta clara. Minha questão é se seus métodos não são mais danosos do que benéficos."

"Hã-hã. Bom, do que precisamos? O que você sugere?"

"Acho que precisamos de respeito e boa vontade."

"O que você propõe para termos isso?", perguntou King.

"Não sei. Só não concordo que incitar as pessoas traga algum bem. Sei que há ressentimento, e você é capaz de capitalizar em cima disso e criar atrito e incitar a discórdia. E você sabe disso."

"Não acho que estamos incitando a discórdia, mas expondo a discórdia", disse King.

"Acho que houve um progresso muito maior entre as duas raças antes desses últimos anos, quando você e outros começaram a incitar problemas entre elas."

"Que progresso é esse?", perguntou King. "Foi a dessegregação das lanchonetes? Foi a lei dos direitos civis?"

"Bom, eu só queria perguntar essas coisas", disse o rapaz.

"Hã-hã", disse King. "Bom, eu gostaria de ser amado por todos, mas nem sempre podemos esperar o amor. Talvez você devesse ler meus escritos. Escrevi bastante sobre a não violência."

"Bom, eu acho que você está causando violência", falou o rapaz.

"Hã-hã. Bom, acho uma pena que você não me considere cristão."

"Eu não disse isso."

"Bom, acho uma pena que você não considere cristão o que eu prego, e acho uma pena que você não considere a segregação não cristã."

King voltou ao jornal.

Quando o avião fez escala em Montgomery, o rapaz mudou de poltrona para o segundo trecho do voo.

Naquela tarde, King saiu de Jackson, passou por várias fazendas de algodão, milho e gado, e entrou na área de maioria negra de Greenwood, no Mississippi, onde barracos com marcas da chuva eram cobertos por folhas de papel betumado pregado em formatos variáveis, a varanda torta e roupas de trabalho penduradas em varais. Uma onda de calor tomava conta do estado, com temperaturas acima dos 35 graus, rompida apenas por temporais esporádicos. O sol se refletia nos para-choques do carro de King. Ele abriu a porta e saiu para o calor opressivo, usando seu terno preto habitual.

Depois de uma primeira parada num salão de bilhar, onde conversou com os proprietários, King tirou o paletó e foi passando de porta em porta pelos barracos de ripas, rindo e sorrindo entre as crianças descalças que corriam em volta dele. Conforme as portas de tela se abriam e uma quantidade cada vez maior de gente saía, King subiu num banco de madeira para fazer um discurso. "Não deixem que ninguém faça vocês se sentirem sem importância", disse ele. "Todo preto tem valor e dignidade. O Mississippi trata o preto como se ele fosse uma coisa, não uma pessoa."[24] Naquela noite, quando falava de novo, dessa vez para uma multidão de cerca de mil pessoas, um aviãozinho sobrevoou o local e soltou panfletos avisando que qualquer distúrbio instigado por King ou outros pretos imporia como "dever correto e obrigação moral do homem branco em Leflore County restaurar a lei e a ordem".[25]

Fazia muito tempo que o Mississippi era um dos lugares mais perigosos para ser negro nos Estados Unidos. Desde 1882, nenhum estado do país registrara um número maior de linchamentos.[26] O solo escuro e fértil rendia algumas das melhores safras de algodão do país, gerando riquezas para os brancos, que eram proprietários da maioria das terras. O estado também produzia alguns dos melhores blues da nação, com músicas como "Mississippi Boweavil

Blues", de Charley Patton, que refletia a vida desgraçada e a profunda dignidade dos que viviam da lavoura. Em 1964, o Mississippi era o único estado da união em que nenhuma criança negra frequentava a escola com crianças brancas. King e a SCLC tinham em larga medida evitado o estado, mesmo quando o SNCC e outros membros do Conselho das Organizações Federadas organizaram o voluntariado local. Eles não eram os únicos a ter medo do Mississippi, como certa vez observou o escritor Willie Morris. "Se o industrialismo moderno e o impulso nacional para a homogeneidade chegaram ao Mississippi mais tarde do que a outras áreas dos Estados Unidos", escreveu ele, "se a autoridade federal tradicional não estava nem na metade do caminho e teve de andar muito mais para chegar ao que por fim se tornaram os melhores instintos do local, foi por causa das consequências calamitosas de seu passado imemorial."[27]

Robert Moses, um nova-iorquino negro formado em Harvard, passara três anos trabalhando no cadastramento de eleitores no Mississippi com uma abordagem diferente da de King. Ele usava camiseta e calça de trabalho, evitava confrontos em lanchonetes e se concentrava na organização política. Em vez de procurar aceitação na sociedade do Mississippi, Moses e outros membros do SNCC buscavam mudar a dinâmica. Ele escreveu num memorando: "Todas as campanhas de ação direta pela integração foram derrotadas [...]. O único ataque que vale a pena fazer é visando à derrubada das estruturas políticas vigentes no estado".[28]

Para tentar fazer isso, ele e outros recrutaram universitários de todo o país, na maioria brancos do Norte. Num aspecto Moses concordava com King: a mudança só viria se os brancos entendessem o que os negros sofriam. Ele e seus voluntários nortistas montaram Escolas da Liberdade, na esperança de registar um número de eleitores negros suficiente para se contrapor à delegação do Mississippi, composta apenas de brancos, para a convenção presidencial democrata, que seria realizada em agosto em Atlantic City, em Nova Jersey, e substituí-la por delegados do Partido Democrático pela Liberdade do Mississippi (MFDP, na sigla em inglês). Os voluntários se puseram a registrar moradores negros do estado para o MFDP, enquanto tentavam conseguir o voto dos eleitores registrados para o Partido Democrata. Mas muitos continuavam hesitantes, temendo represálias das autoridades brancas.

Um voluntário branco parou numa casa em que os homens tinham acabado de voltar do trabalho no campo e as mulheres do trabalho de faxina na casa de brancos, e disse a eles: "Estamos num mutirão de cadastramento eleitoral e gostaríamos que se juntassem a nós".[29] Ninguém disse nada. Por fim, um dos agricultores falou: "Bom, não sei de nada disso".

O projeto Verão da Liberdade do SNCC recrutou 80 mil pessoas para votar numa eleição simulada, a fim de desmentir as afirmações de que os negros sulinos não tinham interesse em votar. No Mississippi e em outros lugares do Sul, o SNCC congregara jovens voluntários no tipo de trabalho de base que em larga medida escapara a King e à SCLC. "Nós éramos a amada comunidade", disse Casey Hayden, ativista do SNCC no Texas, "importunados depois felizes, como se tivéssemos morrido e ido para o céu, e lá fosse integrado."[30]

O SNCC, além de atrair jovens voluntários nortistas, também incutia energia nos negros do Sul, inclusive em Fannie Lou Hamer, a caçula de vinte irmãos de uma família pobre de meeiros. Hamer já atuava na seção da NAACP no Mississippi, mas foi uma reunião do SNCC pelo direito ao voto que despertou seu entusiasmo. O foco do SNCC no trabalho local — e a rejeição de uma liderança de cima para baixo — levou Hamer e outros a organizarem campanhas de base.

James Chaney, Andrew Goodman e Michael Schwerner haviam participado do Verão da Liberdade no Mississippi. Agora agentes federais tomavam o estado, procurando os corpos dos rapazes, enquanto o esvoaçar de helicópteros e o zunir de jatos de reconhecimento relembravam a King que ali os organizadores enfrentavam um perigo ainda maior do que em Birmingham ou em St. Augustine. De fato, Robert Kennedy ficou inquieto quanto à segurança de King no Mississippi, a ponto de ligar para o presidente Johnson em 21 de julho para reclamar que as autoridades do estado tinham se negado a fornecer proteção adequada. "É um problema delicado", disse Kennedy nervoso, numa conversa gravada pelo presidente, "porque, se ele for morto, isso pode criar alguns problemas só por estar… por estar morto, mas também um monte de outros problemas."[31]

Quando Johnson disse a Kennedy que ele devia pedir ao FBI que protegesse King, o procurador-geral admitiu que sua relação com J. Edgar Hoover estava prejudicada de forma irremediável e que ele não se sentia à vontade para pedir ajuda. Johnson já sabia disso, mas parecia gostar de fazer Kennedy ficar incomodado. Agora Johnson estava em vantagem. Os dois sabiam disso.

"Pelo que sei", disse Kennedy, "ele envia a você relatórios de todo tipo sobre mim […], que estou conspirando a derrubada do governo pela violência, comandando um golpe […]. É uma situação muito difícil."[32]

Johnson lhe assegurou que não tinha visto nenhum desses relatórios do diretor do FBI.

Poucos minutos depois de encerrar a conversa com Kennedy, Johnson ligou para Hoover e sugeriu que o FBI cuidasse da segurança de King no Mississippi.

Ao chegar em 24 de julho a Philadelphia, no Mississippi, onde Chaney, Goodman e Schwerner tinham sido vistos pela última vez, não faltou proteção a King. Agentes do FBI, jornalistas e outros ativistas acompanharam o Oldsmobile preto dele numa caravana de treze automóveis.[33]

Depois de visitar um salão de bilhar e perder uma partida para um adolescente, King foi trabalhar.

"Três jovens vieram aqui para ajudar a libertar vocês", disse ele a uma multidão que se concentrava num centro comunitário. "Provavelmente perderam a vida. Sei o que vocês sofrem neste estado, os linchamentos e assassinatos. Mas as coisas vão melhorar. 'Caminhem juntas, crianças, não se cansem.'"[34]

"Só quero tocar em você", disse uma senhora idosa, aproximando-se de King.[35]

O céu trovejava e gotas de chuva batiam no chão de cascalho enquanto King voltava para o carro e ia embora. No dia seguinte, um sábado, depois de tomar uma xícara de café num restaurante recém-integrado no minúsculo aeroporto de Meridian, King pegou um voo de volta para Atlanta.[36]

Em 26 de julho, pensando em ir até o Harlem, King conversou por telefone com Bayard Rustin:

> Ando pensando muito sobre a violência que está irrompendo não só no Harlem e no Brooklyn, mas agora também em Rochester e talvez em outros lugares, e o que eu poderia fazer, qual é meu papel como líder na revolução não violenta e alguém que as pessoas veem como um guia moral. E, para ser honesto, não [...] cheguei a nenhuma resposta.[37]

Os motins no Harlem tinham eclodido depois que um policial branco disparou contra um garoto negro de quinze anos; a polícia disse que o adolescente ameaçara o policial com uma faca, mas testemunhas insistiram que o garoto estava desarmado.

O prefeito da cidade de Nova York, Robert F. Wagner Jr., pedira que King fosse à prefeitura para discutir os motins e talvez ajudar a encerrá-los, mas King disse a Rustin que, se fizesse isso, ele pareceria uma "espécie de Pai Tomás". King continuava a ser o líder mais popular do país entre os negros, segundo uma pesquisa do *New York Times* no verão de 1964, mas se preocupava porque era com frequência visto como parte do sistema.[38] "Combinei uma espécie de tentativa de encontro com ele amanhã à noite", disse King, referindo-se a Wagner, "mas ainda não tenho certeza se é o melhor a fazer."

Rustin recomendou cautela. King devia dizer ao prefeito que a melhor maneira de encerrar os motins era solucionar desigualdades fundamentais nas questões de moradia, emprego e educação. Qualquer outra coisa seria vista como fraqueza da parte de King. O prefeito, respondeu King, propusera um encontro sigiloso.

"Não", respondeu Rustin. "Não faça isso, Martin. De jeito nenhum. Você precisa ter liberdade [...] de fazer uma declaração à imprensa para insistir que o prefeito avance com mais moradias, para integrar aquelas escolas e encontrar serviço para os desempregados. Sem isso, você fica de mãos atadas. Não pode ser usado dessa maneira."

Mas Rustin não estava sendo de todo sincero com King. Num telefonema de dois dias antes com outro ativista de Nova York, Rustin expusera de forma muito mais energética sua opinião de que King devia se afastar de Nova York, que ele só agravaria uma situação já perigosa e se tornaria alvo da fúria da comunidade. "Por mim, Martin não ficaria [em Nova York]", dissera Rustin. "Tudo bem que eu seja vaiado no Harlem. Mas não dá para pegar o símbolo do nosso movimento e deixar que o vaiem."[39]

Apesar disso, King de fato se reuniu com Wagner, percorreu os locais dos motins no Harlem e recebeu críticas de ativistas locais.[40] Seus amigos Ossie Davis e Ruby Dee lhe escreveram para dizer que ficaram "atônitos e decepcionados" em ver King sendo usado pelo prefeito.[41] "Imploramos que você vá agora mesmo assegurar ao povo e à liderança da comunidade do Harlem que para você o dilema deles nessa hora dolorosa é muito mais importante do que o do prefeito", escreveram eles.

Logo depois, King se juntou a Roy Wilkins e a outros líderes para pedir que passeatas e demonstrações fossem adiadas para depois das eleições presidenciais, que ocorreriam em 3 de novembro. James Farmer do Core e John Lewis do SNCC foram contrários ao adiamento e pediram que King reconsiderasse sua posição. Malcolm X, entrevistado quando estava no Cairo, no Egito, acusou King e Wilkins de se venderem, dizendo que a velha guarda da liderança dos direitos civis estava mais interessada na reeleição do presidente Johnson do que nos dramas da comunidade negra dos Estados Unidos. "Não penso que os pretos devam se abster de mostrar desencanto com o fracasso dos Estados Unidos em prover o que eles deveriam ter por direito desde o nascimento", disse Malcolm. "Prefiro morrer a dizer aos pretos que se refreiem."[42]

Mas King via força nisso. Ao se refrear, disse ele, os negros desmentiam a essência da ideologia supremacista branca, porque nenhum povo inferior seria capaz de assumir e manter um compromisso com a não violência diante de tal agressão.

Ao mesmo tempo, eclodiam mais episódios de violência pelo país. Em Dixmoor, um subúrbio de Chicago, em Illinois, o problema começou quando o gerente branco de uma loja de bebidas acusou uma mulher negra de roubo e a agrediu fisicamente. Uma manifestação pacífica na loja acabou saindo do controle, deixando dezenas de feridos. Na Filadélfia, iniciou-se uma revolta depois de uma discussão entre uma mulher e dois policiais brancos. Na cidade de Jersey, a violência eclodiu depois que a polícia prendeu um homem negro por conduta desordeira e embriaguez pública. O biógrafo David Levering Lewis escreveu: "Era plenamente possível admirar Martin King por sua bondade exemplar e ao mesmo tempo aplaudir os incendiários e saqueadores".[43]

Em 4 de agosto, o FBI encontrou os corpos de Chaney, Goodman e Schwerner enterrados na fazenda de um membro da KKK em Neshoba County, no Mississippi. No dia seguinte, King voltou a St. Augustine, onde o restaurante da Monson Motor Lodge fora integrado e quase de imediato atingido por duas bombas incendiárias, e onde o comitê birracial de dessegregação se dissolvera. Num período de quatro meses até o final do verão de 1964, segundo uma estimativa, tinham ocorrido no país 38 tiroteios, oitenta espancamentos e mais de mil prisões de manifestantes pelos direitos civis. Embora King relembrasse a seus seguidores que o sofrimento imerecido redimia a alma, a paciência deles não era eterna. Havia uma espécie de guerra em andamento. Todos estavam envolvidos, pelo menos emocionalmente. Ela engolfou o país.

Em 9 de agosto, King foi a Nova York, onde disse a um auditório com capacidade para 4100 pessoas na igreja de Riverside que a ameaça de violência não desapareceria enquanto "o preto se sentir numa ilha deserta num imenso mar de prosperidade".[44] De lá, ele e Ralph Abernathy foram para a Holanda e a Alemanha Ocidental, onde passaram três dias dando palestras. King esqueceu o passaporte ao seguir para a Berlim Oriental em 13 de setembro, mas a polícia no Checkpoint Charlie, posto militar da fronteira, o reconheceu e o deixou passar. Falando para uma multidão que transbordava da igreja, King disse que "o amor cristão transporá todas as barreiras erguidas pelo homem", numa referência óbvia ao muro construído pelos comunistas que dividia a cidade.

Em Berlim, King e Abernathy tomaram um avião até Roma para um encontro com o papa Paulo VI. "Penso que são tempos novos quando um papa se encontra com um sujeito que por coincidência se chama Martin Luther [Martinho Lutero]", disse King.[45] Embora elogiasse o papa por deixar "palpavelmente claro [...] que ele está empenhado na causa pelos direitos civis nos Estados Unidos", King insistiu que o líder católico fizesse mais. A Igreja católica tinha enorme influência nas cidades nortistas do país, onde os pretos eram discriminados em questões de moradia e emprego, disse ele, "e uma reafirmação de sua posição significaria muito".

Depois de alguns dias de descanso em Madri, King voltou aos Estados Unidos, onde pôs de novo o pé na estrada para exortar os seguidores a votarem nas eleições de novembro e derrotarem Barry Goldwater. Em Atlantic City, os ativistas do SNCC continuavam otimistas com a possibilidade de que o Partido Democrático pela Liberdade do Mississippi substituísse a delegação habitual do estado na Convenção Nacional Democrata. Como a organização estabelecida no Partido Democrata no Mississippi excluíra participantes negros, a delegação do MFDP sustentava que era composta dos verdadeiros representantes do povo. Os membros do MFDP também chamavam a atenção para o fato de que muitos líderes democratas no estado haviam prometido apoio à candidatura do senador republicano Barry Goldwater. Mesmo assim, o presidente Johnson queria que a delegação regular fosse mantida. O receio dele era que, se aceitasse o MFDP, isso poderia prejudicar o apoio que tinha entre os eleitores brancos sulinos. Os organizadores do MFDP esperavam que King conseguisse persuadir o presidente a apoiar a presença das duas delegações do Mississippi.

Quando a Convenção Democrata Nacional começou com uma sessão do Comitê de Credenciais, a organizadora Fannie Lou Hamer do SNCC prendeu a atenção dos telespectadores com seu pungente relato sobre a tentativa de se registrar para votar. "Esses são os Estados Unidos", indagou ela com o rosto luzindo de suor, "a terra dos livres e o lar dos bravos, onde temos de dormir com o telefone fora do gancho porque nossa vida é ameaçada todo dia, porque queremos viver como seres humanos decentes neste país?"[46]

O presidente Johnson propôs um acordo, dizendo que o MFDP teria permissão de participar na convenção, mas não de votar. Quando os líderes do MFDP recusaram a proposta, Johnson tentou outra vez, oferecendo assentos de representação estadual a dois membros do partido na convenção e recebendo os outros delegados como convidados. Também prometeu que a convenção de 1968 vetaria delegados de estados que discriminavam negros. King e Rustin foram favoráveis à proposta, mas os delegados do MFDP rejeitaram. Passaram a apoiar a candidatura de Johnson, mas continuaram descontentes e céticos quanto aos frutos que resultariam de tentar trabalhar com o governo federal. Muitos dos jovens ativistas também se sentiram ainda mais decepcionados com King, dizendo que ele tinha feito o jogo do presidente Johnson. O Partido Democrata deixou claro que não tinha a menor intenção de alterar o equilíbrio de poder entre negros e brancos no Mississippi. Para muitos membros do MFDP, ficou parecendo que King fazia parte do sistema.

King estava mais cansado do que nunca.

"Ele se sentia na obrigação de fazer toda noite, em todas as cidades, um discurso equivalente a 'Eu tenho um sonho'", disse Andrew Young, e de ir depois a jantares, de agradecer a todo o pessoal da cozinha e da limpeza, de dar autógrafos e posar para fotos.[47] Depois do jantar, agitado demais para dormir, ele ficava andando pelo quarto do hotel, contando piadas, tomando vinho ou gim e, como disse Young, tentava "se despir do papel de ser dr. Martin Luther King". King troçava dos defeitos de Young e de outros, arrancando gargalhadas e ao mesmo tempo lhes lembrando que o trabalho que faziam era perigoso.[48] Mantinha seu hábito de raramente dormir mais do que algumas horas por noite.

Os ativistas descontentes com sua abordagem aparentemente moderada o criticavam com ferocidade, equiparando sua moderação à passividade. As ameaças de morte eram quase diárias e, como observou Ralph Abernathy, os que as faziam não eram propriamente "meros falastrões".[49] Eram os mesmos indivíduos responsáveis pela morte de Medgar Evers, de quatro meninas em Birmingham e de Chaney, Goodman e Schwerner no Mississippi. Às vezes, disse Abernathy, King ficava "aterrorizado". Essa sensação de terror "se manifestava como um estado de espírito melancólico". King se perdia em pensamentos "por longos períodos de tempo e, quando falava sobre o futuro, era pessimista e até apocalíptico". Aos 35 anos, falava em se aposentar, em deixar que outra pessoa liderasse o movimento. Abernathy disse que King se perguntava o que aconteceria caso ele se afastasse e a violência eclodisse.

Às vezes King buscava refúgio num hospital. "Isso aconteceu não uma, mas várias vezes", disse Abernathy. Coretta confirmou o fato em suas memórias e em entrevistas inéditas feitas durante a redação, dizendo que Martin tinha momentos "em que se sentia deprimido".[50] Muitas vezes, disse ela, ele pensava em tirar um ano de descanso ou em escolher uma nova carreira. Quando King ficava sombrio e abatido, Coretta lhe lembrava: "Você tem muitas coisas a agradecer. Deus permitiu que você visse se realizar uma grande parte de seu sonho. Ainda restam muitas coisas que você quer ver realizadas, mas tem conseguido ver muitos progressos".

King ocultava suas emoções na maioria das entrevistas, mas, no final do verão de 1964, ele deu ao escritor Robert Penn Warren um rápido vislumbre de seus sentimentos:

> Acho que a gente tem esses momentos em que pensa nas coisas pelas quais está passando, nos sacrifícios e sofrimentos que enfrenta, e que nosso próprio povo não entende — nem faz nem ideia [...]. Sabe, eles ouvem essas coisas de que sou brando, de que fico falando sobre amor, e transferem para cima de mim seu ressentimento contra o homem branco.[51]

King disse que não queria piedade. Sua angústia, seus sentimentos não importavam. Seu foco, disse ele, era a redenção da sociedade que fazia as pessoas o tratarem daquela maneira.

Uma noite, quando o marido estava fora da cidade, Coretta e Yoki assistiam a um programa na televisão que debatia os tumultos no Harlem. Antes que Coretta se desse conta do que estava acontecendo, apareceu na tela gente criticando seu marido e a debilidade de sua estratégia não violenta. Yoki ficou nervosa.

"Mamãe, você acha que vão matar todos os líderes pretos e fazer os outros pretos concordarem com a segregação?",[52] perguntou ela.

"Que líderes?", perguntou Coretta.

"Você sabe, os líderes pretos."

Ela não disse "papai", mas Coretta entendeu. Foi mais ou menos nessa época que Yoki soube pelos colegas de escola que sua própria casa tinha sido bombardeada quando ela era um bebê e que uma vez seu pai tinha sido esfaqueado no peito.[53]

"Não", disse Coretta. "Eles não podem matar todos os líderes pretos. Não se preocupe com isso."

31. O prêmio

Em 13 de outubro de 1964, absolutamente exausto, mas sem conseguir dormir, King deu entrada na Enfermaria St. Joseph em Atlanta, onde tomou um sonífero e enfim adormeceu. Coretta ligou na manhã seguinte para lhe contar que ele tinha ganhado o prêmio Nobel da paz.

"Achei que eu ainda estava dormindo",[1] disse King aos repórteres na cama do hospital, onde permitiu que os fotógrafos tirassem fotos enquanto uma enfermeira verificava sua temperatura.[2] "Por um instante achei que era tudo um sonho."

Quando Coretta e alguns de seus assessores mais próximos — Andrew Young, Dora McDonald e Bernard Lee — foram vê-lo, King pediu que rezassem com ele e comentou que o Nobel exigiria que todos trabalhassem com um afinco maior do que nunca. Logo se vestiu e usou o auditório do hospital para uma coletiva de imprensa, na qual explicou aos repórteres que fora hospitalizado por esgotamento e por um vírus persistente. Os médicos também disseram que ele estava com quase vinte quilos de sobrepeso e sofria de pressão alta.

"Considero isso não apenas uma honra a mim pessoalmente, mas um tributo à disciplina, à moderação prudente e à majestosa coragem dos milhões de pretos valorosos e de brancos de boa vontade que seguem uma regra do amor", disse ele, acrescentando que pretendia doar "cada centavo" dos 54 mil dólares do prêmio ao movimento pelos direitos civis. Aos 35 anos, era o mais jovem agraciado com o prêmio Nobel da paz, o primeiro sulino americano e o segundo afro-americano. Ralph Bunche, como emissário da ONU, ganhara o Nobel em 1950 por negociar um acordo de paz entre Israel e Egito.

Logo após saber da notícia, King já parecia entender que o prêmio tornava quase impossível ele se retirar para uma carreira tranquila como pastor ou docente. "A história me lançou a essa posição", disse ele. "Seria imoral e um sinal de ingratidão se eu não enfrentasse minha responsabilidade moral de fazer nessa luta o que for possível."

Nem todos o parabenizaram. "Estão lançando mão de qualquer coisa", disse Bull Connor em Birmingham. "Ele causou mais conflito e problema neste país do que qualquer outra pessoa que me venha à mente."[3]

"Considero isso uma das maiores piadas do ano", disse Virgil Stuart, chefe de polícia de St. Augustine.[4]

"King seria um bom candidato para o prêmio 'maior vagabundo'", escreveu J. Edgar Hoover numa das matérias de jornal sobre o Nobel espalhadas em sua escrivaninha.[5]

As autoridades estaduais na Geórgia não tiveram nenhuma reação, segundo *The Atlanta Constitution*. E tampouco o presidente Johnson, que não queria se arriscar a ofender eleitores sulinos brancos quinze dias antes da eleição. Robert Kennedy, que concorria ao Senado por Nova York, disse que a honraria era "ricamente merecida". O rev. Martin Luther King pai reagiu como pregador orgulhoso. "Deus certamente olhou a Geórgia", escreveu ele. "E Ele deve ter dito: bom, aí tem pessoas a quem vou dar uma missão e ver como elas se saem [...]. Um povo fora liderado por um homem jovem que poderia ter encontrado conforto em outra parte, mas ficou quando se fez necessário, prestando testemunho."[6]

Coretta teve sentimentos conflitantes, inclusive de decepção. Os grampos do FBI registraram sua conversa ao telefone com o marido, dizendo-lhe que ele tinha recebido um telegrama de congratulações do presidente Johnson. Coretta riu e disse que Johnson provavelmente tinha feito isso após ser pressionado por um assessor.[7] Mais tarde, refletindo sobre o significado mais amplo do Nobel, ela escreveu: "Foi um grande tributo, mas um fardo ainda mais temível. Senti orgulho e alegria, e também dor, ao pensar nas responsabilidades adicionais com que meu marido teria de arcar; e era um fardo para mim também".[8]

Depois de uma semana de descanso, King pôs de novo o pé na estrada, incentivando os negros a votarem na eleição presidencial. Começou por Chicago, foi para Cleveland e depois Los Angeles, e então voltou para Chicago, onde, subindo na traseira aberta de caminhonetes, coordenou dezesseis manifestações num único dia. King fazia basicamente campanha por Johnson, mesmo sem dizer com todas as letras, e Johnson, quando venceu de lavada o adversário Goldwater, ligou para King no dia seguinte para agradecer. "Achei que eu devia ligar para meia dúzia de pessoas", disse o presidente, "para dizer que agradecia muito a confiança e que *bom* trabalho eu achava que tinham feito."[9]

Apesar de vencer com folga, Johnson perdera na Louisiana, no Mississippi, no Alabama, na Geórgia e na Carolina do Sul, estados que tinham sido por muito tempo bastiões do Partido Democrata. Mesmo assim, King comemorou. De acordo com ele, a eleição marcava uma vitória para o movimento, e ele pretendia capitalizar em cima dela, pressionando pela ampliação dos direitos de voto e pela melhoria nas condições de vida dos nortistas negros, que enfrentavam uma discriminação generalizada no emprego, na moradia e na educação. Para de fato atender os direitos civis, disse King, "o gueto físico em si precisa ser eliminado".

Na semana após a eleição, King e sua equipe fizeram um retiro no motel Gaston em Birmingham, para elaborar a estratégia da SCLC. King falou de sua vontade de trabalhar mais no Norte e no Oeste. Mas os direitos de voto no Sul Profundo continuavam a dominar as discussões. A abordagem agora, disse King, devia ser a de atacar os locais onde havia obstrução aos direitos de voto e pressionar por uma intervenção federal. Ele e outros concordavam que a Lei dos Direitos Civis não avançara a ponto de assegurar o direito de voto aos negros, e era a eleição, mais do que qualquer outra coisa, que abriria as portas para a plena cidadania.

Amelia Boynton, que fazia parte da liderança da Liga de Eleitores de Dallas County, falou no retiro da SCLC e tentou convencer King a ajudar na campanha pelo direito ao voto em Selma, sua cidade natal, que andava precária. Jim Bevel insistia numa campanha mais ampla, que abrangesse todo o Alabama, enquanto Ralph Abernathy e outros também insistiam em Selma, onde o juiz estadual James Hare havia emitido pouco tempo atrás uma determinação que proibia a reunião de ativistas pelos direitos civis e onde o belicoso delegado Jim Clark podia ser um contraponto útil. King e Abernathy viam a presença de Boynton no retiro como ótimo sinal: os negros de Selma eram dedicados, organizados e muito dispostos a se juntar à luta.

Enquanto King fazia planos, inclusive para a viagem a Oslo para receber o Nobel, uma nova leva de relatórios do FBI, muitos sobre a conduta privada do reverendo, saía do escritório de J. Edgar Hoover para o do procurador-geral interino, Nicholas Katzenbach, e de outros integrantes do governo Johnson. Katzenbach substituíra Robert Kennedy após a eleição deste para o Senado pelo estado de Nova York. Embora Katzenbach tivesse o mesmo compromisso de Kennedy com os direitos civis, King, com a renúncia do antecessor, perdeu um forte aliado no Ministério da Justiça.

"E agora, o que faço em relação a Martin Luther King com todos esses relatórios sobre ele que chegam o tempo todo?", perguntou Johnson a Katzenbach num telefonema em 11 de novembro.[10]

"Deus do céu!", disse Katzenbach com uma risadinha. "Parece que ele foi longe demais num monte dessas coisas [...]. Será que, ao receber o prêmio Nobel, ele vai ficar mais cuidadoso? Hoover, claro, está adorando isso porque eles não gostam de King."

Johnson disse que estava sendo pressionado a comparecer a um jantar em homenagem ao reverendo. "Não posso fazer isso, não é?", perguntou ele.

"Poder até pode, mas eu não aconselharia", respondeu Katzenbach.

Uma semana depois, King estava de férias no retiro de Adam Clayton Powell Jr. em Bimini, no extremo oeste das Bahamas, quando alguns repórteres foram atrás dele para ouvir seus comentários sobre uma nova matéria. Hoover, que raramente dava coletivas de imprensa, tinha encontrado um grupo de jornalistas mulheres e rotulara King de o "mentiroso mais notório" dos Estados Unidos. Dorothy Cotton, uma das três pessoas que o acompanhavam em Bimini, disse que foi a primeira vez que o viu chorar.[11] King, disse ela, tomou os comentários de Hoover como um ataque ao trabalho de toda sua vida. "Sei que ele ficou magoado com aquilo", disse Cotton.[12]

Num telegrama para Hoover, King disse que ficou "estarrecido e surpreso" com os comentários do diretor. E reiterou a crítica que, em primeiro lugar, contribuíra para pô-lo sob a mira de Hoover, repetindo que os agentes brancos do FBI no Sul eram próximos demais dos policiais locais. King também relembrou a Hoover que a agência ainda não havia prendido os responsáveis pelo bombardeio da igreja de Birmingham que matara quatro meninas. Além do telegrama, King enviou uma declaração à imprensa:

> Não consigo conceber o sr. Hoover fazendo uma declaração dessas sem estar sob extrema pressão. Ao que parece, ele sucumbiu sob o tremendo fardo, as complexidades e responsabilidades de seu cargo. Por isso, não posso me envolver num debate público com ele. Não tenho senão solidariedade por esse homem que serviu tão bem a seu país.[13]

Ativistas pelos direitos civis exigiram a renúncia de Hoover, mas o diretor do FBI, perto de completar seu septuagésimo aniversário, disse que não tinha a menor intenção de se afastar. Em conversas com William C. Sullivan, chefe da inteligência interna da agência, Hoover se mostrou decepcionado que a mídia informativa americana não publicasse notícias sobre as atividades sexuais de King. O FBI andara tentando espalhar histórias para os jornalistas, sem nenhum resultado. Mas, depois do atrito público entre Hoover e King, Sullivan ficou mais agressivo: ordenou que o laboratório do FBI montasse uma fita com alguns dos momentos mais explícitos gravados nos quartos de hotel de King. Em 21 de novembro, um sábado, Sullivan mandou que um agente pegasse um voo até Miami e de lá postasse a fita num pacote sem identificação para o escritório de King em Atlanta. Anexou uma carta anônima em papel sem marca d'água, datilografada em espaço simples, salpicada de gralhas e erros ortográficos deliberados, dando a impressão de que o autor era um negro descontente. A frase inicial evocava Hoover, que fazia questão de dizer que nunca utilizaria a palavra "reverendo" ou "doutor" antes do nome de King.

> KING,
>
> Em vista de seu comportamento pessoal anormal e de baixo nível, não honrarei seu nome com um senhor, nem com um reverendo, nem com um doutor. E seu sobrenome traz à mente apenas o tipo de King [Rei], como o rei Henrique VIII e seus incontáveis atos de adultério e conduta imoral mais baixa do que a de um animal.
>
> King, examine seu coração. Você sabe que é uma fraude completa e um grande constrangimento para todos nós, pretos. Os brancos têm um bom tanto de fraudes deles mesmos, mas tenho certeza de que desta vez não têm nenhuma que nem de longe se iguale a você. Você não é clérigo coisa nenhuma e sabe disso. Repito, você é uma fraude colossal e um mal, aliás, pérfido. Não tem como você acreditar em Deus e agir como age. É evidente que não acredita em nenhum princípio moral pessoal.
>
> King, como todas as fraudes seu fim está se aproximando. Seus títulos "honorários", seu prêmio Nobel (que farsa medonha) e outros prêmios não o salvarão. King, repito: você está acabado.
>
> Ninguém pode vencer os fatos [...]. Preste seu ouvido sexualmente psicótico ao anexo. Você se encontrará em toda a sua sujeira, imundície, mal e conversa idiota exposto em fita gravada para todo o sempre [...]. Ouça a si mesmo seu animal imundo, anormal. Você está na fita [...] todos os seus atos adúlteros, suas orgias sexuais [...], você está na fita. King você está acabado [...].
>
> King, só resta uma coisa a fazer. Você sabe o que é. Você tem apenas 34 dias [...]. Você está acabado. Resta apenas uma saída. Melhor que você vá por ela antes que sua identidade fraudulenta anormal, imunda, seja desnudada para a nação.[14]

A carta foi escrita e enviada 34 dias antes do Natal, talvez para sugerir que King devia tirar a própria vida antes da data ou se arriscaria a ser desmascarado. Mas o pacote ficou parado durante semanas no escritório dele sem ser aberto, enquanto ele estava em viagem e sua equipe seguia com os arranjos para que King e Hoover discutissem suas diferenças. O FBI continuava a tentar atrair os repórteres com baixarias sobre o reverendo. Em 30 de novembro, o diretor assistente do FBI, Deke DeLoach, disse a um colunista de uma agência de notícias chamado Robert S. Allen que King era um "pervertido" e "submetido totalmente à disciplina comunista".[15] DeLoach mostrou ao repórter uma foto de King com uma de suas amantes e disse que a agência tinha obtido gravações dos "mais sórdidos [...] excessos e perversões sexuais".[16] DeLoach também ofereceu uma lista com duas páginas de perguntas datilografadas em espaço simples que deviam ser feitas ao líder do movimento pelos direitos civis — que Allen resolveu ignorar.

No dia seguinte, King chegou meia hora atrasado a uma reunião com Hoover no escritório do FBI.[17] Ele foi o primeiro a falar, dizendo que estava ansioso por esclarecer qualquer mal-entendido e manter uma boa relação com a agência. O mais provável era que ainda não soubesse que o telefone de sua casa estava grampeado, enquanto os quartos de hotel onde se hospedava tinham escuta; sem dúvida não sabia que, à sua espera na sede da SCLC, em Atlanta, havia um pacote fechado contendo uma gravação sexual e uma carta de ameaça produzidas pelo FBI. Depois da declaração inicial de King, Hoover falou sem parar durante quase uma hora, explicando as nuances do trabalho do FBI no Sul e defendendo a agência das alegações de tendenciosidade feitas por King.

"Hoover monologou para nós", relembrou Andrew Young mais tarde, "não dialogou conosco [...] e nunca aventou nada sobre comunismo ou boatos de sexo."[18] Anos depois, DeLoach, que estava na sala, descreveu o encontro como "um banquete de amor [...], um encontro muito amistoso, um encontro agradável", em que Hoover alertava King de que seu trabalho era importante demais para ser prejudicado por questões referentes a caráter.[19] Quando a reunião chegou ao fim, King usou a mesma palavra escolhida por DeLoach, "amistoso", para descrevê-la.[20] E acrescentou: "Espero sinceramente que possamos esquecer os entreveros do passado e prosseguir com a tarefa [...] de proporcionar liberdade e justiça a todos os cidadãos desta nação".

Mas o conflito estava longe de acabar. Na verdade, enquanto King e Hoover se reuniam naquele dia, foi oferecido a um repórter do *Chicago Daily News*, que esperava do lado de fora do escritório, documentos semelhantes aos que DeLoach oferecera a Allen. Nas semanas seguintes, o FBI iria repassar informações sobre King não só a jornalistas, mas também a importantes líderes religiosos e potenciais doadores da SCLC. Quando James Farmer do Core soube da existência da gravação por Ted Poston, do *New York Post*, ele telefonou para King e lhe disse que era urgente se encontrarem. Na noite seguinte, quando os dois estavam num sofá na sala de espera de um aeroporto em Nova York, Farmer perguntou a King se ele sabia que o FBI andava vazando histórias sobre ele.[21]

"Sobre o quê?", perguntou King.[22]

Farmer teve a impressão de que o reverendo sabia muito bem sobre o que eram.

Enquanto o FBI continuava a espalhar o material, Hoover e seus agentes esperavam para ver a reação de King ao pacote que fora enviado a seu escritório.

32. O diretor

Durante toda a vida, King tentara evitar conflitos — primeiro com o pai, mas também com Coretta, Roy Wilkins e, às vezes, até mesmo com as autoridades de Montgomery, Atlanta, Albany e Birmingham. Pode parecer estranho dizer que um dos principais dissidentes do mundo preferia evitar a dissidência, mas era verdade. King brigava com rivais quando se tornava imperativo na luta por justiça, como fez em Montgomery depois que suas tentativas iniciais de um acordo falharam, ou em Birmingham, quando ficou claro que irritar Bull Connor fazia o país apoiar a dessegregação. Mas, quando o assunto era J. Edgar Hoover, sua mais perigosa nêmesis, King retomou a posição de evitar conflitos e pagou um preço por isso.

Hoover tinha sido temido, mimado e adulado pelos irmãos Kennedy. Tinha sido bajulado por Lyndon Johnson. "Bom, provavelmente é melhor ter o encrenqueiro por perto do que lá fora, contra a gente", teria dito Johnson sobre o diretor do FBI. Mas King era um pastor, não um político, e conseguia entender a fúria de Hoover.

Ele era um dos homens que gozavam de maior admiração e confiança nos Estados Unidos. O diretor do FBI construíra a carreira insistindo que os Estados Unidos precisavam de proteção — contra gângsteres, comunistas e uma ampla variedade dos ditos transviados —, e o público, em grande parte, se mostrava grato por sua vigilância. Numa pesquisa de 1954, 78% dos americanos foram favoráveis a Hoover, enquanto apenas 2% foram desfavoráveis.[1]

Quase dois terços dos entrevistados disseram se sentir "muito seguros" de que o FBI estava de "olho na maioria dos comunistas americanos". Em 1965, 85% eram a favor do FBI, e 75% disseram que gostariam de ter um filho que se tornasse agente. Hoover montara a força policial mais admirada e mais bem equipada do mundo. Propagandeava muito bem seu trabalho, providenciando que jornais, revistas e mesmo filmes e programas de TV retratassem a ele e seus agentes como heróis.

A dupla obsessão de Hoover — salvaguardar os Estados Unidos e sua posição pessoal no poder — talvez tivesse nascido de seus sentimentos de insegurança. Mas o povo americano pouco se importava com isso. Queria apenas se sentir seguro.

John Edgar Hoover nasceu em 1895 e foi criado num bairro branco e protestante de classe média chamado Seward Square, em Washington, DC, a três quadras do Capitólio. A maioria dos moradores do bairro, conhecido localmente como Pipetown, era de funcionários do governo e suas famílias. Edgar, como era chamado por amigos e parentes, cresceu sob a vigilância cerrada e a disciplina estrita da mãe, Anna Marie Hoover, com quem ele morou até a morte dela, em 1938. O pai, Dickerson Hoover, que trabalhava como impressor de mapas para o governo federal, sofria de depressão grave e morreu em 1921 aos 64 anos. Edgar venceu sua gagueira de infância falando rápido, numa torrente irrefreável, o que se tornou um hábito de toda a vida. No ensino médio, depois de o técnico de futebol americano olhá-lo e recusá-lo por ser pequeno demais, Hoover entrou no corpo de cadetes da escola. Usava o uniforme de cadete quando cantava no coro e dava aulas na escola dominical da igreja da Aliança, que mais tarde se fundiu com outra e se tornou a Igreja Presbiteriana Nacional.[2]

Na época, Hoover pensava seriamente em se tornar pastor. Não só acreditava em Deus, mas também apreciava como o ouviam quando falava na igreja, e achava que gostaria de liderar e promover atividades sociais. Mas acabou chegando à conclusão de que sua fé religiosa não era profunda o bastante.[3] Na adolescência, ao que parece, nunca teve namorada. Os amigos diziam que seu grande amor era o corpo de cadetes — tal como, anos depois, os amigos diriam que ele era casado com o FBI. Depois de concluir o ensino médio numa escola exclusiva de brancos, Hoover se matriculou na Universidade George Washington só para brancos, onde ingressou na fraternidade Kappa Alpha, a qual, segundo sua biógrafa Beverly Gage, celebrava a derrotada cultura escravista do Sul.

Aos dezoito anos, começou a trabalhar como estagiário na Biblioteca do Congresso, a oitocentos metros de sua casa, prosseguindo na tradição familiar de trabalhar no funcionalismo público, e aos 21 foi trabalhar no Ministério da Justiça, onde ajudou a conduzir uma investigação que resultou na condenação e deportação do pan-africanista Marcus Garvey. Em 1924, foi promovido ao cargo de diretor assistente da Agência de Investigação, como era conhecido o FBI na época. Isso foi cinco anos antes do nascimento de Martin Luther King Jr.

Hoover revolucionou as forças de cumprimento da lei nos Estados Unidos. A Lei Seca fomentou um período de criminalidade desenfreada, e forças policiais locais e empresários recorreram ao governo federal para obter ajuda. Os agentes de Hoover se envolveram nos maiores casos criminais do país e ocuparam as maiores manchetes ao apreenderem ou matarem foras da lei audaciosos como John Dillinger, Machine Gun Kelly e Babyface Nelson. O FBI, que coletou as impressões digitais de milhões de criminosos condenados, se tornou indispensável, sobretudo na perseguição de criminosos que atravessavam fronteiras estaduais. Hoover tornou a agência extremamente moderna e eficiente. Os *G-men*, como eram chamados seus agentes, se tornaram ícones. Eram apresentados na mídia como homens educados, corajosos e patrióticos, tal como o chefe. Americanos que nem sabiam como se chamava o vice-presidente ou qualquer ministro do Supremo Tribunal conheciam e reconheciam de imediato J. Edgar Hoover. Era um homem atarracado, de olhos pretos pequenos, nariz achatado e dentes tortos, e mesmo assim, apesar da aparência pouco atraente, tornou-se o orgulhoso símbolo do combate americano ao crime, "o defensor incessante da nação contra a podridão e a degeneração cultural", como disse um de seus assistentes, "um símbolo vivo de todas aquelas coisas que muitos americanos queriam que o país fosse — rijo, forte, corajoso, honesto, decente".[4]

Hoover criou uma escola de treinamento do FBI para policiais locais, garantindo a difusão de sua abordagem da aplicação da lei. Protegia os amigos, punia os inimigos e mantinha dossiês daqueles que ainda não eram amigos nem inimigos, caso surgisse a necessidade de protegê-los ou puni-los. Hoover herdou uma agência infestada de escândalos e passou logo a incuti-la de disciplina. Os costumes morais eram importantes. Os agentes se vestiam e se portavam de modo conservador, de acordo com as ordens do chefe. Dedicava-se especial atenção ao radicalismo e à obscenidade. A agência lançava resumos anuais de estatísticas de crimes. Hoover desenvolveu um sistema para monitorar e assediar dissidentes, e pedia aos cidadãos que fornecessem informações voluntárias sobre as atividades políticas de ativistas radicais em suas comunidades.

Hoover se tornou indispensável aos presidentes ao monitorar críticos e rivais. Em 1932, quando milhares de veteranos da Primeira Guerra Mundial afluíram a Washington, DC, pressionando para que o Congresso fosse mais ágil no pagamento dos bônus prometidos, os agentes de Hoover se infiltraram na passeata e enviaram relatórios à Casa Branca a fim de descreditar os manifestantes. Conforme a Grande Depressão formava mais e maiores grupos ativistas radicais, Hoover amealhava mais poder ao prometer que o FBI investigaria atividades antiamericanas. Esse trabalho se expandiu durante a Segunda Guerra Mundial, quando se espalhou entre os líderes americanos o medo de que os radicais dos Estados Unidos pudessem colaborar com a Alemanha nazista e a União Soviética para derrubar os interesses do país. Depois da guerra, a União Soviética passou de aliada a adversária hostil. Os políticos americanos temiam que os líderes soviéticos, em busca da dominação mundial, atiçassem o descontentamento, instigando radicais de todas as partes, inclusive do Sul ferozmente dividido e explosivo.

Todas essas coisas, para Hoover, ameaçavam o país e suas bases cristãs. Considerava que os pastores ajudariam o FBI a "preservar a dignidade do homem como a imagem de Deus e moldar o indivíduo como cidadão digno numa democracia".[5] Mas King, na perspectiva de Hoover, representava uma ameaça ao bem-estar espiritual e político da nação.

O interesse do FBI por King se iniciou como reação à sua associação com Stanley Levison. "Para Hoover", escreveu Paul Letersky, o jovem assistente do diretor do FBI, "o comunismo não era apenas uma ideologia rival; era o puro e absoluto mal, uma doença do espírito humano, e qualquer um que de forma consciente ou inconsciente promovesse sua causa era o inimigo."[6] Hoover acreditava que os comunistas exerciam influência em King. Quando o reverendo chamou o FBI de racista, Hoover tomou a crítica como uma questão pessoal, como fazia com a maioria delas. E o diretor ficou ainda mais compulsivo na investigação de King quando os grampos revelaram a natureza da vida pessoal do líder do movimento pelos direitos civis.

O diretor não agia sozinho. Muitos na agência trabalhavam para prejudicar King, alguns movidos por lealdade a Hoover e outros por disposição própria. Entre estes estava William C. Sullivan, diretor da divisão de inteligência interna, também conhecida como Divisão Cinco. Sullivan — às vezes tratado na agência como "Billy Doido" — ficou, ao que parece, de fato ofendido com a conduta de King.[7] Era um sujeito baixo, bem-vestido, com sotaque da Nova Inglaterra.[8] Subiu na hierarquia do FBI, passando de agente especial a supervisor, chefe de unidade, chefe de seção, inspetor, inspetor-geral, diretor assistente encarregado de operações de inteligência interna e estrangeira e, por fim, assistente do diretor a cargo de todas as investigações. Foi Sullivan quem se indignou com o sucesso de King na Marcha sobre Washington e tomou a decisão inicial de pôr escutas no quarto de hotel de King no Willard. Foi ele quem lançou a ideia de promover Samuel R. Pierce para substituir King como líder do movimento. Foi ele quem orientou o laboratório do FBI a montar uma fita com os pontos de destaque das cenas captadas pelos microfones nos quartos de hotel de King. E foi ele quem escreveu a carta de ameaça que acompanhava a fita.

Em 1964, Sullivan e os agentes da Divisão Cinco estavam extremamente empenhados em documentar as atividades sexuais de King. No mesmo ano, a agência plantou seu primeiro informante no escritório da SCLC em Atlanta: James A. Harrison, contador de Stockton, na Califórnia, que se tornou uma fonte valiosa de informações sobre as finanças do grupo, a programação das manifestações e fofocas internas.

Em 30 de novembro de 1964, Hoover escreveu ao presidente sobre um encontro entre Roy Wilkins da NAACP e o diretor assistente do FBI, Deke DeLoach, durante o qual Wilkins teria dito "que, pessoalmente, não se importaria em ver King arruinado, mas achava que, embora ele não prestasse, sua ruína atrairia a queda de todo o movimento pelos direitos civis".[9] O memorando continuava: "Wilkins assinalou que, embora as alegações de comunismo e degeneração sexual contra King sejam verdadeiras, muitos de seus associados pretos se ergueriam em sua defesa". O diretor da NAACP disse ainda, segundo a carta de Hoover, que ele e outros líderes negros tinham tentado persuadir King a aceitar um emprego como reitor de uma faculdade ou como pastor em tempo integral.

Alguns dias depois, Hoover escreveu mais uma vez a Johnson, informando ao presidente que King pedira a quatro homens com histórico de filiação comunista — Stanley Levison, o advogado Clarence Jones, Bayard Rustin e Harry Wachtel (estudante radical que virou veterano da Segunda Guerra e depois advogado empresarial) — que o ajudassem a escrever seu discurso de aceitação do prêmio Nobel.[10] Uma semana depois, em 9 de dezembro, Hoover informou ao presidente que King fora convidado a se juntar a um grupo de ativistas para exigir a retirada dos soldados americanos do Vietnã.

A perseguição do FBI a King também continuou. Certo dia, em Atlanta, agentes acionaram o alarme de incêndio num dos esconderijos de King, não só para incomodá-lo, mas também, pelo visto, para que soubesse que não teria como escapar à vigilância deles. De vez em quando, um repórter abordava King e comentava alguma informação vazada pela agência. Os repórteres estavam ora explorando a possibilidade de escrever uma matéria, ora apenas colocando King a par das táticas do FBI. Mas ele não respondia às acusações, o FBI não fazia denúncias formais e os jornalistas se recusavam a publicar a matéria.

King era poupado por jornalistas que se atinham a padrões de justiça e decência, numa época em que nem mesmo o mais leve palavrão aparecia em letra impressa ou ia ao ar. "Não publicamos esse tipo de coisa", disse Louis Harris, editor do *Augusta Chronicle*, numa conversa com o editor Eugene Patterson do *Atlanta Constitution*, ao perceberem que a mesma matéria lasciva sobre King tinha sido oferecida a ambos.[11] "Se você publica isso sobre ele, pode publicar sobre qualquer um." Mas os mesmos jornalistas que preferiram proteger a privacidade de King deixaram de tratar do ponto mais importante: a operação secreta do FBI para destruir o principal líder do movimento pelos direitos civis no país.

No final de 1964, quando o repórter da *Newsweek* Ben Bradlee contou para Nicholas Katzenbach, o novo procurador-geral, que Hoover estava vazando para a mídia o material sexual sobre King, Katzenbach pegou um voo até a fazenda de Lyndon Johnson no Texas para informar o presidente.

Johnson balançou a cabeça.[12]

"Terrível, terrível", disse ele. "Nunca ouvi falar disso."[13]

Katzenbach recebeu a garantia de que o FBI pararia de passar tais histórias para a imprensa, mas os vazamentos continuaram. Na verdade, DeLoach disse que o presidente estava dividido — queria o material sobre a sordidez de King, mas não que outros na Casa Branca soubessem que o tinha.[14] Era por isso que encaminhava as cartas de Hoover para sua secretária pessoal, Mildred Stegall, que as guardava no cofre privado do presidente. O agudo interesse de Johnson pelos memorandos, disse DeLoach, contribuía para o "distanciamento" do presidente de King.

Não há como mensurar o impacto da campanha da agência sobre o trabalho organizacional de King, sobre sua capacidade de angariar fundos ou sobre sua condição psicológica. Mas a vigilância prejudicou visivelmente a relação dele com o presidente.

Johnson e Hoover tinham sido vizinhos antes que o primeiro se mudasse para a Casa Branca. Os filhos do presidente consideravam Hoover um tio. Quando o beagle dos Johnson morreu, Hoover lhes deu outro. O presidente deu ao cachorro o nome de J. Edgar. Se Johnson e Hoover não fossem amigos, será que o presidente se sentiria mais propenso a seguir o conselho de seu procurador-geral e refrear o chefe do FBI? Johnson e King teriam criado uma relação mais sólida? Se Hoover não tivesse manchado King, será que este teria sido menos vulnerável aos violentos ataques daqueles que o julgavam um perigo para a democracia?

"A única coisa específica sobre o dr. King", disse Katzenbach anos depois, em depoimento ao Congresso, "era a intensidade dos sentimentos e os visíveis extremos a que a agência ia na tentativa de destruir o crítico [...]. Ninguém no Ministério da Justiça ligado aos direitos civis teria deixado de notar a intensidade dos sentimentos do sr. Hoover. Ninguém teria deixado de perceber o potencial catastrófico encarnado neles."[15]

Durante toda a carreira, Hoover trabalhou, e a seu ver de forma heroica, para derrubar supostas ameaças ao modo de vida americano. Os inimigos visados por ele e pelo FBI eram, na maioria, os mesmos identificados na mídia americana e em grande parte da sociedade americana. Isso explica por que tanta gente que conhecia Hoover dizia que ele era motivado sobretudo pelo medo da mudança. King preenchia todos os requisitos. Tinha ligações com ex-comunistas. Era preto. Não era de Washington. Queria pôr fim ao racismo sistêmico e aos padrões de desigualdade entranhados na história e nas tradições americanas. E transgredia de forma flagrante os padrões de conduta sexual culturalmente aceitos. Hoover era um celibatário com uma relação de dependência com a mãe. Seu amigo mais próximo era o diretor associado do FBI Clyde Tolson, com quem almoçava quase todos os dias, jantava muitas noites e com frequência passava as férias. "Eram essencialmente um casal", escreve a biógrafa Beverly Gage.[16]

Em 1964, Hoover, aos 69 anos, era um indivíduo que dedicara a vida a manter um senso de ordem cuidadosamente construído. Via King como o tumultuador supremo das normas sociais. Em certo sentido, entendeu de maneira correta King, numa época em que poucos o entendiam. Enquanto Malcolm X e outros o criticavam por ser conservador demais e o alto escalão do Ministério da Justiça o considerava um reformador sensato, Hoover o via como o radical que de fato era e reconhecia o radicalismo que ele inspirava, sobretudo quando começou a trabalhar para além do Sul e passou a tratar de questões maiores e mais abrangentes do que a integração.

Enquanto King sonhava com uma democracia mais inclusiva e igualitária e trabalhava por ela, Hoover, talvez de forma mais eficiente do que qualquer outra pessoa, tentava detê-lo.

Num telefonema em 20 de novembro de 1964, Lyndon Johnson disse a Deke DeLoach que estava preocupado com a animosidade de Hoover em relação a King.

> JOHNSON: Como vai o chefe?
>
> DELOACH: Ele ficou mesmo indignado com a crítica de Martin Luther King.
>
> JOHNSON: Bom, está certo, mas ele conhece Martin Luther King.
>
> DELOACH: Sim, senhor.
>
> JOHNSON [rindo]: Quer dizer, ele o conhece melhor do que qualquer pessoa no país. E não há por que entrar numa briga [...] com ele.[17]

Mas a briga já estava bem adiantada, e Johnson sabia disso.

33. Um novo senso de valor pessoal

King disse que não queria chegar em Oslo para a cerimônia do prêmio Nobel parecendo Sugar Ray Robinson, o lendário boxeador famoso por viajar com um enorme séquito.[1] Por fim, foi com cerca de 25 pessoas, entre elas os pais, o irmão e a irmã, Ralph e Juanita Abernathy, Bayard Rustin, Wyatt Walker, Harry Wachtel, L. D. Reddick e Dorothy Cotton.[2] Martin e Coretta, como costumavam fazer, foram em aviões separados.[3] Não levaram os filhos.

Durante o voo, King disse a Wachtel que estava preocupado com a campanha do FBI em expor suas transgressões pessoais. Wachtel, filho de um comerciante judeu, tinha enriquecido como advogado de Wall Street e agora procurava empregar suas habilidades em objetivos mais idealistas. King, reconhecendo que tinha cometido erros, prometeu se comportar melhor. No mesmo voo, Wachtel e Rustin conversaram sobre o problema de King com o FBI. Wachtel disse achar que King devia "tourear o bicho" e bolar um plano que, se não desacreditasse, pelo menos neutralizasse Hoover.

Mas King não estava bem equipado para essa batalha.

"Simplesmente não conseguia encarar a coisa", disse Wachtel anos depois. "Uma das razões de não se erguer e lutar era porque ele se sentia culpado."[4]

Numa entrevista anos depois, Levison descreveu King como indivíduo profundamente carregado de culpa, avassalado por um senso de responsabilidade e oprimido por sentimentos de inadequação.

As pessoas mais próximas a ele comentavam com frequência sobre sua saúde emocional. "Só a família de Martin e os membros mais próximos da equipe sabiam o quanto ele estava deprimido durante toda a viagem do Nobel", disse Coretta. "Ele devia estar feliz [...]. Mas estava preocupado que os boatos pudessem afetar o movimento e com o que os negros iriam pensar. Vivia sempre preocupado com isso [...]. Tínhamos de trabalhar com ele para ajudá-lo a sair da depressão [...], e o público nunca sabia pelo que ele estava passando."[5]

Décadas depois, o psiquiatra Nassir Ghaemi escreveu que King provavelmente sofria de depressão severa, um distúrbio psiquiátrico que pode intensificar "o realismo na avaliação das circunstâncias pessoais" e a empatia em relação aos outros.[6] O psicólogo James Beshai, que estudou com King no Seminário Teológico Crozer e continuou seu amigo pelo resto da vida, tinha uma outra avaliação. Se King sofria de desgaste emocional, disse Beshai, era porque "era um homem com a determinação de defender suas ideias e de viver como bom cristão", e muitas vezes não se sentia à altura disso.[7] "Eu não via depressão", disse ele. "Eu via um homem prosseguindo em sua missão com dignidade e coragem."

A caminho da Noruega, os King pararam em Londres, onde Martin pregou na catedral de São Paulo e conclamou todas as nações a participarem de um "boicote econômico maciço" ao apartheid sul-africano.[8] Ele e Coretta chegaram em Oslo em 8 de dezembro e no dia seguinte tiveram um encontro privado com Olavo v, o rei da Noruega, no Palácio Real. King faria dois discursos: um curto, na cerimônia da entrega da medalha, seguido por um mais longo no dia seguinte.

King vestia calça formal risca de giz, fraque cinzento e uma echarpe listrada no primeiro discurso, no qual tratou de uma pergunta que, disse ele, o deixara intrigado: por que conferir um prêmio a um movimento que não alcançara "a paz e a fraternidade que são a essência do prêmio Nobel"? Por que celebrar quando os filhos de Birmingham, ainda ontem, tinham marchado pela justiça e foram recebidos com cães que atacavam e mangueiras de incêndio que machucavam? A resposta, concluía ele, era reconhecer que o protesto não violento oferecia uma solução ao mais premente desafio político e moral do momento: "a necessidade de que o homem vença a opressão e a violência sem recorrer à violência e à opressão". Aceitava o prêmio, disse ele, apesar do trabalho ainda a ser feito em prol de um movimento decidido a espalhar a liberdade e a justiça, quaisquer que fossem os riscos.

Numa recepção realizada naquela noite, Daddy King, que nunca tomava uma gota de álcool, fez um brinde a Deus. "Eu sempre quis dar uma contribuição", disse o ex-meeiro e pastor rural.

> E a única coisa que a gente tem de fazer se quiser contribuir é pedir ao Senhor e fazer que Ele saiba, e o Senhor me ouviu e, nem sei como, desceu à Geórgia e pôs Sua mão sobre mim e minha esposa e nos deu Martin Luther King [...], e quando minha cabeça estiver gelada e meus ossos estiverem calcinados, a família King entrará não só na história americana, mas na história mundial também, porque Martin King é um ganhador do prêmio Nobel.[9]

Em sua palestra formal no dia seguinte, na Universidade de Oslo, King ressaltou sua aspiração crescente de montar um movimento que trabalharia para acabar não só com a discriminação racial, mas também com a pobreza e a guerra. Num momento em que podia ter se sentido cansado, acossado e tentado a se retirar, quando podia ter aceitado o prêmio Nobel como recompensa por uma tarefa bem-feita, ele preferiu se engajar com mais afinco que nunca em seu trabalho, descrever sua visão de um mundo melhor e mais ético e expressar sua resolução de cumprir a tarefa necessária para convertê-lo em realidade. Ele encerrou a fala com palavras otimistas:

> Os velhos sistemas de exploração e opressão estão desaparecendo [...]. As portas da oportunidade estão se abrindo de forma gradual aos membros da base da sociedade. Os descalços e descamisados da terra estão desenvolvendo um novo senso de valor pessoal e cavando um túnel de esperança entre a montanha sombria do desespero [...]. Num mundo sombrio e confuso, o reino de Deus ainda pode reinar nos corações dos homens.[10]

Mais tarde, Coretta comentou que se sentiu tão orgulhosa que achou que "ia explodir".[11]

Os King e mais algumas pessoas foram de Oslo a Estocolmo e depois a Paris.

"A essa altura, Martin estava totalmente esgotado", disse Coretta.[12]

Coretta, Dora McDonald, Christine King Ferris (irmã de Martin) e Alberta King programaram uma "noite pela cidade" para encerrar a estada em Paris, mas, quando Martin viu o vestido de veludo bordô que Coretta pretendia usar — uma das poucas roupas elegantes que ela tinha e que usava ao se apresentar —, ele insistiu que ela trocasse por "algo mais apropriado, com o que, tenho certeza, ele queria dizer algo mais 'matronal'", relembrou Coretta. "Mas, preferindo não discutir, propus trocar de roupa e ficar em casa com ele. Mais tarde percebi que fiz bem em agir assim. Martin estava exausto; tomou um sedativo e foi dormir."[13]

No dia seguinte, os King voltaram para os Estados Unidos. Apesar do empenho do FBI em desencorajar comemorações pelo Nobel, foram recebidos como heróis em Nova York, com barcos dos bombeiros lançando jorros d'água no rio Hudson, um almoço oferecido por Nelson Rockefeller, governador do estado, um comício no Harlem e uma medalha oferecida por Robert Wagner, prefeito da cidade. De lá, o grupo de King foi para a Casa Branca, onde o presidente Johnson recebeu Martin, Coretta e os pais de Martin. Em Atlanta, a hesitação em homenagear King só foi vencida quando o prefeito Ivan Allen organizou uma reunião a portas fechadas com líderes empresariais, e o presidente da Coca-Cola, J. Paul Austin, insistiu com seus pares em oferecer um banquete integrado para 1500 pessoas — evento que, cinco anos antes, seria inimaginável.

King cumpriu a promessa de doar cada centavo do dinheiro do prêmio. Mas conservou o relógio Rolex de ouro que acompanhava a honraria e, desde então, passou a usá-lo quase todos os dias.

34. Pé de cabra

No apartamento em Peachtree Towers em Atlanta, os agentes do FBI escutavam e tomavam notas quando Coretta usava o telefone de sua casa. Em conversas separadas, ela comentou com Andrew Young e Dora McDonald que estava preocupada com o estado emocional de Martin. Ele parecia divagar quando falava; em Londres, tinha brigado com Ralph Abernathy; continuava ansioso pela rixa com J. Edgar Hoover.

Um dos agentes do FBI escreveu num memorando: "A informação acima está sendo fornecida [...] para a agência saber como dr. King ficou abalado em decorrência de eventos recentes, e como mais uma indicação de uma área na qual ele pode estar vulnerável a pressões adicionais".[1]

Hoover apertou o cerco. Enviou um memorando a Bill Moyers, então assessor especial de Lyndon Johnson, dizendo que julgava que o presidente devia ficar a par de novas informações, mostrando que King "tem fama entre muitos líderes pretos de ser um consumidor pesado de bebidas alcoólicas e é conhecido [...] por ser extremamente frouxo em sua conduta moral".[2]

Em 5 de janeiro de 1965, King ligou para Abernathy em seu escritório na igreja batista da West Hunter Street e lhe pediu que viesse de imediato à sede da SCLC. "No instante em que ouvi sua voz", disse Abernathy, "percebi que estava profundamente perturbado."[3] Quando o amigo chegou, King lhe mostrou a fita e a carta anônima que tinham vindo de Miami e, que, após semanas no pacote fechado, tinham acabado de ser descobertas. King apertou o play do gravador. Abernathy ouviu vozes abafadas, sussurros e suspiros. Reconheceu a própria voz e a de King. Martin ficou observando o rosto de Abernathy para ver a reação.

"Foi no hotel Willard em Washington, DC", disse King. "Ouvi três vezes."[4]

Ele concluiu que a fita cobria várias noites e vários locais, não só o Willard. Abernathy disse que, embora se mostrasse indignado com a invasão de privacidade, King em momento algum questionou se era mesmo sua voz. Os dois concordaram que a carta e a gravação eram claramente obra do FBI. De repente, perceberam melhor a que ponto ia a vigilância da agência e o grau a que chegava a fúria de Hoover. Para Abernathy, a chegada da fita marcava a abertura de uma "segunda frente" na luta pelos direitos civis.[5] "Pois o FBI se tornara de forma incontestável nosso inimigo, tanto quanto a Ku Klux Klan e outras organizações racistas que esperavam por nós em Selma."

Abernathy ficou pensando se Coretta teria ouvido a gravação, mas não perguntou. Num livro publicado postumamente em 2017, Coretta escreveu que tinha sido a primeira a ler a carta e ouvir a fita, pois a correspondência fora levada do escritório de King para a residência do casal. Mesmo antes de se casarem, ela sabia das infidelidades de Martin.[6] Agora decidiu continuar leal. Disse que não ouvira nada na fita que a convencesse de que Martin a enganava.

Anos depois, ao contar o caso em suas memórias, Coretta aproveitou para abordar "a pergunta que todos querem ver respondida: se acredito que meu marido era infiel".[7] Ela lidava com essa questão da lealdade de Martin quase desde o dia em que se conheceram. Fizera sacrifícios por ele porque, disse ela, Martin a amava e precisava dela. Mas Coretta se esquivou a uma resposta direta à sua própria pergunta, escrevendo:

> Não tenho nenhuma prova e nunca tive uma sensação intuitiva que me dissesse que ele se extraviara. Nunca tive nenhum sentimento de ser rejeitada. Acredito que as mulheres sabem se os maridos são infiéis. Elas sentem. Sei que os homens podem se tornar muito frios e indiferentes, mas nunca senti nada do tipo em Martin. Não estou dizendo que ele era um santo. Nunca disse que era perfeito. Ninguém é perfeito. Mas, no que me diz respeito, nosso casamento foi muito bom, e sempre foi assim até o final.

Enquanto isso, o marido avaliava com lucidez a tática do FBI: "Eles querem me pegar, me acossar, acabar com meu ânimo", disse ele a um amigo num telefonema gravado pelo FBI.[8] Anos depois, Coretta disse que não tinha "nenhuma dúvida" de que a agência estava tentando induzir Martin ao suicídio.[9]

King perguntou a seus assessores se devia estender a mão num gesto de paz e conciliação a Hoover, ou "desafiá-lo a dar o pior de si", como lembrou um deles, o psicólogo Kenneth Clark.[10] Clark incentivou King a enfrentar Hoover, a desafiar o diretor a liberar as fitas. "Deus do céu, você pode parecer Cristo, mas não é Cristo", disse Clark.[11] Riram do comentário, mas King não achou graça nem se convenceu.

Uma semana depois de encontrar as gravações, King enviou Abernathy e Andrew Young para um encontro com Deke DeLoach, do FBI. A conversa, até onde se sabe, não resultou em nada. Quando King foi a Nova York, agentes do FBI o viram desembarcar no aeroporto recém-batizado de John F. Kennedy Airport e mais uma vez puseram escuta em seu quarto de hotel. A vigilância não obteve nada muito interessante, a não ser mais indícios do estado de ansiedade de King.

Nesse meio-tempo, e após o prêmio Nobel, a obsessão de Hoover por King aumentou ainda mais. "Aquilo me fazia lembrar de alguns parentes idosos que eu tinha", disse Ramsey Clark, que na época era funcionário do Ministério da Justiça e depois se tornou procurador-geral.[12] "Quando você chega a uma idade avançada [...] tende a querer falar ou reviver coisas, e [Hoover] contava a mesma história inúmeras vezes. De fato, era difícil falar meia hora com ele sem que trouxesse o dr. King à tona [...] e era depreciativo."

Os esforços de Hoover tiveram um preço. King era caçado e ameaçado por seu próprio governo, rotulado como fraude pelo homem da lei de maior confiança do país, estando sob vigilância quase constante, sem saber em quem confiar, convivendo com o medo de acordar um dia e encontrar um artigo expondo suas falhas morais, sabendo que o ataque do FBI à sua reputação ia apenas exacerbar o ânimo dos que desejavam sua morte. "Conforme passavam-se os anos", relembrou Coretta, "sempre reconhecíamos a possibilidade de algo [...] que prejudicasse sua reputação."[13]

Em Mobile, no Alabama, o Conselho de Cidadãos Brancos local criou uma linha telefônica para quem quisesse ligar e ouvir um ataque pré-gravado a King: "Se Martin Luther 'Tumulto' King e Dick Gregory querem fazer algo pelo povo deles", dizia a mensagem, "devem ir para o Congo e tentar civilizá-los [...]. Tumulto King trouxe ao Sul mais violência do que qualquer outro nos últimos 110 anos".[14] Quando King anunciou o plano de liderar um mutirão de cadastramento eleitoral em Selma em janeiro, o jornal local lembrou aos leitores que J. Edgar Hoover rotulara King como "o mentiroso mais notório do país" e recomendou que os cidadãos locais não dessem nenhuma atenção àquele "escurinho polemizador".[15]

King ainda não sabia que seus telefones de casa e do escritório estavam grampeados. Podia suspeitar que os de Stanley Levison estivessem, mas, pelo visto, ignorava que os de Bayard Rustin e Clarence Jones também estavam sendo monitorados. Ele prosseguiu com seu trabalho, sem deixar transparecer para o público nenhum sinal de angústia. Muito pelo contrário, seus pronunciamentos públicos ficaram mais arrojados, impulsionados pelo prêmio Nobel e pelo exemplo do sofrimento redentor de Cristo.

King gostava de lembrar aos ouvintes que, acima de tudo, ele era um pregador. Era no púlpito que parecia se sentir mais à vontade, quase despreocupado.

Em 14 de janeiro de 1965, ele chegou a Selma e entrou confiante e de cabeça erguida na capela Brown. O público cantava e ondulava, e então, quando ele começou a falar, pôs-se em silêncio. O Departamento de Polícia de Dallas County, com a intenção de saber dos planos de King, instalou um microfone para gravar suas palavras. Embora não registrasse muitas informações úteis, o microfone captava a segurança com que King conduzia os ouvintes, levando-os da conversa para a ação coletiva, rumo à redenção:

> Devo talvez lhes dizer por que estou aqui.[16]
>
> "*Agora pregue* [...] *continue e nos diga.*"
>
> Estou aqui porque fui *convidado* a estar aqui.
>
> "*Certo* [...] *feliz que você esteja aqui!*"
>
> E aqui tenho conexões de organização. A Liga de Eleitores de Dallas County é uma afiliada da Conferência da Liderança Cristã Sulina, então *faço parte* daqui.

Ele prolongou a sílaba em "parte", quase cantando, enquanto o público aplaudia.

> Estou aqui porque a injustiça está aqui.
>
> "*Verdade!*"
>
> Não posso ficar parado quando uma comunidade se encontra presa aos grilhões da inumanidade do homem para com o homem, porque a injustiça num lugar é uma ameaça à justiça em todos os lugares. Tal como os profetas do século VIII deixaram suas cidadezinhas e aldeias cativados por "assim diz o Senhor", tal como o apóstolo Paulo deixou sua pequena aldeia de Tarso e decidiu correr logo todo o mundo greco-romano e levar o evangelho de Jesus Cristo, sou compelido a levar o evangelho da liberdade a todos os lugares onde os homens são oprimidos.
>
> "*Certo!*"

Passou então a explicar o que esperava realizar e como pretendia fazê-lo. Incentivou os ouvintes a acreditarem que, juntos, podiam mudar Selma e o Sul a partir de segunda-feira, quando sairiam em passeata:

> Se marcharmos às centenas, nosso sucesso penetrará na consciência desta nação e, depois de algum tempo, as forças do poder no Alabama terão de dizer: "Não há como deter um povo assim" [...]. Apelaremos à consciência de Selma. Esta é a oportunidade para Selma se arrepender!
>
> *"É hora!"*
>
> Esta é a oportunidade para Selma dizer à nação: "Tomamos o caminho errado como o Pródigo de outrora. Desviamo-nos para a terra remota da brutalidade" [...]. Segunda-feira pode ser o dia em que Selma [...] irá [...] voltar para a casa do Pai.

Ele concluiu o discurso com palavras que se elevavam e soavam como um poema e uma oração, enquanto o tom do público subia e se convertia num pandemônio:

> De certo modo podemos dizer, Estados Unidos, que por sua segurança navegamos pelos mares sangrentos de duas guerras mundiais. Por sua segurança, Estados Unidos, nossos filhos morreram nas trincheiras da França, nas valas da Alemanha, nas ilhas do Japão. E agora estamos dizendo, Estados Unidos, queremos apenas ser *livres*!
>
> *"Doutor! Doutor!"*
>
> Não podemos ser plenamente nós mesmos a não ser que tenhamos liberdade [...]. Cantaremos de novo como fizemos antes:
>
> *"A ser escravizado*
> *prefiro ser sepultado*
> *e ir para casa de meu Pai*
> *e ser salvo."*

No dia seguinte, em 15 de janeiro de 1965, quando completaria 36 anos, King recebeu uma ligação do presidente Johnson, que estava em sua fazenda no Texas.[17]

JOHNSON: Alô.
KING: Alô?

JOHNSON: Aqui é Lyndon Johnson. Recebi uma ligação sua e tentei retornar um par de vezes, em Savannah e outros lugares, e eles diziam que você estava em viagem e tive de viajar ontem à noite. Acabei de chegar aqui para encontrar o primeiro-ministro do Canadá hoje de manhã e tive um momento livre, e achei que valia a pena tentarmos — eu tentar retornar sua ligação.

KING: Bom, claro que agradeço o retorno e não quero tomar mais do que um minutinho de seu tempo. Primeiro, quero agradecer a grande mensagem do Estado da União. Foi realmente uma apresentação maravilhosa. Penso que agora estamos a caminho da Grande Sociedade.

Johnson não deu detalhes de sua agenda legislativa e comentou apenas sua alegria em conseguir que ela tramitasse depressa no Congresso. Com verbas vultosas para atacar a pobreza e com um projeto de lei para facilitar o cadastramento eleitoral, disse ele, "70% de seus problemas" estariam resolvidos.

"Isso mesmo", disse King.

Johnson disse que queria eliminar os exames e as taxas que impediam os negros de votar. E queria que a votação se desse nas agências de correio, onde seria menos provável a interferência dos agentes governamentais locais. Quando Johnson acabou de falar, King explicou o objetivo de sua ligação original: incentivar o presidente a nomear um preto para seu gabinete ministerial. Johnson falou que pensava em criar um novo departamento para supervisionar questões de "moradia e problemas urbanos e municipais — que é o problema número um dos Estados Unidos, a meu ver". Falou que estava pensando no economista negro Robert Weaver para comandar o novo departamento.

JOHNSON: Mas a coisa mais eficaz, doutor, vai ser que todos votem.

KING: Isso mesmo.

Quando Johnson assumiu o cargo pela primeira vez, nos telefonemas ele tratava King por "Martin"; agora era "doutor". Ramsey Clark explicou a dinâmica anos depois: "Tinham envenenado o presidente contra o dr. King [...], ele pensava que King era má pessoa".[18]

Johnson então disse a King que não queria apresentar os direitos de voto como uma questão racial. Em vez disso, queria lembrar aos americanos que todos tinham direito a votar. Incentivou King a se juntar à campanha:

JOHNSON: E se você conseguir pegar a pior situação que encontrou no Alabama, no Mississippi, ou na Louisiana, ou na Carolina do Sul [...], se você pegar essa ilustração e botar no rádio, botar na televisão, botar [...] nos púlpitos, botar nos comícios, botar em todo lugar que puder, logo, logo o sujeito que não fez nada a não ser [...] dirigir um trator vai dizer: "Bom, isso não está certo. Isso não é justo".

KING: Certo.

JOHNSON: E isso no fim vai nos ajudar a dar um empurrão no que estamos fazendo.

KING: Certo. Tem toda a razão.

JOHNSON: E, se fizermos isso, avançaremos como — vai ser o maior avanço de todos, até mesmo maior do que essa lei de 1964. Creio que a maior realização de meu governo [...] foi a aprovação da Lei dos Direitos Civis de 1964. Mas acho que isso vai ser maior, porque vai fazer coisas que nem aquela lei conseguiu fazer.

KING: Certo. Certo.

Um mês antes, Johnson tinha dito a King que não conseguiria fazer passar um projeto de lei de direitos de voto, por conta da outra ambiciosa legislação de sua agenda. Agora, disse ele, não só ia apresentar um projeto de lei dos direitos de voto, como também acreditava que a aprovação do projeto se tornaria sua maior realização.

Johnson e King tinham a mesma concepção de uma aliança política que ajudaria a construir um novo Sul para o país, livre da segregação e da discriminação sancionadas pelo governo. Essa concepção incluía examinadores federais com poder de registrar eleitores, a proibição dos testes de alfabetização e a ordem de que qualquer alteração nas práticas eleitorais recebesse a aprovação prévia de Washington. As motivações de Johnson eram pessoais e políticas, claro. Tal aliança ajudaria a impedir que os republicanos conquistassem um bastião político no Sul Profundo. Mas o presidente disse que precisava da ajuda de King — na luta pelo projeto de lei dos direitos de voto e em outras legislações que propunha. Johnson, que entendia a ambição e o poder melhor do que qualquer político americano, pouco se importava na época com os informes do FBI sobre a vida privada de King. Queria a ajuda dele para aprovar esses projetos de lei. Se King fosse mais egoísta, poderia pedir um favor em troca. Poderia pedir a Johnson que tirasse Hoover de cima dele. Mas não pediu.

JOHNSON: Você entra nisso e nos ajuda.

KING: Sim, faço isso, com certeza.

Jimmy George Robinson foi do Texas ao Alabama para chegar perto de Martin Luther King. Robinson era um sujeito alto e magro, com um rosto que parecia talhado, anguloso e pontudo. Era membro fundador do Partido Nacional dos Direitos dos Estados, grupo composto basicamente de membros e ex-membros da KKK e antissemitas. Em 1963, ele fora preso por agredir a esposa. Em 1964, a polícia o indiciou por estar com um rifle e uma bandeira dos Confederados numa passeata pelos direitos civis em Dallas.[19]

Em 19 de janeiro de 1965, Robinson ficou observando do outro lado do saguão enquanto Martin Luther King Jr. se registrava no hotel Albert no centro de Selma. Até pouco tempo antes, os negros não podiam se hospedar ali, um hotel elegante de quatro andares, que fora em parte construído por escravizados do Alabama, com um projeto similar ao palácio do Doge em Veneza. Alguns relatórios diziam que King seria o primeiro hóspede negro do hotel, junto com seus companheiros de viagem, Ralph Abernathy e Dorothy Cotton. Os três líderes da SCLC, trajando casacos compridos e pesados, foram até a recepção. Estavam de costas para Robinson, que avançou pelo saguão.

O primeiro soco atingiu a têmpora de King. O chapéu dele saiu voando e ele bateu a cabeça no balcão.

"Pega ele! Pega ele!", gritou uma mulher branca com jaqueta de couro para apoiar o agressor.

Robinson desferiu outro soco e chutou as pernas e a virilha de King. Robinson foi agarrado e detido.

Logo depois, Dorothy Cotton encontrou King em seu quarto do hotel, sentado numa cadeira, vestindo apenas cueca e camiseta e cuidando da ferida.[20] Fumava um cigarro enquanto bebia uma lata de cerveja e suava em bicas.

"Machucou?", ela perguntou.

"Ah", respondeu King sorrindo, "ele tem um murro e tanto."

King então vestiu a camisa branca e o terno preto bem passado e foi para um comício.

O ataque de Robinson pode ter sido súbito, mas não chegava a ser uma surpresa, e indicava a fúria crescente dos racistas brancos sulinos contra King, que o tomavam como símbolo de tudo a que se opunham, temiam e insultavam. Selma era a cidade natal de Bull Connor, a qual o historiador J. Mills Thornton III disse ser "a mais inflexível e fervorosamente segregacionista"[21] do Alabama; uma cidade de 28 mil habitantes em que os negros respondiam por pouco mais da metade da população, mas apenas por 1% dos eleitores.[22] Selma e Dallas County estavam mudando de forma rápida. Os moradores mais velhos se lembravam da época em que mais de um terço dos negros eram iletrados e milhares eram rendeiros de famílias brancas. Agora as linhas que dividiam as raças tinham começado a se mover um pouco, mas de forma significativa.

Muitos negros haviam se mudado do campo para a cidade. Enviavam os filhos para a escola, e muitos deles prosseguiam nos estudos. Com a ajuda do governo federal, tinham vitórias políticas e jurídicas que ameaçavam mudar os costumes e as condições de vida que há muito existiam. Registravam-se como eleitores cada vez mais, ainda que esses números continuassem a ser pequenos. A eleição do novo prefeito, o moderado Joe Smitherman, oferecia alguma esperança. A biblioteca de Selma fora integrada. As placas escritas APENAS BRANCOS nos bebedouros da prefeitura e do prédio da administração municipal tinham sido removidas. Aumentava a quantidade de restaurantes que tinham concordado em atender, ainda que de má vontade, clientes negros. "Pedimos sua indulgência e compreensão para com a situação desagradável em que fomos forçados a nos colocar", dizia um dos folhetos que eram entregues aos clientes brancos do local.[23]

Os cidadãos brancos eminentes de Selma alegavam que a comunidade preta devia se dar por satisfeita com o ritmo da mudança e com a resposta respeitosa das autoridades a suas reivindicações de reforma. Por que forçar querendo mais?

Nos preparativos para a chegada de King, Bernard Lafayette Jr., que há muito integrava a equipe do SNCC, tinha estudado a comunidade. Sua conclusão: o Conselho de Cidadãos Brancos estava repleto de agentes da lei, "e eles queriam preservar a lei vigente, que era a segregação, porque era o melhor para os brancos", disse Lafayette.[24] Mesmo na comunidade negra, alguns estavam apreensivos com a chegada de King. "Se você tentasse combater o sistema", disse Lafayette, "sua sogra perderia o emprego, e aí sua família ia pôr a culpa em você."

Muitos colegas de Lafayette dentro do SNCC se mantinham céticos em relação a King, considerando-o antiquado, adaptável ou distante demais das pessoas que liderava. Os jovens radicais do SNCC reclamavam que King e a SCLC estavam "arrebanhando toda a publicidade e todo o dinheiro e fazendo muito pouco por merecer", disse Julian Bond, um dos fundadores do SNCC.[25] Para alguns membros do grupo, disse Hosea Williams, o "objetivo número um da vida deles era constranger Martin Luther King Jr.".[26]

Lafayette pensava diferente. Natural de Tampa, na Flórida, Lafayette era onze anos mais novo do que King e lia sobre o líder do movimento pelos direitos civis desde o boicote de ônibus em Montgomery. O protesto não violento, disse ele, contrariava tudo o que lhe haviam ensinado quando jovem. Seu herói naquela época era Joe Louis, o "Bombista Moreno". Lafayette sabia o que a Bíblia dizia sobre a paz e o amor, mas não via como isso poderia fazer parte de sua vida, não quando era tratado da maneira que o tratavam — até que ouviu King. "Aquilo não vinha da Escritura", disse Lafayette. "Vinha da alma dele."[27] Como participante das ocupações em Nashville, Lafayette tentara fazer da não violência uma parte de sua alma.

Foi apenas quando encontrou King, alguns anos depois, que ele entendeu seu poder. "Fiquei surpreso que tivesse aquela altura", disse Lafayette. "Mas sua voz era gigante." E uma coragem maior ainda. Na época em que King foi a Selma, Lafayette já o tinha visto de perto muitas vezes, em reuniões da igreja e em sessões reservadas para debater estratégias. Fora seu motorista em viagens entre a Geórgia e o Alabama tarde da noite, quando King podia tirar um cochilo, mas não: ele ficava no banco do passageiro, contando piadas e brincando de imitar pregadores e ativistas famosos, garantindo que Lafayette não dormisse na direção. Lafayette também se surpreendia com a admirável modéstia de King, que ouvia mais do que falava. Achava que King conquistaria com facilidade a comunidade negra de Selma. Mas o passo seguinte seria difícil e talvez desagradável, provocando uma reação que ou geraria solidariedade e apoio à causa, ou resultaria em muitas mortes.

"A intenção do movimento era pegar um pé de cabra e enfiar nas rachaduras do sistema." Para Lafayette, King era o pé de cabra mais forte que já existira nos Estados Unidos.

King chegou a Selma com as palavras do presidente Johnson frescas na cabeça. "Bote no rádio. Bote na televisão. Bote nos púlpitos." Ele fez isso num show — mas era um show mais perigoso do que Johnson imaginava. King designou a tarefa de organizar a campanha em Selma a Hosea Williams, James Bevel e Andrew Young. Os três tinham egos enormes. Williams e Bevel eram especialmente antagônicos entre si. Bevel achava que Williams era militante demais. Este achava que Bevel não tinha coragem. Mas, se havia algo em que os dois concordavam, era quanto à irritação que lhes causava Young, que Williams dizia "só quer rezar e não fazer nada".[28] King parecia incentivar as querelas entre seus assistentes. Deixava que Bevel e Williams amedrontassem o establishment branco e então enviava Young para negociar. Em Selma, o conflito seria crucial. King estava contando com os colegas para congregar a comunidade negra e enfrentar o delegado Jim Clark.

King não escondeu a estratégia, que era a mesma que ele expusera na conversa com o presidente Johnson: dramatizar a questão moral e despertar o governo federal. "É preciso estarmos dispostos a ir aos milhares para a cadeia", anunciou ele em seu primeiro dia em Selma.[29] "Não estamos pedindo, estamos exigindo o voto."

* * *

Jim Clark se postou nos degraus do prédio da administração — um crachá dizendo "NUNCA" na lapela, uma arma na cintura, um cassetete na mão. Tinha 43 anos, era veterano da Segunda Guerra Mundial e criador de gado. O compromisso de Clark com a segregação era total. Selma tratava perfeitamente bem sua comunidade preta, disse ele, e a comunidade preta estava perfeitamente contente até Martin Luther King e outros "agitadores" começarem a atiçá-la. "Eles tinham vivido lá de forma pacífica por cem a 150 anos, os negros e os brancos", disse ele, "e, até onde se sabe, não havia nenhuma insatisfação da parte de ninguém."[30] Agora Clark estava decidido a provar que os moderados recém-eleitos para o poder municipal tinham entendido tudo errado e que os manifestantes negros não deviam ser afagados, mas esmagados.

Em 22 de janeiro, mais de cem professores foram até o prédio da administração municipal de Selma, onde Clark e seus auxiliares os afastaram cutucando-os com os cassetetes, mas não prenderam ninguém. Os professores não arriscaram apenas o emprego, mas também sua segurança pessoal.

A disposição deles em se juntar à campanha galvanizou a comunidade. Ao mesmo tempo, advogados do movimento venceram uma batalha no tribunal, quando um juiz federal emitiu um mandado de proteção temporária proibindo que as autoridades locais colocassem obstáculos ao registro de eleitores. Em 25 de janeiro, uma segunda-feira, King liderou um grupo de 250 manifestantes até o prédio da administração. Dessa vez, Clark se descontrolou e começou a empurrá-los de forma violenta com seu cassetete.

A manifestante Annie Lee Cooper reagiu. Deu um gancho de direita nos joelhos de Jim Clark. Três auxiliares foram para cima dela, e Clark retaliou com seu bastão, enquanto fotojornalistas e câmeras de TV registravam o embate.

Cooper, de 53 anos, trabalhava como recepcionista noturna no motel Tower. Vinha tentando obter o registro eleitoral desde que se mudara do Kentucky para o Alabama, mas todas as vezes fora reprovada no teste para o registro. "Uma vez fiquei na fila das sete da manhã às quatro da tarde, mas não consegui me registrar", disse ela.[31] Em 1963, tinha sido vista por seu patrão no comício pelos direitos de voto e foi demitida. Tinha vindo a esse ato na esperança, mais uma vez, de conseguir se registrar.

"Tento ser não violenta", disse Cooper mais tarde.[32] Mas falou que quando Clark foi bruto com ela, "me desprendi, empurrei-o e falei que não torcesse meu braço. Ele me bateu. Então fui para cima dele".

* * *

King foi para Chicago em 27 de janeiro, onde proferiu quatro discursos.[33] Durante um deles, viu cinco brancos na primeira fila, entre os quais estava Jimmy George Robinson, que o atacara em Selma.[34] Ao terminar de falar, King, que continuava a viajar sem guarda-costas, percebeu que Robinson avançava em sua direção. Ele o chamou, então Robinson se virou e foi embora.

King enfrentava uma hostilidade crescente. No Alabama, um escritor o chamou de "o profeta de Oslo", acrescentando que o profeta estava mais interessado em obter manchetes do que reformas. Selma não havia integrado seus restaurantes? O município não obedecera à ordem do juiz federal e ampliado o horário para registrar eleitores? Em cinquenta ou cem anos, quando for apresentada a história de Selma, escreveu Don W. Wasson, editor executivo do *Montgomery Advertiser*, poderá constar: "Num município do Alabama, Selma em Dallas County, os brancos tentaram atender com sensatez às demandas dos tempos conforme ditadas pelos tribunais federais, mas os agitadores raciais não o permitiram".[35]

Ao mesmo tempo, o editor-chefe do *Selma Times-Journal* insistiu que o presidente Johnson nomeasse um comitê para investigar "as condições reais existentes em Selma".[36] Esse comitê, escreveu o editor-chefe Roswell Falkenberry, descobriria que agitadores externos tinham obstruído as autoridades municipais em seu esforço genuíno de observar as leis estaduais e federais de integração.

Enquanto isso, todos os dias centenas de negros faziam fila para tirar o título de eleitor e todos os dias eram rejeitados. Em 1º de fevereiro, King e Abernathy encabeçaram uma coluna de manifestantes que iria da capela Brown até a direção do prédio da administração municipal, com o propósito de serem presos. A cinquenta quilômetros a noroeste, em Marion, cidade natal de Coretta Scott King, cerca de trezentos manifestantes reivindicavam o direito de voto. Não houve prisões em Marion. Em Selma, porém, King e mais de 250 pessoas foram para a cadeia, na maioria acusados de desfilar sem autorização. Em marchas anteriores, os manifestantes tinham se dividido em pequenos grupos para evitar a transgressão da regra de autorização de desfile, mas dessa vez tinham caminhado em grupo, sabendo que assim provavelmente haveria detenções.

Os detentos explodiram em aplausos retumbantes quando um portão rangeu e King e Abernathy entraram numa cela.[37] King cumprimentou os detentos e ouviu seus relatos de que eram espancados pelos guardas, sem saber quais eram as acusações movidas contra eles, além de passar meses à espera de julgamento. King e Abernathy se negaram a pagar fiança. Não demorou muito e foram transferidos para uma cela de dois metros e pouco, longe da multidão.[38] Usando o papel timbrado do hotel Waldorf-Astoria que tinha no bolso, King anotou algumas instruções, insistindo que Andrew Young organizasse mais marchas. Pegue uma delegação do Congresso para visitar Selma. Pressione o presidente Johnson e o Ministério da Justiça a agirem. Mantenha Selma todos os dias nos noticiários.

"Esses caras respondem melhor quando estou na cadeia", disse ele.[39]

Malcolm X, que também entendia a importância do drama, saiu de Nova York na manhã do dia 3 de fevereiro, pegou um avião até Montgomery e de lá foi de carro até Tuskegee, onde falou para uma multidão de 3 mil estudantes do Instituto Tuskegee. A batalha estava desgastando Malcolm. Os executores da Nação do Islã continuavam a segui-lo. Se quisessem matá-lo, disse ele, tinha certeza de que conseguiriam. "Eu mesmo os ensinei", comentou.[40]

Malcolm falou para os estudantes que 1965 seria "o ano mais longo, tórrido e sangrento na história da revolução racial". Também leu um telegrama que declarou ter enviado a George Lincoln Rockwell, dizendo que ele e seu Partido Nazista Americano, se continuassem com sua campanha de terror, seriam enfrentados com "a máxima retaliação física por aqueles de nós que não estão algemados por uma política de não violência". Era uma mudança em relação a 1961, quando Malcolm e Rockwell tinham aparecido juntos num comício em Washington, unidos em sua oposição à integração.

Então um estudante perguntou a Malcolm sobre o racha com Elijah Muhammad, algo que fora motivo de enorme prazer para o FBI. Malcolm usou uma resposta diplomática: "Elijah acredita que Deus vai vir e corrigir as coisas [...]. Não estou disposto a sentar e esperar que Deus venha [...]. Acredito na religião, mas numa religião que inclui a ação política, econômica e social com vistas a eliminar algumas dessas coisas e criar um paraíso aqui na terra enquanto esperamos o outro". Com essa declaração, ele parecia não se diferenciar muito de King, o que poderia explicar por que alguns estudantes presentes à palestra pediram a Malcolm para se juntar a eles na viagem de 160 quilômetros até Selma, onde outros oitocentos manifestantes tinham sido presos naquele dia. Malcolm aceitou o convite.

Malcolm havia se afastado aos poucos das crenças raciais e religiosas da Nação do Islã, aproximando-se daquilo que o teólogo James H. Cone chamava de concepção universal da humanidade, "centrada em seu compromisso com a luta pela libertação negra nos Estados Unidos".[41] Ele reconhecia que estava em transição, "no limbo externo", como disse, o que explicaria por que se sentia atraído por King, que, embora nunca tenha dito publicamente que tentava evitar Malcolm, de fato disse considerar "muito infeliz" a conclamação dele para que as pessoas se armassem. Se os negros tomarem em armas, declarou King, isso apenas dará a certos americanos brancos "um pretexto para matar muitos de nós".[42]

No dia seguinte ao discurso em Tuskegee, enquanto King continuava na cadeia, Malcolm se sentou ao lado de Coretta Scott King na igreja da capela Brown. "Sra. King", ele disse, "poderia dizer ao dr. King que lamento não ter ido vê-lo?"[43] E continuou: "Quero que ele saiba que não vim dificultar ainda mais o trabalho dele. Pensei que, se os brancos entendessem qual era a alternativa, eles se disporiam a ouvir o dr. King".

Quando chegou sua vez de falar, Malcolm fez um aviso, dizendo que os brancos deviam agradecer ao dr. King por refrear os negros, pois nem todos acreditavam no comedimento.

Horas depois, no mesmo dia 4 de fevereiro, numa coletiva de imprensa na Casa Branca, o presidente Johnson disse que todos os americanos deviam ficar "indignados" quando o direito ao voto era negado a um único americano que fosse.[44] Embora Johnson ainda não mencionasse um projeto de lei pelos direitos de voto, King ficou entusiasmado. O presidente tomara uma posição a favor dos manifestantes de Selma e dos direitos de voto. Ao mesmo tempo, o juiz distrital federal Daniel Thomas emitiu uma ordem proibindo longos testes para o registro dos aspirantes ao título de eleitor e exigindo que as autoridades locais pusessem em dia a lista acumulada de solicitações.

Era uma notícia tão boa que os altos membros da SCLC cancelaram o protesto programado, despertando uma reação incisiva de King. "Por favor, não sejam brandos demais", escreveu ele da cadeia para Young.[45] "Estamos com a ofensiva. Foi um erro não marchar hoje. Numa crise, precisamos ter senso de drama [...]. Podemos aceitar o mandado de proteção como uma vitória, mas não podemos parar."

King ficou quatro dias na cadeia. Saiu dia 5 de fevereiro, vestindo terno e gravata e com a barba por fazer. Uma admiradora se aproximou e lhe deu um beijo no rosto, deixando uma marca de batom.[46] Ao falar com os repórteres, King disse que não tinha nenhuma intenção de cancelar a campanha. Outros líderes, disse ele, planejavam ampliar os protestos pelos direitos de voto por todo o estado do Alabama, em especial em Marion e no vizinho Lowndes County, onde os negros compunham 80% da população e nenhum tinha título de eleitor. Também incentivou o presidente Johnson e o Congresso a aprovarem uma lei firme o suficiente para vencer a oposição dos segregacionistas.

No dia seguinte, o assessor de imprensa da Casa Branca, George E. Reedy, anunciou que o presidente Johnson pediria ao Congresso precisamente uma lei dessas.

Ainda assim, disse King, a campanha prosseguiria.

"O que eles querem?", perguntou incrédulo um idoso branco em Selma.[47] A cidade seguira a determinação de um juiz para abrir o cadastramento eleitoral. Os restaurantes tinham feito a integração. O presidente ouvira o clamor deles. O que mais queriam?

Mas haviam se desencadeado forças que King não conseguiria deter, mesmo que quisesse. Os garotos negros que antes brincavam de índios e caubóis agora brincavam de "Jim Clark e preto",[48] que, segundo o repórter de um jornal nortista, era assim: "Eu vou ser Jim Clark, você o preto. Eu bato na sua cabeça, você cai".

Por todo o país, e talvez de forma mais vívida em Selma, a comunidade negra atingia um novo patamar de ambição e ousadia.

"Vamos ver que gosto tem a água de branco", diziam Bruce Dozier e seus amigos, rindo, quando viam bebedouros só para brancos no centro de Selma.[49] O garoto de doze anos dava um golinho e saía correndo. Mas, relembrou ele anos depois, apesar de toda a empolgação com King e os protestos, e com as visíveis rachaduras no muro da segregação, as escolas e os bairros de Selma continuavam rigorosamente segregados, os brancos continuavam a comandar a cidade, e os donos brancos de restaurantes diziam ter dessegregado "como George Wallace na frente das portas da escola — ah, não, eu não ia entrar lá". As pessoas, disse Dozier, sentiam que a revolução mal começara, e ainda não estava claro se ou quando a estrutura branca de poder cederia a reivindicações negras.

The New York Times fez uma analogia bíblica para explicar a situação do movimento pelos direitos civis: Jim Clark era o faraó, mas ele só queria deter as pragas. King era Moisés, mas a Terra Prometida continuava fora de vista. Mesmo que King se sentisse confiante de que o presidente Johnson soltaria uma lei pelos direitos de voto, mesmo que essa lei desse a todos os americanos igual acesso às urnas e mesmo que os novos agentes políticos eleitos atendessem às reivindicações de um novo bloco eleitoral poderoso, levaria anos até ser alcançado algo que se aproximasse da verdadeira igualdade na sociedade americana.

Depois de sair da cadeia, King foi a Nova York, voltou a Atlanta e então seguiu para Washington, onde teve uma reunião com o procurador-geral Katzenbach e com o vice-presidente Hubert Humphrey. Também teve um encontro de quinze minutos com o presidente Johnson — encontro no qual o presidente afirmou seu compromisso com uma nova legislação sobre o voto. Depois disso, King elogiou o "profundo compromisso" do presidente em garantir o direito sufragista a todos os americanos.

King retornou a Selma, esteve em Michigan para um discurso agendado e então voltou para casa em Atlanta, onde foi mais uma vez internado por esgotamento. Ralph Abernathy disse que o amigo "sucumbiu sob a pressão e teve de ser hospitalizado com a mesma enfermidade misteriosa que sempre o acometia durante essas campanhas agitadas".[50] King voltou a Selma, mas ainda não se sentia bem, e mesmo assim continuou a liderar mais passeatas e sessões para debater estratégias. Abernathy telefonou para Bayard Rustin em 17 de fevereiro, para avisar que King estava "doente [...] e muito abatido" e perguntar se Rustin conseguiria que Harry Wachtel ou outra pessoa pagasse umas férias para King.[51]

No dia seguinte, King estava de novo em Atlanta, descansando, enquanto C. T. Vivian encabeçava uma marcha vespertina até a cadeia de Marion, no Alabama, para protestar contra a detenção de James Orange, membro da SCLC, que fora preso horas antes. Os manifestantes tinham andado apenas meio quarteirão quando o chefe de polícia ordenou que se dispersassem. O grupo parou. Alguns se ajoelharam para rezar. Quando a polícia montada estadual começou a tocar e empurrar os manifestantes com seus cassetetes, alguns fugiram. Os policiais os perseguiram, brandindo os cassetetes. Alguns manifestantes se refugiaram num café ali perto. Quando os policiais estaduais entraram no estabelecimento e bateram numa mulher chamada Viola Jackson, o filho dela, Jimmie Lee Jackson, de 26 anos, tentou afastá-los. Um policial empurrou Jimmie Lee contra uma máquina de vender cigarro, enquanto outro sacou a pistola e deu dois tiros no estômago do rapaz. Os disparos foram fatais.

Três dias depois, no Harlem, os sicários da Nação do Islã assassinaram Malcolm X.

Num telegrama para Betty Shabazz, a viúva de Malcolm, King escreveu:

> Fiquei realmente entristecido com o assassinato trágico e chocante de seu marido. Embora nem sempre concordássemos com os métodos para resolver o problema racial, sempre tive profunda afeição por Malcolm e via que ele tinha a grande habilidade de apontar com precisão a existência e a raiz do problema [...]. Considere-me sempre um amigo e, se eu puder fazer qualquer coisa para

aliviar o pesado fardo que você precisa carregar neste momento, sinta-se à vontade, por favor, para recorrer a mim.

King e Malcolm X eram com frequência apresentados como antagonistas, em parte por causa da causticidade de Malcolm e de comentários atribuídos a King numa entrevista conduzida por Alex Haley, publicada na revista *Playboy* em 1965. Mas a descoberta recente da transcrição da entrevista antes de ser editada mostra que King não foi tão crítico quanto a *Playboy* fez parecer.

A revista citava o comentário de King sobre Malcolm:

Ele é muito articulado, como você diz, mas discordo por completo de muitas de suas ideias políticas e filosóficas [...]. Muitas vezes eu gostaria que ele falasse menos em violência, porque ela não vai resolver nosso problema. E em sua litania de expressar o desespero do preto sem oferecer nenhuma alternativa positiva e criativa, sinto que Malcolm presta um grande desserviço a si mesmo e a nosso povo. Uma oratória demagógica impetuosa nos guetos negros, insistindo que os pretos se armem e se preparem para se engajar na violência, como ele tem feito, não pode resultar senão em dor.

Eis o que King realmente disse:

PLAYBOY: Dr. King, qual é sua opinião sobre extremistas pretos que defendem a sabotagem e a violência armada?

DR. KING: Uma oratória demagógica, impetuosa nos guetos negros, insistindo que os pretos se armem e se preparem para se engajar na violência, não pode alcançar senão resultados negativos. Os que são inflamados nas plateias vão para casa e enfrentam as mesmas condições inalteradas; só lhes sobra ficarem amargos, desiludidos e descrentes. Os líderes extremistas que fazem um apelo às armas se mostram invariavelmente pouco dispostos a liderar o que eles mesmos sabem que sem dúvida terminaria num total fracasso caótico e sangrento. A luta do preto nos Estados Unidos, para ter êxito, precisa ser travada com esforços positivos que se mantenham estritamente dentro da estrutura de nossa sociedade democrática. Isso significa alcançar e mobilizar os grandes grupos de pessoas necessárias — de ambas as raças — para ativar em grau suficiente a consciência da nação. É esse esforço que a SCLC tenta alcançar por meio do programa que chamamos de ação direta não violenta criativa.

PLAYBOY: Dr. King, poderia comentar sobre o articulado ex-muçulmano negro Malcolm X?

DR. KING: Conheci Malcolm X, mas as circunstâncias não me permitiram falar com ele por mais de um minuto. Discordo por completo de muitas de suas ideias políticas e filosóficas, assim como as entendo. Ele é muito articulado, como você diz. Não quero dar a impressão de que me sinto muito virtuoso ou absolutista, de que penso ter a única verdade, o único caminho. Talvez ele realmente tenha uma parte da resposta. Mas sei que tantas vezes senti que eu gostaria que ele falasse menos em violência porque não creio que ela possa resolver nosso problema. E em sua litania de expressar o desespero do preto, sem oferecer uma abordagem positiva, criativa, penso que às vezes ele cai numa rotina.

Em 1965, King era muito mais humilde e incerto em relação a Malcolm do que a revista deu a entender. Continuava a ser crítico à Nação do Islã, mas com a mente mais aberta em relação a Malcolm X. King e Malcolm tinham encontrado um terreno comum em seus ataques ao racismo e à desigualdade. Ao morrer, Malcolm se tornaria um "herói da cultura popular", como disse o historiador E. Joseph, um símbolo de audácia. "Mas seu maior impacto", escreveu Joseph, "pode ter sido sobre Martin Luther King Jr."

Ao retornar a Selma, King recebeu um telefonema de Katzenbach, dizendo que o Ministério da Justiça ficara sabendo de um atentado contra a vida dele. Katzenbach insistiu que tivesse cuidado. King estava acostumado a ameaças de morte, mas, nos últimos tempos, "ele andara recebendo um número excessivo delas", como disse Abernathy.[52] Os confidentes mais próximos insistiam que evitasse riscos desnecessários.

Menos de 24 horas após o assassinato de Malcolm X, King subiu ao púlpito na capela Brown e se dirigiu a outra enorme multidão, prometendo que ignoraria a proibição de passeatas noturnas decretada pelo governador Wallace e anunciando planos para uma marcha até o Palácio do Governo em Montgomery. "Iremos até lá para dizer ao governador Wallace que não vamos mais aceitar isso", disse ele.[53]

Depois de quatro dias em viagem para angariar fundos, King voltou de avião para Atlanta. Logo partiu de novo para Washington, onde apresentou sua oposição à Guerra do Vietnã num discurso para os estudantes da Universidade Howard, uma posição controversa mesmo num campus universitário. Na época, as pesquisas de opinião pública mostravam que apenas 19% dos americanos eram favoráveis à retirada das tropas americanas do Vietnã, enquanto 23% eram favoráveis à intensificação dos combates.[54] Após dormir poucas horas, King voltou a Selma.

Em 3 de março, ele presidiu ao funeral de Jimmie Lee Jackson, quando anunciou que a marcha de oitenta quilômetros até Montgomery começaria em quatro dias. A morte de Jackson e a recusa das autoridades estaduais em atender às reivindicações dos manifestantes, disse King, exigiam uma ação dramática. Ele disse:

> [Jamie Lee Jackson] foi assassinado por cada pastor branco do evangelho que se manteve em silêncio atrás da segurança dos vitrais de sua igreja. Ele foi assassinado pela irresponsabilidade de cada político [...] que alimenta seu eleitorado com o pão velho do ódio e a carne estragada do racismo. Ele foi assassinado pela timidez de um governo federal que está disposto a gastar milhões de dólares por dia para defender a liberdade no Vietnã, mas não é capaz de proteger os direitos de seus cidadãos no país. Ele foi assassinado por cada delegado que pratica a ilegalidade em nome da lei. Ele foi assassinado pela covardia de cada preto que aceita passivamente os males da segregação e fica de lado na luta pela justiça.[55]

Dois dias depois, em 5 de março, uma sexta-feira, King e Jackie Robinson foram a Frankfort, no Kentucky, para liderar uma manifestação a favor de um projeto de lei estadual para remover as barreiras raciais nos alojamentos públicos. Lá King conheceu Georgia Davis Powers, uma das pessoas que organizaram a passeata. "Meu coração disparou quando o vi vindo em nossa direção", escreveu Powers ao relembrar o encontro.[56] "A pele dele era cor de mogno [...]. Seus olhos castanho-escuros fitavam diretamente os olhos da pessoa a quem se dirigisse." Conversaram sobre políticas públicas no banco de trás do carro que os levava até a passeata e, depois de encerrados os eventos do dia, conferenciaram de novo. Davis se tornaria a primeira mulher negra a ser eleita para o Senado estadual do Kentucky. Também se tornaria amante de King, segundo suas memórias de 1995, *I Shared a Dream* [Eu dividi um sonho]. "Apesar do sentimento de culpa, eu vinha sempre que ele chamava e ia aonde quisesse", escreveu ela.[57] E acrescentou: "Tinha vezes, quando estávamos juntos, que eu sabia que estávamos sendo vigiados pelo FBI".[58]

Do Kentucky, King foi para Washington, DC, para seu terceiro encontro em três meses com o presidente Johnson. Chegou às 18h22, pois seu voo atrasou por causa do mau tempo. Johnson contou para King que Everett Dirksen, o líder da minoria no Senado, se comprometera a apoiar um sólido projeto de lei pelos direitos de voto. Johnson pediu que King trabalhasse com Nick Katzenbach para elaborar a legislação.

Depois do encontro, os repórteres perguntaram a King se ele pensava em seguir com a marcha de domingo em Selma.

Ele respondeu que dissera ao presidente que "os pretos tinham de continuar com suas manifestações para dramatizar sua dura situação".

Na verdade, porém, no voo de volta para Atlanta, King se sentiu tomado de dúvidas sobre a sensatez — e a segurança — da marcha programada para o domingo.

35. Selma

No dia 7 de março de 1965, mais de seiscentas pessoas marcharam por Selma. Percorreram ruas pelas quais tinham passado a vida toda, de Sylvan a Water e a Broad, onde viraram à esquerda e foram para a rampa ocidental da ponte Edmund Pettus.

Martin Luther King não estava entre elas.

"Foi sugerido", disse King, "que eu ficasse em Atlanta para minhas responsabilidades dominicais na igreja e que mobilizasse apoio nacional para avançar mais."[1]

De início, King mandou os homens não marcharem naquele dia. Foi com relutância que mudou de ideia, cedendo à pressão de James Bevel e Hosea Williams. Desde o começo, havia um clima solene na procissão, relembrou John Lewis. Caminhavam em silêncio, "nem mesmo cantando".[2] O dia estava frio e ventava. Quando chegaram ao topo da ponte, disse Lewis, "vimos um mar de azul, a cavalaria estadual do Alabama e, atrás, o delegado Clark e seu destacamento. Tinham feito um anúncio para que todos os brancos com mais de 21 anos fossem à administração municipal para ser autorizados a agir em nome da lei, integrar o destacamento e deter a marcha".

Os líderes do SNCC tinham decidido que a organização não participaria do ato. Estavam irritados por King ter aparecido de uma hora para outra e roubado a atenção após anos de trabalho do grupo em Selma. Muitos integrantes da entidade queriam formas de protesto mais agressivas do que as preferidas por King. Mas Lewis resolveu se juntar à marcha como indivíduo, e não em seu papel de presidente do SNCC.

O major John Cloud deu ordens com um megafone para que os manifestantes se dispersassem. Quando eles pararam, mas permaneceram no lugar, Cloud ordenou: "Policiais, avancem! Façam recuar!".[3]

Os cascos dos cavalos martelaram o chão e latas de gás lacrimogêneo estouraram. Os manifestantes gritavam e caíam de joelhos, sentindo falta de ar e lutando para respirar.

> "Você via aqueles homens pondo máscaras antigás", disse Lewis. "Vieram para cima de nós, espancando a gente com cassetetes, pisoteando com cavalos, soltando gás lacrimogêneo. Fui o primeiro a ser atingido. Foi na cabeça, nas pernas. Meus joelhos cederam e caí no chão. Pensei que estava vendo a morte. Pensei que ia morrer. E pelo visto um grupo de rapazes me ergueu e de algum jeito me carregou de volta para a igreja da capela Brown.

Philip Henry Pitts observava a mesma cena do outro lado da ponte. Pitts, um rapaz branco que tinha se formado em direito dois anos antes na Universidade do Alabama, era a quarta geração da família no escritório de advocacia Pitts and Pitts, no centro de Selma. Seu pai, W. McLean Pitts, era o advogado municipal da cidade. Agora o jovem Pitts estava sentado num carro de polícia estacionado ao lado do restaurante Glass House Drive Inn, enquanto assistia a manifestantes pacíficos serem tratados com uma violência gratuita. Viu quando os manifestantes fugiram e integrantes do destacamento instigaram os cavalos a persegui-los. Cassetetes dos policiais montados estalavam na cabeça de quem protestava. Gás lacrimogêneo enchia o ar. Espectadores brancos aclamavam da calçada. Alguns se juntaram ao ataque.

"Aconteceu tanta coisa naquela época", relembrou Pitts décadas depois, enquanto atravessava a ponte de carro e estacionava no mesmo local em que estivera naquele dia para fitar a estrutura de aço.[4]

> Algumas coisas você quer lembrar, outras não. Fiquei sentado num carro estacionado ao lado da ponte Edmund Pettus e assisti. *Meu Deus, o que está acontecendo?* Claro que não manifestei nenhuma objeção. Claro que eu sabia que aquilo era errado. *Sabia* que era errado. Nunca manifestei nenhuma objeção. Nem falei a meu pai que sabia que era errado. Era mesmo desumano. Jim Clark tinha homens montados a cavalo golpeando os manifestantes na nuca. Eu sabia que era errado e que alguém devia interromper aquilo. Mas quem o faria? Às vezes me arrependo de não ter manifestado minhas objeções, mas, caramba, eles não teriam me ouvido.

Policiais e homens a cavalo forçaram os manifestantes a recuar para a igreja da capela Brown, voltando ao bairro de maioria negra de Selma. Voavam garrafas e tijolos. Mais de setenta pessoas foram hospitalizadas. Naquela noite, a ABC interrompeu a transmissão do filme *Julgamento em Nuremberg* para mostrar aos telespectadores como era o ódio racial nos Estados Unidos. Por todo o país, as pessoas responderam com protestos espontâneos. Dois dias depois, o prefeito de Detroit, Jerome Cavanagh, e o governador de Michigan, George Romney, lideraram 10 mil pessoas num ato em solidariedade aos participantes da marcha de Selma. Em Chicago, manifestantes fecharam o Loop, centro comercial e financeiro da cidade, no horário de pico.

Enquanto isso, em Atlanta, King fazia planos para voltar ao Alabama e liderar na terça-feira outra tentativa de protesto que fosse de Selma a Montgomery. Ele disse que os advogados solicitaram um mandado de proteção temporária para proibir que dessa vez agentes públicos do Alabama e de Dallas County interferissem. Para ter proteção, King e outros líderes recorreram à Casa Branca e ao Ministério da Justiça. Também enviou um telegrama a líderes religiosos do país, pedindo-lhes que se juntassem a ele em Selma. "No cruel tratamento dado a cidadãos indefesos de Selma", escreveu ele, "em que mulheres idosas e crianças pequenas foram atacadas com gás lacrimogêneo e espancadas de forma aleatória, testemunhamos uma irrupção da doença do racismo que procura destruir todo o país. Nenhum americano está isento de responsabilidade."[5]

No dia seguinte ao ataque sangrento em Selma, o presidente Johnson ligou para o amigo J. Lister Hill, senador sênior do Alabama, para se aconselhar. Johnson disse que não queria ver mais derramamento de sangue, não sabia como se comunicar com George Wallace e não queria apoiar o pedido da SCLC de um mandado de proteção porque, disse ele, ia parecer que "eu podia estar defendendo a maldita marcha".[6]

"É um dilema infernal", disse Hill. "Sem dúvida."

Johnson falou que enfrentava dilemas "todo dia, o dia todo", inclusive uma decisão recente sobre o envio de dois batalhões de fuzileiros navais ao Vietnã do Sul para proteger uma base aérea americana perto de Danang. Estudantes universitários e alguns senadores federais americanos tinham começado a protestar contra a presença militar no Vietnã. Johnson temia se afundar num pântano que podia afogar sua ambiciosa agenda de assuntos internos. O estresse por causa do conflito atrapalhava o sono de Johnson e desgastava seu temperamento, deixando-o deprimindo e convertendo sua vida familiar num "verdadeiro inferno", como disse Lady Bird Johnson.[7]

King retornou a Selma sem saber se manteria ou não a marcha programada para terça-feira. Bevel e Williams queriam ação. Os organizadores do SNCC também. Alguns censuravam King por não ter participado da recente investida na ponte Edmund Pettus, evento que ficou conhecido como Domingo Sangrento. Centenas de líderes religiosos foram à cidade para atender ao chamado de King, sendo que alguns dirigiram a noite toda para chegar a tempo do protesto de terça-feira com apenas uma muda de roupa. Mas as autoridades da Casa Branca queriam que King cancelasse a manifestação. Quando os advogados da SCLC entraram pediram ao juiz Frank M. Johnson Jr., da vara distrital federal, para emitir uma ordem que proibisse o estado de impedir a manifestação, Johnson disse que só avaliaria o caso depois de uma audiência completa mais para o final da semana. O juiz queria que a marcha fosse adiada e disse que emitiria uma ordem para deter o ato se os organizadores não cumprissem o que ele queria.

Quase à meia-noite de segunda-feira, King falou para um público de centenas de pessoas na capela Brown. Seu comportamento, disse uma testemunha, "dava a nítida impressão de que ele estava envolvido em algum conflito profundo com a sua consciência".[8] Primeiro ele disse a seus colaboradores que pretendia adiar a marcha. Então falou que ela continuava de pé.

"Dr. King, você tinha prometido que não ia marchar", disse Katzenbach num telefonema.[9]

"Sr. procurador-geral", respondeu King, "sua experiência não é a de um homem negro nos Estados Unidos nos últimos trezentos anos."

Mesmo assim, King continuava em dúvida. Iniciou uma teleconferência com seus assessores dizendo: "Cavalheiros, estou num dos momentos mais difíceis de minha vida. Tenho de tomar uma decisão muito difícil [...]. Sei que devo fazer isso sozinho".[10] O assessor Harry Wachtel sugeriu uma solução intermediária. King podia andar até a ponte e parar ali. Mas o receio do reverendo era que isso podia fazer parecer que a polícia local e estadual tinha vencido. Por outro lado, ele não queria transgredir uma ordem judicial federal nem conduzir seus seguidores para uma chacina. "Esse pessoal aqui está doido", disse ele na teleconferência, referindo-se aos brancos que se opunham à marcha. "Estão pelas tampas. Neste momento tem quinhentos policiais estaduais lá fora."

Os assessores disseram a King que ele devia marchar sabendo que era provável que fosse preso.

"Minha tendência é [...]", disse ele, "aparecer na igreja na hora em que estivermos nos preparando para marchar, fazer uma declaração rápida e seguir em frente."

"Este é um momento histórico para Martin", disse Bayard Rustin, um dos presentes à teleconferência. "É uma questão moral. Perante Deus, ele não tem outra opção a não ser avançar."

Às cinco da manhã, King ligou para Katzenbach para dizer que haveria a marcha. Mas, ainda de pijama e tendo dormido pouco, King negociou uma solução intermediária com dois enviados por Katzenbach de Washington. Se King concordasse com uma marcha reduzida — que desse meia-volta ao alcançar a ponte —, o Ministério da Justiça asseguraria que a polícia montada estadual deixaria os manifestantes em paz. King topou o acordo.[11]

Ele chegou às 14h55 à capela Brown, onde uma multidão inter-racial de mais de 3 mil pessoas o aguardava. King não mencionou as negociações com o Ministério da Justiça, mas pelo menos alguns manifestantes perceberam pela ausência de mochilas e equipamentos de camping que provavelmente não iriam até Montgomery. "Tenho de marchar", disse King ao público na capela Brown. "Não sei o que nos aguarda. Pode haver pancadaria, prisões, gás lacrimogêneo. Mas prefiro morrer nas estradas do Alabama a massacrar minha alma."[12]

O dia estava límpido e frio. O grupo foi andando devagar pela Sylvan Street, com King e seu irmão A. D. à frente, acompanhados de Jim Bevel, James Farmer, James Forman e outros. Os manifestantes cantavam "We Shall Overcome" e "Ain't Gonna Let Nobody Turn Me Around". Quando o grupo se aproximou da ponte Edmund Pettus, emissários de Katzenbach ficaram ao lado de King e lhe disseram ao ouvido que Jim Clark e Al Lingo, comandante da polícia estadual, tinham concordado em recuar se ele e seus seguidores parassem na ponte. Os manifestantes olhavam os telhados de Selma em busca de atiradores da KKK que, temiam eles, podiam estar à espreita.

King e seus companheiros viram diante de si um bloqueio de cem policiais estaduais de capacete, expressão severa, braços cruzados e pernas afastadas. Dessa vez não havia cavalos nem máscaras antigás, mas os "homens do destacamento" não oficial estavam nas laterais da estrada, e havia ainda oficiais uniformizados empunhando uma variedade de armas.

"Estou lhes pedindo que parem onde estão", gritou o major John Cloud no microfone.

King gritou de volta. Estavam indo a Montgomery para apresentar uma petição ao governador, disse ele. Mas um vento forte vindo do Sul abafou suas palavras.[13]

"Essa marcha não prosseguirá", disse Cloud. "Podem rezar e então voltar para a igreja."

Ralph Abernathy entoou uma oração para centenas de manifestantes ajoelhados: "Viemos apresentar nossos corpos como sacrifício vivo", disse ele.

"Não temos muito a oferecer, mas temos nossos corpos, e hoje os depositamos no altar."[14]

Cloud se virou para os policiais e deu uma ordem inesperada: "Desocupem totalmente a estrada — saiam!".[15]

O paredão de policiais se abriu. A Highway 80 ficou aberta, o caminho para Montgomery estava desimpedido.

"Todos sentiam que tinha acontecido um milagre, que o mar Vermelho se abrira, e iríamos marchar até Montgomery", disse Harris Wofford, um dos manifestantes.[16]

Mas King deu meia-volta.

De volta à capela Brown, ele deu uma explicação frágil:

> Precisávamos pelo menos chegar ao local onde ocorrera a brutalidade. E, quando chegamos lá, deixamos claro que faríamos algum tipo de protesto e culto. Posso lhes garantir que aconteceu no Alabama algo que nunca acontecera antes. Quando pretos e brancos podem ficar na Highway 80 e ter um comício as coisas não estão tão ruins.[17]

O governador Wallace tinha outra opinião: "A lei e a ordem prevaleceram", disse ele.[18]

King podia ter anunciado suas intenções antes da marcha. Podia ter deixado claro que o objetivo naquele dia não era seguir até Montgomery, mas criar um espetáculo de fraternidade, com pastores negros e brancos indo de braços dados até a ponte para logo voltar, em apoio aos direitos ao voto. Em vez disso, essa manobra de última hora trouxe mais críticas. Clérigos que tinham vindo de cidades distantes reclamaram que seus esforços tinham sido desperdiçados.

"Mas que raios foi aquilo?", perguntou Wofford. "Não sei quando 'Martin Loser [Perdedor] King' virou slogan, mas foi a primeira vez que vi crescer aquele e tipo de [...] movimento anti-King."

Ativistas militantes diziam que King tinha acabado com a oportunidade de pressionar o governador Wallace. Para James Forman, do SNCC, foi pior do que isso. Para ele, King firmara uma parceria de fato com o governo federal, servindo de "válvula de escape para o sistema americano esvaziar a pressão" — a mesma que o SNCC e outras entidades estavam tentando criar.[19]

Depois da marcha abortada, três pastores brancos que tinham ido a Selma para participar do protesto foram espancados por milicianos brancos. Um deles, James Reeb, um pastor presbiteriano que morava e trabalhava no bairro Roxbury em Boston, morreu por conta dos ferimentos. As desavenças de King com o SNCC aumentaram quando ele admitiu ter negociado um acordo com as autoridades para a marcha que ficou conhecida como Terça da Meia-Volta. A divergência aumentou ainda mais quando ele anunciou que os protestos seriam suspensos até sair a decisão do juiz Johnson sobre a marcha de Selma a Montgomery.

Alguns dias depois, King foi a Chicago, onde falou para mais de 5 mil pessoas num ofício dominical pela manhã na igreja batista da Liberdade. "Estou muito cansado e abatido", disse ele.[20] "Pergunto-me se todo o meu trabalho é em vão. Mas agradeço a Deus pelo poder e pela força de todos os milhões de pessoas que estão comigo na luta. As manifestações e contribuições pelo país afora têm me dado força para continuar a marchar sem violência com Deus a meu lado."

King tinha uma segunda aparição marcada para aquele dia em Chicago, mas a cancelou, de acordo com as notícias, porque estava com uma grave crise de soluços.[21] Enquanto isso, em Washington, 15 mil pessoas se aglomeravam em frente à Casa Branca para protestar contra a violência e a brutalidade policial no Alabama, e 10 mil pessoas marchavam pelo Harlem, liderados por um grupo de freiras católicas.[22] Milhares de outros participaram de protestos conduzidos na maioria por líderes religiosos, de Portland, no Maine, a Casper, em Wyoming, muitas vezes ao lado de autoridades dos governos locais. St. Augustine, na Flórida, presenciou seu primeiro grande protesto desde 1964, quando King realizou lá uma série de manifestações.

No final daquela tarde, King recebeu um telefonema de Lyndon Johnson. O presidente planejava discutir os direitos ao voto numa sessão conjunta do Congresso que seria transmitida ao vivo pela TV na segunda-feira, dia 15 de março, à noite, e queria que King estivesse lá, sentado ao lado de Lady Bird Johnson. King aceitou o convite, porém mais tarde ligou de volta para informar que não poderia estar presente. Precisava ir a Selma pregar no ofício fúnebre de James Reeb.

Durante toda a campanha de Selma, King ficou num quarto de hóspedes na casa de seus amigos Sullivan e Jean Jackson. Sentia-se à vontade o suficiente com o casal para andar pela casa de pijama azul-marinho, mas às 21h do dia 15 de março se sentou numa cadeira de balanço, ainda de camisa e gravata, para assistir ao discurso de Johnson no Capitólio.[23] Em todo o país, 70 milhões de pessoas estavam com a televisão ligada para ouvir o presidente. Depois de uma breve introdução, Johnson disse:

Às vezes, a história e o destino se encontram num mesmo lugar para criar um ponto de inflexão na busca infindável do homem pela liberdade.[24] Assim foi em Lexington e Concord. Assim foi um século atrás em Appomattox. Assim foi na semana passada em Selma, no Alabama.

Lá, homens e mulheres com uma vida longa de sofrimentos protestaram de forma pacífica contra a negação de seus direitos como americanos. Muitos foram brutalmente agredidos. Um homem bom, um homem de Deus, foi morto.

Não há nenhum motivo de orgulho no que aconteceu em Selma. Não há nenhum motivo de satisfação na longa negação de direitos iguais a milhões de americanos.

O Congresso estava em silêncio.

Raramente, em qualquer época, uma questão desnuda o coração da própria América. Raramente estamos diante de um desafio, não ao nosso crescimento ou à nossa fartura, ao nosso bem-estar ou à segurança, mas aos valores, aos propósitos e ao significado de nossa amada nação.

Os parlamentares aplaudiram.

Esta foi a primeira nação na história do mundo a ser fundada com um propósito. As grandes frases desse propósito ainda soam em todos os corações americanos [...]. "Todos os homens são criados iguais" [...] "governo pelo consentimento dos governados".

Usando uma linguagem que pode ter sido inspirada por King, Johnson passou a descrever como as autoridades estaduais e locais sulinas negavam a milhões de negros o direito de voto e de participar da democracia. As leis anteriores dos direitos civis não haviam resolvido o problema, mas um projeto de lei que ele planejava enviar ao Congresso na quarta-feira tornaria quase impossível recusar o registro de eleitores negros. Johnson continuou:

O verdadeiro herói dessa luta é o preto americano. Suas ações e seus protestos, sua coragem em arriscar a segurança e mesmo a vida, despertaram a consciência desta nação [...].

Ele exige que cumpramos a promessa da América. E quem entre nós pode dizer que teríamos feito o mesmo progresso se não fosse por sua persistente bravura e sua fé na democracia americana?

O presidente, com expressão severa, logo avançou para a conclusão:

> O que aconteceu em Selma faz parte de um movimento muito maior que alcança todos os municípios e estados da nação. É o esforço dos pretos americanos para assegurar para si todas as bênçãos da vida americana.
>
> A causa deles deve ser nossa também. Porque não são apenas os pretos, mas, na verdade, somos todos nós que devemos vencer o legado mutilador do fanatismo e da injustiça.

Ele fez uma pausa e então pronunciou devagar cada uma destas quatro palavras: "E... nós... *vamos*... vencer!".

Pessoas que assistiam levantaram num salto para aplaudir.

Em Selma, Jean Jackson olhou para King.

Ele chorava.[25]

Em 21 de março, em Birmingham, a polícia encontrou quatro bombas-relógio caseiras potentes em bairros negros — numa igreja, numa escola, numa funerária e numa casa particular.[26] Peritos militares as desmontaram antes que explodissem.

Quando as bombas foram descobertas, King lançou outra marcha em Selma, dessa vez com autorização judicial, integrantes da Guarda Nacional do Alabama designados pelo governo federal para protegê-los e provisões o bastante para quatro dias de caminhada até Montgomery, a 140 quilômetros. O dia estava fresco e ensolarado. As pessoas deram os braços e começaram a andar, saindo da capela Brown às 12h48.

The Montgomery Advertiser noticiou: "Eram de muitos tipos e espécies — sacerdotes de colarinho clerical, beatniks de barba, universitários de jeans e suéter, homens e mulheres de idade, adolescentes e bebês".[27]

King comparou seus seguidores aos israelitas escravizados ao deixar o Egito, mas com uma diferença importante: eles não precisavam viajar até encontrar a terra de leite e mel; já estavam ali. "Sabemos que podemos trabalhar dentro da estrutura de nossa democracia para criar um dia mais luminoso", disse ele. "Converteremos o Coração de Dixie num estado com coração de fraternidade e liberdade [...]. O Alabama será um novo Alabama. Seus filhos enfim entrarão na Terra Prometida."[28]

King tinha uma guirlanda havaiana no pescoço, um presente ofertado por uma delegação de manifestantes do Havaí. Perto da ponte Edmund Pettus, um branco numa loja de discos montou um alto-falante para transmitir no volume máximo para os manifestantes a música "Dixie", seguida por "Bye, Bye, Blackbird".[29] Um Volkswagen preto passou pelos manifestantes com cartazes nas portas e nos para-lamas dizendo MARTIN LUTHER KINK [traste]; ANDA, NEGÃO, e NEGÃOVILLE, EUA.[30] Crianças brancas ao lado da estrada gritavam aos manifestantes brancos: "Amante de crioulos!" e "Mestiço!".

Um homem se postou na frente de um restaurante modesto, pôs o polegar na ponta do nariz e ficou abanando os dedos por cerca de vinte minutos, enquanto a procissão passava por ele.

Os manifestantes responderam com sua própria canção: "We Shall Overcome".[31] Saíram de Selma, atravessaram a ponte com o sol às costas e desembocaram num trecho plano da estrada, que passava entre árvores forradas de musgo. Andaram onze quilômetros até chegar ao primeiro acampamento, onde trezentas pessoas, inclusive King, passariam a noite. King dormiu num pequeno trailer rosa e branco, enquanto outros se enfiavam em sacos de dormir dentro de barracas grandes.[32] Soldados guardavam o acampamento. Os que não dormiram lá, voltaram para Selma de ônibus, caminhão ou trem para pernoitar. Na segunda-feira de manhã, os acampados acordaram num pasto coberto de geada, enrolaram os sacos de dormir e retomaram a caminhada. Com bolhas incomodando os pés, King pôs um segundo par de meias.[33] Coretta andava ao seu lado. "Meus pés também não estão muito bons", disse ela. Quando se aproximaram de um posto de gasolina, o proprietário branco bloqueou a entrada e fechou o estabelecimento. Um avião pequeno soltou panfletos que incentivavam empresários brancos a demitir seus empregados negros. O ex--presidente Harry S. Truman, entrevistado em Independence, no Missouri, disse que a marcha era "bobagem" e acrescentou: "Não vão conseguir coisa nenhuma".[34]

King retornou a Selma para uma reunião de equipe e então seguiu para Cleveland, em Ohio, para arrecadar fundos, enquanto a marcha prosseguiu por um dia em sua ausência. Lá, ele alertou que as manifestações no Sul sem dúvida se espalhariam, "a menos que haja uma liderança imaginativa no Norte".[35] De fato, já tinham tido início atos na cidade, com trabalhadores negros reclamando que os sindicatos só aceitavam integrantes brancos.

Na quarta-feira, ele e Coretta se juntaram outra vez aos manifestantes para o trecho final da marcha, já próximo de Montgomery. Naquela noite, eles viram apresentações de uma série de artistas, entre eles Harry Belafonte, Tony Bennett, Nina Simone, Leonard Bernstein, Billy Eckstine, Pete Seeger e Sammy Davis Jr.

No dia seguinte, em 25 de março de 1965, milhares de pessoas de Montgomery se juntaram ao cortejo, inclusive muitas que, menos de dez anos antes, haviam apoiado o boicote de ônibus na cidade. Abernathy calculou que havia 50 mil pessoas ali. A polícia falou que eram 25 mil. Fosse como fosse, era o maior ato já visto em Montgomery, com um rio de gente que parecia interminável, na maioria negros, fluindo pelas ruas do centro da cidade. "Havia freiras de hábito preto esvoaçante de braços dados com líderes sindicais bochechudos que praticavam a discriminação nos sindicatos", escreveu o jornalista Jack Newfield.[36] "Havia rabinos, junkies, crianças, atores, meeiros, intelectuais, empregadas domésticas, romancistas, cantores folk e políticos — 10 mil razões e 40 mil pessoas." Jim Letherer, um homem branco de Michigan, fez toda a caminhada de muletas, pois perdera a perna direita por conta de um câncer na infância. Um idoso, sentado na varanda de casa com a bengala entre as pernas, chorava.[37] "Andando pelo setor preto, me senti como se estivesse outra vez em Paris com o exército de libertação", disse Edward Koch, líder do Partido Democrata da cidade de Nova York que depois se tornaria congressista e prefeito de Nova York.[38] Quando os manifestantes chegaram ao centro da cidade e passaram pelo hotel Whitley, os empregados negros ficaram olhando pelas janelas da lateral do prédio, enquanto os clientes brancos observavam das do outro lado.[39]

A multidão parou e se reuniu na frente do Palácio do Governo, onde havia um palco montado na traseira de um caminhão com a guarda abaixada. Uma bandeira do estado do Alabama e uma da Confederação ondulavam no alto da cúpula branca do Palácio do Governo. Lá dentro, o governador Wallace estava no refeitório e comia rosbife com ketchup.[40] King subiu no palco e olhou as ruas lotadas. Nuvens arredondadas se moviam pelo céu cinzento. A escadaria da igreja batista da Dexter Avenue, o antigo templo de King, estava cheia de gente que subira ali para ter uma visão melhor. Um helicóptero voava em círculos logo acima, e cerca de duas dúzias de policiais com capacetes verdes protegiam os degraus do Palácio do Governo.

King falou devagar e de forma calma.[41] Desde a época em que pregava no púlpito da igreja ali perto, sua expressão havia se atenuado. Já não tinha a pele tão esticada nas maçãs do rosto salientes. Os olhos percorriam a multidão enquanto ele elencava as dificuldades enfrentadas pelas pessoas diante dele, descrevendo queimaduras de sol, roupas encharcadas de suor, pés doídos. Relembrou algo que uma mulher idosa dissera durante os boicotes de ônibus em Montgomery, quase dez anos antes, quando perguntaram a ela se queria uma carona até o trabalho. "Não", respondeu a mulher. "Meus pé tão cansado, mas a alma tá descansada."

King passou então a enumerar as várias razões pelas quais esses manifestantes e os americanos negros em geral podiam estar cansados — dos bombardeios em igrejas, dos assassinatos, da negação do direito ao voto, das escolas precárias, da brutalidade policial e de muitas coisas mais. Mas, apesar de toda a raiva, apesar de toda a dor, insistiu, esse sofrimento fazia parte do processo de redenção. E, uma vez mais, ele situou o movimento moderno no contexto histórico. Os israelitas tiveram de sofrer para ser livres. Cristo teve de ser crucificado para ressurgir. As crueldades do racismo levariam necessariamente ao renascer dos Estados Unidos. "Nunca houve na história americana", disse ele, "um momento mais honroso e mais inspirador" do que o que uniu esses homens e essas mulheres de todas as raças e credos em Selma para marchar com os cidadãos atormentados da cidade.

King falava tanto para americanos negros quanto brancos, lembrando a eles tudo o que tinham em comum. Citou o livro de C. Vann Woodward, *The Strange Career of Jim Crow* [A carreira estranha de Jim Crow], de 1955, que dizia que a segregação no Sul tinha sido utilizada não só para expressar e preservar a supremacia branca, mas também como "estratagema político" para manter os baixos salários dos trabalhadores negros *e* brancos. A elite branca usava a raça para impedir que os trabalhadores se unissem num movimento popular inter-racial. Mas a marcha de hoje, disse ele, oferecia a esperança de que tal divisão pudesse chegar ao fim. Vamos nos unir, disse ele, para marchar contra a moradia segregada, a pobreza, as leis eleitorais restritivas.

"Nossa meta", prosseguiu ele, "nunca deve ser derrotar ou humilhar o branco, mas ganhar sua amizade e compreensão." O objetivo era criar uma comunidade atuante e saudável. "Será o dia do homem como homem."

Quanto tempo vai demorar? A voz dele trovejou ao formular e responder a pergunta, concluindo o discurso:

> Não vai demorar, porque a verdade esmagada no solo ressurgirá.
>
> Quanto tempo? Não muito, porque nenhuma mentira vive para sempre.
>
> Quanto tempo? Não muito, porque colhemos o que semeamos [...].
>
> Quanto tempo? Não muito, porque é longo o arco do universo moral, mas se inclina para a justiça.
>
> Quanto tempo? Não muito, porque meus olhos viram a glória da vinda do Senhor;
>
> Ele está pisoteando a vindima onde estão armazenadas as vinhas da ira;
>
> Ele soltou o relâmpago fatídico de sua terrível e rápida espada;
>
> Sua verdade está em marcha.

36. "O verdadeiro significado do meu trabalho"

Vinte e seis ônibus tinham sido fretados para levar de volta os manifestantes vindos de fora, mas 21 motoristas alegaram estar doentes e não apareceram.[1] Ao anoitecer, havia centenas de pessoas sem transporte no centro de Montgomery. No aeroporto do Campo Dannelly, os horários de partida de muitos voos estavam com atraso. Havia longas filas para usar banheiros e telefones. King, ao ver a confusão no aeroporto, enxergou beleza: "Brancos e pretos, freiras e padres, pastores e rabinos, organizadores trabalhistas, advogados, médicos, empregadas domésticas e vendedores [...], um microcosmo da humanidade do futuro neste momento de luminosa e genuína fraternidade".[2]

Mas, durante o caos, A. Philip Randolph desmaiou.

"Foi minha culpa", disse Bayard Rustin, que se sentia mal por ter insistido que o deão de 75 anos do movimento pelos direitos civis participasse da marcha naquele dia.[3] A polícia propôs levar Randolph para um hospital, mas Rustin não concordou. Os dirigentes sindicais formaram uma barricada em volta do líder, enquanto fotojornalistas registravam o momento. Naquele instante, King chegou. Em silêncio, abriu caminho entre a multidão e disse a Rustin para colocar Randolph no avião particular de Dick Gregory.

"Era Martin Luther King no seu melhor", disse Rachelle Horowitz, que voou naquela noite com Rustin, Randolph e C. T. Vivian no pequeno avião de quatro lugares.[4] "No auge de todo o caos, ele estava calmo e absolutamente decidido a cuidar do sr. Randolph."

Naquela mesma noite, no dia 25 de março, Viola Liuzzo voltou para Selma com seu Oldsmobile 1963 lotado de manifestantes. Liuzzo era uma mulher branca de Detroit de 39 anos, casada e mãe de cinco filhos. Ela incentivava os filhos a questionarem seus preconceitos raciais.[5] Perguntava a eles como se sentiriam se todos os Papais Noéis no shopping fossem negros. E se as revistas de moda colocassem na capa apenas garotas negras? Quando Liuzzo disse à família que estava indo para Selma para ser voluntária, o marido dela, que trabalhava no Teamsters Union, não gostou.

Não era uma luta dela, disse ele.

"É uma luta de todos", respondeu a esposa.[6]

Depois de deixar um grupo de manifestantes em Selma, Liuzzo e outro voluntário da SCLC voltaram a Montgomery para buscar mais gente. Ao passar por um trecho sossegado na área rural de Lowndes County, quatro homens da KKK que estavam em outro carro viram Liuzzo e seu acompanhante. Indignados por verem uma mulher branca com um passageiro negro, os homens dispararam contra o Oldsmobile. Liuzzo morreu. O passageiro sobreviveu.

Na manhã seguinte, J. Edgar Hoover telefonou ao presidente Johnson para dizer que o FBI havia identificado e logo prenderia os assassinos. Um dos quatro homens da KKK, disse Hoover, tinha sido informante do FBI.

> JOHNSON: Você contrata alguém e aí ele ingressa na KKK?
>
> HOOVER: Não, vamos até alguém que está na KKK e o persuadimos a trabalhar para o governo. Pagamos pelo serviço. Às vezes exigem um preço bem alto [...]. Bom, esse homem que temos agora, esse informante, não é um agente regular do FBI. Mas é um daqueles que pegamos, como fazemos com o Partido Comunista, e assim eles nos mantêm informados. E foi uma feliz coincidência que ele estivesse nessa coisa na noite passada. Do contrário, estaríamos procurando uma agulha no palheiro.[7]

King enviou um telegrama a Hoover, cumprimentando-o pelas prisões. Mais tarde, o informante do FBI Gary Thomas Rowe Jr. admitiu ter participado de um ataque aos Viajantes pela Liberdade em Birmingham, em 1961. Também confessou ter matado um homem negro a tiros em 1963. Rowe depôs nos três julgamentos dos acusados de atirar em Liuzzo. No primeiro, o júri não chegou a um veredito e no segundo, absolveu o réu. Apenas no terceiro, um processo federal sobre direitos civis, os réus foram julgados culpados e condenados a dez anos de prisão. A família de Liuzzo entrou com uma ação contra o FBI, dizendo que a agência era responsável pela morte da ativista por causa da negligência com que treinara e utilizara Rowe, mas a ação não teve êxito.

No domingo seguinte ao assassinato, King apareceu no programa *Meet the Press* e disse aos telespectadores que ele e a SCLC pretendiam organizar por todo o país um boicote econômico ao Alabama. As leis e pressões federais não eram suficientes. Ele incentivou sindicatos a se recusarem a transportar produtos do estado sulino, consumidores a mudarem os hábitos de consumo e o governo a suspender verbas para programas federais no estado. O primeiro boicote duraria dez dias, disse King, mas provavelmente se estenderia se o Alabama se recusasse a avançar de forma efetiva rumo à integração. O anúncio foi recebido com críticas, mesmo entre quem costumava apoiar King, inclusive Whitney Young da Liga Urbana e Bayard Rustin.

Os líderes da SCLC se reuniram em 31 de março no hotel Lord Baltimore em Maryland para discutir o futuro da organização. Randolph Blackwell e Harry Boyte defendiam um programa em que pequenos grupos inter-raciais debateriam em comunidades por todo o Sul. Hosea Williams propôs um plano mais ousado: recrutar centenas de voluntários do Norte para ajudar no cadastramento eleitoral em mais de uma centena de condados rurais e em dez cidades do Sudeste. King falou sobre o combate à pobreza, dizendo que vinha pensando mais sobre o assunto desde que que recebera o prêmio Nobel. "Percebo", disse ele, "que preciso estender meu trabalho cada vez mais além das fronteiras do Sul [...] e me envolver muito mais com os problemas do Norte urbano."[8]

Enquanto isso, ele estava preocupado com o amigo Abernathy, que se queixava que nem sempre se sentia reconhecido. Abernathy sentia orgulho por ficar ao lado de King, ir com ele para a cadeia, aquecer multidões para o orador que todos tinham ido ouvir. Eram gestos de luta e de amizade, mas cobravam um preço a Abernathy, que recebia pouco reconhecimento. Depois da cerimônia do Nobel em Oslo, King, após receber um Rolex como parte do prêmio, comprou para o amigo um relógio Bulova de ouro em sinal de agradecimento.[9] Abernathy o usou todos os dias até o final da vida, mas continuava magoado. Mesmo no hotel em Baltimore, ele se aborreceu ao saber que lhe haviam designado um quarto simples, enquanto King recebera uma suíte, segundo as anotações de L. D. Reddick. Em "profundo desespero", segundo Reddick, Abernathy faltou a várias reuniões.[10] A diretoria da SCLC, para acalmá-lo, concordou que devia incumbi-lo de mais viagens independentes, para que pudesse ser mais reconhecido por seu trabalho. Mas King deu um passo além e pediu que a diretoria da SCLC se comprometesse com um plano de sucessão, em que Abernathy o substituiria caso o líder morresse.

No dia seguinte, enquanto os encontros de Baltimore prosseguiam, realizou-se um protesto aprovado pelo FBI em frente ao hotel. Um pastor afro-americano chamado Lightfoot Solomon Michaux liderou cerca de cem fiéis da Igreja de Deus vestidos com sacos de batata. Levavam cartazes com os dizeres "God Save America" [Deus salve os Estados Unidos] e cantavam "Happy Am I". Michaux disse que o boicote proposto por King deixaria milhares de negros do Alabama desempregados. "Estamos sendo levados por Martin Luther King a uma nova revolução perigosa", disse ele, "e eu sou contra."[11] Michaux era o primeiro pastor do país, negro ou branco, a ter um programa próprio na TV. O estudioso Lerone A. Martin o descreveu como "clérigo do FBI",[12] por ser um sacerdote que tinha um relacionamento de explícita colaboração com a agência e utilizava sua posição para atacar King e enaltecer o FBI como um paladino do cristianismo.

Jornalistas brancos do Norte observaram, como escreveu John Herbers do *New York Times*, que "o movimento parece ter assumido um novo caráter militante que não era visível em campanhas anteriores lideradas pelo dr. King".[13] King sempre tinha operado por confronto e sem dúvida não se tornava mais violento. Mas ele e outros ativistas ficavam mais ambiciosos, falando em expandir o trabalho para o Norte e atacando a desigualdade econômica.

Stanley Levison pediu cautela. Selma, disse ele, tinha sido em muitos aspectos o maior triunfo de King. "Selma e Montgomery fizeram de você uma das figuras mais poderosas no país — um líder não só de pretos, mas de milhões de brancos", escreveu Levison a King numa carta de 7 de abril de 1965.[14] King fizera isso sem o apoio de partidos políticos, sindicatos ou benfeitores ricos. Era o mais raro dos líderes — um que conservara sua independência, cujo poder nascia da moralidade e de seu compromisso em aprimorar a democracia, e não derrubá-la. Mas havia um porém. A aliança construída por King, disse Levison, "é basicamente por uma mudança moderada, por melhorias graduais que precisam ser alcançadas sem sublevações excessivas". Se King pressionasse pela mudança no Norte, se continuasse a atacar a pobreza além da raça, poderia perder seguidores e apoio financeiro. "O povo americano não está propenso a mudar sua sociedade para libertar o preto", escreveu Levison. "Estão dispostos a empreender algumas reformas, e talvez importantes, mas não a fazer uma revolução."

No começo de abril, King cancelou seus compromissos públicos e foi para casa descansar. Em Atlanta, tomou um voo com Coretta para Miami e então para Nassau, nas Bahamas, para relaxar ainda mais. Em 17 de abril, num telefonema gravado pelo FBI, Bayard Rustin disse a um de seus parceiros que tinha conversado com um especialista por estar preocupado com a saúde mental de

King. O especialista disse que King sofria de esgotamento, "mas está angustiado com toda a questão sexual, que é mais importante do que qualquer outra coisa", disse Rustin.[15] "Ele disse que é uma forma extrema de nervosismo que só ocorre durante períodos de esgotamento intenso."

Quatro dias depois, Rustin e Andrew Young conversaram sobre a mesma coisa, enquanto o FBI gravava a ligação.

YOUNG: Creio que Martin está muito melhor.

RUSTIN: Bom.

YOUNG: É só que ele está mesmo com esgotamento mental, e isso leva à depressão, e o problema é que aqui ele não consegue descansar de jeito nenhum porque sempre sente que devia estar em movimento. Sente que ir para Nassau é como tirar férias [...].

RUSTIN: É.

YOUNG: E a gente andou pensando se talvez pudesse ter algum tipo de convite oficial de Estado de algum país africano ou algo assim para uma visita.

RUSTIN: Isso daria, mas, Deus meu, se ele for por aí vai ter menos descanso ainda [...].

YOUNG: Bom, tem de ser um convite para fazer alguma coisa específica, senão ele vai ficar com sentimento de culpa [...]. Digo que ele não é mesmo necessário no Alabama e, para ser honesto, com toda essa agitação da KKK e esse pessoal desesperado, acho que não faz sentido ele ficar pelo Alabama o tempo todo.

RUSTIN: Certo.

YOUNG: Então tentei dizer a ele para deixar o programa para mim, para Ralph e mais alguém, e aí talvez você e ele e talvez mais alguém simplesmente saem e vão passar uns quinze dias em algum lugar [...]. Tem alguma universidade em que você consiga arranjar por quinze dias dois compromissos para ele falar, e que a gente consiga convencê-lo a ir?[16]

Em outro telefonema, Rustin e Harry Wachtel conversaram sobre se King precisaria de algo além do descanso e se seria receptivo a um tratamento psiquiátrico.[17] Não chegaram a uma resposta.

Depois das Bahamas, Coretta e Martin voltaram para Atlanta em 17 de abril. Porém não foram para a residência alugada na Johnson Avenue onde moravam desde 1960, mas para uma casa nova. Coretta enfim tinha convencido o marido a se mudar. Na época, o salário anual de King na igreja era de 6 mil dólares. Escolheram uma casa modesta de quatro cômodos no número

234 da Sunset Avenue, no bairro Vine City, uma área de maioria negra e trabalhadora na zona sudoeste de Atlanta. Pagaram 10 mil dólares por ela, o equivalente a cerca de 96 mil dólares em 2022, e contrataram um membro da Ebenezer para reformá-la.[18] Apesar do preço modesto e do gosto conservador de Coretta ao decorá-la, Martin se sentia culpado por considerar o local extravagante demais; ele temia ser criticado por seu materialismo. Aceitou a vontade de Coretta de colocar carpete, mas só no quarto deles, onde as visitas não o veriam.[19] Cobriram o sofá e as poltronas da sala de estar com plástico e puseram um busto de Franklin Delano Roosevelt e uma estatueta de Gandhi sentado na mesa de centro.[20] A casa tinha uma garagem para dois carros, um pátio cercado e uma cozinha moderna. Tinha também uma linha telefônica não grampeada, pois o FBI decidiu não instalar mais uma escuta.

King, porém, não teve tempo de ficar à vontade na casa nova. Foi para Nova York e Boston, onde arrecadou mais fundos e sondou a possibilidade de a SCLC combater a discriminação no Norte. Quando lhe perguntaram em Boston se ele tinha alguma lembrança da cidade de sua época de estudante, King falou que sim, que lembrava como havia sido difícil encontrar um apartamento. "Eu ia a cada lugar que tivesse uma placa anunciando quartos para alugar", disse ele. "Estavam disponíveis até verem que eu era preto, e de repente os quartos tinham acabado de ser alugados."[21]

Ele continuou a viajar quase sem parar durante maio e parte de junho, incluindo uma parada em Louisville, no Kentucky, onde seu irmão A. D agora era pastor da maior igreja negra da cidade, a Batista Sião, o terceiro púlpito que ocupava em quatro anos. Martin comentou com amigos estar preocupado com o alto consumo de álcool do irmão. Mas alguns desses amigos continuavam preocupados com Martin. O boicote econômico do Alabama não ganhara nenhum impulso. Ativistas locais em Selma reclamavam que a causa deles tinha sido abandonada depois da partida de King e das câmeras de TV. As implicâncias mútuas entre a SCLC e o SNCC continuavam. E prosseguiam também os atritos internos da SCLC, que divergia, entre outras coisas, em se a entidade concentraria seu tempo e dinheiro no Norte ou no Sul. King tentava conciliar os interesses, procurando contentar a todos.

Em meados de junho, ele saiu outra vez de férias, passando uma semana na Jamaica. Falou com Andrew Young e outros sobre a possibilidade de um período sabático, talvez de até um ano. Ao voltar, porém, parecia ter desistido da ideia de assumir uma licença prolongada.

Em 2 de julho, num comício da SCLC em Petersburg, na Virgínia, ele declarou que "a guerra no Vietnã precisa ser detida".[22] Seus comentários atraíram a atenção da imprensa — e de J. Edgar Hoover, que interpretou a objeção de King como prova adicional de sua deslealdade. Quatro dias depois, King foi a

Chicago, onde ativistas locais tinham convidado a SCLC para combater a discriminação na moradia, nas escolas, no emprego, no acesso à saúde e na justiça criminal. Fazia anos que King falava que o racismo em Chicago e em outras cidades do Norte, embora muitas vezes mais sutil, era tão negativo quanto a variedade sulina, "uma nova forma de escravidão disfarçada com alguns enfeites", disse ele. Agora os ativistas de Chicago cobravam que King fizesse algo a respeito — montasse um movimento na cidade, como fizera em Birmingham e Selma.

King podia ter recusado. Podia ter ouvido o conselho de assistentes como Andrew Young, que dizia que a SCLC não dispunha de fundos e do pessoal necessários para uma campanha no Norte. Podia ter justificado tirar um período sabático. Depois de uma década de ativismo, merecia uma pausa. Inspirara sulinos negros a se erguer e lutar contra probabilidades esmagadoramente contrárias e os conduzira a diversas vitórias. A Lei dos Direitos Civis de 1964 e a Lei dos Direitos de Voto que logo seria aprovada eram grandes realizações históricas, validando o que ele viera dizendo às pessoas desde o primeiro dia do boicote em Montgomery: que Deus e a Constituição estavam do lado deles e que o longo arco da história se inclinava para a justiça.

King relembrou numa entrevista que, quando começara a pregar em Montgomery, achava que lideraria sua igreja por alguns anos para então se tornar professor universitário. Ainda pensava nisso. "Sonho com o dia", disse ao entrevistador Alex Haley, "em que as exigências hoje postas sobre mim terão diminuído muito." Mas ele não achava que isso ocorreria tão cedo — pelo menos não nos próximos cinco anos. Por ora, disse ele, submetia-se a uma

> autoanálise incessante [...] para me certificar, até onde me é possível, que estou realizando o verdadeiro significado do meu trabalho, que estou mantendo meu senso de objetivo, que estou me prendendo com firmeza a minhas ideias, que estou guiando meu povo na direção certa. Mas, quaisquer que sejam minhas dúvidas, por mais pesado que seja o fardo, sinto que devo aceitar a tarefa de ajudar a tornar esta nação e este mundo lugares melhores para viver — para *todos* os homens, tanto negros quanto brancos.[23]

Ainda era um otimista, disse ele — o suficiente para acreditar que os Estados Unidos poderiam encontrar "a estrada certa para a realização do sonho dos pais fundadores, quando escreveram 'Consideramos essas verdades autoevidentes [...]'".

Mas ele tinha passado a acreditar que isso não aconteceria se mantivesse sua atividade restrita ao Sul. Teria de erradicar o racismo em todos os seus "disfarces ocultos, insidiosos e encobertos", disse ele, a começar por Chicago.

37. "Um momento luminoso"

Naquele ano, ele esqueceu o aniversário de Coretta, mas ela disse que não importava. "À luz de meu próprio envolvimento e compromissos pessoais", escreveu ela, "para mim não é muito difícil entender e perdoar coisas como essa, que às vezes de fato acontecem."[1]

Ela tinha 38 anos e era mãe de quatro filhos, de dois, quatro, sete e nove anos de idade. Em 1965, Coretta passou mais tempo do que nunca fora de casa, trabalhando para o movimento. Em março deu início a uma série de Concertos pela Liberdade na Costa Oeste. Em abril, foi a Detroit para um jantar para homenagear e arrecadar fundos para Rosa Parks, que tivera dificuldade em encontrar trabalho primeiro em Montgomery, depois em Detroit, além de estar com a saúde seriamente debilitada. Parks passara uma década em "profunda insegurança econômica",[2] de acordo com a pesquisadora Jeanne Theoharis, em parte porque outros no movimento se ressentiram com a atenção que lhe era dada. A presença de Coretta em Detroit pode ter sido uma tentativa de reparação.

Em maio, Coretta King falou num encontro da Liga Internacional das Mulheres pela Paz e Liberdade em Chicago. E em 8 de junho foi a única mulher a falar num comício contra a Guerra do Vietnã, que contou com um público de mais de 15 mil pessoas no Madison Square Garden, em Nova York. Antes disso, Martin pedira que Coretta falasse num retiro da SCLC sobre o Vietnã e sobre a responsabilidade da organização em se posicionar contra a guerra. "Falei que o conflito continuaria a drenar recursos de educação, moradia, saúde e outros programas sociais extremamente necessários", relembrou Coretta. "Eu disse: 'Por que você acha que recebemos o prêmio Nobel? Não foi só pelos direitos civis [...]. A paz e a justiça são indissociáveis.'"[3]

Um mês depois, King levantou a questão do Vietnã numa ligação para o presidente Johnson. Ele teve a impressão de que Johnson sabia que "cometeu um erro no Vietnã, mas não sabe como sair disso", disse o líder da SCLC num telefonema gravado pelo FBI.[4] King falou à Dora McDonald, sua secretária, que tinha "batido" com força no presidente quanto a essa questão.[5]

Coretta se via como parceira de trabalho do marido tanto em relação aos direitos civis quanto à oposição à guerra. Ela queria fazer mais, mas se sentia tolhida. "Meu marido considera importante que um dos pais fique em casa para dar segurança a eles [os filhos]", disse ela a um repórter em Seattle. "Mas eu gostaria de estar mais presente para marchar e, se necessário, ir para a cadeia."[6]

Martin, por outro lado, quase nunca ficava em casa sozinho com os filhos quando Coretta viajava. Em vez disso, os King recorriam a amigos e parentes para cuidarem de Yoki, Martin, Dexter e Bernice. Anos depois, Coretta lembrou em suas memórias uma conversa em que disse a Martin que queria ter um papel mais ativo no movimento:

> Numa discussão, ele me disse: "Veja, eu sou chamado [por Deus], e você não".[7]
>
> Respondi: "Sempre senti que também tenho um chamado na vida. Também fui chamada por Deus para fazer alguma coisa [...]".
>
> Ainda não convencido, Martin se virou para mim e disse: "Bom, alguém tem de cuidar das crianças".
>
> "Não tem problema", disse eu. "Isso eu faço."
>
> Parecendo estar um pouco triste, ele perguntou: "Você não é plenamente feliz sendo minha esposa e mãe de meus filhos, não é?".
>
> "Adoro ser sua esposa e a mãe de seus filhos", respondi. "Mas vou enlouquecer se só fizer isso."

Durante uma entrevista para a televisão feita na casa de King em 1965, o entrevistador lhe perguntou se ele tinha ensinado temas do ativismo à esposa. "Bom, pode ter sido o contrário", respondeu King.

> Penso que em muitos pontos ela me instruiu. Quando a conheci, estava muito envolvida com todas as coisas que agora tentamos fazer. Nunca vou esquecer que a primeira conversa que tivemos quando nos conhecemos foi sobre toda a ques-

tão da desigualdade racial e econômica e a questão da paz [...]. Gostaria de poder dizer, para agradar meu ego masculino, que eu a conduzi por esse caminho, mas devo dizer que viemos juntos, porque, quando nos conhecemos, ela estava envolvida de forma tão ativa quanto agora.

A mística feminina, livro escrito por Betty Friedan, tinha sido publicado em 1963 e, em 1965, continuava a ser um enorme sucesso ao descrever a insatisfação generalizada entre as mulheres americanas e ao incentivá-las a declarar: "Quero algo mais do que meu marido, meus filhos e meu lar".[8] A certa altura daquele ano, Coretta começou a trabalhar num ensaio para o primeiro número de uma revista chamada *New Lady*, publicação que se anunciava como "o guia da mulher negra para um novo modo de vida". Quando terminou, o artigo tinha treze páginas de texto e fotos. Coretta deve ter se sentido orgulhosa, pois enviou um exemplar para Rosa Parks.[9] "As mulheres são a espinha dorsal de todo o movimento pelos direitos civis", escreveu Coretta no artigo. "As mulheres [...] possibilitaram que o movimento seja de massa."[10] Era um fato simples e evidente, mas mesmo assim negligenciado.

Em Montgomery, Parks deu o pontapé inicial para o boicote de ônibus, enquanto Jo Ann Robinson e o Conselho Político de Mulheres deram início a ele. Aurelia Browder, Claudette Colvin, Susie McDonald e Mary Louise Smith entraram com a ação judicial federal que levou à decisão do Supremo Tribunal que marcou o fim da segregação nos ônibus do município. Ella Baker foi por muito tempo uma das melhores organizadoras do movimento. Diane Nash ajudou a montar as Viagens pela Liberdade e era um dos membros fundadores do SNCC. Septima Clark e Fannie Lou Hamer lideraram o cadastramento eleitoral em boa parte do Sul Profundo. Em Maryland, Gloria Richardson lutou pela integração e pelos direitos econômicos. E havia um número incontável de mulheres como Coretta Scott King e Juanita Abernathy que sofriam muitos dos mesmos riscos que ameaçavam seus maridos, mas recebiam pouco crédito pelo trabalho que faziam — que consistia não só em marchar e organizar, mas também em cuidar dos filhos, substituir os maridos e aconselhá-los em questões de estratégia, liderança e política. Além de todas essas demandas, Coretta Scott King administrava o lar com um orçamento modesto, pois o marido insistia que a maior parte da renda obtida com seus discursos e escritos fosse para a SCLC.

O título de seu ensaio na *New Lady* era: "The World of Coretta King: Family to Rear, Husband to Love, Home to Manage — and a Cause to Serve" [O mundo de Coretta King: Família para criar, marido para amar, lar para administrar — e uma causa para servir]. No artigo, Coretta expunha com toda a clareza como ela trilhava um caminho que fazia muitas mulheres ambiciosas dos anos 1960 se sentirem perdidas e enraivecidas. Voltava de forma reiterada aos temas da conciliação e da perseverança. O artigo começava assim: "Enquanto meu marido era preparado para o trabalho que está fazendo, sinto que eu era preparada também para ser a companheira [...]. Sinto intensamente que era assim que devia ser".

Coretta lembrava no artigo que, na Faculdade Antioch, ela insistira em fazer seu estágio de licenciatura nas escolas públicas de Yellow Springs, junto com colegas de turma brancas. Mas as escolas eram segregadas, e a direção da Antioch queria que ela percorresse quinze quilômetros até uma instituição integrada em Xenia, Ohio. Ela sentiu "vontade de chorar" quando seus professores e colegas se negaram a lhe apoiar. "Então pensei: 'Sou preta e vou ser preta pelo resto da vida. Não posso me deixar abater por esse tipo de coisa [...]. Vou ter de aceitar isso' [...]. Então adotei a conciliação." Ela aceitava coisas ainda piores, segundo Hosea Williams, que disse ter presenciado várias vezes a forma rude com que King tratava Coretta. "Cale a boca e continue nos bastidores!", gritava ele para a esposa segundo Williams. "Ela se levantava em silêncio e continuava nos bastidores. Martin lhe dizia isso muitas vezes."[11]

Williams com frequência criticava Coretta. Mas se os homens da SCLC não mostravam consideração pela esposa de King, as mulheres a admiravam. Viam uma mulher lutando para equilibrar a dedicação à família e à causa. Xernona Clayton, integrante da equipe da SCLC de Atlanta que às vezes viajava com Coretta, disse que sempre ficava impressionada com a determinação serena que ela demonstrava. Para sair de Atlanta e se apresentar, Coretta não só tinha de ensaiar, organizar a viagem e promover as apresentações, mas também providenciar que os filhos fossem cuidados durante sua ausência. Antes de partir, datilografava uma lista de refeições para a semana, inclusive as sobremesas.[12] Segundo Clayton, mesmo durante uma viagem, sem consultar anotações ou uma agenda, Coretta sabia quando as crianças tinham consulta marcada no médico, quando deviam cortar o cabelo, quando tinham aulas de piano, e conferia sempre para não esquecer nada.[13]

"Coretta Scott King era uma disciplinadora", escreveu seu filho Dexter, "não levava desaforo de ninguém. Paralisava a gente com o olhar."[14]

Segundo Carole Hoover, outra integrante da equipe da SCLC, era muito claro que o dr. King respeitava e confiava na opinião da esposa em questões importantes de estratégia. "Ela era muitíssimo engajada nas coisas que eram importantes para ele", disse Hoover. "Ele valorizava de verdade o pensamento dela."[15]

O pessoal do escritório ouvia boatos sobre a infidelidade de King, em especial sobre seu relacionamento com Dorothy Cotton. "Aquele boato aflorou várias vezes", disse Hoover. "Não acredito que Coretta tenha algum dia acreditado naquilo."

Mas outros na SCLC de fato acreditavam. Quando King voltava para Atlanta de uma de suas frequentes viagens, costumava ir para a casa de Cotton antes de seguir para sua própria casa, disse Stoney Cooks, da equipe da SCLC.[16] Dentro da entidade, considerava-se que o relacionamento vinha de anos. "Só os muito próximos a ele sabiam", disse Cooks, e Cotton "não alardeava".[17]

Mesmo assim, as mulheres da SCLC viam a relação de Coretta e do dr. King como uma parceria sólida, disse Edwina Smith Moss. Prosseguindo:

> Eles não se diziam perfeitos, e Coretta era um elemento muito valioso para o dr. King [...]. Ela era forte e vinha do Sul [...]. Se o dr. King algum dia quisesse desistir, ela não aceitaria. Não tinha medo. Se tivesse, daria para notar [...]. Sabia que o FBI queria romper [...]. Coretta era de aço. Tinha consciência do que é um movimento. Você não conseguiria agir daquela maneira sem uma verdadeira consciência de movimento. Ela era o poder por trás do trono [...]. Não romperia. Se tivesse uma batalha, seria com o dr. King, e não em público [...]. Eles podem ter tido todo tipo de conflito em casa, mas graças a Deus isso ficava em casa.[18]

"É uma grande tentação", escreveu Coretta, "exigir mais atenção de meu marido. Nós mulheres somos assim. Mas tenho de entender que ele pertence ao mundo e, portanto, não pode ser o tipo de marido e pai que gostaria de ser." Fazer sua parte pela causa da liberdade, disse ela, incluía explicar aos filhos por que o pai ia para a cadeia, por que não ficava tanto em casa quanto outros pais e por que, às vezes, não vinha para casa quando a família o esperava.

"Desde o começo considero meu papel muito importante", escreveu ela.

O assassinato do presidente Kennedy a deixou assustada, escreveu Coretta. O de Malcolm X mais ainda. Sentiu-se presa, "fraca e deprimida" depois da morte de Malcolm.

Então, escreveu ela, repetiu a si mesma que ela e o marido e todos os seres humanos eram colaboradores de Deus para construir um mundo de paz e amor. Como concluiu no artigo: "Quando você decide se entregar a uma grande causa, deve chegar ao ponto em que nenhum sacrifício é grande demais. Esta é a primeira exigência que nos é feita em nossa grande luta pelos direitos civis. Ficarei com Martin Luther King Jr., meu marido, enquanto ele os enfrenta".[19]

* * *

"Racismo é genocídio", declarou King em sua primeira coletiva de imprensa em Chicago, em 23 de julho de 1965.[20]

> Quando um homem não consegue ter um bom emprego e um bom salário, ele é um escravo. Quando não consegue ter uma moradia boa e sólida, ele é um escravo. Quando um homem não consegue ter educação integrada, ele é um escravo. "A ser escravizado, prefiro ser sepultado." Acabamos com a segregação racial pela eternidade.

Em sua primeira noite em Chicago, King se reuniu com um grupo de cinquenta ativistas da cidade. No dia seguinte, percorreu apressado um bairro após outro, atrasando-se a cada parada para falar para multidões de trezentas pessoas aqui, quinhentas ali, somando 24 paradas durante o fim de semana com visitas basicamente a igrejas e projetos de moradia popular, enquanto solicitava apoio para uma grande marcha que ocorreria no centro, na segunda-feira, 26 de julho.

Ralph Abernathy, Andrew Young, James Bevel e C. T. Vivian acompanharam King. Coretta ficou em Atlanta. Al Raby, professor e líder de protestos em Chicago, guiou os visitantes. A marcha seria o clímax após um mês e meio de protestos de ativistas locais, que queriam a demissão do superintendente escolar Benjamin C. Willis, cujas políticas eles consideravam responsáveis pelo sistema educacional segregado da cidade. Willis tinha o apoio de líderes municipais e alegava que suas políticas não discriminavam cor, mas as escolas negras eram muito mais lotadas do que as brancas, e quase todas as novas escolas construídas desde 1955 eram segregadas. Com a superlotação das escolas negras, a administração colocou os alunos em salas transportáveis, chamadas com ironia de "Vagões Willis".

Mas os protestos não levaram a nada. Como King pôde ver com clareza já em seu primeiro passeio pela cidade, Chicago não era Birmingham, e nem Willis nem o prefeito Richard J. Daley eram Bull Connor. Mas o racismo permeava a vida de Chicago. Nos anos imediatamente posteriores à Primeira Guerra Mundial, com a migração de famílias negras do Sul e a mudança de um número crescente de famílias negras para bairros brancos, 26 lares negros foram bombardeados. Em 1919, um motim racial deixou 38 mortos, sendo 25 deles negros. Os amotinados incendiaram os lares de mais de mil negros. Em resposta a isso, as autoridades municipais se empenharam ainda mais na segregação. As imobiliárias utilizavam contratos que proibiam que donos de imóveis vendessem ou alugassem suas propriedades para negros, como faziam em outras cidades. Chicago e outros governos municipais demarcavam os bairros negros como áreas de iminente desvalorização no preço dos imóveis — demarcando essas partes da cidade em vermelho e dificultando que os moradores conseguissem financiamento bancário. Quando famílias negras de fato se mudavam para bairros brancos, muitas vezes as famílias brancas saíam de lá.

Aos dezessete anos, Richard Daley era membro do Clube Atlético Hamburg, uma das gangues que tinham dado início ao motim racial de 1919. Alguns anos depois, foi eleito presidente do clube. Agora, como prefeito, ele cortejou e angariou muitos votos negros da cidade. Daley não pleiteava nem implantava escolas segregadas em Chicago. Não precisava. As escolas eram segregadas porque os bairros da cidade eram segregados. As pessoas falavam em segregação de facto para dizer que era um dado da realidade, resultado natural das escolhas dos indivíduos, em contraste com a segregação de jure, determinada por lei. Mas essa distinção era enganosa. A segregação no Norte era tanto de jure quanto de facto; dava-se, em primeiro lugar, em função da lei, das políticas públicas e das práticas empresariais discriminatórias. Os moradores de Chicago que iam e voltavam do trabalho pela via expressa Dan Ryan viam isso com os próprios olhos. O traçado original da pista fora alterado e deslocado em vários quarteirões para criar uma espécie de barreira entre bairros negros e brancos. Não havia nisso nada de natural ou fortuito.

Em 1965, segundo a Liga Urbana de Chicago, 89,2% dos alunos negros do ensino fundamental frequentavam escolas ocupadas por completo ou quase por completo por crianças negras, comparado a 87,8% do ano anterior.[21] Embora aproximadamente metade dos alunos de Chicago fosse negra, eles ocupavam apenas cerca de um quarto de todas as vagas de administração e docência. Bevel, Bernard Lafayette e outros líderes esperavam que essa fosse a primeira de muitas visitas de King a Chicago, e que logo ele pudesse transferir sua atenção da segregação nas escolas para a segregação habitacional da cidade. De acordo com o *Wall Street Journal*, se ele conseguisse converter os protestos escolares numa investida mais ampla contra o racismo institucional, poderia estabelecer "padrões que serão seguidos por líderes do movimento pelos direitos civis numa série de outras áreas urbanas importantes do Norte".

Mas King se deparou com diversos desafios pouco usuais. Um importante pastor local, o rev. J. H. Jackson — há muito tempo líder da Convenção Batista Nacional — incentivou outros clérigos negros a evitar o líder do movimento pelos direitos civis. "Chicago não precisa de nenhum forasteiro vindo aqui para resolver seus problemas", disse Jackson, que já tinha tido atritos com King.[22] Alguns repórteres brancos do Norte que cobriam King em Chicago disseram que ele logo veria que a política racial nortista era mais complicada do que a sulista. Com 100 mil negros nas folhas de pagamento do município, do estado e do condado,[23] e outros milhares vivendo em moradias subsidiadas pelo governo, King poderia achar difícil atrair gente para os protestos. Muitos moradores negros de Chicago, escreveram os jornalistas, relutariam em irritar o prefeito todo-poderoso da cidade. Uma autoridade local previu que, por conta do forte controle de Daley, King teria dificuldade em conseguir duzentas pessoas para marchar até a prefeitura.[24]

Os céticos o consideravam ingênuo.[25] Diziam que ele não entendia a pobreza urbana nem a política do Norte. Mas a questão não era novidade para ele. King viajara por todo o país, conhecendo e falando sobre as condições no Norte desde os anos 1950, como documentou a historiadora Jeanne Theoharis. Mas repórteres e leitores brancos do Norte desconsideravam ou passavam por cima dos comentários de King sobre o racismo nortista. "Em minhas viagens ao Norte", escreveu King em 1965, "fiquei cada vez mais desiludido em relação às estruturas do poder de lá [...] que me recebiam bem em suas cidades e elogiavam profusamente o heroísmo dos pretos sulinos. Mas, quando se falava de questões referentes às condições locais, apenas o linguajar era polido; a rejeição era firme e inequívoca."[26]

King não tinha ido ao Norte por ter descoberto de repente as questões ligadas a pobreza urbana, brutalidade policial e favelas, mas porque dissera todo esse tempo que o Norte e o restante do país tinham um problema. Como escreveu em *Por que não podemos esperar*, "a profundidade do racismo na vida americana" fora subestimada por tempo demais.[27] Apenas a ação de massa dissolveria o estereótipo do homem negro inferior. Apenas um acerto de contas com o racismo o liquidaria. Apenas a "nobre cruzada" do protesto forçaria os americanos brancos a se libertarem da "rede emaranhada de preconceitos" e aceitarem os negros como verdadeiros parceiros numa sociedade democrática.

Após conquistar uma grande vitória com a Lei dos Direitos de Voto, King decidiu mais uma vez não se afastar, mas avançar por essa brecha. Brown v. Board of Education não integrara as escolas do Norte. A Lei dos Direitos Civis de 1964 não integrara bairros nem eliminara favelas. Os protestos não haviam acabado com a brutalidade policial. Mas King não se deteve. Se o racismo nortista era mais insidioso, se o panorama político era mais complicado e se as soluções eram menos óbvias, nem por isso ele abandonaria a esperança. Ao enfrentar o problema e gerar um senso de crise, escreveu ele, os manifestantes obrigariam o establishment a negociar.

King ainda acreditava no poder do protesto não violento, no exemplo de Jesus e no amor. Ainda acreditava, como disse ao chegar a Chicago, que os pais brancos, quando superassem seus medos e analisassem seus corações, entenderiam que as crianças negras mereciam os mesmos bairros seguros e a mesma boa educação que seus filhos.[28] Mais especificamente, na questão da moradia digna, King acreditava que os protestos levariam o governo federal a garantir acesso igual ao mercado imobiliário da casa própria. Depois da Segunda Guerra Mundial, com subsídios e garantias de financiamento, ter casa própria parecia ter se tornado parte central do sonho americano, mas as famílias negras enfrentavam obstáculos sistêmicos.

Num discurso de 1962, chamado "As exigências éticas de integração", King disse que a dessegregação tinha o poder de derrubar barreiras legais, mas não era suficiente: "Algo precisa tocar os corações e as almas dos homens para que se unam espiritualmente, pois é o natural e o correto".[29] Ele tinha reivindicações concretas de reforma em Chicago, mas buscava algo mais, algo maior, algo que transformasse a sociedade americana.

Antes da marcha de 26 de julho, King precisou de atenção médica. As anotações feitas pelo médico que o atendeu em Chicago, Jasper F. Williams, indicavam que o paciente sofria de "1. Fadiga. 2. Bronquite. 3. Leve hipertensão. 4. Motilidade gastrointestinal aumentada, associada à tensão nervosa".[30] King recebeu uma injeção de vitamina B — basicamente um placebo — e chegou com uma hora de atraso para a marcha, que seguiria da fonte Buckingham até a prefeitura. "Os médicos me dizem que não posso ficar dormindo duas ou três horas por noite", disse a repórteres. "Tento, mas não consigo." Depois da marcha, ele consultou o médico pela terceira vez e adiou o voo de partida.[31]

Uma multidão enorme o recebeu na fonte Buckingham, na frente do lago da cidade. *The Chicago Defender* calculou que 50 mil manifestantes compareceram. A polícia falou em 10 mil. A multidão, andando devagar, fechou o trânsito na hora do rush. Assistentes seguravam um guarda-chuva aberto sobre a cabeça de King para protegê-lo do sol. Às 17h12, na esquina da State com a Madison, muitas vezes referida na época como o cruzamento mais movimentado do mundo, King parou.[32] Havia uma multidão a perder de vista, estendendo-se à frente por quarteirões, passando por lojas e restaurantes, sob o elevado ferroviário na Van Buren Street no extremo sul do Loop, atravessando o Congress Parkway e se estendendo atrás na direção da fonte Buckingham e do lago Michigan, de onde partira a marcha. Nenhum carro ou ônibus andava. As pessoas tinham ocupado a cidade. Os espectadores formaram três ou quatro fileiras nas calçadas, aclamando e acenando. King percorreu a multidão com o olhar, sorriu e começou a cantar: "*We shall overcome...*".[33]

* * *

Depois de Chicago, ainda doente e exausto, ele chegou tarde em Cleveland, onde fez uma série de discursos. As cidades no Norte "não estavam agindo da maneira correta com o preto", disse ele.[34] Depois de anos ignorando os problemas sulinos, os nortistas tinham "herdado os problemas do Sul". Agora, disse ele, os Estados Unidos precisavam criar um "Projeto de Lei de Direitos para os Desfavorecidos", como frisara em seu livro *Por que não podemos esperar*, de 1964, para oferecer o mesmo tipo de benefícios de moradia e ensino contidos na Lei de Reajuste de Militares. Só com isso e com um cadastramento eleitoral mais amplo entre os negros urbanos é que o Norte resolveria seus problemas.

Cobrindo a visita de King, o jornal negro de Cleveland, *Call and Post*, advertiu que as pessoas esperavam demais dele, e que o movimento pelos direitos civis começava a parecer um espetáculo de um homem só. King não teria de correr de esquina em esquina conclamando apoio para suas marchas se os líderes nortistas fizessem sua parte, afirmou o jornal. "Dr. King não devia estar em Cleveland pedindo que os pretos se registrem quando, para isso, basta o tempo de irem até o Setor Eleitoral."[35] O título da matéria era "Dr. Martin Luther King não é um super-homem".

Mas King continuou correndo de discurso em discurso, de entrevista em entrevista, de cidade em cidade, até chegar a Washington, DC, para se encontrar com o presidente Johnson e presenciar ele assinar a Lei dos Direitos de Voto, em 6 de agosto de 1965. Com King estavam Roy Wilkins, James Farmer e Rosa Parks, entre outros. Coretta King assistiu à cerimônia pela televisão. Estava em casa cuidando de Marty e Dexter, que tinham tirado as amígdalas. Martin andara tão ocupado que Coretta nem encontrou tempo para contar a ele sobre as cirurgias. Mais tarde ela escreveu que foi uma das poucas vezes em que sentiu pena de si mesma. "Eu me sentia muito solidária com a presença dele lá", escreveu Coretta, "mas também tinha esse sentimento de estar sozinha, de estar totalmente por minha própria conta."[36]

Mais tarde, naquele mesmo dia, quinhentas pessoas protestaram na frente da Casa Branca contra as políticas americanas no Vietnã. King não fez nenhum comentário público sobre a manifestação. Enquanto se preparava para pegar o voo de volta a Atlanta, estava concentrado apenas na lei recém-assinada, que, disse ele, seria "um grande avanço para remover todos os obstáculos ao direito de voto".

Foi, acrescentou ele, "um momento luminoso".[37]

38. Pegando fogo

"Não existe mais movimento pelos direitos civis", disse James Bevel na convenção anual da SCLC em Birmingham.[1]

King não foi tão longe em suas declarações, mas de fato disse que, se a nova lei fosse cumprida, talvez as manifestações de massa deixassem de ser necessárias no Sul.[2]

Os jornalistas sulinos previam uma rápida e ampla mudança política e cultural. Uma quantidade enorme de negros tiraria o título de eleitor. Segregacionistas ferrenhos seriam afastados do cargo. Em municípios e condados com número de eleitores negros maior do que o de brancos, políticos negros venceriam as eleições e assumiriam o poder. Cidadãos negros receberiam uma parcela justa dos serviços públicos, inclusive novas escolas e ruas pavimentadas. Com a integração das escolas, os níveis de qualificação e de renda aumentariam até que, por fim, americanos negros e brancos alcançariam a paridade. Bairros e locais de trabalho se integrariam de forma voluntária. A polícia e o Judiciário aplicariam uma justiça igualitária. Podia levar algumas gerações, mas as mudanças políticas e culturais teriam início, e a vida melhoraria para todos.

"A lei dos direitos de voto traz a promessa não só de restaurar a paz no Sul", escreveu Jack Nelson da sucursal do *Los Angeles Times* em Atlanta, "mas também de criar uma nova área de relações melhores entre as raças [...]. Como certa vez o rev. dr. Martin Luther King Jr. previu, pode ser que [...] mesmo o grandalhão Jim Clark, delegado em Selma, retire seu broche 'NUNCA'."[3]

Esse otimismo parecia cabível, pois as autoridades federais passaram a acionar jurisdições que impunham o pagamento de taxas eleitorais. No Alabama, os eleitores negros começaram a se cadastrar em quantidades sem precedentes — tão grandes que Jim Clark não só retirou seu broche "NUNCA", como também, durante a campanha de reeleição, ofereceu um churrasco para eleitores negros.[4] Mas eles não se deixaram enganar, e Clark não foi reeleito.

Durante uma convenção em Birmingham, a SCLC discutiu propostas para transferir seu trabalho para o Norte. Mas ainda faltava gente. A entidade continuava desorganizada. As pessoas contratadas para criar certa sensação de ordem tinham, uma depois da outra, falhado. Andrew Young assumiu o cargo de diretor-executivo, mas não tinha nenhuma experiência em como liderar uma organização desse porte. "Andy descrevia seu estilo de organização como se fosse um músico de jazz", disse Stoney Cooks, que entrou na SCLC em 1965 como diretor de projetos.[5] "Qualquer um podia dar o tom." Os dirigentes na convenção anual debateram qual seria a melhor maneira de chamar a atenção para a questão da pobreza. Também discutiram se a diretoria da SCLC devia publicar uma declaração de apoio ao apelo de King por um acordo para os conflitos no Vietnã. A organização concordou com uma resolução, que não chegava a ser um endosso, na qual os membros do conselho diretor "reconhecem que a consciência [de King] o leva a expressar sua preocupação [...] e o louvam" por sua postura corajosa. Depois dizia que a finalidade básica da SCLC era lutar pela cidadania plena dos pretos, e que a organização não se envolveria no movimento pacifista nem em assuntos de política externa.

Enquanto a SCLC se mantinha focada nos direitos civis, King declarou a repórteres que ele, de forma individual, falaria de modo mais enfático contra a guerra. Disse que pensava em escrever a Lyndon Johnson e aos dirigentes do Vietnã do Norte, do Vietnã do Sul, da China e da União Soviética para pedir que se reunissem para encontrar uma maneira de encerrar o conflito.

Quando os repórteres perguntaram a King por que ele tinha demorado tanto para se juntar ao movimento pacifista, ele ressaltou que Coretta já atuava na causa, mas que ele sentia ser "fisicamente impossível entrar de cabeça na questão da paz e na questão dos direitos civis".[6] Poderia acrescentar que seus assessores o haviam alertado que isso o faria correr o risco de o presidente Johnson se afastar e prejudicar o movimento pelos direitos civis. King passara anos dizendo que acreditava na não violência e que sua convicção valia para assuntos internacionais. Depois de ganhar o prêmio Nobel da paz, sentiu uma obrigação maior de se opor à guerra. Havia se contido, disse ele, "até chegar ao ponto em que senti que devia me manifestar. O momento é potencialmente tão destrutivo e perigoso que está em jogo toda a sobrevivência da humanidade".

O presidente Johnson tinha acabado de anunciar que seriam enviados mais 50 mil soldados americanos para o Vietnã, elevando o total para 125 mil, o que marcaria o início de uma fase de aumento crescente. A maioria dos americanos apoiava a presença do país no Vietnã. Johnson alertou ao público que não esperasse uma solução rápida. "Não gostaria de profetizar ou prever se será uma questão de meses, anos ou décadas", disse ele. "Permaneceremos no Vietnã."[7]

Após a convenção da SCLC, King tirou férias em Porto Rico. Mas seu descanso foi interrompido por notícias vindas de Los Angeles em 11 de agosto de 1965.

"Naquele dia fazia um calor fora do normal", lembrou Marquette Frye. "Todo o mês de agosto foi quente."[8] Frye, um rapaz negro de 21 anos, atravessava a área de Watts, em Los Angeles, a cerca de um quarteirão de sua casa, quando dois policiais rodoviários estaduais da Califórnia o pararam por suspeita de embriaguez ao volante. Passava um pouco das dezenove horas.

Enquanto ele fazia um teste de sobriedade, cerca de duzentos negros se reuniram na esquina da 116th Street com o Avalon Boulevard. A mãe de Frye, Rena Price, chegou, gritando para o filho e para a polícia. Os dois foram presos. Quando Frye se recusou a entrar na viatura, a multidão aumentou e ficou mais acalorada, segundo o *Los Angeles Times* em parte por "um ódio havia bastante tempo latente em muitos dos espectadores que achavam — com ou sem razão — que a polícia tinha culpa pela brutalidade com os pretos".[9] Chegaram mais policiais. Logo milhares de negros tomaram as ruas. Deram tiros e atiraram pedras e tijolos na polícia, que montou um cordão de isolamento numa área que abrangia oito quadras, mas que foi insuficiente para controlar o tumulto.

"Moro nesta cidade há dezessete anos [...], mas nunca ouvi policiais falarem do jeito como falaram ontem à noite", disse ao repórter uma mulher negra de quarenta anos que presenciara o incidente.[10] "Meu marido e eu vimos dez policiais baterem em um homem. Meu marido falou para eles: 'Ele está algemado'. Um dos policiais respondeu: 'Saia daqui, crioulo. Saiam todos vocês daqui, crioulos'."

Outra testemunha, uma jovem de dezoito anos, disse a um repórter: "Joguei tijolos e pedras e tudo que conseguisse pegar [...] para machucá-los. Estávamos atirando coisas em qualquer branco. Por que não fazer isso com vocês? É o que vocês fazem com a gente".[11]

O dia seguinte foi pior. As pessoas gritavam "*Burn, baby, burn!*" [Queime, querido, queime] enquanto lançavam bombas caseiras, incendiavam prédios e saqueavam lojas. Os incêndios arderam a noite toda, e a multidão não permitia que os bombeiros se aproximassem. A polícia não conseguiu retomar o controle do bairro. O governador enviou a Guarda Nacional.

O romancista Walter Mosley, que na época tinha treze anos e morava em Watts, mais tarde escreveu, na voz de seu personagem literário Easy Rawlins:

> Mas, se você vem lá de Watts, do Fifth Ward ou do Harlem, toda alma que você encontra já foi ameaçada, espancada e presa. Se tem filhos, eles levarão pancada. E por mais que sua memória recue, há ali um espancamento à sua espera. E você vê um homem ser parado por policiais e alguma pobre mãe chorando para que o soltem, e isso fala com você. Você não conhece aquela mulher, não sabe se o homem que está sendo preso fez alguma coisa de errado. Mas não interessa. Porque já viveu isso. E faz um calorão, e você está quebrado, e as pessoas fazem isso com você por causa de sua pele há mais tempo do que a mãe de sua mãe é capaz de lembrar.[12]

O prefeito de Los Angeles, Samuel W. Yorty, e outras autoridades municipais não entenderam. Quatro anos antes, um grupo de pastores negros tentou remover o chefe da polícia municipal, William H. Parker, do cargo. Agora Parker se negava a receber representantes da comunidade negra. "Esses agitadores não têm nenhum líder", disse ele.[13] Durante uma coletiva de imprensa, ele disse a repórteres que o tumulto tinha começado "quando uma pessoa atirou uma pedra e, então, como macacos num zoológico, outros começaram a fazer o mesmo".[14]

A revolta se prolongou por dias. O ativista Dick Gregory tentou acalmar uma multidão descontrolada e levou um tiro na perna, ao que parece disparado por um dos manifestantes.[15] Em cinco dias, os tumultos deixaram 34 mortos, sendo 23 assassinados pela polícia ou pela Guarda Nacional. Mais mil pessoas ficaram feridas. Cerca de 3500 foram presas, em especial por violar o rigoroso toque de recolher imposto em Watts e outros bairros negros da cidade. Pelo menos seiscentas construções foram danificadas, reduzindo grande parte de Watts a cinzas e escombros. Em 16 de agosto, com o toque de recolher e as detenções em massa, a revolta praticamente se encerrara.

Vários colegas da SCLC recomendaram que King evitasse Los Angeles — dizendo que não havia nada para organizar ou liderar e que a não violência não era uma opção. Ele não deu ouvidos à recomendação. Em 18 de agosto, em Watts, King discursou para uma multidão de quinhentas pessoas, que se apinhou na sala de reuniões no segundo andar da Associação de Bairro de Westminster, transbordou nas escadas e chegou à rua.[16]

"Por todos os Estados Unidos", disse ele, "os pretos devem dar as mãos..."

"E tacar fogo!", interrompeu um homem na multidão.

"... e trabalhar juntos de forma criativa."

Outra pessoa voltou a interrompê-lo.

Uma mulher gritou: "Você está falando com o dr. Martin Luther King. Caia fora, seu maluco!".

"Sem querer ofender o dr. King", disse um homem, "precisamos aqui de pessoas como Parker e Yorty — não do dr. King. São elas as responsáveis pelo que está acontecendo."

King falou que se esforçaria para conseguir que o chefe de polícia e o prefeito fossem até o bairro.

"Eles não vão vir aqui", gritou uma mulher. "Você terá de ir até eles."

A multidão silenciou quando King começou a falar de forma emocionada. "Estou aqui", disse ele, "porque no fundo somos irmãos e irmãs, e o que fere vocês fere a mim. Quando sofrem, eu sofro. Quando estão felizes, eu estou feliz [...]. Não somos livres no Sul, e vocês não são livres nas cidades do Norte." (Nesses casos, King, ao usar a palavra "Norte", incluía também o Oeste.) Insistiu que as pessoas não sucumbissem ao ódio contra brancos. "Não esqueçam que, quando marchamos de Selma a Montgomery, foi uma mulher branca que morreu. Brancos e negros juntos — nós venceremos."

Depois do comício, King disse aos repórteres que ele e outros líderes do movimento pelos direitos civis também eram culpados pelos tumultos. E prosseguiu dizendo que, ao longo dos anos, era perceptível que nas cidades grandes do país se acumulavam condições que resultariam em violência, mas não foram tratadas: "Nós como líderes pretos [...] deixamos de levar o movimento pelos direitos civis às massas".

No dia seguinte, King esteve no gabinete do prefeito Yorty, um veterano da Segunda Guerra Mundial e democrata de 55 anos que, com a idade, se tornara mais conservador. Tinha a cabeça quadrada, o cabelo grisalho penteado para trás formando uma onda e um sorriso cordial. Como muitos brancos em Los Angeles, ele não estava acostumado a ver negros se manifestarem na frente dele como naquela semana. King falou ao prefeito que o município precisava de uma comissão de cidadãos para investigar a brutalidade policial. Yorty respondeu que King devia se preocupar com os saques e incêndios cometidos pelos cidadãos pretos, e não com acusações infundadas de brutalidade policial.[17]

A reunião durou duas horas e 45 minutos. Bayard Rustin, que tantas vezes reclamava que King desdenhava o confronto, disse que nunca o tinha visto tão disposto a se envolver num conflito quanto naquele dia no gabinete do prefeito. Yorty "repreendeu Martin na cara dele", lembrou Rustin, dizendo que o líder do movimento pelos direitos civis não era desejado, necessário, nem fazia parte de Los Angeles.[18] King falou para Yorty que a justiça era mais importante do que a política, e que o haviam chamado para ir até lá. "Foi lindo", disse Rustin. "Na verdade, foi um dos melhores discursos que Martin fez, e foi feito sob enorme tensão."

Numa coletiva de imprensa após a reunião, enquanto King criticava com educação as autoridades municipais, o prefeito Yorty ficou de lado e cobriu o rosto com a mão, como se não tolerasse ver o que estava acontecendo.

King ficou "absolutamente arrasado" com a pobreza devastadora e o sentimento de desesperança que viu em Los Angeles, disse Rustin. Ele não dispunha de uma organização que pudesse trabalhar com os problemas enfrentados pelos negros de cidades grandes em geral ou de Los Angeles em particular, mas tinha um número de telefone. Ele era um dos poucos americanos negros que podia ligar para a Casa Branca e ser atendido, ou pelo menos logo retornariam a chamada. E foi o que ele fez. No final do dia 20 de agosto, conversou com Lyndon Johnson.[19]

KING: Alô?

JOHNSON: Sim, dr. King.

KING: Sim, senhor presidente. Como vai?

JOHNSON: Bem, muito bem [...]. Achei excelente sua declaração de ontem [...].

KING: É, pois é, estamos aqui numa situação difícil.

JOHNSON: Bom, está difícil em todo o país.

O presidente o atualizou sobre os avanços na mais recente legislação contra a pobreza e perguntou a opinião dele sobre a situação em Los Angeles.

KING: A esta altura, não estou otimista sobre o possível resultado [...].

JOHNSON: Aliás [...], peguei sua declaração do outro dia [...]. Falei que o que precisamos fazer é [...] encontrar uma solução e corrigir essas condições onde a moradia e os guetos e as ratazanas estão comendo as crianças e as escolas e a fome e o desemprego e assim por diante.

KING: Sim.

JOHNSON: São todos filhos de Deus, é melhor cuidarmos disso.

KING: Sim, sim.

JOHNSON: Eu só queria lhe dizer que falei isso. Desculpe interromper. Continue.

KING: Não tem problema. Mas, em minha reunião com o chefe de polícia Parker e o sr. Yorty — prefeito Yorty —, senti que são absolutamente insensíveis ao problema e às necessidades, a sanar de verdade a situação [...]. Receio que, se não for feita alguma coisa para dar uma nova esperança às pessoas daquela área — e são muito pobres —, pode se desenvolver aqui uma guerra racial em grande escala. E estou preocupado com isso, naturalmente, porque sei que a violência [...] não ajuda.

JOHNSON: Tem razão. Bom, o que devemos fazer a respeito? Qual sua recomendação?

KING: Se conseguirem, nos próximos dias, que esse programa contra a pobreza chegue a Los Angeles, creio que ajudaria muito.

Johnson disse que o consultor de direitos civis da Casa Branca, Lee White, ligaria para King no dia seguinte para falar sobre programas de combate à pobreza para Los Angeles. Disse-lhe também: "melhor pensar bem" num jeito de ajudar a promover a próxima conferência da Casa Branca sobre os direitos civis e a agenda presidencial contra a pobreza.

JOHNSON: Ando vendo você na televisão todas as noites. Você faz uma coisa sensata, justa, correta. Creio que você devia dizer que o presidente reconheceu isso meses atrás e conversou comigo a esse respeito... Não podemos esperar. E precisamos ter alguns desses programas de moradia. Precisamos nos livrar desses guetos. E precisamos tirar essas crianças de onde são comidas pelas ratazanas à noite e precisamos ofertar alguns empregos.

Johnson disse estar preocupado que seus quatro anos de trabalho com direitos civis seriam obscurecidos por tumultos, pela Guerra do Vietnã ou por ambos. Comentou com King que era chamado de fraco pelos rivais políticos. "A multidão já não me apoia mais", disse o presidente.

JOHNSON: Todos ficaram também com a impressão de que você está contra mim no Vietnã. Não deixe essa impressão. Eu quero a paz tanto quanto você e ainda mais porque sou o sujeito que teve de acordar hoje de manhã com cinquenta fuzileiros navais mortos. Mas esse pessoal não senta a uma mesa de conferência e estou...

King o interrompeu — coisa que raramente fazia quando conversava com Johnson.

KING: Já falei isso, senhor presidente. Estou interessado na paz, e deixei claro [...] que no momento atual [...] duas coisas. Primeiro, que é simplesmente insensato falar numa retirada unilateral dos Estados Unidos. Por outro lado, o senhor propôs catorze ou quinze conversas incondicionais, e foi Hanói [...].

JOHNSON: Certo [...], essa é a posição perfeita.

Johnson falou que queria que King se encontrasse com o embaixador americano na ONU, Arthur Goldberg, para saber melhor o que ele estava "tentando fazer nos bastidores" para encerrar o conflito no Vietnã.

JOHNSON: Não deixemos que este país fique dividido.

King disse que conversaria com Goldberg na semana seguinte, e Johnson respondeu que Lee White ligaria para King no dia seguinte para falar sobre um programa de assistência para o povo de Los Angeles.

JOHNSON: E agora, tem alguma outra sugestão?

KING: Bom, a principal é mesmo essa.

JOHNSON: Agradeço que faça isso. É de fato como pode dar certo. Você fez um bom serviço indo até lá e tentando oferecer alguma liderança, e então me ligue para informar se tem alguma sugestão ou recomendação, pois estou a um telefonema de distância, se tiver dinheiro para pagar, e, se não tiver, ora, ligue a cobrar.

King riu e os dois se despediram.

39. Cuidado com o dia*

Dez anos antes, durante o boicote de ônibus em Montgomery, King acreditou que aquela era uma oportunidade para os americanos negros "se tornarem instrumentos de uma grande ideia", difundindo a mudança social não violenta por todo o país e pelo mundo. Agora ele parecia muito mais pessimista, como se o momento tivesse passado.

Num ensaio para a *Saturday Review*, uma revista voltada para leitores de boa situação econômica e cultural, King escreveu: "As chamas de Watts iluminaram não só o céu da Costa Oeste; elas lançaram luz sobre as falhas do movimento pelos direitos civis e a trágica superficialidade da política racial branca nos guetos explosivos".[1] Segundo alguns informes, a chamada Guerra à Pobreza do presidente Johnson rendia resultados, como a redução da fome e mais crianças matriculadas em programas de educação infantil. A pauta de Johnson parecia uma resposta às antigas reivindicações de King. Mas agora não parecia suficiente. Muitos líderes negros temiam que o compromisso de Johnson com a justiça racial estivesse enfraquecendo. De acordo com a historiadora Sylvie Laurent, King tinha uma consciência cada vez maior de que mesmo legisladores liberais "não lidariam de forma espontânea com as raízes estruturais da desigualdade racial e da exploração de classe".[2]

* "*Beware the day*", verso do poema "Warning", de Langston Hughes. (N. T.)

King escreveu que, na década anterior, enquanto o Sul tinha avançado, as condições para os negros no Norte haviam estagnado ou deteriorado. Bairros nortistas tomados pela pobreza tinham, de modo geral, ficado ainda mais pobres e isolados. Escolas em cidades grandes tinham se tornado mais segregadas em termos raciais e econômicos. A brutalidade policial prosseguia, "racionalizada, tolerada e, via de regra, negada".[3]

King escreveu que, embora tivesse sido tratado de maneira respeitosa pela maioria dos prefeitos de cidades grandes do Norte, mesmo assim estava convencido de que "a cegueira, a obtusidade e a rigidez" deles em relação aos direitos do povo preto "só seriam alteradas por um movimento dinâmico". Estava preparado, escreveu ele, para liderar tal movimento, mas acrescentou: "A tarefa crítica será convencer os pretos levados ao ceticismo de que a não violência é capaz de vencer".

O ensaio de King na *Saturday Review* refletia sua preocupação com as condições e o potencial de violência no Norte. "Mas para o sóbrio parecer de Martin Luther King", escreveu o *Chicago Defender*, "as ruas das cidades grandes americanas estariam inundadas de sangue."[4] Não era uma preocupação nova para King. Quando cursou o Seminário Teológico Crozer, na época em que estudava os escritos do teólogo Walter Rauschenbusch, ele escreveu: "Devo me preocupar com o desemprego, os cortissos [sic] e a insegurança econômica".[5] No discurso do Nobel, dissera que acabar com a pobreza e a guerra era tão urgente quanto acabar com a injustiça racial. Retornava a uma das lições básicas que lhe tinham sido ensinadas na infância, na escola dominical da igreja batista Ebenezer, como disse o historiador e ativista pelos direitos civis Timuel Black: "A história do dr. King é uma história humana. A mãe e o pai, com seu compromisso religioso, lhe inspiraram o sentimento de que pessoas como ele tinham a obrigação de fazer deste mundo um lugar melhor".[6] Por mais desoladora que fosse a perspectiva, King voltou a acreditar na natureza moral do universo. Mesmo que na época a causa parecesse desesperançada, ele se sentia compelido a agir, a amar. "Você percebe essa sensação de obrigação", disse Black, "quando está perto de um homem assim."

Em 30 de agosto de 1965, no início do novo ano letivo, milhares de crianças negras na Geórgia se matricularam pela primeira vez em escolas que por muito tempo tinham sido exclusivas para brancos. Entre elas estavam Yolanda King, Martin Luther King III, Juandalynn Abernathy, Donzaleigh Abernathy e Ralph Abernathy III, inscritas na escola Spring Street, em Atlanta. Não houve nenhum surto de violência ou protesto significativo no estado, segundo o *Atlan-*

ta Constitution, que informou que as escolas na Geórgia, ao se integrarem, assegurariam que o governo federal continuaria a lhes destinar 55 milhões de dólares em subsídios, além de mais 40 milhões de dólares em novas verbas. "Tudo está tranquilo", disse B. B. Harris, superintendente escolar em Gwinnett County, onde naquele dia 58 crianças negras compareceram à instituições até então exclusivas para brancos.[7]

Mas, mesmo depois de os King e os Abernathy presenciarem em primeira mão alguns dos avanços que o movimento deles ajudara a criar, os líderes da SCLC não tinham nenhum plano detalhado de ação para ampliar a abrangência de seu trabalho. Dentro da organização, o moral estava baixo. Havia poucas doações. O projeto de cadastramento eleitoral de Hosea Williams afundava e enfrentava acusações de má administração. Randolph Blackwell, diretor de programas da organização, e C. T. Vivian, diretor de afiliadas, ameaçavam sair. King disse à equipe que tinha muita vontade de começar a trabalhar em Chicago, mas Andrew Young e outros receavam que a entidade não tinha verba nem pessoal para lançar uma grande iniciativa numa área nova. De acordo com Young, a melhor maneira de ajudar no Norte era registrar eleitores negros no Sul e alterar o equilíbrio da política nacional. "Tivemos êxito no Alabama porque conhecíamos todo mundo", escreveu ele.[8] Mas em Chicago eles não conheciam quase ninguém.

"Minha impressão", escreveu Dorothy Cotton, "era de que o grupo que nos recepcionava em Chicago não estava pronto para o tipo de movimento que costumávamos fazer no Sul."[9] Mesmo Bayard Rustin, que morava em Nova York, defendia que King e a SCLC deviam se ater ao cadastramento eleitoral sulino "e deixar as áreas urbanas do Norte para outros grupos".[10]

King passou por cima de todos ao dizer que a crise era grande demais para ser ignorada e que o apoio à campanha em Chicago aumentaria quando o trabalho estivesse em andamento. "O estado de ânimo atual determina que não podemos esperar", disse ele. "Devemos [...] nos comprometer com um programa abrangente."[11]

Cotton lembra que os integrantes da equipe de King raramente discutiam depois de ele tomar uma decisão. "Quando a equipe ficava quieta depois de o dr. King falar", escreveu ela, "era porque ele tinha sido convincente — vindo de um lugar dentro de si mesmo ao qual não podíamos nem queríamos nos contrapor."[12] Mas, mesmo depois de ter tomado sua decisão e ter prevalecido sobre outros colaboradores, King poderia ter iniciado o trabalho em Chicago tendo em mente uma meta mais bem definida. Poderia ter se baseado nos três anos de trabalho já realizado por Al Raby e outros ativistas locais e se concentrado na discriminação nas escolas públicas da cidade. Em Birmingham e em Selma, a SCLC aprendera a simplificar os objetivos, em parte para que o público e a imprensa tivessem mais facilidade em entender as reivindicações dos manifestantes. Mas isso não foi feito em Chicago, e essa decisão foi deliberada. James Bevel havia defendido que os problemas em Chicago — e em todo o Norte — tinham de ser definidos de forma ampla. A exploração econômica estava na raiz de todas as questões, como King afirmava com uma frequência cada vez maior, inclusive nos casos de qualidade inferior na educação, emprego discriminatório e moradia segregada. "Vamos criar uma nova cidade", alardeava Bevel. "Ninguém vai nos deter."

Enquanto a equipe montava os planos, King foi a Nova York para uma reunião com Arthur Goldberg, embaixador dos Estados Unidos na ONU, em 10 de setembro. King disse que falava como "pastor empenhado em trazer a ética cristã para atuar sobre os males sociais de hoje".[13] O encontro dos dois se prolongou por mais de uma hora. Goldberg disse que os Estados Unidos buscavam um fim honroso para o conflito no Vietnã, mas que não seriam "forçados a sair". King falou que estava "profundamente angustiado" com a guerra. Também disse ao embaixador que achava que os Estados Unidos deviam acolher a República Popular da China na ONU.

Os comentários de King geraram críticas incisivas do senador Thomas J. Dodd, democrata de Connecticut, membro do Comitê de Relações Exteriores do Senado e amigo próximo do presidente Johnson. Dodd falou que King não tinha "absolutamente competência nenhuma para falar sobre questões complexas de política externa" e pecava por "nada menos que arrogância" ao tentar desgastar o presidente e os Estados Unidos.[14] O senador disse que sempre defendera King quando afirmavam que ele estava "sob influência comunista", mas agora ele atraía muitas outras críticas. Em tom de ameaça, Dodd declarou que, pela legislação federal, era ilegal cidadãos privados se envolverem por conta própria em atividades de política externa. E o fato de King ter levado Bayard Rustin para o encontro com Goldberg não o ajudou em nada. Strom Thurmond, senador da Carolina do Sul que no ano anterior tinha saído do Partido Democrata e se filiado ao Republicano, qualificou a decisão de Goldberg de se encontrar com King e Rustin de "uma desgraça para o país".

A maior parte da imprensa negra aplaudiu a posição de King. "Dr. Martin Luther King, às vezes chamado de O Sinhô mesmo por alguns de seus admiradores mais ardorosos, vem recebendo nos últimos tempos tijolaços", escreveu Poppy Cannon White no *New York Amsterdam News*.[15] "Parece que ele anda se metendo em questões que não lhe dizem nenhum respeito. Como o destino de toda a espécie humana!" Ela continuou: "Ele podia, se quisesse, repousar sobre seus louros. Em vez disso, ergueu a voz. Falou em alto e bom som contra nossa loucura nacional no Vietnã e pediu a chance de usar o prestígio do prêmio Nobel da paz como deveria — nos interesses da paz". Jackie Robinson, embora não endossasse essa posição em relação ao Vietnã, criticou Dodd e os líderes negros que não se uniram a King.[16]

Mas as críticas na mídia branca o deixaram irritado. Na noite do dia 12 de setembro, um domingo, ele participou de uma teleconferência com alguns de seus principais assessores: Levison, Young, Wachtel, Clarence Jones e o ativista negro Cleveland Robinson. King disse ao grupo ter certeza de que Lyndon Johnson tinha orquestrado o ataque de Dodd e que isso sugeria que King e o presidente se encaminhavam para um confronto sério.

"Já saíram editoriais desagradáveis sobre o que eu disse", falou King na teleconferência, acrescentando:

> A crítica que mais me afeta é a que diz que estou embriagado pelo poder e que acho que posso fazer qualquer coisa porque ter recebido o prêmio Nobel me subiu à cabeça, e os verdadeiros motivos de minhas declarações nunca são revelados [...]. Não, não tenho mesmo força para combater essa questão e seguir em minha luta pelos direitos civis [...]. A outra coisa é que, quanto mais profundamente você se envolve, mais precisa ir e tomar posições e fazer discursos e aparições, e já estou sobrecarregado e quase esgotado emocionalmente.[17]

A maioria dos assessores recomendou que King reduzisse seus comentários sobre o Vietnã, pelo menos no curto prazo, para não ser arrastado para mais controvérsias. Apenas Robinson, um sindicalista nascido na Jamaica, discordou. "Eu não teria medo disso", afirmou ele a King e aos outros na teleconferência, que foi gravada pelo FBI. "O que Martin disse está totalmente certo e pode iniciar um movimento entre as pessoas, e não haveria coisa melhor."

Os homens conversaram de novo no dia seguinte, e dessa vez incluíram na teleconferência Bayard Rustin e Walter Fauntroy, da SCLC de Washington, DC.

King disse: "Minha estrela está se apagando [...]. Quero deixar a questão de lado por um tempo porque o ponto central para mim são os direitos civis [...], mas em hipótese nenhuma vou deixar de falar sobre a paz quando considerar oportuno e necessário". O objetivo da teleconferência, para King, era conseguir que seus assessores o ajudassem a combater a imprensa negativa. Queria espalhar a mensagem, disse ele, de que "não sou um maluco à solta", que tinha o direito de expor suas opiniões sobre o Vietnã e que não comprometeria seu trabalho com direitos civis para falar da guerra.

Robinson, mais uma vez, incentivou King a lutar: "Pela primeira vez um negro de grande estatura está falando sobre essa questão [...]. Essa é a chave de todo o problema".

Mas nem todos os assessores de King eram tão compreensivos. Mais tarde no mesmo dia, numa conversa telefônica com Wachtel, Rustin criticou King pelas declarações sobre o Vietnã e a China.

"O sentimento do preto simples está contra Martin", disse Rustin, "porque estão dizendo: 'A China não é problema nosso. A gente não tem liberdade aqui. Que porra está acontecendo com King. Melhor ele largar essa China de merda e ajudar a gente a resolver nossos problemas [...]'. Martin está preocupado só com a imprensa. Ele enlouqueceu com a imprensa."

Wachtel falou em "voltar aos trilhos" ao focar Chicago, em vez do Vietnã. Mas Rustin disse que King tampouco tinha algo a ver com a cidade. Precisava se concentrar no Sul.

"Então vamos pôr em andamento uma campanha no Sul", disse Wachtel.

Em outra teleconferência, no dia 28 de setembro, King falou que estava com um compromisso marcado para falar no quinquagésimo aniversário da Liga Internacional de Mulheres pela Paz e Liberdade, entidade com a qual Coretta estava envolvida fazia muitos anos. "Não vejo como, naquela plataforma, eu posso deixar de falar sobre a paz e o Vietnã", disse ele. Falou também que tinha marcado uma aparição no mesmo programa em que estaria Staughton Lynd — objetor de consciência, historiador radical e ativista pacifista —, e que a participação dele podia atrair críticas negativas da imprensa.

"Você tem aí um problemão [...] e acho que não devia ir", disse Rustin.[18]

"Bom, não quero fazer feio com Lynd", respondeu King. "Ele é meu amigo."

Wachtel perguntou se ninguém poderia ler o discurso em nome dele.

"Bom, Coretta poderia", respondeu King.

"Acho que Martin devia continuar basicamente como líder do movimento pelos direitos civis, e não um líder pacifista", disse Levison.

Os homens concordaram que King podia aparecer no evento sem nenhum problema se falasse sobre sua oposição moral à guerra e não entrasse em detalhes. Mas mais uma vez, em uma ligação posterior, Rustin reclamou com Wachtel: "Um dia desses ele vai levar o maior tombo por não ter coragem moral de discordar de ninguém, a não ser de seus assessores. Ele disse que Staughton Lynd é um amigo e não quer fazer feio com ele. E quem é Staughton Lynd, porra?".[19]

Nos dias iniciais do boicote de ônibus em Montgomery, quando King se vira lançado de forma inesperada a uma posição de liderança, Rustin insistira para ele pensar para além dos ônibus de Montgomery e avaliar o potencial de um movimento nacional amplo. Agora, quando King ampliava seu papel para tratar das questões da pobreza, do militarismo e do racismo nortista, Rustin tentava segurá-lo. Talvez achasse que esse era o caminho mais prático. A SCLC era um verdadeiro estudo de caso sobre o caos organizacional e estava prestes a assumir uma missão numa cidade nova, com a qual o líder da entidade não tinha nenhuma experiência e para onde não havia um plano específico. Essa missão lançaria King contra o prefeito Daley, um oponente político que era muito mais astuto e poderoso do que Bull Connor ou Jim Clark. A perspectiva era sombria. Mas a frustração de Rustin com King talvez viesse também de um preconceito do próprio Rustin: ele não conseguia se identificar com a fé de King em Deus, por mais que lhe fosse explicado.

Logo após falar com seus assessores, King escreveu numa coluna de jornal:

> Acima de tudo e em primeiro lugar, sou um pastor do Evangelho. Como clérigo, na tradição profética judaico-cristã, eu não seria honesto se não dissesse, com todas as forças de que disponho e em todas as ocasiões que aparecem, que acredito que a guerra é errada [...]. Como pastor, não posso advogar a paz racial e a não violência apenas para os negros, nem apenas para os brancos, nem apenas para os amarelos [...]. Se um homem de Deus não vê isso, se não procura ajudar a trazer a paz na terra e a boa vontade entre os homens, ele não é propriamente um porta-voz do Cristo que previu, séculos atrás, que quem vive pela espada perecerá pela espada.[20]

Outros, porém, entendiam e valorizavam as crenças de King. No Vietnã do Sul, um monge budista e ativista pacifista chamado Thich Nhat Hanh publicou uma carta aberta a King, na qual aplaudia a abordagem ecumênica da ação social adotada pelo pastor americano. "Visto que você está engajado numa das mais duras lutas pela igualdade e pelos direitos humanos, tenho certeza de que é um dos que entendem de forma plena [...] o sofrimento indescritível do povo vietnamita", escreveu ele.[21] O monge citou a seguir os escritos de Paul Tillich, Reinhold Niebuhr e outros favoritos de King. "Os maiores humanistas do mundo não ficariam em silêncio. Você não pode ficar [...]. Não pode ficar em silêncio porque já está em ação, e está em ação porque, para você, Deus está em ação também."

No jantar de Ação de Graças daquele ano, os King serviram peru recheado e tortas e bolos de sobremesa. Além de Martin, Coretta e os quatro filhos, havia cinco convidados: Marian Logan, membro do conselho diretor da SCLC, e o marido, dr. Arthur Logan, que tinham vindo de Nova York para visitar King, e três jovens funcionários da SCLC. Um deles, Stoney Cooks, ficou impressionado com a simplicidade do lar dos King. Não era o que tinha imaginado.

King se sentou à cabeceira da mesa e fez uma breve oração antes de comer. Coretta se sentou no meio, entre os adultos e as crianças. Não havia empregados domésticos. Coretta serviu os pratos enquanto Martin e os convidados interagiam.

O Vietnã dominou a conversa. Cooks disse ter a impressão de que ele e os outros dois jovens tinham sido convidados porque King queria ouvir o que pensavam sobre a guerra. Os Logan afirmaram de forma taxativa que achavam um erro King se opor publicamente à guerra, porque desviava a atenção de seu importante trabalho com os direitos civis. Os três rapazes, disse Cooks, tinham cuidado para não falar de modo ousado demais, mas comentaram com King que viam entre os amigos uma grande dose de preocupação com a escalada do conflito no Vietnã.

"O dr. King puxou o assunto", disse Cooks. "Era como se fosse um fardo sobre ele."[22]

40. Chicago

Eles foram atingidos pelo cheiro de urina ao entrar no novo lar temporário.

O apartamento de Chicago era "sujo [...], sem luz no corredor, uma lâmpada fraca no alto da escada", comentou Coretta anos mais tarde.[1] Viu depois que o fedor ocorria porque a porta da frente do prédio ficava sempre aberta, "e os bêbados entravam vindos para usar o corredor como banheiro".

Ela e Martin chegaram ao apartamento — no número 1550 da South Hamlin Avenue, em North Lawndale — na tarde fria de 26 de janeiro de 1966, uma quarta-feira. A temperatura ali não era muito diferente de como estava lá fora. Os repórteres que tinham ido encontrá-los notaram que a sra. King, em seu "casaco de pele de carneiro com gola de vison",[2] conforme descrito pelo *Chicago Tribune*, parecia deslocada naquela pocilga de janelas sujas, piso quebrado e banheira encardida.[3]

"Tenho de estar aqui com as pessoas", disse King. "Posso me inteirar mais da situação se estiver aqui com quem vive e sofre aqui."[4] Ele e Bernard Lee planejavam passar três dias por semana no apartamento, disse King, e Coretta viria sempre que sua agenda permitisse. Em vista da qualidade e da localização do imóvel, o aluguel era caro: noventa dólares por mês, ou cerca de 830 dólares em valores de 2022.[5] Os organizadores da SCLC compraram móveis usados para o apartamento.

King fora avisado sobre os perigos de Chicago. Mas o que preocupava seus amigos e aliados não eram ratazanas, gangues ou casas caindo aos pedaços; o que temiam era o panorama social e político. A população negra de Chicago aumentara rapidamente na primeira metade do século XX com a vinda de famílias sulinas durante a chamada Grande Migração. Mas a cidade não se mostrou grande para muitos migrantes. As famílias negras se aglomeraram no South Side, delimitando ali um território próprio, como tinham feito no Harlem, em grande parte porque eram evitadas em outras regiões da cidade.

Nos anos 1960, cerca de 25% dos 3,5 milhões de habitantes de Chicago eram negros, contra cerca de 14% em 1950 — um aumento de mais de 300 mil pessoas em busca de emprego, educação e moradia decente. Conforme a população negra aumentava e se espalhava, os moradores brancos com casa própria fugiam. Como as práticas racistas do setor imobiliário dificultavam que famílias negras mudassem para outros lugares, Bronzeville, como ficou conhecido o coração da comunidade negra, ficou superlotado e empobrecido. Muitos dos prédios mais bonitos da região foram demolidos e substituídos por conjuntos habitacionais, o que tornou o bairro ainda mais lotado e depauperado. A moradia segregada reforçou e piorou os padrões de escolas segregadas.

Timuel Black estava muito disposto a ajudar King em seu trabalho de organização em Chicago. Mas tinha dúvidas sobre as chances de o pastor ser bem-sucedido. Como educador e ativista, Black assistira com orgulho King derrubar as barreiras para a igualdade no Sul. Perguntava-se se ele entendia a dinâmica de Chicago. Sabia que os negros do South Side olhavam com desprezo para os negros do West Side? Que muitos negros se sentiam em dívida com o prefeito Daley de forma direta ou indireta pelos empregos que tinham? Que muitos pastores negros da cidade faziam parte da máquina democrata do prefeito? Entendia como seria difícil convencer as pessoas de Chicago a abraçarem a não violência? Black relembrou: "Eu dizia a mim mesmo: se um daqueles filhos da mãe tocar em mim, acabou-se o movimento não violento".[6] Ainda assim, disse Black, havia motivo de esperança porque King era King. O homem tinha uma capacidade quase milagrosa de unir uma comunidade — com sua retórica, sua coragem, seu sacrifício pessoal. E, para Black, se havia alguém capaz de levar a imprensa nortista a reavaliar sua tendenciosidade e a encarar o racismo da região com um pouco da mesma lente liberal com que encarava o do Sul, esse alguém era King.

Em sua primeira noite na cidade, King abriu a casa e convidou os vizinhos para visitá-lo. Conversou durante longo tempo com seis integrantes de uma gangue local, os Vice Lords, sobre Gandhi e o conceito de protesto pacífico. Todos, inclusive King, estavam sentados no chão.[7] "A gente dizia: 'Respeitamos o que você diz, mas, se alguém bater em mim, eu bato de volta'", lembrou Lawrence Johnson, um dos Vice Lords.[8] King argumentou que o pessoal da gangue nunca venceria dessa forma. A polícia sempre teria mais poder. "Ouvir isso, ver King, ser jovem, levar uma vida deprimente nos Estados Unidos, tudo isso tornava impossível não se apaixonar por ele", disse Johnson.

Apesar da advertência, os Vice Lords acreditavam que havia pelo menos uma coisa que *podiam* fazer melhor do que a polícia: proteger o dr. King.

"Acho que ele pensava isso também", disse Johnson.

King também se encontrou com o superintendente da polícia de Chicago, O. W. Wilson, ex-acadêmico na Universidade da Califórnia em Berkeley que tinha fama de ser reformador. King prometeu que manteria as autoridades municipais informadas sobre seus planos — planos, disse ele, que provavelmente incluiriam atos de desobediência civil. Mas o Movimento de Liberdade de Chicago, àquela altura, dava poucos sinais de vida. King parecia mais um turista do que um morador, enquanto continuava a cruzar o país de ponta a ponta para resolver crises, angariar fundos para a SCLC e pregar aos domingos na Ebenezer. Às vezes, os sermões espelhavam seus sentimentos pessoais, inclusive o senso de responsabilidade em se manifestar sobre o Vietnã. Em 6 de fevereiro, ele disse à congregação que "matar vietnamitas é tão ruim quanto matar americanos".[9] De modo mais geral, prosseguiu ele, as pessoas tinham a responsabilidade moral de enfrentar questões difíceis. "O controle inquebrável de Deus sobre nós", disse King, "é algo que nunca permitirá que nos sintamos corretos quando agimos errado, ou naturais quando fazemos o inatural. Deus implantou dentro de nós certos princípios eternos, e quanto mais tentarmos nos afastar deles, mais frustrados ficaremos."

No dia 9 de fevereiro, de volta a Chicago, King e Abernathy levaram os repórteres para visitar uma moradia precária. King disse que, para pôr fim a tais condições, a SCLC teria de fazer sua maior campanha até então, para operar entre os bairros e unir uma série de organizações. Poderia ser necessário não pagar os aluguéis para pressionar os proprietários a melhorar as condições dos imóveis. Além de organizar a comunidade, a SCLC criou em Chicago uma sucursal da Operação Cesta de Pão, programa de Atlanta que pressionava por oportunidades de emprego e práticas justas de contratação. King disse que a SCLC e outros grupos em Chicago boicotariam empresas locais fazendo com que não contratassem mulheres e homens negros para "empregos mais importantes e melhores".[10] Ele calculou que poderia levar um ano e meio de pressão antes de obter algum resultado palpável.

Ao mesmo tempo, o prefeito Daley anunciou um projeto — sem entrar em detalhes, como o de King — para remover esses redutos de moradias precárias da cidade até o final de 1967. Embora Daley estivesse irritado com a presença de King, ele adotava em público uma postura conciliatória. "A eliminação desse tipo de moradia é o programa número um deste governo", disse o prefeito logo antes de King chegar a cidade.[11] "Todos nós estamos, como o dr. King, tentando acabar com as favelas."

Em 23 de fevereiro, King improvisou uma ocupação e tomou um prédio de três andares no número 1321 da South Homan Avenue. Disse que seu grupo de coalizão coletaria o aluguel dos inquilinos e faria os consertos necessários até o dono do local assumir a responsabilidade pela condição vergonhosa do imóvel. Quando os repórteres perguntaram a King se ele tinha o direito legal de ocupar o prédio, ele respondeu que as questões morais eram mais importantes do que as legais.[12] Coretta ficou varrendo montes de lixo não coletado na parte de trás do edifício, enquanto King e Al Raby levavam as latas de lixo até o meio-fio. King logo simpatizou com Raby, como ocorria com a maioria das pessoas. Era um sujeito magro e careca que passaria despercebido com facilidade. Descreveu-se certa vez como um "orador terrível", sem nenhum carisma.[13] Tinha largado a escola, serviu no Exército americano, matriculou-se num curso noturno e conseguiu emprego para dar aulas no sétimo ano do ensino fundamental numa escola só de negros em Chicago. Apesar da falta de carisma, Raby tinha uma misteriosa capacidade de unir as pessoas para agir. Ajudara a transformar o Conselho Coordenador de Organizações da Comunidade num dos grupos de direitos civis mais fortes do Norte. Agora, King e Raby esperavam transformar o número 1321 da South Homan Avenue no foco da atenção da mídia e no começo de uma campanha mais ampla.

King disse que sua organização pagaria dois dólares por hora para três desempregados que moravam no edifício trabalhar como zeladores. Prometeu que os ativistas manteriam o prédio em "tutela" informal até que as condições de vida no imóvel melhorassem. O proprietário se opôs à tentativa de King de coletar os aluguéis e prometeu entrar com uma ação judicial. Disse também que estava disposto a dar o imóvel a King e à sua organização se eles assumissem a hipoteca.

Mais tarde no mesmo dia, King teve um encontro de uma hora com o líder da Nação do Islã, Elijah Muhammad, em sua mansão no South Side.[14] King brincou que ambos tinham algo em comum por serem uma dupla de "garotos da Geórgia".[15] Apesar das divergências entre eles e suas organizações, King disse depois aos repórteres que "agora parece haver algumas áreas — vizinhanças degradadas mas não só — em que nossos movimentos podem cooperar".[16] Bennett Johnson, ativista local que ajudou a intermediar o encontro, disse que King e Muhammad concordavam que surgir uma aliança entre eles poderia intimidar a estrutura do poder branco em Chicago.[17]

No mesmo dia, o presidente Johnson fez um discurso em Nova York em resposta aos crescentes protestos contra o conflito no Vietnã, exortando os americanos a mostrarem ao mundo que o país não desistira de sua luta pela liberdade. Disse que valorizava a importância do debate aberto, mas acrescentou que "nenhum inimigo em lugar nenhum deve confundir de forma equivocada com fraqueza nossos argumentos, indecisões ou debates".[18] Johnson acrescentou: "Se o agressor persistir no Vietnã, a luta pode ser longa".[19] No lado de fora do hotel onde Johnson falou, quase 4 mil pessoas protestavam, muitas agitando bandeiras vietcongues.

Ainda que King, ao começar a trabalhar em Chicago, tivesse restringido seus comentários sobre o Vietnã, era de amplo conhecimento que ele se opunha à guerra, e a imprensa continuava a criticá-lo por sua posição. Russell Kirk, um influente teórico e colunista conservador, escreveu que os recentes passos de King davam a impressão de que o líder do movimento pelos direitos civis tinha ficado "um tanto impressionado com sua publicidade pessoal".[20] Kirk escreveu que, ao ocupar propriedades particulares em Chicago, associar-se a Elijah Muhammad e interferir em assuntos de política externa, King mostrava sua falta de discernimento.

> A opinião pública americana muda em grandes ondas. Quando o dr. King começou suas cruzadas, a maioria dos americanos considerou que ele estava certo. Mas a maioria dos americanos não gosta da estranha ideia de que os "direitos civis" estão acima da lei ou que reformadores cristãos devam se relacionar com frenéticos pseudomuçulmanos fanáticos. E, se remover seu manto de probidade e sensatez, Martin Luther King não é nada.

Uma pesquisa nacional de opinião pública mostrara pouco tempo antes que 41% dos entrevistados estariam menos inclinados a apoiar organizações de direitos civis se fossem contrárias à Guerra do Vietnã.[21]

King respondeu na coluna que assinava em uma agência de imprensa, publicada em diversos jornais negros, que um monte de gente branca andava se perguntando quando ele deixaria de fazer manifestações e boicotes; quando deixaria de falar contra a guerra, a pobreza e o racismo; quando as coisas nos Estados Unidos voltariam ao normal. Sua resposta era simples, disse ele.[22] Enquanto a guerra, a pobreza e o racismo continuarem a fazer parte da "normalidade" do país, "prefiro ser desajustado".

Dorothy Cotton escreveu que King ficou "surpreso e consternado" com a quantidade de amigos e aliados que criticaram sua posição sobre o Vietnã. Cotton escreveu:

> Numa reunião da equipe, o dr. King cansou de debater o tema; deixou a reunião e foi para minha casa. Chegou lá rindo por ter simplesmente saído, sem dizer à equipe para onde ia nem por quê. Mas eles sabiam. Ele estava cansado da gritaria da equipe — que basicamente o alertava sobre o que os apoiadores diriam se ele falasse contra a guerra. Ele não veio para minha casa para discutir a questão. Estava com um ar quase de garoto. "Eles não sabem onde estou", disse-me rindo. Minha impressão é que, quanto mais criticavam sua liderança, mais firme parecia ser sua posição de que a guerra não era o caminho.[23]

King passou a primavera transitando entre Chicago e Atlanta, além de viagens adicionais a Hartford, Detroit, Dallas, Nova York, Washington, Paris e Estocolmo. Num discurso proferido na Europa, ele expôs de forma sucinta a importância de sua campanha para erradicar a pobreza em Chicago: "A história de nossa época é de revolução contra a dominação política, e nenhuma nação está isenta de algum tipo de sistema de castas. Portanto, a grandiosa experiência que agora conduzimos nos Estados Unidos é de enorme pertinência para o resto do mundo".[24]

King nunca advogou o fim dos regimes capitalistas. Não era socialista. "Embora defendesse uma distribuição mais justa das riquezas, não criticava a propriedade privada dos meios de produção e dos recursos naturais como intrinsecamente injusta", escreve o pesquisador Tommie Shelby.[25] King enaltecia Marx como defensor dos pobres, mas criticava o comunismo por não dar atenção aos direitos individuais. Condenava o capitalismo por gerar uma enorme desigualdade econômica, e ao mesmo tempo argumentava que era possível reformar o sistema. Pleiteava salários mais altos e sindicatos mais fortes, mas não insistia que todos os trabalhadores, independentemente de suas qualificações, ou cooperativas profissionais sem fins lucrativos deveriam receber o mesmo. "Assim, a descrição mais precisa de King é a de um igualitarista liberal ou social-democrata", escreve Shelby. "Sua perspectiva englobava os melhores elementos do capitalismo e do socialismo."

Em abril, King esteve em Miami para a reunião semestral do conselho diretor da SCLC, na qual enfrentou mais discussões sobre a desorganização da organização. A questão do Vietnã reapareceu. Um artigo publicado no *Christian Century*, escrito por Charles Fager, ex-membro da equipe da SCLC que decidiu publicar seu texto naquela revista em parte porque sabia que King a lia,[26] afirmava que as declarações recentes de King sobre a guerra eram "quase dóceis".[27] Ele montara seu movimento sobre a moralidade e o cristianismo. O ganhador do prêmio Nobel parecia seguir um "caminho do meio sinuoso", opondo-se à guerra, mas não a ponto de prejudicar o trabalho de arrecadar fundos para a SCLC. Parecia improvável, escreveu Fager, que King conseguisse se manter tão cauteloso "sem comprometer com seriedade seu reconhecido papel como homem de princípios". Na reunião em Miami, King pediu ao conselho diretor que aprovasse uma declaração vigorosa para expor em termos fortes a oposição da entidade à política americana no Vietnã. O conselho concordou, mas sua declaração de apoio à posição de King só serviu para gerar na imprensa mais críticas de quem achava que ele devia se ater aos direitos civis.

Quando estava em Miami para a reunião do conselho, King se encontrou com o produtor de cinema Abby Mann, cujo roteiro para o drama *Julgamento em Nuremberg* de 1961 fora premiado com um Oscar. Mann queria fazer um filme baseado na biografia de King. Uma noite, enquanto jantava com Abernathy, Young e Mann, King afastou o prato. "Não, não", disse ele. "Não adianta nada se não pudermos dizer o que achamos do Vietnã."

Naquele momento, os homens não falavam desse assunto.

Em outra conversa, King e Mann comentavam a respeito do esquema geral do possível filme sobre a vida de King. Mann perguntou, meio de brincadeira, como seria o final.

"Acaba comigo sendo morto", disse King.[28]

"Ele sorriu", relembrou Mann mais tarde, "mas não estava brincando."

Esperando dar um gás para seu movimento em Chicago, King anunciou planos para um comício de verão no estádio Soldier Field. Prometeu que 100 mil pessoas se reuniriam ali para marchar até a prefeitura, onde apresentariam uma lista detalhada de reivindicações de emprego, moradia, ensino, previdência social e atendimento à saúde. King disse que se o prefeito Daley não recebesse o material, ele o apresentaria de todo modo, mesmo que tivesse de pregá-lo na porta, como havia feito seu homônimo Martinho Lutero séculos antes na porta da igreja do castelo de Wittenberg.

Alguns dias depois, Martin e Coretta foram a Washington, DC, para a Conferência da Casa Branca sobre Direitos Civis, promovida pelo presidente Johnson. King ficou quase invisível durante os dois dias da conferência, ignorado provavelmente por ter irritado Johnson com suas declarações sobre o Vietnã. Coretta, porém, teve um raro momento de destaque ao cantar o Hino Nacional num jantar para 2500 delegados antes da abertura da conferência. E ela, e não Martin, foi citada no dia seguinte no *Washington Post*. "Quando você sente que está fazendo o correto", disse ela, "quando os tempos difíceis chegam, você está preparada para eles, encara-os e os aceita. Você aprende também que os tempos ruins não duram para sempre e sabe que fazem parte do preço que precisa pagar pelo privilégio de manter suas convicções."[29]

O objetivo da conferência, segundo os jornalistas brancos que fizeram a cobertura, era ampliar, entre os americanos brancos, o apoio aos planos do governo Johnson de melhorar moradia, ensino e emprego para negros. "Há, porém, uma preocupação crescente no governo e no próprio movimento pelos direitos civis", noticiou o *Washington Post*, de que a solidariedade branca "pela causa dos pretos esteja se esgarçando após Watts e o protesto barulhento dos pretos."[30] A conferência havia sido proposta por Johnson um ano antes. Naquele ínterim, os protestos tinham se tornado mais veementes e raivosos. Eclodiram tumultos. King e outros haviam se manifestado sobre o Vietnã. "Uma parcela pequena e desproporcionalmente ruidosa do movimento pelos direitos civis prefere hoje negar muitas realidades da vida dos pretos [...] e se refugiar no nacionalismo negro e em outras fantasias", escreveu o *New York Times* num editorial.[31] As dificuldades em alcançar uma igualdade real para o preto, disse o jornal, continuam "árduas e assoberbantes".

A mídia branca estava correta ao informar que o movimento pelos direitos civis se fragmentara e que alguns ativistas tinham se tornado mais agressivos. Se alguém tivesse alguma dúvida, James Meredith estava ali para provar. Enquanto os líderes convencionais estavam reunidos em Washington, Meredith anunciou que pretendia fazer uma "caminhada contra o medo" de 350 quilômetros e dezesseis dias, de Memphis até o palácio do governo do Mississippi, em Jackson. Ele ganhara fama como o primeiro estudante negro da Universidade do Mississippi. Admirava King, mas nunca acreditou na não violência, então acabou desiludido com o movimento convencional pelos direitos civis.

"Pouquíssimas pessoas entendem o que eu realmente fiz", relembrou Meredith, referindo-se à "caminhada contra o medo."[32] O medo a que ele se opunha não era apenas o de se registrar para votar no Mississippi ou mesmo da violência; era também o medo de abandonar a corrente dominante do movimento pelos direitos civis. "Os negros se mantinham na linha porque temiam se afastar dela", disse Meredith anos depois. "Esse ainda é o problema. Eu parti para redirecioná-lo [...]. Assim como parti para romper com o sistema da supremacia branca na Universidade do Mississippi, o fiz para redirecionar o chamado Movimento Negro dos Estados Unidos."

No segundo dia de caminhada, Meredith vestia calça cinza, camisa xadrez marrom e vermelha e um chapéu do tipo safári.[33] Levava um cajado africano decorado com marfim. Naquela tarde, ele andava no acostamento da Highway 51, a pouco mais de três quilômetros ao sul de Hernando, no Mississippi, quando ouviu uma voz vindo de um grande arbusto.[34]

"Jaaa-mes..."

Ele se virou a tempo de ver um homem branco corpulento, de camisa branca e óculos escuros, apontar uma Remington automática calibre dezesseis.

O sujeito, vendedor de ferramentas desempregado chamado Aubrey James Norvell, se aproximou.

Meredith se jogou no chão. Norvell disparou e errou.

O atirador se aproximou ainda mais e atirou mais duas vezes, acertando a cabeça, a nuca, as costas e as pernas de Meredith com chumbinhos de espingarda.

"Eles disseram que eu tinha morrido", disse Meredith, "mas imagina se eu concordaria com isso..."

Com Meredith no hospital, King e outros ativistas combinaram de se reunir em Memphis e prosseguir naquela que logo seria conhecida como a Marcha de Meredith. No dia seguinte, juntaram-se a ele Roy Wilkins e Charles Evers, da NAACP; Whitney Young, da Liga Urbana; Floyd McKissick, o novo diretor do Congresso da Igualdade Racial; o rev. James Lawson, pastor da Igreja Metodista Centenária de Memphis; e Stokely Carmichael, o novo presidente do SNCC.

King foi um dos primeiros a visitar Meredith no hospital em Memphis.

"Como está se sentindo?", perguntou King.[35]

"Travado", respondeu Meredith, "mas, tirando isso, nunca estive tão bem."

Como Meredith anos depois descreveria sem muito exagero aquele momento:

> Martin Luther King e eu estávamos prestes a desencadear uma série de acontecimentos que transformariam minha caminhada isolada contra o medo na maior e última grande marcha da era dos direitos civis no Sul dos Estados Unidos — e um acontecimento que catalisou a desintegração do próprio movimento pelos direitos civis.[36]

41. Black Power, o poder negro

Eles caminharam em direção ao Sul pela Highway 51 no Mississippi sob um sol de rachar.

Era 7 de junho de 1966.

King disse que desde o começo essa marcha tinha sido diferente. Era pequena, contava com não mais de vinte pessoas, e não começara numa igreja lotada cantando e evocando o belo poder da não violência e da fé em Deus.[1] Os manifestantes sentiam raiva e não tinham nenhuma disposição para apelos à harmonia inter-racial.

Naquele dia, James Meredith, no hospital, disse aos repórteres que nunca mais cometeria o erro de andar desarmado pelo Mississippi e que achava uma pena não ter podido disparar de volta no homem que o tinha ferido. Outros homens que o substituíram na marcha compartilhavam da mesma opinião.

King ouviu um deles dizer: "Se um desses brancos malucos desgraçados do Mississippi tocar em mim, vou cair com tudo em cima dele".

Falaram que só permitiriam caminhantes negros, que não precisavam de "liberais e impostores brancos invadindo nosso movimento". Quando cantaram "We Shall Overcome", alguns pularam a estrofe que dizia "negros e brancos juntos". Quando King perguntou o motivo, disseram não acreditar que a boa vontade entre as raças era possível.

King estava de óculos escuros e vestia uma camisa branca de manga curta. No alto de uma pequena colina, não longe do local onde Meredith fora alvejado, uma patrulha rodoviária montada do Mississippi parou o grupo e mandou que fossem pelo acostamento.

“Marchamos pela pista de Selma a Montgomery”, disse King a um deles.[2]

“Não estou nem aí se você for até a China, desde que seja pelo acostamento”, respondeu ele.

“Não”, disse King, “vamos só até Jackson.”

Os homens deram os braços.

Um dos patrulheiros brancos empurrou e derrubou Cleveland Sellers do SNCC. King tropeçou no colega caído. Stokely Carmichael estava a ponto de partir para cima do patrulheiro quando King o agarrou pelo braço.

Os caminhantes se acotovelaram ao lado de uma banca de sorvete para discutir as opções. King argumentou que era melhor andar no acostamento do que não andar, e os outros concordaram. Depois de percorrer cerca de dez quilômetros, voltaram a Memphis para uma reunião com os novos ativistas que tinham chegado, entre eles Roy Wilkins e Whitney Young, líderes das duas entidades negras mais respeitáveis do país.

Os dois não costumavam se envolver em marchas, mas viram uma oportunidade de utilizar a crise no Mississippi para pressionar pelo Projeto de Lei de Direitos Civis de 1966. Wilkins, que tinha minado a autoridade de King e da SCLC, também não simpatizava com o SNCC, reclamando que sua propensão ao separatismo negro traria consequências desastrosas para o movimento. Desde a derrota do Partido Democrático pela Liberdade do Mississippi, o SNCC se tornara um espaço de treinamento para jovens ativistas que semeariam os movimentos pacifistas e feministas, “mas os próprios funcionários do SNCC já não tinham mais tanta certeza dos valores que guiavam seu trabalho”,[3] escreveu o historiador Clayborne Carson. Carmichael queria que a marcha servisse como um grito, e não como um pedido ou uma negociação. Tentou colocar Lyndon Johnson no papel de inimigo e acusava Wilkins e Young de agirem como fantoches dos políticos brancos. Os negros, dizia Carmichael, não estavam mais dispostos a aceitar ordens das autoridades brancas. “Nunca rejeitei a violência”, declarou ele.[4]

Carmichael tinha nascido em 29 de junho de 1941 em Trinidad, nas Índias Ocidentais, que esteve sob controle britânico de 1802 até sua independência, em 1962. Seu pai era carpinteiro e se mudou para o Harlem quando Stokely tinha dois anos; ele morou com a avó em Trinidad até quase os onze anos, quando foi viver com os pais em Nova York. Estudou no colégio de Ciência do Bronx, altamente seletivo, e depois na Universidade Howard, onde se formou em filosofia. A ideia da independência negra, que lhe havia sido incutida pelo pai, germinou e cresceu dentro dele, “pronta para assumir uma forma americana”, disse Stokely.

Carmichael era alto, esguio, charmoso — e tinha uma inteligência aguçada. Ria muito e era muito franco e empolgado ao falar. Aos 25 anos, já tinha cumprido pena como Viajante pela Liberdade veterano no Mississippi e ajudara a montar um partido político negro independente em Lowndes County, no Alabama. Em 1966, substituíra John Lewis como presidente do SNCC e marcou a transição do grupo para uma maior militância, de acordo com Carson, mas sem conseguir encontrar um ideário que unificasse a comunidade negra. Quando Carmichael se encontrou com Wilkins e Young em Memphis, não foi para travar amizade. Na verdade, como disse mais tarde ao jornalista Milton Viorst, ele queria assustar os dois líderes mais velhos. "Então comecei a agir feito um doido, peguei pesado", disse ele.[5] "Falei: 'Vocês tão vendendo o povo, e não fiquem achando que a gente não sabe. Vamo pegar vocês [...]'. Queríamos que soubessem que era impossível trabalhar conosco."

Mas King sabia que Carmichael não era doido.

"Wilkins não conseguia acreditar no que tinha ouvido", relembrou Carmichael. "Foi falar com o dr. King, e este [...] não disse uma palavra. Ele foi simplesmente maravilhoso. Young e Wilkins caíram direitinho na armadilha e deram no pé."

Carmichael pretendia afastar os outros, mas achava que com King seria possível trabalhar — e atraí-lo para a esquerda. Quanto mais andavam ao longo da semana, mais King começou a usar a palavra "*Black*", "negro", termo preferido pelo SNCC, em vez de "*Negro*", "preto". King admirava e respeitava Carmichael, além de gostar de debater com ele. Mas nunca se afastou de seu compromisso com a integração e a não violência. A certa altura, um repórter de TV caminhou um trecho com eles. Depois que King relembrou que a marcha era não violenta, o repórter se virou para Carmichael e perguntou se ele compartilhava a filosofia de King. "Simplesmente não vejo isso como um modo de vida", respondeu Carmichael.[6] "Nunca vi. E sei que ninguém neste país está pedindo à comunidade branca sulina que seja não violenta, então estão dando a ela carta branca para atirar à vontade contra nós."

Carmichael vinha testando um novo lema na época e se declarava defensor do "poder negro". Richard Wright tinha usado a expressão no título de seu livro de 1954, no qual contava sobre sua viagem à Costa do Ouro na África, antes da independência de Gana da Grã-Bretanha, em 1957. Mas Carmichael a usava de uma maneira nova, para sugerir que a integração não era suficiente, que o povo negro precisava e exigia autonomia política e econômica. Ele disse que, quando testou "poder negro" na Marcha de Meredith, os ouvintes enlouqueceram. Em 16 de junho, quando chegaram a Greenwood, no Mississippi, uma cidade de 22 mil habitantes com forte presença do SNCC, Carmichael foi preso por montar uma barraca no terreno da escola preta da Stone Street. Um fotojornalista capturou a imagem de um policial branco brandindo um bastão contra Carmichael, que estava de costas para ele. Depois de pagar fiança, Carmichael correu para um comício com cerca de mil apoiadores, que o aclamaram enquanto ele subia numa plataforma para falar.

"Queremos o poder negro!", gritou ele. "A única coisa que estamos fazendo é implorar ao governo federal. A opção que nos resta é tomá-lo."[7] E disse que "todos os prédios da administração pública no Mississippi deviam ser incendiados amanhã para se livrar da imundície que há neles".

"Queremos o poder negro!", gritou ele, e a multidão se juntou a ele: "Queremos o poder negro! Queremos o poder negro!".

Jornais em todo o país noticiaram a exigência de Carmichael, alguns utilizando maiúsculas na expressão conforme era difundida: "Poder Negro!".

King, que naquela noite estava em Memphis para uma entrevista para a televisão, voltou à marcha no dia seguinte e ouviu gritarem a nova expressão a torto e a direito. "Na mesma hora tive ressalvas", escreveu ele. Seu receio era que a conclamação ao poder negro e sua ameaça implícita de violência ampliassem a distância entre o SNCC e outros grupos pelos direitos civis, isso sem falar que poderia afastar aliados brancos do movimento que ficavam confortáveis com os apelos de King à não violência. Naquele dia, King e Carmichael tiveram uma reunião de cinco horas com integrantes de suas respectivas equipes numa pequena residência paroquial católica em Yazoo City. King expôs suas preocupações em relação ao "poder negro". Carmichael refutou-as, dizendo que "poder negro" não significava violência, mas força, autodeterminação.

"Por que não usar o lema 'consciência negra' ou 'igualdade negra'?", perguntou King.[8]

Porque essas expressões eram brandas, respondeu Carmichael. Não inspiravam coragem nem ação. Ele admitiu que gostou de ver que King tinha questões com o novo lema. Se ele não tivesse participado da marcha e não tivesse sido obrigado a se posicionar sobre o slogan controverso, "poder negro" nunca teria atraído tanta atenção.

King riu do comentário.

"Já fui usado antes", disse ele. "Mais uma vez não faz mal."

Carmichael até pode ter entrado na marcha achando que conseguiria manipular King, mas, dia após dia, enquanto caminhavam e conversavam durante longos períodos sobre "cada bendita coisinha sob o sol", Carmichael passou a sentir uma nova afeição pelo homem a quem tratava de forma respeitosa como "dr. King". Tinha visto King em assembleias e comícios. Naqueles cenários, disse ele, King sempre parecia "tenso, sob pressão, um pouco distraído" e "sem dúvida infeliz". Mas, ao caminhar pelo Mississippi, escreveu Carmichael, parecia "mais descontraído do que eu jamais o vira", como se a Marcha de Meredith lhe oferecesse um alívio bem-vindo de sua rotina habitual. A forma como ele interagia com as pessoas era "estupenda, incrível, inspiradora".

Às vezes, quando passavam por um pequeno povoado ou perto de uma fazenda, viam um grupo de habitantes rurais à distância, como uma miragem. Quanto tempo estariam ali esperando, sob o sol escaldante de verão? Quando reconheciam King, homens e mulheres vinham correndo, e uma vez até chegaram a derrubar Carmichael. King sorria, trocava apertos de mão, oferecia palavras inspiradoras: "Está chegando um novo dia [...]. Não somos o que queremos ser e não somos o que vamos ser".

A mensagem nada tinha de rotineira, disse Carmichael. King falava com paixão.

"Para a maioria deles", escreveu Carmichael, "em especial os que viviam em fazendas, para quem o mero fato de estarem corajosamente ali, num local onde os patrões podiam vê-los esperar o dr. King, era seu primeiro ato de autoafirmação real. Para mim, era emocionante esse amor evidente das pessoas pelo dr. King. E dele por elas. E eu podia ver no rosto e nos olhos dele como se sentia comovido."[9]

No dia seguinte ao primeiro discurso de Carmichael sobre o "poder negro", o número de manifestantes chegou a mais de seiscentas pessoas. Byron De La Beckwith, o suposto assassino de Medgar Evers, passou pelo grupo, indo e vindo em seu caminhão. No dia seguinte, em 21 de junho, King seguiu com alguns manifestantes até Philadelphia, no Mississippi, onde pretendia fazer um ofício fúnebre em homenagem aos ativistas pelos direitos civis James Chaney, Michael Schwerner e Andrew Goodman, que tinham sido assassinados. Quando foram atacados por um grupo de brancos, a polícia não fez nenhuma tentativa de intervir, até que alguns manifestantes revidaram.[10] No entanto, mesmo depois da intervenção policial, vários brancos avançaram, atirando pedras e garrafas. Carros e caminhões, levantando poeira vermelha, passavam muito perto do grupo.

Quando os manifestantes chegaram à cadeia do condado, King e Abernathy oficiaram as preces. Um rapaz branco jogou água com uma mangueira neles. A turba de brancos os cercou. King estava visivelmente abalado — "os lábios tremiam e os olhos percorriam sem cessar o grupo de brancos", noticiou o *Chicago Defender* — quando começou a falar.[11]

"Não temos mais medo", disse ele.

"Venha aqui [...] e vou lhe dar motivo para ter!", gritou um dos brancos.

Bombinhas explodiram, e King começou a entoar: "O Senhor é nosso pastor... o Senhor é nosso pastor".

O número de arruaceiros chegou a cerca de trezentos. Roy Reed, que cobria o discurso para o *New York Times*, achou que logo noticiaria um assassinato.[12]

King continuou.

"Nesse condado, Andrew Goodman, James Chaney e Mickey Schwerner foram brutalmente assassinados", disse ele. "Acredito de coração que os assassinos estão neste momento em algum lugar por aqui."[13]

"E você está certo", disse o vice-delegado Cecil Price, uma das dezesseis pessoas que seriam julgadas por conexão com o assassinato. Ele falou alto o suficiente para King ouvir.

King continuou: "Eles deveriam analisar seus corações. Quero que saibam que não temos medo. Se matam três de nós, terão de matar todos".

Os brancos vaiaram.

"Não tenho medo de homem nenhum", disse King.

"Ei, Luther...", gritou alguém, "venha aqui sozinho e prove."

Depois do discurso, cerca de 25 brancos atacaram a retaguarda do grupo de manifestantes. King parou a cem metros de distância. Voavam pedras e garrafas. Um homem branco girava um bastão, enquanto outro brandia uma enxada. Naquela noite, depois de King ir embora, vários brancos dispararam contra a comunidade negra e, pelo menos em duas ocasiões, negros responderam com tiros.

Na mesma noite, num comício em Yazoo City, King manifestou sua tristeza com a violência crescente e voltou a falar sobre as conotações violentas do slogan "poder negro".

"Não estou interessado no poder pelo poder", disse ele; "quero o poder que é moral, correto e bom."[14] Os negros correspondiam a 10% da população nacional, número insuficiente para se levantarem ou combaterem sozinhos. "Terá de haver uma aliança de consciência, e não vamos ser livres aqui no Mississippi e em nenhum outro lugar dos Estados Unidos enquanto o homem branco não tiver uma empatia ativa." Também lembrou aos ouvintes que brancos como Viola Liuzzo, Michael Schwerner e Andrew Goodman tinham sacrificado a vida na luta pelos direitos civis, e que ele nunca destinaria aos brancos o papel de inimigo. Os negros conquistariam seus direitos, sua liberdade, disse ele — mas não por meio da violência ou do ódio.

Dois dias depois, quando os manifestantes tentaram montar barracas numa escola negra em Canton, patrulheiros rodoviários ordenaram que saíssem. King subiu na traseira de um caminhão e insistiu que os seguidores não se movessem e não lutassem contra os policiais. Suas palavras ecoavam as de Carmichael, ao dizer: "Nesta noite, isso mostra que as coisas ainda precisam ser tratadas com firmeza e poder aqui no estado do Mississippi".[15]

Os patrulheiros lançavam bombas de gás lacrimogêneo e balançavam as coronhas de suas espingardas para os manifestantes. Uma das bombas atingiu o peito de Carmichael. King saltou do caminhão e cobriu o rosto, enquanto outros caíam no chão, vomitando e lutando para respirar.

"Vou mandar esse aí pro Deus dele", rosnou um patrulheiro enquanto girava a espingarda para bater num padre católico branco, que usava o colarinho clerical.[16]

"Vocês crioulos querem sua liberdade; bom, aqui tá a liberdade de vocês!", gritou outro policial que chutava uma mulher negra.[17]

Naquela noite, num ginásio próximo, Carmichael incendiou com palavras a multidão. "Quando eles encostam num negro, precisamos fazê-los entender que vamos perturbar todo o país", disse ele. "Enquanto nossos irmãos negros estão combatendo no Vietnã, jogam gás em nós por tentarmos votar em Canton, no Mississippi."[18]

King viu de perto o ódio naquele estado. Ele relembrou mais tarde: "Apenas desisti. Eu não diria que senti muito medo, pois tinha me rendido à possibilidade real da inevitabilidade da morte [...]. Irmão, aqueles foram uns *dias e tanto*!".[19]

Uma vez, enquanto King estava em passeata no Mississippi, três brancos em Natchez atiraram e mataram Ben Chester White, um homem negro de 65 anos. White levou dezessete disparos de rifle e um de espingarda, e seu corpo foi jogado no córrego Pretty.[20] Apesar do testemunho de agentes do FBI, que disseram que um dos acusados tinha confessado e implicado seus dois cúmplices, ninguém foi condenado pelo assassinato de Ben White. Um dos brancos disse aos agentes que tinham escolhido a vítima ao acaso, esperando atrair King a Natchez para assim assassinar o líder do movimento pelos direitos civis.[21] O episódio todo, pelo visto, escapou à atenção de King.

Enquanto a Marcha contra o Medo se aproximava do fim, os líderes continuavam a debater o uso do slogan "poder negro", sem chegar a nenhuma conclusão. Por fim cederam e concordaram em tentar encerrar a discussão. No domingo, 26 de junho, King liderou o grupo por uma trilha de treze quilômetros que seguia de Tougaloo até o Palácio do Governo em Jackson sob um calor de 32 graus. Os funcionários do SNCC colaram de forma sorrateira em viaturas policiais adesivos com os dizeres BLACK POWER, enquanto James Orange puxava o coro de "Liberdade Já!". Uma multidão de cerca de 25 mil pessoas, segundo algumas estimativas, se reuniu nos degraus do Palácio do Governo, a maior manifestação pelos direitos civis ocorrida até então no Mississippi.[22]

L. Harold DeWolf, professor de teologia de King na Universidade de Boston, se juntou à caminhada no último trecho da marcha, bem como Stanley Levison e Harry Wachtel. Centenas de brancos vaiaram os oradores. Cerca de cinquenta membros do KKK foram "para garantir que esses crioulos não criem nenhuma encrenca", como disse um deles a um repórter.[23]

King, encharcado de suor, disse de repente que, em apenas três anos depois de seu famoso discurso em Washington, DC, tinha visto seu sonho "transformado em pesadelo".[24] Tinha visto uma quantidade excessiva de negros sofrer com a pobreza e a aplicação racista da lei.

Mas, apesar disso, disse ele, aquela marcha longa e escaldante lhe dava a esperança de que, "mesmo aqui no Mississippi, a justiça virá para todos os filhos de Deus".

Essa marcha, disse ele, provava que os negros não tinham mais medo.

O que as pessoas queriam? Liberdade? Poder? Empregos melhores? Moradias melhores? O fim do policiamento racista? Uma educação melhor para os filhos? Para os repórteres e os apoiadores brancos do movimento, que tinha apenas uma visão superficial, parecia que os americanos negros já tinham essas coisas. Por isso tanta gente da mídia reagia mal a Carmichael, aos gritos de "poder negro", e mesmo a King, que acompanhava essa guinada militante do movimento pelos direitos civis e reconhecia que via desvanecer seu sonho da harmonia americana.

Depois dos tumultos e das agressões policiais a negros no Harlem, em Watts e no Mississippi, Mike Wallace disse aos telespectadores da CBS que "a maior perda foi a do relacionamento entre negros e brancos", o que deve ter soado como um insulto para quem tinha sido espancado e atacado com gás lacrimogêneo. Mesmo no Norte, continuou Wallace, os brancos estavam "fartos do turbilhão racial" e tomavam as ruas com protestos contrários. Numa entrevista, Wallace perguntou a King se ele via que cada vez mais negros estavam sendo incentivados a pegar em armas pela causa da justiça. King respondeu:

> Quanto a isso, não há dúvida. Concordo que há um grupo na comunidade preta que agora defende a violência. Mas eu sinto que representa uma minoria numérica [...]. Não creio que esse grupo enfático seja capaz de imprimir uma marca de verdade na comunidade preta [...]. Defendo que o grito "poder negro" é, no fundo, uma reação à relutância do poder branco em fazer o tipo de mudança necessária para que a justiça se torne uma realidade para o preto. Creio que temos de ver que um motim é a linguagem dos não ouvidos. E o que os Estados

Unidos deixaram de ouvir? Que a dura situação econômica do preto piorou nestes últimos anos.[25]

Na verdade, os indicadores econômicos eram ambíguos. O índice de desemprego entre mulheres e homens negros caiu para 7,3% no outono de 1966, como parte de uma melhoria lenta e constante, mas o índice entre brancos era menos da metade disso.[26] Essa diferença, bem como expectativas maiores entre americanos negros, continuava a alimentar a insatisfação.

A revista *Time* rotulou o tipo de ativismo de Carmichael de "o novo racismo".[27] A revista informava que, nas estradas do Mississippi, ouviam-se manifestantes gritar "teremos sangue branco!". Em Watts, "pretos raivosos querem desincorporar toda a área e restabelecê-la como a 'Cidade da Liberdade', com seus próprios agentes públicos e policiais". O poder negro, dizia a revista, podia assinalar o fim do movimento não violento de King.

A imprensa negra não ficou tão horrorizada ou preocupada. *The Chicago Defender* publicou um editorial em que dizia que o brado pelo "poder negro" exercia apelo em quem não podia contar com a proteção do governo estadual ou federal, não lhe restando outra escolha a não ser proteger a si mesmo "com o vigor exigido pela ocasião".[28] O pacifismo não servia mais para as "massas negras que despertavam", dizia o editorial. "Poder, poder negro se tornou o grito de batalha da Revolução Negra. Essa resolução [...] não é incoerente com a lógica e os objetivos da luta pelos direitos civis."

Em conversas privadas, King reclamava que Carmichael e o SNCC haviam prejudicado a Marcha de Meredith. Voltou desanimado do Mississippi. "Não se preocupe com isso", disse-lhe Coretta. "A não violência ainda estará aqui quando o poder negro e todo o resto forem embora. O que você representa é permanente e duradouro."[29] Ela disse a um repórter: "Ele vem para casa deprimido como qualquer pessoa quando as coisas não estão indo bem. E eu o consolo e relembro as coisas boas que aconteceram".

King não estava contente com o novo grito de ordem de Carmichael nem com a fúria intensificada que ele trazia, mas não o descartava por completo. Na verdade, parecia rejeitar mais o slogan do que a filosofia. Sua investida em Chicago não era pelo poder negro? A Operação Cesta de Pão não era uma tentativa de ajudar a iniciar e apoiar mais negócios de proprietários negros? Mesmo que evitasse a expressão, King agora falava com mais frequência e de forma mais afirmativa sobre os mesmos temas que Malcolm X enfatizara durante a vida e que Carmichael agora invocava. Grande parte da vida de King fora definida pela busca da integração. Ele tinha sido criado num bairro negro de classe média, frequentara uma das melhores faculdades negras do país, estudara em escolas integradas no Norte e alcançara fama e poder pregando sobre os pecados da segregação.

Mas, como escreveu o teólogo James H. Cone, King também sabia que grande parte de seu poder vinha da Igreja negra, que desde o século XVIII era uma instituição negra independente. Isso explicaria por que King se aproximou filosoficamente de uma versão do poder negro depois de marchar com Carmichael, ser vaiado por ativistas negros mais jovens e ver as favelas de Chicago e Los Angeles. Embora mantivesse com firmeza seu compromisso com a não violência e precisasse ter cuidado para não perder o apoio de brancos liberais, King começou a entoar alguns dos temas que tinham sido importantes para Malcolm X.

King escreveu: "Infelizmente, quando a esperança diminui, muitas vezes o ódio se volta de forma mais acirrada contra aqueles que tinham originalmente construído a esperança".[30] Relembrando uma noite em que foi vaiado em Chicago por apoiadores do movimento do poder negro, disse:

> Fui para casa naquela noite com uma sensação desagradável. De modo egoísta, pensei nos sofrimentos que passei e nos sacrifícios que fiz ao longo dos últimos doze anos. Por que vaiavam alguém tão próximo deles? No entanto, ao acordar e pensar na cama, enfim entendi e não consegui de jeito nenhum sentir nada além de paciência e compreensão por aqueles jovens.

Durante doze anos, ele fizera "promessas radiantes de progresso". Incentivara os seguidores a manter a fé na comunidade branca e na democracia. Elevara as esperanças deles — e os esmagara.

"Agora estavam hostis", escreveu ele, "porque viam o sonho que tão de imediato tinham aceitado se transformar num pesadelo."

42. “Espero que King entenda isso”

Eram 15h15 de 10 de julho de 1966, o dia mais quente que Chicago tinha tido em anos.[1] As nuvens e trovoadas que prometiam dissipar o calor não o fizeram. A temperatura se aproximava dos 38 graus. Quando entrou com o carro no estádio Soldier Field, King olhou pela janela e viu um mar de assentos vazios. Os organizadores do comício esperavam uma multidão de 100 mil pessoas; conseguiram cerca de 30 mil.

Das bancadas se ergueram gritos de “poder negro”.[2] Um espectador tinha um cartaz com a imagem de uma mão negra empunhando um rifle.

“Quem pisou na bola?”, perguntou King a Al Raby, que ajudara a organizar o evento. King não ergueu a voz, mas estava visivelmente contrariado.[3]

Ele subiu no palco para falar, transmitindo uma mensagem que refletia a mudança no estado de espírito da América negra. “Devemos valorizar nossa grande herança”, disse ele. “Devemos ter orgulho de nossa raça […]. Devemos acreditar de todo o coração que o negro é bonito como qualquer outra cor.”[4] Mas, prosseguiu ele, os pretos precisam do apoio da maioria branca. Brancos também tinham lutado e morrido em apoio ao movimento. “O preto precisa do branco para libertá-lo de seus medos”, disse. “O branco precisa do preto para libertá-lo de sua culpa. Qualquer abordagem que desconsidere essa necessidade de aliança de consciência é insensata e mal orientada. Uma doutrina da supremacia negra é um mal, tanto quanto uma doutrina da supremacia branca.”

Depois do comício e após a multidão ter melhorado o estado de ânimo de King, ele encabeçou uma marcha até a prefeitura, onde colou na porta, com fita adesiva, uma lista com mais de quarenta reivindicações. Elas incluíam o fim da discriminação na moradia e nas contratações, a melhoria no ensino e a criação de uma comissão de cidadãos para avaliar o trabalho policial.

Quando King saiu, alguém retirou sua lista de reivindicações e a substituiu por um cartaz que dizia: "Apoie a polícia local".[5]

No dia seguinte, King e onze colegas tiveram uma reunião de três horas com o prefeito Daley. King reafirmou as reivindicações do grupo. Depois da reunião, Daley disse aos repórteres que ficou frustrado. Todas as cidades tinham áreas com prédios de moradia degradados. Todas tinham desemprego. Chicago estava tentando resolver seus problemas, disse ele, mas levaria tempo. "Perguntamos a eles: 'O que vocês fariam além do que temos feito?'", disse Daley. "Não tinham resposta. Pedi ajuda e sugestões, e eles disseram com franqueza que era difícil responder."[6] King falou aos repórteres que ficou decepcionado com a reação de Daley e prometeu lançar uma campanha imediata de ação direta.

Na terça-feira à noite, Martin e Coretta jantaram na casa de Mahalia Jackson.[7] Depois do jantar, Mahalia se ofereceu para levá-los a uma assembleia no West Side. Os King tinham levado os filhos com eles nessa viagem a Chicago, e as crianças passariam a noite com amigos da família. A caminho da assembleia, King ouviu tiros e sirenes policiais. Viu negros correndo pelas ruas. Ele, Coretta e Mahalia pararam numa igreja para perguntar o que estava acontecendo. Souberam que seis jovens tinham sido presos numa briga, depois que a polícia lacrou um hidrante que as pessoas usavam para se refrescar do calor de verão. Antes disso, os negros do bairro já tinham ficado irritados porque os moradores brancos de Chicago tinham acesso a mais piscinas do que os negros. A polícia raramente lacrava hidrantes nos bairros brancos próximos. Naquela noite, por todo o West Side a polícia entrou em choque com cidadãos. Edifícios foram incendiados e lojas, saqueadas. Na esquina da Lake Street com a Wood Street, atiradores no alto de um prédio trocaram tiros com mais de cem policiais. Seis deles, bem como "um número ignorado de civis", foram atingidos, segundo o jornal *Chicago Tribune*.[8] Mais de cem pessoas foram presas.

Na noite seguinte, mais edifícios pegaram fogo. A polícia fez mais prisões. Os King, inclusive os filhos, passaram a noite com Mahalia Jackson. Na quinta-feira à noite, Coretta foi com as crianças a uma assembleia e tentou acalmá-las, sentando-se com elas no palanque, mesmo já tendo passado muito da hora de

Bernice, a caçula, ir para a cama. Mais tarde, quando Coretta e as crianças voltaram ao apartamento no West Side, "o motim estava a todo vapor", escreveu ela. "Nas ruas havia montes de vidros quebrados e [...] podíamos ouvir os disparos."[9]

Ao subir para o apartamento, Coretta encontrou dois repórteres à sua espera. Tentou fazer as crianças dormirem, mas elas queriam ficar olhando pela janela a ação que se passava lá embaixo. Depois que as três menores foram para a cama, Coretta e Yoki viram pela janela dos fundos um grupo de saqueadores esvaziar uma pequena mercearia. O som de tiros prosseguiu durante toda a noite. Martin ligou várias vezes para dizer à esposa que estava bem entre os amotinados, tentando manter a calma das pessoas e sem poder ir para casa. "Por fim fui dormir por volta das quatro horas da madrugada", escreveu Coretta. "Martin deve ter chegado depois disso, mas não o ouvi."

A violência durou três noites.

O prefeito Daley declarou a repórteres:

> Você não pode atribui-la diretamente a Martin Luther King, mas sem dúvida algumas pessoas que vieram aqui e andaram falando sobre violência no último ano e [...] instruindo os outros sobre a forma de conduzir a violência. Estão na equipe dele e são em grande parte responsáveis [...]. Alguns elementos que estavam em nossa cidade estavam aqui com a única finalidade de trazer a desordem às ruas de Chicago.[10]

Coretta e as crianças voltaram para Atlanta, mas King permaneceu em Chicago, onde se reuniu com líderes da comunidade e organizou um encontro para um comandante da polícia local ouvir as reclamações dos moradores do West Side. Na noite de 15 de julho, uma sexta-feira, ele se reuniu com os líderes das principais gangues de Chicago, incentivando-os a abraçar o protesto não violento e pedir aos seguidores que evitassem conflitos com a polícia, na esperança de conseguir acabar com os tumultos. Roger Wilkins, assistente do procurador-geral no Ministério da Justiça, apareceu por volta da uma da madrugada e encontrou dezenas de pessoas apinhadas no apartamento de King. Sem ar-condicionado e nem sequer um ventilador, fazia um calor opressivo na sala. King estava sentado no chão, "tentando convencer aquela garotada que o tumulto era destrutivo", relembrou Wilkins. "Isso continuou por horas; e não havia lá nenhum fotógrafo, nenhum repórter. Não havia nenhuma glória naquilo."[11]

King fez o assistente do procurador-geral esperá-lo até cerca de quatro horas da manhã, quando os membros das gangues enfim foram embora.

Roger Wilkins, sobrinho de Roy Wilkins, por muito tempo considerara King uma "espécie de exibicionista". Mas, naquela noite, começou a vê-lo sob uma nova luz. "Era um grande homem", disse Wilkins, "um grande homem!"

Quando King estava no Mississippi, o FBI encerrou a vigilância eletrônica na sede da SCLC em Atlanta. A medida foi tomada em resposta a uma ordem do procurador-geral Katzenbach de que todas as escutas telefônicas fossem submetidas à sua aprovação a cada seis meses. Depois disso, o fluxo de informações de Hoover para o presidente Johnson diminuiu um pouco, ao passo que o informante interno da SCLC, o contador Jim Harrison, ganhou mais importância.

Em 19 de julho, o presidente discutiu a crise em Chicago num telefonema com Daley. O prefeito reclamou que King estava sendo insensato e que as reivindicações do líder dos direitos civis ultrapassavam a capacidade do município de atendê-las. Enquanto isso, em Chicago e em cidades por todo o país, disse Daley, gangues negras compravam armas, ativistas negros radicais eram treinados para revoltas violentas e King, quisesse ou não, lhes acobertava para cometerem atos criminosos.

"O comício de King [...] foi 50% Johnson — Johnson, o assassino; Johnson, o destruidor da vida humana; Johnson, o matador no Vietnã", disse Daley.[12]

O prefeito falou que as mesmas pessoas protestavam contra a discriminação racial e o Vietnã. O sistema de aplicação da lei era atacado por quem queria "agitação constante", prosseguiu Daley, e King estava no centro da insatisfação: "Ele não é seu amigo. Está contra você no Vietnã. É um canalha desgraçado [...]. Não sei como a gente vai fazer. É a coisa mais perigosa que temos em nosso país".

Em 29 de julho, os homens de King lideraram uma manifestação na frente de uma imobiliária acusada de recusar seus serviços a clientes negros. Mas arruaceiros brancos raivosos estavam em número maior, e os manifestantes foram obrigados a recuar. No dia seguinte, King estava fora da cidade, e o organizador comunitário Al Raby, Andrew Young, Jesse Jackson e outros lideraram uma marcha com quinhentas pessoas que saiu da igreja batista Nova Amizade e seguiu até a imobiliária no bairro Gage Park, cerca de treze quilômetros a sudoeste do centro de Chicago. O *New York Times* observou que os bairros em torno tinham cerca de 100 mil moradores — 99 993 deles eram brancos.[13] Alguns deles se armaram com pedras, tijolos e garrafas para esperar os manifestantes. Um homem trazia uma placa com os dizeres "PODER BRANCO!".[14] Vinte e cinco pessoas foram feridas e dezoito, presas, enquanto voavam pedras, tijolos e garrafas. Os arruaceiros viraram e incendiaram vários carros. Os manifestantes tentaram de novo realizar a marcha no domingo, mas foram mais uma vez atacados.

King se juntou a eles na sexta-feira, dia 5 de agosto. Chegou de carro ao Marquette Park por volta das dezessete horas, com duas horas de atraso. Antes mesmo de começar a marcha, rapazes brancos atiravam paus e pedras nos manifestantes. Membros do Partido Nazista Americano distribuíam panfletos. Em Gage Park moravam muitas famílias polonesas e lituanas de baixa e média renda. Caso os negros se mudassem para o bairro, essas famílias achavam que só lhes restaria a alternativa de vender suas casas, disse Bernard Lafayette, um dos organizadores do protesto.[15]

"Espero que King entenda isso", disse um rapaz branco com uma bandeira dos Confederados.[16]

"Vou para a escola e trabalhar com eles", disse outro rapaz, referindo-se a estudantes negros, "mas não vou morar com eles. Vi o que fizeram com outros bairros e não quero que façam isso aqui." Um homem branco levava um cartaz dizendo "King ficaria bem com uma faca nas costas". Ouviam-se clamores de "poder branco!". Homens balançavam bandeiras dos Confederados e traziam placas com suásticas. Um cartaz pintado dizia "O ZOOLÓGICO QUER VOCÊS".[17]

Os manifestantes pelos direitos civis andavam devagar, entoando canções de fé e esperança, enquanto passavam por fileiras de varandas recém-pintadas e arbustos cuidadosamente podados. Rapazes brancos batiam na calçada com bastões de beisebol.

"Matem o macaco King!", entoava um grupo de brancos idosos.

Atiravam pedras, garrafas, tijolos e busca-pés. Enquanto King andava, um homem negro vinha logo atrás. Ele mantinha as mãos sobre a cabeça de King, empenhando-se em ser uma última linha de defesa contra objetos voadores. Um busca-pé explodiu, e King estremeceu. Um sacerdote branco foi atingido por um tijolo. Uma faca dirigida a King acertou, em vez dele, um estudante. Os arruaceiros brancos bradaram quando a polícia levou o estudante ferido.

Na esquina da California Avenue com a West 63rd Street, um bando de adolescentes investiu contra os guarda-costas de King. A polícia bateu neles com cassetetes e os algemou.

King, de terno cinza, camisa azul e sem gravata, avançava em passo hesitante. Sempre que os manifestantes paravam, os que vinham ao lado do líder se fechavam em volta dele e erguiam placas para protegê-lo. Mas não conseguiam fazer isso por completo. Uma pedra atingiu com força o espaço entre suas omoplatas, logo abaixo da nuca. Ele fechou os olhos e caiu de joelhos.

"Ele esperou o impacto da bala", escreveu um repórter que presenciou a cena, mas, quando percebeu que não tinha sido um tiro, mas apenas uma pedra, se ergueu devagar, passou a mão na nuca e anunciou que estava bem.[18]

Outro busca-pé explodiu. Mais uma vez, King estremeceu. Os arruaceiros brancos viraram carros de ponta-cabeça e destruíram uma efígie de King.

"Seus amantes de pretos f.d.p.!", gritou para os policiais um homem de meia-idade branco, de terno.[19]

A batalha se estendeu durante toda a noite, por muito tempo depois de os manifestantes negros pacíficos terem partido. Foram feitas dezenas de prisões. Cerca de quarenta pessoas que haviam participado da passeata ficaram feridas. King disse se orgulhar dos jovens das gangues negras que tinham marchado e ajudado a proteger outros, sem retaliar. Poucas semanas antes, tinha sido alvo de gás lacrimogêneo e ameaças de morte no Mississippi, maltratado pela polícia no Alabama, esfaqueado anos antes no Harlem, mas nada o preparara, disse ele, para o racismo violento de Chicago.

"Nunca vi nada parecido com isso na vida", disse ele. "Creio que as pessoas do Mississippi deviam vir para Chicago para aprender a odiar."[20]

As cenas da fúria branca em Chicago não causaram na nação o impacto que tivera Bull Connor com seus cães em Birmingham. Mais uma vez, King usou o conflito para expor o racismo americano, mas, dessa feita, sem grandes resultados. O projeto de lei mais recente do presidente Johnson sobre direitos civis — visando o fim da discriminação racial na escolha de júris e na venda e aluguel de moradias, entre outras coisas — teve uma recepção fria entre os líderes do Congresso devido ao lobby do setor imobiliário para extinguir ou diluir o projeto.

King recebeu ataques de todos os lados.

"Esses líderes dos 'direitos' e clérigos confusos que os protegem não são heróis", escreveu num editorial o jornal conservador *Chicago Tribune*. "Apesar de todos os seus protestos virtuosos de não violência, estão trabalhando ao lado do elemento criminoso para criar confusão e tumulto e aumentar o perigo para os moradores de Chicago. Não podem mais nem mesmo fingir que ignoram esse vínculo [...]. Se os manifestantes continuarem com sua sabotagem, será hora de indiciar todos eles."[21]

Roy Wilkins apresentou sua avaliação crítica pessoal do protesto de Chicago, dizendo: "Não resultou em nada, a não ser num endurecimento das atitudes".[22]

Mas, segundo Jesse Jackson, os críticos de King na época não entenderam uma coisa importante:[23] que King não estava apenas lutando pela dessegregação, mas também pela integração em sua acepção mais ampla, o que significava a partilha voluntária e deliberada do poder. A plena integração, disse Jackson, significa abrir corações e mentes, despertar para o verdadeiro significado da igualdade. Era a conclusão lógica de toda uma vida de trabalho. Se os seres humanos são feitos à imagem de Deus, todos devem se unir, independentemente da raça e da nacionalidade.

"Este é o momento da verdade para o movimento pelos direitos civis", disse Floyd McKissick, do Core. "O Poder Negro vai realmente definir o que é um liberal. Se não for a favor, não é um amigo."[24]

McKissick, que estivera pouco tempo antes no Sudeste Asiático, expressou sua frustração com o fato de os negros, que correspondiam a apenas 10% da população americana, responderem por cerca de 20% das baixas na Guerra do Vietnã. Como King, ele dizia não ver motivo para restringir seu ativismo a questões de segregação racial. "Nossa teoria é que as pessoas devem ser tratadas como seres humanos", declarou ele. "Não podemos ser limitados e egoístas. A luta daqui é a de lá. São a mesma e uma só."

Ao ir para o Norte e falar com cada vez mais intensidade sobre questões como a paz e a pobreza, ao procurar a integração em termos mais abrangentes, King ajudou o movimento pelos direitos civis a se tornar um movimento político mais amplo. Ajudou a fortalecer o esforço contra a guerra e a impulsionar novos atores, inclusive um grupo ad hoc de religiosos chamado Comitê Nacional de Clérigos Pretos, que publicou, na edição de 31 de julho de 1966 do *New York Times*, um anúncio no qual abraçava reivindicações do SNCC para o poder negro. Eles escreveram: "O que vemos reluzir entre a variedade de retóricas não é algo novo, mas o mesmo velho problema de raça e poder que se apresenta a nosso amado país desde 1619", quando chegaram os primeiros africanos escravizados às colônias britânicas que se tornariam os Estados Unidos.[25] A conclamação ao poder negro não precisava significar separação ou dominação, escreveram eles; significava que os negros procuravam pôr fim ao desequilíbrio de poder que fazia os brancos se sentirem legitimados para obter o que queriam por meio de seu poder acumulado, enquanto punham "uma corda suburbana branca no pescoço" dos negros e os deixavam muitas vezes na pobreza, desprotegidos ou mesmo perseguidos pela aplicação desigual da lei. A carta ajudou a incentivar o que o teólogo James H. Cone chamou de teologia da libertação negra, "inspirada em Martin Luther King e Malcolm X",[26] uma teologia que fortalecia as pessoas para "lutar por justiça, como disse King, e amar a nós mesmos, como disse Malcolm [...], ensinando como sermos assumidamente negros e cristãos ao mesmo tempo".

Mais uma vez, King se viu nadando entre as ondas da mudança, impelido tanto por sua própria posição resoluta quanto por forças que trabalhavam contra ele. Os tumultos em Chicago ocuparam as primeiras páginas dos jornais nacionais, tal como ele esperava, mas suas reivindicações continuavam pouco claras. As mulheres e os homens negros que marcharam com ele não estavam interessados em se mudar agora para Gage Park; o que reivindicavam e o motivo pelo qual arriscavam a vida era o direito de fazê-lo.

Em 19 de agosto, o prefeito Daley obteve uma ordem temporária na vara distrital de Cook County que limitava as ações de King a apenas uma marcha de quinhentas pessoas por dia. King se contrapôs e enunciou uma marcha em 28 de agosto no subúrbio de Cicero, ali perto, outro bastião exclusivo para brancos. Dois dias antes do evento, King e Daley se reuniram no Salão Monroe do hotel Palmer House, junto com outros 77 líderes civis, empresariais e religiosos, incluindo o presidente do Conselho Diretor do Setor Imobiliário de Chicago, além de ativistas e organizadores comunitários.[27] Chegaram a um acordo: King concordou em suspender as manifestações depois que Daley e outros líderes concordaram com um programa de dez itens destinado a pôr fim à discriminação residencial. O acordo, se fosse cumprido de fato pelas autoridades municipais, fortaleceria a aplicação do regulamento residencial do município; faria o Conselho Diretor do Setor Imobiliário endossar a integração; levaria a prefeitura a construir unidades habitacionais públicas menores e mais espalhadas, em vez de conjuntos de prédios altos; poria fim aos padrões discriminatórios nas destinações de moradia a famílias que dependiam de assistência social. King declarou que era "o programa mais importante já concebido para converter em realidade o livre acesso à moradia na área metropolitana". Possibilitaria, disse ele, a "erradicação completa da discriminação residencial".

Sim, tornaria essas coisas possíveis, mas só com o empenho da prefeitura, das empresas privadas e do governo federal. Enquanto isso, em Washington, DC, o senador Everett Dirksen de Illinois praticamente esmagou qualquer esperança de aprovar as cláusulas de moradia digna no novo projeto de direitos civis do presidente, dizendo a um grupo de líderes religiosos de Chicago que considerava a proibição de discriminação racial na habitação institucional, porque interferia nos direitos dos proprietários de imóveis. "Vocês não querem que eu jogue minha consciência no rio Potomac, certo?"[28]

A impressão de Chester Robinson, da Organização do West Side de Chicago, era que a população negra pobre da cidade só recebera promessas vazias. Ele prometeu que lideraria sua própria marcha em Cicero.

Enquanto jornalistas negros responsabilizavam em editoriais o presidente Johnson por ceder ao lobby imobiliário e deixar de lutar pela legislação habitacional, alguns jornalistas brancos diziam que King não tinha quase nada para mostrar de sua campanha em Chicago. Mas se ele não mudou Chicago ou Los Angeles, as duas cidades mudaram King. Ele começou a tratar de temas mais anticapitalistas, dizendo que os Estados Unidos, apesar de sua grande riqueza, ainda se debatiam com a pobreza e se envolviam em guerras intermináveis. Em certos aspectos, ele soava tal qual Malcolm X ao qualificar o país como uma sociedade moralmente doente. O fim da legislação Jim Crow já não bastava, disse ele, não enquanto alguns viviam numa "opulência inacreditável", ao passo que outros, a alguns quarteirões de distância, viviam na pobreza, com "paredes forradas de ratazanas e baratas" e pouca esperança de solução.[29]

No domingo, de volta à Ebenezer, em Atlanta, King disse que se sentira algumas vezes desanimado com o que havia acontecido no verão. O acordo em Chicago era "um primeiro passo de uma jornada de mil quilômetros".[30] Mas disse que era uma jornada para a qual fora chamado por Deus, referindo-se de forma sutil à noite em que estava sozinho em sua cozinha em Montgomery, mais de dez anos antes, e ouvira a voz de Deus. "Opto por me identificar com os desfavorecidos", disse ele. "Opto por me identificar com os pobres", falou. "Opto por dar minha vida pelos famintos [...]. É por esse caminho que sigo. Se isso significa sofrer um pouco, sigo nesse caminho. Se significa sacrifício, sigo nesse caminho. Se significa morrer por eles, sigo nesse caminho porque ouvi uma voz dizer: 'Faça algo pelos outros.'"

43. “Não é uma época fácil para mim”

Em 1964, numa pesquisa de opinião pública, os americanos citaram King como o quarto homem mais admirado do mundo, atrás de Lyndon Johnson, Winston Churchill e Dwight Eisenhower, e à frente de Robert Kennedy, Billy Graham e do papa Paulo VI. Em 1965, King passou para o sexto lugar entre dez nomes, e em 1966 tinha saído da lista. Entre os pesquisados, 63% disseram que tinham uma opinião negativa sobre ele.

Ao mesmo tempo, a popularidade do nome Martin, depois de aumentar de forma contínua durante uma década, teve uma queda brusca.[1] Em 1963, 6072 bebês americanos haviam recebido o nome Martin. Em 1966, esse número tinha reduzido mais de 30%, caindo para 4208.

Em 19 de setembro, a Lei dos Direitos Civis de 1966 não passou no Senado Federal, como os jornalistas já previam havia semanas. A legislação não chegou nem perto do número de votos necessários para ser aprovada. A partir daí, os assessores de Lyndon Johnson concluíram que o público americano não apoiaria mais programas “grandes e ousados” em prol da comunidade negra.[2]

“Não lhe parece”, perguntou o jornalista Mike Wallace a King numa entrevista na televisão, “que o povo americano está, na verdade, ficando um pouco cansado de toda a luta pelos direitos civis?”[3]

King não achava que era isso. Mas deu, de fato, sinais de seu próprio cansaço. Sua equipe estava desmoralizada. Alguns pastores que costumavam lhe apoiar estavam achando difícil respaldar sua posição contra a Guerra do Vietnã.

"Não poderiam protestar contra a guerra *e* realizar os ofícios fúnebres pelos soldados", disse Bernard Lafayette Jr.[4] Espalharam-se explosões de violência pelo país, chegando até mesmo a Atlanta, que costumava ser tranquila. King tinha cada vez mais dificuldade em arrecadar fundos para o trabalho da SCLC.

Em Grenada, no Mississippi, turbas brancas, enraivecidas com a integração nas escolas, atacaram crianças negras. King foi até lá para prestar apoio aos manifestantes, mas a mídia nacional deu apenas uma atenção modesta ao ocorrido. Ao mesmo tempo, o *New York Times* publicou na primeira página uma análise de que o movimento pelos direitos civis estava em franca desorganização. Os liberais brancos estavam preocupados com o Vietnã, enquanto os moderados brancos se tornavam apáticos ou hostis à dura situação de seus conterrâneos negros. Os políticos conservadores, entre eles Ronald Reagan, candidato republicano ao governo da Califórnia, procuravam politizar a reação branca, informou o *Times*, adotando a expressão "tumultos-nas-ruas" como slogan de campanha para induzir ao medo. Os políticos conservadores acusavam manifestantes como King de desrespeitar a lei e a ordem, contribuindo para as ondas de crimes. Dizia-se que o governador George Wallace do Alabama estava pensando em disputar mais uma vez a presidência em 1968.

"Não é tanto uma reação", disse Thomas F. Pettigrew, psicólogo social de Harvard, quanto um "fenômeno de afloramento." O ódio sempre estivera ali, disse ele.

C. Vann Woodward, historiador de Yale, escreveu na *Harper's Magazine* que o movimento pelos direitos civis parecia seguir o mesmo rumo da Reconstrução: "Uma maré crescente de indignação contra um erro antigo, o lento desmoronamento da resistência obstinada, a súbita investida e o entusiasmo da vitória — e então [...] o início da reação e o esmorecimento das grandes esperanças".[5]

O movimento entrou numa espiral de queda. King, ao falar contra a Guerra do Vietnã, pode ter contribuído para uma mudança no ativismo liberal branco, com o ingresso de um número crescente de jovens manifestantes no movimento pacifista. A preocupação do presidente Johnson com a guerra também afetou seu compromisso e reduziu as verbas disponíveis para programas internos. A pérfida campanha de difamação promovida por J. Edgar Hoover punha em dúvida se seria possível confiar em King, enquanto muitos liberais nortistas ficavam desencantados ou ressentidos quando os protestos atingiam o Norte. Muitos apoiadores brancos da cruzada pelos direitos civis repeliam o novo tom mais militante de líderes como Stokely Carmichael. Toda aquela "falação de ódio aos branquelos", como disse um ativista branco ao *Times*, afetava de forma inevitável a atitude dos brancos.

King prometera que o movimento não violento geraria um novo país. Mas os americanos duvidavam cada vez mais que seria melhor. Jovens de tendências rebeldes recorriam aos discursos de Malcolm X, aos livros de Frantz Fanon e à música dos Rolling Stones. "A violência é uma força purificadora", escrevera Fanon, psiquiatra negro nascido em Martinica que tinha participado da Frente de Libertação Nacional da Argélia contra os franceses e morrera em 1961.[6] "Ela liberta o nativo de seu complexo de inferioridade e de seu desespero e inação." Seu último livro, *Os condenados da terra*, se tornou leitura essencial para os jovens radicais.

O número de americanos mortos no Vietnã triplicou em 1966. Cada vez mais estudantes universitários protestavam contra a guerra. Queimavam seus cartões de recrutamento e falavam em fugir para o Canadá. O slogan do dia passou a ser "Faça amor, não faça guerra", uma contestação ao Vietnã e uma declaração de fraternidade universal. A declaração não era muito diferente do apelo de King a uma comunidade com amor — apenas não se concentrava de forma tão explícita na injustiça racial e não girava em torno da Bíblia. Esse novo espírito incluía o sexo sem medo de procriar. Exaltava a coabitação sem necessidade de se casar. Incentivava o desprezo pela autoridade, em especial a que fomentava a guerra. E oferecia uma fuga das desgraças terrenas do mundo com drogas que alteravam a consciência. Para os que não participavam desse novo espírito, muitas vezes parecia que a sociedade se dissolvia no hedonismo. De repente, não era só a comunidade negra que se revoltava, mas também os bichos-grilos de cabelo ensebado e comprido, tentando superar o mundo da supremacia branca, do materialismo e do militarismo. "Havia inúmeras tensões", escreveu Todd Gitlin, pesquisador e veterano da Nova Esquerda, "entre a ideia radical de estratégia política — com disciplina, organização, compromisso com resultados *distantes* — e a ideia contracultural de viver de forma plena a própria vida, *aqui e agora* [...], e o resto do mundo que se danasse (coisa que já estava mesmo fazendo)".[7]

Isso explica em parte por que King e a SCLC tinham problemas em arrecadar fundos entre seus simpatizantes no Norte, por que ele enfrentava um ceticismo crescente na imprensa e por que tinha cada vez mais dificuldade em apelar para o senso moral do público. Era uma época de escárnio, de desconfiança, em que a fé parecia antiquada ou mesmo ingênua. A mudança de atitude trazia enormes consequências para o movimento pelos direitos civis, alertou Leslie Dunbar, um dos maiores apoiadores da SCLC e diretor da Fundação Field, uma entidade sem fins lucrativos. O ceticismo em voga podia levar muitos brancos do Norte a concluírem que era a polícia que lidava da melhor maneira com os problemas do preto americano. "Dessa forma", disse Dunbar, "os brancos podiam dormir em paz nos subúrbios e deixar os pretos brigarem entre eles."[8]

"Não é uma época fácil para mim", disse King com franqueza num discurso para cerca de trezentos diretores de rádio e televisão em Chicago. "Não é uma época nobre nem agradável para o movimento pelos direitos civis. Estamos agora num daqueles momentos de baixa, não no topo da realização de uma sociedade mais democrática."[9]

King esqueceu as anotações que preparara, então falou de improviso durante 28 minutos. Disse que, nos últimos anos, apesar de vitórias importantes no Congresso, as condições do preto americano tinham se deteriorado. Em vista da situação, não era de surpreender que muitos falassem da necessidade do poder negro. Os negros realmente precisavam de poder, em especial político e econômico, explicou ele, "pois o gueto é construído para manter o preto na fraqueza". E precisavam também de orgulho, porque "por tempo demais o preto vem sentindo vergonha de sua cor, seu cabelo, sua estrutura biológica". Mas se "poder negro" significava empregar a violência ou defender o separatismo, ele era sem dúvida contrário, porque "Deus está interessado na liberdade de toda a raça humana, não só de parte dela".

No discurso que iniciou sua carreira ativista, em 5 de dezembro de 1955, na igreja batista da Holt Street em Montgomery, King disse a seus ouvintes que a busca pela justiça não bastaria para trazer a verdadeira liberdade a todo o povo de Deus, e por isso era preciso o amor cristão. Onze anos depois, ele disse quase a mesma coisa, mas dessa vez a partir de sua própria experiência. "Esse período não realizou tudo", disse ele no outono de 1966, no retiro da SCLC em Frogmore, na Carolina do Sul, refletindo sobre o trabalho da década anterior. As vitórias judiciais e legislativas, prosseguiu ele, "fizeram muito pouco" para ajudar os negros pobres do Norte. Disse que as novas leis e decisões judiciais não destruíram as raízes do racismo americano, e acrescentou: "Nossa sociedade ainda é estruturada sobre a base do racismo".

Não foi solicitado à maioria dos americanos que fizesse sacrifícios pela igualdade. Não foi solicitado que fizesse reparações pela escravidão e pela legislação Jim Crow. Não tinham tratado nem tentado sanar as enormes desigualdades de riqueza e oportunidades no país. As novas leis federais não custaram nada à maioria do país. Isso precisava mudar, disse King, mesmo que significasse direcionar os Estados Unidos para um sistema socialista democrático, como os que existiam em países europeus. Mas já não se sabia com clareza quantas pessoas se juntariam a ele nesse caminho rumo à igualdade. Em 8 de novembro de 1966, dia das eleições, os republicanos inclinaram a balança do poder político a seu favor no Congresso, obtendo 47 assentos na Câmara e três no Senado, saindo-se especialmente bem no Sul. Na Califórnia, Ronald Reagan ganhou de lavada. O ex-vice-presidente Richard Nixon, preparando-se para uma disputa presidencial em 1968, qualificou os resultados das eleições como "o maior vexame de um presidente em toda uma geração".[10]

No dia seguinte, o presidente Johnson ligou para seu vice, Hubert Humphrey, para comentar os resultados. Disse que não ficou muito desanimado, porque os democratas ainda tinham maioria sólida na Câmara e no Senado. Mas, ao listar as razões pelas quais os eleitores moderados pareciam estar pendendo para o Partido Republicano, o presidente responsabilizou liberais, líderes trabalhistas e "Martin Luther King em Chicago".[11]

Em 14 de dezembro de 1966, o *New York Times* publicou que o FBI tinha grampeado os telefones de King e ouvido suas conversas. "Isso foi feito por razões de segurança nacional? Quem autorizou os grampos? Não sabemos", escreveu o colunista James Reston, que deu o furo.[12] "O que sabemos é que autoridades do alto escalão deste governo discutiram informações coletadas dessa maneira com jornalistas." King falou aos repórteres que ele e seus colegas supuseram durante anos que estavam com os telefones grampeados, mas disse não saber por quem ou por qual motivo.[13]

O presidente Johnson receava um escândalo caso o público soubesse a extensão da vigilância, em especial sobre King. Numa conversa telefônica com seu assessor Clark Clifford, depois do furo dado pelo *Times*, Johnson atribuiu a responsabilidade pelos grampos a John Kennedy e Robert Kennedy, em particular a este último. "Tinham a assinatura dele num grampo sobre Martin Luther King", disse Johnson, referindo-se ao ex-procurador-geral. "Isso ocorre há dois, três, quatro anos [...]. E o [material] sobre Martin Luther King, se você lê o que foi grampeado, dá um livro melhor do que o de Manchester."[14] Johnson se referia à obra *Morte de um presidente*, de William Manchester, muito aguardada sobre o assassinato de John F. Kennedy. "E acho que realmente abalaria muita gente." Johnson disse ser contrário às escutas telefônicas do FBI, a menos que fossem vitais para a segurança nacional. No caso de King, ele disse: "É bem difícil relacioná-lo com a segurança da nação".

Johnson estava sendo dissimulado, protegendo-se em caso de escândalo. Tanto ele quanto Hoover tinham claramente apreciado muito os frutos da vigilância sobre King, e Johnson continuou a receber de Hoover e Deke DeLoach memorandos frequentes do FBI sobre o líder do movimento pelos direitos civis. Embora os relatórios nunca tivessem documentado que King representava alguma ameaça à segurança nacional, como reconheceu Johnson, ainda assim eles o tratavam como criminoso. King sentiu os efeitos. Vivia sob escrutínio constante e frequentes ameaças de ter sua conduta pessoal exposta; via seu nome manchado à medida que mais e mais repórteres recebiam dicas sobre sua vida privada; teve seu relacionamento com o presidente prejudicado, o que talvez tenha afetado sua eficácia como ativista. Se Johnson, segundo disse, "nunca quis que se fizesse isso", ele foi bem ineficiente em se fazer ouvir.

No dia seguinte à notícia do *Times*, King depôs perante um subcomitê do Senado Federal. Não fez nenhuma menção aos grampos. Em vez disso, acusou o governo de "esbanjar" verbas com a guerra e voos espaciais tripulados, destinando quantias minúsculas ao combate à pobreza e ao racismo. King leu uma declaração de 44 páginas em que vinculou de forma reiterada o Vietnã aos direitos civis. "A segurança que professamos buscar em aventuras no estrangeiro", disse ele, "perderemos em nossas cidades decadentes. As bombas no Vietnã explodem aqui dentro; destroem as esperanças e possibilidades de uma América decente."[15]

A imensa maioria dos pobres ainda tinha esperanças, disse ele, mas, se as condições de vida não melhorassem, elas desapareceriam e a violência ocuparia o vazio.[16] "Agora estou convencido", disse ele, "de que a abordagem mais simples se demonstrará a mais revolucionária — a solução para a pobreza é aboli-la diretamente com uma renda anual mínima assegurada." A ideia não era tão radical. Com efeito, três anos depois, o presidente Richard Nixon chegaria perto de implantar um plano de conceder a todas as famílias de quatro pessoas uma renda anual assegurada de 1600 dólares, que teve o apoio de mais de mil economistas americanos.[17] Por isso ainda não fora feito? King culpou o racismo. A maioria da sociedade branca se importava mais com a tranquilidade do que com a justiça. Era mais fácil ignorar a dura situação dos americanos negros do que lidar com isso. "A obtenção de segurança e igualdade para os pretos ainda não se tornou um objetivo nacional sério e irrevogável", disse ele. "Duvido que algum dia tenha existido um compromisso sincero e inabalável com esse fim."

Em suma, disse ele, o movimento pelos direitos civis não tinha feito o suficiente. Ele e outros no movimento tinham se concentrado com excessiva frequência na classe média, deixando de lado os pobres, em especial no Norte. Nesse processo, a nação elevara as esperanças do povo sem realizá-las, deixando uma "profunda frustração e o profundo sentimento de alienação". Apesar de todo o trabalho e de todas as conquistas da década anterior, disse ele, "os Estados Unidos como nação nunca se comprometeram em resolver os problemas de seus cidadãos pretos". E a nação nunca assumiria esse compromisso, disse ele, a menos que os líderes em Washington concluíssem que "não há nenhuma alternativa possível abaixo dessa".[18]

No Natal, as crianças King e Abernathy montaram para os pais uma encenação do conto de fadas "A Bela Adormecida". Uma semana depois, King tomou um avião para Los Angeles, onde esperava descansar e começar a trabalhar num novo livro. Mas era com frequência interrompido. Ativistas pacifistas lhe telefonavam para solicitar que fizesse um grande discurso sobre o Vietnã. Outros pediam que lançasse um terceiro nome para concorrer à presidência em 1968. Os problemas de orçamento e de pessoal da SCLC continuavam a importuná-lo.

Duas semanas depois, no dia 14 de janeiro, King foi com as malas cheias de livros para Ocho Ríos, na Jamaica, onde ficaria numa *villa* sem telefone. Bernard Lee o acompanhou. No aeroporto, King comprou um exemplar da revista de esquerda *Ramparts*, que trazia na capa uma imagem de Cristo na cruz e uma paisagem que parecia ser um campo de batalha no Vietnã.[19]

A revista trazia uma seção especial de fotografias de crianças vietnamitas famélicas, abandonadas e feridas. "A carne dilacerada, os ossos quebrados, a agonia aos gritos já são terríveis", dizia a legenda de uma foto. "Mas talvez o mais excruciante de tudo sejam os pequenos rostos e corpos marcados e queimados pelo fogo."[20]

Alguns dias depois, a secretária de King, Dora McDonald, se juntou a ele e Lee na Jamaica. King pretendia usar sua folga para escrever 3 mil palavras por dia para o novo livro, que se chamaria *Where Do We Go from Here: Chaos or Community?* [Para onde vamos a partir daqui: Caos ou comunidade?]. McDonald datilografaria as páginas manuscritas e as enviaria para Levison em Nova York para serem avaliadas. Coretta chegou na última das três semanas de férias que o marido tirou. Nesse período em que estavam juntos, um repórter e fotógrafo da *Ebony* foi visitá-los e produziu um artigo de sete páginas com fotos de King nadando na piscina, andando pela praia de calça e sapato social e tomando café da manhã com Coretta. O repórter assegurou aos leitores que Ralph Abernathy e Andrew Young cuidavam das operações da SCLC na ausência de King e comentou que "ninguém merecia tanto férias quanto MLK".

De volta a Atlanta, King avisou aos assessores que estava decidido a fazer uma oposição mais vigorosa à Guerra do Vietnã, mesmo que isso levasse ao rompimento das suas relações com o presidente Johnson e lhe custasse o apoio da SCLC. Não pretendia abandonar a causa dos direitos civis. Na verdade, esperava que sua atividade pacifista pudesse unir ativistas pela paz e pelos direitos civis num movimento maior que pressionasse o governo a acabar com o racismo, a pobreza e a guerra. No mínimo, ele seria fiel a seus princípios. Sempre dissera que, para ele, a não violência não era apenas uma estratégia, mas um princípio orientador, uma convicção central radicada em sua fé religiosa. Seus amigos e assessores não tinham acreditado nele? Não tinham entendido a profundidade de seu compromisso? "Não penso em deixar os direitos civis", disse numa teleconferência com assessores, "mas poderíamos ter muito mais sucesso se tivéssemos o pessoal pacifista fazendo isso, cooperando, marchando por Washington por conta dos cortes nos programas contra a pobreza. Todas as comunidades estão loucas da vida porque foram cortadas. A gente ainda tem aí uma questão de direitos civis. O rompimento com o governo é a diferença, e é aí que temos de chegar."[21]

Ele ainda não tinha nenhum plano para juntar os fios soltos dos ativistas americanos. Nesse meio-tempo, em fevereiro de 1967, o *New York Times* publicou mais uma matéria na primeira página sobre como o movimento pelos direitos civis tinha entrado "em colapso" e se encontrava numa "batalha final para sobreviver nas poucas esferas de influência que lhe restam".[22] Escritórios tinham sido abandonados. Protestos de rua tinham acabado. Funcionários que trabalhavam com direitos civis no Sul tinham se tornado uma espécie em extinção. Andrew Young declarou ao repórter do *Times* que as doações à SCLC eram 40% menores do que no ano anterior, em parte porque muitos doadores perderam o interesse quando a instituição se tornou atuante no Norte. Quando Young foi à Fundação Ford em busca de subsídios para compensar a perda de doações, um alto membro enviou uma carta ríspida: "O que vocês gostariam de realizar é louvável, mas me restou um pequeno grau de ceticismo, sem dúvida resultante de minhas observações anteriores de projetos em certa medida correlatos, cujo impacto foi insignificante em relação aos custos envolvidos".[23] O que a fundação queria ver, escreveu ele, era um plano quinquenal, dotado de uma estratégia geral com metas mensuráveis que representassem "a plena força propulsora da SCLC".

King entendia que seu foco no Vietnã aumentava os problemas da SCLC. Ao longo da história americana, nunca um líder de protestos tivera tanto acesso a um presidente quanto King teve com Johnson. Mas fazia quase um ano que os dois não se reuniam. King declinara dois convites, talvez por ser avesso a confrontos, mas talvez porque sua consciência não lhe permitiria cooperar com um defensor e propagador da guerra.

Em 25 de fevereiro, em sua primeira aparição pública em dois meses, King falou numa conferência em Los Angeles patrocinada pela revista liberal *The Nation*:

> Quando vejo nosso país hoje intervindo no que é basicamente uma guerra civil, destruindo centenas de milhares de crianças vietnamitas com napalm, deixando corpos destruídos em campos incontáveis e mandando para casa homens pela metade, mutilados mental e fisicamente; quando vejo a obstinada má vontade de nosso governo em criar a atmosfera para um acordo para esse pavoroso conflito [...], tremo por nosso mundo.[24]

Em março, King e o conhecido pediatra Benjamin Spock encabeçaram uma marcha pacifista em Chicago. Os assessores de King continuavam a desaconselhar que ele fizesse protestos contra o Vietnã, com o argumento de que ele já prejudicara sua posição como paladino dos direitos civis. Em 25 de março, Levison o informou por telefone que Norman Cousins, editor da *Saturday Review*, decidira não mais publicar o trabalho de King. Segundo Levison, Cousins se referiu ao movimento pacifista como "odeie os Estados Unidos" e afirmou que "em seis meses King e a SCLC estariam queimados" se continuassem a se opor à guerra. King falou que não se importava.[25]

"Essa noite eu dizia a Andy [Young] que às vezes a gente faz coisas para atender à nossa consciência, que podem ser totalmente irrealistas ou erradas do ponto de vista tático, mas a gente se sente melhor", disse ele a Levison. "Sobre a Guerra do Vietnã, sei que receberei diversas críticas e que posso prejudicar a SCLC. Mas me sinto melhor, e penso que isso é o mais importante."[26] Se não se sentisse bem consigo mesmo, prosseguiu King, ele não serviria de nada para a SCLC ou qualquer outra causa. Toda a sua identidade estava em seu trabalho e em suas convicções. Não era possível nenhuma concessão moral. "Sinto do fundo do meu coração que estamos muito errados neste país", explicou ele, "e que chegou a hora de uma verdadeira profecia, e estou disposto a ir por esse caminho."

Quando King disse a seus assessores que planejava falar contra a guerra num grande evento em 15 de abril, em Nova York, organizado por James Bevel e um grupo chamado Comitê de Mobilização da Primavera, eles ficaram preocupados. Alguns dos outros oradores eram mais radicais do que King; ele podia não querer ser associado a eles. Os assessores discutiram a possibilidade de King ser o primeiro a falar e sair logo após o discurso. Então tiveram outra ideia: ele poderia ser o único orador num evento realizado em 4 de abril na igreja de Riverside, patrocinado por um grupo chamado Clérigos e Laicos

Preocupados com o Vietnã. Seria uma aposta: King poderia receber ainda mais atenção da imprensa do que teria no comício de 15 de abril, e com mais chances de transmitir com clareza sua mensagem e controlar o tom do evento. Ao discurso de King se seguiria uma mesa-redonda com o rabino Abraham Joshua Heschel, o rev. John Bennett, presidente do Seminário Teológico da União, e o historiador Henry Steele Commager.

King seguia seu trabalho com direitos civis, mas recebia menos atenção. O FBI ainda prejudicava seus esforços e, no fluxo constante de memorandos enviados à Casa Branca, concentrava-se mais em sua atividade pacifista do que em seus encontros sexuais. Em 8 de março, um memorando interno do FBI informou que King queria "dirigir todos os seus esforços para se opor à guerra no Vietnã".[27] O relatório dizia que ele tinha ficado "muito suscetível" após seu fracasso em Chicago e com a perda de "apelo ao preto dos guetos". O agente que escreveu o memorando sugeriu que seria possível minar ainda mais a autoconfiança de King se um repórter próximo da agência fizesse determinadas perguntas e publicasse um artigo explicando que as posições de King tinham paralelos estreitos com as do Partido Comunista.

Em 29 de março, King foi a Louisville, no Kentucky, onde ajudou a liderar uma marcha em defesa de moradia digna e se reuniu durante uma hora e meia com Muhammad Ali, que na época tentava escapar do recrutamento militar. "Minhas preces, meus sacrifícios, minha vida e minha morte são todas por Alá", disse Ali aos repórteres. "Se eu achasse que me apresentar, ir para a guerra e provavelmente morrer ajudaria a trazer liberdade, justiça e igualdade para os 22 milhões de ditos pretos daqui, vocês não precisariam me recrutar. Eu iria amanhã mesmo."[28] King, que raramente esboçava um sorriso quando falava com jornalistas, ficou descontraído com Ali. Quando um deles perguntou aos dois sobre o que haviam conversado no encontro privado, Ali se adiantou: "Nada", disse ele. "Somos apenas amigos, como Khruschóv e Kennedy [...], o que aconteceu agora pouco é assunto nosso."

King riu. O repórter perguntou se ele concordava, ao que ele respondeu: "Ah, sim, claro, tivemos uma ótima conversa".

Embora Ali e a Nação do Islã defendessem não a integração, mas a separação das raças, Ali acrescentou: "Somos todos irmãos negros. Temos abordagens diferentes para nossos problemas cotidianos, mas o cachorro que morde a ele morde também a mim. Quando saímos, não perguntam [se] você é cristão, católico, batista ou muçulmano. Simplesmente começam a espancar homens negros".[29]

Naquela semana, durante a reunião da diretoria da SCLC em Louisville, King pediu que a entidade lançasse uma declaração formal que se opusesse com vigor às políticas bélicas de Johnson. A diretoria negou. Mas King seguiu em frente, preparando-se para o discurso na igreja de Riverside. Muitas vezes ele deixava a redação inicial de seus discursos a cargo de amigos e colegas. Nesse caso, ele recorreu a Vincent Harding, professor de história que trabalhava na Faculdade Spelman. Harding frequentava os ofícios da Ebenezer, onde os sermões de King deixavam claro que ele se opunha à guerra "a partir de uma perspectiva profundamente cristã", e que o fazia desde os primeiros dias do envolvimento americano no Vietnã, relembrou Harding. No verão de 1965, Harding começou a estudar a história do Vietnã. No mesmo ano, redigiu várias notas sobre o conflito para ajudar King a se preparar para a reunião com Arthur Goldberg, embaixador americano na ONU. Também escreveu o discurso anterior de King contra a guerra, proferido em Los Angeles. Antes mesmo de conversar com o pastor sobre o discurso de Riverside, Harding disse que entendia como, na concepção de King, o movimento pelos direitos civis e o pacifista se uniam. E refletiu sobre o que chamava de identidade fundamental de King: "O que significa ser um seguidor de Jesus, o pacificador, que conclamava outros a serem pacificadores [...]? O que significa levar a sério toda essa ideia de que nossa identidade nacional [...] é secundária em relação à espiritual?". Muhammad Ali levantou o mesmo tipo de questão ao dizer que "nunca nenhum vietcongue me chamou de crioulo". Harding ouviu muitas vezes King perguntar: "Filhos de Deus, como vocês se colocam? Como se colocam em relação ao país de vocês? Como se colocam em relação aos sofrimentos e às opressões do mundo? E como se colocam em relação à contribuição do nosso país para esses sofrimentos?".

Harding elaborou a maior parte do discurso. John David Maguire, amigo de King e professor de religião na Universidade Wesleyan, contribuiu com uma seção. King lhes deu um esboço geral, mas, ao que parece, não escreveu nada ou quase nada do texto.[30]

Alguns dias antes do evento na igreja de Riverside, jornais americanos publicaram os mais recentes relatórios das baixas de guerra. Segundo o Pentágono, morriam em média 160 soldados americanos e 1800 soldados inimigos por semana, embora jornalistas americanos que cobriam a guerra tivessem dúvidas sobre o quão confiáveis eram esses números.[31] Enquanto isso, um novo relatório da Comissão Nacional de Consultoria do Serviço Militar Seletivo concluiu que a probabilidade de um negro ser recrutado, entrar em combate e morrer era muito maior do que a de um branco. Uma matéria no *Washington Post* informava que os negros que serviam no Vietnã, ao voltar para casa com suas experiências de guerra, se mostravam mais ousados para reivindicar igualdade de direitos. "É melhor não me recusarem para nada por causa de raça [...], não depois dessa merda", disse um soldado negro ferido chamado Curtis Leathers, quando estava internado num centro cirúrgico na zona de batalha. "Se eu tiver as qualificações, vai ser melhor que eu consiga."[32]

Chegando em Nova York, King falou inicialmente numa coletiva de imprensa. "Há duas vezes mais pretos do que brancos em combate", se comparado à proporção deles na população americana, disse King aos repórteres, acrescentando que os números eram "um reflexo da posição do preto nos Estados Unidos". Incentivou "todos os brancos de boa vontade" habilitados ao recrutamento a boicotarem a guerra e se tornarem objetores de consciência. Também incentivou os clérigos em idade de recrutamento a abrirem mão da dispensa por sacerdócio e se tornarem objetores de consciência. Conclamou uma campanha nacional de palestras e pregações para instruir os americanos sobre os males da Guerra do Vietnã. Agora não dava apenas sua opinião sobre o conflito; sugeria formas de rebelião; se engajava num protesto político que sem dúvida ocuparia as manchetes e irritaria ainda mais o presidente Johnson.

Depois da coletiva de imprensa, King participou de um jantar no Seminário da União, com Andrew Young, o rabino Heschel, o rev. Bennett e mais cerca de vinte pessoas. Enquanto comia, King tirou do bolso de cima do paletó uma cópia do discurso, leu-o por inteiro e fez algumas anotações nas margens. Richard Fernandez, secretário-executivo do grupo que patrocinava o discurso, ficou surpreso. Fernandez tinha combinado com Young que receberia previamente cópias do discurso para a imprensa, sabia quando e como ele fora concluído, e naquele momento teve a certeza de que era a primeira vez que King via o texto pronto. Nem bem decorridos quinze minutos de leitura e revisão, King devolveu o discurso ao bolso e continuou a comer.

Mais de 3 mil pessoas lotavam a igreja, que seguia a arquitetura do século XIII da catedral de Chartres na França, com a torre de vinte andares se erguendo acima do rio Hudson como "um farol para o mundo". Muita gente ficou no lado de fora, sem conseguir entrar. Quando King chegou, a multidão o ovacionou de pé.

"Esta noite, venho a esta magnífica casa de culto porque minha consciência não me dá outra escolha", disse ele.[33] Leu o discurso sem interrupção, sem gestos dramáticos, sem sua gama de ritmos e tons. Leu com ar circunspecto, que sugeria que viera não para elevar, mas para impulsionar os ouvintes.

Durante dois anos, disse King, ele se debatera para superar a traição de seu silêncio em relação ao Vietnã. Muitos lhe perguntavam por que decidira se manifestar contra a guerra. Não prejudicaria a campanha pelos direitos civis? Ele entendia a pergunta, disse King, mas mesmo assim se sentia desalentado que seus amigos e aliados não o conhecessem de fato, não entendessem a profundidade de sua dedicação, a sinceridade de seu chamado religioso, não entendessem de verdade o mundo em que viviam.

King então explicou como, desde a igreja batista da Dexter Avenue, chegara até ali. Explicou como as cenas recentes de violência em Los Angeles e Chicago o haviam torturado, porque, enquanto falava nessas cidades para jovens negros raivosos e pedia que mantivessem a não violência, eles o questionavam com a pergunta difícil de responder: "E o Vietnã?". Se os Estados Unidos podem usar a violência para resolver seus problemas, perguntavam eles, por que nós não a usaríamos?

> As perguntas deles foram certeiras, e entendi que eu nunca mais poderia erguer a voz contra a violência dos oprimidos nos guetos sem antes falar com clareza ao maior propagador de violência do mundo — meu próprio governo. Em respeito a esses garotos, em respeito a esse governo, em respeito às centenas de milhares que tremem sob nossa violência, não posso ficar calado.

Falou sobre a quantidade desproporcional de baixas sofridas por soldados negros. Sobre a verba que poderia ter sido destinada aos programas da Grande Sociedade de Johnson, em vez de ser usada em bombas. Mas ele foi mais longe — mais do que tinha ido em qualquer outro discurso contra a guerra, amalgamando temas que vinha explorando durante grande parte da vida, que se infundiam em seu trabalho como pastor, líder de boicotes, defensor da resistência não violenta. Pediu aos ouvintes que considerassem a perspectiva de um camponês no Vietnã e reconhecessem que a vida dele tinha tanto valor e significado quanto a deles próprios.

King disse ter vindo aquela noite falar por aqueles camponeses, pelos que não tinham voz, que haviam perdido suas famílias, aldeias, terras, esperanças. *Nós* fizemos isso, disse ele. *Nós* corrompemos e matamos nossos irmãos e irmãs no Vietnã.

Os americanos gostam de formular suas guerras em termos simples, prosseguiu ele: nós contra eles, o capitalismo contra o comunismo, a democracia contra o totalitarismo. Mas os Estados Unidos foram outrora um símbolo mundial de revolução e liberdade. Agora a nação se dedicava a esmagar a revolução e destruir a liberdade. King incentivou os ouvintes a ampliarem sua concepção de solidariedade moral, a considerarem o ponto de vista do outro, a verem e aceitarem os próprios erros e fraquezas.

Ele apresentou outro sonho, um sonho maior, mais desafiador do que o que oferecera às massas em 1963 diante do Lincoln Memorial em Washington, DC. Era um sonho que ele explorava desde seus tempos no Seminário Teológico Crozer, quando Nietzsche o levara a duvidar se o amor cristão seria capaz de mudar o mundo e Gandhi o ajudara a vencer essas dúvidas, quando se convencera de que Deus pretendia que os seres humanos alcançassem a solidariedade, amassem uns aos outros, se responsabilizassem uns pelos outros. Dissera isso em 1963, quando louvou os brancos que participaram da Marcha sobre Washington. "Eles passaram a entender que sua liberdade está ligada de forma indissociável à nossa liberdade", disse King naquele glorioso dia de verão.

Agora o dizia de novo, em termos ainda mais grandiosos, ao chegar ao final do seu mais recente discurso. Pensar para além da raça, da classe e da nação significava dar amor incondicional a toda a humanidade, disse ele. É a isso que Deus nos chama. É isso que Ele espera de nós. Desistiremos? Diremos que é difícil demais? Que não é realista? E prosseguiu: "Ou haverá outra mensagem — de anseio, de esperança, de solidariedade [...] a qualquer custo? A escolha é nossa".

44. Uma revolução de valores

Quase da noite para o dia, King se tornou o opositor mais famoso do país a uma guerra que tinha a aprovação da maioria significativa dos americanos. Vários editoriais de jornal questionaram não só seu patriotismo, mas até mesmo seu compromisso com os direitos civis.

O *New York Times* escreveu que o foco no Vietnã era "danoso e contraproducente" para King.[1] O *Washington Post* alertou que muitos dos que respeitavam King "nunca mais lhe concederão a mesma confiança". A revista *Life* qualificou seu discurso como "uma calúnia demagógica que parecia um roteiro da rádio Hanói". Mesmo o *Pittsburgh Courier*, que lhe dera apoio constante ao longo dos anos, alertou que King "não fala por toda a América preta e, além disso, está a guiá-la de modo tragicamente equivocado".[2] Os líderes da NAACP alertaram que muitos americanos negros interpretariam a declaração dele como uma tentativa de fundir o movimento pelos direitos civis com o contra a guerra, e que tal interpretação aceleraria a diminuição do interesse, que já se mostrava declinante, pela luta em favor da igualdade racial. Barry Goldwater disse que a conduta de King era quase uma traição.

Mesmo Stanley Levison se mostrou desapontado, embora parecesse atribuir a responsabilidade em parte aos redatores do discurso de King.

"Fico incomodado com esse seu discurso", disse Levison num telefonema gravado pelo FBI, "porque achei que você tentou juntar um número muito grande de ideias complexas [...]. Não ficou equilibrado. Esse discurso não foi típico de sua maneira de se expressar sobre esse tema. Penso que não foi uma boa expressão sua, mas pelo visto você acha que foi."[3]

"Bom", respondeu King, "foi quem sabe insensato em termos políticos, mas não concordo que fui insensato em termos morais. Imagino que fui politicamente insensato, mas moralmente sensato. Penso que tenho um papel a desempenhar que pode ser impopular [...]. Não sei se uma reflexão cuidadosa teria me levado a rever o discurso."

"Sinto que no todo o discurso não representou uma análise típica que você faria", disse Levison.

King reconheceu que nem todas as palavras eram suas. "Mas passei a tarde inteira pensando sobre esse discurso", disse ele, "e considerei que eu devia dizer alguma coisa."

Nos dias subsequentes, atingido por ondas e ondas de críticas, King disse a seus assessores que se sentia mal compreendido e atacado de forma injusta. Propôs marcar uma reunião com alguns de seus críticos, entre eles Roy Wilkins, Ralph Bunche e Whitney Young. Sua preocupação, disse ele numa teleconferência gravada com Levison e Harry Wachtel, era que seus críticos "aproveitassem essa oportunidade para dizer que falhei em Chicago".[4] Wachtel respondeu: "Eles podem até tirar do fundo do baú coisas antigas de J. Edgar Hoover".

Hoover de fato aproveitou a oportunidade, escrevendo falsamente numa carta a Johnson que Levison, o dito comunista, escrevera o discurso. Hoover comparou a política de King em relação ao Vietnã à "linha de propaganda que o Partido Comunista Americano" usava.

Johnson reagiu com uma "fúria gélida", como disse seu assessor de imprensa George Christian.[5] O presidente, disse ele, passara a "desprezar com frieza Martin Luther King".

Johnson revidou, mandando um recado a Carl Rowan, colunista negro de uma agência de notícias, dizendo que ele devia publicar um artigo afirmando que o discurso de King contra a guerra prejudicara o movimento pelos direitos civis. Foi exatamente o que Rowan fez num artigo publicado na *Reader's Digest*, uma das revistas de maior tiragem do país. "Por que King recusou o conselho de seus antigos colegas dos direitos civis?", perguntava o artigo.[6] "Alguns dizem que foi uma questão de ego — que ele estava convencido de que, sendo o preto de maior influência nos Estados Unidos, o presidente Johnson *teria* de ouvi-lo [...]. Outros reavivaram uma especulação mais sinistra [...], comentários sobre comunistas influenciando as ações e palavras do jovem pastor." Rowan prosseguiu dizendo que King dera a negros e brancos americanos razões para questionarem a lealdade dele e que prejudicara de modo irreversível sua capacidade de liderar. "Ao incentivar os pretos a não atenderem ao recrutamento ou a não lutarem no Vietnã", escreveu Rowan, "ele adotou um curso que muitos americanos de todas as raças consideram absolutamente irresponsável."

King não recuou. Em 15 de abril, ajudou a liderar uma marcha enorme do Comitê de Mobilização da Primavera em Nova York, um dos maiores protestos contra a guerra que o país já vira. Ele disse que, naquele dia, a multidão parecia ainda maior do que a que se reuniu para a Marcha sobre Washington em 1963.[7] Ele foi à frente, junto com Harry Belafonte, dr. Benjamin Spock, Floyd McKissick, Stokely Carmichael e outros. Os manifestantes entoavam as rimas "*Hell no, we won't go!*" [De jeito nenhum vamos embora] e "*Hey, hey, LBJ, how many kids did you kill today?*" [Ei, ei, Lyndon B. Johnson, quantas crianças você matou hoje?]. Manifestantes queimavam seus certificados de alistamento. Outros levavam narcisos e entoavam "Flower Power!". Outros mais agitavam placas de protesto com os dizeres "Pare o bombardeio" e "Nunca nenhum vietnamita me chamou de crioulo". De pé na frente do edifício da ONU, King disse: "Gostaria de incentivar os estudantes universitários de toda a nação a passarem este e os próximos verões educando e organizando comunidades do país contra a guerra".

Enquanto Martin falava em Nova York, Coretta discursava para uma multidão de cerca de 50 mil pessoas num comício contra a guerra em San Francisco, no qual, como observou o *New York Times*, muitos dos jovens presentes usavam "cabelo estilo 'hippie' da Costa Oeste [...], calça boca de sino e suéter de gola olímpica".[8] Coretta, em seu discurso, qualificou Lyndon Johnson de "presidente errático". Foi a ele que ela se dirigiu ao pedir: "Pelo amor de Deus, pare o bombardeio".

Na semana seguinte à enorme passeata em Nova York, King disse a Levison que tinha passado um breve período no hospital para fazer uma série de exames. Os médicos disseram que ele estava bem, mas King falou que sua esperança era que lhe prescrevessem umas semanas de descanso.

Não havia nenhum descanso à vista. King partiu outra vez para a estrada no final de abril para visitar Cleveland, Berkeley e Cambridge, em Massachusetts. O jornalista David Halberstam o acompanhou durante dez dias e fez entrevistas para um perfil na *Harper's Magazine*. O entrevistado lhe pareceu "esquivo, formal, cortês, distante".[9] Halberstam, porém, presenciou pelo menos um momento de ternura. Um dia, em Atlanta, quando King levou os filhos para nadar na casa de um amigo, Bernice caiu e ralou o joelho. King pegou um pedaço de frango frito e tentou consolá-la. "Vamos pôr um pouco de frango frito em cima", disse ele de brincadeira. "Isso, um pedacinho de frango, é sempre a melhor coisa para um corte."[10]

Mas, no geral, Halberstam via um homem tenso e nervoso:

> Estar com ele é como estar com um candidato à presidência depois de uma longa campanha; ele passou por tudo isso [...]. King por dentro parece o mesmo King por fora — sempre solene, sempre seguro, convencido de que existe um caminho certo e que está seguindo por ele; sempre aqueles ternos escuros intercambiáveis, a mesma camisa sóbria e a gravata respeitável.

Halberstam lhe perguntou se ele havia se aproximado mais da filosofia de Malcolm X. King respondeu que nunca abraçaria o separatismo negro, mas reconheceu que sua abordagem tinha mudado. "Durante anos trabalhei com a ideia de reformar as instituições sociais existentes, uma pequena mudança aqui, uma pequena mudança ali", disse ele. "Agora penso de forma muito distinta. Penso que a gente precisa ter uma reconstrução da sociedade inteira, uma revolução de valores." E prosseguiu dizendo que isso podia significar, mais especificamente, a estatização de certos setores da indústria, uma campanha maciça de revitalização econômica urbana e uma renda mínima garantida.

King afirmou também que sua ideia sobre os americanos brancos mudara. Depois da experiência em Chicago e de ver como os brancos no Norte resistiam aos apelos de integração em suas escolas e seus bairros, ele chegara à conclusão de que apenas uma pequena parcela da população branca americana apoiava a justiça racial.

"A maioria dos americanos", disse ele, "é racista de forma inconsciente."[11]

Se agora King parecia mais radical do que no passado, ainda assim muitos não o consideravam radical o bastante. "Ele tem um pé na lavoura de algodão e outro na Casa Branca", disse um funcionário anônimo do SNCC para um repórter da *Newsweek*.[12]

King previu que, caso não se fizessem mudanças, haveria mais tumultos no verão de 1967, mas o problema começou antes do que ele pensava. Em 2 de maio de 1967, cerca de trinta moças e rapazes negros portando rifles entraram no Palácio do Governo da Califórnia, em Sacramento, para protestar contra um projeto de lei que proibia portar armas carregadas em público. Os manifestantes eram integrantes do Partido Pantera Negra pela Autodefesa, grupo fundado para patrulhar as ruas de Oakland. Os fundadores, Huey Newton e Bobby Seale, diziam que os departamentos de polícia brancos não protegiam, mas reprimiam, oprimiam e brutalizavam os negros, e que era por isso que os negros precisavam do direito de portar armas.

"O poder político passa pelo tambor de uma arma", disse Newton, que declarou aos repórteres admirar Malcolm X, W. E. B. Du Bois, Stokely Carmichael e Nat Turner, o líder da revolta escrava. "Não acreditamos na tática passiva e não violenta", disse ele. "Eles não trabalharam por nós, negros. Estão falidos."[13]

Naquele verão, a violência explodiu em Buffalo, Newark, Minneapolis, Detroit, Cincinatti, Milwaukee, Boston, Washington, DC, e outras cidades. Houve dezenas de mortos e centenas de presos. Centenas de edifícios em bairros majoritariamente negros pobres arderam por obra de incendiários. Uma investigação do Congresso informou que haviam ocorrido 76 tumultos de janeiro a setembro daquele ano.[14] Entre 1965 e 1967, informava o relatório, 118 civis e doze policiais tinham sido mortos nos levantes, e quase 29 mil pessoas, na grande maioria homens negros, tinham sido detidas.

H. Rap Brown, o novo presidente do SNCC, incentivou os negros a "travarem um conflito de guerrilha contra o branquelo desgraçado".[15] O controvertido deputado federal Adam Clayton Powell Jr. declarou que a violência era "uma força purificadora" e "uma fase necessária da revolução negra". Em Detroit, o governo federal enviou tropas para patrulhar as ruas. Em Newark, os participantes da Conferência sobre o Poder Negro adotaram uma resolução para iniciar um diálogo nacional a respeito "do quão desejável seria dividir os Estados Unidos em duas nações separadas e independentes, sendo uma pátria para brancos e a outra para americanos negros".[16] O autor da resolução concluía que americanos negros e brancos tinham perdido as esperanças da possibilidade de sucesso de uma união, que o futuro prometia apenas mais sofrimentos e que a melhor opção agora era a separação. A medida foi aprovada entre aplausos retumbantes. Robert S. Browne, um dos apoiadores da iniciativa, escreveu: "Há uma excelente chance de que, se for seguida a partilha, nenhuma das duas nações será abertamente racista. A base para a atual animosidade racial seria em larga medida removida pelo próprio ato de separar. O turismo recíproco pode muito bem se tornar uma indústria importante para as duas nações".[17]

O novo livro de King trazia o título perfeito para aqueles dias de fúria: *Where Do We Go from Here: Chaos or Community?*. Infelizmente, muitos resenhistas concluíram que King não dispunha mais da resposta para sua pergunta. "Martin Luther King tinha no passado a capacidade de falar às pessoas, o poder de mudá-las ao evocar imagens de revolução", escreveu Andrew Kopkind na *New York Review of Books*.[18]

Mas o dever de um revolucionário é fazer revoluções (dizem os que as fizeram), e King não fez nenhuma. Como ele próprio reconhece, hoje as coisas nos Estados Unidos estão piores — para brancos e negros — do que na época em que ele começou o boicote de ônibus em Montgomery, onze anos atrás [...]. A falha de King não é maior do que a nossa, mas tampouco é menor. Ele foi ultrapassado pelos tempos, superado pelos eventos que pode ter ajudado de forma indireta a causar, mas que não poderia prever. É improvável que ele retome o comando.

A resenha ríspida de Kopkind refletia uma tendência da imprensa de esquerda ao niilismo e ao farisaísmo. Para o jornalista, que adotava uma espécie de anarquismo revolucionário, King parecia ter perdido o apoio dos liberais brancos e agora vagava de um lado para o outro, à direita, à esquerda, ainda mais à esquerda, sem ganhar em lugar nenhum, sem notar o estado de espírito do público, sem entender que suas invocações do cristianismo soavam frouxas ou antiquadas para muita gente. Era como se *Where Do We Go from Here*, escreveu Kopkind, se destinasse a ser "lido em voz alta em sinagogas suburbanas". A intenção era que esse fosse o principal insulto. A carreira de King no movimento pelos direitos civis se baseava no pressuposto de que os Estados Unidos acabariam absorvendo a subclasse de desfavorecidos e alienados e lhes concederiam cidadania de primeira classe. Agora estava claro que o país não faria isso, não naquele momento, talvez nunca. O movimento pelos direitos civis tinha morrido. O liberalismo também. "E poucos estão de luto", escreveu Kopkind.

Mas King não partilhava o ceticismo crescente que tomava conta de muitos resenhistas de esquerda, e ele *estava* de luto. Telefonava a amigos e apoiadores para manifestar sua tristeza. Dizia que tinha visto de perto a frustração entre os negros pobres, em especial nas cidades, e a explosão da raiva deles doía em King, mas não o surpreendia. "Antes havia dias sombrios, mas este é o mais sombrio", disse King a Wachtel.[19] Estava claro que seus apelos à não violência não repercutiam mais como antes.

No entanto, ele seguia buscando soluções. "Estou tentando pensar numa maneira de fazer uma grande declaração sobre os tumultos e para onde nosso país vai", disse a Levison num telefonema gravado em 19 de julho. "Pode ser numa coletiva de imprensa, mas precisa ser dramático. Ainda não decidi como, mas não pode ser apenas condenar os tumultos. Precisa condenar as condições intoleráveis que levaram a eles e o fato de que não está sendo feito o suficiente."[20]

Em 25 de julho, King enviou um telegrama a Johnson, no qual dizia que a violência que corria à solta pelas cidades da nação representava "uma revolta cega contra as condições revoltantes que o senhor de forma tão corajosa se pôs a remediar".[21] King disse que era uma situação de emergência e insistiu que Johnson promovesse uma legislação para garantir empregos. Mas o presidente o ignorou. Na verdade, no mesmo dia em que King enviou o telegrama, J. Edgar Hoover falou com o presidente para apresentar mais provas do que considerava ser um comportamento perigosamente conspiratório de King.

Hoover disse numa ligação gravada:

> Senhor presidente, acabo de saber que Martin Luther King vai dar hoje uma coletiva de imprensa, às onze horas, em Atlanta. Ora, a declaração que King vai fazer será muito diferente do que Roy Wilkins e Whitney Young dizem e, em certo sentido, vai justificar o resultado nacional das condições inumanas em que os pretos são obrigados a viver no país. King [...] foi aconselhado por Levison, que é seu principal assessor e um comunista em segredo, que ele tem mais a ganhar nacionalmente se concordar com a violência [...], visto que o presidente está receoso neste momento e disposto a fazer concessões por ela.[22]

Hoover sugeriu que King aprovava os tumultos. O diretor do FBI também disse ao presidente que King tinha informações internas sobre um plano de atear fogo no Loop de Chicago.

"King disse que ainda não aconteceu o pior neste país, em lugares como Cleveland, Oakland e Filadélfia", disse Hoover.

Johnson agradeceu ao diretor do FBI e lhe falou para continuar a vigiar os encrenqueiros.

Em conversas privadas, Johnson deixou claro que não considerava mais King um aliado. "Penso que, nos 37 anos que estou aqui, nunca corremos tanto risco com essas influências de esquerda", disse ele ao ex-presidente Dwight Eisenhower.[23]

A Guerra do Vietnã dominava a presidência de Johnson. Ele defendeu sua decisão de enviar mais tropas ao Vietnã, logo chegando ao total de 525 mil soldados. Mais de 12 mil soldados americanos já tinham sido mortos e cerca de 75 mil, feridos. Os Estados Unidos estavam gastando na guerra cerca de 2 bilhões de dólares por mês. "Apesar disso", informou o *New York Times* naquele verão sobre o Vietnã, "na opinião da maioria dos observadores imparciais, a guerra não está indo bem. A vitória não está próxima. Ela é claramente improvável no ano que vem ou mesmo nos dois próximos anos. Oficiais americanos falam de forma sombria sobre passar décadas aqui em combate."[24]

King estabelecia de modo reiterado uma ligação entre a guerra no Vietnã e os tumultos nos Estados Unidos. Mas tinha cada vez mais a impressão de que ninguém o ouvia. Num telefonema em 22 de agosto, falou para Levison que se negava a dar atenção a quem lhe dizia que devia voltar ao que fazia melhor: combater a segregação no Sul. Disse que sua nova ideia era lançar uma grande "dramatização do problema da pobreza", talvez em Washington, DC, uma campanha que pressionasse o governo Johnson a criar uma legislação para eliminar favelas e proporcionar emprego e assistência médica para todos.[25] Se o presidente Johnson travasse uma guerra à pobreza *em vez de* uma guerra no Vietnã, inúmeros milhares de vidas seriam salvos.

Logo após essa conversa, King disse à sua equipe que esses tempos conflituosos demandavam um novo tipo de desobediência civil. Propôs um confronto direto com o governo federal, uma ocupação maciça de Washington, que "incapacitaria as operações de uma sociedade opressora". Era um plano radical, militante, mas que também rompia as fronteiras da oposição negros versus brancos, poder negro versus Liberdade Já. Refletia a recusa de King em aceitar limites em sua busca por uma comunidade unida. Mas ele não deu detalhes de como funcionaria o protesto. Enquanto isso, disse Coretta, seu estado de ânimo ficava cada vez mais sombrio. Vários concertos para angariar fundos fracassaram, apesar das participações de Harry Belafonte, Joan Baez e Sammy Davis Jr. O Supremo Tribunal negou uma nova audiência a King num processo por desacato de 1963, movido por Birmingham, o que significava que logo teria de passar mais cinco dias na cadeia.

Disse Coretta:

> Ele sentia que precisava de alguma maneira ter [...] uma solução. Sabia que as pessoas recorreriam a ele em busca de soluções e respostas, e isso o incomodava porque ele não tinha chegado a uma solução criativa [...]. Lembro que naquele verão, deve ter sido em agosto [...], ele ficou muito abatido e num estado depressivo, mais do que eu jamais o vira, durante os tumultos. Ele disse: as pessoas esperam que eu tenha respostas, e não tenho resposta nenhuma. Disse: não ando com vontade de falar com as pessoas. Não tenho nada para dizer a elas.[26]

Um dia, quando perdeu um voo, King disse a Coretta que isso havia acontecido porque, no fundo, ele não queria fazer aquela viagem.

"Estou cansado de ir e não ter nenhuma resposta", disse King.[27]

"Ele tinha começado a levar muito para o plano pessoal", comentou Coretta.

Ela tentou reanimar seu estado de espírito. "Você não deve pensar que as pessoas estão perdendo a fé em você", disse ela. "Há milhões de pessoas que têm fé em você, acreditam em você e sentem que você é a nossa melhor esperança." E acrescentou: "Eu acredito em você, se isso significar alguma coisa".

"Sim", respondeu ele. "Significa muito."

"Você precisa dar algum jeito de sair dessa e seguir em frente", disse ela.

"Não tenho nenhuma resposta", disse King.

"Bom", falou Coretta, "de alguma forma as respostas virão. Tenho certeza disso."

45. Por favor, venha a Memphis

Dois aspirantes a cargos políticos em Memphis estavam doidos pela ajuda de King. Ambos eram negros e concorriam às eleições contra titulares brancos, depois de um verão de violência que exigiu 3 mil integrantes da Guarda Nacional do Tennessee para ser sufocada.[1] Eles enviaram um telegrama a King:

> 1 DE OUTUBRO DE 1967
> DR ML KING
> 234 SUNSET AVE ATL
>
> PREZADO MARTIN
>
> CONSIDERAMOS URGENTE QUE VOCÊ VENHA A MEMPHIS NOS AJUDAR A PROMOVER NOSSA CRUZADA [...] POR FAVOR, VENHA. NÃO VAMOS ACEITAR UM NÃO.[2]

King não foi. A.W. Willis e o rev. James Lawson perderam as eleições por ampla margem.

Cinco meses depois, Lawson o chamaria outra vez para ir a Memphis, e dessa vez King iria.

* * *

Sem que ele ou Lawson soubesse, o FBI elaborava uma longa carta para todas as suas sucursais, em que estabelecia os objetivos de longo prazo da operação de contraespionagem dos "Grupos de Ódio Nacionalistas Negros". Entre os objetivos apresentados na carta estava:

> Prevenir o surgimento de um "messias" capaz de unificar e eletrizar o movimento nacionalista negro militante. Malcolm X poderia ter sido esse "messias"; hoje ele é o mártir do movimento. Martin Luther King, Stokely Carmichael e Elijah Muhammad aspiram, todos eles, a essa posição. Elijah Muhammad não é uma grande ameaça por causa da idade. King poderia de fato disputar essa posição se abandonasse sua pretensa "obediência" a "doutrinas liberais, brancas" (a não violência) e abraçasse o nacionalismo negro.[3]

As sucursais foram instruídas a explorar conflitos entre grupos negros, reunir informações sobre os "precedentes desagradáveis" dos líderes e usar a mídia para desacreditá-los. King, dizia a carta do FBI, devia ser considerado um dos "principais alvos" da operação.

Dez dias depois de King declinar o primeiro pedido de Lawson para ir a Memphis, uma equipe de TV chegou à casa dele na Sunset Avenue em Atlanta para documentar sua vida doméstica. O entrevistador lhe perguntou por que ele não tinha nenhum esquema de segurança para a família, visto que uma bomba ou uma bala poderia entrar pela janela a qualquer momento.

King respondeu com calma e sem hesitar. "Não temos nenhuma cerca de proteção em volta da casa", disse ele. "Não tenho nenhum guarda-costas armado. Creio que isso deriva de uma filosofia minha. Tenho um compromisso absoluto com essa luta pela justiça racial e pela fraternidade. Acho que vivo todos os dias ameaçado de morte, e cheguei à conclusão de que algo *pode* acontecer, mas não posso permitir que essa possibilidade me imobilize. E penso que, ao fim e ao cabo, liberdade significa *mesmo* ausência de medo."[4]

Era possivelmente final de tarde de uma quarta-feira, pois as crianças não estavam na escola. King usava seu uniforme habitual: terno preto, camisa branca, gravata preta. Coretta trajava um vestido alaranjado vivo. Yolanda, Marty, Dexter e Bernice estavam bem-arrumados e se agitavam nervosos diante da câmera. Depois de ser entrevistado na sala de estar, King foi com as crianças para o quintal, onde Dexter e Bernice brincaram no balanço e Marty e Yolanda jogaram a bola de basquete na cesta.

Quando o entrevistador perguntou a Yolanda o que ela queria ser quando crescesse, a menina deu uma risadinha, pôs a língua para fora e disse que gostaria de ser atriz da Broadway.[5]

Marty, diante da mesma pergunta, respondeu depressa: "Um pastor!".

"Como seu pai?", perguntou o entrevistador ao garoto, que tinha quase dez anos.

"É."

"Você acha que vai continuar o mesmo tipo de trabalho que ele está fazendo?"

"Acho."

Marty estendeu a bola para o pai. King olhou o aro, dobrou os joelhos e a arremessou num lance livre desajeitado que caiu fora da cesta.

"*Quase* consegui", disse ele, rindo.

Os lances errados de King repercutiram durante seis semanas. O movimento pelos direitos civis continuava empacado, se não liquidado — pelo racismo, que não se restringia ao Sul. King afirmava isso o tempo todo, dizia que a democracia americana continuava a ser uma promessa não cumprida. O movimento obrigara o país a corrigir algumas de suas iniquidades e expusera outras. Os mesmos liberais que ajudavam a combater a Jim Crow no Sul deixavam de corrigir questões de discriminação trabalhista, de segregação na moradia e de agressão policial nas comunidades negras nortistas. Tais condições não mudariam, o arco da justiça não se inclinaria para a liberdade sem pressão contínua, "sem uma reconstrução radical da própria sociedade".[6] Até então, disse King, os Estados Unidos não tinham mudado porque muitos achavam que o país não precisava e que os americanos negros abandonariam a luta pela igualdade plena. Para King, essa "é a ilusão dos condenados".[7]

King continuou a pregar durante o outono de 1967, a se manifestar de forma energética e a rezar até que, enfim, viu o caminho que vinha pela frente: ele ajudaria a fomentar um confronto grande e volátil demais para ser ignorado.

Em 4 de dezembro de 1967, King deu uma coletiva de imprensa na Ebenezer. La fora, a zona comercial da Auburn Avenue, antes tão dinâmica, agora mostrava restaurantes decadentes, lojas fechadas e terrenos baldios. O piso da velha igreja construída pelo avô de King estava gasto.[8] As paredes pintadas de branco tinham adquirido um tom acinzentado. King subiu até a bancada onde estavam os microfones e anunciou seu plano: em quatro meses, na primavera de 1968, a SCLC vai liderar um exército não violento de pobres até Washington, DC, disse ele. Os manifestantes ergueriam barracos e montariam uma favela em terrenos públicos, à vista da Casa Branca e do Capitólio, e se envolveriam em atos de desobediência civil para atrapalhar os trabalhos do município e do governo federal. O exército da favela iria recrutar, acolher e treinar pobres de todo o país para se unirem ao protesto. E essas pessoas — todas — ficariam em Washington pelo tempo necessário para forçar o governo federal a sanar os problemas que afligiam os pobres e vulneráveis do país, até que a nação concordasse em realizar uma redistribuição radical da riqueza.

King descreveu essa mobilização como uma "última abordagem não violenta para dar à nação uma chance de resposta". E acrescentou: "Só Deus sabe o que acontecerá se não houver uma".[9]

Em particular, King parecia em dúvida sobre o grau de ênfase que daria ao Vietnã naquele dia. Nas notas que preparara para a mídia, ele mencionava a guerra duas vezes, mas pulou os trechos ao ler a declaração.[10]

Indagado pelos repórteres, ele disse que planejava atacar tanto a pobreza quanto a "guerra injusta". O protesto em Washington se concentraria basicamente nos problemas dos pobres, mas a participação dos manifestantes pacifistas, bem como dos defensores do poder negro, seria bem-vinda, desde que se mantivessem não violentos. A intenção de King era que a manifestação fosse diversificada, disse ele, com pobres de todos os grupos raciais e regiões do país, bem como as "massas crescentes de jovens" que haviam se desencantado com o materialismo e o militarismo do país. Era uma chance de expandir a luta, criar algo novo e, talvez, mudar a estrutura básica da vida americana.

King sabia que era arriscado. A SCLC tinha poucos funcionários e verbas limitadas. Ela nunca organizara nada tão complicado. Seria um teste pessoal também para King. Embora ainda fosse respeitado pela grande maioria dos americanos negros, não estava claro se ele ainda tinha o poder de mobilizar uma quantidade significativa de brancos. Se a nova campanha falhasse, a culpa recairia sobre ele. Sua influência se reduziria ainda mais. "Se isso significa desdém ou escárnio, aceitamos, pois é isso o que os pobres dos Estados Unidos recebem agora", disse ele. "Se significa cadeia, aceitamos de boa vontade, pois os milhões de pobres já estão aprisionados pela exploração e pela discriminação."[11]

Alguns dias depois do anúncio de King, o FBI pediu autorização para reinstalar os grampos nas linhas telefônicas da SCLC em Atlanta. A solicitação dizia:

> Visto que o presidente da SCLC, Martin Luther King Jr., instiga a desobediência civil em massa por todo o país, numa tentativa de forçar o Congresso a agir para

ajudar na difícil situação do preto, percebe-se que precisamos dessa instalação para obter informações raciais referentes a seus planos. King alertou que essas manifestações de massa podem resultar em tumultos. Por isso, precisamos ter condições de obter informações para que possam ser adotadas contramedidas adequadas a fim de proteger a segurança interna dos Estados Unidos.[12]

O procurador-geral Ramsey Clark recusou a autorização. Sem se abalar, Hoover e o FBI continuaram a trabalhar para solapar King. A agência intensificou o fluxo de relatórios para a Casa Branca, fornecendo informações não só sobre a Campanha dos Pobres, mas também sobre as críticas feitas por King à guerra, seus vínculos com comunistas e sua vida sexual.

"Estamos permitindo que os Stokely Carmichael, os Rap Brown e os Martin Luther King se envolvam numa aura de respeitabilidade a que não fazem jus", escreveu um assistente de Johnson num memorando ao presidente, acrescentando que a chamada desobediência civil de King era, na verdade, "desobediência criminal".[13]

O FBI concordou, alertando que a Campanha dos Pobres tinha o potencial de desencadear outro verão de tumultos, em Washington e em outros lugares. Na verdade, observou a agência num relatório, a violência poderia ser o verdadeiro objetivo da campanha — não só para nacionalistas negros, que usariam o protesto de King como pretexto para atacar, mas também para Stanley Levison, o conselheiro "comunista astuto e dedicado" de King.

King voltou a Atlanta para passar o Natal com a família e pregar na Ebenezer. Disse no sermão do dia que se sentia "vítima de sonhos adiados, de esperanças frustradas".[14] Mas não desistira, declarou ele. Relembrou seu discurso mais famoso, proferido não fazia nem cinco anos no National Mall em Washington, DC. "Já perto do final daquela tarde", disse ele, "procurei falar à nação sobre um sonho que eu tinha tido, e hoje confesso a vocês que, não muito tempo depois de falar sobre aquele sonho, comecei a vê-lo se transformar num pesadelo."

O pesadelo começou duas semanas depois, quando quatro meninas inocentes foram mortas por uma bomba numa igreja de Birmingham, prosseguiu quando cidades como Los Angeles e Detroit irromperam em chamas, e continuou até ele se defrontar com um ataque cerrado de pedras e tijolos em Chicago. Segundo King, o pesadelo se tornou mais sombrio quando os brancos do Norte deram as costas a seus irmãos e suas irmãs negros, e ficou ainda mais envolto em trevas quando o presidente dos Estados Unidos enviou 500 mil americanos para lutar no Vietnã, gastando bilhões e bilhões de dólares que poderiam ter sido destinados à melhoria de escolas, à alimentação dos famintos, ao tratamento dos doentes e ao auxílio aos pobres.

Mas King disse que não desistiria:

> Ainda tenho um sonho porque, sabem, não podemos desistir na vida [...]. Tenho um sonho de que um dia os homens se erguerão e verão que são feitos para viver juntos como irmãos. Tenho um sonho esta manhã de que um dia todos os pretos deste país, todas as pessoas de cor no mundo serão julgadas pelo conteúdo do caráter, e não pela cor da pele [...]. Ainda tenho um sonho de que um dia as indústrias ociosas dos Apalaches serão revitalizadas, as barrigas vazias do Mississippi serão alimentadas e a fraternidade não se resumirá a umas poucas palavras no final de uma prece [...]. Hoje ainda tenho um sonho de que um dia a justiça correrá como as águas e a retidão, como o ribeiro impetuoso [...]. Hoje eu ainda tenho um sonho.

Em 15 de janeiro de 1968, King comemorou seu aniversário com membros da SCLC que tinham se reunido em Atlanta para discutir a Campanha dos Pobres. Um plano ganhou forma. O grupo enviaria dezenas de funcionários para recrutar voluntários pelo país para se juntarem ao protesto. O próprio King viajaria para levantar fundos e elevar o grau de conscientização.

Mas King se deparou com dúvidas mesmo entre aqueles que costumavam apoiá-lo. Bayard Rustin, que cuidara de grande parte da logística da Marcha sobre Washington de 1963, dessa vez não quis se envolver. Ele agora comandava o Instituto A. Philip Randolph, que coordenava o trabalho da Federação Trabalhista Americana — Congresso de Organizações Industriais (AFL-CIO, na sigla em inglês) por direitos civis e justiça econômica e era contrário à campanha de Washington por achar que o provável é que aumentasse a resistência à causa de King. Rustin acrescentou num memorando: "Pessoalmente, não consigo imaginar uma situação mais inflamável".[15]

Roy Wilkins e Whitney Young também se opuseram ao plano de King. Mesmo Marian Logan, uma integrante de confiança do conselho diretor da SCLC, criticou King num memorando aos colegas do conselho. Ela disse se sentir incomodada com "o grau de inadequação" com que o evento estava sendo planejado e fez várias indagações. King tinha um conjunto específico de mudanças em políticas sociais que queria que o Congresso decretasse? Se tinha demandas, eram realistas? Pensara no dano que poderia acarretar para a causa se os manifestantes começassem um tumulto? Sob muitos aspectos, Logan estava certa em observar que as demandas específicas de King eram poucas, enquanto o plano era vago demais. Ele estava, mais uma vez, confiando em sua capacidade de improvisar, de se lançar a um protesto e ver o que acontecia. Andrew Young disse que era uma "aventura de fé".[16]

Mas a fé em King desvanecia, e ele sabia disso.

"Não estávamos convencidos de que seria possível controlar a Campanha dos Pobres", disse Stoney Cooks, um membro da equipe da SCLC presente na reunião no dia do aniversário de King.[17] À medida que surgiam dúvidas quanto à liderança de King, alguns membros da organização aproveitaram para avançar suas próprias pautas.

James Bevel e Jesse Jackson agiam como se pretendessem romper ou talvez até mesmo substituir King, disse Cooks. Em determinado momento na manhã do seu aniversário, King ficou tão frustrado com a negatividade e a desorganização da equipe que, irritado, abandonou a reunião, dizendo que estava com enxaqueca.

Segundo Coretta, naqueles primeiros dias de 1968, o marido estava "tremendamente esgotado": "Eu nunca o tinha visto assim".[18] Ela acrescentou que, ao tentar animar King, suas "palavras surtiram efeito apenas por um momento".

Amigos e colegas diziam que ele às vezes ficava abatido. "Sem dúvida eu via a exaustão", disse Dorothy Cotton, comentando que King estava "*emocionalmente* cansado, tanto quanto seu físico está fatigado".[19] E continuou: "Eu sentia seu cansaço, o cansaço com a luta, pois ele tinha feito tudo o que era capaz".

Para Andrew Young, King parecia mais deprimido do que nunca:

> Falava na morte o tempo todo [...]. Martin mantinha um ritmo infernal. Discursava muito. Pregava todos os domingos na igreja. Não tinha tirado férias. Ficava acordado até tarde da noite, argumentando o tempo todo [...]. Não queria dormir. A gente dizia que ele travava uma guerra não só contra a pobreza, mas também contra o sono, porque queria ficar acordado e falar até as três, quatro horas da madrugada, e então ia dormir e voltava às sete horas [...]. Estava num período extremamente hiperativo e sociável.[20]

Ralph Abernathy também estava preocupado com King, dizendo que o amigo parecia "inquieto [...] nervoso e muito, muito ansioso".[21]

Abernathy lembrou a vez em que encontrou King na sacada de um hotel às três horas da madrugada, em 1968, olhando o vazio. Quando o amigo lhe perguntou o que fazia, King apontou para uma rocha e começou a cantar

"Rock of Ages", um hino religioso conhecido e antigo que costumava ser cantado em funerais por causa da última estrofe:[22]

Enquanto tomo esse alento fugidio,
Quando meus olhos se fecham na morte,
Quando me alço a mundos desconhecidos,
Vejo-te em teu trono do juízo,
Rocha dos Tempos, fendida para mim,
*Deixa-me ocultar-me em ti.**

Em 4 de fevereiro, na Ebenezer, King falou à congregação sobre as virtudes de servir e a superficialidade da grandeza pessoal. Seu sermão era uma adaptação de uma homilia de 1949 de um pastor metodista branco, chamado James Wallace Hamilton. Derivava de uma passagem do Evangelho de Marcos (10,35-45), em que os irmãos Tiago e João pedem para se sentar ao lado de Jesus no Céu, um à sua esquerda e o outro à direita. Jesus diz aos irmãos que não cabe a ele conceder esse privilégio e que "quem quiser ser grande entre vocês deverá ser seu servo". King, seguindo o exemplo de Hamilton, referiu-se a esse desejo egoísta como "instinto de regente", em homenagem à pessoa que marcha à frente de uma fanfarra.[23]

O "sermão do regente" de King se dirigia não a um público nacional, mas à congregação que costumava ouvi-lo aos domingos. Quando pregava na Ebenezer, parecia-se mais com o pai do que em outros lugares, às vezes gritando, às vezes rindo, e num diálogo livre com os fiéis.

Ele começou devagar, apresentando o título do sermão e lendo um trecho da Bíblia. Aos poucos foi ganhando força e velocidade. Quando um bebê chorou, ele incluiu a situação no sermão. "Logo após nascer, nosso primeiro choro era um pedido de atenção", disse ele. Mesmo os bebês possuem de forma inata o instinto de regente. Os adultos também. "Gostamos de fazer alguma coisa boa e, vocês sabem, de ser elogiados por isso", disse ele. Falou de quem gasta muito dinheiro para impressionar os vizinhos e de quem se gaba de títulos universitários. A sede por atenção pode ser um perigo, disse ele. Leva as pessoas a mentirem. Impele-as a insistirem na superioridade de uma raça em detrimento da outra. Torna as empresas gananciosas. Impulsiona as nações à guerra.

* "*While I draw this fleeting breath,/ When mine eyes shall close in death,/ When I soar to worlds unknown,/ See thee on thy judgment throne,/ Rock of Ages, cleft for me,/ Let me hide myself in thee.*" (N. E.)

Enquanto King pregava, o pai gritava várias vezes: "Fale claro! Fale claro!".

King falou claro. Não há nada de errado em buscar a grandeza, disse ele, se a pessoa busca a grandeza servindo aos outros:

> Todo mundo pode ser grande porque todo mundo pode servir. Você não precisa ser formado na faculdade para isso. Não precisa concordar sujeito e verbo numa frase [...]. Só precisa de um coração cheio de graça, uma alma gerada pelo amor, e você pode ser esse servo.

Volta e meia, disse King, ele pensava em sua própria morte, o que as pessoas diriam em seu funeral, se seria julgado digno de se sentar ao lado de Jesus. Não queria um funeral longo, disse ele. Não queria que o orador falasse de seu prêmio Nobel da paz nem de seus títulos universitários. "Gostaria que alguém mencionasse *em tal* dia que Martin Luther King Jr. *tentou* dar a vida servindo aos outros", disse com voz alta, forte, trêmula, dando à palavra "tentou" uma sonoridade áspera e granulosa. A congregação ficou arrebatada. Seu pai ficou em silêncio.

> Em *tal* dia, gostaria que alguém dissesse que Martin Luther King Jr. tentou *amar* alguém! Quero que vocês digam que em tal dia tentei ser *correto* sobre a questão da guerra! Quero que possam dizer que em tal dia *realmente* tentei alimentar os famintos [...]. Quero que digam que tentei *amar* e *servir* à humanidade!
>
> Sim, se vocês quiserem dizer que em tal dia eu fui um regente, digam que fui um regente pela justiça. Digam que fui um regente pela *paz*, que fui um regente pela integridade, e todas as outras coisas superficiais não terão importância [...]. O que quero é deixar uma vida de compromisso.

Uma semana depois, no dia 11 de fevereiro, durante outra reunião da equipe em Atlanta, King disse aos líderes da SCLC que a Campanha dos Pobres enfrentava um problema sério. "Não decolamos", disse ele.[24] King queria levar 3 mil pessoas a Washington e até o momento não tinham recrutado nem vinte. Enquanto isso, o presidente Johnson dizia a jornalistas que King devia cancelar a campanha e fazer lobby no Congresso pela legislação dos direitos civis.

King falou que não estava preocupado se Johnson ficaria irritado; o que o preocupava era não conseguir reunir um movimento expressivo. "Se não conseguirmos", disse ele, "melhor desistir agora — o constrangimento e as críticas seriam muito menores."[25]

Ele voltou a pôr o pé na estrada, viajando por Geórgia, Mississippi e Alabama para ajudar a recrutar voluntários e angariar fundos. Num desses trechos, levou junto os filhos Marty e Dexter.[26] Quando o editor de um jornal em Albany, na Geórgia, o criticou por viajar sem guarda-costas, King disse que daquele jeito não conseguiria viver: "Eu me sentiria como um pássaro na gaiola [...]. Se quiserem mesmo te matar, não há nada no mundo que impeça que o façam".[27]

Enquanto King tentava salvar a Campanha dos Pobres, James Lawson telefonou pedindo mais uma vez que ele fosse a Memphis. Disse que dessa vez era ainda mais urgente.[28] Dois coletores de lixo tinham sido mortos, esmagados pelo compactador do caminhão de lixo. Agora os trabalhadores de limpeza urbana da cidade estavam em greve, reivindicando melhor remuneração, mais segurança no trabalho e o direito de sindicalização. Quase todos eram negros. Queriam ser reconhecidos como profissionais, disse Lawson, não como lacaios. Queriam ser tratados como seres humanos. Mas o prefeito Henry Loeb III se recusava a negociar.

Lawson ainda acreditava em King.[29] Acreditava que a estratégia não violenta ainda tinha poder para derrubar a segregação e dissolver o racismo. Levaria mais tempo, claro, mas já estava acontecendo, apesar dos contratempos recentes. Em Memphis, King faria mais pressão. Teria uma plataforma para falar sobre pobreza, raça e sua Campanha dos Pobres. Mas esse não era o motivo mais relevante para ir a Memphis. Lawson argumentou que o que importava era que os trabalhadores da limpeza urbana precisavam da ajuda de King.

"Eu sabia que ele viria", disse Lawson.[30]

Em 4 de março, o FBI enviou para todas as suas sucursais a diretriz do "messias", que apontava King como "alvo principal" e determinava que todos os agentes entrassem em ação no prazo de trinta dias. Nas cidades do Norte, foram recrutados "informantes do gueto" para se infiltrar na SCLC e atrapalhar os planos para a Campanha dos Pobres.[31]

Anos mais tarde, Young diria que ele e outros próximos a King não avaliaram da maneira devida o pânico que as autoridades federais sentiam em relação à campanha em Washington, cuja data se aproximava. "Não percebemos que eles estavam decididos a nos deter", disse ele.[32]

Apesar da tensão crescente, fazia meses que King não falava com o presidente Johnson. Em 16 de março, doze dias após a diretriz do "messias", King pôs fim a qualquer esperança de reconciliação ao anunciar a repórteres que não apoiaria a candidatura do presidente à reeleição. Embora continuasse a sentir orgulho pelo trabalho que ele e Johnson tinham feito juntos para ajudar a aprovar a Lei dos Direitos Civis de 1964 e a Lei dos Direitos de Voto de 1965, agora tudo se resumia ao Vietnã, disse King.

"Devo dizer que estou muito desapontado, e penso que é absolutamente necessário haver uma mudança", disse aos repórteres. "Devemos encerrar a guerra no Vietnã. O presidente Johnson está envolvido demais emocionalmente e, para ele, salvar a própria pele é mais importante do que a paz."[33]

Um mês e meio antes, o Vietnã do Norte havia lançado uma série de operações surpresa em todo o Vietnã do Sul, atacando por trás das linhas americanas e atingindo até a embaixada americana em Saigon. A investida inesperada coincidiu com Tet, o ano novo vietnamita, e se tornou conhecida como Ofensiva do Tet. Ela deu aos americanos mais motivos para sentir que as forças militares do país afundavam cada vez mais num atoleiro. Enquanto a popularidade do presidente despencava nas pesquisas de opinião pública, os senadores Robert F. Kennedy e Eugene J. McCarthy anunciaram seus planos de disputar com Johnson a nomeação como candidatos presidenciais do Partido Democrata. King nunca dera um endosso formal a um candidato ao cargo, mas declarou que logo poderia romper esse padrão. Em telefonemas gravados, o presidente Johnson disse que imaginava que King apoiaria Kennedy.

"O que eu mais temia desde o primeiro dia de minha presidência estava realmente se concretizando", declarou Johnson numa entrevista, anos depois. Robert Kennedy tinha decidido "reivindicar o trono em memória do irmão [...]. Toda a situação era intolerável para mim".[34]

No dia em que King denunciou Johnson, quatro adolescentes negros foram presos por lançar uma bomba num edifício no centro de Memphis.[35] Os protestos se alastraram para os subúrbios. Em 17 de março, o maior jornal da cidade, *The Commercial Appeal*, publicou uma matéria na primeira página que dizia que Martin Luther King chegaria à cidade no dia seguinte para liderar um protesto. Um vereador branco alertou que, se Memphis não tomasse cuidado, o "pessoal do poder negro de Chicago" poderia seguir King e "teremos mais gente do que conseguimos dar conta".[36]

No dia seguinte, King chegou ao templo Mason em Memphis às 21h07 por uma entrada lateral. Todos os assentos estavam ocupados, os saguões e as naves laterais estavam lotados. Ele chegou com mais de uma hora e meia de atraso, mas isso apenas animou a multidão de 10 mil pessoas. Ele sorriu e ergueu os braços enquanto se encaminhava para o palco.

A greve dos trabalhadores da limpeza urbana estava em sua sexta semana. As autoridades do município, relutantes, aceitaram atender a algumas das reivindicações dos grevistas, mas os dois lados ainda estavam divididos em questões importantes.

King aumentou a pressão, incentivando todos os negros de Memphis a parar de trabalhar caso a prefeitura se negasse a atender às reivindicações dos grevistas.[37] "Junto com salários e outras garantias, vocês estão lutando pelo direito de se organizarem", disse ele. "Essa é a forma de ganhar poder. Não voltem ao trabalho enquanto não tiverem todas as suas reivindicações atendidas."

King então pediu que os manifestantes o ajudassem a fazer de Memphis o ponto de partida de sua campanha nacional para acabar com a pobreza e prometeu que voltaria para uma marcha de grandes proporções no centro da cidade. Depois, tomou um voo para Nova York.

The Commercial Appeal observou que a greve dos trabalhadores da limpeza urbana de súbito se tornou algo maior e mais perigoso: tornou-se um protesto racial.[38]

King passou três dias em Nova York e Nova Jersey falando em prol da Campanha dos Pobres. Em 25 de março, discursou para uma assembleia de rabinos, na qual seu amigo Abraham Joshua Heschel declarou que "todo o futuro dos Estados Unidos dependerá do impacto e da influência do dr. King".

Depois, King se reuniu com radicais negros que, temia ele, poderiam incitar violência nos próximos meses, inclusive o escritor LeRoi Jones (mais tarde conhecido como Amiri Baraka). King voltou desses encontros "profundamente desapontado" para o apartamento de Harry Belafonte em Manhattan, dizendo que achava que não conseguira fazer Jones nem ninguém ouvi-lo.[39]

"Ao falar nisso", disse Belafonte, Martin "se recolheu à melancolia".

Preocupado e cansado, King voltou a Memphis para a marcha em favor dos trabalhadores da limpeza urbana em greve. Chegou com duas horas de atraso. Uma funerária local enviou um de seus Cadillacs para buscá-lo no aeroporto.[40] Ao chegar ao templo Clayborn da Igreja Metodista Episcopal Africana, King encontrou uma imensa multidão à sua espera. As pessoas pressionavam o rosto nas janelas do carro e se negavam a se afastar. Por alguns momentos, ele e seus colegas ficaram presos ali dentro. O enxame de gente era mais desenfreado e perigoso do que o esperado.

Por fim Lawson chegou e ajudou a abrir caminho por entre a multidão. King saiu do carro funerário e seguiu de braços dados com seus colegas de marcha pela Hernando Street. Muitos grevistas portavam placas com a inscrição em letras maiúsculas "SOU UM HOMEM".

O grupo virou à esquerda na Beale Street. Atrás de King, membros da gangue Invaders usavam placas para quebrar janelas. Lojas foram saqueadas. A polícia atirou e matou um rapaz negro de dezesseis anos. Mais de duzentas pessoas foram presas. Dezenas ficaram feridas. A polícia afastou King da confusão. Após a violência, a mídia branca o culpou.[41] Era o tumulto previsto pelo FBI e pelas autoridades brancas da cidade.

"Estamos com um sério problema", disse King a Stanley Levison num telefonema no dia seguinte. Seria quase impossível recrutar gente para a Campanha dos Pobres com todo o medo de violência que pairava no ar. Os críticos bateriam pesado, dizendo: "Martin Luther King está morto, está acabado, sua não violência não é nada, ninguém dá ouvidos a ela".

Levison disse que King reagia de modo exagerado, que não podia esperar que todos seguissem seu caminho da não violência, que explosões ocasionais eram inevitáveis. Mas isso não foi suficiente para consolar King. "Vamos encarar a coisa", disse ele, "não temos um grande esquema de relações públicas no que se refere à minha imagem e liderança [...]. Isso vai levar muitos pretos a dizerem: 'Bom [...], Martin Luther King está acabado' [...]. Olhe os jornais. Olhe os editoriais do *New York Times* [...]. Creio que será a coisa mais negativa sobre Martin Luther King que você já viu."

Ele tinha razão. Jornais de todo o país, inclusive o *Times*, questionaram a capacidade dele de manter a não violência.[42] *The Commercial Appeal* declarou que ele tinha "destruído a própria reputação como líder".[43]

King pediu a Levison e a outros de sua equipe de liderança que fossem encontrá-lo no dia seguinte, em seu escritório em Atlanta.

O movimento provavelmente não se recuperaria, disse ele, "a menos que eu faça alguma coisa agora".

Naquela noite, de volta a Atlanta, Martin e Coretta jantaram na casa de Ralph e Juanita Abernathy. Martin levou um peixe e Juanita fez o ensopado.

"Martin estava mesmo deprimido naquela noite", relembrou Juanita.[44]

Depois do jantar, King foi para a sala de estar e se sentou numa namoradeira.

"Vocês não conseguem comprar um sofá inteiro?", perguntou.[45]

Logo começou a cabecear de sono e dormiu ali a noite inteira.

* * *

King reuniu sua equipe executiva dois dias depois, no sábado, dia 30 de março.

"Ele lutava contra a depressão", disse Jesse Jackson, que esteve no encontro.[46] King falou em greve de fome e se perguntou se os líderes da luta pelos direitos civis, que estavam divididos, se reuniriam em volta de seu leito de morte.[47] Anunciou que voltaria o mais breve possível a Memphis, lideraria outra marcha e ficaria na cidade até as autoridades municipais atenderem a todas as reivindicações dos trabalhadores da limpeza urbana em greve. Disse estar decidido, mesmo que tivesse de adiar a Campanha dos Pobres.

Ao receber de integrantes da equipe uma reação fria, King explodiu com uma força que espantou a todos os presentes. "Ele estourou de verdade e mostrou a todos como se sentia", disse Andrew Young. "Sentia como se todo mundo o traísse [...]. Ele só desabafou, descarregou."[48] King, que raramente perdia a calma, foi para cima de James Bevel e Jesse Jackson com uma força surpreendente, acusando-os de serem egoístas.

E saiu da sala.

Abernathy foi atrás.

"O que foi, Martin?"[49]

"Vou ficar bem", respondeu King.

A equipe executiva, a sós, bolou uma solução intermediária. Bevel, Jackson, Hosea Williams e James Orange iriam de imediato para Memphis para organizar outra marcha. Os demais acelerariam a Campanha dos Pobres.

Às sete horas da manhã da quarta-feira, dia 3 de abril, King deu um beijo de despedida em Coretta e prometeu que à noite ligaria para ela de Memphis. Seguiu com Abernathy direto para o aeroporto de Atlanta.

"A despedida não teve nada de especial", disse ela mais tarde. "Foi uma despedida normal."[50] As crianças ainda estavam dormindo.

No aeroporto, as autoridades informaram King e Abernathy que poderia haver uma bomba a bordo do avião da Eastern Airlines em que viajariam. Depois de uma inspeção cuidadosa, a aeronave foi liberada. Os passageiros foram autorizados a seguir para Memphis, e King resolveu ir também. Disse a Abernathy: "Bom, parece que não vão me matar neste voo".[51]

Depois do tumulto, a polícia escoltara King até o Holiday Inn Rivermont de Memphis, cujos proprietários eram brancos, e o FBI alertara repórteres amistosos que King tinha passado duas noites lá, dando a entender que ele abandonara a comunidade negra. Agora, de volta a Memphis, King voltou à sua hospedagem habitual: o motel Lorraine. Jornalistas não só citaram o motel onde ele estava, como também deram o número do quarto. Era o quarto 306, localizado no segundo andar, com ampla vista para o estacionamento com o chão manchado de óleo e a piscina vazia.

Depois do almoço, King e integrantes da equipe se reuniram na igreja de Lawson, onde foram informados de que a prefeitura de Memphis obtivera uma liminar federal que proibia por dez dias que eles realizassem qualquer manifestação. Segundo um procurador municipal, um dos motivos era que a vida de King podia estar em perigo.

O argumento não persuadiu o líder dos direitos civis. Uma equipe de seis advogados de Memphis concordou em contestar a ordem judicial. Quando um deles perguntou o quanto essa marcha importava para King, ele respondeu: "Todo o meu futuro depende dela".[52]

Naquela noite, ele se reuniu com a gangue Invaders e pediu que se abstivessem de praticar qualquer violência. Telefonou para Coretta e disse que as coisas iam bem.[53] Falou sobre a proibição e disse que planejava marchar, quer a liminar fosse suspensa ou não.

Naquela noite, King falaria no templo Mason, mas pediu a Abernathy que o substituísse por não se sentir bem e precisar descansar. King já estava de pijama quando Abernathy ligou e pediu que fosse à igreja.[54] "O pessoal que está aqui quer você, não eu", disse ele.[55]

Havia uma tempestade do lado de fora. Na última noite de sua vida, King vestiu um impermeável preto comprido por cima do terno e da gravata. Ao entrar na igreja e seguir até o púlpito, as pessoas estendiam o braço para tocá-lo.

Trovões ressoavam. O vento sacudia as vidraças. As venezianas batiam. Abernathy fez a apresentação. King falou sem anotações.

"Algo está acontecendo em Memphis", disse ele. "Algo está acontecendo em nosso mundo."

Então King levou os ouvintes a um "voo mental" pela história humana. Falou sobre os israelitas fugindo da escravidão no Egito, sobre a Grécia, onde imaginou Platão, Aristóteles, Sócrates, Eurípides e Aristófanes debatendo "as grandes e eternas questões da realidade". Falou sobre o Império Romano e o Renascimento. Falou sobre o homem de quem recebera o nome, Martinho Lutero. Falou sobre Abraham Lincoln. Aqueles homens viveram em tempos fascinantes, disse King. Mas, prosseguiu ele, se Deus lhe tivesse dado a escolha de viver em qualquer época, mesmo que fosse por um breve período, ele teria escolhido *este* momento — embora o mundo estivesse "totalmente confuso" —, porque "as massas do povo" clamavam por liberdade.

A multidão incentivava aos gritos de "Amém!" e "Diga!". Os relâmpagos e os trovões cederam caminho ao tamborilar contínuo da chuva no telhado.

King relembrou ao público que os trabalhadores da limpeza urbana e os negros de todo o país pediam apenas para ser tratados como seres humanos, como pessoas, como filhos de Deus. Conclamou os ouvintes a mostrarem maior vontade de trabalhar com ele de modo altruísta para levar os Estados Unidos a cumprirem suas promessas de fundação.

Aproximando-se do final do discurso, King falou da mulher no Harlem que o esfaqueara com um abridor de cartas anos antes e do médico que lhe dissera que, se tivesse espirrado, podia ter morrido. Relembrou a carta que recebeu "de uma menina, uma jovenzinha [...] estudante no colégio de White Plains", como disse ele, que lhe escrevera para dizer que ficou feliz que ele não tinha espirrado.

"Fico feliz que não espirrei", disse King, porque teria perdido as ocupações estudantis das lanchonetes em 1960, o levante de cidadãos em Albany, os protestos emocionantes em Birmingham que levaram ao Projeto de Lei dos Direitos Civis, o belo comício em Washington em 1963, quando contou seu sonho para os Estados Unidos, a corajosa marcha de Selma até Montgomery.

"Fico muito feliz que não espirrei", disse. "E eles me diziam..."

King não terminou a frase. Voltou-lhe à mente um episódio que acontecera mais cedo naquele mesmo dia, e ele falou sobre a ameaça de bomba em seu avião. Disse que fora avisado recentemente de outras ameaças de morte feitas por "alguns de nossos irmãos brancos doentios".

Tinha a testa coberta de suor. Aumentou o tom de sua voz, que ecoava nas vigas:

> Bem, não sei o que acontecerá agora. Temos alguns dias difíceis pela frente. Mas neste momento isso não me importa, porque estive no alto da montanha. E não me incomodo. Como todos, eu gostaria de ter uma vida longa [...]. Mas agora não estou preocupado com isso. Só quero cumprir a vontade de Deus. E Ele me permitiu subir a montanha. E olhei lá de cima. E *vi* a Terra Prometida.

Olhou para baixo, para a esquerda e então fitou de novo o público à sua frente: "Pode ser que eu não chegue lá com vocês. Mas quero que saibam esta noite que nós, como povo, chegaremos à Terra Prometida!".

O público rugiu, e King rugiu de volta: "Então estou feliz esta noite! Não estou preocupado com *nada*! Não tenho medo de *ninguém*! Meus olhos viram a glória…". Dessa vez, enquanto o público gritava, um levíssimo sorriso passou pelo rosto de King e desapareceu com a mesma rapidez. Ele tomou fôlego: "… da vinda do Senhor!".

Ele cortou o ar com a mão esquerda e se virou para sair enquanto o público irrompia em aplausos eufóricos.

Abernathy se levantou e pôs os dois braços em volta da cintura de King.[56] Ele fitou o melhor amigo e viu lágrimas em seus olhos.

Doze horas depois, Andrew Young e os advogados da SCLC estavam no tribunal federal para contestar a ordem que os impedia de marchar. Dorothy Cotton disse a King que precisava voltar a Atlanta para coordenar uma oficina. Ele lhe pediu que ficasse, "em tom um pouco suplicante", relembrou ela, mas Cotton insistiu que precisava ir.[57]

King ligou para o escritório em Atlanta para informar o título do sermão que faria domingo na Ebenezer. Iria se chamar "Por que os Estados Unidos podem ir para o inferno".

Seu irmão A. D. fora a Memphis para vê-lo. Juntos, ligaram para a mãe, que não sabia que os dois estavam na cidade, e pregaram uma pequena peça. Martin começou a conversa no telefone, parou no meio de uma frase e estendeu o aparelho ao irmão, para que ele continuasse. Queriam ver se Alberta notaria.[58] Ela percebeu. Martin pegou o telefone de volta e falou com a mãe por mais de quarenta minutos. Disse que estaria em casa sábado à noite e pediu que ela lhe preparasse um belo jantar.[59]

Por volta das dezessete horas, Young voltou do tribunal com boas notícias: o juiz concordara em alterar a liminar e permitir a realização de uma manifestação, desde que seguisse certas regras de segurança.

A marcha foi marcada para 8 de abril.

King parou na frente do espelho do banheiro vestindo a calça do terno e uma camiseta branca. Misturou o pó branco de fazer a barba num pote de água morna enquanto conversava com Abernathy sobre os pratos que jantariam aquela noite na casa do amigo e rev. Billy Kyles. Abernathy ligou para Gwen Kyles, esposa do pastor, e teve a resposta. Repassou para King que comeriam carne grelhada, batata-doce, pé de porco, papada de porco, tripa de porco frita, folhas de nabo e broa de milho.

King deu leves pancadinhas com a toalha para secar o rosto, passou loção pós-barba, abotoou a camisa e deu um nó na gravata.

Um pouco antes das dezoito horas, saiu para a sacada do motel sozinho. O ar estava frio e cortante, o céu estava nublado.

King se inclinou no parapeito[60] e passou os olhos pelo estacionamento e pelos edifícios de tijolo gasto do distrito industrial da cidade, inclusive uma pensão decadente no número 422 ½ da Main Street.

A pensão tinha janelas para os fundos do prédio, que davam para o motel Lorraine. Os quartos custavam 8,50 dólares a semana, e um deles — o quarto 5B — tinha sido alugado naquela tarde a um homem branco esguio de gravata e terno escuro bem passado.

"Cê vem, Ralph?", perguntou King ao voltar para o quarto e pegar o paletó.

Nos bolsos King tinha uma caneta Cross, um maço de cigarros mentolados Salem e anotações para o próximo discurso.

Voltou para a sacada. Olhou o estacionamento, onde alguns de seus colegas estavam reunidos.

"Nosso líder!", exclamou Jesse Jackson ao ver King sozinho na sacada.

"Jesse!" King se inclinou sobre o parapeito. "Quero que você venha jantar comigo hoje à noite!"

"Doc, Jesse já cuidou disso", disse Billy Kyles. "Ele mesmo se convidou!"

Os homens riram.

Solomon Jones, motorista de King naquele dia, esquentava o motor do Cadillac.

Andrew Young e James Orange brincavam de lutar boxe no estacionamento.

Jackson, ainda gritando para a sacada, apresentou King a Ben Branch, saxofonista e líder de uma banda que se apresentaria naquela noite no templo Mason em apoio aos trabalhadores da limpeza urbana.

"Ben, quero que você cante para mim à noite na reunião", disse King. "Quero que apresente aquela canção 'Take My Hand, Precious Lord' [...]. Cante bem bonito."

Jones, o motorista, disse a King que estava ficando frio. "Melhor pôr o sobretudo", disse ele.[61]

King se endireitou. Respondeu: "Certo, vou pôr", e se afastou do parapeito.[62]

Foi um único tiro.

A bala acertou o rosto de King, rasgou até a garganta e o derrubou de costas.

Os homens no estacionamento subiram correndo até a sacada, todos na linha de tiro. Abernathy foi o primeiro a chegar. King tinha os olhos abertos e os braços estendidos. O sangue formava uma poça no concreto frio. "Martin, está me ouvindo?"

Abernathy era um alvo fácil, mas não houve um segundo tiro.

Um homem branco desconhecido trouxe uma toalha de seu quarto e envolveu com ela o rosto de King.[63]

Os homens na sacada apontaram para a pensão no outro lado do estacionamento, onde achavam que o atirador podia estar. Sirenes soaram.

Chegou uma ambulância solitária.

A equipe de emergência desceu as escadas com King, cercado pelos amigos.

A polícia montou cordões de isolamento nas ruas e se pôs a buscar um homem branco num Mustang branco que fora visto fugindo da região.

"Espero que o filho da puta não morra", disse J. Edgar Hoover ao saber da notícia. "Se morrer, vão transformá-lo num mártir."[64] Às 18h16, onze minutos depois de ser atingido, King, deitado na maca, deu entrada na emergência do Hospital St. Joseph. Estava com os olhos fechados.[65]

Ali, ele morreu às 19h05 de 4 de abril de 1968.

Martin Luther King Jr. tinha 39 anos.

Sua morte incendiou o país — naquela noite e nos anos futuros. Memphis pegou fogo. O mesmo ocorreu com Detroit e Washington, DC. Mais de cem cidades arderam em chamas. Dezenas de negros morreram. Mais de 10 mil pessoas foram detidas.

"Todo e cada racista do país matou o dr. King", disse o ativista James Farmer a um repórter. "As sociedades malignas sempre destroem suas consciências."[66]

Epílogo

Os filhos de Martin Luther King receberam a notícia quando um de seus programas favoritos na TV foi interrompido por um boletim especial. O âncora Walter Cronkite da CBS disse a eles e ao país: "Dr. Martin Luther King, o apóstolo da não violência no movimento pelos direitos civis, foi alvejado em Memphis, no Tennessee".

Dexter, de sete anos, Martin, de dez anos, e Yolanda, de doze anos, correram até a mãe. Coretta Scott King estava no telefone. Ela ergueu um dedo, fazendo sinal para as crianças ficarem quietas.

"Entendo", disse ela.[1]

As crianças aguardaram.

"Entendo", disse ela outra vez.

Por fim desligou.

"O pai de vocês", disse ela calmamente. "Houve um acidente."

Cidades por todo o país irromperam em violência. No dia seguinte, em 5 de abril, Coretta Scott King tomou um voo para Memphis para recobrar o corpo do marido. Em 8 de abril, ela se pôs à frente de uma multidão de 40 mil pessoas na cidade onde o marido acabara de ser assassinado e liderou uma marcha até o centro em apoio aos trabalhadores da limpeza urbana municipal que ainda estavam em greve.

No dia seguinte à marcha, mais de 1300 enlutados lotaram a igreja batista Ebenezer. Os alto-falantes transmitiram o ofício fúnebre a dezenas de milhares de pessoas que estavam sob o sol no lado de fora. Depois da cerimônia, o caixão de King foi colocado numa carroça puxada por duas mulas e conduzido pelas ruas de Atlanta até a Faculdade Morehouse, para outro ofício fúnebre.

Entre os presentes estavam Rosa Parks, Stokely Carmichael, Mahalia Jackson, James Baldwin, Robert F. Kennedy e Richard Nixon.

Dois dias depois, o presidente Johnson, que não comparecera ao funeral, assinou uma das últimas conquistas legislativas importantes da era dos direitos civis — a Lei dos Direitos Civis de 1968, também conhecida como Lei da Moradia Digna. "A moradia digna para todos [...] agora faz parte do modo de vida americano", proclamou ele.[2]

Trinta e oito dias depois do assassinato do marido, no Dia das Mães, Coretta marchou com 3 mil apoiadores por entre os destroços e os edifícios queimados de Washington, DC, para lançar a Campanha dos Pobres. Conforme chegavam mais manifestantes, eles armaram barracas perto do Lincoln Memorial e deram ao acampamento o nome de Cidade da Ressurreição.

Choveu em onze dos dezenove dias subsequentes, o que transformou a Cidade da Ressurreição num lamaçal.

Por fim a chuva parou.

Em 5 de junho, o senador Robert F. Kennedy venceu as primárias presidenciais na Califórnia.

Naquela noite ele foi assassinado.

O principal suspeito do assassinato de King, James Earl Ray, foi preso em Londres três dias depois, quando tentava embarcar num voo para Bruxelas, na Bélgica. Embora ele tenha confessado o crime, Coretta Scott King e outros amigos e parentes nunca aceitaram a conclusão do governo de que o assassino agira sozinho.

Em 19 de junho, no Lincoln Memorial, Coretta falou aos residentes da Cidade da Ressurreição e a milhares de outras pessoas. Ela descreveu os Estados Unidos como um país tão cego pelo racismo que não conseguia enxergar a que ponto sua cultura se tornara violenta. "Fazer uma criança passar fome é violência. Suprimir uma cultura é violência. Punir uma mãe e sua família é violência [...]. O gueto como moradia é violência. Ignorar as necessidades médicas é violência. O desdém pela pobreza é violência."[3]

Era chegada a hora, disse ela, de formar "um bloco sólido de poder feminino" para exigir mudanças. "O amor é a única força capaz de destruir o ódio", disse Coretta, parafraseando o marido. A mídia nacional apresentou a campanha como um fracasso desorganizado — um bando de hippies e andarilhos com uma miscelânea de objetivos vagos e conflitantes. Cinco dias depois, em 24 de junho, a polícia acabou com a Cidade da Ressurreição.

Alguns meses mais tarde, Coretta ajudou a criar o Centro King pela Mudança Social não Violenta, dedicado ao desenvolvimento do legado de seu marido. Alguns ativistas pelos direitos civis criticaram o novo centro, dizendo que disputava com a SCLC no que se referia à arrecadação de fundos e desviava a atenção do público em relação à entidade. Coretta também começou a batalhar pela criação de um feriado nacional em homenagem ao marido.

Em 1969, o irmão de Martin Luther King, A. D., foi encontrado morto boiando na piscina de casa, aos 38 anos. Cinco anos depois, a mãe de King, Alberta, foi alvejada e morta por um homem desequilibrado durante um ofício na igreja batista Ebenezer.

Ao longo dos anos 1970, quantidades inéditas de políticos negros começaram a vencer eleições, em especial as municipais. Em 1972, Andrew Young se tornou o primeiro negro eleito para o Congresso pela Geórgia desde a Reconstrução. Menos de uma década depois, foi eleito prefeito de Atlanta.

Em 1983, o presidente Ronald Reagan assinou um projeto de lei que criava o Dia Martin Luther King Jr. na terceira segunda-feira de janeiro. Reagan, cujas políticas foram calamitosas para muitos americanos negros, se opusera durante muito tempo a essa iniciativa. "Quanto ao feriado nacional que você mencionou, tenho as mesmas reservas", escreveu ele a um político eleito na época, "mas aqui a percepção de muita gente se baseia na imagem, não na realidade."[4]

Aos repórteres que lhe perguntaram se ele acreditava que King tinha sido um simpatizante comunista, Reagan respondeu: "Bom, saberemos em 35 anos, não?".

Trinta e cinco anos depois, quando o FBI liberou milhares de páginas de seus arquivos secretos sobre King, não surgiu nenhum indício que sugeria que agentes comunistas controlavam ou manipulavam King. O que de fato ofereceram foram novos detalhes sobre seus casos extraconjugais e sobre a tensão emocional sob a qual ele vivia. Porém a maior revelação contida nos relatórios pode ter sido a extensão e a determinação da campanha do FBI para prejudicar King — e o grau em que foi alimentada pelas obsessões pessoais de J. Edgar Hoover e do presidente Johnson. A liberação das transcrições completas e das gravações remanescentes está marcada para 2027.

Coretta Scott King continuou a se manifestar e marchar em favor de inúmeras causas, entre elas os direitos das mulheres e dos homossexuais, a liberdade religiosa, a conscientização sobre a aids, o desarmamento nuclear e o movimento antiapartheid na África do Sul. Morou por décadas no lar da família em Vine City, preservando-o quase como um museu e mantendo vazio o lado do marido na cama, os ternos no armário, o carro na garagem, com os vidros empoeirados e os pneus murchos. Numa redoma de vidro no subsolo, ela guardou um buquê de flores artificiais vermelhas que Martin lhe presenteou em 12 de março de 1968. Antes disso, ele nunca tinha comprado flores artificiais, disse Coretta, "e nem eram muito bonitas, mas talvez ele soubesse, talvez quisesse que eu tivesse algo que durasse".[5]

Coretta Scott King morreu em 2006, aos 78 anos. As cartas íntimas do marido, que ela guardava numa mala azul debaixo da cama, nunca vieram a público.[6]

Hoje, quase mil cidades grandes e pequenas nos Estados Unidos têm ruas com o nome de Martin Luther King Jr.[7] Mais de cem escolas públicas foram batizadas em sua homenagem.[8] Em Washington, DC, há um memorial a King no mesmo campo de visão dos memoriais Lincoln e Jefferson, ao longo do lago Tidal Basin do National Mall. Entalhado em granito branco, King se ergue a nove metros de altura, com os braços cruzados na frente do peito e o olhar voltado para o Sudeste. É o único monumento nacional em Washington dedicado a uma pessoa não branca.

"De uma montanha de desespero, uma pedra de esperança", diz a citação que recebe os visitantes do memorial.

Mas, ao sacramentá-lo, esvaziamos King.

De Montgomery a Chicago, ao longo daquelas ruas chamadas Martin Luther King Jr. Drive, Martin Luther King Jr. Avenue, Martin Luther King Jr. Highway e Martin Luther King Jr. Boulevard, os índices de pobreza e segregação, segundo estudos recentes, continuam muito mais altos do que as médias locais e nacionais.[9]

Naquelas escolas com o nome de King e em quase todas as escolas dos Estados Unidos, a vida e os ensinamentos dele costumam ser atenuados e receber um verniz que o tornam irreconhecível. Os jovens ouvem seu sonho de fraternidade e seu desejo de que as pessoas sejam julgadas pelo caráter, mas não seu apelo à mudança fundamental no caráter da nação nem seu brado pelo fim dos tríplices males do materialismo, do militarismo e do racismo. Como disse para mim Harry Belafonte, amigo de King, "em nenhum livro de história deste país lemos sobre heróis radicais".

Em minha visita mais recente ao Memorial Martin Luther King Jr. em Washington, DC, na primavera de 2022, não encontrei nenhuma obra de King à venda na loja de souvenirs.

Nossa celebração simplificada de King tem um preço. Ela suga a força de suas contribuições filosóficas e intelectuais.[10] Enfraquece seu poder de inspirar a mudança. Mesmo depois de os americanos elegerem um homem negro para a presidência e de ele, Barack Obama, colocar um busto de King no Salão Oval, a nação continua atormentada por racismo, etnonacionalismo, divisão cultural, segregação residencial e educacional, desigualdade econômica, violência e esmorecimento da esperança de que o governo, ou alguém, algum dia corrija esses problemas.

Para onde vamos daqui? Apesar da maneira como era tratado pelos Estados Unidos, King ainda tinha fé ao responder essa pergunta. Hoje, suas palavras podem nos ajudar a avançar por esses tempos perturbados, mas apenas se realmente as lermos; apenas se aceitarmos o King complicado, o King imperfeito, o King humano, o King radical; apenas se voltarmos a vê-lo e ouvi-lo com clareza, como os Estados Unidos o viram e ouviram no passado.

"Nossa própria sobrevivência", escreveu ele, "depende de nossa capacidade de continuar despertos, de nos ajustar a novas ideias, de nos manter vigilantes e de enfrentar o desafio da mudança."[11]

Amém.

Agradecimentos

Amada comunidade

"Qual é a diferença entre Martin Luther King e Jesus?"

Na hora achei que era uma brincadeira.

Era 17 de junho de 2015, e eu tomava café da manhã com o lendário ativista e comediante Dick Gregory no restaurante de um hotel em Washington, DC.

Gregory não esperou minha resposta.

"Qual é a diferença entre Martin Luther King e Jesus? Só ouvimos falar de Jesus. Isso não quer dizer que Ele não existiu, mas temos *filme* do King. Não tem como mudar nada. Quem diria? Quando atiraram nele, era o cara mais odiado do planeta [...]. Agora é o mais amado!"

Quem diria?

Na época daquela entrevista, eu trabalhava numa biografia de Muhammad Ali. King não estava nos planos. Mas o comentário de Gregory me pegou. Não só porque King tinha sido filmado. Não só porque a jornada dele era incrível, umas das mais impressionantes e heroicas de toda a história americana. Tinha algo mais: o fato de que Dick Gregory *conheceu* King, e bem. E o mesmo valia para mais um monte de gente. Gente que eu podia entrevistar — se me apressasse.

Comecei com os mais velhos e famosos: Harry Belafonte, John Lewis, C. T. Vivian, Jesse Jackson, Juanita Abernathy, Andrew Young, Harris Wofford, James Lawson.

Entre 2015 e 2022, apesar de uma pandemia global, entrevistei mais de duzentas pessoas. O rev. Lawson virou meu professor; passamos meses conversando quase todas as semanas. A dra. June Dobbs Butts, uma das melhores amigas de King desde a infância, virou não só minha professora, como também uma amiga querida. Falamos dezenas de vezes, por telefone e ao vivo. A irmã mais velha de King, Christine, respondeu às perguntas por intermédio do filho, Isaac Newton Farris Jr. Sobrinhas e sobrinhos me contaram suas lembranças. O advogado dele em Montgomery, Fred Gray, que em 2022 ainda exercia a advocacia, me recebeu em seu escritório em Tuskegee, no Alabama, na esquina da Fred Gray Street com a East Rosa Parks Avenue. O barbeiro de King em Montgomery, Nelson Malden, me ofereceu um corte de cabelo antes de me ver e considerar minha careca reluzente uma causa perdida. Willie Mackey King, a mulher que datilografou a "Carta da cadeia de Birmingham", me mostrou o Rolodex que mantinha na mesa do seu escritório na SCLC. O rev. Bernard Lafayette Jr. demonstrou várias técnicas vocais usadas pelos pregadores batistas negros de sua geração. Juanita Abernathy e eu jantamos no Paschal's Restaurant em Atlanta embaixo de uma fotografia emoldurada de seu finado marido, Ralph. Ah, e Mavis Staples cantou para mim.

Foi uma dádiva dos céus, uma das maiores de minha vida, aprender com gente que não só viveu aquela época, como também moldou de forma corajosa a história.

"Penso que é necessário um novo livro [...]. Um bom livro", disse-me o rev. Lawson em nossa primeira conversa.

Pouco antes de June Dobbs Butts falecer em 2019, passei-lhe os dez primeiros capítulos de meu manuscrito. Alguns dias depois, ela me enviou um e-mail dizendo que os tinha lido e relido várias vezes. "Claro que chorei em algumas passagens, em alguns momentos fiquei surpresa [...], mas teve vezes também em que estremeci um pouco", escreveu ela. "Você tem muita coragem, meu amigo, e acho que M. L. aprovaria que você escrevesse sobre ele."

Sei que Butts, uma terapeuta experiente, podia estar tentando me deixar mais confiante. Conversamos longamente sobre a enorme responsabilidade de escrever uma biografia — sobretudo de uma figura tão amada e influente como King. Quando eu abordava outros amigos e colegas dele para entrevistá-los, muitos me perguntavam: por que mais um livro sobre King? O que você pretende? Eu respondia: você o conheceu, nós não. Precisamos contar de novo a história dele. Precisamos do King de verdade, não da versão açucarada.

Por sorte, comecei este livro antes da pandemia de covid-19 e fiz muitas entrevistas pessoalmente. Quando veio a pandemia, tive a sorte de encontrar a maioria dos entrevistados confinados em casa, ansiosos para conversar pelo telefone.

Este livro também se baseia em dezenas de milhares de páginas de documentos de arquivos recém-descobertos e liberados. Nos últimos quatro anos, o FBI possibilitou ao público acessar milhares de páginas de novos materiais, incluindo transcrições da vigilância eletrônica de King e de seus associados mais próximos. Alguns dos detalhes mais sinistros dessas transcrições foram divulgados na imprensa, mas esta é a primeira biografia a situá-los no contexto da vida de King, para mostrar toda a extensão e tenacidade da campanha que o FBI empreendeu para destruir o ativista negro mais importante do país e expor o efeito emocional devastador que essas táticas tiveram sobre ele.

Esta é a primeira biografia de King escrita com acesso ao enorme e admirável acervo documental reunido por L. D. Reddick, o arquivista oficioso de King, que trabalhou e viajou com ele durante grande parte de sua carreira. Sou grato ao Centro Schomburg de Pesquisas sobre a Cultura Negra por preservar e disponibilizar os documentos, e agradeço em especial à minha amiga Lori Azim por seu magnífico trabalho em explorar, organizar e analisar esses materiais. Agradeço a todos no Schomburg, em especial Mary Yearwood, Cheryl Beredo, Lauren Stark, Barrye Brown e Alexsandra Mitchell.

Esta é também a primeira biografia a utilizar as fitas de áudio que Coretta Scott King gravou meses após a morte do marido, quando trabalhava com um editor em seu primeiro livro de memórias. Ouvi sua voz suave e confiante enquanto descrevia tudo, desde o primeiro encontro com o futuro marido até os preparativos para o funeral. Espero que este livro apresente um retrato de Coretta Scott King com maiores nuances, uma vez que sua imagem tantas vezes era vaga. Ela era tão corajosa quanto o marido. Às vezes, seu ativismo guiava o dele. Além disso, devemos reconhecer o trabalho invisível — a criação dos filhos, a organização, o aconselhamento, o preparo das refeições, a limpeza da casa, a tarefa de passar roupa, todo o esforço necessário e não reconhecido de dirigir e apoiar um movimento — que recaía sobre ela e outras mulheres.

Alguns de meus outros achados em arquivo favoritos incluem uma autobiografia inédita de Martin Luther King pai, junto com transcrições das entrevistas gravadas que entraram na composição do manuscrito; uma autobiografia inédita de Hosea Williams; uma biografia inédita de Ralph Abernathy escrita por L. D. Reddick; notas de David Halberstam de suas viagens com King; e milhares de páginas de entrevistas compiladas por pesquisadores da Universidade Fisk durante os boicotes de ônibus em Montgomery.

Passei inúmeras horas ouvindo gravações feitas na Casa Branca por John F. Kennedy e Lyndon Baines Johnson. Também tive acesso aos papéis de Mildred Stegall, secretária do presidente Johnson, que guardou cópias da enxurrada constante de memorandos referentes a King que J. Edgar Hoover enviava para a Casa Branca. Li e ouvi centenas de horas de histórias orais de políticos e ativistas pelos direitos civis. Sou eternamente grato a bibliotecários, arquivistas, pesquisadores e familiares que ajudaram a disponibilizar esses materiais. Agradeço em especial ao Instituto de Educação e Pesquisa Martin Luther King Jr. da Universidade Stanford, à Coleção Martin Luther King Jr. da Faculdade Morehouse, ao Centro de Pesquisas de Arquivo Howard Gotlieb da Universidade de Boston, aos Arquivos Nacionais e à Administração de Registros em College Park, Maryland, à Biblioteca do Congresso, à Biblioteca Presidencial John F. Kennedy, à Biblioteca Presidencial Lyndon Johnson, à Sociedade Histórica de Wisconsin, à Universidade Emory e à Universidade da Carolina do Norte em Chapel Hill.

Este livro ganhou imensamente, mais do que consigo descrever, com a erudição de autores e historiadores que escreveram sobre King e o movimento pelos direitos civis, muitos dos quais compartilharam seus materiais de pesquisa, responderam a minhas inúmeras perguntas e leram uma parte ou todo o meu manuscrito. David J. Garrow me deixou passar dias na cozinha da casa dele, examinando seus materiais de pesquisa, inclusive entrevistas gravadas. Também respondeu a uma infinidade de perguntas, conferiu os dados de meu manuscrito, sugeriu novos rumos de pesquisa e me apresentou a outros estudiosos da vida de King. Jeanne Theoharis e eu passamos horas conversando, trocando ideias, psicanalisando personagens centrais e explorando novas vias de investigação. Taylor Branch, David Levering Lewis e o finado Nick Kotz forneceram orientação especializada e disponibilizaram seus materiais de pesquisa. O acadêmico Derryn Moten me apresentou a pessoas de importância central em Montgomery e leu partes de meu manuscrito. Lewis V. Baldwin me orientou sobre o desenvolvimento religioso de King e leu vários de meus capítulos, sugerindo diversas melhorias. Recebi orientação de muitos outros escritores e acadêmicos, entre eles Lauren Araiza, Timuel Black, Douglas Brinkley, Katherine Mellen Charron, Patrick Duff, Gerald Early, Glenn T. Eskew, Michael Ezra, Chuck Fager, Beverly Gage, Nassir Ghaemi, Drew D. Hansen, Paul Hendrick, Randal Maurice Jelks, Peniel Joseph, Michael Long, David Margolick, Kevin McGruder, Danielle L. McGuire, Keith D. Miller, W. Jason Miller, Patrick Parr, Marc Perrusquia, Gary Pomerantz, Dick Reavis, Barbara Reynolds, Tom Ricks, Hampton Sides, Tavis Smiley e Milton Viorst.

Sou extremamente grato ao dr. Clayborne Carson, ex-diretor do Instituto de Educação e Pesquisa Martin Luther King Jr. Agradeço também ao novo diretor do instituto, Lerone A. Martin, e a toda a sua equipe, em especial Tenisha Hart Armstrong. Na Faculdade Morehouse, agradeço à dra. Vicki Crawford, Aileen Dodd e Lawrence Carter. Na Biblioteca Presidencial LBJ, agradeço a

Allen Fisher e Ian Frederick-Rothwell. Em Henry County, na Geórgia, agradeço a Cooper Keller, Jim Marshall, Gene Morris e Alfonso Thomas. Sou grato a Phillip Cunningham no Centro de Pesquisas Amistad, a Cynthia Lewis no Centro King em Atlanta, a Jeff Flannery na Biblioteca do Congresso, a Carl Van Ness na Universidade da Flórida, a Jim Baggett na Biblioteca Pública de Birmingham, a Wayne Coleman no Instituto de Direitos Civis de Birmingham e a Taylor McNeilly na Biblioteca da Universidade de Richmond. Agradeço ao jornalista Steve Smith por seu trabalho em converter as transcrições de vigilância do FBI em documentos facilmente pesquisáveis.

Agradeço a todos que leram e comentaram partes ou todo o manuscrito: Laurie Abraham, Lori Azim, Dick Babcock, Marci Bailey, A. J. Baime, Lewis Baldwin, Joel Berg, Jean Marie Brown, June Dobbs Butts, Joseph Epstein, David J. Garrow, Bryan Gruley, Peniel Joseph, Tom Junod, Robert Kurson, Ethan Michaeli, Shannon Luders-Manuel, Lerone A. Martin, Joshua Prager, Bob Spitz, Gabriel Tallent, Jeanne Theoharis e Lillian Young. Ninguém me incentivou mais, palavra a palavra, emoção a emoção, do que meu colega escritor Charlie Newton. Sou eternamente grato. Um agradecimento especial também a Dan Cattau, amigo e editor maravilhoso, que leu e editou capítulos muito antes de estarem prontos para o resto do mundo.

Agradeço também a Don DeLillo, cuja novela *Pafko at the Wall* [Pafko na parede] inspirou minha abordagem no capítulo sobre o discurso de King "Eu tenho um sonho". DeLillo teve a gentileza de ler o capítulo e aprovar minha homenagem.

Agradeço a Michele Soulli pela heroica pesquisa da genealogia da família King. Agradeço a meus checadores de dados: Amy Balmuth, Olivia Williams e Andy Young. Agradeço a Charles Whitaker, diretor da minha amada Escola Mill na Universidade do Noroeste. Agradeço a todos os que me ajudaram nas pesquisas de arquivo: Lindon Assaye, Edward Burnette, Jake Eig, Siena Ballotta Garman, Sonia Gomez, Kira Jones, Tomer Keysar, Harrison Liao, Kate Mabus, Johavy Mendoza Meza, Nirmal Mulaikal, Sophia Nelson, Leah Parson, Bonnie Rowan, Trina Ryan, Sofia Sanchez e Frazine Taylor.

Agradeço aos que ajudaram de formas demais para descrever, mas importantes demais para esquecer: Seth Abraham, Jeff Aeder, Douglas Alden, Ben Allaway, Jenny Belk, Brian Berg, Rabbi Daniel Burg, Bob Bonstein, Kwame Brathwaite, Richard Cahan, Airco Caravan, Matthew Charlton, Aaron Cohen, Lynn Cothren, Will Dahlberg, dr. Barbara Williams Emerson, Victor Eskridge, Steve Fiffer, Gabe Fuentes, Jeremy Gershfeld, Oscar Gershfeld, Linda Ginzel, Clarence Goodman, Bethel Habte, pastor Chris Harris, Bob Herguth, Valli Herman, Karen Gray Houston, Ron Jackson, Valerie Jackson, Marshall Kaplan,

Bob Kazel, John Klima, Joe Lauro, Jane Leavy, Kate Lemay, Mike Lennon, Andrew Levison, Johnny Mack, David Maraniss, Joe Mathewson, Rossy Mendez, Liz Miller-Gershfeld, Marc Morial, Derek Mosley, Abdur-Rahman Muhammad, Walter Naegle, Greg Oates, Bill O'Driscoll, Sridhar Pappu, Jeff Pearlman, Lisa Pollak, Saafir Rabb, Renee Rosensteel, Tracy Sefl, Murad Siam, Rabbi Michael Siegel, Don Terry, Eric Tidwell, Heidi Trilling, William Wachtel, Harry Weinger, Mike Williams e Jeff Winikow.

Agradeço a meus amigos na Florentine Films, em especial Ken Burns, Sarah Burns, Stephanie Jenkins e David McMahon.

Um agradecimento especial a Isaac Newton Farris Jr. e à sua mãe, Christine King Farris, bem como a Kwame Abernathy e a toda a família Abernathy.

Agradeço a meu agente e amigo David Black; a Susan Raihofer e Sarah Smith na David Black Agency; à minha agente de TV e cinema Lucy Stille; a Alexander Star, meu maravilhoso editor na Farrar, Straus and Giroux. Na FSG, agradeço a Janet Renard, Stephen Weil, Ian Van Wye, Janine Barlow e a todos que ajudaram a dar vida a este livro. Agradeço também a Colin Dickerman, o editor que lançou o livro.

Meu entendimento da justiça e do amor começou com as lições de meus pais, Phyllis e David Eig, que continuam a me ensinar e inspirar todos os dias. Sou eternamente grato por ter uma família tão amorosa e atenciosa, com o meu irmão Matthew Eig e sua esposa Penny, meu irmão Lewis Eig e sua esposa Judy, Jake Eig, Ben Eig, Hayden Eig, Gail Tescher, Don Tescher, SuAnn Tescher, Jonathan Tescher, Lily Brent e Nava Brent Tescher.

Meus filhos — Lillian Eig, Lola Eig e Jeffery Schams — nunca deixam de me encher de alegria e esperança no futuro. Este livro é dedicado a Jeffery, uma das pessoas mais bondosas e corajosas que conheço. Em 1997, quando um amigo me pediu para cuidar dele, como mentor de um garoto de sete anos no programa *Big Brother*, concordei, mas com certa relutância. Anos depois, quando a mãe de Jeffery faleceu, ele se tornou parte de nossa família. Hoje tenho o maior orgulho em chamá-lo de meu filho.

Martin Luther King Jr., quando escreveu seu primeiro livro, dedicou-o a Coretta, sua "amada esposa e colaboradora". Gosto disso. Minha amada esposa e colaboradora é Jennifer Tescher. Não há palavras ou páginas suficientes para elogiá-la e lhe agradecer da forma devida. Jen me inspira todos os dias com sua paixão pela justiça, sua curiosidade e disposição em trabalhar para tornar o mundo um lugar melhor para todos.

Notas

PRÓLOGO [pp. 11-4]

1. "Lynching in America". *Equal Justice Initiative*. Disponível em: <https://lynchinginamerica.eji.org/explore/alabama>. Acesso em: 4 jan. 2022.

2. Joe Azbell, "5000 at Meeting Outline Boycott; Bullet Clips Bus". *Montgomery Advertiser*, 6 dez. 1955.

3. *King: A Filmed Record... Montgomery to Memphis*. The Martin Luther King Film Project, 1970, Kino Classics, DVD, 2013.

4. Juandalynn Abernathy, entrevista com o autor, 1 nov. 2018.

5. L. D. Reddick, *Crusader Without Violence: A Biography of Martin Luther King, Jr.* Nova York: Harper & Bros., 1959, p. 4.

6. Juandalynn Abernathy, entrevista com o autor.

7. L. D. Reddick, *Crusader Without Violence: A Biography of Martin Luther King, Jr.*, op. cit., p. 2.

8. Muitas pessoas que conheciam bem King, entre elas Coretta Scott King, Andrew Young e Clarence Jones, usavam o termo "depressão" para descrever o estado psicológico de King em algumas ocasiões, e o dr. Nassir Ghaemi, professor de psiquiatria no Centro Médico da Universidade de Tufts, escreveu extensamente sobre sinais que sugerem uma depressão "episódica".

1. OS KING DE STOCKBRIDGE [pp. 17-24]

1. Todos os detalhes da cena com o dono da serraria, inclusive o diálogo e as expressões de sentimento, provêm de duas fontes. A primeira é um manuscrito inacabado e inédito chamado "The Autobiography of Daddy King as Told to Edward A. Jones", escrito em agosto de 1973,

cujas cópias foram encontradas recentemente no Instituto de Educação e Pesquisa Martin Luther King Jr., da Universidade Stanford (citado a partir daqui como Instituto King de Stanford) e nos arquivos do Centro King, em Atlanta. O manuscrito traz mais de 150 páginas de transcrições de entrevistas gravadas com Martin Luther King pai. A segunda fonte é o livro de Martin Luther King pai, *Daddy King: An Autobiography*, escrito com Clayton Riley (Nova York: William Morrow, 1980, pp. 32-6).

2. Martin Luther King pai, *Daddy King: An Autobiography*, op. cit., pp. 32-6.

3. Ibid.

4. Ibid.

5. Eric Foner, *A Short History of Reconstruction*. Nova York: Harper Perennial, 2015, p. xx.

6. W. E. B. Du Bois, *Black Reconstruction in America*. Oxford: Oxford University Press, 2007, p. 30.

7. Ruth Barefield Pendleton (Org.), *Minutes: Central Committee 1963*. Birmingham, Ala.: Birmingham Historical Society, 2013, p. 79.

8. W. E. B. Du Bois, *The Souls of Black Folk*. Nova York: Signet Classics, 1969, p. 141. [Ed. bras.: *As almas do povo negro*. Trad. de Alexandre Boide. São Paulo: Veneta, 2021.]

9. Ibid., p. 25.

10. Registros de casamento, Henry County, Geórgia. Disponível em: <ancestry.com>. Acesso em: 27 maio 2024.

11. Censo americano, 1900. Disponível em: <ancestry.com>. Acesso em: 27 maio 2024.

12. Martin Luther King pai, "The Autobiography of Daddy King", op. cit., p. 14.

13. Ibid., p. 3.

14. Ibid., p. 53.

15. Ibid., p. 59.

16. Ibid., p. 22.

17. Paul Harvey, *Redeeming the South: Religious Cultures and Racial Identities Among Southern Baptists, 1865-1925*. Chapel Hill: University of North Carolina Press, 1997, p. 46.

18. Martin Luther King pai, "The Autobiography of Daddy King", op. cit., p. 47.

19. Martin Luther King Jr., "Overcoming an Inferiority Complex", sermão dado na igreja batista da Dexter Avenue, Montgomery, Alabama, 14 jul. 1957, Stanford King Institute. Disponível em: <kinginstitute.stanford.edu/king-papers/documents/overcoming-inferiority-complex-sermon-delivered-dexter-avenue-baptist-church>. Acesso em: 14 set. 2020.

20. Os pais de Nathan King (prováveis bisavós de Martin Luther King Jr.) estão listados no mesmo relatório do censo como Jacob e Diannah Branham, com respectivamente 65 e sessenta anos de idade. Os antepassados de King podem ter sido escravizados pela família branca Branham de Putnam County, na Geórgia. Joel Branham escravizou doze pessoas negras em 1850, enquanto Henry Branham escravizou 29. Os dois eram médicos. Ao que parece, os Branham afro-americanos mudaram o sobrenome para King entre 1870 e 1880, embora a razão não esteja clara. Teriam antes sido propriedade de Elisha L. King e de sua esposa Elizabeth Ann King, de Putnam County? Ou tomado o sobrenome King para restabelecer a ligação com parentes que haviam ficado na fazenda de Elisha King?

21. Martin Luther King pai, "The Autobiography of Daddy King", op. cit., p. 48.

22. Ibid., p. 56.

23. Ibid., p. 18.

24. Martin Luther King pai, *Daddy King: An Autobiography*, op. cit., pp. 45-6.

25. Alveda King, entrevista com o autor, 10 maio 2022.

2. MARTIN LUTHER E MARTINHO LUTERO [pp. 25-31]

1. Censo americano, 1920. Disponível em: <ancestry.com>. Acesso em: 27 maio 2024.

2. Martin Luther King pai, "The Autobiography of Daddy King as Told to Edward A. Jones", op. cit., pp. 10-1.

3. Ibid., p. 77.

4. Ficha de alistamento de Michael King, 12 set. 1918. Disponível em: <ancestry.com>. Acesso em: 27 maio 2024.

5. A rua que passa a leste da igreja e atravessa o centro de Stockbridge agora se chama Martin Luther King Senior Heritage Trail.

6. Paul Harvey, op. cit., p. 46.

7. Peter Gorner, "Daddy King: 'There's No Hate in My Heart'". *Chicago Tribune*, 23 dez. 1980.

8. Christine King Farris, *Through It All: Reflections on My Life, My Family, and My Faith*. Nova York: Atria Books, 2009, p. 4.

9. Martin Luther King pai, *Daddy King: An Autobiography*, op. cit., p. 90.

10. Ibid., p. 86.

11. Bernita D. Bennette, "A. D. Williams". Departamento de Manuscritos, Centro de Pesquisa Moorland-Spingarn. Washington, DC: Universidade Howard, acervo pessoal de David J. Garrow, p. 6.

12. Martin Luther King pai, "The Autobiography of Daddy King", op. cit., pp. 10-1.

13. Id., *Daddy King: An Autobiography*, op. cit., p. 44.

14. Ibid., p. 38.

15. Peter Gorner, op. cit.

16. Ibid.

17. Martin Luther King pai, *Daddy King: An Autobiography*, op. cit., p. 87.

18. June Dobbs Butts, entrevista com o autor, 1 ago. 2018.

19. L. D. Reddick, *Crusader Without Violence: A Biography of Martin Luther King, Jr.*, op. cit., p. 50.

20. Ibid.

21. Isaac Farris, entrevista com o autor, 7 jan. 2022.

22. "Attack on the Conscience". *Time*, 8 fev. 1957.

3. SWEET AUBURN [pp. 32-45]

1. Emmet John Hughes, "The Negro's New Economic Life". *Forbes*, set. 1956.

2. Gary Pomerantz, *Where Peachtree Meets Sweet Auburn: A Saga of Race and Family*. Nova York: Penguin, 1997, p. 98.

3. Christine King Farris, entrevista a Julieanna L. Richardson, 11 jul. 2010, The HistoryMakers Digital Archive.

4. "Newly Elected Pastor and Wife Are Honored Guests at Elaborate Installation Banquet". *Atlanta Daily World*, 6 abr. 1932.

5. Martin Luther King pai, "The Autobiography of Daddy King as Told to Edward A. Jones", op. cit., p. 90.

6. W. E. B. Du Bois, *The Souls of Black Folk*, op. cit., p. 211.

7. Os relatórios do censo e os catálogos de endereços da cidade mostram uma mercearia do outro lado da rua onde ficava a casa dos King.

8. James Farmer, *Lay Bare the Heart: An Autobiography of the Civil Rights Movement*. Fort Worth: Texas Christian University Press, 1998, p. 37.

9. Ted Poston, "42nd Spingarn Medalist: Martin Luther King Jr.; The Preacher Who Fights". *Baltimore Afro-American*, 8 jun. 1957.

10. Alberta King, entrevista a Lavelle Dyett. *WBZ-TV Boston*, "Sixteen '74", 1974. Arquivos da Coleção de Prêmios Peabody. Disponível em: <www.kaltura.uga.edu/media/t/1cli0lpos/86446941>. Acesso em: 25 jun. 2020

11. Martin Luther King Jr., "Divulgando o cristianismo". Sermão na igreja batista da Dexter Avenue, 12 set. 1954, Arquivo King, Universidade Stanford.

12. Carolyn Marvin, "Church Remembers King". *Atlanta Constitution*, 4 abr. 1970.

13. Christine King Farris, *Through It All: Reflections on My Life, My Family, and My Faith*, op. cit., p. 27.

14. June Dobbs Butts, entrevista ao autor, 27 nov. 2018.

15. Christine King Farris, "The Young Martin". *Ebony*, jan. 1986.

16. Alberta King, entrevista a Dyett.

17. James H. Miller, entrevista ao autor, Stockbridge, 22 abr. 2021.

18. Isaac Newton Farris Jr., entrevista ao autor, 1 fev. 2022.

19. Ibid.

20. Martin Luther King pai, "The Autobiography of Daddy King", op. cit., p. 74.

21. Christine King Farris, entrevista a Richardson.

22. Alberta King, entrevista a Barbara Walters. NBC TV, 2 abr. 1970, arquivos da NBC News.

23. Apud James Baldwin, "A Highroad to Destiny". Em C. Eric Lincoln (Org.), *Martin Luther King, Jr: A Profile*. ed. rev. Nova York: Hill & Wang, 1984, p. 100.

24. L. D. Reddick, *Crusader Without Violence: A Biography of Martin Luther King, Jr.*, op. cit., p. 60.

25. Louis E. Lomax, *To Kill a Black Man: The Shocking Parallel Lives of Malcolm X and Martin Luther King Jr.* Los Angeles: Holloway House, 1968, p. 48.

26. Bayard Rustin e Harry Wachtel em conversa com Walter Naegle, 31 out. 1985, transcrição, acervo pessoal de David J. Garrow.

27. L. D. Reddick, *Crusader Without Violence: A Biography of Martin Luther King, Jr.*, op. cit., p. 59.

28. Sidney Lens, *Radicalism in America*. Nova York: Thomas Y. Crowell, 1966, p. 309.

29. Ibid.

30. Alberta King, entrevista a Walters

31. Christine King Farris, entrevista a Richardson.

32. Walter McCall, entrevista a Herbert Holmes, s.d., transcrição, Coleção de História Oral Martin Luther King, Coleção Martin Luther King Jr., Centro King, Atlanta, pp. 18-9.

33. Lewis V. Baldwin, *There Is a Balm in Gilead: The Cultural Roots of Martin Luther King, Jr.* Minneapolis: Fortress Press, 1991, p. 123.

34. "Revival Begins at Ebenezer". *Atlanta Daily World*, 14 abr. 1936.

35. "Revival Spirit at Ebenezer Nightly". *Atlanta Daily World*, 22 abr. 1936.

36. Ibid.

37. Ted Poston, "Martin Luther King Jr.: He Never Liked to Fight!". *Baltimore Afro-American*, 15 jun. 1957.

38. Emmett Proctor, entrevista, 15 abr. 1970, transcrição, Arquivo Taylor Branch, pasta 701, scan 45, Coleção Histórica Sulina, Biblioteca Wilson, Biblioteca da Universidade da Carolina do Norte, Chapel Hill.

39. Apud Lerone Bennett Jr., *What Manner of Man: A Biography of Martin Luther King, Jr.* Chicago: Johnson Publishing, 1964, p. 21.

40. June Dobbs Butts, entrevista ao autor, 1 ago. 2018.

41. L. D. Reddick, *Crusader Without Violence: A Biography of Martin Luther King, Jr.*, op. cit., p. 85.

42. Martin Luther King Jr., "An Autobiography of Religious Development", 20 nov. 1950. Em Clayborne Carson (Org.), *The Papers of Martin Luther King, Jr.* Berkeley: University of California Press, 1992. v. 1: *Called to Serve, January 1929-June 1951*, p. 368.

43. Kenneth B. Clark, *Prejudice and Your Child.* Boston: Beacon Press, 1955, p. 86.

44. Martin Luther King Jr., entrevista a John Freeman. *Face to Face*, BBC, 29 out. 1961.

45. Ibid.

46. Martin Luther King Jr., "M. L. King, Jr., Writes". *Atlanta Daily World*, 2 maio 1937.

47. Apud Trezzvant W. Anderson, "My Son Martin! A Father Lays Bare His Heart, His Faith, His Fears". *Pittsburgh Courier*, 29 jun. 1957.

48. Ibid.

49. King, entrevista a Freeman.

50. Martin Luther King pai, "The Autobiography of Daddy King", op. cit., p. 35.

51. Id., *Daddy King: An Autobiography*, op. cit., pp. 108-9.

52. Alveda King, entrevista ao autor, 10 maio 2022.

53. "Wet, Dry Forces Gird for Drive". *Atlanta Constitution*, 11 maio 1935.

54. "Why Not Equal Pay for Equal Work". *Atlanta Daily World*, 1 dez. 1941.

55. Martin Luther King pai, "The Autobiography of Daddy King", op. cit., p. 29.

56. Martin Luther King Jr., entrevista a Studs Terkel. WFMT, 22 out. 1964. Disponível em: <https://studsterkel.wfmt.com/programs/dr-martin-luther-king-jr-discusses-civil-rights-regards-his-i-have-dream-speech>. Acesso em: 8 mar. 2024.

57. "Atlanta Excited as GWTW Festival Begins". *Atlanta Daily World*, 14 dez. 1939.

58. G. Glenwood Clark, resenha de *...E o vento levou*, de Margaret Mitchell. *William and Mary College Quarterly Historical Magazine*, série 2, v. 17, n. 1, p. 131, jan. 1937.

59. Warren G. Harris, *Clark Gable: A Biography.* Nova York: Three Rivers Press, 2002, p. 211.

60. Ibid.

61. June Dobbs Butts, entrevista ao autor, 27 nov. 2018.

62. "Ebenezer Choir Scores at Gala 'GWTW' Ball". *Atlanta Daily World*, 15 dez. 1939.

4. "A AMÉRICA NEGRA AINDA USA CORRENTES" [pp. 46-55]

1. Naomi Ruth Barber King, *A. D. and M. L. King: Two Brothers Who Dared to Dream*. Bloomington, Ind.: Author House, 2014, p. 3.

2. Coretta Scott King, entrevista a Charlotte Mayerson, 16 jul. 1968, gravação em fita. Biblioteca Smathers, Universidade da Flórida, Gainesville.

3. Donald Hugh Smith, "Martin Luther King Jr.: Rhetorician of Revolt". Universidade de Wisconsin, 1964. (Tese de doutorado.)

4. Ibid.

5. June Dobbs Butts, entrevista ao autor, 27 nov. 2018.

6. Martin Luther King pai, *Daddy King: An Autobiography*, op. cit., p. 131.

7. Christine King Farris, *Through It All: Reflections on My Life, My Family, and My Faith*, op. cit., p. 27.

8. Alveda King, entrevista ao autor, 10 maio 2022.

9. Apud Coretta Scott King, *My Life with Martin Luther King, Jr.* ed. rev. Nova York: Henry Holt, 1993, p. 77.

10. Martin Luther King pai, *Daddy King: An Autobiography*, op. cit., p. 130.

11. Ibid., p. 131.

12. Martin Luther King pai, entrevista a John Craig Flournoy, 30 jul. 1983. Em John Craig Flournoy, *Young Martin: The First Nineteen Years in the Life of Martin Luther King Jr.* Universidade Metodista do Sul, 1986. (Dissertação de mestrado.)

13. Ibid.

14. L. D. Reddick, *Crusader Without Violence: A Biography of Martin Luther King, Jr.*, op. cit., p. 51.

15. Ibid.

16. Joseph K. Oppermann, *Three Double-Shotgun Houses: 493ABC Auburn Avenue, Martin Luther King, Jr. National Historic Site*. Atlanta: National Park Service, 2017. Disponível em: <www.npshistory.com/publications/malu/hsr-double-shotgun-houses.pdf>. Acesso em: 8 mar. 2024.

17. Christine King Farris, entrevista a Julieanna L. Richardson, 11 jul. 2010, Arquivo Digital The HistoryMakers.

18. June Dobbs Butts, entrevista ao autor.

19. Gary Pomerantz, op. cit., p. 147.

20. "Dobbs, King Debate Issues at Mass Meet". *Atlanta Daily World*, 8 maio 1953.

21. Jessie O. Thomas, "Urban League Bulletin". *Atlanta Constitution*, 4 maio 1941.

22. "Beaten in Georgia, Says Roland Hayes". *New York Times*, 17 jul. 1942.

23. I. P. Reynolds, "King Deplores Injustices in Sunday Sermon". *Atlanta Daily World*, 3 ago. 1942.

24. "Educational, Civic Leader to Be Interred at 3 Today". *Atlanta Daily World*, 25 nov. 1953.

25. "BTWHS Students Heard by DTH Graduates". *Atlanta Daily World*, 3 jun. 1937.

26. Christine King Farris, *Through It All: Reflections on My Life, My Family, and My Faith*, op. cit., pp. 22-3.

27. Carolyn Marvin, "Church Remembers King". *Atlanta Constitution*, 4 abr. 1970.

28. Ted Poston, "He Never Liked to Fight!", op. cit.

29. "Attack on the Conscience". *Time*, 18 fev. 1957.

30. Ibid.

31. William Peters, "Our Weapon Is Love". *Redbook*, ago. 1956.

32. O discurso de King foi publicado depois no livro do ano da escola Booker T. Washington. *The Cornellian*, maio 1944.

33. Martin Luther King Jr., entrevista a Alex Haley, transcrição não editada para a *Playboy*. Biblioteca Rubenstein, Universidade Duke, 23 out. 1964.

34. "Savannah Girl Is Winner of Elks Oratorical Meet". *Atlanta Daily World*, 22 abr. 1944.

35. "Cornell's Champion Orator". *The Cornellian*, 14 mar. 1910.

36. Winston H. Ashley (Org.). *Fifty Orations That Have Won Prizes in Speaking Contests, Including the Orations That Have Won Prizes in the Interstate Oratorical Association and Other Intercollegiate Prize Speaking Contests*. Nova York: Noble and Noble, 1928, pp. 158-66.

37. King, entrevista a Haley.

5. A CORTINA ABERTA [pp. 56-66]

1. James Baldwin, "The Dangerous Road Before Martin Luther King". *Harper's Magazine*, fev. 1961.

2. Ibid.

3. Christine King Farris, "The Young Martin", op. cit., p. 57.

4. Martin Luther King Jr., "Pilgrimage to Nonviolence". *Christian Century*, 13 abr. 1960. Disponível em: <www.christiancentury.org/article/pilgrimage-nonviolence>. Acesso em: 11 mar. 2024.

5. Emmett Proctor, entrevista, 15 abr. 1970, transcrição. Arquivo Taylor Branch, pasta 701, cópia digital 45, Coleção Histórica Sulina, Biblioteca Wilson, Universidade da Carolina do Norte, Chapel Hill.

6. "Blacks Recall Connecticut Tobacco Farms". *Journal Inquirer*, Manchester, Conn., 17 jul. 1989.

7. Ted Poston, "Fighting Pastor: Martin Luther King". *New York Post*, 10 abr. 1957.

8. Gunnar Myrdal, *An American Dilemma: The Negro Problem and American Democracy*. Nova York: Harper & Brothers, 1944, p. LI.

9. Ibid., p. XLVII.

10. Lerone Bennett Jr., *What Manner of Man: A Biography of Martin Luther King, Jr.*, op. cit., p. 26.

11. Ibid.

12. Patrick Parr, "Reverend Samuel McKinney Remembers His Friend Dr. King". *Seattle*, 15 jan. 2015. Disponível em: <www.seattlemag.com/article/reverend-samuel-mckinney-remembers-his-friend-dr-king>. Acesso em: 11 mar. 2024.

13. Gary Dorrien, *Breaking White Supremacy*. New Haven: Yale University Press, 2018, p. 154.

14. Robert Williams, entrevista a Taylor Branch, 3 abr. 1984. Arquivo Taylor Branch, n. 5047, Coleção Histórica Sulina, Biblioteca Wilson, Universidade da Carolina do Norte, Chapel Hill.

15. Herman Bostick, entrevista a Herbert Holmes, 30 mar. 1970. Arquivo Taylor Branch, Coleção Histórica Sulina, Biblioteca Wilson, Universidade da Carolina do Norte, Chapel Hill.

16. Alberta King, entrevista a Lavelle Dyett, op. cit.

17. June Dobbs Butts, entrevista ao autor, 1 ago. 2018.

18. John J. Ansbro, *Martin Luther King, Jr.: The Making of a Mind*. Maryknoll: Orbis Books, 1982, p. 76.

19. James Cone, "Martin Luther King: The Source for His Courage to Face Death". *Concilium*, mar. 1983, pp. 74-9.

20. Lerone Bennett, *What Manner of Man: A Biography of Martin Luther King, Jr.*, op. cit., p. 28.

21. Walter McCall, entrevista a Herbert Holmes. Centro King, Atlanta.

22. Nancy MacLean, *Freedom Is Not Enough: The Opening of the American Workplace*. Nova York: Russell Sage Foundation, 2006, p. 28.

23. Benjamin E. Mays, *The Negro's God: As Reflected in His Literature*. Nova York: Atheneum, 1968, p. 250.

24. Randal Maurice Jelks, *Benjamin Elijah Mays, Schoolmaster of the Movement: A Biography*. Chapel Hill: North Caroline University Press, 2012, p. 148.

25. Benjamin Mays, entrevista a Coleman Brown, 4 mar. 1970. Em Coleman Brown, *Grounds for American Loyalty in a Prophetic Christian Social Ethic — with Special Attention to Martin Luther King Jr.* Seminário Teológico da União, 1979. (Tese de doutorado.)

26. Martin Luther King Jr., *Stride Toward Freedom: The Montgomery Story*. Boston: Beacon Press, 2010, p. 78.

27. Walter McCall, entrevista a Herbert Holmes. Centro King, Atlanta.

28. Martin Luther King Jr., "N. C. Educator Gives Inspiring Youth Talk". *Atlanta Daily World*, 7 mar. 1947.

29. Martin Luther King Jr., "The Purpose of Education". *Maroon Tiger*, jan./fev. 1947. Em Clayborne Carson (Org.), *The Papers of Martin Luther King, Jr*, op. cit., v. 1: *Called to Serve, January 1929-June 1951*, pp. 123-4.

30. Kenneth L. Smith e Ira G. Zepp Jr., *Search for the Beloved Community: The Thinking of Martin Luther King Jr.* Valley Forge: Judson Press, 1974.

31. Apud William Peters, "Our Weapon Is Love", *Redbook*, ago. 1956.

32. Martin Luther King Jr., apostila de provas, 26 mar. 1946. Biblioteca Robert H. Woodruff, Centro da Universidade de Atlanta, Faculdade Morehouse. Coleção Martin Luther King Jr.: Série 5: Materiais pedagógicos.

33. John Craig Flournoy, op. cit., p. 49.

34. Martin Luther King pai, "The Autobiography of Daddy King as Told to Edward A. Jones", op. cit., p. 85.

35. Ibid., p. 86.

36. Martin Luther King Jr., "My Call to the Ministry". Declaração escrita para a Convenção Batista Americana, Montgomery, Alabama, 9 ago. 1959. Instituto King de Stanford. Disponível em: < https://kinginstitute.stanford.edu/king-papers/documents/my-call-ministry>. Acesso em: 11 mar. 2024.

37. Apud Donald Hugh Smith, *Martin Luther King Jr.: Rhetorician of Revolt*. Universidade de Wisconsin, 1964. (Tese de doutorado.)

6. "UM SENSO DE RESPONSABILIDADE" [pp. 67-74]

1. Larry Williams, entrevista a Taylor Branch, 27 dez. 1983. Chapel Hill: Universidade da Carolina do Norte. Biblioteca Wilson, Coleção Histórica Sulina, Arquivo Taylor Branch, n. 5047.

2. Não se sabe a data exata do primeiro sermão de King na Ebenezer, mas o *Atlanta Daily World* informou que ele estava agendado para pregar no ofício das onze da manhã de 16 de novembro de 1947.

3. Martin Luther King pai, "The Autobiography of Daddy King as Told to Edward A. Jones", op. cit., p. 87.

4. Ibid.

5. June Dobbs Butts, entrevista ao autor, 1 ago. 2018.

6. Ibid.

7. Taylor Branch, *Parting the Waters: America in the King Years, 1954-63*. Nova York: Touchstone, 1989, p. 66; David J. Garrow, *Bearing the Cross: Martin Luther King, Jr., and the Southern Christian Leadership Conference*. Nova York: William Morrow, 1986, p. 38.

8. O resto desse parágrafo é parafraseado de Harry Emerson Fosdick, "A vida é o que fazemos dela", sermão datilografado para ser transmitido pela NBC, 4 maio 1941. Arquivo Emerson Fosdick, Biblioteca Burke no Seminário Teológico da União, Universidade Columbia, Nova York.

9. "Rev. M. L. King Jr. at Liberty Sunday". *Atlanta Daily World*, 24 abr. 1948.

10. Keith D. Miller, "Composing Martin Luther King, Jr". *PMLA*, v. 105, n. 1, pp. 70-82, jan. 1990.

11. John Craig Flournoy, op. cit., p. 51.

12. David Levering Lewis, *King: A Critical Biography*. Nova York: Praeger, 1970, p. 22.

13. David. J. Garrow, *Bearing the Cross: Martin Luther King, Jr., and the Southern Christian Leadership Conference*, op. cit., p. 36.

14. "Juanita S. Stone, 89". *Atlanta Journal-Constitution*, 8 jun. 2018.

15. Martin Luther King pai, *Daddy King: An Autobiography*, op. cit., p. 142.

16. Brailsford R. Brazeal a Charles E. Batten, 23 mar. 1948. Instituto King de Stanford. Disponível em: <https://kinginstitute.stanford.edu/king-papers/documents/brailsford-r-brazeal-charles-e-batten>. Acesso em: 11 mar. 2024.

17. Martin Luther King Jr., "My Call to the Ministry", op. cit.

18. Marion E. Jackson, "Work for Just Peace, M'house Grads Told". *Atlanta Daily World*, 9 jun. 1948.

19. June Dobbs Butts, entrevista ao autor, 1 ago. 2018.

20. Id., entrevista ao autor, 21 nov. 2018.

21. Id., entrevista ao autor. Stanley Levison também comentou o gosto de Daddy King por mulheres numa entrevista ao historiador Arthur M. Schlesinger Jr., em 3 de agosto de 1976. A anotação sem data de Schlesinger sobre a conversa está no acervo pessoal de David J. Garrow.

22. June Dobbs Butts, entrevista ao autor.

23. Margaret L. Randolph, "Attacks Way Problems of Dancing Is Met". *Atlanta Daily World*, carta ao editor, 24 jun. 1948.

7. O SEMINARISTA [pp. 75-80]

1. Cartão de registro no serviço militar, 4 set. 1948, Arquivos Nacionais.

2. Patrick Parr, *The Seminarian: Martin Luther King Jr. Comes of Age*. Chicago: Lawrence Hill Books, 2018, p. 19.

3. Marcus Wood, entrevista a Taylor Branch, 4 out. 1983. Arquivo Taylor Branch, n. 5047, Coleção Histórica Sulina, Biblioteca Wilson, Universidade da Carolina do Norte, Chapel Hill.

4. James Beshai, entrevista ao autor, 6 maio 2022.

5. Id., entrevista ao autor, 7 maio 2022.

6. James B. Pritchard, entrevista a Taylor Branch, 25 jun. 1984. Arquivo Taylor Branch, n. 5047, Coleção Histórica Sulina, Biblioteca Wilson, Universidade da Carolina do Norte, Chapel Hill.

7. Martin Luther King Jr., "Preaching Ministry", outline, set./nov. 1948. Instituto King de Stanford. Disponível em: <https://kinginstitute.stanford.edu/king-papers/documents/preaching-ministry>. Acesso em: 11 mar. 2024.

8. Lerone Bennett Jr., *What Manner of Man: A Biography of Martin Luther King, Jr.*, op. cit., p. 34.

9. David Levering Lewis, op. cit., p. 28.

10. Patrick Parr, op. cit., p. 41.

11. J. Pius Barbour, "Meditations on Rev. M. L. King, Jr., of Montgomery, Ala.". *National Baptist Voice*, mar. 1956.

12. Alberta King, entrevista a Lavelle Dyett, op. cit.

13. Martin Luther King Jr., *Stride Toward Freedom: The Montgomery Story*, op. cit., p. 78.

14. Ibid., p. 83.

15. Walter McCall, entrevista a Herbert Holmes. Centro King, Atlanta.

16. "N. J. Inn Keeper Held After Four Charge Refusal". *Philadelphia Tribune*, 20 jun. 1950.

17. Zinobia Jordan Austin, entrevista a Taylor Branch, 3 fev. 1984. Arquivo Taylor Branch, n. 5047, Coleção Histórica Sulina, Biblioteca Wilson, Universidade da Carolina do Norte, Chapel Hill.

18. Walter McCall, entrevista a Herbert Holmes. Centro King, Atlanta. Pesquisa adicional sobre Maple Shade por Patrick Duff.

19. Charles Layne, "Rev. King Lauds City on Strides to Integration". *Philadelphia Tribune*, 28 out. 1961.

20. Ibid.

8. "LOUCAMENTE APAIXONADOS" [pp. 81-6]

1. Patrick Joyce, entrevista ao autor por e-mail, 17 out. 2021.

2. Marcus Garvey Wood, *And Grace Will Lead Me Home... The Ministry of Rev. Marcus Garvey Wood: Covering Fifty Years, 1945-1995*. Baltimore: Gateway Press, 1998, p. 50.

3. Ralph David Abernathy, *And the Walls Came Tumbling Down: An Autobiography*. Nova York: Harper & Row, 1989, p. 89.

4. Ibid., p. 90.

5. Kenneth Smith, entrevista a Taylor Branch, 3 nov. 1983. Arquivo Taylor Branch, n. 5047, Coleção Histórica Sulina, Biblioteca Wilson, Universidade da Carolina do Norte, Chapel Hill.

6. Patrick Parr, op. cit., p. 210.

7. George Davis, "Confidential Evaluation of Martin Luther King Jr.", 15 nov. 1950. Em Clayborne Carson (Org.), *The Papers of Martin Luther King, Jr.*, op. cit. v. 1: *Called to Serve, January 1929-June 1951*, p. 334.

8. Reinhold Niebuhr, *Moral Man and Immoral Society: A Study in Ethics and Policy*. Louisville: Westminster John Knox Press, 2013, p. 252.

9. Patrick Parr, op. cit., p. 193.

10. King menciona a preleção em Martin Luther King Jr., *Stride Toward Freedom: The Montgomery Story*, op. cit.; o autor e ativista Patrick Duff identificou a data consultando os calendários da igreja.

11. Ibid., p. 84.

12. Id., "Nonviolence and Racial Justice". *Christian Century*, 6 fev. 1957.

13. Patrick Parr, op. cit., p. 95.

14. Ibid.

15. James Beshai, entrevista ao autor, 6 maio 2022.

16. Lerone Bennett Jr., *What Manner of Man: A Biography of Martin Luther King, Jr.*, op. cit., p. 40.

17. David Levering Lewis, op. cit., p. 32.

18. David J. Garrow, *Bearing the Cross: Martin Luther King, Jr., and the Southern Christian Leadership Conference*, op. cit., p. 41.

19. Harry Belafonte, entrevista ao autor, 4 abr. 2017.

20. Patrick Joyce, mensagem por e-mail ao autor, 17 out. 2019.

21. Apud "Martin Luther King Jr.: The Man and the Dream". *Biography*, temporada 7, episódio 8, transmitido em 19 jan. 1998, A&E Home Video, DVD.

9. O PAR [pp. 87-97]

1. Martin Luther King Jr., fragmento do pedido de inscrição na Universidade de Boston, dez. 1950. Instituto King de Stanford. Disponível em: <https://kinginstitute.stanford.edu/king-papers/documents/fragment-application-boston-university>. Acesso em: 13 mar. 2024.

2. Kenneth L. Smith e Ira G. Zepp Jr., *Search for the Beloved Community: The Thinking of Martin Luther King Jr.* Lanham: University Press of America, 1986, p. 107.

3. June Dobbs Butts, entrevista ao autor, 1 ago. 2018.

4. "Martin Luther King Jr.: The Man and the Dream", apresentado por Peter Graves.

5. LaVerne Eagleson (nascida Weston), entrevista ao autor, 16 jul. 2019.

6. Coretta Scott King, *My Life, My Love, My Legacy*. Depoimento a Barbara Reynolds. Nova York: Henry Holt, 2017.

7. Taylor Branch, *Parting the Waters: America in the King Years, 1954-63*. Nova York: Touchstone, 1989, p. 94.

8. Sybil Morial, entrevista ao autor, 28 nov. 2018.

9. Lewis V. Baldwin, *There Is a Balm in Gilead: The Cultural Roots of Martin Luther King, Jr.*, op. cit., p. 41.

10. Ibid.

11. Transcrições de Coretta Scott King, Universidade da Flórida, Arquivo Alden e Allene G. Hatch (citado a partir daqui como Arquivo Hatch), caixa 22, pasta 4, 3/40. Coretta lembrou o nome como Lavern Western.

12. Martin Luther King Jr., entrevista a F. Lee Bailey, final de 1967. *Good Company*, ABC-TV.

13. L. D. Reddick, *Crusader Without Violence: A Biography of Martin Luther King, Jr.*, op. cit., p. 105.

14. Transcrições de Coretta Scott King, Arquivo Hatch, caixa 22, pasta 4, 3/41.

15. L. D. Reddick, *Crusader Without Violence: A Biography of Martin Luther King, Jr.*, op. cit., p. 105.

16. Cara Feinberg, "Mrs. King and I, on When She Met Martin". *Boston Globe*, 5 fev. 2006.

17. Transcrições de Coretta Scott King, Arquivo Hatch, caixa 22, pasta 4, fita 3.

18. L. D. Reddick, *Crusader Without Violence: A Biography of Martin Luther King, Jr.*, op. cit., p. 105.

19. Coretta Scott King, entrevista a Donald H. Smith, 7 dez. 1963. Fita de áudio, Coleção Smith, Universidade de Wisconsin, Madison.

20. Lerone Bennett, *What Manner of Man: A Biography of Martin Luther King, Jr.*, op. cit., p. 47.

21. Cara Feinberg, "Mrs. King and I, on When She Met Martin", op. cit.

22. Transcrições de Coretta Scott King, Arquivo Hatch, pasta 4, fita 3.

23. Coretta Scott King, "The World of Coretta King". *New Lady*, jan. 1966.

24. Edythe Scott Bagley e Joe Hilley, *Desert Rose: The Life and Legacy of Coretta Scott King*. Tuscaloosa: University of Alabama Press, 2012, p. 53.

25. Ibid., p. 8.

26. Coretta Scott King, "The World of Coretta King", op. cit.

27. Ibid.

28. Ibid.

29. Lynn Cothren, entrevista ao autor, 13 set. 2018.

30. Edythe Scott Bagley, *Desert Rose: The Life and Legacy of Coretta Scott King*, op. cit., p. 18.

31. Ibid., p. 54.

32. Coretta Scott King, entrevista a Charlotte Mayerson, 16 jul. 1968. Gravação em fita, Biblioteca Smathers, Biblioteca da Universidade da Flórida, Gainesville.

33. L. D. Reddick, "Crusader Without Violence", manuscrito datilografado. Arquivo L. D. Reddick, Centro Schomburg de Pesquisa sobre a Cultura Negra, Biblioteca Pública de Nova York (citado a partir daqui como Centro Schomburg).

34. Coretta Scott King, entrevista a Arnold Michaelis, 1 dez. 1965. Cenas cortadas de *Martin Luther King Jr.: A Personal Portrait*. Arquivos de Mídia Brown, Universidade da Geórgia, Athens.

35. Coretta Scott King, entrevista a Donald H. Smith, 7 dez. 1963. Sociedade Histórica de Wisconsin.

36. Coretta Scott King, "The World of Coretta King", op. cit.

37. Edythe Scott Bagley, *Desert Rose: The Life and Legacy of Coretta Scott* King, op. cit., pp. 26-7.

38. Coretta Scott King, entrevista a Michaelis.

39. Id., *My Life with Martin Luther King, Jr.*, op. cit., p. 36.

40. Transcrições de Coretta Scott King, Arquivo Hatch, caixa 22, pasta 5.

41. Walter Rybeck, entrevista ao autor, 2 jun. 2020.

42. Coretta Scott King, "Why I Came to College". *Opportunity: Journal of Negro Life*, v. 26, n. 2, abr./jun. 1948.

43. Id., "The World of Coretta King", op. cit.

44. Emory O. Jackson, "Alabama Bars 129 from Studies Offered in Its Institutions". *Alabama Tribune*, 23 jul. 1954.

45. Coretta Scott King, *My Life, My Love, My Legacy*, op. cit., p. 33.

46. Ibid., p. 51.

47. Martin Luther King Jr., discurso gravado, Faculdade Bowdoin, 6 maio 1964. Disponível em: <www.bowdoin.edu/mlk/mlks-visit-to-bowdoin.html>. Acesso em: 13 mar. 2024.

48. Cara Feinberg, "For Coretta, Finding Her Direction". *Boston Globe*, 19 jan. 2003.

49. Jeanne Martin Brayboy, entrevista ao autor, 23 nov. 2018.

10. A FORÇA DINÂMICA [pp. 98-102]

1. Coretta Scott King, entrevista a Donald Smith, 7 dez. 1963. Transcrição de fita de áudio, Arquivo Taylor Branch, Universidade da Carolina do Norte, Chapel Hill.

2. Ibid.

3. Coretta Scott King, entrevista a Charlotte Mayerson, 16 jul. 1968. Gravação em fita, Biblioteca Smathers, Biblioteca da Universidade da Flórida, Gainesville.

4. Lynn Cothren, entrevista ao autor, 24 fev. 2021.

5. Martin Luther King Jr. para Coretta Scott, 18 jul. 1952. Instituto King de Stanford. Disponível em: <https://kinginstitute.stanford.edu/king-papers/documents/coretta-scott>. Acesso em: 13 mar. 2024.

6. Coretta Scott King, entrevista a Mayerson

7. Martin Luther King pai, *Daddy King: An Autobiography*, com Clayton Riley (Nova York: William Morrow, 1980), p. 149.

8. Coretta Scott King, entrevista com Charlotte Mayerson.

9. Ibid.

10. Transcrições de Coretta Scott King, Arquivo Hatch, caixa 22, pasta 4, 5/57.

11. Coretta Scott King, *My Life with Martin Luther King, Jr.*, op. cit., p. 65.

12. Ibid.

13. Coretta Scott King, entrevista a Charlotte Mayerson.

14. Ibid.

15. Ibid.

16. Coretta Scott King, entrevista a Donald H. Smith, Universidade de Wisconsin, Madison, 1963.

17. Coretta Scott King, *My Life with Martin Luther King, Jr.*, op. cit., p. 60.

18. Martin Luther King Jr., *Stride Toward Freedom: The Montgomery Story*, op. cit., p. 223.

19. Coretta Scott King, entrevista a Charlotte Mayerson.

20. Edythe Scott Bagley, *Desert Rose: The Life and Legacy of Coretta Scott King*, op. cit., p. 98.

21. Ibid., p. 99.

22. Betty Washington, "The Woman Beside Martin Luther King". *Chicago Defender*, 26 ago. 1965.

23. Harry Belafonte, entrevista ao autor, 4 abr. 2017.

24. Ibid.

25. Maya Angelou, elogio fúnebre a Coretta Scott King, 7 fev. 2006.

11. PLÁGIO E POESIA [pp. 103-7]

1. Transcrições de Coretta Scott King, Arquivo Hatch, caixa 22, pasta 6, 30/10.

2. "First Cotton Blooms". *Marion Times-Standard*, 18 jun. 1953.

3. Transcrições de Coretta Scott King, Arquivo Hatch, caixa 22, pasta 4, 6/40.

4. "Rev. Martin L. King, Jr. Weds Charming Alabaman". *Atlanta Daily World*, 12 jul. 1953.

5. Transcrições de Coretta Scott King, Arquivo Hatch, caixa 22, pasta 4, 6/32.

6. Ibid.

7. Coretta Scott King, entrevista a Charlotte Mayerson, 16 jul. 1968. Gravação em fita, Biblioteca Smathers, Biblioteca da Universidade da Flórida, Gainesville.

8. "Rev. and Mrs. M. L. King, Jr., Honored with Reception". *Atlanta Daily World*, 28 jun. 1953.

9. Coretta Scott King, entrevista a Charlotte Mayerson.

10. L. D. Reddick, *Crusader Without Violence: A Biography of Martin Luther King, Jr.*, op. cit., p. 106.

11. Transcrições de Coretta Scott King, Arquivo Hatch, caixa 22, pasta 4, 7/43.

12. Ibid., 6/35.

13. Coretta Scott King, *My Life with Martin Luther King, Jr.*, op. cit., p. 98.

14. Ibid., pp. 57-8.

15. Ibid., p. 88.

16. Howard Thurman, "Supportive Order Inherent in Life (1963-05-17); For Love's Sake (1958-05-30)". Biblioteca de Teologia Pitts, Universidade Emory, Arquivo Digital Howard Thurman. Disponível em: <www.thurman.pitts.emory.edu/items/show/1241>. Acesso em: 16 out. 2021.

17. Id., *With Head and Heart: The Autobiography of Howard Thurman*. San Diego: Harvest Books, 1979, p. 254.

18. David J. Garrow, "King's Plagiarism: Imitation, Insecurity, and Transformation". *Journal of American History*, v. 78, n. 1, pp. 86-92, 1991.

19. L. Harold DeWolf, relatório de primeira leitura, 26 fev. 1955. Instituto King de Stanford.

20. Paul Tillich, *Systematic Theology*. Chicago: University of Chicago Press, 1975. v. 2: *Existence and the Christ*, p. 116.

21. Lewis V. Baldwin, *There Is a Balm in Gilead: The Cultural Roots of Martin Luther King, Jr.*, op. cit., p. 170.

22. Martin Luther King Jr., "As três dimensões de uma vida completa", sermão proferido em 9 abr. 1967.

12. O EXÉRCITO DE GIDEÃO [pp. 108-16]

1. Em 1949, depois que um policial branco atirou e matou um negro, Johns pregou um sermão chamado "É seguro assassinar pretos". Ele anunciou o título do sermão no quadro externo da igreja, situada na quadra logo adiante da Assembleia Legislativa Estadual e do outro lado da rua onde ficava o Departamento de Segurança Pública do Alabama. Com policiais brancos ouvindo do lado de fora da igreja, Johns disse à congregação: "Vou lhes dizer por que é seguro assassinar pretos. Porque os pretos ficam olhando e deixam acontecer".

2. Coretta Scott King, entrevista a Donald H. Smith, Universidade de Wisconsin, 1963.

3. Martin Luther King Jr., *Stride Toward Freedom: The Montgomery Story*, op. cit., pp. 21-2.

4. Patrick Parr, "Reverend Samuel McKinney Remembers His Friend Dr. King". *Seattle*, 15 jan. 2015. Disponível em: <www.seattlemag.com/article/reverend-samuel-mckinney-remembers-his-friend-dr-king>. Acesso em: 14 mar. 2024.

5. Carl T. Rowan, "The Cradle (of the Confederacy) Rocks". Em Jon Meacham (Org.), *Voices in Our Blood: America's Best on the Civil Rights Movement*. Nova York: Random House, 2003, p. 130.

6. "Tuskegee Omits 'Lynching Letter': Southern Institute Proposes a New Annual Report on Racial Relations". *New York Times*, 31 dez. 1953.

7. *Alabama Tribune*, 22 jan. 1954.

8. J. Mills Thornton III, *Dividing Lines: Municipal Politics and the Struggle for Civil Rights in Montgomery, Birmingham, and Selma*. Tuscaloosa: University of Alabama Press, 2002, p. 23.

9. Apud "Image 135 of Federal Writers' Project: Slave Narrative Project, v. 1, Alabama, Aarons-Young". Biblioteca do Congresso. Disponível em: <www.loc.gov/resource/mesn.010/?sp=135>. Acesso em: 14 mar. 2024.

10. Notas de Rosa Parks, s. d., 1956-8. Coleção Rosa Parks, Biblioteca do Congresso, caixa 18, pasta 1.

11. Ralph David Abernathy, *And the Walls Came Tumbling Down: An Autobiography*, op. cit., p. 125.

12. Id., entrevista a Taylor Branch, 5 mar. 1984. Transcrição, Arquivo Taylor Branch, Universidade da Carolina do Norte, Chapel Hill.

13. Juanita Abernathy, entrevista ao autor, 2 ago. 2018.

14. Ibid.

15. Liam T. A. Ford, "Dexter Avenue Pastor". *Montgomery Advertiser*, 17 jan. 1993.

16. Joseph C. Parker Sr. a Martin Luther King Jr., 10 mar. 1954. Instituto King de Stanford. Disponível em: <https://kinginstitute.stanford.edu/king-papers/documents/joseph-c-parker-sr>. Acesso em: 14 mar. 2024.

17. Martin Luther King Jr. a R. D. Nesbitt, 14 abr. 1954. Em Clayborne Carson (Org.), *The Papers of Martin Luther King, Jr.* Berkeley: University of California Press, 1994, v. 2: *Rediscovering Precious Values, July 1951-November 1955*, p. 260.

18. Coretta Scott King, *My Life, My Love, My Legacy*, op. cit., p. 33. Depoimento a Barbara Reynolds.

19. "Social Swirl". *Atlanta Daily World*, 4 abr. 1954.

20. Robert J. Donovan, "School Segregation Outlawed". *Boston Globe*, 18 maio 1954.

21. Martin Luther King Jr., entrevista a David Susskind, 9 jun. 1963, gravação em vídeo. Disponível em: <www.search.alexanderstreet.com/view/work/bibliographic_entity%7Cvideowork%7C4247869/tanf-susskind-archive-interview-dr-martin-luther-king-jr>. Acesso em: 10 mar. 2021.

22. Gunnar Myrdal, *An American Dilemma: The Negro Problem and American Democracy*, op. cit., p. 48.

13. "UM FATOR PRECIPITADOR" [pp. 117-30]

1. Jack Freeman, "Students at Lanier Shocked by Supreme Court Decision". *Montgomery Advertiser*, 18 maio 1954.

2. Martin Luther King Jr., *Stride Toward Freedom: The Montgomery Story*, op. cit., p. 10.

3. Catálogo de Endereços de Montgomery, 1955. Disponível em: <www.ancestry.com/interactive/2469/12007216?backurl=&ssrc=&backlabel=Return#?iaeId=11993452>. Acesso em: 11 dez. 2019.

4. L. D. Reddick, *Crusader Without Violence: A Biography of Martin Luther King, Jr.*, op. cit., p. 109.

5. Inventário de consertos, Coleção Martin Luther King Jr., Faculdade Morehouse, Atlanta.

6. "Rev. M. L. King, Jr. to Be Installed Sunday". *Atlanta Daily World*, 30 out. 1954.

7. Nelson Malden, entrevista ao autor, 23 maio 2019.

8. Martin Luther King Jr., "Recommendations to the Dexter Avenue Baptist Church for the Fiscal Year 1954-1955". Em Clayborne Carson (Org.), *The Papers of Martin Luther King, Jr.*, op. cit., v. 2: *Rediscovering Precious Values, July 1951-November 1955*, pp. 287-94.

9. "Negroes Seek Entry in City White School". *Alabama Tribune*, 2 set. 1954.

10. Martin Luther King Jr., entrevista a Donald H. Smith, 29 nov. 1963. Sociedade Histórica de Wisconsin.

11. "Negro Civic Groups Seek Better Recreational Areas". *Montgomery Advertiser*, 15 set. 1954.

12. J. Mills Thornton III, *Dividing Lines: Municipal Politics and the Struggle for Civil Rights in Montgomery, Birmingham, and Selma*, op. cit., p. 37.

13. "Baseball Democracy in Montgomery". *Alabama Tribune*, 11 dez. 1953.

14. Martin Luther King Jr., *Stride Toward Freedom: The Montgomery Story*, op. cit., pp. 26-7.

15. J. Mills Thornton III, "Challenge and Response in the Montgomery Bus Boycott of 1955-1956". *Alabama Review*, v. 67, n. 1, pp. 40-112, 2014.

16. "Mr. Rufus Lewis". Em Wally G. Vaughn e Richard W. Wills (Orgs.), *Reflections on Our Pastor: Dr. Martin Luther King, Jr., at Dexter Avenue Baptist Church, 1954-1960*. Dover, Mass.: Majority Press, 1999, p. 17.

17. Joe Azbell, entrevista a Blackside, Inc., 31 out. 1985, para *Eyes on the Prize: America's Civil Rights Years* (*1954-1965*). Bibliotecas da Universidade de Washington, Arquivo de Mídia e Filmes, Coleção Henry Hampton.

18. Jo Ann Gibson Robinson, *The Montgomery Bus Boycott and the Women Who Started It*. Knoxville: University of Tennessee Press, 2016, p. 36.

19. Randall Kennedy, "Martin Luther King's Constitution: A Legal History of the Montgomery Bus Boycott". *Yale Law Journal*, v. 98, n. 6, abr. 1989; August Meier e Elliott Rudwick, "The Boycott Movement Against Jim Crow Streetcars in the South, 1900-1906". *Journal of American History*, v. 55, n. 4, pp. 756-77, mar. 1969.

20. Fred Gray, entrevista ao autor, 3 jan. 2020.

21. Rufus Lewis, entrevista a Blackside, Inc., 31 out. 1985, op. cit.

22. Fred Gray, entrevista ao autor.

23. Robert Williams, entrevista a Taylor Branch, 1984. Universidade da Carolina do Norte, Chapel Hill.

24. Octavia Vivian, *Coretta: The Story of Coretta Scott King*. Minneapolis: Fortress Press, 2006, p. 44.

25. Martin Luther King Jr., "Recommendations to the Dexter Avenue Baptist Church for the Fiscal Year 1954-1955", op. cit., pp. 578-83.

26. "Dr. Ralph Brison". Em Wally G. Vaughn e Richard W. Wills (Orgs.), op. cit., p. 73.

27. L. D. Reddick, *Crusader Without Violence: A Biography of Martin Luther King, Jr.*, op. cit., p. 223.

28. "Mrs. Thelma Austin Rice". Em Wally G. Vaughn e Richard W. Wills (Orgs.), op. cit., pp. 25-6.

29. Martin Luther King pai a Martin Luther King Jr., 2 dez. 1954. Arquivo King, Universidade de Boston.

30. "Mr. Robert D. Nesbitt, Jr". Em Wally G. Vaughn e Richard W. Wills (Orgs.), op. cit., p. 38.

31. Transcrições de Coretta Scott King, Arquivo Hatch, caixa 22, pasta 8, 1968.

32. "Mass Meetings Strengthen NAACP in Capitol City". *Huntsville Mirror*, 25 jun. 1955.

33. Ibid.

34. Albert W. Dent a Martin Luther King Jr., 25 jul. 1955. Em Clayborne Carson (Org.), *The Papers of Martin Luther King, Jr.*, op. cit., v. 2: *Rediscovering Precious Values, July 1951-November 1955*, p. 567.

35. "Mrs. Dorothy Calhoun". Em Wally G. Vaughn e Richard W. Wills (Orgs.), op. cit., pp. 148-9.

36. Martin Luther King Jr., *Stride Toward Freedom: The Montgomery Story*, op. cit., p. 29.

37. "Howard, Civil Rights Man, Slated for Address at Montgomery Soon". *Atlanta Daily World*, 25 nov. 1955.

38. David T. Beito e Linda Royster Beito, *Black Maverick: T. R. M. Howard's Fight for Civil Rights and Economic Power.* Urbana: University of Illinois Press, 2009, p. 155.

39. Rosa Parks, rascunho inédito, *c.* 1956-8. Coleção Rosa Parks, Biblioteca do Congresso, caixa 18, pasta 1.

40. Fred Gray, entrevista ao autor.

14. "MINHA ALMA É LIVRE" [pp. 131-8]

1. Howell Raines, *My Soul Is Rested: Movement Days in the Deep South Remembered*. Nova York: Penguin, 1983, p. 45.

2. Ibid.

3. Jo Ann Gibson Robinson, op. cit., pp. 45-6.

4. Juanita Abernathy, entrevista ao autor, 2 ago. 2018.

5. Ralph Abernathy, entrevista a Donald H. Smith, 3 dez. 1963. Coleção Smith, Universidade de Wisconsin, Madison.

6. Joe Azbell, "Negro Groups Ready Boycott of City Lines". *Montgomery Advertiser*, 4 dez. 1955.

7. Martin Luther King Jr., *Stride Toward Freedom: The Montgomery Story*, op. cit., p. 39.

8. "Negro Boycott Poster". *Montgomery Advertiser*, 6 dez. 1955.

9. Martin Luther King Jr., *Stride Toward Freedom: The Montgomery Story*, op. cit., p. 41.

10. Ibid., p. 42.

11. Jo Ann Gibson Robinson, op. cit., p. 60.

12. Martin Luther King Jr., *Stride Toward Freedom: The Montgomery Story*, op. cit., p. 42.

13. Edgar French a L. D. Reddick, 19 jun. 1959. Arquivo L. D. Reddick, Centro Schomburg.

14. Apud Howell Raines, op. cit., p. 49.

15. Rufus Lewis, entrevista a Blackside, Inc., op. cit.

16. Martin Luther King Jr., *Stride Toward Freedom: The Montgomery Story*, op. cit., pp. 98-9.

17. Ibid., p. 47.

18. Ibid.

19. "Police Alerted in Alabama Bus Segregation Dispute". *Fort Worth Star-Telegram*, 5 dez. 1955.

20. Martin Luther King Jr., *Stride Toward Freedom: The Montgomery Story*, op. cit., p. 48.

21. Joe Azbell, "5,000 at Meeting Outline Boycott; Bullet Clips Bus". *Montgomery Advertiser*, 6 dez. 1955.

22. Donald Hugh Smith, "Martin Luther King Jr.: Rhetorician of Revolt". Universidade de Wisconsin, 1964. (Tese de doutorado.)

23. Martin Luther King Jr., *Stride Toward Freedom: The Montgomery Story*, op. cit., p. 49.

24. Joe Azbell, entrevista a Blackside, Inc., 31 out. 1958, op. cit.

25. Martin Luther King Jr., *Stride Toward Freedom: The Montgomery Story*, op. cit., p. 50.

26. Willodean Malden (nascida Mitchell), entrevista ao autor, 23 maio 2019.

27. Ralph Abernathy, entrevista a Blackside, Inc., 6 nov. 1985. Para *Eyes on the Prize: America's Civil Rights Years* (*1954-1965*). Bibliotecas da Universidade de Washington, Arquivo de Mídia e Filmes, Coleção Henry Hampton.

28. Apud Henry Hampton e Steve Fayer, *Voices of Freedom: An Oral History of the Civil Rights Movement from the 1950s Through the 1980s*. Nova York: Bantam Books, 1991, p. 24.

29. Rufus Lewis, entrevista a Norman Lumkin, 25 jun. 1973. Projeto de História Oral no Estado, Biblioteca da Faculdade Comunitária Estadual Trenholm, Montgomery.

15. "A GENTE NÃO É MAIS COELHO" [pp. 139-48]

1. Martin Luther King Jr., *Stride Toward Freedom: The Montgomery Story*, op. cit., p. 52.

2. Ibid., p. 56.

3. Randall Kennedy, op. cit., pp. 999-1067.

4. "Some Observations on the Bus Boycott". *Montgomery Advertiser*, 8 dez. 1955.

5. Martin Luther King Jr., *Stride Toward Freedom: The Montgomery* Story, op. cit., p. 106.

6. Emory O. Jackson, "The Tip-Off". *Atlanta Daily World*, 23 dez. 1955.

7. Ibid.

8. Samuel DeWitt Proctor, *The Substance of Things Hoped For: A Memoir of African-American Faith*. Valley Forge: Judson Press, 1999, p. 74. Proctor foi orador na igreja da Dexter Avenue em julho de 1956.

9. Apud Henry Hampton e Steve Fayer, op. cit., p. 30.

10. Alberta King, entrevista a Lavelle Dyett, op. cit.

11. Dealy Cooksey, entrevista a Willie M. Lee, 24 jan. 1956. Arquivo Valien, Centro de Pesquisa Amistad, Universidade Tulane, New Orleans.

12. Ted Poston, "This Is Montgomery: No Longer Afraid". *Baltimore Afro-American*, 1 set. 1956.

13. Sra. Earl R. Johnson, entrevista a Anna Holden, 31 jan. 1956. Arquivo Valien, Centro de Pesquisa Amistad, Universidade Tulane, New Orleans. Nota: Os pesquisadores da Universidade Fisk, ao transcrever as entrevistas, muitas vezes adotavam a grafia "Nigras". Na ausência de fitas de gravação e levando em conta os sotaques sulinos, é provável que muitos dos entrevistados estivessem usando a palavra "Negro", e os pesquisadores da Fisk, que muitas vezes transcreviam de maneira fonética as palavras, grafaram como "Nigra".

14. David J. Garrow, *The FBI and Martin Luther King, Jr.: From "Solo" to Memphis*. Nova York: Penguin, 1983, p. 22.

15. Ted Poston, "This Is Montgomery: The White Citizens Councils". *Baltimore Afro-American*, 18 ago. 1956.

16. Ibid.

17. Apud Joe Azbell, "Mayor Stops Boycott Talk". *Montgomery Advertiser*, 24 jan. 1956.

18. Memorando da NAACP, sem título, 31 jan. 1956. Acervo pessoal de David J. Garrow.

19. William Peters, "The Man Who Fights Hate with Love". *Redbook*, set. 1961.

20. Martin Luther King Jr., *Stride Toward Freedom: The Montgomery Story*, op. cit., p. 119.

21. L. D. Reddick, "Crusader Without Violence", manuscrito. Biblioteca Pública de Nova York.

22. Coretta Scott King, entrevista a Donald H. Smith, Universidade de Wisconsin, 1963.

23. Id., entrevista a Blackside, Inc., 20 dez. 1985. Para *Eyes on the Prize: America's Civil Rights Years (1954-1965)*. Bibliotecas da Universidade de Washington, Arquivo de Mídia e Filmes, Coleção Henry Hampton.

24. "Attack on the Conscience". *Time*, 18 fev. 1957.

25. L. D. Reddick, *Crusader Without Violence: A Biography of Martin Luther King, Jr.*, op. cit., p. 166.

26. "King Says Vision Told Him to Lead Integration Forces". *Montgomery Advertiser*, 28 jan. 1957.

27. James Lawson, entrevista ao autor, 26 nov. 2018.

28. L. D. Reddick, "Vision and Voices". Manuscrito inédito, 9 jun. 1957, Arquivo L. D. Reddick.

29. Ibid.

30. Martin Luther King Jr., "Por que Jesus chamou um homem de tolo", sermão, igreja batista missionária de Mount Pisgah, Chicago, 27 ago. 1967. Instituto King de Stanford.

16. UM AVISO [pp. 149-62]

1. Tonya Jameson, "King 'Was a Part of Us'". *Montgomery Advertiser*, 17 jan. 1993.

2. Ibid.

3. Joe Azbell, "Blast Rocks Residence of Bus Boycott Leader". *Montgomery Advertiser*, 31 jan. 1956.

4. Coretta Scott King, entrevista a Arnold Michaelis, 1 dez. 1965. Cenas cortadas de "Martin Luther King Jr.: A Personal Portrait". Arquivos de Mídia Brown, Universidade da Geórgia, Athens.

5. Joe Azbell, "Blast Rocks Residence of Boycott Leader", op. cit.

6. Ibid.

7. Eugene Ligon, entrevista a Norman Lumpkin, 25 jun. 1973. Projeto de História Oral no Estado, Biblioteca da Faculdade Comunitária Estadual Trenholm, Montgomery.

8. Coretta Scott King, entrevista a Arnold Michaelis, op. cit., rolo 6.

9. Ibid.

10. Edythe Scott Bagley, *Desert Rose: The Life and Legacy of Coretta Scott* King, op. cit., p. 132.

11. Coretta Scott King, *My Life with Martin Luther King, Jr.*, op. cit., p. 165.

12. Barbara Reynolds, "Coretta Scott King, Martin Luther King's Other Half". *Washington Post*, 21 out. 2011.

13. Fred Gray, entrevista ao autor, 3 jan. 2020.

14. Joe Azbell, "Coliseum Crowd Overflows to Hear 'Dixie' Defender". *Montgomery Advertiser*, 11 fev. 1956.

15. Bob Ingram, "Throngs Pack Coliseum for Eastland's Address". *Montgomery Advertiser*, 11 fev. 1956. Como Isabel Wilkerson escreveu em *The Warmth of Other Suns: The Epic Story of America's Great Migration* (Nova York: Random House, 2010), os negros enfrentavam violência mesmo depois de fugir para o Norte.

16. "42,000 Walk in Rain as Montgomery Police Arrest 87". *Cleveland Call and Post*, 3 mar. 1956.

17. "Deputies Beginning Roundup for 115 Charged in Boycott". *Montgomery Advertiser*, 22 fev. 1956.

18. Joe Azbell, "City Limits". *Montgomery Advertiser*, 6 fev. 1956.

19. Memorando do FBI, agência de Mobile ao diretor, 6 abr. 1978.

20. Apud David J. Garrow, *Bearing the Cross: Martin Luther King, Jr., and the Southern Christian Leadership Conference*, op. cit., p. 71.

21. L. Harold DeWolf a Martin Luther King Jr., 16 mar. 1956. Arquivo L. D. Reddick, Centro Schomburg.

22. Martin Luther King Jr. a L. Harold DeWolf, 1 jun. 1956. Arquivo L. D. Reddick, Centro Schomburg.

23. Apud David J. Garrow, *Bearing the Cross: Martin Luther King, Jr., and the Southern Christian Leadership Conference*, op. cit., p. 79.

24. Walter R. McCall a Martin Luther King Jr., 1 fev. 1956. Instituto King de Stanford. Disponível em: <https://kinginstitute.stanford.edu/king-papers/documents/walter-r-mccall-6>. Acesso em: 20 mar. 2024.

25. "Deputies Beginning Roundup for 115 Charged in Boycott", op. cit.

26. Louis E. Lomax, *To Kill a Black Man: The Shocking Parallel Lives of Malcolm X and Martin Luther King Jr.*, op. cit., p. 49.

27. Joe Azbell, "75 Nabbed by Deputies on Boycott Indictments". *Montgomery Advertiser*, 23 fev. 1956.

28. Ibid.

29. Em Detroit, um operador de empilhadeira chamado Will Hairston leu no jornal sobre King. Como atividade paralela, Hairston escrevia e gravava canções, vendendo os discos de 45 rpm a um dólar cada na traseira de sua perua verde. Apresentando-se como "Irmão Will", Hairston percorria os bairros de Detroit com um alto-falante em cima da perua e oferecia melodias que entretinham, informavam e cantavam sobre justiça, com uma canção nova no lado A e uma gospel no lado B de cada compacto. Inspirado pela liderança de King no boicote, ele compôs uma música chamada "Alabama Bus": "*Lord, there come a bus, don't have no load/ You know, they tell me that a human being stepped on board/ You know, they tell me that the man sat on the bus/ You know, they tell me that the driver began to fuss/ He said: 'look here, man, you're from the Negro race,/ And don't you know you're sitting in the wrong place?'/ The driver told the man: 'I know you paid your dime/ But if you don't move you gonna have to pay a fine'./ The man told the driver: 'My feets are hurtin'"/ The driver told the man to move behind the curtain/ Stop that Alabama bus, I don't wanna ride/ Stop that Alabama bus, I don't wanna ride/ Stop that Alabama bus, I don't wanna ride/ Lord, an Alabama boycott, I don't wanna ride/ I wanna tell you 'bout the*

Reverend Martin Luther King/ You know, they tell me that the people began to sing/ You know, the man God sent out in the world/ You know, they tell me that the man had the mighty nerve/ You know, the poor man didn't have a bus to rent/ You know, they tell me, great God, he had the mighty strength/ And he reminded me of Moses in Israel land/ He said: 'A man ain't nothing but a man'./ He said: 'Look here, Alabama. Don't you see?'/ He says: 'All of my people gonna follow me'./ You know, they tell me Reverend King was very hurt/ He says: 'All of my people gonna walk to work'/ They said: 'Look here, boy, you hadn't took a thought/ 'Cause don't you know you broke the anti--boycott law?'/ They tell me Reverend King said: 'Treat us right'./ You know, in the Second World War my father lost his sight/ You know, they tell me Abraham signed the pledge one night/ He said that all of these men should have their equal rights.../ Stop that Alabama bus, I don't wanna ride/ Lord, an Alabama boycott, I don't wanna ride/ You know, they tell me Reverend King was a Bible inspired When all the buses was passin', nobody would ride You know, they tell me that the Negroes was ready to go/ They had-a-walked along the streets until their feet were sore/ You know, they tell me Reverend King had spreaded the word/ At an Alabama bus stop, so l heard/ You know, they sent a lot of money, saying: 'King go on',/ You know, in nineteen and twenty-nine that man was born/ You know, the five hundred dollar fine was very heavy/ You know, the poor man was born the fifteenth of January/ Stop that Alabama bus, I don't wanna ride". [Senhor, lá vem um ônibus, tá vazio/ Sabe, dizem que um ser humano embarcou/ Aí, sabe, me dizem que o homem se sentou no ônibus/ Sabe, dizem que o motorista encrencou/ Falou: "Escuta aqui, cara, você é da raça preta,/ E não sabe que está sentado em lugar errado?"./ O motorista disse: "Sei que você pagou a passagem,/ Mas se não sair daí vai ter de pagar multa"./ O homem falou pro motorista: "Tô com os pés doendo"./ O motorista falou pro homem ir pra trás da cortina/ Pare esse ônibus do Alabama, não quero ir nele/ Pare esse ônibus do Alabama, não quero ir nele/ Pare esse ônibus do Alabama, não quero ir nele/ Senhor, um boicote no Alabama, não quero ir nele/ Quero lhe contar do rev. Martin Luther King/ Sabe, dizem que o povo começou a cantar/ Sabe, o homem que Deus enviou pro mundo/ Sabe, me dizem que o homem tinha muita fibra/ Sabe, o pobre do homem não tinha ônibus pra alugar/ Sabe, dizem, Deus do céu, ele tinha muita força/ E me lembrava Moisés na terra de Israel/ Ele falou: "Um homem é apenas um homem"./ Ele falou: "Olha aqui, Alabama. Não está vendo?"./ Ele fala: "Todo meu povo vai me seguir"./ Sabe, dizem que o rev. King ficou muito chateado/ Ele fala: "Todo meu povo vai andar até o trabalho"./ Eles dizem: "Olha aqui, rapaz, cê não pensou direito/ Pois não sabe que feriu a lei antiboicote?"./ Dizem que o rev. King falou: "Nos tratem direito"./ Sabe, na Segunda Guerra meu pai perdeu a vista/ Sabe, dizem que Abraão firmou a promessa uma noite/ Falou que todos esses homens deviam ter direitos iguais.../ Pare esse ônibus do Alabama, não quero ir nele/ Senhor, um boicote no Alabama, não quero ir nele/ Sabe, dizem que o rev. King era inspirado na Bíblia/ Quando todos os ônibus passavam, ninguém ia neles/ Sabe, dizem que os pretos estavam prontos pra seguir/ Andaram nas ruas até doerem os pés/ Sabe, dizem que o rev. King tinha espalhado a palavra/ Num ponto de ônibus no Alabama, foi o que ouvi/ Sabe, mandaram um monte de dinheiro, dizendo: "King, continue"./ Sabe, em 1929 aquele homem nasceu/ Sabe, a multa de quinhentos dólares era muito pesada/ Sabe, o pobre do homem nasceu em 15 de janeiro/ Pare esse ônibus do Alabama, não quero ir nele.]

30. Coretta Scott King, *My Life, My Love, My Legacy*, op. cit., p. 78.

31. Ralph Abernathy, entrevista a Taylor Branch, 19 nov. 1984, notas manuscritas da entrevista. Arquivo Taylor Branch, Universidade da Carolina do Norte, Chapel Hill.

32. Bayard Rustin, entrevista a David J. Garrow, fita de áudio, 22 abr. 1982. Acervo pessoal de David J. Garrow.

33. Martin Luther King Jr., "Pilgrimage to Nonviolence". *Christian Century*, 13 abr. 1960. Disponível em: <www.christiancentury.org/article/pilgrimage-nonviolence>. Acesso em: 20 mar. 2024.

34. Ted Poston, "This Is Montgomery: No Hat in Hand". *Baltimore Afro-American*, 25 ago. 1956.

35. Bayard Rustin a Arthur Brown, 23 fev. 1956. Em Michael G. Long (Org.), *I Must Resist: Bayard Rustin's Life in Letters*. San Francisco: City Lights Books, 2012, p. 166.

36. Bayard Rustin a Arthur Brown e Ralph DiGia, 25 fev. 1967. Em Michael G. Long (Org.), op. cit., p. 172.

37. Ibid., pp. 170-1.

38. "'Not Worried' Says Alabama's Gandhi". *Baltimore Afro-American*, 3 mar. 1956.

39. "Montgomery Boycott: New Phase". *The Nation*, 25 fev. 1956.

40. Apud David J. Garrow, *Bearing the Cross: Martin Luther King, Jr., and the Southern Christian Leadership Conference*, op. cit., pp. 74-5.

41. Howell Raines, op. cit., p. 56.

42. Glenn E. Smiley a John Swomley, 1956. Acervo pessoal de David J. Garrow.

43. Id. a Heil Bolinger, 29 fev. 1956. Acervo pessoal de David J. Garrow.

44. Apud "Roy Wilkins, 50-Year Veteran of Civil Rights Fight, Is Dead". *New York Times*, 9 set. 1981.

45. Martin Luther King Jr., *Stride Toward Freedom: The Montgomery Story*, op. cit., p. 211.

46. Ibid.

47. Bayard Rustin, Ed Edwin e Walter Naegle, *The Reminiscences of Bayard Rustin*. Nova York: Departamento de Pesquisa de História Oral, Universidade Columbia, 1988, p. 205.

48. Harry Belafonte, *My Song: A Memoir*. Nova York: Knopf, 2011, p. 148.

49. Id., entrevista ao autor, 14 abr. 2017.

50. Eleanor Roosevelt a Martin Luther King Jr., 17 out. 1956, telegrama. Arquivo L. D. Reddick, Centro Schomburg.

51. Earline Browning a Martin Luther King Jr., 6 mar. 1956. Instituto King de Stanford.

52. Ralph David Abernathy, *And the Walls Came Tumbling Down: An Autobiography*, op. cit., p. 170.

53. Louis Lomax, *To Kill a Black Man: The Shocking Parallel Lives of Malcolm X and Martin Luther King Jr.*, op. cit., p. 44.

54. "Attack on the Conscience", op. cit.

55. Theodore Chas. Stone, "Distinguished Crowd Hears Mrs. M. L. King". *Chicago Defender*, 22 out. 1956.

56. Bob Queen, "Meet Mrs. Martin Luther King". *Pittsburgh Courier*, 30 mar. 1957.

57. "Who Exploded That Bomb?". *Opelika (Ala.) Daily News*, 29 ago. 1956.

58. Bayard Rustin, Ed Edwin e Walter Naegle, op. cit., p. 92.

59. Luther A. Huston, "High Court Rules Bus Segregation Unconstitutional". *New York Times*, 14 nov. 1956.

60. Juan Williams, "The Case for Thurgood Marshall". *Washington Post*, 14 fev. 1999.

61. Martin Luther King Jr., *Stride Toward Freedom: The Montgomery Story*, op. cit., p. 162.

62. "Klan Stages Parade Here". *Montgomery Advertiser*, 14 nov. 1956.

63. Martin Luther King Jr., *Stride Toward Freedom: The Montgomery Story*, op. cit., p. 151.

64. Eleanor Roosevelt, apud "Salute to Montgomery". *Liberation*, dez. 1956.

65. Harry Emerson Fosdick, apud ibid.

66. Forest Castleberry, "Boycott Leaders Take Desegregated Bus Ride". *Alabama Journal*, 21 dez. 1956.

67. Jim Bishop, *The Days of Martin Luther King, Jr.* Nova York: Barnes & Noble, 1971, pp. 186-7.

68. Forest Castleberry, "Boycott Leaders Take Desegregated Bus Ride", op. cit.

69. Ibid.

17. O MOISÉS DO ALABAMA [pp. 165-80]

1. Henry Hampton e Steve Fayer, op. cit., p. 31.

2. Trezzvant W. Anderson, "My Son Martin! A Father Lays Bare His Heart, His Faith, His Fears". *Pittsburgh Courier*, 29 jun. 1957.

3. Kenneth Clark, entrevista a Arthur M. Schlesinger Jr., 9 set. 1976. Arquivo Schlesinger, Biblioteca Pública de Nova York.

4. Stanley Levison, entrevista a Arthur M. Schlesinger Jr., 3 ago. 1976. Acervo pessoal de David J. Garrow.

5. Andrew Young, entrevista a Tom Dent, 31 maio 1981, gravação em fita. Centro de Pesquisa Amistad, Universidade Tulane, New Orleans.

6. Ella Baker, entrevista a Eugene Walker, 4 set. 1974. Programa de História Oral do Sul, Coleção Histórica Sulina, Biblioteca da Universidade da Carolina do Norte, Chapel Hill.

7. Ibid.

8. Coretta Scott King, fitas da Universidade da Carolina do Norte.

9. L. D. Reddick, *Crusader Without Violence: A Biography of Martin Luther King, Jr.*, op. cit., p. 173.

10. Martin Luther King Jr., *Stride Toward Freedom: The Montgomery Story*, op. cit., p. 87.

11. Ibid., p. 170.

12. J. Mills Thornton III, *Dividing Lines: Municipal Politics and the Struggle for Civil Rights in Montgomery, Birmingham, and Selma*, op. cit., pp. 87-8.

13. C. Vann Woodward, *The Strange Career of Jim Crow*. Londres: Oxford University Press, 1966, p. 8.

14. Bob Queen, "Meet Mrs. Martin L. King". *Pittsburgh Courier*, 6 abr. 1957.

15. Martin Luther King Jr. a L. Harold DeWolf, 4 jan. 1957.

16. Martin Luther King Jr., entrevista a Richard D. Heffner para *The Open Mind*, NBC, 10 fev. 1957. Instituto King de Stanford. Disponível em: <https://kinginstitute.stanford.edu/king-papers/documents/interview-richard-d-heffner-open-mind>. Acesso em: 21 mar. 2024.

17. "Attack on the Conscience". *Time*, 18 fev. 1957.

18. Apud Coretta Scott King, *My Life with Martin Luther King, Jr.*, op. cit., pp. 143-4.

19. Martin Luther King Jr. a Rosa Parks, 22 mar. 1957. Coleção Rosa Parks, Biblioteca do Congresso.

20. Ollie Stewart, "Ralph Barry, Detroit, Marries French Girl". *Baltimore Afro-American*, 6 abr. 1957.

21. Freddie Colson Jr., "Dr. Benjamin E. Mays: His Impact as Spiritual and Intellectual Mentor of Martin Luther King Jr". Em Lawrence E. Carter (Org.), *Walking Integrity: Benjamin Elijah Mays, Mentor to Generations*. Atlanta: Scholars Press, 1996, pp. 226-7.

22. Bayard Rustin, Ed Edwin e Walter Naegle, op. cit., p. 462.

23. Taylor Branch, *Parting the Waters: America in the King Years, 1954-63*. Nova York: Touchstone, 1989, p. 217.

24. Martin Luther King Jr., "Give Us the Ballot". Discurso, Washington, DC, 17 maio 1957. Instituto King de Stanford. Disponível em: <https://kinginstitute.stanford.edu/king-papers/documents/give-us-ballot-address-delivered-prayer-pilgrimage-freedom>. Acesso em: 21 mar. 2024.

25. James L. Hicks, "King Emerges as the Top Negro Leader". *New York Amsterdam News*, 1 jun. 1957.

26. Livro de convidados, 2419 Massachusetts Avenue, Washington, DC. Cortesia de J. Blanton Belk.

27. J. Blanton Belk, entrevista ao autor, 12 mar. 2017.

28. Ibid.

29. Apud "Negro Gains Cited". *New York Times*, 3 jun. 1957.

30. David J. Garrow, *Bearing the Cross: Martin Luther King, Jr., and the Southern Christian Leadership Conference*, op. cit., p. 73.

31. Martin Luther King Jr., "Our Struggle". *Liberation*, abr. 1956.

32. Jesse Jackson, entrevista ao autor, 7 mar. 2018.

33. James Lawson, entrevista ao autor, 18 set. 2018.

34. Apud L. D. Reddick, *Crusader Without Violence: A Biography of Martin Luther King, Jr.*, op. cit., p. 177.

35. Martin Luther King Jr., "Advice for Living". *Ebony*, set. 1957. Instituto King de Stanford. Disponível em: <https://kinginstitute.stanford.edu/king-papers/documents/advice-living-0>. Acesso em: 21 mar. 2024.

36. Coretta Scott King, "The World of Coretta King", op. cit.

37. David J. Garrow, *Bearing the Cross: Martin Luther King, Jr., and the Southern Christian Leadership Conference*, op. cit., p. 99.

38. Erna Dungee, entrevista a L. D. Reddick, 27 fev. 1957. Arquivo L. D. Reddick, Centro Schomburg.

39. L. D. Reddick, *Crusader Without Violence: A Biography of Martin Luther King, Jr.*, op. cit., p. 179.

40. Robert M. Ratcliffe, "Could Be a Scandal". *Pittsburgh Courier*, 29 jun. 1957.

41. David J. Garrow, *Bearing the Cross: Martin Luther King, Jr., and the Southern Christian Leadership Conference*, op. cit., p. 96.

42. Carta de Jeffrey Hayden a Maude Ballou, 16 set. 1957. Arquivo L. D. Reddick, Centro Schomburg.

43. David Margolick, "The Day Louis Armstrong Made Noise". *New York Times*, 23 set. 2007. Disponível em: <www.nytimes.com/2007/09/23/opinion/23margolick.html>. Acesso em: 21 mar. 2024.

44. Gerald Early, "Martin Luther King and the Middle Way". *Christian Century*, 28 ago.-4 set. 1996.

45. Relatório Anual, igreja batista da Dexter Avenue, 1957.

46. Martin Luther King Jr., “Amando seus inimigos”. Sermão, igreja batista da Dexter Avenue, Montgomery, Alabama, 17 nov. 1957. Instituto King de Stanford. Disponível em: <https://kinginstitute.stanford.edu/king-papers/documents/loving-your-enemies-sermon-delivered-dexter-avenue-baptist-church>. Acesso em: 21 mar. 2024.

47. Lerone Bennett Jr., *What Manner of Man: A Biography of Martin Luther King, Jr.*, op. cit., p. 81.

48. Judy Wagnon, “Negro to Appeal Oak Park Fine”. *Montgomery Advertiser*, 15 out. 1957.

49. Ted Poston, “This Is Montgomery: Separate and Unequal”. *Baltimore Afro-American*, 15 set. 1956.

50. Judy Wagnon, op. cit.

51. Rebecca Retzlaff, “Desegregation of City Parks and the Civil Rights Movement: The Case of Oak Park in Montgomery, Alabama”. *Journal of Urban History*, v. 47, n. 4, out. 2019.

52. Heather McGhee, *The Sum of Us: What Racism Costs Everyone and How We Can Prosper Together*. Nova York: One World, 2021. A obra aborda as múltiplas formas pelas quais o racismo gera custos econômicos tanto para brancos quanto para não brancos e questiona a ideia de que o progresso de um grupo precisa se dar em detrimento de outros.

53. “Idle Oak Park”, editorial. *Alabama Journal*, 21 jun. 1960.

54. Rebecca Retzlaff, op. cit.

55. “Klan Head Sees Bloodshed If Rev. King Hits Schools”. *Chicago Defender*, 17 jan. 1959.

56. Clyde Bear, entrevista a Anna Holden, 27 mar. 1956. Centro de Pesquisa Amistad, Universidade Tulane, New Orleans.

18. “FICO FELIZ QUE VOCÊ NÃO TENHA ESPIRRADO” [pp. 181-92]

1. “The Woman Behind Martin Luther King”. *Ebony*, jan. 1959.

2. Coretta Scott King, entrevista a Martin Agronsky para “Look Here”. NBC, 27 out. 1957. Instituto King de Stanford. Disponível em: <https://kinginstitute.stanford.edu/king-papers/documents/interview-martin-agronsky-look-here>. Acesso em: 25 mar. 2024.

3. “Man on the Go”. *Jet*, 17 jul. 1958.

4. Elijah Muhammad, “Islamic World”. *New York Amsterdam News*, 8 fev. 1958.

5. Martin Luther King Jr. a Elijah Muhammad, 9 abr. 1958. Instituto King de Stanford. Disponível em: <https://kinginstitute.stanford.edu/king-papers/documents/elijah-muhammad>. Acesso em: 25 mar. 2024.

6. Maude Ballou a Martin Luther King Jr., 25 ago. 1958. Arquivo L. D. Reddick, Centro Schomburg.

7. John Lewis e Michael D’Orso, *Walking with the Wind: A Memoir of the Movement*. Nova York: Simon & Schuster, 1998, p. 214.

8. Ella Baker, entrevista a David J. Garrow, fita de áudio, 27 set. 1984. Acervo pessoal de David J. Garrow.

9. Andrew Young, *An Easy Burden: The Civil Rights Movement and the Transformation of America*. Waco: Baylor University Press, 2008, p. 137.

10. Barbara Ransby, *Ella Baker and the Black Freedom Movement*. Chapel Hill: University of North Carolina Press, 2003, p. 180.

11. Coretta Scott King, *My Life with Martin Luther King, Jr.*, op. cit., p. 142.

12. Martin Luther King Jr. a Earl Mazo, 2 set. 1958. Instituto King de Stanford. Disponível em: <https://kinginstitute.stanford.edu/king-papers/documents/earl-mazo>. Acesso em: 25 mar. 2024.

13. Rocco Siciliano a Dwight D. Eisenhower, 25 jun. 1958. Biblioteca Presidencial Eisenhower. Disponível em: <www.eisenhowerlibrary.gov/sites/default/files/research/online-documents/civil-rights-eisenhower-administration/1958-06-25-siciliano-to-dde.pdf>. Acesso em: 25 mar. 2024.

14. James Baldwin, "The Dangerous Road Before Martin Luther King", op. cit.

15. Censo dos Estados Unidos, 1920.

16. "Far Rockaway Seniors Pick Class Notables". *Brooklyn Daily Eagle*, 21 maio 1930.

17. David J. Garrow, "The FBI and Martin Luther King, Jr". *The Atlantic*, jul./ago. 2002.

18. Harry Belafonte, entrevista ao autor, 4 abr. 2017.

19. Stanley Levison, entrevista a James M. Mosby Jr., 14 fev. 1970. Centro de Pesquisa Moorland-Spingarn, Universidade Howard, Washington, DC.

20. Stanley Levison a Martin Luther King Jr., 1 abr. 1958. Arquivo Martin Luther King, arquivo da Universidade de Boston.

21. Ibid.

22. Abel Plenn, "The Cradle Was Rocked". *New York Times*, 12 out. 1958.

23. C. Eric Lincoln (Org.), *Martin Luther King, Jr.: A Profile*. Nova York: Hill & Wang, 1970, p. 52.

24. Apud L. D. Reddick, *Crusader Without Violence: A Biography of Martin Luther King, Jr.*, op. cit., p. 226.

25. Montgomery Improvement Association 1, n. 10, 27 set. 1958. Arquivo L. D. Reddick, Centro Schomburg.

26. Dick Hines, "King Charges Police Brutal After Arrest". *Montgomery Advertiser*, 4 set. 1958.

27. "Police Head Balks King Jail Term". *Montgomery Advertiser*, 6 set. 1958.

28. J. Raymond Henderson a Martin Luther King Jr., 17 set. 1958. Apud David J. Garrow, *Bearing the Cross: Martin Luther King, Jr., and the Southern Christian Leadership Conference*, op. cit., p. 109.

29. "President Scored over Integration". *New York Times*, 20 set. 1958.

30. "7,000 Attend Rally for 'Mixed' Schools, Jack's Name Booed". *New York Age*, 27 set. 1958.

31. "King Escaped Death by Hair". *Chicago Defender*, 22 set. 1958.

32. Joseph Endler e Richard C. Wald, "Harlem Woman Stabs Rev. Martin Luther King". *New York Herald Tribune*, 21 set. 1958.

33. Ibid.

34. "Leslie Matthews Unlimited". *New York Age*, 27 set. 1958.

35. Andrew Young, entrevista ao autor, 19 jan. 2019.

36. Coretta Scott King, *My Life with Martin Luther King, Jr.*, op. cit., p. 158.

37. Martin Luther King Jr., "Dr. King Bears No Ill-Will". *Atlanta Daily World*, 1 out. 1958.

38. Howard Thurman, *With Head and Heart: The Autobiography of Howard Thurman*. San Diego: Harvest Books, 1979, p. 255.

39. Martin Luther King Jr. a A. Philip Randolph, 8 nov. 1958. Instituto King de Stanford. Disponível em: <https://kinginstitute.stanford.edu/king-papers/documents/philip-randolph-6>. Acesso em: 25 mar. 2024.

40. Martin Luther King Jr., "Dr. King Bears No Ill-Will", op. cit.

19. A PEREGRINAÇÃO [pp. 193-200]

1. Anônima a Martin Luther King Jr., 1 jan. 1959. Em Clayborne Carson (Org.), *The Papers of Martin Luther King, Jr.*, op. cit., p. 100, v. 5: *Threshold of a New Decade, January 1959-December 1960.*

2. "4 of Every 5 Dixie Ministers Answering Poll Back Integration". *Atlanta Constitution*, 20 out. 1958.

3. James Baldwin, *Nobody Knows My Name: More Notes of a Native Son.* Nova York: Dial Press, 1961, p. 116.

4. Lawrence Reddick, *Pilgrimage: The Story of Martin Luther King in India.* Inédito, s. d., Arquivo Reddick, Centro Schomburg.

5. Martin Luther King Jr., "Address at the Thirty-sixth Annual Dinner of the War Resisters League", discurso. Nova York, 2 fev. 1959. Instituto King de Stanford. Disponível em: <https://www.kinginstitute.stanford.edu/king-papers/documents/address-thirty-sixth-annual-dinner-war-resisters-league>. Acesso em: 25 mar. 2024.

6. Hanson W. Baldwin, "Danger Era Seen for US, Though Not General War". *New York Times*, 4 fev. 1959.

7. David Levering Lewis, op. cit., p. 98.

8. Martin Luther King Jr., "Address at the Thirty-sixth Annual Dinner of the War Resisters League", op. cit.

9. L. D. Reddick, notas sobre o encontro com Richard Wright, s. d., Arquivo L. D. Reddick, Centro Schomburg.

10. Id., "Crusader Without Violence", manuscrito, op. cit.

11. Id., notas sobre o encontro com Richard Wright, op. cit.

12. Ibid.

13. Hazel Rowley, *Richard Wright: The Life and Times*. Chicago: University of Chicago Press, 2008, p. 496.

14. Ibid., p. 497.

15. Ibid.

16. "Leader in Fight on Segregation in South Visits India". *St. Louis Post-Dispatch*, 11 fev. 1959.

17. Ibid.

18. Martin Luther King Jr., "My Trip to the Land of Gandhi", *Ebony*, jul. 1959, Instituto King de Stanford. Disponível em: <https://kinginstitute.stanford.edu/king-papers/documents/my-trip-land-gandhi>. Acesso em: 12 jun. 2024.

19. Claybourne Carson (Org.), *The Papers of Martin Luther King, Jr.*, op. cit., p. 81, v. 5.

20. Martin Luther King Jr., *Why We Can't Wait*. Nova York: Harper & Row, 1964, p. 148. [Ed. bras.: *Por que não podemos esperar*. Trad. de Sarah Pereira. Barueri: Faro, 2020.]

21. Ibid., p. 151.

22. James E. Bristol a Dorothy Bristol, 25 fev. 1959. Instituto King de Stanford. Disponível em: <https://kinginstitute.stanford.edu/king-papers/documents/james-e-bristol-corinne-b-johnson>. Acesso em: 25 mar. 2024.

23. Martin Luther King Jr., "My Trip to the Land of Gandhi", op. cit.

24. L. D. Reddick, *Pilgrimage.* Manuscrito inédito sobre a viagem à Índia, s. d., Centro Schomburg.

25. Michelle Norris, “Martin Luther King Recording Found in India”. *All Things Considered*, NPR, 16 jan. 2009. Disponível em: <www.npr.org/templates/story/story.php?storyId=99480326>. Acesso em: 25 mar. 2024.

26. Martin Luther King Jr., “A Walk Through the Holy Land”, 29 mar. 1959. Instituto King de Stanford. Disponível em: <https:// kinginstitute.stanford.edu/king-papers/documents/walk-through-holy-land-easter-Sunday-sermon-delivered-dexter-avenue-baptist>. Acesso em: 25 mar. 2024.

27. L. D. Reddick, notas sobre as reuniões do Comitê Administrativo da SCLC, 2-3 abr. 1959. Instituto King de Stanford. Disponível em: <https://kinginstitute.stanford.edu/king-papers/documents/notes-lawrence-dunbar-reddick-sclc-administrative-committee-meetings-2-april>. Acesso em: 25 mar. 2024.

28. Ella Baker, entrevista a Eugene Walker, 1974. Biblioteca da Universidade da Carolina do Norte, Chapel Hill.

29. “The Mack Parker Tragedy”. *Chicago Defender*, 4 maio 1959.

30. Martin Luther King Jr., “Address at the Religious Leaders Conference”, Washington, DC, 11 maio 1959. Instituto King de Stanford. Disponível em: <https://kinginstitute.stanford.edu/king-papers/documents/address-religious-leaders-conference-11-may-1959>. Acesso em: 25 mar. 2024.

20. DEIXANDO MONTGOMERY [pp. 201-15]

1. “Why Rev. M. L. King Is Leaving Montgomery”. *Jet*, 17 dez. 1959.

2. Martin Luther King pai, *Daddy King: An Autobiography*, op. cit., p. 172.

3. “Why Rev. M. L. King Is Leaving Montgomery”, op. cit.

4. “Martin Luther King’s Secretary to Auction Historic Trove of Papers”. *Los Angeles Daily News*, 18 set. 2013.

5. Ibid.

6. “Alabama’s Gain, Georgia’s Loss”. *Dothan Eagle*, 7 dez. 1959.

7. Emory O. Jackson, “King Says South Out to Kill 1954 Supreme Court Decision”. *Atlanta Daily World*, 11 dez. 1959.

8. Ibid.

9. Howell Raines, op. cit., p. 56.

10. David Levering Lewis, op. cit., p. 113.

11. Stanley Levison a Martin Luther King Jr., 3 nov. 1958. Instituto King de Stanford. Disponível em: <https://www.kinginstitute.stanford.edu/king-papers/documents/stanley-d-levison-2>. Acesso em: 25 mar. 2024.

12. James Lawson, entrevista ao autor, 19 ago. 2018.

13. Robert Avery, entrevista ao autor, 2 ago. 2020.

14. “Negro Leader Urges Students to Continue Segregation Protest”. *News and Observer*, Raleigh, 17 fev. 1960.

15. Bernard Lafayette Jr., entrevista ao autor, 21 mar. 2018.

16. John Lewis, entrevista ao autor e David McMahon, 6 ago. 2019.

17. James Lawson, entrevista ao autor, 18 set. 2018.

18. “‘Another Attempt by the State of Alabama to Harass Me’, Says Rev. King, Jr., of Indictment”. *Atlanta Daily World*, 18 fev. 1960.

19. Apud James Baldwin, "The Dangerous Road Before Martin Luther King", op. cit.

20. Ibid.

21. Martin Luther King Jr., "Pilgrimage to Nonviolence". *Christian Century*, 13 abr. 1960.

22. Id., "Suffering and Faith". *Christian Century*, 27 abr. 1960.

23. "Busy, Busy, Busy Describes Action Around Dr. King's Home". *Baltimore Afro-American*, 24 out. 1964; "Martin Luther King Says: 'I'd Do It All Again'". *Sepia*, dez. 1961.

24. David J. Garrow, *Bearing the Cross: Martin Luther King, Jr., and the Southern Christian Leadership Conference*, op. cit., p. 137.

25. Bob Adelman e Charles R. Johnson, *King: The Photobiography of Martin Luther King, Jr.* Nova York: Viking Studio, 2000, p. 66.

26. Transcrições de Coretta Scott King, Arquivo Hatch, 17/14.

27. Southern Chevrolet Inc., recibo, arquivo da Universidade de Boston.

28. Martin Luther King Jr., em *Meet the Press*, NBC, 17 abr. 1960, transcrição. Arquivo L. D. Reddick, Centro Schomburg.

29. Clayborne Carson, *In Struggle: SNCC and the Black Awakening of the 1960s*. Cambridge, Mass.: Harvard University Press, 1981, p. 20.

30. Ibid., p. 22.

31. Loudon Wainright, "Martyr of the Sit-Ins". *Life*, 7 nov. 1960.

32. Howell Raines, op. cit., p. 102.

33. James Lawson, entrevista ao autor, 9 ago. 2018.

34. Ella Baker, "Bigger Than a Hamburger". *Southern Patriot*, maio 1960. Disponível em: <www.crmvet.org/docs/sncc2.htm>. Acesso em: 25 mar. 2024.

35. Roy Wilkins a Martin Luther King Jr., 27 abr. 1960. Arquivo NAACP, Divisão de Manuscritos, Biblioteca do Congresso.

36. Loudon Wainright, op. cit.

37. Edward Kosner, entrevista ao autor, 22 jan. 2019.

38. "Speaker Backs Sit-Down Strikes". *Black Dispatch*, Oklahoma City, 5 ago. 1960.

39. James Meredith, entrevista ao autor, 23 jul. 2020.

40. "Speaker Backs Sit-Down Strikes", op. cit.

41. James Meredith, entrevista ao autor, 24 jul. 2020.

42. William Peters, "The Man Who Fights Hate with Love", op. cit.

43. Apud David J. Garrow, *Bearing the Cross: Martin Luther King, Jr., and the Southern Christian Leadership Conference*, op. cit., p. 140.

44. "Students Seek Entry to Atlanta Lunch Counters". *Atlanta Daily World*, 9 mar. 1960.

45. "Downtown Pickets Are Discouraged". *Atlanta Daily World*, 27 mar. 1960.

46. "Engagement of Miss King and Mr. Farris Announced". *Atlanta Daily World*, 7 fev. 1960.

47. Alveda King, entrevista ao autor, 10 maio 2022.

48. George B. Leonard Jr., "The Second Battle of Atlanta". *Look*, 25 abr. 1961.

49. Ibid.

50. Ibid.

51. Charles Black, entrevista ao autor, 5 maio 2022.

52. "Jailed Sit-Downers Denied Text Books". *Baltimore Afro-American*, 29 out. 1960.

53. Martin Luther King Jr., entrevista a Berl I. Bernhard, 9 mar. 1964, transcrição. Coleção de História Oral, Museu e Biblioteca Presidencial John F. Kennedy, Boston (citada a partir daqui como Biblioteca JFK).

54. Coretta Scott King, *My Life with Martin Luther King, Jr.*, op. cit., p. 178.

55. Ibid.

56. Martin Luther King Jr. a Coretta Scott King, provavelmente em 26 de outubro de 1960. Projeto Arquivos de King, Universidade Stanford.

57. William Peters, "The Man Who Fights Hate with Love", op. cit.

21. "KENNEDY AO RESGATE!" [pp. 216-30]

1. David J. Garrow, *Bearing the Cross: Martin Luther King, Jr., and the Southern Christian Leadership Conference*, op. cit., p. 142.

2. "Many Ministers Endorse the Republican Candidates". *Atlanta Daily World*, 11 out. 1960.

3. Stanley Levison a Martin Luther King Jr., 13 out. 1960. Instituto King de Stanford. Disponível em: <https://kinginstitute.stanford.edu/king-papers/documents/stanley-d-levison-3>. Acesso em: 27 mar. 2024.

4. William Safire, "View from the Grandstand". *New York Times*, 13 abr. 1987.

5. Ibid.

6. Frank Reeves, entrevista a John F. Stewart, 29 mar. 1967. Coleção de História Oral, Biblioteca JFK.

7. "Vandiver Criticizes Kennedy on Dr. King". *New York Times*, 1 nov. 1960.

8. "Vandiver Says Negro Pastor Not Welcome". *Alabama Journal*, 1 dez. 1959.

9. S. Ernest Vandiver, entrevista a John F. Stewart, 22 maio 1967. Coleção de História Oral, Biblioteca JFK.

10. Clifford M. Kuhn, "'There's a Footnote to History!' Memory and the History of Martin Luther King's October 1960 Arrest and Its Aftermath". *Journal of American History*, v. 84, n. 2, set. 1997, pp. 583-95.

11. David J. Garrow, *Bearing the Cross: Martin Luther King, Jr., and the Southern Christian Leadership Conference*, op. cit., p. 149.

12. "Kennedy to the Rescue". *Philadelphia Tribune*, 25 out. 1960.

13. Martin Luther King Jr., entrevista a Berl I. Bernhard, transcrição, 9 mar. 1964. Coleção de História Oral, Biblioteca JFK.

14. Ralph McGill, "An Essay on Dr. M. L. King". *Atlanta Constitution*, 5 nov. 1960.

15. Martin Luther King Jr., "The Rising Tide of Racial Consciousness". Discurso no Jubileu de Ouro da Liga Nacional Urbana, 6 set. 1960.

16. Coretta Scott King, *My Life with Martin Luther King, Jr.*, op. cit., p. 175.

17. James Farmer, entrevista a Taylor Branch, 18 nov. 1983. Arquivo Taylor Branch, pasta 611, Coleção Histórica Sulina, Biblioteca Wilson, Universidade da Carolina do Norte, Chapel Hill.

18. Dorothy Cotton, entrevista a Roland S. Martin, jan. 2018. Disponível em: <https://youtube/r8NhRwkX74c>. Acesso em: 31 ago. 2022.

19. Id., entrevista a W. Jason Miller, 28 jul. 2017. Cortesia de Miller.

20. Id., entrevista a Roland S. Martin, op. cit.

21. Id., entrevista a Joseph Mosnier, 25 jul. 2011. Programa de História Oral do Sul, Instituto Smithsonian, Museu Nacional de História e Cultura Afro-Americana, Washington, DC.

22. Dorothy Cotton, entrevista a Horace Huntley, 22 abr. 1999. Instituto de Direitos Civis de Birmingham.

23. Dorothy F. Cotton, *If Your Back's Not Bent: The Role of the Citizenship Education Program in the Civil Rights Movement*. Nova York: Atria Books, 2012, p. 28.

24. Theresa Ann Walker, entrevista ao autor, 8 jul. 2020.

25. Dorothy F. Cotton, *If Your Back's Not Bent: The Role of the Citizenship Education Program in the Civil Rights Movement*, op. cit., p. 21.

26. Ibid., p. 90.

27. Markus Schmidt, "King's Trip Took Away a City Leader". *Petersburg Progress-Index*, 17 fev. 2009.

28. Andrew Young, entrevista a Tom Dent, transcrição, s. d. Centro de Pesquisa Amistad, Universidade Tulane, New Orleans.

29. Dorothy Cotton, entrevista a W. Jason Miller, op. cit.

30. Juanita Abernathy, entrevista ao autor, 2 ago. 2018.

31. Andrew Young, entrevista a Robert Penn Warren, 17 mar. 1964. Universidade Vanderbilt, Coleções Especiais e Arquivos da Universiddade. Disponível em: <whospeaks.library.vanderbilt.edu/interview/andrew-young>. Acesso em: 27 mar. 2024.

32. Ibid.

33. Acervo Martin Luther King Jr., arquivos da Universidade de Boston, 1961.

34. Martin Luther King Jr., "O Deus que busca", sermão, igreja batista Ebenezer, 2 out. 1960. Em Clayborne Carson (Org.), *The Papers of Martin Luther King, Jr.* Berkeley: University of California Press, 2007, pp. 408-10, v. 6: *Advocate of the Social Gospel, September 1948-March 1963*.

35. Martin Luther King Jr., "Amando seus inimigos", sermão, Concílio de Igrejas de Detroit, 7 mar. 1961. Em ibid., pp. 421-9.

36. "Increasing Number in South See Integration as Inevitable". *Miami Herald*, 12 fev. 1961.

37. "General Program, 1960-61". Ofício da SCLC, Arquivo L. D. Reddick, Centro Schomburg.

38. "Out-of-Town Groups Blamed in Birmingham". *Alabama Journal*, 15 maio 1961.

39. Martin Luther King Jr., entrevista a Berl I. Bernhard, op. cit.

40. "Bus Station Riots Leave 20 Injured". *Montgomery Advertiser*, 21 maio 1961.

41. Gene Roberts e Hank Klibanoff, *The Race Beat: The Press, the Civil Rights Struggle and the Awakening of a Nation*. Nova York: Vintage Books, 2007, p. 156.

42. Martin Luther King Jr., entrevista a Berl I. Bernhard, op. cit.

43. Burke Marshall, entrevista a Louis F. Oberdorfer, 29 maio 1964. Coleção de História Oral, Biblioteca JFK.

44. Martin Luther King Jr., filmagem da WSB-TV, 21 maio 1961. Disponível em: <dp.la/exhibitions/activism/civil-rights-actions/freedom-rides>. Acesso em: 27 mar. 2024.

45. Id., entrevista a Berl I. Bernhard, op. cit.

46. John F. Murphy, "Dr. King, Besieged, Voices Confidence". *New York Times*, 22 maio 1961.

47. Martin Luther King Jr., "Address at Freedom Riders Rally at First Baptist Church". Em Clayborne Carson (Org.), *The Papers of Martin Luther King, Jr.* Oakland: University of California Press, 2014, pp. 230-1, v. 7: *To Save the Soul of America, January 1961-August 1962*.

48. "Angry Mob Quits Church Before Cloud of Tear Gas". *Montgomery Advertiser*, 22 maio 1961.

49. Bernard Lafayette Jr., entrevista ao autor, 22 maio 2019.

50. David Halberstam, "Negro Girl a Force in Campaign; Encouraged Bus to Keep Rolling". *New York Times*, 23 maio 1961.

51. John Lewis, entrevista ao autor e David McMahon, 6 ago. 2019.

52. David Levering Lewis, op. cit., p. 134.

53. James Lawson, entrevista ao autor, 9 ago. 2018.

54. Ella Baker, entrevista a John H. Britton, 19 jul. 1969, transcrição. Arquivo Taylor Branch, pasta 528b, Biblioteca da Universidade da Carolina do Norte, Chapel Hill.

55. James Baldwin, "The Dangerous Road Before Martin Luther King", op. cit.

22. A NOVA PROCLAMAÇÃO DE EMANCIPAÇÃO [pp. 231-46]

1. Tyrone Brooks, entrevista ao autor, 3 ago. 2018.

2. "The Mike Wallace Interviews". WNTA-TV, 7-8 fev. 1961. Em Clayborne Carson (Org.), *The Papers of Martin Luther King, Jr.*, v. 7, op. cit., pp. 156-66.

3. William Peters, "The Man Who Fights Hate with Love", op. cit.

4. Ibid.

5. Ibid.

6. Ibid.

7. Ibid.

8. James Lawson, entrevista ao autor, 18 set. 2018.

9. Martin Luther King Jr., comunicado à imprensa, 5 jun. 1961. Em Clayborne Carson (Org.), *The Papers of Martin Luther King, Jr.*, v. 7, p. 244.

10. História oral de Harris Wofford, 3 fev. 1969. Larry J. Hackman, Biblioteca JFK.

11. Mahalia Jackson e Evan McLeod Wylie, *Movin' On Up*. Nova York: Hawthorn Books, 1966, p. 180.

12. Ibid.

13. Robert E. Baker, "Albany's Anti-Negro Tack May Set South's Course". *Washington Post*, 5 ago. 1962.

14. Howard Zinn, *SNCC: The New Abolitionists*. Chicago: Haymarket Books, 2017, p. 126.

15. Dr. William G. Anderson, entrevista ao autor, 26 out. 2020.

16. "Five Atlantans Arrested in Albany Station". *Atlanta Daily World*, 12 dez. 1961.

17. Bruce Galphin, "Albany Balks at Truce Price; Rev. King Rallies Negroes". *Atlanta Constitution*, 16 dez. 1961.

18. Ibid.

19. Atas do Movimento de Albany, 17 nov. 1961. Acervo pessoal de David J. Garrow.

20. William Anderson, entrevista ao autor, 26 out. 2020.

21. James Forman, *The Making of Black Revolutionaries*. Seattle: University of Washington Press, 2000, p. 255.

22. "'Total Victory!' Battle Cry at Albany". *Baltimore Afro-American*, 30 dez. 1961.

23. "Albany Police Arrest Dr. King, 266 Others". *Atlanta Journal-Constitution*, 17 dez. 1961.

24. David Miller, "Dr. King in Mass Jailing". *New York Herald Tribune*, 17 dez. 1961.

25. James Gillespy, "King, Marchers to Courthouse Steps, Jailed". *Atlanta Daily World*, 17 dez. 1961.

26. David Miller, "Dr. King in Mass Jailing", op. cit.

27. Ibid.

28. Id., "Non-Violence: Police Chief and Minister". *New York Herald Tribune*, 18 dez. 1961.

29. Chris Vail, entrevista ao autor, 1 nov. 2020.

30. Howell Raines, op. cit., p. 361.

31. Chris Vail, entrevista ao autor.

32. "Things Normal Again, Albany Whites Say". *Atlanta Journal and Constitution*, 24 dez. 1961.

33. David Miller, "Non-Violence: Police Chief and Minister", op. cit.

34. James Gillespy, "King, Marchers to Courthouse Steps, Jailed", op. cit.

35. David Miller, "Inside the Jail". *New York Herald Tribune*, 18 dez. 1961.

36. Ibid.

37. Allen Secher, entrevista ao autor, 4 maio 2021.

38. Robert E. Baker, "Albany's Anti-Negro Tack May Set South's Course", op. cit.

39. Tom Lankford, "Integration Techniques at Stake as Albany Program Bogs Down". *Birmingham News*, 29 jul. 1962.

40. Charles Black, entrevista ao autor, 5 maio 2022.

41. Beverly Gage, *G-Man: J. Edgar Hoover and the Making of the American Century*. Nova York: Viking, 2022, p. 530.

42. David J. Garrow, "The FBI and Martin Luther King". *The Atlantic*, jul./ago. 2002.

43. Martin Luther King Jr., proposta para a Segunda Proclamação de Emancipação, Arquivo Pessoal Berl I. Bernhard, Biblioteca JFK.

44. Ernest Dunbar, "A Visit with Martin Luther King". *Look*, 12 fev. 1963.

45. "A Message from Jail". *New York Amsterdam News*, 21 jul. 1962.

46. Bill Shipp, "Freed by Mystery Fine Donor, Rev. King Meets Police Chief". *Atlanta Constitution*, 13 jul. 1962.

47. James Bevel, entrevista com Katherine Shannon, 6 jul. 1968. Projeto de Documentação dos Direitos Civis, transcrição do acervo pessoal de David J. Garrow.

48. David Levering Lewis, op. cit., p. 164.

49. WSB-TV, 25 jul.1962. Arquivos de Mídia Brown, Universidade da Geórgia, Athens.

50. Coretta Scott King, entrevista a Arnold Michaelis, 1 dez. 1965, cenas cortadas de "Martin Luther King Jr.: A Personal Portrait", Arquivos de Mídia Brown, Universidade da Geórgia, Athens.

51. Hedrick Smith, "Dr. King's 3 Children Visit Him; He Is Allowed Out of Jail Cell". *New York Times*, 6 ago. 1962.

52. Hedrick Smith, "Dr. King Set Free After Conviction". *New York Times*, 11 ago. 1962.

53. David Levering Lewis, op. cit., p. 151.

54. Martin Luther King Jr., entrevista a Alex Haley. *Playboy*, jan. 1965.

55. William Anderson, entrevista ao autor, 26 out. 2020.

56. Chris Vail, entrevista ao autor.

57. Martin Luther King Jr. a Israel Dresner, 9 out. 1962. Coleção particular da família Dresner.

58. Septima Clark, entrevista a Jacquelyn Hall, 25 jul. 1976. Coleção do Programa de História Oral Sulina, Biblioteca da Universidade da Carolina do Norte, Chapel Hill.

59. Jacquelyn Dowd Hall, Eugene P. Walker, Katherine Mellen Charron e David P. Cline,

"Septima Clark and Women in the Civil Rights Movement". *Southern Cultures*, v. 16, n. 2, verão 2010. Disponível em: <https://www.southerncultures.org/article/i-train-the-people-to-do-their-own-talking-septima-clark-and-women-in-the-civil-rights-movement/>. Acesso em: 11 dez. 2020.

60. Septima Clark, entrevista a Eugene Walker, 30 jul. 1976. Coleção do Programa de História Oral Sulina, Biblioteca da Universidade da Carolina do Norte, Chapel Hill.

61. Robert Brank Fulton, "To Whom It May Concern", carta, 29 set. 1962. Coleção Swarthmore da Faculdade Peace.

62. Lou Isaacson, "City Acts Fast to Jail Man Who Hit King". *Birmingham News*, 28 set. 1962.

63. Septima Clark, entrevista a Eugene Walker, op. cit.

64. Ernest Dunbar, op. cit.

65. Ibid.

23. TENTAÇÃO E VIGILÂNCIA [pp. 247-53]

1. Agenda de trabalho de King, nov. 1962. Registros da SCLC, acervo pessoal de David J. Garrow.

2. David J. Garrow, "The Troubling Legacy of Martin Luther King". *Standpoint*, jun. 2019, p. 32.

3. Donzaleigh Abernathy, entrevista ao autor, 2 nov. 2018.

4. Ernest Dunbar, op. cit.

5. Andrew Young, op. cit., p. 181.

6. Ralph David Abernathy, *And the Walls Came Tumbling Down: An Autobiography*, op. cit., pp. 471-2.

7. Ibid., pp. 474-5.

8. Kenneth Clark, entrevista a Arthur M. Schlesinger Jr., 9 set. 1976. Arquivo Schlesinger, Biblioteca Pública de Nova York.

9. Stanley Levison, entrevista a Arthur M. Schlesinger Jr., 3 ago. 1976. Notas da entrevista do acervo pessoal de David J. Garrow.

10. Martin Luther King Jr., sermão, s. d. (provavelmente entre 1954 e 1960), gravação em fita. Instituto King de Stanford. Disponível em: <https://kinginstitute.stanford.edu/king-papers/documents/mans-sin-and-gods-grace>. Acesso em: 1 abr. 2024. Na gravação, King altera a segunda linha e coloca o verbo no presente, como que sugerindo que a graça continua a salvá-lo.

11. L. D. Reddick, biografia inédita de Ralph Abernathy, 2. Arquivo L. D. Reddick, Centro Schomburg.

12. Juanita Abernathy, entrevista ao autor, 2 ago. 2018.

13. Ralph David Abernathy, *And the Walls Came Tumbling Down: An Autobiography*, op. cit., p. 198.

14. Andrew Young, entrevista a Tom Dent, 1 fev. 1984. Centro de Pesquisa Amistad, Universidade Tulane, New Orleans.

15. Abernathy a L. D. Reddick, notas de Reddick para a biografia inédita de Abernathy. Arquivo L. D. Reddick, Centro Schomburg.

16. C. T. Vivian, entrevista ao autor, 6 jul. 2018.

17. Tom Houck, entrevista ao autor, 6 jul. 2018.

18. Juandalynn Abernathy, entrevista ao autor, 1 nov. 2018.

19. Tom Houck, entrevista ao autor.

20. Ibid.

21. Ibid.

22. Donzaleigh Abernathy, entrevista ao autor, 2 nov. 2018.

23. Transcrições de Coretta Scott King, Arquivo Hatch, caixa 22, pasta 9.

24. Dexter Scott King e Ralph Wiley, *Growing Up King: An Intimate Memoir*. Nova York: Warner Books, 2003, pp. 21-2.

25. Coretta Scott King, entrevista a Arnold Michaelis, 1 dez. 1965. Cenas cortadas de "Martin Luther King Jr.: A Personal Portrait". Arquivos de Mídia Brown, Universidade da Geórgia, Athens.

26. Edwina Moss, entrevista ao autor, 4 jun. 2018.

27. "Dr. King Says FBI in Albany, Ga., Favors Segregationists". *New York Times*, 19 nov. 1962.

28. Pat Watters, *Down to Now: Reflections on the Southern Civil Rights Movement*. Nova York: Pantheon Books, 1971, p. 225.

29. Ibid., p. 228.

30. James Baldwin, entrevista, 2 fev. 1970. Arquivo Pessoal de Jean Stein, JSTPP-001-012, Biblioteca JFK.

31. Memorando do FBI, 11 ago. 1962.

32. David J. Garrow, *Bearing the Cross: Martin Luther King, Jr., and the Southern Christian Leadership Conference*, op. cit., p. 232.

33. Berl I. Bernhard, entrevista a John F. Stewart, 25 jul. 1968. Coleção de História Oral, Biblioteca JFK.

34. Cartha D. "Deke" DeLoach a John Mohr, memorando, 15 jan. 1963. Arquivos do FBI.

35. J. Edgar Hoover a Berl I. Bernhard, memorando, 18 jan. 1963. Arquivos do FBI.

36. David J. Garrow, *The FBI and Martin Luther King, Jr: From "Solo" to Memphis*, op. cit., p. 57.

24. "A COISA TÁ NELES" [pp. 254-65]

1. James R. McDowell, "Letter from Lovett to Mrs. King". *The Church Awakens: African Americans and the Struggle for Justice*. Disponível em: <www.episcopalarchives.org/church-awakens/items/show/146>. Acesso em: 16 jan. 2021.

2. Frank Wells, "Episcopal Schools Open, King Told". *Atlanta Constitution*, 16 mar. 1963.

3. "Son of Martin Luther King Is Rejected". *Hanford Sentinel*, 16 mar. 1963.

4. "Fear Violence at Oscar Awards over Race Issue". *Chicago Daily Defender*, 16 mar. 1963.

5. "Miss. Cops, Dog Scatter 100 in Voting March". *Chicago Daily Defender*, 28 mar. 1963.

6. Malcolm X em depoimento a Alex Haley, *The Autobiography of Malcolm X*. Nova York: Ballantine Books, 1964, p. 454.

7. Lerone Bennett Jr., *The Negro Mood and Other Essays*. Nova York: Ballantine Books, 1964, pp. 29-30.

8. Martin Luther King Jr., "Bold Design for a New South". *The Nation*, 30 mar. 1963.

9. Ernest Dunbar, op. cit.

10. James Lawson, entrevista ao autor, 1 fev. 2019.

11. "Wallace Makes Federal Government His Target in Speech". *Birmingham Post-Herald*, 15 jan. 1963.

12. James Saxon Childers, "'Just a Good Old Country Boy'". *Birmingham News*, 18 out. 1931.

13. Ibid.

14. Andrew M. Manis, *A Fire You Can't Put Out: The Civil Rights Life of Birmingham's Reverend Fred Shuttlesworth*. Tuscaloosa: University of Alabama Press, 1999, p. 203.

15. Glenn T. Eskew, *But for Birmingham: The Local and National Movements in the Civil Rights Struggle*. Chapel Hill: University of North Carolina Press, 1997, p. 108.

16. Ibid., p. 210.

17. Lee E. Bains Jr., "Birmingham, 1963: Confrontation over Civil Rights". Ensaio para a prova de ingresso no bacharelado, Universidade Harvard. Em David J. Garrow (Org.), *Birmingham, Alabama, 1956-1963: The Black Struggle for Civil Rights*. Brooklyn: Carlson Publishing, 1989, p. 170.

18. Martin Luther King Jr., entrevista a Donald H. Smith, 29 nov. 1963. Sociedade Histórica de Wisconsin.

19. David Halberstam, notas e rascunho de discurso. Coleção Halberstam, Biblioteca da Universidade de Boston.

20. Calvin Woods, entrevista ao autor, 4 jan. 2020.

21. "Connor Warns He'll Fill Jail in Mix Effort". *Alabama Journal*, 4 abr. 1963.

22. Ralph David Abernathy, *And the Walls Came Tumbling Down: An Autobiography*, op. cit., p. 238.

23. Ibid., p. 240.

24. Apud Pat Watters, op. cit., pp. 234-5.

25. "Birmingham Given Pivot Status in Drive for Mix". *Selma Times-Journal*, 4 abr. 1963.

26. Apud James H. Cone, *Martin & Malcolm & America: A Dream or a Nightmare*. Maryknoll: Orbis Books, 2020, p. 130.

27. "King Tells Integration Demands in Birmingham". *Chicago Defender*, 6 abr. 1963.

28. Apud Harvard Sitkoff, *The Struggle for Black Equality*. Nova York: Hill & Wang, 2008, p. 121.

29. "6 New Arrests". *Birmingham World*, 17 abr. 1963.

30. "Current of Compromise Flows Through Tension Here". *Birmingham World*, 14 abr. 1963.

31. Foster Hailey, "10 More Negroes Seized in Birmingham Sit-Ins". *The New York Times*, 6 abr. 1963.

32. "Brother of Dr. M. L. King Accepts Ensley Pastorate". *Birmingham Mirror*, 20 jan. 1962.

33. "Fayette Grand Jury Indicts Rev. A. D. King". *Atlanta Daily World*, 10 mar. 1961.

34. Andrew Young, entrevista a Tom Dent, 1 fev. 1984. Centro de Pesquisa Amistad, Universidade Tulane, New Orleans.

35. June Dobbs Butts, entrevista ao autor, 3 out. 2018.

36. "Dogs Snap, Negroes Cry, Parade Crushed in Ala.". *Boston Globe*, 8 abr. 1963.

37. Ibid.

38. "26 Negro Marchers Arrested Here". *Birmingham News*, 8 abr. 1963.

39. James Forman, op. cit., p. 311.

40. Martin Luther King Jr., *Why We Can't Wait*, op. cit., p. 67.

41. George Barner, "King and Abernathy: Trumpets of Gospel". *New York Amsterdam News*, 13 abr. 1963.

42. Ibid.

43. Ibid.

44. Martin Luther King Jr., *Why We Can't Wait*, op. cit., pp. 70-1.

45. Andrew Young, *An Easy Burden: The Civil Rights Movement and the Transformation of America*, op. cit., p. 214.

46. Martin Luther King Jr., *Why We Can't Wait*, op. cit., p. 71.

47. "King Jailed as Officers Halt March". *Montgomery Advertiser*, 13 abr. 1963.

48. Dorothy Cotton, *If Your Back's Not Bent: The Role of the Citizenship Education Program in the Civil Rights Movement*. Nova York: Atria Books, 2012, p. 213.

49. "King Jailed as Officers Halt March", op. cit.

50. Biblioteca digital da Boston TV News. Disponível em: <www.bostonlocaltv.org/catalog/VQGC70WT8X3Y3JZS>. Acesso em: 9 jun. 2021.

51. Notícias da UPI, vários jornais, 13 abr. 1963.

52. Ralph David Abernathy, *And the Walls Came Tumbling Down: An Autobiography*, op. cit., p. 252.

25. A CADEIA DE BIRMINGHAM [pp. 266-80]

1. Martin Luther King Jr., *Why We Can't Wait*, op. cit., p. 74.

2. Ibid., p. 73.

3. "White Clergymen Urge Local Negroes to Withdraw from Demonstrations". *Birmingham News*, 13 abr. 1963.

4. "Ala. Ministers Urge Peace and Calm in Integration". *Alabama Citizen*, 2 fev. 1963.

5. Willie Mackey King, entrevista ao autor, 8 nov. 2021.

6. Id., entrevista ao autor, 8 jul. 2020.

7. Id., entrevista ao autor, 8 nov. 2021.

8. A versão mais antiga que se conhece da carta, com as iniciais de Willie Mackey, encontrada nos arquivos de *Christian Century*, tem leves diferenças das versões posteriores, inclusive da que foi publicada na revista. As marcas de revisão no documento mostram pequenas modificações. Por exemplo, "Pode ser que mais uma vez eu tenha sido otimista demais" se tornou "Talvez eu tenha sido mais uma vez otimista demais". King continuou a revisar a carta cada vez que seria publicada em outro lugar.

9. Harold S. Fey a King, 22 maio 1963. Arquivos de *Christian Century*, Chicago.

10. Transcrição de grampo telefônico, 15 abr. 1963, Departamento de Polícia de Birmingham. Acervo pessoal de David J. Garrow.

11. Apud David J. Garrow, *Bearing the Cross: Martin Luther King, Jr., and the Southern Christian Leadership Conference*, op. cit., p. 247.

12. Dorothy Cotton, entrevista a Horace Huntley, 22 abr. 1999. Instituto de Direitos Civis de Birmingham.

13. Andrew Young, entrevista ao autor, 23 jan. 2019.

14. WRVR, *The Birmingham Story*, gravação de documentário radiofônico em áudios. Arquivo Americano de Transmissão Pública. Disponível em: <www.americanarchive.org/catalog/cpb-aacip-500-xd0qwv5h?term=MARTIN&#at1306.45s>. Acesso em: 2 abr. 2024.

15. James Orange, entrevista, 15 jul. 2003. Projeto de História Oral Voices of Labor, Biblioteca da Universidade Estadual da Geórgia, Atlanta.

16. Reese Cleghorn, "Martin Luther King Jr.: Apostle of Crisis. *Saturday Evening Post*, 15 jun. 1963.

17. Ibid.

18. Bayard Rustin e Harry Wachtel, transcrição de conversa gravada em fita de áudio, 31 out. 1985, cortesia de Walter Naegle.

19. Ibid.

20. Apud Garrow, *Bearing the Cross*, p. 251.

21. Martin Luther King Jr., "Keep On Moving", discurso, 5 maio 1963, "Sing for Freedom", Folkways Records do Instituto Smithsonian.

22. Claude Sitton, "Rioting Negroes Routed by Police at Birmingham", *New York Times*, 8 maio 1963.

23. "Negroes End Desegregation Campaign". *Birmingham News*, 10 maio 1963.

24. "Birmingham: Testament of Nonviolence, 1; A Happy Day in Birmingham, May 10, 1963", WRVR, gravação em fita, Arquivo Americano de Transmissão Pública, Disponível em: <www.americanarchive.org/catalog/cpb-aacip-500-r785p02p?term=MARTIN&#at5.69s>. Acesso em: 2 abr. 2024.

25. "Negroes Cut Back Terms for Ending Birmingham Crisis". *New York Times*, 10 maio 1963.

26. "Birmingham: Testament of Nonviolence, 2; The Klan Two Bombs and a Riot", WRVR, gravação em fita, Arquivo Americano de Transmissão Pública. Disponível em: <www.americanarchive.org/catalog/cpb-aacip-500-xd0qwv5h?term=MARTIN&#at1306.45s>. Acesso em: 2 abr. 2024.

27. "Blasts Rock Home of King's Brothers and Gaston Motel". *Birmingham News*, 12 maio 1963.

28. "Birmingham: Testament of Nonviolence, 2", op. cit.

29. Ibid.

30. "Gallup Poll: LBJ, Ike and 'Winnie'". *Rapid City Journal*, 27 dez. 1963.

31. Comitê Orçamentário da NAACP, memorando, 18 dez. 1963, Biblioteca do Congresso.

32. Reese Cleghorn, "Martin Luther King Jr., Apostle of Crisis. *Saturday Evening Post*, 15 jun. 1963.

33. Lerone Bennett Jr., *What Manner of Man: A Biography of Martin Luther King, Jr.*, op. cit., p. 156.

34. Walter Lippmann, "The Negroes and the Nation". *Washington Post*, 28 maio 1963.

35. Arthur M. Schlesinger Jr., *Robert Kennedy and His Times*. Boston: Mariner Books, 2002, p. 334.

36. James Baldwin, entrevista, 2 fev. 1970. Arquivo Pessoal de Jean Stein, JSTPP-001-012, Biblioteca JFK.

37. Arthur M. Schlesinger Jr., *Robert Kennedy and His Times*, op. cit., p. 335.

38. Martin Luther King Jr., entrevista a David Susskind. "Open End", WNTA-TV, transmitido em 9 jun. 1963.

39. Ibid.

40. Edwin O. Guthman e Jeffrey Shulman (Orgs.), *Robert Kennedy, in His Own Words: The Unpublished Recollections of the Kennedy Years*. Nova York: Bantam Books, 1988, p. 199.

41. Harris Wofford, *Of Kennedys and Kings: Making Sense of the Sixties*. Nova York: Farrar, Straus & Giroux, 1980, p. 172.

42. John F. Kennedy, "Address to the American People on Civil Rights", 11 jun. 1963. Biblioteca JFK.

43. Martin Luther King Jr., entrevista a Berl I. Bernhard, 9 mar. 1964, transcrição. Biblioteca JFK.

44. Claude Sitton, "NAACP Leader Slain in Jackson; Protests Mount". *The New York Times*, 13 jun. 1963.

45. Edwin O. Guthman e Jeffrey Shulman (Orgs.), op. cit., pp. 210-1.

46. Martin Luther King Jr., entrevista a Berl I. Bernhard, op. cit.

26. O SONHO, PARTE I [pp. 283-96]

1. "The Negro in America". *Newsweek*, 29 jul. 1963.

2. Ibid.

3. Martin Luther King Jr., *Why We Can't Wait*, op. cit., p. 16.

4. Ibid.

5. "City Restaurants Sign Integrate Pact". *Austin American-Statesman*, 6 jun. 1963.

6. "Martin Luther King Racial Matters", memorando do FBI, 4 jun. 1963.

7. Martin Luther King Jr., *Why We Can't Wait*, op. cit., p. 37.

8. "After King Talks and Negroes Walk". *Danville Register*, 12 jul. 1963.

9. Edwin O. Guthman e Jeffrey Shulman (Orgs.), op. cit., p. 176.

10. David J. Garrow, *The FBI and Martin Luther King, Jr.*, op. cit., p. 58.

11. Cartha D. "Deke" DeLoach, *Hoover's FBI: The Inside Story by Hoover's Trusted Lieutenant*. Washington, DC: Regnery History, 1995, p. 202.

12. Edwin O. Guthman e Jeffrey Shulman (Orgs.), op. cit., p. 198.

13. Robert Kennedy, entrevista a Anthony Lewis, 4 dez. 1964. Biblioteca JFK.

14. Phil Casey, "3000 in Peaceful Rights March Here". *Washington Post*, 5 jun. 1963.

15. Burke Marshall, entrevista, 6 out. 1968. Arquivo Pessoal de Jean Stein, Biblioteca JFK.

16. M. S. Handler, "Malcolm X Starting Drive in Washington". *New York Times*, 10 maio 1963.

17. Martin Luther King Jr., entrevista a David Susskind, 9 jun. 1963, gravação em vídeo. Disponível em: <https://www.youtube.com/watch?v=wDktwJoOYQ0 >. Acesso em: 10 mar. 2021.

18. "Massive Protest in Capital Seen If Congress Fails to Aid Negroes". *The New York Times*, 12 jun. 1963.

19. "The Future: Not How Much — But When". *Newsweek*, 29 jul. 1963.

20. Apud David J. Garrow, *Bearing the Cross: Martin Luther King, Jr., and the Southern Christian Leadership Conference*, op. cit., pp. 273-4.

21. Apud Arthur M. Schlesinger Jr., *Robert Kennedy and His Times*, op. cit., p. 349.

22. Apud ibid., p. 350.

23. Apud ibid., p. 357.

24. "Cavanagh, King to Head March Down Woodward". *Detroit Free Press*, 23 jun. 1963.

25. “Cleo Louis King Hill, Aunt of Martin Luther King Jr”. *Detroit News*, 10 nov. 1998.

26. Robert Pearson, “Negroes ‘on the Threshold of a Breakthrough’ — King”. *Detroit Free Press*, 24 jun. 1963.

27. Martin Luther King Jr., “I Have a Dream”, discurso na Marcha pela Liberdade, 23 jun. 1963, Detroit, gravação da Motown. Esta também é a fonte para todas as citações subsequentes desse discurso.

28. W. Jason Miller, *Origins of the Dream: Hughes's Poetry and King's Rhetoric*. Gainesville: University Press of Florida, 2015, pp. 142-3.

29. “Dr. King Is Target of Eggs in Harlem”. *New York Times*, 1 jul. 1963.

30. “Eggs Hit King's Car in Harlem”. *Atlanta Constitution*, 1 jul. 1963.

31. Fotografia, Centro Schomburg.

32. “King Jeered”. *Christian Science Monitor*, 2 jul. 1963.

33. Stephen Drury Smith e Catherine Ellis (Orgs.), *Free All Along: The Robert Penn Warren Civil Rights Interviews*. Nova York: The New Press, 2019, p. 182.

34. John Lewis e Michael D'Orso, op. cit., p. 215.

35. “King Visits Gregory in Jail”. *Chicago Daily Defender*, 19 ago. 1963.

36. Martin Luther King Jr., *Why We Can't Wait*, op. cit., p. ix.

37. “Pledge Show Profits to King”. *Los Angeles Sentinel*, 30 maio 1963.

38. Clarence Jones, entrevista por e-mail ao autor, 19 mar. 2021.

27. O SONHO, PARTE II [pp. 297-306]

1. Francine White (nascida Yeager), entrevistas ao autor, 26 fev. e 2 abr. 2021. Todos os detalhes, citações, reflexões e sentimentos atribuídos a White provêm dessas entrevistas e foram confirmadas em encontros posteriores.

2. Anna Petersen, “80 000 Lunches Made Here by Volunteers for Washington Marchers”. *The New York Times*, 28 ago. 1983.

3. “Nats Call Off Two Games, August 27-28”. *Washington Post*, 17 ago. 1963.

4. Martin Arnold, “Road Facilities to Aid Caravans”. *The New York Times*, 28 ago. 1963.

5. Roger Mudd, *The Place to Be: Washington, CBS, and the Glory Days of Television News*. Nova York: PublicAffairs, 2008, p. 118.

6. Ibid.

7. Apud Aniko Bodroghkozy, *Equal Time: Television and the Civil Rights Movement*. Urbana: University of Illinois Press, 2012, p. 105.

8. Todas as descrições físicas de King e a reação da multidão vêm de *The March: The Story of the Greatest March in American History*, PBS, Smoking Dog Films, 2013; bem como de vídeos no YouTube, inclusive este: <https://www.youtube.com/watch?v=vlaSZ7jhWWk>. Acesso em: 4 abr. 2024. Todas as citações do discurso “I Have a Dream” proferido por King na Marcha sobre Washington por Trabalho e Liberdade, em 28 de agosto de 1963, vêm da gravação do evento feita pela Motown.

9. Louise Oettinger, “The Sunny Day Shone”. *The Washington Post*, 29 ago. 1963.

10. Gordon Gundrum, entrevista ao autor, 10 jul. 2018. Todas as citações, observações e pensamentos subsequentes atribuídos a Gundrum provêm dessa entrevista.

11. Martin Luther King Jr., *Why We Can't Wait*, op. cit., p. 134.

12. Id., entrevista a Donald H. Smith, 29 nov. 1963. Sociedade Histórica de Wisconsin.

13. Ibid.

14. Taylor Branch, *Parting the Waters: America in the King Years, 1954-63*. Nova York: Touchstone, 1989, p. 883.

15. Francine White (nascida Yeager), entrevista ao autor, 18 jun. 2021. Todos os diálogos e detalhes baseados na entrevista com White foram submetidos pelo autor à checagem e aprovação.

16. Em anos futuros, os historiadores passaram a debater se Mahalia Jackson inspirou King de forma espontânea a falar sobre o sonho. Mas uma gravação original do discurso, que ficou anos guardada nos arquivos da Motown Records e foi encontrada recentemente, parece pôr fim às especulações. Essa gravação deixa claro que King já tinha começado a falar de seu sonho quando Mahalia o aprovou e incentivou, juntando-se a ele numa espécie de dueto. Quando ela gritou, King continuou, sua voz encobrindo a dela. Um repórter do *Washington Post* presente na Marcha sobre Washington que fez uma matéria naquele dia declarou ter ouvido o grito, mas não disse quem o tinha dado nem quando. Em entrevistas e em sua autobiografia, Mahalia Jackson não alegou em momento nenhum ter inspirado o discurso de King. Em *Movin' On Up*, com Evan McLeod Wylie (Nova York: Hawthorn Books, 1966), Jackson escreveu que King era um "homem de fala tranquila que consegue pregar um sermão inteiro sem ficar com o colarinho molhado de suor. Mas, nessa tarde maravilhosa, o orgulho e a alegria que ele sentia com a grande marcha e o espetáculo daquela multidão de gente com todas as esperanças que acalentavam para os filhos o arrebataram também". *Movin' On Up*, pp. 192-205.

17. Três meses após a Marcha sobre Washington, King disse a um entrevistador: "Comecei lendo o discurso e fui fazendo isso até que de súbito decidi. A reação dos ouvintes naquele dia era maravilhosa, sabe [...]. E então de repente me veio essa coisa que eu usava, tinha usado muitas vezes antes, a coisa de 'Eu tenho um sonho', e senti vontade de usar ali. Não sei por quê. Quer dizer, eu não tinha pensado naquilo antes do discurso e [...] deixei de lado o manuscrito [...] e não voltei mais a ele". Martin Luther King Jr., entrevista a Donald H. Smith, 29 nov. 1963. Sociedade Histórica de Wisconsin.

28. "O PRETO MAIS PERIGOSO" [pp. 307-16]

1. Coretta Scott King, entrevista a Charlotte Mayerson, 16 jul. 1968, gravação em fita. Biblioteca Smathers, Biblioteca da Universidade da Flórida, Gainesville.

2. Taylor Branch, *Parting the Waters: America in the King Years, 1954-63*, op. cit., p. 883.

3. "Big Day — End and a Beginning". *Newsweek*, 9 set. 1963.

4. Gravação em áudio da Casa Branca, fita 108/A43, 28 ago. 1963. Biblioteca JFK.

5. Ibid.

6. Ibid.

7. Manning Marable e Garrett Felber (Orgs.), *The Portable Malcolm X Reader*. Nova York: Penguin Books, 2013, p. 263.

8. Ibid., p. 273.

9 . "Communist Party USA — Negro Question", memorando, 23 ago. 1963. Arquivos do FBI.

10. Ibid.

11. William C. Sullivan a Alan H. Belmont, memorando, 30 ago. 1963. Arquivos do FBI.

12. David J. Garrow, entrevista ao autor, 22 abr. 2022.

13. Id., “The Troubling Legacy of Martin Luther King”. *Standpoint*, jun. 2019.

14. Martin Luther King Jr., entrevista, WSB-TV, 26 jul. 1963. Arquivos de Mídia Brown, Universidade da Geórgia, Athens.

15. “Martin Luther King Jr., Security Matter — Communist”, memorando, 10 out. 1963. Arquivos do FBI.

16. Edwin O. Guthman e Jeffrey Shulman (Orgs.), op. cit., p. 146.

17. Robert F. Kennedy, entrevista a Anthony Lewis, 4 dez. 1964. Biblioteca JFK.

18. Ibid.

19. Contrato de aluguel de apartamento em Peachtree Towers, 23 out. 1963. Arquivos do FBI.

20. Murray Kempton, “The March on Washington”. *The New Republic*, 4 set. 1963.

21. Norman Mailer, “The Big Bite”. *Esquire*, dez. 1963.

22. David Levering Lewis, op. cit., p. 231.

23. C.T. Vivian, entrevista ao autor, 6 jul. 2018.

24. “Quote and Unquote”. *SCLC Newsletter*, set. 1963.

25. “America’s Gandhi”. *Time*, 3 jan. 1964.

26. Entrevista de Dorothy Cotton em “Citizen King”, dir. Orlando Bagwell e W. Noland Walker, *American Experience*, PBS Home Video, transmitido em 19 jan. 2004.

27. “America’s Gandhi”, op. cit.

28. “March ‘Impressed’ Malcolm X”. *New York Amsterdam News*, 7 set. 1963.

29. Depoimento extraído da transcrição do processo judicial State of Alabama v. Robert E. Chambliss. Décima Vara Judicial do Alabama, 28 out. 1977, p. 247.

30. “School Mix Fight Pledged by Boutwell”. *Birmingham News*, 14 set. 1963.

31. Ibid.

32. Martin Luther King Jr., entrevista a Alex Haley. *Playboy*, jan. 1965.

33. Apud John N. Herbers e Anne Farris Rosen, *Deep South Dispatch: Memoir of a Civil Rights Journalist*. Jackson: University Press of Mississippi, 2018, p. 106.

34. John Herbers, “Funeral Is Held for Bomb Victims”. *The New York Times*, 19 set. 1963.

35. Jay Caspian Kang, “What the World Got Wrong About Kareem Abdul-Jabbar”. *The New York Times Magazine*, 17 set. 2015.

36. Coretta Scott King, *My Life with Martin Luther King, Jr.*, op. cit., p. 227.

29. HOMEM DO ANO [pp. 317-29]

1. Conversa telefônica n. 56, gravação em áudio. Biblioteca Presidencial LBJ, Austin, Texas. Disponível em: <www.discoverlbj.org/item/tel-00056>. Acesso em: 29 abr 2021.

2. Reminiscências do presidente Lyndon Baines Johnson, 19 ago. 1969, transcrição de história oral. Biblioteca Presidencial LBJ, Austin, Texas.

3. Ibid., p. 192.

4. “A Letter from the Publisher”. *Time*, 3 jan. 1964.

5. William Robert Miller, *Martin Luther King, Jr.: His Life, Martyrdom and Meaning for the World*. Nova York: Weybright and Talley, 1968, p. 176.

6. Stanley Pottinger, entrevista ao autor, 15 set. 2021.

7. Stanley Pottinger, entrevista por e-mail ao autor, 30 nov. 2021.

8. "Report of the Department of Justice Task Force to Review the FBI Martin Luther King Jr., Security and Assassination Investigations", 11 jan. 1977.

9. S. B. Donahoe a Alan H. Belmont, memorando, 11 jan. 1964. Arquivos do FBI.

10. William C. Sullivan a Alan H. Belmont, memorando, 13 jan. 1964. Arquivos do FBI.

11. Bayard Rustin comentou certa vez que, depois de ler as transcrições do FBI de suas conversas, ficou impressionado com a precisão delas, dizendo: "Não há uma única coisa em minhas conversas com King que eles tenham distorcido ou [...] mentido".

12. William C. Sullivan e Bill Brown, *The Bureau: My Thirty Years in Hoover's FBI*. Nova York: W. W. Norton, 1979, p. 138.

13. Apud J. Edgar Hoover a Walter Jenkins, 14 abr. 1964. Arquivo Mildred Stegall, Biblioteca Presidencial LBJ, Austin, Texas.

14. Memorando do FBI, 1 jun. 1964.

15. William C. Sullivan e Bill Brown, op. cit., pp. 141-2.

16. *Historic Conversations on Life with John F. Kennedy, Interviews with Arthur M. Schlesinger, Jr., 1964*. Nova York: Hyperion, 2011, p. 260.

17. Ibid.

18. S. d., relatório reescrito do FBI, redigido provavelmente entre dez. 1963 e abr. 1964. Arquivos do FBI.

19. Memorando do FBI, 14 abr. 1964.

20. William C. Sullivan a Alan H. Belmont, memorando, 8 jan. 1964. Arquivo Jack Anderson, caixa 307, pasta 4, Biblioteca da Universidade George Washington, Washington, DC.

21. "King Says Hoover Aids 'Smear' of Civil Rights". *Wichita Beacon*, 24 abr. 1964.

22. Apud David J. Garrow, *The FBI and Martin Luther King, Jr.: From "Solo" to Memphis*, op. cit., p. 113.

23. Harry Belafonte, entrevista ao autor, 4 abr. 2017.

24. Ibid.

25. Lyndon Baines Johnson, Mensagem Anual ao Congresso sobre o Estado da União, 8 jan. 1964, Biblioteca LBJ.

26. Jack Raymond, "Johnson Is Hopeful House Will Debate Rights This Month". *The New York Times*, 19 jan. 1964.

27. Martin Luther King Jr., *Why We Can't Wait*, op. cit., p. 151.

28. Ibid., p. 12.

29. Ibid., pp. 150-1.

30. Ibid., p. 20.

31. "Since the Supreme Court Spoke". *The New York Times*, 10 maio 1964.

32. Fred Powledge, "Polls Show Whites in City Resent Civil Rights Protest". *The New York Times*, 21 set. 1964.

33. Stephen Drury Smith e Catherine Ellis (Orgs.), *Free All Along: The Robert Penn Warren Civil Rights Interviews*. Nova York: The New Press, 2019, p. 171.

34. John N. Herbers e Anne Farris Rosen, *Deep South Dispatch: Memoir of a Civil Rights Journalist*, op. cit., p. 145.

35. "'Little Negro' Ready to Use His Shotgun". *Capital Times* (Madison, Wisc.), 18 maio 1964.

36. Stephen Drury Smith e Catherine Ellis (Orgs.), op. cit., pp. 172-3.

37. Ibid., p. 180.

38. Andrew Young, entrevista ao autor, 23 jan. 2019.

39. Rolundus R. Rice, *Hosea Williams: A Lifetime of Defiance and Protest*. Columbia: University of South Carolina Press, 2022, p. ix.

40. Carta de Walker a Wilkins, 11 maio 1964. Acervo pessoal de David J. Garrow.

41. Declaração de renda da SCLC, 29 set. 1964. Acervo pessoal de David J. Garrow.

42. Clarence B. Jones a Martin Luther King Jr., 15 abr. 1964.

43. Hosea Williams, entrevista a John Barber. Arquivo Hosea Williams, Biblioteca de Pesquisa sobre Cultura e História Afro-Americana Auburn Avenue, Atlanta — Biblioteca Pública Fulton, Atlanta.

44. Vincent Harding, história oral, 9 dez. 1969. Biblioteca JFK.

45. Ted Knap, "Malcolm X Crashes King Press Session". *Pittsburgh Press*, 27 mar. 1964.

46. "Malcolm X Planning Rally to Choose 'Bullets or Ballots'". *Baltimore Sun*, 23 mar. 1964.

30. UM PROBLEMA DE OBSERVÂNCIA DA LEI [pp. 330-46]

1. "Negro Leader Arrested at Restaurant". *San Mateo Times*, 11 jun. 1964.

2. "Reverend Martin Luther King Jr. Arrested in Florida". Associated Press Archive. Disponível em: <www.youtube.com/watch?v=lYTQnjMd-58>. Acesso em: 14 jun. 2021.

3. Ibid.

4. John N. Herbers e Anne Farris Rosen, *Deep South Dispatch: Memoir of a Civil Rights Journalist*, op. cit., p. 151.

5. John Herbers, "Martin Luther King and 17 Others Jailed Trying to Integrate St. Augustine Restaurant". *The New York Times*, 12 jun. 1964.

6. "Reverend Martin Luther King Jr. Arrested in Florida", op. cit.

7. John Herbers, "Martin Luther King and 17 Others Jailed Trying to Integrate St. Augustine Restaurant", op. cit.

8. Louis Lomax, *The Negro Revolt*. Nova York: Signet, 1963, p. 102.

9. Apud Pat Watters, op. cit., p. 287.

10. Apud ibid., pp. 280-1.

11. Apud John N. Herbers e Anne Farris Rosen, *Deep South Dispatch: Memoir of a Civil Rights Journalist*, op. cit., p. 159.

12. Apud Pat Watters, op. cit., p. 285.

13. Martin Luther King Jr., declaração sobre a indicação de Barry Goldwater, 16 jul. 1964. Arquivo Martin Luther King, Jr., 1950-68, Martin Luther King, Jr., Centro pela Mudança Social Não Violenta, Inc., Atlanta.

14. Apud Pat Watters, op. cit., p. 286.

15. David J. Garrow, *Bearing the Cross: Martin Luther King, Jr., and the Southern Christian Leadership Conference*, op. cit., p. 331.

16. John Herbers, "200 Whites March at St. Augustine". *The New York Times*, 13 jun. 1964.

17. Homer Bigart, "St. Augustine Aides Say They Cannot Keep Peace". *The New York Times*, 27 jun. 1964.

18. L. Harold DeWolf, entrevista. Coleção História Oral Ralph J. Bunche, Centro de Pesquisa Moorland-Spingarn, Universidade Howard, Washington, DC.

19. Robert B. Hayling, entrevista com John Britton, 16 ago. 1967. Centro de Pesquisa Moorland-Spingarn, Universidade Howard, Washington, DC.

20. "President Acts". *The New York Times*, 24 jun. 1964.

21. "Johnson's Address on Civil Rights". *The New York Times*, 3 jul. 1964.

22. Martin Luther King Jr., entrevista a Alex Haley. *Playboy*, jan. 1965.

23. Calvin Trillin, "Plane to Mississippi: An Encounter with Martin Luther King Jr". *The New Yorker*, 29 ago. 1964. Os detalhes e as citações subsequentes provêm desse artigo.

24. John Herbers, "Dr. King Starts Mississippi Tour". *The New York Times*, 22 jul. 1964.

25. "Racial Roundup". *Jackson Clarion-Ledger*, 22 jul. 1964.

26. Linchamentos por estado, arquivos do Instituto Tuskegee.

27. Willie Morris, *Terrains of the Heart and Other Essays on Home*. Oxford, Miss.: Yoknapatawpha Press, 1981, p. 8.

28. Robert Moses ao comitê executivo do SNCC, memorando, s. d., 1964. Coleção Digital Verão da Liberdade, Sociedade Histórica de Wisconsin.

29. Clayborne Carson, *In Struggle: SNCC and the Black Awakening of the 1960s*. Cambridge, Mass.: Harvard University Press, 1981, p. 117.

30. Casey Hayden, "Sermonette on the Movement". *Southern Changes*, v. 9, n. 5, p. 28, 1987.

31. Lyndon B. Johnson e Robert Kennedy, conversa telefônica n. 4288, 21 jul. 1964, gravação em áudio. Biblioteca Presidencial LBJ, Austin. Disponível em: <www.discoverlbj.org/item/tel-04288>. Acesso em: 9 abr. 2024.

32. Ibid.

33. John Herbers, "Dr. King Speaks to Negro Group at Philadelphia, Miss., Rally". *The New York Times*, 25 jul. 1964.

34. Ibid.

35. Ibid.

36. "Dr. King Leaves Mississippi". *The New York Times*, 26 jul. 1964.

37. Martin Luther King Jr. e Bayard Rustin, conversa telefônica, 26 jul. 1964, transcrição do FBI. Esta é também a fonte de todas as citações subsequentes de King e Rustin nesse trecho.

38. Layhmond Robinson, "Negroes' View of Plight Examined in Survey Here". *The New York Times*, 27 jul. 1964.

39. Bayard Rustin e Henry Schwarzschild, conversa telefônica, 24 jul. 1964, transcrição. Arquivos do FBI.

40. "'Don't Need You' Rev. King Told by NY Negroes". *Chicago Defender*, 29 jul. 1964.

41. Ossie Davis e Ruby Dee a Martin Luther King Jr., 28 jul. 1964. Arquivo Bayard Rustin, Biblioteca do Congresso.

42. "Negro Leaders Split Again". *Chicago Defender*, 1 ago. 1964.

43. David Levering Lewis, *King: A Biography*. 3. ed. Urbana: University of Illinois Press, 2013, p. 249.

44. Paul L. Montgomery, "Core to Continue Its Direct Action". *The New York Times*, 10 ago. 1964.

45. Paul Hofmann, "Pope and Dr. King Confer on Rights". *The New York Times*, 9 set. 1964.

46. Fannie Lou Hamer, depoimento ao Comitê de Credenciais da Convenção Democrata Nacional, Atlantic City, NJ, 22 ago. 1964. Disponível em: <www.youtube.com/watch?v=RobTthUg04c>. Acesso em: 12 out. 2021.

47. Andrew Young, *An Easy Burden: The Civil Rights Movement and the Transformation of America*, op. cit., p. 311.

48. Id., entrevista ao autor, 19 jan. 2019.

49. Ralph David Abernathy, *And the Walls Came Tumbling Down: An Autobiography*, op. cit., pp. 490-1.

50. Transcrições de Coretta Scott King, Arquivo Hatch, 27/26.

51. Robert Penn Warren, *Who Speaks for the Negro?*. New Haven: Yale University Press, 2014, p. 220.

52. Coretta Scott King, "The World of Coretta King", op. cit.

53. Ibid.

31. O PRÊMIO [pp. 347-53]

1. Bill Shipp, "Nobel Peace Prize Goes to Rev. King". *Atlanta Constitution*, 15 out. 1964.

2. "King in Hospital; Happy over Nobel Prize Selection". *Chicago Defender*, 15 out. 1964.

3. "Cheers and Scorn for Nobel Award". *The New York Times*, 15 out. 1964.

4. Ibid.

5. Apud David J. Garrow, *The FBI and Martin Luther King, Jr.: From "Solo" to Memphis*, op. cit., p. 121.

6. Martin Luther King pai, *Daddy King: An Autobiography*, op. cit., p. 183.

7. J. Edgar Hoover a Bill Moyers, 22 out. 1964. Arquivo Mildred Stegall, Biblioteca Presidencial LBJ, Austin.

8. Coretta Scott King, *My Life with Martin Luther King, Jr.*, op. cit., pp. 3-4.

9. Lyndon B. Johnson e Martin Luther King Jr., conversa telefônica, 5 nov. 1964, WH6411-05-6239. Edição Digital de Gravações Presidenciais, Centro Miller, Universidade da Virgínia.

10. Lyndon B. Johnson e Nicholas Katzenbach, conversa telefônica, 11 nov. 1964, WH6411-16-6324-6325-6326-6327. Edição Digital de Gravações Presidenciais, Centro Miller, Universidade da Virgínia.

11. Dorothy Cotton, entrevista a Nick Kotz, s. d. Arquivo Kotz, caixa 38, pasta 1, Sociedade Histórica de Wisconsin.

12. Id., entrevista. Em "Citizen King", dir. Orlando Bagwell e W. Noland Walker. *American Experience*, PBS Home Video, transmitido em 19 jan. 2004.

13. John Herbers, "Dr. King Rebuts Hoover Charges". *The New York Times*, 20 nov. 1964.

14. Carta anônima a Martin Luther King Jr., s. d. Arquivos Nacionais, College Park, Md.

15. Robert Allen, diário, 30 nov. 1964, colecionador particular.

16. Ibid.

17. Paul Letersky, *The Director: My Years Assisting J. Edgar Hoover*. Nova York: Scribner, 2021, p. 87.

18. Peter Ross Range, "Playboy Interview: Andrew Young". *Playboy*, jul. 1977.

19. Cartha D. "Deke" DeLoach, depoimento ao Comitê Especial do Senado Federal para o Estudo das Operações Governamentais Referentes às Atividades de Inteligência, 3 dez. 1975.

20. Anthony Lewis, "Hoover and King Discuss Dispute", *New York Times*, 2 dez. 1964.

21. James Farmer, entrevista a Nick Kotz, "no começo de 1999", segundo transcrição datilografada. Arquivo Kotz, Sociedade Histórica de Wisconsin.

22. Ibid.

32. O DIRETOR [pp. 354-60]

1. Pesquisa Gallup, maio 1954, Gallup Vault. Disponível em: <https://news.gallup.com/vault/210107/gallup-vault-edgar-hoover-fbi-american-communists.aspx>. Acesso em: 10 abr. 2024.

2. Jack Alexander, "The Director — II". *The New Yorker*, 2 out. 1937.

3. Ibid.

4. Paul Letersky, op. cit., p. XII.

5. J. Edgar Hoover, "Wholly Loyal". *The Crusader*, p. 15, jun. 1961.

6. Paul Letersky, op. cit., p. 85.

7. Ibid., p. 207.

8. William C. Sullivan, *The Bureau: My Thirty Years in Hoover's FBI*, op. cit., p. 9.

9. J. Edgar Hoover a Lyndon Baines Johnson, 30 nov. 1964. Arquivo Mildred Stegall, Biblioteca Presidencial LBJ, Austin.

10. Carta de J. Edgar Hoover a Bill Moyers, 2 dez. 1964. Arquivo Mildred Stegall, Biblioteca Presidencial LBJ, Austin.

11. Gene Roberts e Hank Klibanoff, op. cit., p. 371.

12. Burke Marshall, entrevista a Nick Kotz, 28 abr. 2000. Arquivo Kotz, Sociedade Histórica de Wisconsin.

13. Ibid.

14. Cartha D. "Deke" DeLoach, entrevista a Nick Kotz, 8-9 mar. 2000. Arquivo Kotz, Sociedade Histórica de Wisconsin.

15. Nicholas Katzenbach, depoimento ao Comitê Especial do Senado Federal para o Estudo das Operações Governamentais Referentes às Atividades de Inteligência, 3 dez. 1975.

16. Beverly Gage, op. cit., p. XII.

17. Lyndon Baines Johnson e Cartha D. "Deke" DeLoach, conversa telefônica n. 6431, 20 nov. 1964, gravação em áudio. Biblioteca Presidencial LBJ, Austin. Acesso em: 5 ago. 2021.

33. UM NOVO SENSO DE VALOR PESSOAL [pp. 361-4]

1. Harry Wachtel e Bayard Rustin, conversa telefônica, 7 nov. 1964. Arquivos do FBI.

2. Izzy Rowe, "Izzy Rowe's Note Book". *Pittsburgh Courier*, 9 jan. 1965.

3. Coretta Scott King, *My Life with Martin Luther King, Jr.*, op. cit., p. 4.

4. Bayard Rustin e Harry Wachtel em conversa com Walter Naegle, 31 out. 1985, transcrição. Acervo pessoal de David J. Garrow.

5. David J. Garrow, *Bearing the Cross: Martin Luther King, Jr., and the Southern Christian Leadership Conference*, op. cit., p. 543.

6. Nassir Ghaemi, "Martin Luther King Jr.: Depressed and Creatively Maladjusted". *Psychology Today*, 6 jan. 2012.

7. James Beshai, entrevista ao autor, 6 maio 2022.

8. "Dr. King Proposes a Rights Alliance". *The New York Times*, 10 dez. 1964.

9. David Halberstam, "The Second Coming of Martin Luther King". *Harper's Magazine*, ago. 1967.

10. Martin Luther King Jr., discurso do Nobel, 11 dez. 1964. Disponível em: <www.nobelprize.org/prizes/peace/1964/king/lecture/>. Acesso em: 10 abr. 2024.

11. Coretta Scott King, *My Life with Martin Luther King, Jr.*, op. cit., p. 12.

12. Ibid., p. 13.

13. Coretta Scott King, *My Life, My Love, My Legacy*, op. cit., p. 126.

34. PÉ DE CABRA [pp. 365-83]

1. Apud David J. Garrow, *The FBI and Martin Luther King, Jr.: From "Solo" to Memphis*, op. cit., p. 133.

2. J. Edgar Hoover a Bill Moyers, 21 dez. 1964. Arquivo Mildred Stegall, Biblioteca Presidencial LBJ, Austin.

3. Ralph David Abernathy, *And the Walls Came Tumbling Down: An Autobiography*, op. cit., p. 309.

4. Ibid., p. 310.

5. Ibid.

6. Coretta Scott King, entrevista a Charlotte Mayerson, 6 jul. 1968, gravação em fita. Biblioteca Smathers, Biblioteca da Universidade da Flórida, Gainesville.

7. Id., *My Life, My Love, My Legacy*, op. cit., pp. 129-30.

8. David J. Garrow, *The FBI and Martin Luther King, Jr.: From "Solo" to Memphis*, op. cit., p. 134.

9. Ibid., p. 128.

10. Kenneth Clark, entrevista a Arthur M. Schlesinger Jr., 9 set. 1976. Arquivo Schlesinger, Biblioteca Pública de Nova York.

11. Ibid.

12. Apud Ovid Demaris, *The Director: An Oral Biography of J. Edgar Hoover*. Nova York: Harper's Magazine Press, 1975, p. 227.

13. Coretta Scott King, entrevista, 19 jul. 1968. Arquivo Hatch.

14. "Ala. Racist Group Stages 'Dial-an-Attack' on King". *Chicago Defender*, 4 jan. 1965.

15. "A Visitation to Be Ignored". *Selma Times-Journal*, 30 dez. 1964.

16. Martin Luther King Jr., discurso, 14 jan. 1965, gravação em fita de Dallas County, Departamento de Polícia.

17. Martin Luther King Jr. e Lyndon Baines Johnson, conversa telefônica n. 6737, gravação em áudio, 15 jan. 1965. Biblioteca Presidencial LBJ, Austin.

18. Ramsey Clark, entrevista a Nick Kotz, 27 abr. 2000. Arquivo Kotz, Sociedade Histórica de Wisconsin.

19. "Anti-Integration Picket Arrested by Dallas Police". *Fort WorthStar-Telegram*, 15 ago. 1964.

20. Nick Kotz, *Judgment Days: Lyndon Baines Johnson, Martin Luther King Jr., and the Laws That Changed America*. Boston: Houghton Mifflin, 2005, p. 257.

21. J. Mills Thornton III, *Dividing Lines: Municipal Politics and the Struggle for Civil Rights in Montgomery, Birmingham, and Selma*, op. cit., p. 380.

22. "The Central Point". *Time*, 19 mar. 1965.

23. J. Mills Thornton III, *Dividing Lines*, op. cit., p. 469.

24. Bernard Lafayette Jr., entrevista ao autor, 22 maio 2019.

25. Howell Raines, op. cit., p. 214.

26. Hosea Williams, entrevista a Taylor Branch, 29 out. 1991. Arquivo Hosea L. Williams, Biblioteca de Pesquisa sobre Cultura e História Afro-Americana Auburn Avenue, Atlanta — Sistema da Biblioteca Pública Fulton, Atlanta.

27. Bernard Lafayette Jr., entrevista ao autor, 21 mar. 2018.

28. Hosea Williams, entrevista a Branch.

29. John Herbers, "Alabama Vote Drive Opened by Dr. King". *The New York Times*, 3 jan. 1965.

30. Jim Clark, entrevista a Blackside, Inc., 19 fev. 1986. Para *Eyes on the Prize: America's Civil Rights Years (1954-1965)*, op. cit.

31. "Selma Woman's Girdle a Big Factor in Fight with Sheriff". *Jet*, 11 fev. 1965.

32. Ibid.

33. Ruth McCoy, "A Big Sunday for Rev. King". *Chicago Defender*, 31 jan. 1965.

34. Ibid.; e Coretta Scott King, "The World of Coretta King", op. cit.

35. "Selma Inscribes Note of Reason in History Text". *Montgomery Advertiser*, 31 jan. 1965.

36. "Selma Paper Urges Probe by Congress". *Montgomery Advertiser*, 3 fev. 1965.

37. Charles E. Fager, *Selma, 1965*. Nova York: Charles Scribner's Sons, 1974, pp. 52-3.

38. Ibid.

39. David J. Garrow, *Bearing the Cross: Martin Luther King, Jr., and the Southern Christian Leadership Conference*, op. cit., p. 384.

40. "Malcolm X Predicts Hot Racial Year". *Alabama Journal*, 4 fev. 1965.

41. James H. Cone, *Martin & Malcolm & America: A Dream or a Nightmare*, op. cit., p. 211.

42. Ibid., p. 204.

43. Coretta Scott King, entrevista a Blackside, Inc., 20 dez. 1985, para *Eyes on the Prize: America's Civil Rights Years (1954-1965)*, op. cit.

44. John D. Morris, "Johnson Pledges Alabama Action". *The New York Times*, 4 fev. 1965.

45. David J. Garrow, *Bearing the Cross: Martin Luther King, Jr., and the Southern Christian Leadership Conference*, op. cit., p. 386.

46. Roy Reed, "Dr. King to Seek New Voting Law". *The New York Times*, 6 fev. 1965.

47. John Herbers, "Negro Goals in Selma". *The New York Times*, 6 fev. 1965.

48. Ibid.

49. Bruce Dozier, entrevista ao autor, 23 jul. 2021.

50. Ralph David Abernathy, *And the Walls Came Tumbling Down: An Autobiography*, op. cit., p. 323.

51. Ralph Abernathy e Bayard Rustin, conversa telefônica, 17 fev. 1965, transcrição. Arquivos do FBI.

52. Ralph David Abernathy, *And the Walls Came Tumbling Down: An Autobiography*, op. cit., p. 327.

53. John Herbers, "Dr. King, Back in Alabama, Calls for March on Capitol to Push Voting Drive". *The New York Times*, 23 fev. 1965.

54. William L. Lunch e Peter W. Sperlich, "American Public Opinion and the War in Vietnam". *Western Political Quarterly*, v. 32, n. 1, pp. 21-44, 1979.

55. Charles E. Fager, *Selma, 1965*, op. cit., p. 85.

56. Georgia Powers Davis, *I Shared the Dream*. Far Hills: New Horizon Press, 1995, pp. 97-8.

57. Ibid., p. 148.

58. Ibid., p. 3.

35. SELMA [pp. 384-95]

1. David J. Garrow, *Bearing the Cross: Martin Luther King, Jr., and the Southern Christian Leadership Conference*, op. cit., p. 397.

2. John Lewis, entrevista ao autor e David McMahon, 6 ago. 2019.

3. "Pincers of Terror in Alabama". *Newsday*, 8 mar. 1965.

4. Philip Henry Pitts, entrevista ao autor, 27 dez. 2018.

5. David J. Garrow, *Bearing the Cross: Martin Luther King, Jr., and the Southern Christian Leadership Conference*, op. cit., pp. 399-400.

6. Lyndon Baines Johnson e J. Lister Hill, 8 mar. 1965. Edição Digital de Gravações Presidenciais, Centro Miller, Universidade da Virgínia.

7. Michael Beschloss, "Beschloss on Lady Bird Johnson". *Newsweek*, 22 jul. 2007.

8. David J. Garrow, *Bearing the Cross: Martin Luther King, Jr., and the Southern Christian Leadership Conference*, op. cit., p. 401.

9. Jack Greenberg, *Crusaders in the Courts: How a Dedicated Band of Lawyers Fought for the Civil Rights Revolution*. Nova York: Basic Books, 1994, p. 356.

10. Martin Luther King Jr., conferência telefônica, 9 mar. 1965, transcrição. Arquivos do FBI.

11. Lyndon Baines Johnson e Bill Moyers, 9 mar. 1965, conversa WH6503-04-7045. Edição Digital de Gravações Presidenciais, Centro Miller, Universidade da Virgínia.

12. Roy Reed, "Dr. King Leads March at Selma; State Police End It Peaceably Under a US-Arranged Accord". *The New York Times*, 10 mar. 1965.

13. Ibid.

14. "The Central Point". *Time*, 19 mar. 1965.

15. Ibid.

16. Harris Wofford, entrevista em "Citizen King", op. cit.

17. Ibid.

18. John Herbers, "US Mediated Peaceful Confrontation". *The New York Times*, 10 mar. 1965.

19. James Forman, op. cit., p. 442.

20. "5000 Hear King at Liberty Baptist Church". *Chicago Defender*, 15 mar. 1965.

21. "Dr. King: Death Won't Stop Drive". *Boston Globe*, 15 mar. 1965.

22. "Thousands All Over Nation March in Protest to Selma". *Chicago Tribune*, 15 mar. 1965.

23. Jawana Jackson, entrevista ao autor, 14 ago. 2021.

24. Presidente Lyndon Johnson, discurso ao Congresso sobre os direitos de voto, 5 mar. 1965. Gravações do Senado Federal, Arquivos Nacionais.

25. Stephen B. Oates, *Let the Trumpet Sound: The Life of Martin Luther King, Jr.* Nova York: HarperCollins, 1982, p. 345.

26. "4 Time Bombs Planted in B'ham Negro Areas". *Montgomery Advertiser*, 22 mar. 1965.

27. "Thousands March US 80 Under Eye of Army Troops". *Montgomery Advertiser*, 22 mar. 1965.

28. Ibid.

29. Ibid.

30. Renata Adler, "Letter from Selma". *The New Yorker*, 10 abr. 1965.

31. Joseph Ellwanger, entrevista ao autor, 25 jun. 2019.

32. "King Allots 14 Miles Today for Marchers". *Selma Times-Journal*, 22 mar. 1965.

33. "Rain Dampens March as Third Day Begins". *Selma Times-Journal*, 23 mar. 1965.

34. Ibid.

35. "Righters Face Last Full Day of Marching". *Alabama Journal*, 23 mar. 1965.

36. Jack Newfield, "Marching to Montgomery: The Cradle Did Rock". *Village Voice*, 1 abr. 1965.

37. Ibid., p. 270.

38. Ibid.

39. Renata Adler, op. cit.

40. Bob Ingram, "Marchers Might Fume to See Wallace Eat". *Montgomery Advertiser*, 26 mar. 1965.

41. Martin Luther King Jr., "Our God Is Marching On". 25 mar. 1965. Reeditado em J. M. Washington (Org.), *A Testament of Hope: The Essential Writings of Martin Luther King Jr.* Nova York: HarperOne, 1986, pp. 227-30.

36. "O VERDADEIRO SIGNIFICADO DO MEU TRABALHO" [pp. 396-402]

1. Jack Newfield, "Marching to Montgomery". *Village Voice*, 1 abr. 1965.

2. Martin Luther King Jr., *Where Do We Go from Here: Chaos or Community?*. Nova York: Harper & Row, 1967, p. 9.

3. Jack Newfield, op. cit.

4. Rachelle Horowitz, entrevista ao autor, 21 mar. 2018.

5. Donna Britt, "A White Mother Went to Alabama to Fight for Civil Rights. The Klan Killed Her for It". *Washington Post*, 15 dez. 2017.

6. "Johnson and Liuzzo Agree 'Wife Did Not Die in Vain'". *Baltimore Sun*, 27 mar. 1965.

7. Lyndon Baines Johnson e J. Edgar Hoover, conversa telefônica n. 7162, 26 mar. 1965, gravação em áudio. Biblioteca Presidencial LBJ, Austin.

8. Apud David J. Garrow, *Bearing the Cross: Martin Luther King, Jr., and the Southern Christian Leadership Conference*, op. cit., p. 415.

9. Kwame Abernathy, entrevista ao autor, 22 jun. 2021.

10. L. D. Reddick, "Climax at Baltimore", manuscrito inédito, s. d. Arquivo L. D. Reddick, Centro Schomburg.

11. "DC Negroes Picket King at Hotel". *Baltimore Sun*, 1 abr. 1965.

12. Lerone A. Martin, "Bureau Clergyman: How the FBI Colluded with an African American Televangelist to Destroy Dr. Martin Luther King, Jr.". *Religion and American Culture: A Journal of Interpretation*, v. 28, n. 1, pp. 1-51, jan. 2018.

13. John Herbers, "Boycott as Rights Weapon". *The New York Times*, 4 abr. 1965.

14. Stanley Levison a Martin Luther King Jr., 7 abr. 1965. Acervo pessoal de David J. Garrow.

15. Bayard Rustin, conversa telefônica, 17 abr. 1965, transcrição do FBI. Acervo pessoal de David J. Garrow.

16. Bayard Rustin e Andrew Young, conversa telefônica, 21 abr. 1965, transcrição do FBI. Acervo pessoal de David J. Garrow.

17. Bayard Rustin e Harry Wachtel, 21 abr. 1965, conversa telefônica, transcrição do FBI.

18. Coretta Scott King, "The World of Coretta King", op. cit.

19. Lynn Cothren, entrevista ao autor, 13 set. 2018.

20. Biblioteca de História Viva Arnold Michaelis, 1950-1990. Arquivos de Mídia Walter J. Brown e Arquivos da Coleção de Prêmios Peabody, Bibliotecas da Universidade da Geórgia.

21. Robert L. Levey, "Dr. King Appeals for Brotherhood". *Boston Globe*, 23 abr. 1965.

22. Martin Luther King Jr., "Remaining Awake Through a Great Revolution". Discurso na Universidade Oeste da Califórnia, 29 maio 1964. Disponível em: <www.sandiegohistory.org/journals/cusp-american-civil-rights-revolution/>. Acesso em: 15 abr. 2024.

23. Id., entrevista a Alex Haley. *Playboy*, jan. 1965.

37. "UM MOMENTO LUMINOSO" [pp. 403-12]

1. Coretta Scott King, "The World of Coretta King", op. cit.

2. Jeanne Theoharis, *The Rebellious Life of Mrs. Rosa Parks*. Boston: Beacon Press, 2013, p. 164.

3. Coretta Scott King, *My Life, My Love, My Legacy*, op. cit., p. 148.

4. J. Edgar Hoover a Marvin Watson, 23 jul. 1965. Arquivo Mildred Stegall, Biblioteca Presidencial LBJ, Austin.

5. Ibid.

6. "King's Wife Says Cause Would Go On Without Him". *Baltimore Afro-American*, 20 mar. 1965.

7. Coretta Scott King, *My Life, My Love, My Legacy*, op. cit., p. 97.

8. Betty Friedan, *The Feminine Mystique*. Nova York: W. W. Norton, 1963, p. 32. [Ed. bras.: *A mística feminina*. Trad. de Carla Bitelli, Flávia Yacubian e Bhuvi Libanio. Rio de Janeiro: Rosa dos Tempos, 2020.]

9. Arquivo Rosa Parks, Biblioteca Walter P. Reuther, Universidade Estadual Wayne, Detroit.

10. Coretta Scott King, "The World of Coretta King", op. cit.

11. Hosea Williams, entrevista a John Barber, s. d., transcrição. Arquivo Hosea L. Williams, Biblioteca de Pesquisa sobre Cultura e História Afro-Americana Auburn Avenue, Atlanta.

12. Lynn Cothren, entrevista ao autor, 13 set. 2018.

13. Xernona Clayton, entrevista ao autor, 19 fev. 2019.

14. Dexter King e Ralph Wiley, *Growing Up King: An Intimate Memoir*. Nova York: Warner Books, 2003, p. 9.

15. Carole Hoover, entrevista ao autor, 10 jul. 2020.

16. Stoney Cooks, entrevista ao autor, 13 jul. 2018.

17. Ibid.

18. Edwina Moss, entrevista ao autor, 7 ago. 2018.

19. Coretta Scott King, "The World of Coretta King", op. cit.

20. “King Shakes Up Chicago”. *Chicago Defender*, 24-30 jul. 1965.

21. Peter H. Prugh, “Windy City Thunder”. *Wall Street Journal*, 22 jul. 1965.

22. “Confetti”. *Chicago Defender*, 27 jul. 1965.

23. Howard James, “March Aimed Beyond Chicago”. *Christian Science Monitor*, 28 jul. 1965.

24. Peter H. Prugh, op. cit.

25. Jeanne Theoharis, “‘The Thin Veneer of the North’s Racial Self-Righteousness’: Martin Luther King Jr.’s Challenge to Northern Racism”. *Journal of Civil and Human Rights*, v. 7, n. 1, pp. 35-70, 2021.

26. Martin Luther King Jr., “Beyond the Los Angeles Riots: Next Step, the North”. *Saturday Review*, 13 nov. 1965.

27. Id., *Why We Can’t Wait*, op. cit., pp. 130-1.

28. Ibid.

29. James Melvin Washington (Org.), *A Testament of Hope: The Essential Writings and Speeches of Martin Luther King Jr.*, op. cit., p. 124.

30. Avaliação médica, s. d. Clínica Williams, Chicago, Coleção Martin Luther King Jr., caixa 7, 24, Faculdade Morehouse, Atlanta.

31. “King, Ailing, Leads 30000 Marchers in ‘Greatest Demonstration Ever Seen’”. *Chicago Defender*, 27 jul. 1965.

32. Ibid.

33. Ibid.

34. “King in Cleveland, July 27-29, 1965”, Historic Films, rolo F-6020. Disponível em: <https://www.historicfilms.com/search/?q=Martin+Luther+king#p1ccdcd0a5cd4e7bffea260c4b46a547d2f72a49316>. Acesso em: 15 abr. 2024.

35. “Dr. Martin Luther King Is Not a Superman”. *Call and Post*, 7 ago. 1965.

36. Coretta Scott King, *My Life, My Love, My Legacy*, op. cit., p. 137.

37. Caroll Kilpatrick, “Voting Rights Bill Signed in Ceremony at Capitol”. *Washington Post*, 7 ago. 1965.

38. PEGANDO FOGO [pp. 413-20]

1. “Rights Forces, After Wide Legal Gains, Grope for New Ways to Bring Negro Equality”. *The New York Times*, 15 ago. 1965.

2. “Rights Drive Alliances to Be Sought”. *Baltimore Sun*, 10 ago. 1965.

3. Jack Nelson, “Political Shakeup Seen in South”. *Los Angeles Times*, 8 ago. 1965.

4. Stephen B. Oates, op. cit., p. 361.

5. Stoney Cooks, entrevista ao autor, 2 abr. 2018.

6. Homer Bigart, “Dr. King to Send Appeal to Hanoi”. *The New York Times*, 13 ago. 1965. O jornal começava a usar as iniciais de “Direitos Civis” em maiúscula, como se vê aqui, sinal da envergadura do movimento.

7. “Johnson’s Moves”. *The New York Times*, 1 ago. 1965.

8. Marquette Frye, entrevista, 1985, Fox 11, Los Angeles. Disponível em: <www.vimeo.com/229325605>. Acesso em: 15 abr. 2024.

9. Charles Davis Jr., “Anatomy of a Riot”, *Los Angeles Times*, 15 ago. 1965.

10. Ibid.

11. Ibid.

12. Walter Mosley, *Little Scarlet: An Easy Rawlins Novel*. Boston: Little, Brown, 2004, p. 48.

13. "Area Appears Devoid of Community Leadership". *Los Angeles Times*, 14 ago. 1965.

14. "Chief of Police in Los Angeles, William H. Parker, Dies at 64". *The New York Times*, 17 jul. 1966.

15. Ibid.

16. Dick West, "Dr. King Hears Watts Protest over Heckling". *Los Angeles Times*, 19 ago. 1965.

17. "King Assailed by Yorty After Stormy Meeting". *Los Angeles Times*, 20 ago. 1965.

18. Bayard Rustin e Harry Wachtel, conversa telefônica, 31 out. 1985, transcrição de fita de áudio. Cortesia de Walter Naegle.

19. Lyndon Baines Johnson e Martin Luther King Jr., conversa telefônica n. 8578, 20 ago. 1965, 17h10min, gravação em áudio. Gravações e Transcrições de Reuniões e Conversas Telefônicas, Biblioteca Presidencial LBJ, Austin. Disponível em: < www.discoverlbj.org/item/tel-08578>. Acesso em: 20 out. 2021.

39. CUIDADO COM O DIA [pp. 421-8]

1. Martin Luther King Jr., "Next Stop: The North". *Saturday Review*, 13 nov. 1965.

2. Sylvie Laurent, *King and the Other America: The Poor People's Campaign and the Quest for Economic Equality*. Oakland: University of California Press, 2018, p. 102.

3. Martin Luther King Jr., "Next Stop: The North", op. cit.

4. "Freedom or Death". *Chicago Defender*, 5 jan. 1966.

5. Martin Luther King Jr., *The Papers of Martin Luther King, Jr.*, v. 6, op. cit., p. 72.

6. Timuel Black, entrevista ao autor, 24 fev. 2019.

7. "Integrate Schools in 50 Georgia Communities". *Atlanta Constitution*, 31 ago. 1965.

8. Andrew Young, *An Easy Burden: The Civil Rights Movement and the Transformation of America*, op. cit., p. 381.

9. Dorothy Cotton, *If Your Back's Not Bent: The Role of the Citizenship Education Program in the Civil Rights Movement*, op. cit., p. 248.

10. Apud Andrew Young, *An Easy Burden*, op. cit., p. 383.

11. Apud David J. Garrow, *Bearing the Cross: Martin Luther King, Jr., and the Southern Christian Leadership Conference*, op. cit., p. 442.

12. Dorothy Cotton, *If Your Back's Not Bent*, op. cit., p. 187.

13. "We're Committed to Viet Peace, Goldberg's Reply to Dr. King". *The New York Post*, 11 set. 1965.

14. "Dodd Raps King for Peace Outline". *Atlanta Journal and Constitution*, 12 set. 1965.

15. Poppy Cannon White, "The Lawd Is Right". *New York Amsterdam News*, 25 set. 1965.

16. Jackie Robinson, "Jackie Robinson Says: Learn Loyalty". *Chicago Defender*, 2 out. 1965.

17. Martin Luther King Jr., teleconferência, 13 set. 1965, transcrição do FBI. Acervo pessoal de David J. Garrow.

18. Id., teleconferência, 28 set. 1965, transcrição do FBI. Acervo pessoal de David J. Garrow.

19. Bayard Rustin e Harry Wachtel, conversa telefônica, 28 set. 1965, transcrição do FBI. Acervo pessoal de David J. Garrow.

20. Martin Luther King Jr., "My Dream: Peace". *Chicago Defender*, 1 jan. 1966.

21. Thich Nhat Hanh, "Do Not Kill Man, Even in Man's Name". *Gazette and Daily*, York, 4 out. 1965.

22. Stoney Cooks, entrevista ao autor, 13 jul. 2018.

40. CHICAGO [pp. 429-37]

1. Coretta Scott King, *My Life with Martin Luther King, Jr.*, op. cit., pp. 257-8.

2. "Dr. King, Mate Live in Flat — for One Day". *Chicago Tribune*, 27 jan. 1966.

3. "Dr. King's Flat, Altho Painted, Is Very Dismal". *Chicago Tribune*, 26 jan. 1966.

4. "King and Wife Move into Slum". *Chicago Defender*, 27 jan. 1966.

5. "King Picks 'Typical' Flat; 8 Men Repair It". *Chicago Tribune*, 23 jan. 1966.

6. Timuel Black, entrevista ao autor, 24 fev. 2019.

7. Bennett Johnson, entrevista ao autor, 26 out. 2018.

8. Mary Lou Finley, Bernard Lafayette Jr., James R. Ralph Jr. e Pam Smith (Orgs.), *The Chicago Freedom Movement: Martin Luther King Jr. and Civil Rights Activism in the North*. Lexington: University of Kentucky Press, 2016, p. 31.

9. Apud David J. Garrow, *Bearing the Cross: Martin Luther King, Jr., and the Southern Christian Leadership Conference*, op. cit., p. 461.

10. "Dr. King Tells Plan for Negro Boycott". *Chicago Tribune*, 12 fev. 1966.

11. "Daley Will Attend US Slum Meeting". *Chicago Tribune*, 1 fev. 1966.

12. "Dr. King Takes Over Slum Building". *Chicago Tribune*, 24 fev. 1966.

13. Robert McClory, "The Activist". *Chicago Tribune*, 17 abr. 1983.

14. Bennett Johnson, entrevista ao autor, 26 out. 2018.

15. "King, Muslims Join Forces in War on Slums". *Chicago Defender*, 26 fev. 1966.

16. Ibid.

17. Bennett Johnson, entrevista ao autor.

18. "Lyndon Won't Widen War". *Chicago Tribune*, 24 fev. 1966.

19. John D. Pomfret, "Johnson Denies 'Blind Escalation' in Vietnam War". *New York Times*, 24 fev. 1966.

20. "Dr. King's Chicago Antics Suggest Publicity Intoxication". *Rock Island Argus*, 11 mar. 1966.

21. Roy Reed, "Dr. King's Group Scores KY Junta". *The New York Times*, 14 abr. 1966.

22. "My Dream: Dixie's Normalcy". *Norfolk New Journal and Guide*, 12 mar. 1966.

23. Dorothy Cotton, *If Your Back's Not Bent: The Role of the Citizenship Education Program in the Civil Rights Movement*, op. cit., p. 250.

24. Martin Luther King Jr., discurso na turnê europeia, mar. 1966. Acervo pessoal de David J. Garrow.

25. Tommie Shelby, "Prisons of the Forgotten: Ghettos and Economic Justice". Em Tommie Shelby e Brandon M. Terry (Orgs.), *To Shape a New World: Essays on the Political Philosophy of Martin Luther King, Jr.* Cambridge: Belknap Press of Harvard University Press, 2018, p. 200.

26. Charles Fager, entrevista ao autor, 17 jul. 2020.

27. Id., "Dilemma for Dr. King". *Christian Century*, 16 mar. 1966.

28. Abby Mann, "A Visit with Dr. King at the Top of the Mountain". *Los Angeles Times*, 21 abr. 1968.

29. Dorothy McCardie, "Mrs. King, DC Teacher Have Reunion". *Washington Post*, 3 jun. 1966.

30. Rowland Evans e Robert Novak, "Wooing the Whale". *Washington Post*, 20 abr. 1966.

31. "An Embattled Conference". *New York Times*, 2 jun. 1966.

32. James Meredith, entrevista ao autor, 23 jul. 2020.

33. "How Meredith Was Ambushed". *Pittsburgh Press*, 7 jun. 1966.

34. James Meredith, *A Mission from God: A Memoir and Challenge for America*. Nova York: Atria Books, 2012, p. 1.

35. Ibid., p. 197.

36. Ibid.

41. BLACK POWER, O PODER NEGRO [pp. 438-47]

1. Gene Roberts, "Troopers Shove Group Meeting Resuming Meredith March". *The New York Times*, 8 jun. 1966.

2. "In Single File on Dixie March". *Kansas City Times*, 8 jun. 1966.

3. Clayborne Carson, *In Struggle: SNCC and the Black Awakening of the 1960s*, op. cit., p. 3.

4. "The New Racism". *Time*, 1 jul. 1966.

5. Apud Milton Viorst, *Fire in the Streets: America in the 1960s*. Nova York: Simon & Schuster, 1979, p. 372.

6. Apud Aram Goudsouzian, *Down to the Crossroads: Civil Rights, Black Power, and the Meredith March Against Fear*. Nova York: Farrar, Straus & Giroux, 2014, p. 84.

7. "Burn Every Courthouse, Marcher Asks". *The Tennessean*, 26 jun. 1966.

8. Martin Luther King Jr., *Where Do We Go from Here: Chaos or Community?*, op. cit., p. 32.

9. Stokely Carmichael, *Ready for Revolution: The Life and Struggles of Stokely Carmichael*. Nova York: Scribner, 2003, p. 513.

10. Roy Reed, "Philadelphia, Miss., Whites and Negroes Trade Shots". *The New York Times*, 22 jun. 1966.

11. "Meredith Marchers Clash with Mississippi Whites". *Chicago Defender*, 22 jun. 1966.

12. Roy Reed, *Beware of Limbo Dancers*. Fayetteville: University of Arkansas Press, 2012, p. 152.

13. Id., "Philadelphia, Miss., Whites and Negroes Trade Shots", op. cit.

14. David J. Garrow, *Bearing the Cross: Martin Luther King, Jr., and the Southern Christian Leadership Conference*, op. cit., p. 484.

15. "Citizen King", op. cit.

16. Jack Nelson, "Tear Gas Terror". *Los Angeles Times*, 24 jun. 1966.

17. Ibid.

18. Ibid.

19. Ibid.

20. "Trial Begins in Natchez". *McComb Enterprise-Journal*, 4 dez. 1967.

21. "Jurors for Trial of Ernest Avants Still to Be Chosen". *Hattiesburg American*, 7 dez. 1967.

22. "Jackson Rally Ends Civil Rights March". *Jackson Clarion-Ledger*, 27 jun. 1966.

23. Ibid.

24. Gene Roberts, “12000 End Rights March to Jackson”. *The New York Times*, 27 jun. 1966.

25. Martin Luther King Jr., entrevista a Mike Wallace, 27 set. 1966, “60 Minutes Rewind”, CBS. Disponível em: <https://www.youtube.com/watch?v=_K0BWXjJv5s>. Acesso em: 17 abr. 2024.

26. “Rate of Joblessness Declines to 3.9%”. *The New York Times*, 14 dez. 1967.

27. “The New Racism”, op. cit.

28. “Black Power”. *Chicago Defender*, 2 jul. 1966.

29. “The Strength of Mrs. King”. *Los Angeles Times*, 31 ago. 1966.

30. Martin Luther King Jr., *Where Do We Go from Here: Chaos or Community?*, op. cit. p. 46.

42. “ESPERO QUE KING ENTENDA ISSO” [pp. 448-56]

1. “30,000 Hear Dr. King at Soldier Field Rally”. *Chicago Defender*, 11 jul. 1966.

2. “Negro Rally Turnout Small for Dr. King”. *Christian Science Monitor*, 12 jul. 1966.

3. Spencer Leak Sr., entrevista ao autor, 21 out. 2020.

4. “Here's What Dr. King Told Vast Thousands”. *Chicago Defender*, 11 jul. 1966.

5. “35,000 Hear King at Chicago Rally”. *Baltimore Afro-American*, 23 jul. 1966.

6. “Daley, King, Aides, Meet on Rights”. *Chicago Tribune*, 12 jul. 1966.

7. Coretta Scott King, *My Life with Martin Luther King, Jr.*, op. cit., p. 264.

8. “Six Policemen Shot on West Side”. *Chicago Tribune*, 15 jul. 1966.

9. Coretta Scott King, *My Life with Martin Luther King, Jr.*, op. cit., p. 268.

10. “Battleground Chicago”. CBS-TV News, 15 jul. 1966.

11. Merle Miller, *Lyndon: An Oral Biography*. Nova York: G. P. Putnam's Sons, 1980, p. 653.

12. Lyndon Baines Johnson e Richard J. Daley, 19 jul. 1966, conversa WH6607-02-10414-10415, Edição Digital de Gravações Presidenciais; Kent B. Germany (Org.), *Lyndon B. Johnson and Civil Rights*. v. 2. Charlottesville: University of Virginia Press, 2014.

13. Gene Roberts, “Rocks Hit Dr. King as Whites Attack March in Chicago”. *New York Times*, 6 ago. 1966.

14. “Rights Hecklers Burn Cars”. *Chicago Tribune*, 1 ago. 1966.

15. Bernard Lafayette Jr., entrevista ao autor, 23 mar. 2018.

16. Richard Goldstein, “King in Chicago: Has White Power Killed Love Power?”. *Village Voice*, 11 ago. 1966.

17. *King: A Filmed Record... Montgomery to Memphis*, The Martin Luther King Film Project, 1970, Kino Classics DVD, 2013.

18. Richard Goldstein, op. cit.

19. “Rights Hecklers Burn Cars”, op. cit.

20. Ibid.

21. “The Sabotage of Chicago”. *Chicago Tribune*, 18 ago. 1966.

22. “Wilkins Speaks: Takes Issue with King's Chicago Crusade”. *Baltimore Afro-American*, 20 ago. 1966.

23. Jesse Jackson, entrevista ao autor, 7 mar. 2018.

24. “Crucial Point in Civil Rights”. *Boston Globe*, 22 ago. 1966.

25. “Black Power”. *New York Times*, 31 jul. 1966.

26. James H. Cone, entrevista a Terry Gross. *Fresh Air*, NPR, 31 mar. 2008. Disponível em: <www.freshairarchive.org/segments/black-liberation-theology-its-founders-words>. Acesso em: 17 abr. 2024.

27. "Cancel Rights Marches". *Chicago Tribune*, 27 ago. 1966.

28. "Dirksen Is Adamant in Stand on Housing". *New York Times*, 30 ago. 1966.

29. Apud James H. Cone, *Martin & Malcolm & America: A Dream or a Nightmare*, op. cit., p. 224.

30. Martin Luther King Jr., "The Good Samaritan", 28 ago. 1966. Acervo pessoal de David J. Garrow.

43. "NÃO É UMA ÉPOCA FÁCIL PARA MIM" [pp. 457-70]

1. Departamento de Previdência Social.

2. Gene Roberts, "Civil Rights: A Turning Point". *The New York Times*, 19 set. 1966.

3. "Citizen King", op. cit.

4. Bernard Lafayette Jr., entrevista ao autor, 23 mar. 2018.

5. C. Vann Woodward, "What Happened to the Civil Rights Movement?". *Harper's Magazine*, jan. 1967.

6. Frantz Fanon, *The Wretched of the Earth*. Nova York: Grove Press, 1961, p. 51. [Ed. bras.: *Os condenados da terra*. Trad. de Ligia Fonseca Ferreira e Regina Salgado Campos. Rio de Janeiro: Zahar, 2022.]

7. Todd Gitlin, *The Sixties: Years of Hope, Days of Rage*. Nova York: Bantam, 1987, p. 213.

8. Gene Roberts, "Civil Rights: A Turning Point", op. cit.

9. D. J. R. Bruckner, "Dr. King Sees 'Desolate Days' for Rights Drive". *Los Angeles Times*, 1 out. 1966.

10. "G. O. P. Finds '68 Outlook Brighter as It Counts Election Successes". *The New York Times*, 10 nov. 1966.

11. Lyndon Baines Johnson e Hubert Humphrey, conversa telefônica n. 11 023, 9 nov. 1966. Biblioteca Presidencial LBJ, Austin.

12. James Reston, "Washington: The Kennedy-Hoover Controversy". *The New York Times*, 14 dez. 1966.

13. Id., "Dr. King 'Assumes' Phone Is Tapped". *The New York Times*, 15 dez. 1966.

14. Lyndon Baines Johnson e Clark Clifford, conversa telefônica n. 11 195, 23 dez. 1966. Biblioteca Presidencial LBJ, Austin.

15. Robert B. Semple Jr., "Dr. King Scores Poverty Budget". *The New York Times*, 6 dez. 1966.

16. Jean M. White, "King Calls for Action on Guaranteed Income". *The Washington Post*, 16 dez. 1966.

17. "Economists Urge Assured income". *The New York Times*, 28 maio 1968.

18. Robert B. Semple Jr., op. cit.

19. Mark Lane e Dick Gregory, *Code Name "Zorro": The Murder of Martin Luther King, Jr.* Englewood Cliffs: Prentice-Hall, 1977, pp. 53-4.

20. William F. Pepper, "The Children of Vietnam". *Ramparts*, jan. 1967.

21. Martin Luther King, Stanley Levison, Andrew Young e Cleveland Robinson, conversa telefônica, 18 fev. 1967, transcrição do FBI. Acervo pessoal de David J. Garrow.

22. Gene Roberts, "Rights Drive Lags in Much of South". *The New York Times*, 6 fev. 1967.

23. Christopher F. Riley a Andrew Young, 14 mar. 1967. Acervo pessoal de David J. Garrow.

24. "Conferees Assail Johnson's Policy on Vietnam War". *Los Angeles Times*, 26 fev. 1967.

25. "Communist Infiltration of the Southern Christian Leadership Conference", 29 mar. 1967, relatório. Arquivos do FBI.

26. Martin Luther King Jr. e Stanley Levison, 25 mar. 1967, transcrição. Arquivos do FBI.

27. Charles Brennan a William Sullivan, memorando, 8 mar. 1967. Arquivos do FBI.

28. "Clay Suffers Two Setbacks". *Louisville Courier-Journal*, 30 mar. 1967.

29. "Clay, Dr. King Call Talk 'Renewal of Fellowship'". *Louisville Courier-Journal*, 30 mar. 1967.

30. Martin Luther King Jr. e Stanley Levison, conversa telefônica, 8 abr. 1967, transcrição. Arquivos do FBI.

31. "Vietnam Buildup Boosts Casualties". *Daily Capital News*, Jefferson City, 1 abr. 1967.

32. Jesse W. Lewis Jr., "Fighting Men Become Militant on Civil Rights, Too". *The Washington Post*, 2 abr. 1967.

33. Martin Luther King Jr., "Beyond Vietnam — a Time to Break Silence", discurso, igreja de Riverside, Nova York, 4 abr. 1967. Disponível em: <www.americanrhetoric.com/speeches/mlkatimetobreaksilence.htm>. Acesso em: 26 abr. 2022.

44. UMA REVOLUÇÃO DE VALORES [pp. 471-9]

1. "Dr. King's Error". *The New York Times*, 17 abr. 1967.

2. "Dr. King's Tragic Doctrine". *Pittsburgh Courier*, 15 abr. 1967.

3. Martin Luther King Jr. e Stanley Levison, 8 abr. 1967, transcrição. Arquivos do FBI.

4. Martin Luther King Jr., Stanley Levison e Harry Wachtel, conversa telefônica, 12 abr. 1967, transcrição. Arquivos do FBI.

5. Nick Kotz, *Judgment Days: Lyndon Baines Johnson, Martin Luther King Jr., and the Laws That Changed America*, op. cit., p. 376.

6. Carl T. Rowan, "Martin Luther King's Tragic Decision". *Reader's Digest*, set. 1967.

7. Douglas Robinson, "King Warns Cities of Summer Riots". *The New York Times*, 17 abr. 1967.

8. Paul Hoffman, "50,000 at San Francisco Peace Rally". *The New York Times*, 16 abr. 1967.

9. David Halberstam, notas, s. d., fragmentos manuscritos. Arquivo Halberstam, Centro de Pesquisa de Arquivo na Universidade de Boston.

10. Ibid.

11. Apud David Halberstam, "The Second Coming of Martin Luther King". *Harper's Magazine*, ago. 1967.

12. "Which Way for the Negro". *Newsweek*, 15 maio 1967.

13. Wallace Turner, "A Gun Is Power, Black Panther Says". *The New York Times*, 21 maio 1967.

14. "House and Senate Committees Investigate Riots". *Congressional Quarterly Almanac*, 1967.

15. "Guerrilla War Won't Work in Cities". *Tallahassee Democrat*, 29 jul. 1967.

16. Robert S. Browne, "The Case for Black Separatism". *Ramparts*, dez. 1967.

17. Ibid.

18. Andrew Kopkind, "Soul Power". *The New York Review of Books*, 24 ago. 1967.

19. Martin Luther King Jr. e Harry Wachtel, conversa telefônica, 24 jul. 1967, transcrição. Arquivos do FBI.

20. Martin Luther King Jr. e Stanley Levison, conversa telefônica, 19 jul. 1967, transcrição. Arquivos do FBI.

21. "King Calls for Massive Job Program to Curb Rioting". *Baltimore Sun*, 25 jul. 1967.

22. Lyndon Baines Johnson e J. Edgar Hoover, 25 jul. 1967, conversa WH6707-01-12005. Edição Digital de Gravações Presidenciais, Centro Miller, Universidade da Virgínia.

23. Lyndon Baines Johnson e Dwight D. Eisenhower, 3 nov. 1967, conversa telefônica n. 12 401, transcrição de gravação em áudio. Biblioteca Presidencial LBJ, Austin.

24. R. W. Apple Jr., "Vietnam: The Signs of Stalemate". *The New York Times*, 7 ago. 1967.

25. Martin Luther King Jr. e Stanley Levison, conversa telefônica, 22 ago. 1967, transcrição. Arquivos do FBI.

26. Coretta Scott King, entrevista com Charlotte Mayerson, 16 jul. 1968, gravação em fita. Biblioteca Smathers, Biblioteca da Universidade da Flórida, Gainesville.

27. Ibid.

45. POR FAVOR, VENHA A MEMPHIS [pp. 480-98]

1. "National Guard Is Placed on Standby as 'Precaution'". *Commercial Appeal*, 28 jul. 1967.

2. A. W. Willis e James Lawson para Martin Luther King Jr., telegrama, 1 out. 1967. Arquivo King, Faculdade Morehouse, Atlanta.

3. Central do FBI a todas as chefias regionais dos agentes especiais, 4 mar. 1968, memorando. Em "Intelligence Activities and the Rights of Americans", relatório final do Comitê Especial do Senado Federal para o Estudo das Operações Governamentais Referentes às Atividades de Inteligência, 26 abr. 1976.

4. Martin Luther King Jr., entrevista com F. Lee Bailey, 11 out. 1967, para *Good Company*, filmagem de cortesia do arquivo Historic Films.

5. Yolanda estudou na Oficina de Atores e Escritores de Atlanta, que era dirigida pelos pais da atriz Julia Roberts. Quando Roberts nasceu, em 1967, seus pais passavam por um período de dificuldades financeiras, e, segundo a atriz, os King pagaram a conta do hospital. Em Sydney Page, "It's True, Martin Luther King Jr. Paid the Hospital Bill When Actress Julia Roberts Was Born". *The Washington Post*, 31 out. 2022.

6. Martin Luther King Jr., "A Testament of Hope". *Playboy*, jan. 1969.

7. Ibid.

8. Milton Viorst, "Martin Luther King Intends to Tie the City in Knots This Spring". *Washingtonian*, fev. 1968.

9. "King Plans Spring March on Washington for Jobs". *Atlanta Constitution*, 5 dez. 1967.

10. Ibid.

11. "Dr. King Lays Plans for a Lengthy DC Live-In". *Chicago Defender*, 5 dez 1967.

12. Memorando do FBI, Moore a Sullivan, 29 dez. 1967. Arquivo do FBI.

13. Larry E. Temple a Lyndon Johnson, 14 fev. 1968. Biblioteca Presidencial LBJ, Austin.

14. Martin Luther King Jr., *The Trumpet of Conscience*. Nova York: Harper & Row, 1967, pp. 67-8.

15. Bayard Rustin, memorando redigido para Marian Logan enviar a Martin Luther King Jr., s. d. Em Michael Long (Org.), *I Must Resist: Bayard Rustin's Life in Letters*, op. cit., pp. 343-4.

16. Apud David J. Garrow, *Bearing the Cross: Martin Luther King, Jr., and the Southern Christian Leadership Conference*, op. cit., p. 601.

17. Stoney Cooks, "Dr. King's Last Birthday". *Atlanta*, jan. 1984.

18. Coretta Scott King, *My Life, My Love, My Legacy*, op. cit., p. 151.

19. Apud David J. Garrow, *Bearing the Cross: Martin Luther King, Jr., and the Southern Christian Leadership Conference*, op. cit., p. 602.

20. Andrew Young, entrevista a Tom Dent, 20-21 ago. 1980, gravação em fita. Centro de Pesquisa Amistad, Universidade Tulane, New Orleans.

21. Depoimento de Ralph Abernathy, 14 ago. 1978, Câmara dos Representantes dos Estados Unidos da América, *Investigation of the Assassination of Martin Luther King, Jr.*, 95º Congresso, 2ª sessão.

22. Ibid.

23. James M. Washington (Org.), *A Testament of Hope*. Nova York: HarperOne, 1986, pp. 259-67.

24. Martin Luther King Jr., atas da reunião do Comitê de Ação da SCLC, 11 fev. 1968. Acervo pessoal de David J. Garrow.

25. Ibid.

26. Coretta Scott King, *My Life, My Love, My Legacy*, op. cit., p. 156.

27. Apud David J. Garrow, *Bearing the Cross: Martin Luther King, Jr., and the Southern Christian Leadership Conference*, op. cit., p. 607.

28. James Lawson, entrevista ao autor, 26 out. 2018.

29. James Lawson, entrevista ao autor, 12 jun. 2018.

30. Ibid.

31. Apud David J. Garrow, *Bearing the Cross: Martin Luther King, Jr., and the Southern Christian Leadership Conference*, op. cit., p. 607.

32. Andrew Young, entrevista a Tom Dent.

33. Carl Greenberg, "Dr. King Asks Johnson Defeat, May Back Another Democrat". *Los Angeles Times*, 17 mar. 1968.

34. Doris Kearns Goodwin, *Lyndon Johnson and the American Dream*. Nova York: St. Martin's Press, 1991, p. 343.

35. "King to Lend Vocal Support in Strike Rally". *Commercial Appeal*, 17 mar. 1968.

36. Ibid.

37. "King Urges Work Stoppage by Negroes to Back Strike". *Commercial Appeal*, 19 mar. 1968.

38. "Negro Pastors Take Reins as Garbage Strike Leaders in Switch to Racial Pitch". *Commercial Appeal*, 12 mar. 1968.

39. Harry Belafonte, entrevista ao autor, 4 abr. 2017.

40. Ralph David Abernathy, *And the Walls Came Tumbling Down: An Autobiography*, op. cit., p. 417.

41. Andrew Young, entrevista ao autor, 19 jan. 2019.

42. "Mini-Riot in Memphis". *The New York Times*, 30 mar. 1968.

43. "King's Credibility Gap". *Commercial Appeal*, 30 mar. 1968.

44. Juanita Abernathy, entrevista ao autor, 2 ago. 2018.

45. Ibid.

46. Jesse Jackson, entrevista ao autor, 7 mar. 2018.

47. Ibid.

48. Andrew Young, entrevista a Tom Dent.

49. Ralph David Abernathy, *And the Walls Came Tumbling Down: An Autobiography*, op. cit., p. 425.

50. Coretta Scott King, entrevista a Charlotte Mayerson, 16 jul. 1968, gravação em fita. Biblioteca Smathers, Biblioteca da Universidade da Flórida, Gainesville.

51. Ralph David Abernathy, *And the Walls Came Tumbling Down: An Autobiography*, op. cit., p. 428.

52. Marc Perrusquia, "Leading Up to 6:01". *Memphis Commercial-Appeal*, 28 mar. 2018.

53. Coretta Scott King, *My Life with Martin Luther King, Jr.*, op. cit., p. 290.

54. Bernard Lafayette Jr., entrevista ao autor, 23 mar. 2018.

55. Ibid., p. 431

56. Ralph David Abernathy, *And the Walls Came Tumbling Down: An Autobiography*, op. cit., p. 433.

57. Dorothy Cotton, *If Your Back's Not Bent: The Role of the Citizenship Education Program in the Civil Rights Movement*, op. cit., p. 264.

58. "The Autobiography of Daddy King as Told to Edward A. Jones", manuscrito inédito, ago. 1973, p. 169.

59. Ibid.

60. Billy Kyles, entrevista a Alice Bernstein, 2016.

61. "Doctors Worked Hard Trying to Save King", *Memphis Commercial Appeal*, 5 abr. 1968.

62. Ibid.

63. Ibid.

64. Paul Letersky, op. cit., p. 84.

65. Ibid.

66. Lawrence Van Gelder, "Dismay in Nation". *The New York Times*, 5 abr. 1968.

EPÍLOGO [pp. 499-503]

1. Dexter Scott King, op. cit., p. 48.

2. "President Signs Rights Bill". *The Washington Post*, 12 abr. 1968.

3. Judith Martin e Carolyn Lewis, "Coretta King: From His Footsteps to Her Own". *The Washington Post*, 16 jun. 1968.

4. "Reagan's Doubts on Dr. King Disclosed". *The New York Times*, 22 out. 1983.

5. Jacqueline Trescott, "The New Coretta Scott King". *The Washington Post*, 15 jan. 1978.

6. Brian Feagans, "King Love Letters Caught in Legal Fight". *Atlanta Journal-Constitution*, 14 out. 2008.

7. Sweta Tiwari e Shrinidhi Ambinakudige, "Streetscapes and Stereotyping: Streets Named After Martin Luther King, Jr., and the Geographies of Racial Identity". *GeoJournal*, v. 87, n. 1, pp. 921-34, abr. 2022.

8. Derek H. Alderman, "School Names as Cultural Arenas: The Naming of Public Schools After Martin Luther King, Jr.". *Urban Geography*, v. 23, n. 7, pp. 601-26, nov. 2002.

9. Sweta Tiwari e Shrinidhi Ambinakudige, op. cit.

10. Para uma análise da filosofia política de King, ver Tommie Shelby e Brandon M. Terry (Orgs.), *To Shape a New World: Essays on the Political Philosophy of Martin Luther King, Jr.* Cambridge, Mass.: Belknap Press da Harvard University Press, 2018.

11. Martin Luther King Jr., *Where Do We Go from Here: Chaos or Community?*, op. cit., p. 181.

Lista de entrevistados

Donzaleigh Abernathy
Juandalynn Abernathy
Juanita Abernathy
Kwame Abernathy
Aloja Airewele
Ben Alloway
William G. Anderson
Lauren Araiza
Robert Avery
Richard Azbell
Jim Baggett
Lewis V. Baldwin
Gene Barge
Reggie Barrett
Rachel Been
Harry Belafonte
Betty Belk
J. Blanton Belk
James Beshai
Charles Black
Timuel Black
Janice Rothschild Blumberg
Laura Ward Branca
Taylor Branch
Jean Martin Brayboy
David Brewington
Jane Briddell
Al Brinson
Tyrone Brooks
Amos Brown
Cecil Brown
Irene Brown
Edward M. Burke
Joyce Butler
Mitchell Butler
June Dodd Butts
Billy Carter
Sandranette Chenet
Xernona Clayton
James Clyburn
Wayne Coleman
D. Louise Cook

Stoney Cooks
Lynn Cothren
Courtland Cox
Vicki Crawford
Doris Crenshaw
David Dennis
St. John Dixon
Aileen Dodd
Bernardine Dohrn
Bruce Dozier
Avi Dresner
Eugene Duffy
LaVerne Eagleson
Gerald Early
Peter Edelman
Kirby Edmonds
Elizabeth Edmonson
Locksley Edmonson
Joseph Ellwanger
Barbara Williams Emerson
Glenn T. Eskew
Victor Eskridge
Charles Fager
Louis Farrakhan
Christine King Farris
Isaac Newton Farris Jr.
Jeff Flannery
David J. Garrow
Everett Gendler
Mary Gendler
Nassir Ghaemi
Edward "Woody" Goldberg
Jerrold Goldstein
Brenda Goodman
Clarence Goodman
Robert Graetz
Jeannie Graetz
Benjamin Graham Jr.
Ronald Graham
Fred Gray
Glencile Greenlea
Dick Gregory
Gordon "Gunny" Gundrum
Drew D. Hansen
Aljosie Harding
Charles Hardy
Darrien Harper
Autumn Harper
Michael Harris
Jared Harrison
David Heim
Susannah Heschel
Ben Himmelfarb
Richard Hirsch
Carole Hoover
Rachelle Horowitz
Tom Houck
Karen Gray Houston
Jeannette Hunt
Jawana Jackson
Jesse Jackson
Valerie Jackson
Bennett Johnson
Leroy Johnson
Clarence Jones
Stephanie Lynn Jones
Robert Jordan Jr.
Peniel Joseph
Patrick Joyce
Haig Kalbian
Cooper Keller
Randall Kennedy
Alveda King
James Albert King Jr.
Joel King Jr.
Willie Mackey King
Rick Kittles
Jane Klain

Bernard Kleina
Harcourt Klinefelter
Edward Kosner
Nick Kotz
Bernard Lafayette Jr.
James Lawson
Spencer Leak Jr.
Spencer Leak Sr.
Pierre Leval
Andrew Levison
Cynthia Lewis
David Levering Lewis
John Lewis
Theodore Life
Michael G. Long
Johnny Mack
Nelson Malden
Willodean Malden
Andrew Manis
Jim Marshall
Lerone A. Martin
Martin Marty
Sam Massell
Anthony McDade
James S. McFadden
John McKnight
Taylor McNeilly
Cameron McWhirter
Miriam Melegrito
James Meredith
Peg Michels
Heather Middleton
James H. Miller
Keith Miller
W. Jason Miller
Lawrence Montgomery
Valda Harris Montgomery
Michael Moon
Marc Morial
Sybil Morial
Gene Morris
Edwina Moss
Otis Moss Jr.
Derryn Moten
Abdur-Rahman
Muhammad
Walter Naegle
Sara Paretsky
Patrick Parr
Jimmy Patterson
Phillip Henry Pitts
Janet Poppendieck
Stanley Pottinger
Alvin Poussaint
Georgia Davis Powers
Dick Reavis
Barbara Reynolds
Lowell Riley
Tim Rooney
Don Rose
Walter Rybeck
Steve Schapiro
Arlie Schardt
Markus Schmidt
Allen Secher
Hampton Sides
Jean Moore Smiley
Mavis Staples
Frank Stewart
Carol Taylor
Jeanne Theoharis
Alfonso Thomas
Althea Thomas
Mia Tramz
Chris Vail
Milton Viorst
C. T. Vivian
John Vorperian

William Wachtel
Theresa Ann Walker
Jim Wall
Fred Ward
Harry Weinger
Francine White
Baruch Whitehead
O. Lawton Wilkerson
Rosalind Withers
Harris Wofford
Calvin Woods
Andrew Young

Índice remissivo

ESTA OBRA FOI COMPOSTA PELO ACQUA ESTÚDIO EM MINION
E IMPRESSA EM OFSETE PELA GRÁFICA SANTA MARTA SOBRE PAPEL PÓLEN NATURAL
DA SUZANO S.A. PARA A EDITORA SCHWARCZ EM OUTUBRO DE 2024